KB184756

2025 최신개정판

LOGIN

재경관리사 기출문제집

김영철 지음

머 리 말

재경관리사는 재무회계, 원가회계, 세무회계 실무 전문가임을 인증하는 자격증입니다.

전산세무1급 자격증이면 회계, 세법의 전문가라 자부할 수 있지만, 일반회계기준으로 공부하다 보니 규모가 상대적으로 작은 기업에 적용되며 상장법인이나 규모가 큰 기업에서 적용되는 한국채택 국제회계기준을 다시 공부해야 합니다.

재경관리사의 응시료는 70,000원이므로 "ONE SHOT, ONE KILL"의 각오로 한 번에 합격하셔야 합니다.

일반적으로 합격의 당락은 재무회계이기 때문에 이 부분에서 과락이 나오면 안됩니다.

전산세무 1급 합격자라면 재무회계 60%, 관리회계 30%, 세무회계 10% 정도의 시간을 안분하여 공부하여야 합격할 수 있습니다. 또한 재경관리사 시험은 문제은행식으로 출제되기 때문에 공개된 기출문제를 다 풀어보시면서 최종적으로 점검하시면 됩니다.

재경관리사를 합격하고 본인이 회계와 세법의 최고전문가가 되고자 하는 의지와 흥미를 갖고 있으면 공인회계사나 세무사 자격증 도전하기를 권합니다.

도전하십시오. 도전해서 실패했다고 인생을 실패한게 아닙니다.
도전하는 자체가 아름답습니다.

2025년 01월
김 영 철

재경관리사 시험 일정공고

1. 시험일자

연도	회차	원서접수	시험일	합격자발표	시험시간
2025	114회	12.31~01.07	01.18(토)	01.24(금)	150분, 3과목 동시 시행
	115회	02.20~02.27	03.22(토)	03.28(금)	
	116회	04.17~04.24	05.17(토)	05.23(금)	
	117회	05.27~06.03	06.21(토)	06.27(금)	
	118회	07.01~07.08	07.26(토)	08.01(금)	
	119회	08.28~09.04	09.27(토)	10.02(목)	
	120회	10.23~10.30	11.22(토)	11.28(금)	
	121회	12.02.~12.09	12.20(토)	12.26(금)	

☞ 5월 시험부터 개정세법 등이 적용되고, 시험일정과 시험변경사항은 www.samilexam.com을 참고하십시오.

2. 평가범위

과목	평가범위
재무회계	한국채택국제회계 기준 적용, 관계기업, 환율변동효과, 리스회계, 현금흐름표 등
원가관리회계	개별·종합원가, 표준원가, 변동원가, CVP분석, 단기·장기의사결정, 성과평가 등
세무회계	국세기본법, 법인세법, 소득세법, 부가가치세법 ☞ 개정세법은 108회(5월시험)부터 반영

3. 시험방법 및 합격자 결정기준

① 응시자격 : 제한없음(**신분증 미소지자는 응시할 수 없음**)

② 응시료 : 70,000원

③ 시험방법 : 과목별 40문항 100점(4지선다형)

④ 합격자 결정기준 : 전 과목 과목별 70점이상(**각 과목이 70점 미만이면 불합격**)

⑤ 시험장소 : 서울, 부산, 대구, 광주, 인천, 대전, 수원, 청주, 천안, 익산 외

⑥ 기타 자세한 사항은 삼일회계법인 홈페이지(www.samilexam.com) 참고

저자가 운영하는 다음(Daum)카페 **"로그인과 함께하는 전산회계/전산세무"**에
다음의 유용한 정보를 제공합니다.

로그인카페

1. 오류수정표(세법개정으로 인한 추가 반영분 및 오류수정분)

2. 세법개정내용

3. Q/A게시판

〈로그인 재경관리사 기출문제집〉을 구입하신 독자 여러분께서는 많은 이용바라며, 교재의 오류사항 등을 지적해주시면 고맙겠습니다.

2025
로 그 인
재경관리사
기출문제집

목 차

• 기출문제 •

[로그인 시리즈 – 세무회계]

전기	**당기**	차기	차차기
20x0	**20x1**	20x2	20x3

2023년 12월

105회 재경관리사

재무회계

• 특별한 언급이 없는 한 기업의 보고기간(회계기간)은 매년 1월 1일부터 12월 31일까지이다.
• 자료에서 제시한 것 외의 사항은 고려하지 않고 답한다. 예를 들어, 법인세에 대한 언급이 없으면 법인세 효과는 고려하지 않는다.
• 기업은 주권상장법인으로 계속해서 한국채택국제회계기준(K-IFRS)을 적용해오고 있다고 가정한다.

1. 다음 중 재무회계와 관리회계에 관한 설명으로 옳지 않은 것은?

① 재무회계와 관리회계 모두 법적 강제력을 가진다.
② 재무회계는 일반적으로 인정된 회계원칙에 따라 작성되지만 관리회계는 경제·경영·통계 등 다양한 정보를 활용하여 작성된다.
③ 재무회계는 재무제표라는 양식으로 보고하지만 관리회계는 일정한 양식이 없다.
④ 재무회계는 기업외부의 정보이용자를 위한 회계인 반면 관리회계는 기업내부의 정보이용자를 위한 회계이다.

2. 다음 중 정보이용자의 의사결정에 차이가 나도록 하는 목적적합한 재무정보에 관한 설명으로 옳지 않은 것은?

① 의사결정에 차이가 나기 위해서는 재무정보가 예측가치와 확인가치 두 가지를 모두 가지고 있어야만 한다.
② 중요성은 개별기업 재무보고서 관점에서 해당 정보와 관련된 항목의 성격이나 규모 또는 이 둘 다에 근거하여 해당 기업에 특유한 측면의 목적적합성을 의미한다.
③ 재무정보가 과거 평가에 대해 피드백을 제공, 즉 확인하거나 변경시킨다면 확인가치를 갖는다.
④ 재무정보가 예측가치를 가지기 위해서는 그 자체가 예측치 또는 예상치일 필요는 없다.

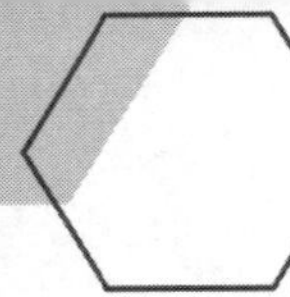

3. 다음 중 포괄손익계산서의 기본요소에 관한 설명으로 옳지 않은 것은?

① 수익의 발생은 자산의 증가 또는 부채의 감소를 수반한다.
② 비용에는 아직 실현되지 않은 손실은 포함하지 않는다.
③ 광의의 수익의 정의에는 수익뿐만 아니라 차익이 포함된다.
④ 경영성과의 측정을 위해 기록되는 포괄손익계산서의 기본요소에는 수익, 비용이 있다.

4. 다음 중 포괄손익계산서에 관한 설명으로 옳은 것은?

① 수익, 유효이자율법을 사용하여 계산한 이자수익, 매출원가, 금융원가, 법인세비용, 지분법손익은 포괄손익계산서에 최소한 포함되어야 할 항목이다.
② 포괄손익계산서는 단일의 포괄손익계산서를 작성하거나 기타포괄손익을 표시하는 손익계산서와 포괄손익계산서를 포함하는 2개의 보고서로 작성될 수 있다.
③ 포괄손익계산서에서 수익을 표시할 때는 기능별로 분류하거나 성격별로 분류하여 표시하여야 한다.
④ 기타포괄손익항목은 관련 법인세효과를 차감한 순액으로 표시하는 방법과 기타포괄손익의 항목과 관련된 법인세효과 반영 전 금액으로 표시하고, 각 항목들에 관련된 법인세효과는 단일 금액으로 합산하여 표시하는 방법 중에서 선택할 수 있다.

5. 다음 중 수정을 요하는 보고기간후사건에 해당하지 않는 것은?

① 보고기간 말 이전 사건의 결과로서 보고기간 말에 종업원에게 지급하여야 할 의제의무가 있는 상여금지급 금액을 보고기간 후에 확정하는 경우
② 보고기간 말 이전에 구입한 자산의 취득원가를 보고기간 후에 결정하는 경우
③ 보고기간 말과 재무제표 발행승인일 사이에 투자자산의 공정가치가 하락하는 경우
④ 보고기간 말에 존재하였던 현재의무가 보고기간 후에 소송사건의 확정에 의해 확인되는 경우

6. 다음 중 재고자산에 관한 설명으로 옳지 않은 것은?

① 재고자산이란 정상적인 영업과정에서 판매를 위하여 보유중이거나 생산중인 자산을 의미한다.
② 재고자산 구입 후 상품의 하자로 인해 매입대금을 할인받는 경우 재고자산의 매입가액에서 차감한다.
③ 부동산매매업을 영위하고 있는 기업이 보유하고 있는 판매목적의 부동산은 재고자산으로 분류한다.
④ 생물자산에서 수확한 농림어업 수확물로 구성된 재고자산은 순공정가치와 사용가치 중 큰 금액으로 측정하여 수확시점에 최초 인식한다.

7. 다음 중 재고자산의 원가흐름에 대한 가정에 관한 설명으로 옳지 않은 것은?

① 한국채택국제회계기준은 재고자산의 단위원가 결정방법으로 개별법, 선입선출법, 가중평균법을 규정하고 있으며, 후입선출법은 허용하지 않는다.

② 재고자산에 대한 단위원가 결정방법은 동일한 용도나 성격을 지닌 재고자산에 대해서 동일하게 적용한다.

③ 회계기간 중에 재고자산의 취득단가가 계속 상승하는 상황에서 기말재고수량이 기초재고수량보다 같거나 증가하는 경우 선입선출법 하의 기말재고자산은 가중평균법 하의 기말재고자산보다 더 적게 계상된다.

④ 회계기간 중에 재고자산의 취득단가가 계속 상승하는 상황에서 기말재고수량이 기초재고수량보다 같거나 증가하는 경우 선입선출법 하의 당기순이익은 가중평균법 하의 당기순이익보다 더 크게 계상된다.

8. 다음은 ㈜삼일의 20X1년 결산시 재고자산과 관련된 자료이다. 20X1년 말 재고자산평가충당금의 잔액은 얼마인가?

ㄱ. 결산수정분개전 기말재고자산 장부상 수량	100개
ㄴ. 결산수정분개전 기말재고자산 장부상 매입단가	200원/개
ㄷ. 기말재고자산 실사수량	90개
ㄹ. 기말재고자산의 예상판매가격	160원/개
ㅁ. 기말재고자산의 예상판매비용	10원/개

① 4,500원 ② 5,000원 ③ 5,400원 ④ 6,000원

9. 다음 중 회사가 정부보조금으로 취득한 유형자산에 관한 설명으로 옳지 않은 것은?

① 정부보조금은 재무상태표에 관련 자산의 장부금액에서 차감하는 방법으로 표시할 수 있다.

② 정부보조금을 관련 자산에서 차감하는 방법으로 표시하는 경우 동 정부보조금은 자산의 내용연수에 걸쳐 감가상각비를 증가시키는 방식으로 당기손익에 반영된다.

③ 정부보조금은 재무상태표에 이연수익(부채)으로 표시할 수 있다.

④ 정부보조금 회계처리 방법 결정에 있어서 기업에 어느 정도의 재량권이 부여되어 있다.

10. 다음 중 유형자산의 재평가모형 회계처리에 관한 설명으로 옳지 않은 것은?

① 재평가의 빈도는 재평가되는 유형자산의 공정가치 변동에 따라 달라진다.
② 자산의 장부금액이 재평가로 인하여 증가된 경우 원칙적으로 그 증가액은 기타포괄손익으로 인식한다.
③ 자산의 장부금액이 재평가로 인하여 감소한 경우 원칙적으로 그 감소액은 기타포괄손익으로 인식한다.
④ 자산을 사용함에 따라 재평가잉여금의 일부를 이익잉여금으로 대체할 수 있다.

11. ㈜삼일은 20X1년 1월 1일에 기계장치(내용연수 5년, 잔존가치 없음)를 100,000원에 취득하였다. ㈜삼일은 기계장치에 대하여 원가모형을 적용하고 있으며, 감가상각방법으로 정액법을 사용한다. 20X1년 말에 동 기계장치의 회수가능액이 40,000원으로 하락하여 손상차손을 인식하였다. 그러나 20X2년 말에 동 기계장치의 회수가능액이 80,000원으로 회복되었다. 20X2년 말에 인식할 손상차손환입은 얼마인가?

① 20,000원 ② 30,000원 ③ 40,000원 ④ 50,000원

12. 20X1년 중 ㈜삼일은 새로운 항공기 엔진 개발 프로젝트와 관련하여 R&D 비용으로 총 120억원을 지출하였다. 이 중 연구단계에서 지출된 금액이 70억원이며, 나머지 50억원은 개발단계에서 지출하였다. 상기 개발단계에서 지출된 비용 중 30억원은 자산인식요건을 충족시키지 못하였으나 나머지 20억원은 새로운 엔진을 개발하기 위한 것으로 자산인식요건을 충족시키며 20X2년부터 상용화될 것으로 예측되었다. ㈜삼일이 상기 R&D 비용과 관련하여 20X1년 중 당기비용으로 처리해야 하는 금액은 얼마인가?

① 30억원 ② 70억원 ③ 90억원 ④ 100억원

13. 다음 중 무형자산의 상각에 관한 설명으로 옳지 않은 것은?

① 무형자산의 상각방법은 자산의 경제적 효익이 소비되는 형태를 반영해야 하며, 소비되는 형태를 신뢰성 있게 결정할 수 없는 경우에는 정액법을 사용한다.
② 무형자산의 잔존가치, 상각기간과 상각방법은 적어도 매 회계연도 말에 검토한다.
③ 무형자산의 잔존가치, 상각기간, 상각방법을 변경하는 경우에는 회계추정의 변경으로 보고 소급적용하여 회계처리한다.
④ 내용연수가 유한한 무형자산은 내용연수 동안 상각을 하고, 내용연수가 비한정인 무형자산은 상각을 하지 않는다.

14. 다음 중 투자부동산의 후속 측정에 관한 설명으로 옳은 것은?

① 투자부동산으로 분류된 건물에 대하여 공정가치모형을 적용할 경우 잔여 내용연수동안 공정가치에 기초하여 감가상각한다.

② 투자부동산은 공정가치모형과 원가모형 중 하나를 선택하여 투자부동산의 유형별로 동일하게 적용한다.

③ 투자부동산의 공정가치모형 적용시 공정가치 변동으로 발생하는 손익은 기타포괄손익에 반영한다.

④ 투자부동산의 용도가 변경되어 자가사용을 개시할 경우 투자부동산을 유형자산으로 계정대체한다.

15. 다음 중 금융자산 제거의 경제적 실질 판단 요소에 포함되는 사항으로 옳지 않은 것은?

① 법률상 금융자산의 이전여부

② 금융자산의 소유에 따른 위험과 보상의 이전여부

③ 금융자산의 현금흐름을 수취할 계약상 권리의 양도에 대한 판단

④ 금융자산에 대한 통제권 상실여부

16. ㈜삼일은 20X1년 1월 1일에 다음과 같은 조건의 상각후원가측정금융자산을 취득 당시의 공정가치로 취득하였다. 이 경우 ㈜삼일이 20X2년 말에 인식할 이자수익은 얼마인가(소수점 첫 번째 자리에서 반올림한다)?

ㄱ. 액면금액 : 200,000원
ㄴ. 발행일 : 20X1년 1월 1일
ㄷ. 만기일 : 20X2년 12월 31일(2년)
ㄹ. 액면이자율 : 연 5%, 매년 말 지급조건
ㅁ. 시장이자율 : 20X1년 1월 1일 현재 연 8%
ㅂ. 현가계수

이자율	현가계수		
	1년	2년	계
8%	0.92593	0.85734	1.78327

① 11,875원　② 13,243원　③ 15,556원　④ 17,103원

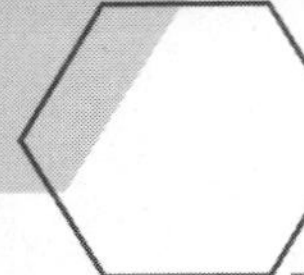

17. 다음 중 금융부채에 관한 설명으로 옳지 않은 것은?

① 거래상대방에게 현금 등 금융자산을 인도하기로 하는 계약상 의무는 금융부채로 분류한다.

② 자기지분상품으로 결제되거나 결제될 수 있는 계약으로서, 변동가능한 수량의 자기지분상품을 인도할 계약상 의무가 없는 비파생상품은 금융부채로 분류한다.

③ 상환우선주 발행자가 보유자에게 미래의 시점에 확정되었거나 결정 가능한 금액을 의무적으로 상환해야 하는 경우에는 금융부채로 분류한다.

④ 상환우선주의 보유자가 발행자에게 특정일이나 그 이후에 확정되었거나 결정 가능한 금액의 상환을 청구할 수 있는 권리를 보유하고 있는 상환우선주는 금융부채로 분류한다.

18. 전환사채의 발행금액이 3,000,000원이고 전환사채의 발행요건과 동일한 요건으로 발행하되 전환권이 부여되지 않은 사채의 가치가 2,500,000원인 경우, 전환사채의 발행금액 중 2,500,000원은 (ㄱ)(으)로, 전환권가치인 500,000원은 (ㄴ)(으)로 분리하여 표시한다. 다음 중 (ㄱ), (ㄴ)에 들어갈 올바른 용어들로 짝지어진 것은?

	(ㄱ)	(ㄴ)
①	금융부채	지분상품(자본)
②	금융부채	금융부채
③	지분상품(자본)	금융부채
④	지분상품(자본)	지분상품(자본)

19. ㈜삼일은 20X1년 1월 1일에 만기 3년, 액면금액 50,000,000원, 표시이자율 연 10%인 사채를 발행하였다. 이자는 매년 말에 지급되고 사채 발행시점의 유효이자율은 연 8%라고 할 때 사채의 발행가액은 얼마인가?

8%	1년	2년	3년	합계
현가계수	0.92593	0.85734	0.79383	2.57710

① 51,332,400원 ② 52,577,000원 ③ 57,983,000원 ④ 62,302,000원

20. 다음 중 충당부채의 회계처리에 관한 설명으로 옳은 것은?

① 충당부채로 인식하는 금액은 현재의무의 이행에 소요되는 지출에 대한 보고기간말 현재의 최선의 추정치이어야 하며 이 경우 관련된 사건과 상황에 대한 불확실성은 고려하지 않는다.

② 충당부채의 명목금액과 현재가치의 차이가 중요한 경우에는 의무를 이행하기 위하여 예상되는 지출액의 현재가치로 평가한다.

③ 충당부채란 과거사건이나 거래의 결과에 의한 현재의무로서 그 의무를 이행하기 위하여 자원이 유출될 가능성이 높고 지출 금액이 불확실하지만, 지출 시기는 확정되어 있는 의무를 의미한다.

④ 미래의 예상 영업손실은 최선의 추정치를 금액으로 하여 충당부채로 인식한다.

21. 다음 중 자기주식의 취득 및 처분 회계처리에 관한 설명으로 옳지 않은 것은?

① 자기주식을 취득하는 경우 취득원가를 자본에서 차감하는 형식으로 기재한다.

② 자기주식을 보유하고 있는 기간동안 자기주식에 대한 평가손익은 인식하지 않는다.

③ 자기주식을 소각하는 경우 액면금액과 취득원가와의 차액을 감자차손익으로 반영한다.

④ 자기주식을 처분하는 경우 처분가액과 취득원가와의 차액을 자기주식처분손익으로 당기손익에 반영한다.

22. 다음 중 자본거래가 각 자본항목에 미치는 영향에 관한 설명으로 옳지 않은 것은?

		주식배당	무상증자	주식분할
①	이익잉여금	감소	감소가능	불변
②	주식수	증가	증가	증가
③	자본금	증가	증가	증가
④	총자본	불변	불변	불변

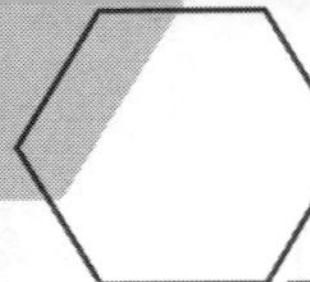

23. 다음 중 수익에 관한 설명으로 옳지 않은 것은?

① 정유사가 특정지역 고객수요를 적시에 충족시키기 위해 서로 유류를 교환하기로 한 계약같이 고객에게 판매를 쉽게 하기 위해 행하는 같은 사업 영역에 있는 기업간의 비화폐성 교환은 수익으로 보지 않는다.

② 수익은 고객에게 기업의 재화나 용역을 제공하고 대가를 받기로 한 계약에서 발생하는 것으로 부가가치세처럼 제 3 자를 대신해서 받는 것은 수익으로 보지 않는다.

③ 복수의 계약을 하나의 상업적 목적으로 일괄 협상하는 경우에도 복수의 계약에서 약속한 재화나 용역이 단일 수행의무에 해당하지 않는다면 둘 이상의 계약을 하나의 계약으로 회계처리할 수 없다.

④ 수익은 정상적인 경영활동에서 발생하는 경제적 효익의 총유입을 말하며, 자산의 증가 또는 부채의 감소 형태로 나타난다. 다만, 주주의 지분참여로 인한 자본증가는 수익에 포함되지 않는다.

24. ㈜삼일은 20X1년 12월 31일 ㈜반품에 75,000,000원(원가 25,000,000원)의 제품을 판매하고 1년 이내 반품할 수 있는 권리를 부여하였다. 인도일 현재 원가 5,000,000원의 제품이 반품될 것으로 예상된다면 ㈜삼일이 20X1년 말에 자산으로 인식할 반환제품회수권은 얼마인가?

① 5,000,000원 ② 15,000,000원 ③ 20,000,000원 ④ 50,000,000원

25. ㈜삼일건설은 ㈜용산과 20X1년 5월 1일 총 계약금액 170,000,000원의 다음과 같은 공장신축 공사계약을 체결하였다. 회사가 진행기준으로 수익을 인식한다면 ㈜삼일건설의 20X2년과 20X3년 계약손익은 얼마인가(단, 진행률은 누적발생계약원가에 기초하여 계산한다)?

	20X1년	20X2년	20X3년
당기발생계약원가	60,000,000원	52,000,000원	53,000,000원
추정총계약원가	150,000,000원	160,000,000원	165,000,000원
공사대금청구액(연도별)	50,000,000원	80,000,000원	40,000,000원

	20X2년	20X3년
①	계약손실 1,000,000원	계약이익 2,000,000원
②	계약손실 1,000,000원	계약손실 2,000,000원
③	계약이익 7,000,000원	계약손실 2,000,000원
④	계약이익 8,000,000원	계약손실 3,000,000원

26. 다음은 ㈜삼일건설의 재무제표에 대한 주석이다. 다음 괄호 안에 들어갈 용어로 옳은 것은?

> 건설계약과 관련하여 진행기준에 의하여 수익을 인식하고 있습니다. 계약활동의 진행률은 진행단계를 반영하지 못하는 계약원가를 제외하고 수행한 공사에 대하여 발생한 누적계약원가를 추정 총계약원가로 나눈 비율로 측정하고 있습니다. 누적발생원가에 인식한 이익을 가산한 금액이 진행청구액을 초과하는 금액은 (   )(으)로 표시하고 있습니다.

① 계약자산 ② 계약부채 ③ 계약수익 ④ 공사선수금

27. 다음 중 확정급여제도와 관련하여 당기손익으로 인식되는 항목이 아닌 것은?

① 당기근무원가
② 과거근무원가와 정산으로 인한 손익
③ 순확정급여부채 및 사외적립자산의 순이자
④ 보험수리적손익

28. 다음 중 주식결제형 주식기준보상거래에 관한 설명으로 옳지 않은 것은?

① 거래상대방이 특정기간의 용역을 제공하여야 부여된 지분상품이 가득된다면, 지분상품의 공정가치를 용역제공기간에 배분하여 인식한다.
② 지분상품의 공정가치는 부여일 현재로 측정한다. 또한, 주식선택권이 행사될 때까지 매 보고기간 말에 지분상품의 공정가치를 재측정하고, 공정가치의 변동액은 당기손익으로 회계처리한다.
③ 주식결제형 주식기준보상거래의 경우에 제공받은 재화나 용역의 공정가치를 측정한다. 그러나 제공받은 재화나 용역의 공정가치를 신뢰성 있게 측정할 수 없다면 부여한 지분상품의 공정가치에 기초하여 재화나 용역의 공정가치를 간접 측정한다.
④ 가득기간 중의 각 회계연도에 인식할 주식보상비용은 당기 말 인식할 누적보상원가에서 전기말까지 인식한 누적보상원가를 차감하여 계산한다.

29. 다음 중 재무상태표상 자산 · 부채의 장부금액과 세무회계상 자산 · 부채의 가액인 세무기준액의 일시적 차이를 발생시키는 항목으로 옳은 것은?

① 기업업무추진비 한도초과액 ② 기부금 한도초과액
③ 임원퇴직금 한도초과액 ④ 감가상각비 한도초과액

30. 다음 자료를 바탕으로 20X1년 포괄손익계산서에 계상될 ㈜삼일의 법인세비용을 계산하면 얼마인가?

ㄱ. 20X1년 당기법인세 (법인세법상 당기에 납부할 법인세)	2,500,000원
ㄴ. 20X0년 말 이연법인세부채 잔액	400,000원
ㄷ. 20X1년 말 이연법인세자산 잔액	300,000원

① 1,800,000원 ② 2,900,000원 ③ 3,200,000원 ④ 3,600,000원

31. ㈜삼일은 유형자산의 측정기준을 원가모형에서 재평가모형으로 변경하였다. 유형자산에 대하여 재평가모형을 적용하는 것이 재무상태, 재무성과 또는 현금흐름에 미치는 영향에 대하여 신뢰성 있고 더 목적적합한 정보를 제공하는 경우 해당 측정기준의 변경은 다음 중 어디에 해당하는가?

① 오류수정
② 회계추정의 변경
③ 회계정책의 변경
④ 관련법규의 개정

32. 다음은 ㈜삼일의 20X1 회계연도(20X1년 1월 1일~20X1년 12월 31일) 당기순이익과 자본금 변동상황에 관한 자료이다. ㈜삼일의 20X1 회계연도 보통주 기본주당순이익은 얼마인가?

ㄱ. 당기순이익 : 326,250,000원
ㄴ. 자본금 변동사항(액면 5,000원)

	보통주자본금	
-1.1 기초	50,000주	250,000,000원
-4.1 유상증자(30%)	15,000주	75,000,000원

* 유통보통주식수 계산시 월할계산을 가정한다.
* 4.1 유상증자시 시가이하로 유상증자 하지 아니함

ㄷ. 20X1 회계연도 이익에 대한 배당(현금배당)
-우선주 : 20,000,000원

① 4,000원 ② 5,000원 ③ 8,000원 ④ 10,000원

33. 지분법은 투자자가 피투자자에 대해 유의적인 영향력을 행사할 수 있는 경우에 적용한다. 다음 중 유의적인 영향력을 행사할 수 있는 경우에 해당하는 것은(A회사는 투자자, B회사는 피투자자이다)?

① A회사는 12개월 이내에 매각할 목적으로 B회사의 의결권 있는 주식을 15% 취득하여 적극적으로 매수자를 찾고 있는 중이다.
② A회사는 B회사의 주식을 20% 보유하고 있으나 모두 우선주이며 의결권은 없다.
③ A회사는 B회사의 주식을 40% 보유하고 있으나 계약상 B회사에 관한 의결권을 행사할 수 없다.
④ A회사는 B회사의 의결권 있는 주식의 15%를 보유하고 있으나 B회사의 이사회에 참여할 수 있다.

34. 20X1년 말 ㈜삼일의 재무상태표에 계상될 관계기업투자주식 장부금액은 얼마인가?

> 20X1년 1월 1일 ㈜삼일은 ㈜용산의 보통주 30% 를 700,000원에 취득하여 유의적인 영향력을 행사하게 되었으며, 취득 당시 ㈜용산의 순자산 장부금액과 공정가치는 2,000,000원으로 동일하였다. 20X1년의 ㈜용산의 총포괄이익은 500,000원(당기순이익 400,000원, 기타포괄이익 100,000원)이었고 총포괄이익 이외의 기타 자본의 변동은 없었다. 20X1년 중 ㈜삼일과 ㈜용산간의 내부거래는 존재하지 않았다.

① 850,000원 ② 900,000원 ③ 950,000원 ④ 1,000,000원

35. 다음 중 화폐성 항목만으로 구성된 것을 고르면?

① 재고자산, 선급금 ② 선수금, 기계장치
③ 매출채권, 단기대여금 ④ 매출채권, 자본금

36. 다음 중 파생상품 회계처리에 관한 설명으로 옳지 않은 것은?

① 위험회피대상항목은 공정가치 변동위험 또는 미래현금흐름 변동위험에 노출된 자산, 부채, 확정계약 또는 미래에 예상되는 거래를 말한다.
② 내재파생상품은 파생상품이 아닌 주계약을 포함하는 복합상품의 구성요소이며, 복합상품의 현금흐름 중 일부를 독립적인 파생상품의 경우와 유사하게 변동시키는 금융상품을 말한다.
③ 위험회피수단으로 지정되지 않고 매매목적 등으로 보유하고 있는 파생상품의 평가손익은 기타포괄손익으로 계상해야 한다.
④ 파생상품은 당해 계약상의 권리와 의무에 따라 자산 또는 부채로 인식하여 재무제표에 계상하여야 한다.

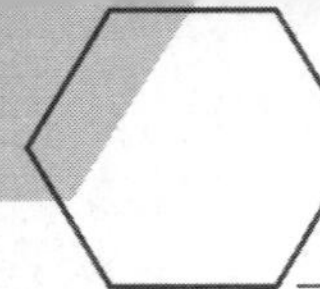

37. ㈜삼일은 20X1년 1월 1일에 ㈜용산리스와 기계장치 리스계약을 체결하였다. ㈜삼일이 사용권자산에 대해 20X1년 말에 인식할 감가상각비는 얼마인가(단, 계산금액은 소수점 첫째자리에서 반올림함을 원칙으로 하고, 가장 근사치를 답으로 선택한다)?

ㄱ. 리스기간은 20X1년 1월 1일부터 20X3년 12월 31일까지이며, 리스기간 종료 후 무상으로 소유권이 ㈜삼일에게 이전된다. 기초자산인 기계장치의 내용연수는 5년으로 추정된다.
ㄴ. ㈜삼일은 리스기간 동안 매년 말 고정리스료 200,000원을 지급하며, 20X1년 1월 1일에 리스개설직접원가로 50,000원을 부담하였다.
ㄷ. ㈜삼일은 사용권자산에 대해 정액법으로 감가상각하며, 사용권자산의 잔존가치는 0원으로 추정하였다.
ㄹ. ㈜용산리스의 20X1년 1월 1일 내재이자율은 10%이다.
ㅁ. 3기간 10% 정상연금 현가계수는 2.486850이며, 현가계수는 0.751310이다.

① 109,474원 ② 142,417원 ③ 182,457원 ④ 223,425원

38. 다음 중 현금흐름표상 재무활동 현금흐름으로 구분할 수 있는 항목으로 옳지 않은 것은?

① 지분상품의 취득으로 인한 현금흐름
② 차입금의 상환으로 인한 현금흐름
③ 배당의 지급으로 인한 현금흐름
④ 이자의 지급으로 인한 현금흐름

39. 다음 ㈜삼일의 20X1년 재무제표 관련 자료를 이용하여 현금흐름표에 보고될 영업활동현금흐름을 계산하면 얼마인가?

당기순이익	50,000원	감가상각비	2,500원
유형자산처분손실	1,800원	매출채권의 감소	15,000원
재고자산의 증가	10,000원	매입채무의 감소	22,000원

① 23,700원 ② 33,700원 ③ 35,500원 ④ 37,300원

40. 다음은 ㈜삼일의 이자수익과 관련된 재무제표 자료이다. ㈜삼일의 20X2년 현금흐름표에 표시될 이자 수취액은 얼마인가?

ㄱ. 재무상태표 관련자료

구분	20X2년 12월 31일	20X1년 12월 31일
미수이자	20,000원	30,000원
선수이자	40,000원	20,000원

ㄴ. 포괄손익계산서 관련자료

구분	20X2년	20X1년
이자수익	200,000원	150,000원

① 190,000원 ② 200,000원 ③ 210,000원 ④ 230,000원

세무회계

41. 다음 중 조세법의 기본원칙에 관한 설명으로 옳지 않은 것은?

① 조세평등주의란 조세법의 입법과 조세의 부과 및 징수과정에서 모든 납세의무자는 평등하게 취급되어야 한다는 원칙을 말한다.

② 국세기본법에서 규정하고 있는 실질과세의 원칙에 반하는 규정을 다른 세법에서 규정하고 있는 경우 국세기본법에서 규정하고 있는 실질과세의 원칙을 우선하여 적용한다.

③ 신의성실의 원칙이란 납세자가 그 의무를 이행하거나 세무공무원이 그 직무를 수행함에 있어서 신의에 따라 성실히 하여야 한다는 원칙을 말한다.

④ 납세의무자가 세법에 따라 장부를 갖추어 기록하고 있는 경우에는 해당 국세 과세표준의 조사와 결정은 그 장부와 이에 관계되는 증거자료에 의하여야 한다.

42. 다음 중 세법상 특수관계인에 관한 설명으로 옳지 않은 것은?

① 어느 일방을 기준으로 특수관계에 해당하는 경우 본인도 그 특수관계인의 특수관계인으로 본다.

② 특수관계인인 배우자는 사실혼 관계에 있는 자를 포함한다.

③ 본인이 민법에 따라 인지한 혼외출생자의 생부와 생모는 생계를 함께해도 특수관계인에 해당하지 아니한다.

④ 법인과 경영지배관계에 있는 주주는 특수관계인에 해당한다.

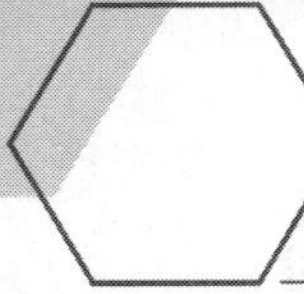

43. 다음 중 신문기사의 괄호 안에 들어갈 국세부과의 원칙으로 옳은 것은?

> 인테리어 공사 업체를 운영하던 오 씨는 지난 20X1년 인테리어 면허가 있는 직원 김 씨에게"당장 공사를 위해 인테리어 면허가 있는 사업자등록이 필요하다"라며 김 씨에게 명의를 빌렸으나, 이후 김 씨 앞으로 나온 매출에 따른 세금 6천 2백여 만원을 부담하지 않아 사기 혐의 등으로 기소됐다.
> 대법원 재판부는"(　　　　　　)에 따라 과세관청은 타인의 명의로 사업자등록을 하고 실제로 사업을 영위한 사람에 대해 세법을 적용해 과세하는 것이 당연하다"면서… (이하 생략)

① 실질과세의 원칙　　② 근거과세의 원칙
③ 신의성실의 원칙　　④ 조세감면의 사후관리

44. 다음 중 수정신고에 관한 설명으로 옳지 않은 것은?

① 법정신고기한까지 과세표준과 세액을 신고한 자 및 기한 후 과세표준신고를 한 자는 수정신고를 할 수 있다.
② 과세표준신고서에 기재된 결손금액 또는 환급세액이 세법에 따라 신고하여야 할 금액을 초과할 때 수정신고를 할 수 있다.
③ 수정신고는 관할세무서장이 당해 국세에 대한 과세표준과 세액의 결정 또는 경정통지를 하기 전으로서 국세부과의 제척기간이 끝나기 전까지 할 수 있다.
④ 수정신고를 법정신고기한 경과 후 2년 이내에 한 자에 대해서는 기간경과 정도에 따라 과소신고·초과환급신고 가산세와 납부지연가산세의 일정비율을 감면한다.

45. ㈜삼일은 20x1년부터 사업연도를 변경하기로 하고 20x1년 4월 18일에 사업연도 변경신고를 하였다. 다음 중 법인세법상 사업연도의 구분으로 옳은 것은(단, ㈜삼일은 법령에 따라 사업연도가 정하여지는 법인이 아님)?

> (1) 변경 전 사업연도(제22기) : 20x0년 1일 1일~20x0년 12월 31일
> (2) 변경하려는 사업연도 : 7월 1일~다음 연도 6월 30일

① 제23기 : 20x1년 1월 1일~20x1년 4월 18일
② 제23기 : 20x1년 1월 1일~20x1년 6월 30일
③ 제23기 : 20x1년 1월 1일~20x1년 12월 31일
④ 제23기 : 20x1년 4월 19일~20x1년 12월 31일

46. 다음 거래에 대한 세무조정 결과 기타사외유출로 소득처분하는 것은?

① 대주주에 대한 사택유지비용을 손익계산서에 비용으로 계상하였다.
② 토지를 취득하며 부담한 취득세를 손익계산서에 비용으로 계상하였다.
③ 기업업무추진비 한도초과액을 손익계산서에 비용으로 계상하였다.
④ 임원상여금 한도초과액을 손익계산서에 비용으로 계상하였다.

47. 다음 중 법인세법상 익금으로 인정되는 금액은 얼마인가?

ㄱ. 주식발행초과금	5,000,000원
ㄴ. 채무면제이익 (세무상 이월결손금의 보전에 충당하는 금액 없음)	2,000,000원
ㄷ. 국세 · 지방세 과오납금의 환급금 이자	6,000,000원
ㄹ. 유형자산인 토지의 양도금액	4,000,000원

① 4,000,000원 ② 6,000,000원 ③ 12,000,000원 ④ 13,000,000원

48. 다음 자료는 ㈜삼일의 손익계산서에 비용처리된 내역이다. 이 중 법인세법상 손금불산입금액을 계산하면 얼마인가?

• 직장 회식비	2,000,000원
• 우리사주조합운영비	2,000,000원
• 직원의 업무 수행과 관련하여 발생한 교통사고벌과금	500,000원
• 국민건강보험료(사용자부담분)	1,500,000원
• 의무적으로 납부하는 것이 아닌 공과금	1,000,000원
• 주식할인발행차금	2,000,000원

① 2,500,000원 ② 3,500,000원 ③ 4,500,000원 ④ 5,500,000원

49. ㈜삼일은 20x1년도 업무용 토지에 대한 종합부동산세 927,000원(납부지연가산세 27,000원 포함)을 납부기한 경과 후 납부하고 아래와 같이 회계처리하였다. 이에 대한 세무조정으로 옳은 것은?

(차) 세금과공과	927,000원	(대) 현금	927,000원

① (손금불산입) 세금과공과 927,000원(기타사외유출)
② (손금불산입) 세금과공과 27,000원(기타사외유출)
③ (손금불산입) 세금과공과 927,000원(상여)
④ (손금불산입) 세금과공과 27,000원(상여)

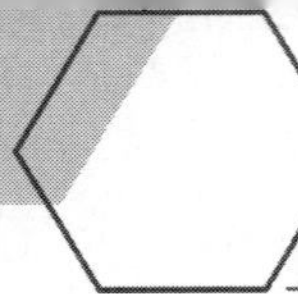

50. ㈜삼일은 제23기(20x1년 1월 1일~20x1년 12월 31일)에 회사가 제조한 기계를 할부판매하고 인도한 후 다음과 같이 회계처리 하였다. 제23기 회사에 필요한 세무조정으로 옳은 것은(단, ㈜삼일은 중소기업이 아니며 매출원가는 고려하지 않는다)?

> ㄱ. 계약일 : 20x1년 2월 25일
> ㄴ. 판매금액 : 50,000,000원
> ㄷ. 대금결제조건 : 20x1년 2월 25일 계약금 5,000,000원, 6개월이 경과할 때마다 9,000,000원씩 5회에 분할하여 결제함
> ㄹ. 회사의 회계처리 : 회사는 당기에 50,000,000원을 매출로 인식함

① 세무조정 없음
② (익금불산입) 할부매출액 36,000,000원(△유보)
③ (익금불산입) 할부매출액 41,000,000원(△유보)
④ (익금불산입) 할부매출액 45,000,000원(△유보)

51. 다음 중 법인세법상 자본적 지출 항목으로 옳지 않은 것은?

① 냉 · 난방장치의 설치
② 재해로 멸실되어 본래의 용도에 이용가치가 없는 건축물의 복구
③ 재해를 입은 자산에 대한 외장의 복구
④ 빌딩의 피난시설 설치

52. ㈜삼일은 20x0년 1월 1일에 기계장치를 100,000,000원에 취득하였다. 회사는 세법상 기계장치에 대한 감가상각방법을 정액법으로, 내용연수는 5년으로 신고하였으며 잔존가치는 없다고 가정한다. 회사가 20x1년 감가상각비로 18,000,000원을 계상한 경우, 다음 각 상황에 따른 20x1년 세무조정으로 옳은 것은?

> 상황 1. 전기 상각부인액이 3,000,000원이 있는 경우
> 상황 2. 전기 시인부족액이 3,000,000원이 있는 경우

	상황 1	상황 2
①	손금산입 3,000,000원	세무조정 없음
②	손금불산입 3,000,000원	손금산입 3,000,000원
③	손금불산입 2,000,000원	손금불산입 3,000,000원
④	손금산입 2,000,000원	세무조정 없음

53. 다음 중 법인세법상 기부금에 관한 설명으로 옳은 것은?

① 현물로 기부할 경우 특수관계인에게 기부한 일반기부금에 해당하는 기부자산가액은 시가로 평가한다.

② 특수관계 없는 자에게 정당한 사유없이 자산을 정상가액(시가±50%)보다 낮은 가액으로 양도함으로써 실질적으로 증여한 것으로 인정되는 금액은 기부금으로 본다.

③ 기부금은 특수관계가 없는 자에게 사업과 관련하여 무상으로 지출하는 재산적 증여가액을 말한다.

④ 특례기부금 및 일반기부금의 한도초과액은 그 다음 사업연도의 개시일부터 10년 이내에 종료하는 각 사업연도에 이월하여 손금에 산입할 수 있다.

54. 도매업을 영위하는 ㈜삼일(중소기업 아님)의 제 23 기(20x1년 1월 1일~20x1년 12월 31일) 기업업무추진비 세무조정을 위한 자료이다. 손금불산입 세무조정 금액으로 옳은 것은?

(1) 손익계산서상 매출액은 15,000,000,000원(특수관계인과의 거래분은 없음)이며, 이 금액은 매출에누리 1,000,000,000원이 차감된 후의 금액이다.

(2) 손익계산서상 기업업무추진비로 비용처리한 금액은 75,000,000원으로 그 내역은 다음과 같다. 기업업무추진비 중에는 문화기업업무추진비와 경조금 해당액은 없다.

구 분	건당 3만원 이하분	건당 3만원 초과분
적격증명서류 수취분	15,000,000원	57,000,000원
영수증 수취분	1,500,000원	1,500,000원

(3) 수입금액 적용률

수입금액	적용률
100억원 이하	3/1,000
100억원 초과 500억원 이하	3천만원+(수입금액-100억원)×2/1,000

① 15,000,000원 ② 21,500,000원 ③ 23,000,000원 ④ 24,500,000원

55. 다음 중 법인세법상 업무무관자산 등 지급이자 손금불산입에 관한 설명으로 옳지 않은 것은?

① 지급이자 손금불산입하는 가지급금은 업무무관가지급금을 말하며, 상대방이 특수관계인지는 고려하지 아니한다.

② 유예기간 중 업무에 사용하지 않고 양도하는 업무무관부동산은 업무무관자산에 해당한다.

③ 지급이자손금불산입액 계산시 지급이자는 선순위로 손금불산입된 금액을 제외한다.

④ 지급이자는 타인에게서 자금을 차용하는데 대응하여 지급되는 금융비용으로서 미지급이자는 포함하되 미경과이자는 제외한다.

56. 다음 자료를 이용하여 제조업을 영위하는 ㈜삼일의 제23기 사업연도(20x1년 1월 1일~20x1년 12월 31일)의 각 사업연도 소득금액을 계산하면 얼마인가?

(1) 결산서상 대손충당금 내역
  가. 기초잔액 : 15,000,000원(이 중 전기 세무조정시 한도초과로 부인된 금액은 4,000,000원임)
  나. 당기감소액 : 8,000,000원(이 중 대손사유 미충족으로 손금불산입된 금액은 2,000,000원임)
  다. 당기 추가설정액 : 3,000,000원
(2) 대손충당금 설정대상 채권가액(세무상 금액임)
  가. 전기말 : 120,000,000원
  나. 당기말 : 100,000,000원
(3) 결산서상 당기순이익은 50,000,000원이며, 위 자료 외의 다른 세무조정은 없는 것으로 가정한다.

① 48,000,000원 ② 51,000,000원 ③ 53,000,000원 ④ 56,000,000원

57. 다음 중 법인세법상 손금으로 인정되는 준비금으로 옳지 않은 것은?

① 책임준비금
② 손실보전준비금
③ 비상위험준비금
④ 고유목적사업준비금

58. 제조업을 영위하는 ㈜삼일의 제23기(20x1년 1월 1일~20x1년 12월 31일) 자료이다. 가지급금 인정이자로 익금에 산입할 금액으로 옳은 것은?

(1) ㈜삼일이 특수관계인들에게 20x0년 5월 1일에 대여한 법인세법상 업무무관가지급금(대여기간 : 3년)의 내역은 다음과 같으며, 이자수익은 전액 장부에 계상하였다.

구 분	대여 이자율	대여금	이자수익	비 고
갑	무상대여	30,000,000원	-	
을	연 4%	40,000,000원	1,600,000원	이자는 매년 말 지급함

(2) ㈜삼일의 당기 말 현재 차입금과 지급이자의 내역은 다음과 같으며, 차입금은 모두 은행(특수관계인 아님)으로부터 20x0년 4월 1일에 차입하였다.

구 분	차입이자율	차입금	지급이자
기업구매자금대출	연 8%	600,000,000원	48,000,000원
운영자금대출	연 10%	900,000,000원	90,000,000원

(3) 「법인세법 시행규칙」으로 정하는 당좌대출이자율은 연 4.6%이며, ㈜삼일은 제22기 사업연도의 법인세 신고시 당좌대출이자율을 시가로 신고하였다.

① 1,380,000원 ② 1,620,000원 ③ 1,720,000원 ④ 1,840,000원

59. 다음 중 법인세법상 과세표준의 계산에 관한 설명으로 옳지 않은 것은?

① 과세표준은 각사업연도소득에서 비과세소득, 이월결손금, 소득공제를 순서대로 차감하여 계산한다.

② 공제대상 이월결손금은 각사업연도소득의 80%(중소기업과 회생계획 이행중 기업 등은 100%) 범위에서 공제한다.

③ 각사업연도소득금액에서 이월결손금을 공제한 금액을 초과하는 비과세소득은 다음 사업연도로 이월되지 않고 소멸한다.

④ 자산수증이익이나 채무면제이익에 의해 충당된 이월결손금은 과세표준 계산시 공제할 수 없다.

60. 다음 중 법인세 신고납부제도에 관한 설명으로 옳지 않은 것은?

① 법인세 신고시 현금흐름표를 첨부하지 않으면 신고하지 않은 것으로 본다.

② 중간예납세액은 중간예납기간이 경과한 날로부터 2개월 이내에 신고·납부하여야 한다.

③ 내국법인에게 이자소득금액을 지급하는 자는 원천징수세율을 적용하여 계산한 금액에 상당하는 법인세를 징수하여 그 징수일이 속하는 달의 다음달 10일까지 납세지에 납부하여야 한다.

④ 법인세법에서는 법인세포탈의 우려가 있어 조세채권을 조기에 확보하여야 할 것으로 인정되는 경우에 사업연도 중이라도 법인세를 수시로 부과할 수 있다.

61. 다음 중 소득세의 특징에 관한 설명으로 옳지 않은 것은?

① 소득세법은 개인별 소득을 기준으로 과세하는 개인단위과세제도를 원칙으로 한다.

② 퇴직소득과 양도소득을 다른 소득과 합산하지 않고 별도로 과세하는 이유는 장기간에 걸쳐 발생한 소득이 일시에 실현되는 특징 때문이다.

③ 소득세법은 모든 소득에 대하여 열거주의에 의하여 과세대상 소득을 규정하고 있으므로 열거되지 아니한 소득은 과세되지 않는다.

④ 소득세는 신고납세주의를 채택하고 있으므로 납세의무자의 확정신고로 과세표준과 세액이 확정된다.

62. 다음은 20x1년 중 각 거주자가 얻은 금융소득에 대한 자료이다. 금융소득에 대하여 종합과세를 적용받는 사람은 누구인가(단, 자료 이외의 금융소득은 없으며, 소득세법상 원천징수대상은 모두 원천징수되었다고 가정한다)?

지수 : 비실명 이자소득 5,000,000원 제니 : 보험기간이 5년인 저축성보험의 보험차익 20,000,000원 로제 : 국외 상장주식에서 받은 배당금 수령액으로 원천징수되지 않은 금액 20,000,000원 리사 : 국내 비상장법인에서 받은 현금배당금 20,000,000원

① 지수　　② 제니　　③ 로제　　④ 리사

63. 다음 중 소득세법상 사업소득에 관한 설명으로 옳지 않은 것은?

① 기준시가 15억원인 주택 1개를 소유하는 자의 주택임대소득은 비과세된다.
② 논 · 밭을 작물생산에 이용하게 함으로서 발생하는 소득은 비과세대상이다.
③ 개인사업체의 대표자 급여는 사업소득의 필요경비가 아니다.
④ 사업소득에서 발생한 이월결손금이 있는 경우에는 이를 공제 할 수 있다.

64. ㈜삼일(중소기업 아님)의 총무부서 직원인 거주자 갑의 20x1년 근로소득 관련 자료이다. 거주자 갑의 20x1년 근로소득 총급여액을 계산하면 얼마인가?

(1) 급여 : 24,600,000원(월 2,050,000원×12개월) (2)「발명진흥법」에 따른 직무발명보상금 : 4,000,000원 (직무와 관련된 발명으로 인해 회사로부터 지급받은 금액임) (3) 주택의 구입에 소요되는 자금을 회사로부터 무상으로 대여받음으로써 얻은 이익 : 2,400,000원 (4) 초과근로로 지급받은 초과근로수당 : 2,000,000원 (5) 학자금 : 10,000,000원 (회사 규정에 따라 자녀의 대학등록금으로 지급받은 금액임)

① 32,000,000원　　② 35,000,000원　　③ 37,000,000원　　④ 39,000,000원

65. 다음 중 소득세법상 기타소득에 관한 설명으로 옳지 않은 것은?

① 고용관계 없는 자가 다수인에게 강연을 하고 받는 강연료는 기타소득으로 분류되며 증빙이 없더라도 총수입금액의 60%를 필요경비 인정률로 적용받을 수 있다.

② 국가지정문화재로 지정된 서화·골동품의 양도로 발생하는 소득은 기타소득으로 과세되지 않는다.

③ 복권당첨소득은 기타소득으로 분류되며 무조건 분리과세되므로 종합과세 되지 않는다.

④ 기타소득은 종합과세하는 것이 원칙이나 기타소득금액이 연 600만원 이하인 경우 분리과세를 선택할 수 있다.

66. 다음 중 소득세법상 인적공제에 관한 설명으로 옳지 않은 것은?

① 부양가족이 장애인에 해당하는 경우에는 연령의 제한을 받지 않는다.

② 부양가족의 범위에는 계부 및 계모는 포함되나 의붓자녀는 포함되지 않는다.

③ 직계비속이 장애인이고 그 직계비속의 배우자가 장애인인 경우 당해 배우자도 기본공제 대상자에 포함된다.

④ 부양가족의 범위에는 아동복지법에 따라 가정위탁을 받아 양육하는 아동으로서 6개월 이상 직접 양육한 위탁아동도 포함된다.

67. 다음 자료를 기초로 근로자 김삼일씨의 20x1년 보험료 소득공제 금액과 보험료 세액공제 금액을 계산하면 얼마인가(단, 장남과 장녀는 소득금액이 없다고 가정한다)?

대상	지출대상	지출금액
본인(50세)	국민건강보험료	2,000,000원
	고용보험료	150,000원
	자동차보험료	1,200,000원
장남(20세)	장애인전용 상해보험료	2,000,000원
장녀(18세)	저축성 보험료	3,400,000원

	소득공제	세액공제
①	2,000,000원	240,000원
②	2,150,000원	240,000원
③	2,000,000원	270,000원
④	2,150,000원	270,000원

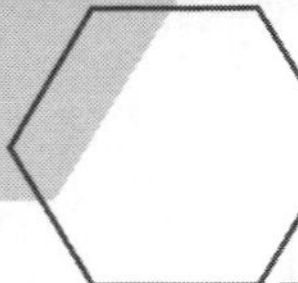

68. 다음 중 소득세법상 원천징수세율에 관한 내용으로 옳지 않은 것은?

① 일용근로자 근로소득의 원천징수세율은 6%이다.

② 비영업대금이익의 원천징수세율은 25%(금융위원회에 등록한 온라인 투자연계금융업자를 통하여 지급되는 경우 14%)이다.

③ 배당소득의 원천징수세율은 지급액의 20%이다.

④ 인적용역과 의료 · 보건용역에 해당하는 특정 사업소득의 원천징수세율은 특정사업소득수입금액의 3%이다.

69. 다음 중 소득세법상 양도소득세에 관한 설명으로 옳지 않은 것은?

① 소득세법상 양도자산의 취득시기 및 양도시기는 원칙적으로 대금청산일을 기준으로 한다.

② 양도소득세 계산시 양도가액 및 취득가액은 양도 및 취득시의 실지거래가액과 추계방법 중 선택하여 적용 가능하다.

③ 장기보유특별공제는 등기된 토지 및 건물을 3년 이상 보유한 경우, 보유기간별로 공제율을 달리하여 적용된다.

④ 양도소득세율은 양도소득세 대상자산에 따라 상이하게 적용된다.

70. 다음 중 개인의 소득세 신고에 관한 내용으로 옳지 않은 것은(단, 소득세법상 원천징수대상은 모두 원천징수 되었다고 가정한다)?

① 사업장 현황신고는 부가가치세 면세사업자의 총수입금액을 파악하기 위한 제도로써 다음연도 1월 10일까지 자진신고하여야 한다.

② 성실신고확인대상자가 성실신고확인서를 제출하는 경우 종합소득세 확정신고기간은 다음연도 5월 1일부터 6월 30일까지이다.

③ 매년 국내은행에서 발생하는 정기예금이자 1,500만원 이외의 소득이 없는 거주자 김철수 할아버지는 종합소득세 확정신고를 안해도 된다.

④ 매년 근로소득 총수입금액 1억 이외의 다른 소득이 없는 거주자 김삼일씨는 종합소득세 확정신고를 안해도 된다.

71. 다음 중 부가가치세법에 대하여 옳은 주장을 하는 사람은 누구인가?

① 김철수 : 부가가치세가 과세되는 재화란 재산 가치가 있는 유체물을 말한다. 따라서 동력이나 열과 같은 무체물은 부가가치세 과세대상이 아니다.

② 김영희 : 우리나라의 부가가치세 제도는 전단계세액공제법을 채택하고 있다.

③ 김영수 : 재화의 수입은 수입자가 사업자인 경우에만 부가가치세가 과세된다. 따라서 사업자가 아닌 개인이 재화를 수입하는 경우에는 부가가치세가 과세되지 않는다.

④ 김순희 : 간접세에 대한 국제적 중복과세의 문제를 해결하기 위하여 수출국에서만 간접세를 과세할 수 있도록 생산지국과세원칙을 채택하고 있다.

72. 다음 중 부가가치세 납세의무자에 관한 설명으로 옳지 않은 것은?

① 사업목적이 영리이든 비영리이든 관계없이 납세의무를 부담하므로 국가·지방자치단체도 납세의무자가 될 수 있다.

② 재화를 수입하는 자는 사업자인지 여부에 관계없이 납세의무자에 해당한다.

③ 고용관계에 따라 근로를 제공하는 종업원은 납세의무자에 해당하지 않는다.

④ 면세사업자도 부가가치세의 납세의무를 진다.

73. 다음 중 부가가치세법상 과세기간에 관한 설명으로 옳지 않은 것은?

① 간이과세자의 경우 과세기간을 1월 1일 부터 12월 31일로 한다.

② 부가가치세의 과세기간은 1년을 4과세기간으로 나누어 3개월마다 신고·납부하도록 하고 있다.

③ 폐업자는 폐업일이 속하는 과세기간 개시일부터 폐업일까지를 최종 과세기간으로 한다.

④ 신규사업자가 사업개시일 전에 사업자등록을 신청한 경우에는 그 신청한 날부터 신청일이 속하는 과세기간의 종료일까지를 최초 과세기간으로 한다.

74. 다음 중 법인사업자의 업종과 부가가치세법상 사업장을 연결한 것으로 옳지 않은 것은?

① 부동산임대업 - 그 부동산의 등기부상 소재지

② 부동산매매업 - 법인의 등기부상 소재지(지점소재지 포함)

③ 운수업 - 법인의 등기부상 소재지(지점소재지 포함)

④ 제조업 - 원재료를 투입하는 장소

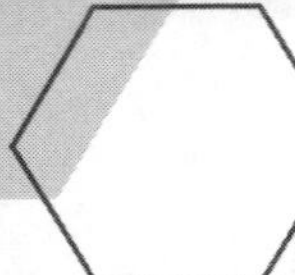

75. 다음 중 간주공급에 관한 설명으로 옳지 않은 것은?

① 개인적공급의 간주공급에 해당할 경우 세금계산서 발급의무가 면제된다.
② 개인적공급의 간주공급시기는 당해 용도에 사용한 때이며, 폐업시 잔존재화의 간주공급시기는 폐업일이 된다.
③ 사업을 위하여 무상으로 다른 사업자에게 인도 또는 양도하는 견본품은 사업상 증여에 해당하지 아니한다.
④ 주사업장 총괄납부 사업자가 판매목적 타사업장 반출시 세금계산서를 발급하고 부가가치세법상 신고규정에 따라 신고하여야 한다.

76. 다음 중 부가가치세법상 재화의 공급시기에 관한 설명으로 옳지 않은 것은?

① 현금판매 · 외상판매에 의한 재화의 공급 : 재화가 인도되거나 이용 가능하게 되는 때
② 조건부 판매 : 조건이 성취되거나 기한이 경과되어 판매가 확정되는 때
③ 장기할부판매 : 대가의 각 부분을 받기로 한 때
④ 무인판매기에 의한 판매 : 재화가 인도되는 때

77. 다음은 김삼일씨의 20x1년 1월 가계부 지출내역이다. 지출금액에 포함된 부가가치세 합계를 계산하면 얼마인가(단, 공급자는 부가가치세법에 따라 적정하게 부가가치세를 거래징수하였다고 가정한다)?

일 자	적 요	금 액
1월 14일	돼지고기 구입	55,000원
1월 21일	수도료 납부	22,000원
1월 27일	KTX 요금	33,000원

① 3,000원　② 7,000원　③ 8,000원　④ 10,000원

78. 부가가치세 과세사업을 영위하던 일반과세자 김삼일씨는 20x1년 10월 10일 당해 사업을 폐지하였다. 다음 폐업시 잔존재화 자료를 보고 부가가치세 과세표준을 계산하면 얼마인가?

자산의 종류	취득일	취득원가	시가
상 품	20x1년 9월 15일	20,000,000원*	25,000,000원
토 지	2020년 7월 16일	200,000,000원	300,000,000원
건 물	20x0년 10월 15일	100,000,000원*	130,000,000원

* 매입세액공제액를 적용받은 취득가액

① 45,000,000원　② 85,000,000원　③ 90,000,000원　④ 115,000,000원

79. 일반과세자 ㈜삼일의 20x1년 제2기 예정신고기간(20x1년 7월 1일~20x1년 9월 30일) 세금계산서 및 신용카드매출전표 수취내역이다. 20x1년 제2기 예정신고기간의 매입세액공제액으로 옳은 것은?

(1) 세금계산서 수취내역

일자	내 역	공급가액	부가가치세
7월 10일	원재료 구입	100,000,000원	10,000,000원
8월 16일	거래처 기업업무추진용 물품 구입	15,000,000원	1,500,000원
9월 10일	업무무관자산 구입	300,000,000원	30,000,000원

(2) 신용카드매출전표(부가가치세 구분표시) 수취내역

일자	내 역	공급가액	부가가치세	공급대가
9월 25일	생산직 직원들의 작업복 구입*	20,000,000원	2,000,000원	22,000,000원

* 일반과세자로부터 구입함

① 12,000,000원 ② 13,500,000원 ③ 42,000,000원 ④ 43,500,000원

80. 다음 중 부가가치세법상 가산세가 부과되는 경우로 옳지 않은 것은?

① 예정신고시 매입처별세금계산서 합계표를 제출하지 않고 확정신고시 제출한 경우
② 가공세금계산서를 발행한 경우
③ 재화를 공급받고 타인 명의로 세금계산서를 발급받은 경우
④ 사업자등록을 하지 않은 경우

원가관리회계

81. 다음은 재무회계와 관리회계의 차이점에 관한 설명이다. 올바른 설명을 모두 고르면?

ㄱ. 재무회계에서는 관련 법에 의하여 보고서의 작성이 강제된다.
ㄴ. 관리회계는 그 정보의 속성상 목적적합성이 강조되며 과거지향적인 특성을 가진다.
ㄷ. 재무회계의 보고수단은 외부이용자를 위한 일반목적 재무제표이다.
ㄹ. 관리회계에는 준거 기준이 존재하지 않는다.

① ㄱ, ㄷ ② ㄱ, ㄴ, ㄷ ③ ㄱ, ㄷ, ㄹ ④ ㄴ, ㄷ, ㄹ

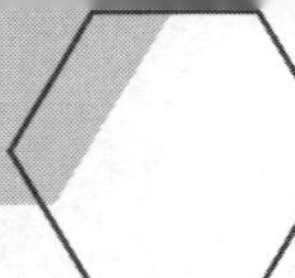

82. 다음 중 A, B에 해당하는 용어로 옳은 것은?

> A : 당기에 완성되어 제품으로 대체된 완성품의 제조원가
> B : 당기에 판매된 제품의 제조원가

① A : 당기총제조원가　　B : 당기제품제조원가
② A : 당기총제조원가　　B : 매출원가
③ A : 당기제품제조원가　　B : 매출원가
④ A : 당기제품제조원가　　B : 당기총제조원가

83. 다음 중 보조부문원가의 배분방법인 직접배분법, 단계배분법, 상호배분법에 관한 설명으로 옳은 것은?

① 보조부문 간의 용역수수관계를 고려하는 가장 합리적인 보조부문원가의 배분방법은 단계배분법이다.
② 용역의 수수관계를 완전히 무시하고 보조부문의 원가를 각 제조부문이 사용한 용역의 상대적 비율에 따라 각 제조부문에 직접 배분하는 방법은 직접배분법이다.
③ 배분순서가 중요한 계산방법은 상호배분법이다.
④ 보조부문원가의 배분방법에 따라 공장 전체의 제조간접원가가 달라진다.

84. 두 개의 제조부문과 두 개의 보조부문으로 이루어진 ㈜삼일의 부문간 용역수수에 관련된 자료는 다음과 같다. 상호배분법을 사용할 경우 제조부문 D에 배분되는 보조부문의 원가를 계산하면 얼마인가(단, 계산 과정에서 발생하는 소수점 이하 숫자는 반올림한다)?

	보조부문		제조부문	
	A	B	C	D
A 부문 용역제공	-	40%	20%	40%
B 부문 용역제공	20%	-	60%	20%
발생원가	200,000원	300,000원	450,000원	600,000원

① 195,653원　　② 213,043원　　③ 233,333원　　④ 291,304원

85. 다음 중 개별원가계산에 관한 설명으로 옳지 않은 것은?

① 수요자의 요구에 따라 개별적으로 제품을 생산하는 업종에서 주로 사용한다.
② 직접원가와 간접원가의 구분이 중요하다.
③ 개별작업에 집계되는 실제원가를 예산액과 비교하여 미래예측에 이용할 수 있다.
④ 실제원가계산에서만 적용이 가능하다.

86. 다음 중 일반적인 개별원가계산절차를 나열한 것으로 옳은 것은?

ㄱ. 집계된 제조간접원가를 배부하기 위한 배부기준을 설정한다.
ㄴ. 원가집적대상이 되는 개별작업을 파악한다.
ㄷ. 원가배부기준에 따라 제조간접원가 배부율을 계산하여 개별작업에 배부한다.
ㄹ. 개별작업에 대한 제조직접원가를 계산하여 개별작업에 직접 추적한다.
ㅁ. 개별작업에 직접 대응되지 않는 제조간접원가를 파악한다.

① ㄱ-ㄴ-ㄷ-ㄹ-ㅁ ② ㄴ-ㄱ-ㄹ-ㅁ-ㄷ
③ ㄴ-ㄱ-ㅁ-ㄷ-ㄹ ④ ㄴ-ㄹ-ㅁ-ㄱ-ㄷ

87. ㈜삼일은 직접노동시간을 기준으로 제조간접원가를 예정배부하고 있으며 연간 제조간접원가는 1,400,000원으로, 연간 직접노동시간은 40,000시간으로 예상하고 있다. 20X1년 12월 중 작업지시서 #A와 #B를 시작하여 #A만 완성되었다면 제품제조원가(a)와 재공품원가(b)는 얼마인가(단, 월초에 재공품은 없다고 가정한다)?

	#A	#B	계
직접재료원가	230,000원	130,000원	360,000원
직접노무원가	100,000원	50,000원	150,000원
직접노동시간	3,000시간	2,000시간	5,000시간

① a : 250,000원, b : 435,000원 ② a : 285,000원, b : 400,000원
③ a : 400,000원, b : 285,000원 ④ a : 435,000원, b : 250,000원

88. 다음은 평균법에 의한 기말재공품원가를 계산하는 식을 나타낸 것이다. 괄호 안에 들어갈 내용으로 적절한 것은?

$$(\text{기초재공품원가} + \text{당기발생원가}) \times \frac{\text{기말재공품의 완성품환산량}}{(\qquad\qquad)} = \text{기말재공품원가}$$

① 기초재공품수량 + 당기투입수량 - 기말재공품수량
② 완성품수량 + 기말재공품의 완성품환산량
③ 기초재공품의 완성품환산량 + 완성품수량 - 기말재공품의 완성품환산량
④ 완성품수량 + 기말재공품의 완성품환산량 - 기초재공품의 완성품환산량

89. 다음은 ㈜삼일의 원가자료이다. 재료는 공정 초기에 전량 투입되며, 가공원가는 공정전반에 걸쳐 균등하게 발생한다. ㈜삼일이 선입선출법을 사용할 경우 기말재공품의 완성도(%)는 얼마인가(단, 가공원가의 당기 완성품환산량은 1,720개라고 가정한다)?

〈 수량 〉

기초재공품수량	200개 (60%)	완성수량	1,600개
착수수량	1,800개	기말재공품수량	400개 (?%)

① 40% ② 60% ③ 80% ④ 100%

90. ㈜삼일은 종합원가계산방법을 사용하고 있다. 재료는 공정초기에 전량 투입되며, 가공원가는 공정전반에 걸쳐 균등하게 발생한다. 다음 설명 중 옳지 않은 것은?

	물량자료	재료원가	가공원가
기초재공품	100개(60%)	20,000원	9,000원
당기착수	200개	52,000원	34,200원
당기완성량	200개		
기말재공품	100개(40%)		

① 선입선출법의 완성품 환산량은 재료원가 200개, 가공원가 180개이며 기초재공품의 완성품환산량은 재료원가 100개, 가공원가 60개이다. 선입선출법 완성품환산량에 기초재공품 완성품환산량을 가산하면 평균법 완성품환산량이다.
② 선입선출법의 경우 전기의 완성품환산량 단위당 원가는 재료원가 200원, 가공원가 150원이며,당기의 완성품환산량 단위당 원가는 재료원가 260원, 가공원가 190원이다.
③ 선입선출법의 완성품에 포함된 재료원가가 평균법보다 작다.
④ 평균법의 완성품에 포함된 가공원가가 선입선출법보다 작다.

91. 다음 중 정상원가계산에 관한 설명으로 옳지 않은 것은?

① 직접재료원가는 실제원가로 측정하지만 가공원가는 사전에 정해 놓은 제조간접원가 예정배부율에 의해 예정배부된 원가로 측정한다.

② 제품원가를 정상원가로 측정하는 원가계산제도로서 평준화원가계산이라고도 한다.

③ 제조간접원가의 배부가 기말까지 지연되어 제품원가계산이 지연되는 실제원가계산의 문제점을 보완하기 위한 원가계산제도이다.

④ 제조간접원가 예정배부율에 의한 배부를 함으로써 특정 작업이 종료됨과 동시에 제품원가를 계산할 수 있도록 하고 매월 제품원가가 변동하지 않도록 하는 원가계산제도이다.

92. 다음 중 표준원가계산제도에 관한 설명으로 옳지 않은 것을 모두 고르면?

ㄱ. 변동원가계산제도에서 적용할 수 있다.
ㄴ. 직접재료원가 가격차이를 원재료 구입시점에서 분리하든 사용시점에서 분리하든 직접재료원가 능률차이에는 영향을 주지 않는다.
ㄷ. 원가통제를 포함한 표준원가시스템을 잘 활용하여도 원가절감을 유도할 수는 없다.
ㄹ. 기말에 원가차이를 매출원가에서 조정할 경우 불리한 차이는 매출원가에서 차감하고 유리한 차이는 매출원가에 가산한다.

① ㄱ, ㄷ ② ㄱ, ㄹ ③ ㄴ, ㄷ ④ ㄷ, ㄹ

93. ㈜삼일의 직접재료원가에 관한 자료는 다음과 같다. 직접재료원가의 능률차이는 얼마인가?

제품예산생산량	2,000개
제품실제생산량	2,500개
kg당 실제재료원가	400원
제품 1개당 표준투입수량	4kg
직접재료원가 kg당 표준가격	300원
직접재료원가 가격차이(불리한차이)	900,000원

① 300,000원(유리) ② 300,000원(불리)
③ 600,000원(유리) ④ 600,000원(불리)

94. 다음은 20X1년 ㈜삼일의 직접노무원가에 관한 자료이다. 20X1년 ㈜삼일의 제품단위당 실제작업시간은 얼마인가?

ㄱ. 실제제품생산량	5,000개
ㄴ. 실제직접노무원가 발생액	22,000,000원
ㄷ. 제품단위당 표준시간	4시간
ㄹ. 직접노무원가 가격차이	2,000,000원 (유리)
ㅁ. 직접노무원가 능률차이	4,800,000원 (불리)

① 5시간 ② 5.25시간 ③ 6.25시간 ④ 6.5시간

95. ㈜삼일의 기준조업도 정상작업시간은 월 620시간이며, 3월 중 발생한 제조간접원가 자료는 다음과 같다. 3월 중 제조간접원가의 조업도차이를 계산하면 얼마인가?

실제 제품생산량 : 400단위	고정제조간접원가 예산액 : 638,600원
실제 고정제조간접원가 : 680,000원	제품 단위당 표준작업시간 : 1.5시간

① 20,600원 유리 ② 20,600원 불리
③ 41,400원 유리 ④ 41,400원 불리

96. 다음 중 변동원가계산에 의한 손익계산서에 관한 내용으로 옳은 것을 모두 나열한 것은?

ㄱ. 공헌이익을 계산한다.
ㄴ. 변동제조간접원가를 기간비용으로 처리한다.
ㄷ. 고정제조간접원가는 공헌이익 산출에 포함되지 않는다.
ㄹ. 제품생산량이 영업이익에 영향을 미친다.
ㅁ. 판매비와관리비를 변동비와 고정비로 분리하여 보고한다.

① ㄱ, ㄴ, ㄷ ② ㄱ, ㄷ, ㅁ ③ ㄴ, ㄷ, ㄹ ④ ㄴ, ㄷ, ㅁ

97. 다음 중 괄호 안에 들어갈 알맞은 용어를 올바르게 짝지은 것은?

> 전부원가계산제도는 (A)개념에 근거를 두고 있다. (A)개념이란 제품생산과 관련한 원가는 원가의 행태에 관계없이 모두 제품의 원가로 보는 것이다. 변동원가계산제도는 (B)개념에 근거를 두고 있다. (B)개념이란 발생한 원가가 미래에 동일한 원가의 발생을 방지할 수 없다면 그 원가는 자산성을 인정할 수 없다는 것이다.

	A	B		A	B
①	원가부착	원가회피	②	원가회피	원가부착
③	원가부착	기간원가	④	원가회피	기간원가

98. ㈜삼일은 당기에 영업을 개시하여 단일 종류의 제품 50,000단위를 생산하였다. 당기 영업이익으로 200,000원을 외부보고 하였는데 이는 변동원가계산에 의한 영업이익보다 90,000원 더 큰 것이다. 당기 ㈜삼일의 원가 구성이 다음과 같을 때, 당기의 (ㄱ)판매수량과 (ㄴ)단위당 판매 가격은 각각 얼마인가?

	변동원가	고정원가
직접재료원가	30원/개	-
직접노무원가	20원/개	-
변동제조간접원가	15원/개	-
고정제조간접원가	-	500,000원
변동판매비와관리비	10원/개	-
고정판매비와관리비	-	415,000원

	(ㄱ)	(ㄴ)
①	41,000개	95원
②	41,000개	100원
③	48,000개	95원
④	48,000개	100원

99. ㈜삼일의 20X1년 2월의 제품 생산 및 판매와 관련된 자료는 다음과 같다. 초변동원가계산을 이용한 ㈜삼일의 20X1년 2월 재료처리량 공헌이익을 계산하면 얼마인가?

생산량	5,000개
판매량	4,500개
제품단위당 판매가격	370원
제품단위당 직접재료원가	120원
제품단위당 직접노무원가	60원
제품단위당 변동제조간접원가	30원
고정제조간접원가	75,000원
단, 기초 제품재고는 없다.	

① 855,000원 ② 950,000원 ③ 1,125,000원 ④ 1,250,000원

100. ㈜삼일은 당기 초에 영업활동을 시작하여 당기에 제품 1,100단위를 생산하였으며, 당기의 원가자료는 다음과 같다. 당기 판매량이 800단위였다면, 전부원가계산에 의한 기말제품재고액은 얼마인가?

단위당 직접재료원가	800원
단위당 직접노무원가	300원
단위당 변동제조간접원가	100원
단위당 변동판매비와관리비	300원
고정제조간접원가	220,000원
고정판매비와관리비	110,000원

① 140,000원 ② 420,000원 ③ 450,000원 ④ 540,000원

101. 활동기준원가계산(Activity - Based Costing)의 활동분석 단계에서는 기업의 기능을 여러가지 활동으로 구분하여 분석한다. 다음 중 배치(batch)수준 활동에 해당하는 것으로 옳은 것은?

① 작업준비활동 ② 연구개발활동 ③ 건물임차활동 ④ 동력소비활동

102. 다음 중 원가추정방법에 관한 설명으로 옳지 않은 것은?

① 공학적 방법은 과거의 원가 자료를 이용할 수 없는 경우에도 사용 가능한 원가추정방법이다.

② 계정분석법과 산포도법은 분석자의 주관적 판단이 개입될 수 있는 원가추정방법이다.

③ 고저점법은 최고원가 발생월과 최저원가 발생월의 조업도자료를 이용하여 원가함수를 추정하는 방법이다.

④ 회귀분석법에 의한 추정에 있어 통계적 가정이 충족되지 않을 때는 무의미한 결과가 산출될 수 있다.

103. 다음 중 CVP 분석에 관한 설명으로 옳지 않은 것은?

① 공헌이익률은 원가구조와 밀접한 관련이 있으며 변동원가 비중이 높으면 공헌이익률이 낮게 나타난다.

② 영업레버리지도가 3이라는 의미는 매출액이 1% 변화할 때 영업이익이 3% 변화한다는 의미이다.

③ 법인세를 고려하는 경우 손익분기점 분석결과는 변화한다.

④ 복수제품인 경우 매출배합은 일정하다고 가정한다.

104. ㈜삼일은 단일 제품을 생산 · 판매하고 있다. 단위당 판매가격 10,000원, 단위당 변동원가 6,000원, 총고정원가 500,000원이다. 다음 중 옳지 않은 것은?

① 단위당 공헌이익은 4,000원이다.

② 변동비율은 60%이다.

③ 공헌이익률은 40%이다.

④ 손익분기점 매출액은 1,200,000원이다.

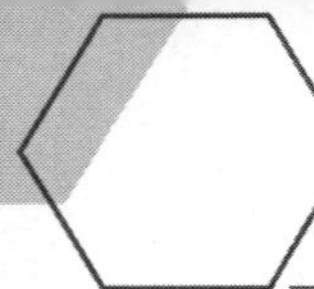

105. 다음은 매출액과 영업이익이 동일한 ㈜삼일과 ㈜용산의 영업활동에 관한 자료이다. 다음 중 ㈜삼일과 ㈜용산의 영업레버리지에 관한 설명으로 옳지 않은 것은?

	㈜삼일	㈜용산
매출액	2,000,000원	2,000,000원
변동원가	1,400,000원	500,000원
공헌이익	600,000원	1,500,000원
고정원가	300,000원	1,200,000원
영업이익	300,000원	300,000원

① 영업레버리지도는 손익분기점에 접근할수록 점점 1의 값에 가까워진다.
② ㈜용산의 경우 영업레버리지도는 5이다.
③ ㈜삼일의 경우 매출액이 2,000,000원 증가하면 영업이익은 900,000원으로 증가한다.
④ 경기침체로 인해 매출액이 감소할 때 ㈜용산의 영업이익 감소율이 ㈜삼일의 영업이익 감소율보다 항상 크다.

106. 다음 중 고정예산과 변동예산의 차이에 관한 설명으로 옳은 것은?

① 고정예산의 범위는 회사전체인 반면, 변동예산의 범위는 특정부서에 한정된다.
② 변동예산은 변동원가만을 고려하고, 고정예산은 변동원가와 고정원가 모두를 고려한다.
③ 고정예산은 조업도의 변동을 고려하지 않고 특정조업도를 기준으로 작성되는 예산이고, 변동예산은 조업도의 변동에 따라 조정되어 작성되는 예산이다.
④ 변동예산에서는 권한이 하부 경영자들에게 위양되나, 고정예산에서는 그렇지 않다.

107. 책임회계제도에 기반을 둔 경영체제가 운영되기 위해서는 책임중심점이 있어야 한다. 다음 중 책임중심점별로 통제책임을 지는 부문과 부서의 연결이 옳은 것은?

① 원가중심점 - 분권화된 조직
② 수익중심점 - 영업소
③ 이익중심점 - 제조부문
④ 투자중심점 - 판매부서

108. 다음 중 효율적인 성과평가제도를 설계하기 위해 고려해야 할 사항에 관한 설명으로 옳지 않은 것은?

① 성과평가는 객관적인 결과에 기초하여야 하므로 종업원의 만족도나 동기부여 등 주관적인 요소는 성과평가시 최대한 배제되어야 한다.

② 성과평가치의 성과측정 오류가 최소화 되도록 설계되어야 한다.

③ 적시성과 경제성을 적절히 고려하여야 한다.

④ 각 책임중심점의 행동에 미치는 영향을 적절히 고려하여야 한다.

109. ㈜삼일은 다음과 같은 3 개의 사업부(A, B, C)를 갖고 있다. 다음 자료를 이용하여 각 사업부를 잔여이익으로 평가했을 때 성과가 높은 사업부 순서대로 올바르게 배열한 것은?

구 분	A	B	C
영업자산	1,000,000원	4,000,000원	3,000,000원
영업이익	900,000원	1,500,000원	1,500,000원
최저필수수익률	20%	30%	15%

① A>B>C ② A>C>B ③ B>A>C ④ C>A>B

110. 다음 자료를 이용하여 ㈜삼일의 시장점유율차이를 계산하면 얼마인가?

단위당 예산평균공헌이익	100원
실제시장점유율	40%
예산시장점유율	45%
실제시장규모	100,000개
예산시장규모	120,000개

① 500,000원(유리) ② 500,000원(불리)

③ 800,000원(유리) ④ 800,000원(불리)

111. 다음 재무자료를 이용하여 계산한 경제적부가가치(EVA)가 12억인 경우, 자기자본비용을 계산하면 얼마인가(단, 아래의 자료에서 법인세효과는 무시한다)?

매출액	120억원
매출원가	75억원
판매비와관리비	15억원
영업외수익 중 영업관련수익	5억원
영업외비용 중 영업관련비용	7억원
투하자본(타인자본 120억원, 자기자본 80억원)	200억원
타인자본비용	6%

① 10% ② 11% ③ 12% ④ 13%

112. 다음은 철수와 친구 동철이의 대화내용이다. 의사결정과 관련하여 괄호 안에 들어갈 원가용어로 옳은 것은?

> 철수 : 동철아, 아직 결혼 소식 없어?
> 동철 : 그러게 말야. 더 이상 나이 먹기 전에 결혼을 해야겠는데 영희는 결혼 생각이 없는 거 같아. 헤어져야 할지 말아야 할지 고민이야.
> 철수 : 잘 생각해서 판단해. 네가 영희와 사귀기 위해 쓴 데이트비용, 시간 등이 정말 많은데 헤어지면 너무 아깝지 않겠어?
> 동철 : 물론 아깝긴 하지. 그러나, 그런 것들은 전부 (   )일 뿐이야. 이미 과거에 지출된 원가라서 내가 영희와 헤어질 것인가를 결정하는 것과는 관계가 없어. 하지만 알면서도 자꾸 미련이 남아.

① 매몰원가 ② 추적가능원가 ③ 추적불능원가 ④ 기회원가

113. 다음 제시된 원가 중 의사결정을 위한 관련원가에 해당되는 원가의 합으로 옳은 것은?

기회원가	14,000원	매몰원가	20,000원
회피가능원가	16,000원	회피불능원가	5,000원

① 16,000원 ② 21,000원 ③ 30,000원 ④ 35,000원

114. ㈜삼일은 최근에 제품을 단위당 10,000원에 800단위 구입하겠다는 특별주문을 받았다. 주문을 수락하더라도 기존 판매가격이나 고정원가에는 아무런 영향을 주지 않으며 유휴생산능력은 충분하다. 단위당 원가가 다음과 같을 경우, ㈜삼일의 특별주문 수락여부와 회사의 이익에 미치는 영향으로 옳은 것은?

	금액
직접재료원가	3,000원
직접노무원가(변동비)	3,000원
변동제조간접원가	3,500원
고정제조간접원가	3,000원
제품단위당 원가	12,500원

① 거절, 100,000원의 추가손실 발생
② 거절, 400,000원의 추가손실 발생
③ 수락, 100,000원의 추가이익 발생
④ 수락, 400,000원의 추가이익 발생

115. ㈜삼일의 부품제조에 관한 원가자료는 다음과 같다. 외부의 제조업자가 이 부품을 납품하겠다고 제의하였으며, 부품을 외부에서 구입할 경우 고정제조간접원가의 2/3를 회피할 수 있다면 ㈜삼일이 최대한 허용할 수 있는 부품의 단위당 구입가격은 얼마인가?

부품단위당 직접재료원가	200원
부품단위당 직접노무원가	80원
부품단위당 변동제조간접원가	120원
고정제조간접원가	600,000원
생산량	10,000단위

① 280원 ② 400원 ③ 420원 ④ 440원

116. 다음 중 순현재가치(NPV)법과 내부수익률(IRR)법에 관한 설명으로 옳지 않은 것은?

① 내부수익률(IRR)법에서는 내부수익률이 최저필수수익률을 상회하는 투자안을 채택한다.
② 순현재가치(NPV)법은 가치가산의 원칙이 적용되나 내부수익률(IRR)법은 그렇지 않다.
③ 두 방법 모두 화폐의 시간가치를 고려하는 방법이다.
④ 순현재가치(NPV)법에서는 순현재가치가 투자금액보다 큰 투자안을 채택한다.

117. 장기의사결정시에는 미래 현금흐름을 추정하는 것이 중요하다. 다음 중 장기의사결정을 위한 현금흐름 추정의 기본원칙으로 옳지 않은 것은?

① 이자비용은 할인율을 통해 반영되므로 현금흐름 산정시 이자비용은 없는 것으로 가정한다.
② 감가상각비 감세효과는 현금흐름을 추정할 때 고려해야 한다.
③ 명목현금흐름은 명목할인율로 할인해야 하며, 실질현금흐름은 실질할인율로 할인해야 한다.
④ 법인세는 회사가 통제할 수 없기 때문에 현금흐름을 추정할 때 고려해서는 안 된다.

118. ㈜삼일은 35,000원에 기계를 구입할 예정이며, 기계를 사용할 때 연간 원가절감액은 아래의 표와 같다. 연중 현금흐름이 고르게 발생한다고 가정하고 이 투자안의 회수기간을 계산하면 얼마인가?

연도	1년	2년	3년	4년
연간 원가절감액	8,500원	9,000원	10,000원	10,000원

① 2.75년 ② 2.95년 ③ 3.75년 ④ 3.80년

119. ㈜삼일은 A 사업부와 B 사업부로 구성되어 있다. B 사업부는 A 사업부에서 생산되는 부품을 가공하여 완제품을 제조한다. B 사업부에서 부품 한 단위를 완제품으로 만드는 데 소요되는 추가가공원가는 500원이며, 완제품의 단위당 판매가격은 1,050원이다. 부품의 외부시장가격이 단위당 600원인 경우, B 사업부가 받아들일 수 있는 최대대체가격은 얼마인가?

① 550원 ② 600원 ③ 650원 ④ 1,150원

120. 다음은 프린터를 생산하여 판매하고 있는 ㈜삼일의 품질원가와 관련한 정보이다. 외부실패원가를 계산하면 얼마인가?

항목	금액
제품 검사원가	1,500원
생산직원 교육원가	2,500원
작업폐물	3,000원
반품원가	3,000원
구입재료 검사원가	2,000원
소비자 고충처리비	4,000원

① 3,000원 ② 7,000원 ③ 9,000원 ④ 10,000원

2023년 12월

105회 답안 및 해설

재무회계

1	2	3	4	5	6	7	8	9	10
1	1	2	4	3	4	3	1	2	3
11	12	13	14	15	16	17	18	19	20
2	4	3	4	1	3	2	1	2	2
21	22	23	24	25	26	27	28	29	30
4	3	3	1	2	1	4	2	4	1
31	32	33	34	35	36	37	38	39	40
3	2	4	1	3	3	1	1	4	4

01. 관리회계는 법적 강제력이 없다.

02. 예측가치와 확인가치는 상호 연관되어 있다. **예측가치를 갖는 정보는 확인가치도 갖는 경우가 많다.**

03. **비용에는 실현되지 않은 손실도 포함한다.**

04. ① 매출원가와 지분법손익은 최소한의 포함항목에서 제외된다.

② **단일포괄손익계산서 또는 두 개의 보고서(별개의 손익계산서와 포괄손익계산서 : 당기순이익부터 시작되어 총포괄손익 산출) 중 하나의 양식을 선택**하여 표시할 수 있다.

③ 영업비용에 대하여 **성격별 분류와 기능별 분류 중 하나의 방법**을 선택할 수 있다.

05. 투자자산의 시장가치하락은 수정을 요하지 않는다.

06. 생물자산에서 수확한 농림어업 수확물로 구성된 재고자산은 **순공정가치로 측정하여 수확시점에 최초로 인식**한다.

07. 물가가 상승(10→20→30)인 경우 2개가 판매되었다고 가정하면 기말재고자산은 선입선출법인 경우 30원이고, 평균법일 경우 20원이므로 선입선출법이 더 크게 계상된다,

08. 재고자산평가손실(재고자산평가충당금) = [순실현가치(160 - 10) - 매입단가(200)] × 실사수량(90)
= △4,500원

09. 정부보조금은 자산의 내용연수에 걸쳐 **감가상각비를 차감하는 방식**으로 당기손익에 반영한다.

10. 재평가시 **재평가잉여금은 기타포괄손익, 재평가손실은 당기 손익**으로 반영한다.

11.

1. 20X1년 초 취득가액	100,000	
2. 20X1년 상각액(100,000÷5년)	20,000	
3. 20X1년 말 장부금액[1-2]	80,000	
4. 20X1년 말 회수가능가액	40,000	
5. 손상차손 [3-4]	40,000	
6. 20X2년 상각액[4÷잔여내용연수(4년)]	10,000	
7. 20X2년 장부금액[4-6]	30,000	
8. 20X2년 말 회수가능액	80,000	한도=**손상되지 않았을 경우 장부금액** (100,000-40,000)=**60,000원**
9. 손상차손환입액[8-7]	**30,000**	

12.

구분		비용
연구단계		70억
개발단계	자산인식조건 충족×	30억
	자산인식조건 충족○	20억
당기비용(연구단계+자산인식조건 충족X)		**100억원**

13. 무형자산의 상각방법 변경시 회계정책의 변경으로 보아 소급적용하여 회계처리한다.

14. ① 투자부동산을 **공정가치 모형으로 평가하는 경우에는 감가상각**을 하지 않는다.
② 투자부동산을 최초 인식한 후 공정가치모형과 원가모형 중 하나를 선택하여 **모든 투자부동산에 적용**한다.
③ **투자부동산(공정가치모형)에 대해서 평가손익은 당기손익으로 인식**한다.

15. **금융자산 제거의 경제적 실질 판단시 법률상 금융자산의 이전여부는 고려요소가 아니다.**

16. 상각후원가측정금융자산=액면이자(10,000)×1.78327+액면금액(200,000)×0.85734=189,300원
〈상각표(유효이자율법)〉

연도	유효이자(A) (BV×8%)	액면이자(B) (액면가액×5%)	할인차금상각액 (A-B)	상각후취득원가액 (BV)
20x1. 1. 1				189,300
20x1.12.31	15,144	10,000	5,144	194,444
20x2.12.31	**15,556**	10,000	5,556	**200,000**

17. 지분상품으로 분류한다.

18. 전환사채의 사채부분은 금융부채로 전환권가치는 지분상품(자본)으로 처리한다.

19. 사채의 발행가액=액면이자(50,000,000×10%)×2.57710
+액면가액(50,000,000)×0.79383=52,577,000원

20. ① 사건과 상황에 대하여 불확실성을 고려하여 추정해야 한다.

③ 충당부채는 지출시기도 확정되지 않은 것이다.

④ **미래예상영업손실은 부채(과거거래의 사건이나 거래의 결과로 인한 현재의무가 존재)의 정의에 부합하지 않고, 충당부채의 인식기준을 충족시키지 못하므로 충당부채**로 인식하지 아니한다.

21. 자기주식의 처분손익은 자본잉여금 또는 자본조정으로 반영한다.

22. **주식분할은 액면가액은 줄어들고 주식수는 늘어나나 자본금은 불변이다.**

23. 복수의 계약(스마트폰 통신계약)을 하나의 상업적 목적으로 일괄 협상하는 경우에도 복수의 계약에서 약속한 재화(스마트폰)나 용역(통신용역)이 **단일 수행의무에 해당하지 않더라도 둘 이상의 계약을 하나의 계약으로 회계처리할** 수 있다.

24. 반품예상율 = 반품예상원가(5,000,000)/매출원가(25,000,000) = 20%

반품으로 회수할 자산(반환제품회수권) = 원가(25,000,000) × 반품예상율(20%) = 5,000,000원

25.

	x1년	x2년	x3년
누적공사원가(A)	60,000,000	112,000,000	165,000,000
추정 공사계약원가(B)	150,000,000	160,000,000	165,000,000
누적진행률(A/B)	40%	70%	100%
총공사계약금액	170,000,000		
당기누적계약수익	68,000,000	119,000,000	170,000,000
당기계약수익(C)	68,000,000	51,000,000	51,000,000
당기계약원가(D)	60,000,000	52,000,000	53,000,000
당기계약이익(손실)(C – D)	**8,000,000**	**△1,000,000**	**△2,000,000**

27. **보험수리적 손익은 기타포괄손익**에 해당한다.

28. **주식결제형 주식기준 보상거래시 공정가치는 자본항목으로 인식하기 때문에 후속적으로 재측정하지 않는다.**

29. 기업업무추진비 한도초과액, 기부금한도초과액 : 기타사외유출

임원퇴직금 한도초과액 : 상여

감가상각비 한도초과액 : 유보(차감할 일시적 차이)

30. 법인세비용 = 미지급법인세(2,500,000) – 이연법인세부채(400,000) – 이연법인세자산(300,000) = 1,800,000원

(차) 법인세비용	1,800,000	(대) 당기법인세부채	2,500,000
이연법인세부채	400,000		
이연법인세자산	300,000		

31. 유형자산의 **원가모형을 재평가모형으로 변경시 정책의 변경에 해당**한다.

32. 〈유통보통주식수 변동〉

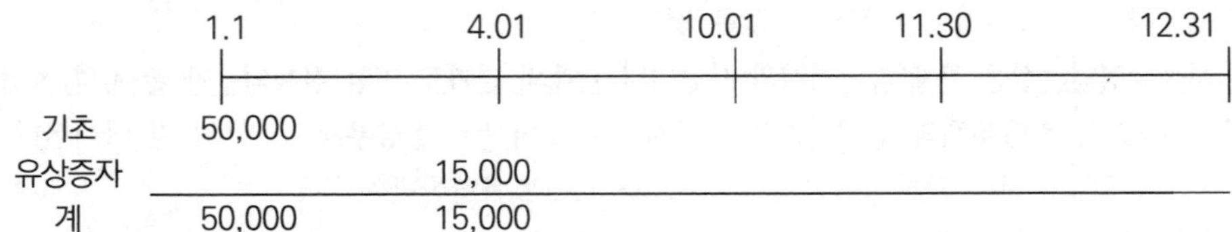

기초	50,000	
유상증자		15,000
계	50,000	15,000

유통보통주식수 : 50,000×12/12+15,000×9/12=61,250주

보통주 순이익=당기순이익(326,250,000)-우선주배당금(20,000,000)=306,250,000원

기본주당순이익=보통주 순이익(306,250,000)÷유통보통주식수(61,250)=5,000원/주

33. ① **12개월 이내에 매각할 목적으로 투자주식을 취득하여 적극적으로 매수자**를 찾고 있는 경우에 지분법을 적용하지 않는다.

② 의결권이 없는 우선주는 지분법을 적용하지 않는다.

③ 의결권을 행사할 수 없는 경우 실질영향력을 행사할 수 없으므로 지분법을 적용하지 않는다.

34. 관계기업투자주식=취득가액(700,000)+관계기업 총 포괄이익(500,000)×지분율(30%)=850,000원

35. 매출채권, 단기대여금만 화폐성 항목이다.

36. **매매목적의 파생상품의 평가손익은 당기손익으로 인식**한다.

37. 리스료의 현재가치=고정리스료(200,000)×현가계수(2.48685)=497,370원

사용권자산=리스료의 현재가치(497,370)+ 직접원가(50,000)=547,370원

감가상각비=사용권자산(547,370)÷5년=109,474원/년

38. **지분상품의 취득은 투자활동에 해당한다.**

39.

구분	금액
당기순이익	50,000
(+)감가상각비	2,500
(+)유형자산처분손실	1,800
(+)매출채권의 감소	15,000
(-)재고자산의 증가	-10,000
(-)매입채무의 감소	-22,000
= 영업활동으로 인한 현금	37,300

40.

구분	금액
이자수익	200,000원
(+)미수이자 감소액	10,000원
(+)선수이자 증가액	20,000원
=이자수취액	230,000원

세무회계

41	42	43	44	45	46	47	48	49	50
2	3	1	4	3	3	2	2	2	1
51	**52**	**53**	**54**	**55**	**56**	**57**	**58**	**59**	**60**
3	4	4	3	1	3	2	2	1	1
61	**62**	**63**	**64**	**65**	**66**	**67**	**68**	**69**	**70**
3	3	1	4	4	2	4	3	2	1
71	**72**	**73**	**74**	**75**	**76**	**77**	**78**	**79**	**80**
2	4	2	4	4	4	1	4	1	1

41. **세법의 별도규정이 국세기본법보다 우선함.**

42. (생계를 같이하는) 혼외출생자의 생부·생모도 특수관계인에 해당한다.

44. 납부지연가산세는 지연일수에 따라 부과한다.

45. **직전 사업연도 종료일부터 3개월 이내**에 납세지 관할세무서장에게 이를 신고하여 하나, 4월 18일에 신고했으므로, 23기는 종전 사업연도가 적용된다.

46. ① 대주주 사택 유지비용 : 배당

② 토지취득세의 비용처리 : 유보.

④ 임원상여금한도초과 : 상여

47. 익금 = 채무면제이익(2,000,000) + 토지양도(4,000,000) = 6,000,000원

48. 손금불산입 = 벌과금(500,000) + 의무적 아닌 공과금(1,000,000) + 주식할인발행차금(2,000,000)

= 3,500,000원

49. **가산세는 손금불산입 대상이고 기타사외유출로 처분한다.**

50. 장기할부판매에 해당하며, 인도기준(명목가액)에 따라 회계처리했으므로 별도 세무조정은 없다.

51. **외장의 복구는 수익적 지출**에 해당한다.

52. 상각범위액 = 취득원가(100,000,000) × 상각율(20%) = 20,000,000원

구분	상황1 (상각부인액 3,000,000)	상황2 (시인부족액 3,000,000)
회사계상 상각비(A)	18,000,000원	
상각범위액(B)	20,000,000원	
시부인액(B-A)	시인액 2,000,000원	
세무조정	손금산입 2,000,000원	세무조정없음

53. ① 장부가와 시가 중 큰 금액으로 한다.

② 시가범위는 ±30%이다.

③ 기부금은 사업하고 무관하여야 한다.

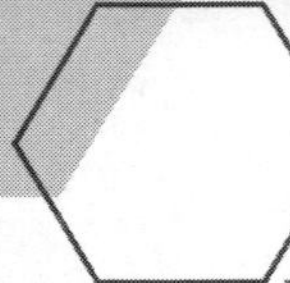

54. ① 직부인 기업업무추진비 : 적경증빙 미수취 1,500,000원(손금불산입)

② 기업업무추진비 한도 계산

㉠ 해당액 = 지출액(75,000,000) - 직부인(1,500,000) = 73,500,000원

㉡ 한도(ⓐ+ⓑ) = 52,000,000원

ⓐ 기본(일반)한도 = 12,000,000원

ⓑ 수입금액 한도 = 100억×0.3%+50억×0.2% = 40,000,000원

③ 기업업무추진비 한도초과액 = 해당액(73,500,000) - 한도(52,000,000) = 21,500,000원

손금불산입 = 적격증비미수취(1,500,000) + 한도초과액(21,500,000) = 23,000,000원

55. 업무무관가지급금은 **특수관계자간 거래가 대상**이 된다.

56. 대손실적율 = 당기 세무상 대손금(6,000,000) ÷ 전기말 채권(1.2억) = 5%

대손충당금 한도액 = 세무상 기말 채권(1억) × 대손실적율(5%) = 5,000,000원

회사설정액(기말잔액) = 10,000,000원

대손충당금한도초과 = 설정액(10,000,000) - 한도(5,000,000) = 5,000,000원(손금불산입)

각사업연도소득금액 = 당기순이익(50,000,000) + 대손미충족(2,000,000)

- 전기대손충당금 추인(4,000,000) + 당기대손충당금한도초과(5,000,000)

= 53,000,000원

57. **손실보전준비금은 조세특례제한법상 준비금**이다.

58. 인정이자 = 업무무관가지급금(70,000,000) × 당좌대출이자율(4.6%) - 수령이자(1,600,000)

= 1,620,000원

59. 각사업연도 소득에서 **이월결손금, 비과세소득, 소득공제 순으로 차감**한다.

60. **현금흐름표는 외부감사 대상법인에게만 필수제출서류에 해당한다.**

61. **금융소득과 사업소득은 유형별 포괄주의를 적용**한다.

62. **원천징수되지 않은 국외상장주식 배당금은 무조건 종합과세**에 해당한다.

63. 기준시가 12억원 이하인 1주택에 대해서 비과세된다.

64.

구분	금액	비고
월 급여	24,600,000	
직무발명보상금		7백만원이하의 경우 비과세
주택구입자금 이익	2.400,000	
초과근로수당	2,000,000	
학자금	10,000,000	
총급여액 계	**39,000,000**	

65. **기타소득금액이 300만원 이하인 경우에는 분리과세를 선택**할 수 있다.

66. **의붓자녀도 인적공제 대상**이다.

67. 건강보험료(2,000,000), 고용보험료(150,000)는 소득공제 대상(2,150,000)이고,
저축성보험은 보험료세액공제대상에서 제외된다.

구분	지출금액	한도	공제율	공제금액
자동차보험료	1,200,000	1백만원	12%	120,000
장애인상해보험료	2,000,000	1백만원	15%	150,000
계				***270,000***

68. 배당소득의 일반적인 원천징수세율은 14%이다.

69. 양도소득세 계산은 **실지거래가액을 적용하는 것이 원칙**이다.

70. **사업장현황은 다음연도 2월 10일까지 신고**하여야 한다.

71. ① 무체물도 과세대상이다.
③ 개인이 수입을 해도 부가가치세가 과세된다.
④ 부가가치세는 소비지국과세원칙을 채택하고 있다.

72. 면세사업자는 부가가치세법상 사업자가 아니다.

73. 일반과세자의 부가가치세의 과세기간은 1년을 2과세기간으로 나눈다.

74. 제조업의 경우 최종제품을 완성하는 장소가 사업장이다.

75. **판매목적 타사업장 반출에 대한 공급의제 배제된다.**

76. 무인판매기에서 현금을 인취하는 때가 재화의 공급시기이다.

77. 돼지고기와 수도료는 면세이고 KTX요금만 부가가치세(3,000) 과세대상이 된다.

78. 간주시가(건물) = 취득원가(100,000,000) × [(1 - 경과된과세기간(2) × 5%] = 90,000,000원
과세표준 = 상품(25,000,000) + 간주시가(90,000,000) = 115,000,000원

79. 매입세액 = 원재료(10,000,000) + 작업복구입(2,000,000) = 12,000,000원

80. 매입처별 세금계산합계표의 지연제출은 가산세 대상이 아니다.

원가관리회계

81	82	83	84	85	86	87	88	89	90
3	3	2	1	4	4	4	2	2	4
91	**92**	**93**	**94**	**95**	**96**	**97**	**98**	**99**	**100**
1	4	1	1	2	2	1	2	3	2
101	**102**	**103**	**104**	**105**	**106**	**107**	**108**	**109**	**110**
1	3	3	4	1	3	2	1	4	2
111	**112**	**113**	**114**	**115**	**116**	**117**	**118**	**119**	**120**
2	1	3	4	4	4	4	3	1	2

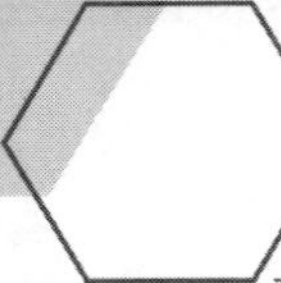

81. 관리회계는 투자안에 대한 결정으로 미래 지향적이다.

83. ① 가장 정확하고 합리적인 방법은 상호배분법이다.

③ 배분순서가 가장 중요한 방법은 단계배분법이다.

④ 어떠한 방법을 적용해도 전체 제조간접원가는 동일하다.

84. 여유시간이 있으시면 푸시기 바랍니다.

A = A부문발생원가 + B부문에서 배부받은 원가 = 200,000 + 0.2B

B = B부문발생원가 + A부문에서 배부받은 원가 = 300,000 + 0.4A

∴ A=282,609 B=413,044

제공부문 \ 사용부문		보조부문		제조부문	
		A	B	C	D
배부전원가		200,000	300,000	**450,000**	**600,000**
보조부문 배부	A(40% : 20% : 40%)	(282,609)	113,044	56,521	113,044
	B(20% : 60% : 20%)	82,609	(413,044)	247,826	82,609
보조부문 배부후 원가		–	–	304,347	*195,653*

85. 개별원가계산은 실제, 정상, 표준원가에도 적용이 가능하다.

87. 예정배부율 = 연간제조간접원가(1,400,000) ÷ 연간직접노동시간(40,000) = 35원/시간당

제조간접원가 = 직접노동시간 × 예정배부율(35원)

구 분	#A(제품)	#B(재공품)
직접재료원가	230,000	130,000
직접노무원가	100,000	50,000
제조간접원가	105,000	70,000
합계	*435,000*	*250,000*

89.

〈1단계〉 물량흐름파악(선입선출법)		〈2단계〉 완성품환산량(가공원가) 계산
	완성품 1,600	
	– 기초재공품 200(40%)	80
	– 당기투입분 1,400(100%)	1,400
	기말재공품 400(??%)	?
	계 2,000	**1,720**

기말재공품의 가공비 완성품환산량 = 1,720 - 1,400 - 80 = 240개

기말재공품의 완성도 = 완성품환산량(240) ÷ 기말재공품(400) = 60%

90. ① **평균법의 완성품환산량=선입선출법의 완성품환산량+기초재공품 완성품환산량**

〈1단계〉 물량흐름파악(선입선출법) **〈2단계〉 완성품환산량 계산**

재공품			재료원가(선)	가공원가(선)	가공원가(평)
	완성품	200			200
	–기초재공품	100(40%)	0	40	–
	–당기투입분	100(100%)	100	100	–
	기말재공품	100(40%)	100	40	40
	계	300	**①200**	**①180**	**240**
〈3단계〉 원가요약(당기투입원가)			52,000 / 200개	34,200 / 180개	9,000+34.200 / 240
〈4단계〉 완성품환산량당 단위원가			② @260	② @190(선)	@180
전기 완성품환산량 단위당 원가②			20,000/100 =200원	9,000/60 =150원	

③ 평균법(200)이 선입선출법(100)보다 재료원가에 대한 완성품환산량이 크므로 재료원가는 평균법이 크다.

④ 완성품 가공원가(평)=200개×@180=36,000원>완성품 가공원가(선)=9,000+140개×@190
=35,600원

91. 직접노무비도 실제원가로 측정한다.

92. 표준원가는 원가통제를 하여 원가절감을 유도한다.
불리한 차이는 매출원가에 가산하고 유리한 차이는 차감한다.

93. (400-300)×AQ=900,000(불리) ∴AQ=9,000KG

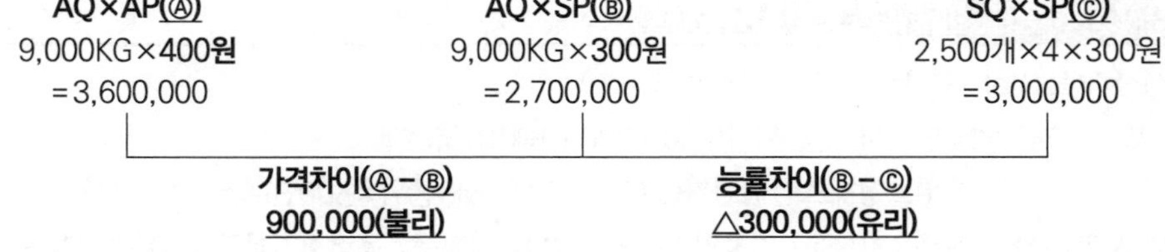

94. 〈노무원가〉

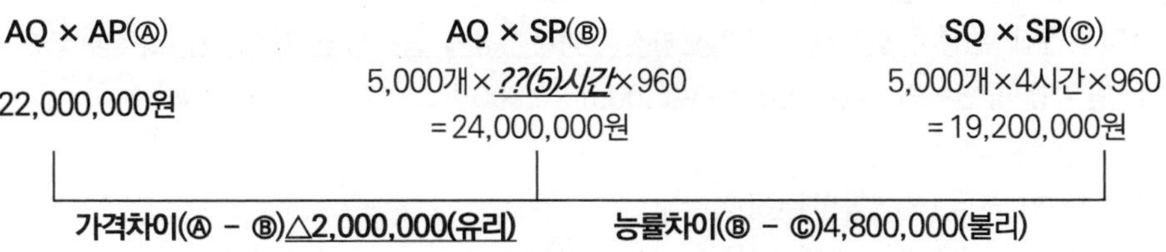

95.

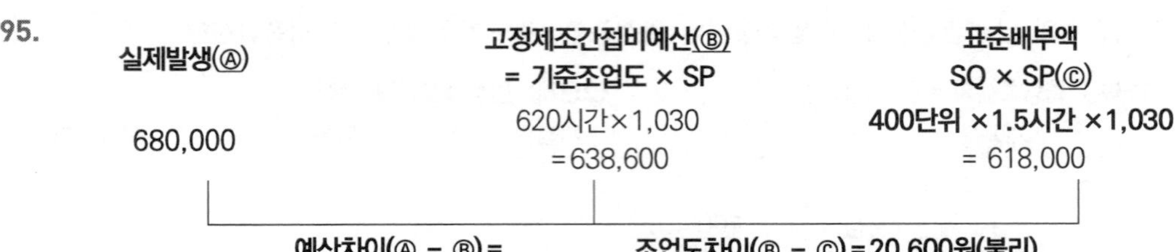

96. 변동원가계산은 변동제조간접원가를 제품원가로 보고, 판매량이 영업이익에 영향을 미친다.

98. 단위당고정제조간접비 = 고정제조간접비(500,000) ÷ 생산수량(50,000) = 10원/단위당

변동원가(순이익)	110,000
+기말재고에 포함된 고제간	90,000
–기초재고에 포함된 고제간	0
=전부원가(순이익)	200,000

기말재고 = 기말재고에 포함된 고정제조간접비(90,000) ÷ 단위당 고정제조간접비(10) = 9,000개

판매수량 = 총생산량(50,000) – 기말재고(9,000) = 41,000개

변동원가 순이익(110,000) = [P – 30 – 20 – 15 – 10] × 41,000개 – (500,000 + 415,000)

∴ P = 100원

99. 초변동원가 계산

1. 매출액	4,500개 × 370원 = 1,665,000원
2. 직접재료원가	4.500개 × 120원 = 540,000원
3. 재료처리량공헌이익	**1,125,000**

100. 생산량(1,100) – 판매량(800) = 기말재고(300)

기말제품재고액 = 단위당 변동원가[800 + 300 + 100] × 300개

+ 고정제조간접원가(220,000) ÷ 1,100단위 × 300단위 = 420,000원

101. **연구개발활동 : 제품유지활동, 건물임차활동 : 설비유지활동, 동력소비활동 : 단위수준활동**

102. 고저점법은 **최고조업도 수준과 최저조업도 수준**에서의 자료를 이용하여 원가를 추정하는 방법이다.

103. 손익분기점 분석시 **법인세는 손익분기점(손익분기점에서는 법인세 효과가 없음)하고는 무관하다.**

104. ① 단위당 공헌이익 = P(10,000) – V(6,000) = 4,000원

② 변동비율 = V(6,000) ÷ P(10,000) = 60%

③ 공헌이익률 = 1 – 변동비율(60%) = 40%

④ BEP = F(500,000) ÷ 공헌이익률(40%) = 1,250,000원

105. <u>**영업레버리지는 손익분기점 부근에서 가장 크고 손익분기점에서 멀어질수록 -1 또는 1의 값에 가까워진다.**</u>

	㈜삼일	㈜용산
공헌이익	600,000	1,500,000
영업이익	300,000	300,000
DOL(공헌이익÷영업이익)	2	5

삼일의 매출액이 2백만원 증가하면 영업이익은 600,000원(300,000×2)이 증가한다.

107. 원가중심점 : 제조부서, 이익중심점 : 사업부, 투자중심점 : 분권화된 사업부

109.

	A	B	C
1. 영업자산	1,000,000	4,000,000	3,000,000
2. 영업이익	900,000	1,500,000	1,500,000
3. 최저필수수익률	20%	30%	15%
4. 잔여이익 2-1×3	<u>**700,000**</u>	<u>**300,000**</u>	<u>**1,050,000**</u>

110.

변동예산(2)	변동예산(3)	고정예산
실제규모×실제점유율	**실제규모×예산점유율**	**예산규모×예산점유율**
×가중평균예산공헌이익	**×가중평균예산공헌이익**	**×가중평균예산공헌이익**
100,000×40%×100	**100,000×45%×100**	
=4,000,000	**=4,500,000**	

시장점유율차이 △500,000(불리)

111.

1. 세후영업이익	28억	120억-75억-15억+5억-7억
2. 투하자본	200억	
3. 가중평균자본비용	8%	$6\% \times \frac{120}{200} + \text{자기자본비용} \times \frac{80}{200}$
<u>4. 경제적 부가가치</u>	<u>**12억**</u>	28억-200억×8%

가중평균자본비용(8%) = 3.6% + 자기자본비용×40% ∴ 자기자본비용 = 11%

113. 관련원가 = 기회원가(14,000) + 회피가능원가(16,000) = 30,000원

114.

1.증분수익(특별주문수락시)	**☞유휴생산능력은 충분**
• 매출액증가분	**10,000원×800단위 = 8,000,000원**
2.증분비용(특별주문수락시)	
• 변동비증가	**(3,000+3,000+3,500)×800단위 = 7,600,000원**
3.증분손익	<u>**400,000원(특별주문 수락)**</u>

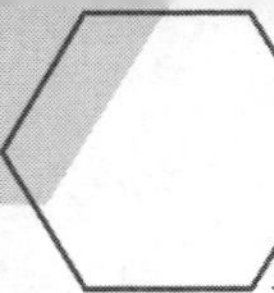

115.

1. 증분수익(외부구입시)	
• 변동비감소분	(200 + 80 + 120) = 400
• 회피가능고정원가	600,000 ÷ 10,000단위 × 2/3 = 40
2. 증분비용(외부구입시)	
• 외부구입비증가	X(외부구입단가) = 440원
3. 증분손익	0

116. 순현재가치가 0보다 크면 투자안을 선택한다.

117. 법인세는 회사가 통제할 수 없어도 현금유출이므로 현금흐름을 추정할 때 고려해야 한다.

118. 기계장치 구입비 35,000원

	1년	2년	3년	4년
누적원가절감액	8,500	17,500	27,500	37,500

회수기간 = 3년 + (35,000 - 27,500)/4년차 원가절감(10,000) = 3.75년

119. 최대대체가격 = MIN[① 외부구입가격(600) ② 완제품판매가격(1,050) - 추가가공비(500)] = 550원

120. 외부실패원가 = 반품원가(3,000) + 소비자 고충처리비(4,000) = 7,000원

2023년 9월

103회 재경관리사

재무회계

1. 다음 중 재무회계와 관리회계에 관한 설명으로 옳지 않은 것은?

① 재무회계는 기업외부의 정보이용자를 위한 회계인 반면 관리회계는 기업내부의 정보이용자를 위한 회계이다.

② 재무회계는 재무제표라는 양식으로 보고하지만 관리회계는 일정한 양식이 없다.

③ 재무회계와 관리회계 모두 법적 강제력을 가진다.

④ 재무회계는 일반적으로 인정된 회계원칙에 따라 작성되지만 관리회계는 경제·경영·통계 등 다양한 정보를 활용하여 작성된다.

2. 다음 중 목적적합성과 표현충실성에 관한 설명으로 옳지 않은 것은?

① 재무정보가 유용하기 위해서는 목적적합성을 가지거나 또는 표현충실성을 가져야 한다.

② 완벽한 표현충실성을 위해서는 서술이 완전하고, 중립적이며, 오류가 없어야 할 것이다.

③ 목적적합한 재무정보는 정보이용자의 의사결정에 차이가 나도록 할 수 있다.

④ 오류가 없다는 것은 현상의 기술에 오류나 누락이 없고, 보고 정보를 생산하는데 사용되는 절차의 선택과 적용 시 절차상 오류가 없음을 의미하며, 모든 면에서 완벽하게 정확하다는 것을 의미하지는 않는다.

3. 다음 중 자산의 측정방법에 관한 설명으로 옳지 않은 것은?

① 공정가치 : 측정일에 시장참여자간 정상거래에서 자산을 취득할 때 지급할 가격

② 사용가치 : 기업이 자산의 사용과 궁극적인 처분을 통해 얻을 것으로 기대하는 현금흐름 또는 그 밖의 경제적효익의 현재가치

③ 역사적원가 : 기업이 자산을 취득 또는 창출하기 위하여 지급한 대가(거래원가 포함)

④ 현행원가 : 측정일 현재 동등한 자산의 원가로써 측정일에 지급할 대가(거래원가 포함)

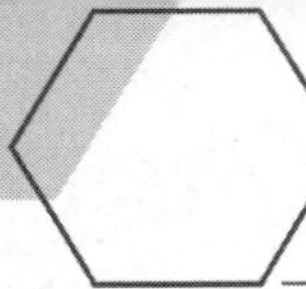

4. 다음 중 포괄손익계산서 작성에 관한 설명으로 옳지 않은 것은?

① 단일 포괄손익계산서 또는 별개의 손익계산서와 포괄손익계산서 중 하나의 양식을 선택할 수 있다.

② 포괄손익은 크게 당기손익과 기타포괄손익으로 구성된다.

③ 재분류조정은 당기나 과거 기간에 기타포괄손익으로 인식되었으나 당기손익으로 재분류된 금액을 말한다.

④ 비용을 성격별로 분류하는 기업은 감가상각비, 기타 상각비와 종업원급여비용을 포함하여 비용의 기능별 분류에 대한 추가 정보를 주석에 공시한다.

5. 다음 중 기업과 특수관계에 있는 대상으로 옳지 않은 것은?

① 당해 기업의 관계기업

② 당해 기업의 주요 매출처

③ 당해 기업의 주요 경영진

④ 당해 기업의 지배기업 및 종속기업

6. 다음 중 재고자산에 관한 설명으로 옳은 것은?

① 재고자산은 취득원가와 순실현가능가치 중 높은 금액으로 측정한다.

② 매입할인, 리베이트 및 기타 유사한 항목은 매입원가를 결정할 때 차감하지 않는다.

③ 판매원가는 재고자산의 취득원가에 포함하지 않는다.

④ 재고자산을 현재의 장소에 현재의 상태로 이르게 하는데 기여하지 않은 관리간접원가는 재고자산의 취득원가에 포함한다.

7. 다음 자료에서 재고자산평가손실은 ㈜삼일의 재고자산이 진부화되어 발생하였다. 자료를 바탕으로 ㈜삼일의 20X2년 포괄손익계산서상 재고자산과 관련하여 비용으로 인식할 금액의 총액을 계산하면 얼마인가?(단, ㈜삼일은 재고자산평가손실과 재고자산 정상감모손실을 매출원가에 반영하고 있다.)

항목	금액
20X1년 12월 31일 재고자산	400,000원
20X2년 매입액	1,000,000원
20X2년 재고자산평가손실	550,000원
20X2년 재고자산 정상감모손실	20,000원
20X2년 재고자산 비정상감모손실	10,000원
20X2년 12월 31일 재고자산(모든 평가손실과 감모손실 차감 후)	300,000원

① 1,080,000원　② 1,100,000원　③ 1,120,000원　④ 1,400,000원

8. 지난 2년간 재고자산의 매입가격이 계속 상승했을 경우, 기말재고의 평가에 있어서 선입선출법을 적용했을 경우와 총평균법을 적용했을 경우에 관한 설명으로 옳지 않은 것은?

① 선입선출법을 적용하는 경우와 총평균법을 적용하는 경우의 매출액은 동일하다.
② 선입선출법을 적용할 때 매출원가가 보다 낮게 계상된다.
③ 선입선출법을 적용할 때 기말재고금액이 보다 낮게 계상된다.
④ 선입선출법을 적용할 때 당기순이익이 보다 높게 계상된다.

9. 다음 중 유형자산의 인식에 관한 설명으로 옳은 것은?

① 안전 또는 환경상의 이유로 취득하는 유형자산은 직접적인 미래경제적효익을 기대할 수 없으므로 자산으로 인식할 수 없다.
② 일상적인 수선·유지와 관련하여 발생하는 후속적 원가는 해당 유형자산의 장부금액에 포함된다.
③ 사용 중이던 유형자산의 일부가 대체될 때 발생하는 원가는 항상 수선비(비용)로 인식한다.
④ 유형자산의 정기적인 종합검사 과정에서 발생하는 원가가 인식기준을 충족한다면 해당 유형자산의 일부가 대체되는 것으로 본다.

10. ㈜삼일은 20X1년 초에 토지를 10,000원에 구입하였으며, 이 토지에 대해 재평가모형을 적용하여 매년 말에 재평가하였다. 토지는 20X1년 말에 15,000원, 20X2년 말에 12,000원으로 각각 재평가되었다. 20X2년 말에 시행한 토지의 재평가가 ㈜삼일의 20X2년 당기순이익에 미치는 영향은 얼마인가?

① 영향 없음　② 2,000원 감소　③ 3,000원 감소　④ 5,000원 감소

11. 다음은 20X1년 말 ㈜삼일의 건물과 관련된 자료이다. ㈜삼일은 20X1년 말 건물과 관련하여 손상차손을 인식하였다. 20X2년 결산시점에 ㈜삼일이 건물과 관련하여 인식해야 할 감가상각비를 계산하면 얼마인가?

ㄱ. 20X1년 말 건물 장부금액(손상차손 인식 전)	50,000,000원
ㄴ. 20X1년 말 건물의 순공정가치	45,000,000원
ㄷ. 20X1년 말 건물의 사용가치	35,000,000원
ㄹ. 20X1년 말 건물의 잔존내용연수	5년
ㅁ. 건물의 잔존가치	0원
ㅂ. ㈜삼일은 건물에 대하여 정액법으로 감가상각비를 인식함	

① 7,000,000원　② 8,000,000원　③ 9,000,000원　④ 10,000,000원

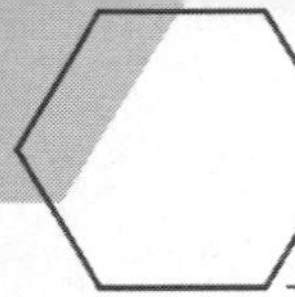

12. 다음 중 내부적으로 창출한 무형자산에 관한 설명으로 옳지 않은 것은?

① 내부 프로젝트의 연구단계에서는 미래경제적효익을 창출할 무형자산이 존재한다는 것을 제시할 수 없기 때문에 연구단계에서 발생한 지출은 발생한 기간의 비용으로 인식한다.

② 내부적으로 창출한 영업권은 원가를 신뢰성 있게 측정할 수 없고 기업이 통제하고 있는 식별가능한 자원이 아니기 때문에 무형자산으로 인식하지 아니한다.

③ 재료, 장치, 제품, 공정, 시스템이나 용역에 대한 여러 가지 대체안을 탐색하는 활동은 연구단계에 속하는 활동의 일반적인 예에 해당한다.

④ 무형자산을 창출하기 위한 내부 프로젝트를 연구단계와 개발단계로 구분할 수 없는 경우에는 그 프로젝트에서 발생한 지출은 모두 개발단계에서 발생한 것으로 본다.

13. 다음 중 무형자산의 상각에 관한 설명으로 옳지 않은 것은?

① 내용연수가 유한한 무형자산은 자산을 사용할 수 있는 때부터 상각한다.

② 내용연수가 비한정인 무형자산은 감가상각하지 않고, 매 회계기간마다 내용연수가 비한정이라는 평가가 정당한지 검토한다.

③ 내용연수가 유한한 무형자산은 경제적효익이 소비되는 형태를 신뢰성 있게 결정할 수 없는 경우에는 상각을 하지 않는다.

④ 내용연수가 유한한 무형자산의 상각기간과 상각방법은 적어도 매 회계연도 말에 검토한다.

14. 다음 중 투자부동산에 해당하는 것을 모두 고른 것으로 옳은 것은?

ㄱ. 장래 용도를 결정하지 못한 채로 보유하고 있는 토지
ㄴ. 보유하는 건물에 관련되고 운용리스로 제공하는 사용권자산
ㄷ. 정상적인 영업과정에서 판매하기 위한 부동산이나 이를 위하여 건설 또는 개발 중인 부동산
ㄹ. 자가사용부동산
ㅁ. 금융리스로 제공한 부동산

① ㄱ, ㄴ　② ㄴ, ㄷ　③ ㄷ, ㄹ　④ ㄹ, ㅁ

15. 다음의 금융자산과 관련하여 ㈜삼일이 20X1년 말 재무상태표상 기타포괄손익누계액으로 표시할 금액을 계산하면 얼마인가?

> ㈜삼일은 20X0년 초 지분상품을 취득하여 기타포괄손익-공정가치 측정 금융자산으로 지정하였다. 취득시 공정가치는 100,000원이고, 취득관련 수수료는 10,000원이다. 20X0년 말 동금융자산의 공정가치는 80,000원이며, 20X1년 말 동 금융자산의 공정가치는 150,000원이다.

① 10,000원　② 20,000원　③ 40,000원　④ 50,000원

16. 다음 중 금융자산의 제거에 관한 설명으로 옳지 않은 것은?

① 금융자산의 현금흐름에 대한 계약상 권리가 소멸한 경우에는 당해 금융자산을 제거한다.
② 금융자산의 현금흐름에 대한 계약상 권리를 양도하고 위험과 보상의 대부분을 이전하면 당해 금융자산을 제거한다.
③ 금융자산의 현금흐름에 대한 계약상 권리를 양도하고, 양수자가 당해 금융자산을 제 3 자에게 매각할 수 있는 능력을 가지고 있다면 당해 금융자산을 제거한다.
④ 금융자산의 현금흐름에 대한 계약상 권리를 양도하고 양도자가 매도 후에 미리 정한 가격으로 당해 금융자산을 재매입하기로 한 경우 당해 금융자산을 제거한다.

17. 다음 중 한국채택국제회계기준에 의한 금융상품에 관한 설명으로 옳지 않은 것은?

① 금융상품은 거래당사자(보유자)에게 금융자산을 발생시키고 동시에 거래상대방(발행자)에게 금융부채나 지분상품을 발생시키는 모든 계약을 말한다.
② 잠재적으로 유리한 조건으로 거래상대방과 금융자산이나 금융부채를 교환하기로 한 계약상 권리는 금융상품 보유자 입장에서 금융자산으로 분류한다.
③ 거래상대방에게 현금 등 금융자산을 인도하기로 한 계약상 의무는 금융상품 발행자 입장에서 금융부채로 분류한다.
④ 확정수량의 자기지분상품을 확정금액의 현금 등 금융자산을 교환하여 결제하는 방법 외의 방법으로 결제되거나 결제될 수 있는 파생상품은 발행자 입장에서 지분상품으로 분류한다.

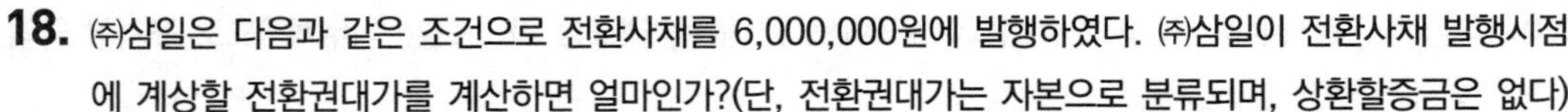

18. ㈜삼일은 다음과 같은 조건으로 전환사채를 6,000,000원에 발행하였다. ㈜삼일이 전환사채 발행시점에 계상할 전환권대가를 계산하면 얼마인가?(단, 전환권대가는 자본으로 분류되며, 상환할증금은 없다)

> ㄱ. 액면금액 : 6,000,000원
> ㄴ. 액면이자 : 표시이자율 10%, 매년 말 이자지급
> ㄷ. 발행일 : 20X1년 1월 1일
> ㄹ. 만기일 : 20X3년 12월 31일(3년)
> ㅁ. 전환사채가 일반사채인 경우의 시장이자율 : 12%(12%, 3년의 현재가치계수는 0.7118이며, 3년의 연금현재가치계수는 2.4018이다)

① 0원 ② 288,120원 ③ 379,350원 ④ 487,250원

19. 다음 중 사채의 회계처리에 관한 설명으로 옳지 않은 것은?

① 사채발행비는 사채의 발행금액에서 차감한다.
② 사채발행비가 없는 상황에서, 사채를 조기상환하는 경우 상환일의 시장이자율이 발행일의 시장이자율보다 높으면 사채상환손실이 발생한다.
③ 사채발행비가 없는 상황에서, 연속상환사채의 발행금액은 사채로부터 발생하는 미래현금흐름을 사채발행시점의 시장이자율로 할인한 현재가치가 된다.
④ 자기사채를 취득하는 경우 취득금액과 사채 장부금액의 차액은 사채상환손익으로 처리한다.

20. 다음 중 충당부채를 인식해야 할 상황으로 옳지 않은 것은?

① A 사는 제품을 판매하는 시점에 구매자에게 제품보증을 약속하고 있으나 법적 의무가 존재하는 것은 아니다. 과거 경험에 비추어 보면 제품 보증 요청이 발생할 가능성이 높다.
② B 사는 해양플랜트 사업을 영위하고 있으며 해양오염을 유발하고 있다. 결산일 현재 발생한 해양오염을 복구할 것을 요구하는 법안이 차기 2월 중 제정될 것이 거의 확실하다.
③ C 사는 고객으로부터의 손해배상 소송사건에 계류 중이다. 법률 전문가는 당기 말 현재 기업이 배상책임을 이행할 가능성이 높다고 조언하고 있다.
④ D 사는 주기적인 수선을 요하는 설비자산을 이용하여 제품을 생산하고 있다. 과거 경험에 따르면 동설비자산의 노후로 인하여 1년 후 중요한 금액의 수선비가 발생할 가능성이 높은 것으로 예상된다.

21. 다음 중 자본거래가 자본의 각 항목에 미치는 영향으로 옳지 않은 것은?

	자본금	이익잉여금	총자본
① 주식배당	증가	감소	불변
② 주식의 할인발행	증가	불변	감소
③ 자기주식	취득	불변	불변 감소
④ 현금배당	불변	감소	감소

22. 다음은 20X1년 ㈜삼일의 주요 재무정보의 일부이다. ㈜삼일은 20X1년에 신설된 법인으로 당기에는 배당을 지급하지 않았다. 다음 중 ㈜삼일의 20X1년 말 현재 자본에 관한 설명으로 옳지 않은 것은?(단, 1주당 액면금액은 500원이며, ㈜삼일은 무액면주식을 발행한 사실이 없다)

	20X1년 12월 31일
자본총계	5,000,000원
자본금	1,000,000원
주식발행초과금	3,000,000원
이익잉여금	1,000,000원

① 법정자본금은 1,000,000원이다.
② 발행주식수는 2,000주이다.
③ 20X1년 당기순이익은 1,000,000원이다.
④ 20X1년의 주당이익은 1,000원이다.

23. 다음 중 고객과의 계약에서 생기는 수익에 관한 설명으로 옳은 것은?

① 고객에게 이전할 재화나 용역에 대하여 받을 권리를 갖게 될 대가의 회수가능성이 높지 않더라도 계약의 상업적 실질이 존재하고 이전할 재화나 용역의 지급조건을 식별할 수 있으면 고객과의 계약으로 회계처리한다.
② 기업이 수행하여 만든 자산이 기업 자체에 대체적인 용도가 있고, 지금까지 수행을 완료한 부분에 대해 집행가능한 지급청구권이 기업에 있는 경우, 기업은 기간에 걸쳐 수익을 인식한다.
③ 투입법을 적용하는 경우 수행정도를 나타내지 못하는 투입물의 영향은 제외하고 진행률을 산정한다.
④ 기간에 걸쳐 수익을 인식하는 경우 투입법 혹은 산출법에 따라 진행률을 측정하며, 비슷한 수행의무에 대해서도 서로 다른 방법의 적용이 가능하다.

24. ㈜삼일은 20X1년 12월 31일 ㈜반품에 50,000,000원(원가 30,000,000원)의 제품을 판매하고 1년 이내 반품할 수 있는 권리를 부여하였다. 인도일 현재 10,000,000원(원가 6,000,000원)이 반품될 것으로 예상될 때, ㈜삼일이 20X1년에 인식할 환불부채를 계산하면 얼마인가?

① 10,000,000원 ② 20,000,000원 ③ 30,000,000원 ④ 40,000,000원

25. ㈜삼일건설은 20X1년 1월 1일에 대전시로부터 교량건설을 총공사계약액 50,000,000원에 수주하였다. 공사기간은 20X1년 1월 1일부터 20X3년 12월 31일까지이다. 추정 총계약원가는 40,000,000원으로 공사기간 동안 변동이 없으며, 회사는 누적발생계약원가에 기초하여 공사진행률을 측정하고 있다. 20X1년과 20X2년 계약수익이 다음과 같을 때 20X2년 말 누적공사진행률을 계산하면 얼마인가?

ㄱ. 20X1년 계약수익 : 20,000,000원
ㄴ. 20X2년 계약수익 : 15,000,000원

① 40% ② 50% ③ 60% ④ 70%

26. 확정급여제도하에서 기업은 미래에 종업원에게 지급할 퇴직급여의 수급권을 보장하기 위하여 사외기금제도를 이용한다. 다음 중 사외적립자산에 관한 설명으로 옳은 것은?

① 사외적립자산은 공정가치로 측정한다.
② 사외적립자산과 확정급여채무는 재무상태표에 각각 자산과 부채로 표시한다.
③ 당해 회계기간에 대하여 회사가 사외에 적립한 기여금은 비용으로 인식한다.
④ 사외적립자산은 재측정요소가 발생하지 않는다.

27. ㈜삼일은 20X1년 1월 1일 임원 10명에게 용역제공조건으로 현금결제형 주식선택권(즉, 주가차액보상권)을 부여하였다. 현금결제형 주식기준보상과 관련하여 20X2년 주식보상비용 계산 시 필요한 정보가 아닌 것은?

① 용역제공기간(가득기간)
② 부여일 현재 주가차액보상권의 공정가치
③ 연평균기대권리소멸률
④ 보고기간말 현재 주가차액보상권의 공정가치

28. ㈜삼일의 20X1년 법인세와 관련한 세무조정사항은 다음과 같다. 20X0년 12월 31일 현재 이연법인세자산과 이연법인세부채의 잔액은 없었다. 20X1년 포괄손익계산서의 법인세비용을 계산하면 얼마인가?(단, 이연법인세자산의 실현가능성은 높으며, 법인세율은 30%이고 이후 변동이 없다고 가정한다)

법인세비용차감전순이익	2,000,000원
기업업무추진비한도초과액	50,000원
감가상각비한도초과액	80,000원
당기손익-공정가치 측정 금융자산평가손실	20,000원

① 585,000원　② 595,000원　③ 615,000원　④ 630,000원

29. 다음 중 법인세회계에 관한 설명으로 옳지 않은 것은?

① 이연법인세자산은 비유동자산으로만 계상한다.
② 이연법인세부채는 비유동부채로만 계상한다.
③ 가산할 일시적차이가 사용될 수 있는 미래과세소득의 발생 가능성이 높은 경우에 이연법인세자산을 인식한다.
④ 일시적차이가 소멸될 것으로 예상되는 기간의 과세소득에 적용될 것으로 기대되는 평균세율을 적용하여 이연법인세자산·부채를 측정한다.

30. ㈜삼일은 20X1년 1월 1일에 액면금액이 100,000원이고, 액면이자율이 연 10%인 3년 만기의 사채를 95,196원에 발행하였다. 이자지급일은 매년 말이고, 유효이자율법으로 사채할인발행차금을 상각하며, 사채발행시점의 유효이자율은 연 12%이다. ㈜삼일은 20X1년도와 20X2년도의 포괄손익계산서에 위 사채와 관련된 이자비용을 각각 10,000원씩 인식하였다. 사채와 관련한 회계처리를 올바르게 수정할 경우 20X2년도 포괄손익계산서의 당기순이익은 얼마나 감소하는가? (단,단수차이로 인해 약간의 오차가 있으면 가장 근사치를 선택하며, 법인세 효과는 무시한다.)

① 1,594원 감소　② 1,698원 감소　③ 1,856원 감소　④ 2,156원 감소

31. 다음 중 회계추정의 변경 사항이 아닌 것은?

① 매출채권에 대한 대손상각률의 변경
② 유형자산의 감가상각방법의 변경
③ 유형자산 잔존가치의 변경
④ 재고자산 원가흐름의 가정을 개별법에서 평균법으로 변경

32. ㈜삼일의 20X1년 보통주 발행주식수 변동상황은 다음과 같다. 20X1년의 당기순이익이 3,500,000원이고, 우선주배당금이 250,000원일 경우, 20X1년의 기본주당순이익을 계산하면 얼마인가?(단, 가중평균유통보통주식수는 월할로 계산하며, ㈜삼일이 발행한 우선주는 모두 비참가적이다)

일자	내용	주식수
20X1년 1월 1일	기초 유통보통주식수	12,000주
20X1년 3월 1일	공정가치로 유상증자	3,000주
20X1년 7월 1일	자기주식 취득	3,000주

① 150원 ② 200원 ③ 250원 ④ 300원

33. 다음 중 관계기업투자주식의 회계처리에 관한 설명으로 옳지 않은 것은?

① 유의적인 영향력의 판단에는 지분율 기준과 실질 영향력 기준이 있다.

② 유의적인 영향력을 판단함에 있어 피투자자에 대한 의결권은 투자자의 지분율과 종속기업이 보유하고 있는 지분율의 단순합계로 계산한다.

③ 실질영향력기준이 적용되지 않을 경우 투자자가 직접 또는 간접으로 피투자자에 대한 의결권의 20% 미만을 소유하고 있다면 유의적인 영향력이 없는 것으로 본다.

④ 투자자와 관계기업 사이의 상향거래나 하향거래에서 발생한 당기손익에 대하여 투자자는 그 관계기업에 대한 투자지분과 관련된 손익까지만 투자자의 재무제표에 인식한다.

34. 20X1년 1월 1일 ㈜삼일은 ㈜용산의 보통주 30% 를 800,000원에 취득하여 유의적인 영향력을 행사하게 되었으며, 취득 당시 ㈜용산의 순자산 장부금액과 공정가치는 2,000,000원으로 동일하였다. 20X1년 ㈜용산의 자본은 아래와 같으며, 당기순손익 이외에 자본의 변동은 없다고 가정한다. 20X1년말 ㈜삼일의 관계기업투자주식의 장부금액을 계산하면 얼마인가?

	20X1년 1월 1일	20X1년 12월 31일
자본금	900,000원	900,000원
이익잉여금	1,100,000원	1,300,000원
합계	2,000,000원	2,200,000원

① 820,000원 ② 860,000원 ③ 890,000원 ④ 930,000원

35. 다음 중 기능통화를 결정할 때 우선적으로 고려해야 할 주요 지표로 옳은 것은?

① 재무활동(채무상품이나 지분상품의 발행)으로 조달되는 통화
② 재화와 용역의 공급가격에 주로 영향을 미치는 통화
③ 재무제표에 표시되는 통화
④ 영업활동에서 유입되어 통상적으로 보유하는 통화

36. 다음 중 파생상품과 관련한 위험회피회계에 관한 설명으로 옳은 것은?

① 공정가치위험회피를 적용하는 경우 위험회피수단에 대한 손익은 기타포괄손익으로 인식한다.
② 위험회피대상항목이 미래에 예상되는 거래로써 당해 거래에 따른 미래현금흐름변동을 상쇄하기 위해 파생상품을 이용하는 경우에는 공정가치위험회피회계를 적용한다.
③ 현금흐름위험회피를 적용하는 경우 위험회피수단에 대한 손익 중 위험회피에 효과적인 부분은 당해 회계연도에 당기손익으로 인식한다.
④ 해외사업장순투자의 위험회피는 위험회피수단의 손익 중 위험회피에 효과적인 부분은 기타포괄손익으로 처리한다.

37. ㈜삼일은 20X2년 1월 1일 ㈜용산과 기계장치에 대한 리스계약을 다음과 같이 체결하였다. 20X2년 말 ㈜용산이 인식해야 할 리스부채를 계산하면 얼마인가?(단, 소수점 첫째자리에서 반올림한다)

ㄱ. 리스료 : 매년 말 200,000원씩 지급
ㄴ. 20X2년 1월 1일 현재 리스부채의 현가 : 758,158원
ㄷ. 리스부채 측정시 사용한 내재이자율 : 연 10%
ㄹ. 리스기간 : 5년

① 497,327원 ② 576,583원 ③ 633,974원 ④ 698,476원

38. 다음 중 현금흐름표에 관한 설명으로 옳지 않은 것은?

① 간접법을 적용하여 표시한 영업활동 현금흐름은 직접법에 의한 영업활동 현금흐름에서는 파악할 수 없는 정보를 제공하기 때문에 미래현금흐름을 추정하는데 보다 유용한 정보를 제공한다.

② 영업활동은 기업의 주요 수익창출활동, 그리고 투자활동이나 재무활동이 아닌 기타의 활동을 말한다.

③ 투자활동은 유·무형자산, 다른 기업의 지분상품이나 채무상품 등의 취득과 처분활동, 제3자에 대한 대여 및 회수활동 등을 포함한다.

④ 현금흐름표는 회계기간 동안 발생한 현금흐름을 영업활동, 투자활동 및 재무활동으로 분류하여 보고한다.

39. 다음 ㈜삼일의 20X1년 재무제표 관련 자료를 이용하여 현금흐름표에 보고될 간접법에 의한 영업활동 현금흐름을 계산하면 얼마인가?

당기순이익	20,000원	감가상각비	4,600원
매출채권의 증가	15,000원	재고자산의 감소	2,500원
매입채무의 증가	10,400원	유형자산처분이익	2,400원

① 20,100원 ② 21,000원 ③ 22,500원 ④ 24,900원

40. ㈜삼일의 20X1년 매출액은 100,000원이고 대손상각비로 5,000원을 계상하였다. 다음의 자료를 이용하여 ㈜삼일의 매출로 인한 현금유입액을 계산하면 얼마인가?

	20X1년 1월 1일	20X1년 12월 31일
매출채권	10,000원	15,000원
대손충당금	3,000원	2,000원

① 85,000원 ② 87,000원 ③ 89,000원 ④ 91,000원

세무회계

41. 다음 중 조세법의 기본원칙에 관한 설명으로 옳지 않은 것은?

① 조세평등주의란 조세법의 입법과 조세의 부과 및 징수과정에서 모든 납세의무자는 평등하게 취급되어야 한다는 원칙을 말한다.
② 신의성실의 원칙은 세무공무원이 그 직무를 수행함에 있어서 신의에 따라 성실히 하여야 한다는 원칙이므로 납세자에게는 적용되지 않는다.
③ 조세법률주의란 조세의 부과와 징수는 법률에 의하여야 한다는 원칙을 말한다.
④ 조세평등주의에 바탕을 둔 규정으로는 실질과세의 원칙을 그 예로 들 수 있다.

42. 다음 중 납세자의 우편신고와 과세관청의 우편송달 효력발생시기에 관한 설명으로 옳은 것은?

① 모두 도달주의에 의한다.
② 모두 발신주의에 의한다.
③ 납세자의 우편신고는 도달주의, 과세관청의 우편송달은 발신주의에 의한다.
④ 납세자의 우편신고는 발신주의, 과세관청의 우편송달은 도달주의에 의한다.

43. 다음 중 소급과세금지에 관한 내용으로 옳지 않은 것은?

① 국세를 납부할 의무가 성립한 소득 · 수익 · 재산 · 행위 또는 거래에 대해서는 그 성립 후의 새로운 세법에 따라 소급하여 과세하지 아니한다.
② 법인세, 소득세, 부가가치세와 같이 과세기간 단위로 과세하는 세목의 경우 과세기간 진행 중에 세법을 개정하여 과세기간 개시일부터 개정 세법을 적용하는 것은 허용될 수 있다.
③ 유리한 소급효도 인정되지 않는 것이 통설이다.
④ 세법의 해석이나 국세행정의 관행이 일반적으로 납세자에게 받아 들여진 후에는 그 해석이나 관행에 의한 행위 또는 계산은 정당한 것으로 보며, 새로운 해석이나 관행에 의하여 소급하여 과세되지 아니한다.

44. ㈜삼일은 법인세를 신고납부하면서 원천징수당한 기납부세액을 차감하지 않고 법인세를 과오납부하였음을 신고 직후에 알게 되었다. 이 경우 과오납한 세금을 환급받기 위한 조치에 관한 설명으로 옳은 것은?

① 법인세는 신고납부제도를 취하고 있으므로 당초의 신고를 경정하기 위하여 수정신고를 하여야 한다.

② 이의신청 · 심사청구 또는 심판청구를 통해서만 환급받을 수 있다.

③ 당초에 신고한 과세표준과 세액의 경정을 청구하면 환급받을 수 있다.

④ 당초 신고를 잘못하였으므로 환급받을 수 없다.

45. 다음은 ㈜삼일의 제 23 기(20x1년 1월 1일~20x1년 12월 31일) 세무조정계산서의 일부이다. 담당 회계사의 검토를 받던 중 회사는 아래와 같은 항목이 세무조정시 누락된 것을 확인하고 이를 수정하기로 했다. 수정 후 올바른 과세표준을 계산하면 얼마인가?(단, ㈜삼일은 조세특례제한법에 따른 중소기업에 해당한다)

(단위 : 원)

구분	항목		코드	금액
① 각 사업연도 소득계산	(101)결산서상당기순손익		01	400,000,000
	소득조정금액	(102)익 금 산 입	02	40,000,000
		(103)손 금 산 입	03	70,000,000
	(104)차가감 소득금액 (101+102−103)		04	370,000,000
	(105)기부금한도초과액		05	0
	(106)기부금한도초과 이월액손금산입 54 0		54	0
	(107)각 사업연도 소득금액{(104)+(105)−(106)}		06	370,000,000
② 과세표준 계산	(108)각 사업연도 소득금액(108=107)			370,000,000
	(109)이 월 결 손 금		07	0
	(110)비 과 세 소 득		08	0
	(111)소 득 공 제		09	0
	(112)과 세 표 준 (108−109−110−111)		10	370,000,000

〈누락사항〉

ㄱ. 이월결손금 : 2008년(제 8 기) : 100,000,000원
2014년(제14기) : 30,000,000원
2015년(제15기) : 90,000,000원
2017년(제17기) : 20,000,000원

ㄴ. 일반기부금 한도초과액 : 30,000,000원

① 230,000,000원
② 290,000,000원
③ 260,000,000원
④ 300,000,000원

46. 다음 자료를 바탕으로 ㈜삼일의 제23기(20x1년 1월 1일~20x1년 12월 31일) 각 사업연도 소득금액을 계산하면 얼마인가(단, 전기까지의 세무조정은 적절히 하였다고 가정한다)?

1. 제23기의 손익계산서

손익계산서

㈜삼일 20x1년 1월 1일-20x1년 12월 31일 (단위 : 원)

항목	금액
매출액	1,700,000,000
매출원가	1,100,000,000
(중략)	…
급여	190,000,000
세금과공과	14,000,000
이자비용	30,000,000
(중략)	…
법인세비용차감전순이익	220,000,000

2. 세무조정 관련 추가정보
   가. 제23기 거래인 매출액 20,000,000원과 매출원가 16,000,000원이 누락되어 있으며, 제22기 매출액 10,000,000원이 포함되어 있다.
   나. 급여에는 세법상 임원상여금 한도초과액 30,000,000원이 포함되어 있다.
   다. 세금과공과에는 세법상 손금불산입금액 금액 4,000,000원이 포함되어 있다.
   라. 이자비용에는 세법상 손금불산입금액 10,000,000원이 포함되어 있다.

① 38,000,000원 ② 48,000,000원 ③ 250,000,000원 ④ 258,000,000원

47. 다음 중 법인세법상 익금으로 인정되는 금액을 계산하면 얼마인가?

항목	금액
1. 부가가치세 매출세액	6,000,000원
2. 자산수증이익(이월결손금 보전에 사용되지 않음)	10,000,000원
3. 전기에 손금에 산입된 재산세의 환급액	3,000,000원
4. 사무실 임대료 수익	2,000,000원
5. 합병차익	1,000,000원
6. 특수관계인인 법인으로부터 유가증권 저가매입액	3,000,000원

① 15,000,000원 ② 16,000,000원 ③ 19,000,000원 ④ 21,000,000원

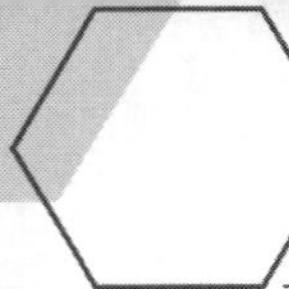

48. 다음 중 법인세법상 업무무관자산의 세무상 처리방법에 관한 설명으로 옳지 않은 것은?

① 업무무관자산 취득시 지출한 취득세와 등록비용은 취득부대비용으로 취득원가에 가산한다.
② 업무무관자산에 대한 감가상각비, 유지비, 수선비 등은 손금불산입한다.
③ 업무무관자산 처분시 자산의 장부가액은 손금으로 인정하지 않는다.
④ 업무무관자산 등에 대한 지급이자는 손금불산입한다.

49. 다음 자료는 ㈜삼일의 손익계산서에 비용처리된 내역이다. 이 중 법인세법상 손금불산입금액을 계산하면 얼마인가?

항목	금액
• 직장체육비	2,000,000원
• 출자임원(소액주주 아님)에 대한 사택유지비	2,000,000원
• 직원의 업무 수행과 관련하여 발생한 교통벌과금	500,000원
• 국민건강보험료(사용자부담분)	1,500,000원
• 잉여금의 처분을 손비로 계상한 금액	1,000,000원
• 파손 · 부패 등으로 계상한 재고자산 평가차손	2,000,000원

① 2,500,000원 ② 3,500,000원 ③ 4,500,000원 ④ 5,500,000원

50. 다음 중 법인세법상 손익의 귀속사업연도에 관한 설명으로 옳지 않은 것은?

① 부동산의 양도는 대금청산일, 소유권이전등기일, 인도일 또는 사용수익일 중 빠른 날에 손익을 인식한다.
② 중소기업의 경우 장기할부판매는 결산상 인도기준으로 인식한 경우에도 회수기일도래기준을 적용할 수 있다.
③ 법인이 이미 경과한 기간에 대응하는 이자 및 할인액을 해당 사업연도의 수익으로 계상한 경우 법인세법에 따라 원천징수되는 이자소득에 한해 인정한다.
④ 금융회사 등이 수입하는 이자 등에 대하여는 원칙적으로 현금주의에 의해 수익의 귀속사업연도를 결정한다.

51. 다음 중 법인세법상 자본적 지출 항목으로 옳지 않은 것은?

① 냉 · 난방장치의 설치
② 재해로 멸실되어 본래의 용도에 이용가치가 없는 건축물의 복구
③ 재해를 입은 자산에 대한 외장의 복구
④ 빌딩의 피난시설 설치

52. 다음 자료에 의한 ㈜삼일의 제23기(20x1년 1월 1일~20x1년 12월 31일) 사업연도의 세무조정사항이 과세표준에 미치는 영향으로 옳은 것은?

구분	건물	비품	영업권
회사계상 상각비	10,000,000원	3,000,000원	1,000,000원
세법상 상각범위액	8,000,000원	4,000,000원	3,000,000원
내용연수	40년	5년	5년
전기이월 상각부인액	1,000,000원	-	1,000,000원

① 영향 없음
② 1,000,000원 감소
③ 1,000,000원 증가
④ 2,000,000원 증가

53. 다음 중 법인세법상 기부금에 관한 설명으로 옳지 않은 것은?

① 현물로 기부할 경우 특수관계인이 아닌 자에게 기부한 일반기부금에 해당하는 기부자산가액은 시가로 평가한다.
② 특수관계 없는 자에게 정당한 사유없이 자산을 정상가액(시가±30%)보다 낮은 가액으로 양도함으로써 실질적으로 증여한 것으로 인정되는 금액은 기부금으로 본다.
③ 기부금은 특수관계가 없는 자에게 사업과 직접적인 관련없이 무상으로 지출하는 재산적 증여가액을 말한다.
④ 특례기부금 및 일반기부금의 한도초과액은 그 다음 사업연도의 개시일부터 10년 이내에 종료하는 각 사업연도에 이월하여 손금에 산입할 수 있다.

54. 다음 중 법인세법상 기업업무추진비에 관한 설명으로 옳지 않은 것은?

① 기업업무추진비는 발생주의에 따라 접대행위가 이루어진 사업연도의 손금으로 본다.
② 기업업무추진비는 교제비 · 사례금 기타 명목여하에 불구하고 이와 유사한 성질의 비용으로서 법인의 업무와 관련하여 지출한 금액이다.
③ 광고 · 선전목적으로 달력 등을 불특정 다수인에게 기증한 것은 일반적으로 기업업무추진비로 보지 않고 전액손금으로 인정한다.
④ 세무상 기업업무추진비 한도액을 초과하는 금액은 손금불산입하여 기업업무추진비를 사용한 임직원에 대한 상여로 처분한다.

55. 다음의 지급이자 중 기타사외유출로 소득처분되는 금액은 모두 얼마인가?

> (1) 채권자불분명 사채이자 : 10,000,000원(원천징수세액 없음)
> (2) 비실명 채권, 증권의 이자 중 원천징수세액 : 5,000,000원
> (3) 공장건물의 취득과 관련된 특정차입금의 지급이자 : 12,000,000원
> (4) 재고자산의 취득과 관련된 특정차입금의 지급이자 : 15,000,000원
> (5) 토지의 취득과 관련된 일반차입금의 지급이자 : 5,000,000원
> (6) 사업용이 아닌 토지(업무무관자산에 해당)과 관련된 지급이자 : 28,000,000원

① 23,000,000원　② 28,000,000원　③ 33,000,000원　④ 48,000,000원

56. 다음은 제조업을 영위하는 ㈜삼일(중소기업임)의 법인세 신고를 위한 세무조정에 대한 자료이다. 당기(20x1년 1월 1일~20x1년 12월 31일)의 대손충당금 한도초과액을 계산하면 얼마인가?

> (1) 전기 대손충당금설정대상 채권은 70,000,000원이다.
> (2) 당기의 대손충당금계정은 다음과 같다.

대손충당금 (단위 : 원)

당기상계액	1,400,000	전기이월액	1,000,000
차기이월액	2,000,000	당기설정액	2,400,000
	3,400,000		3,400,000

> 당기의 대손충당금 상계액은 대손요건을 구비한 대손금과 상계한 금액이다.
> (3) 당기 재무상태표상 대손충당금 설정대상채권은 50,000,000원(특수관계인에 대한 업무무관 가지급금 10,000,000원 포함)이다.

① 1,200,000원　② 1,400,000원　③ 1,500,000원　④ 2,200,000원

57. 다음 중 준비금에 관한 설명으로 옳지 않은 것은?

① 준비금은 손금에 산입하는 사업연도에는 조세부담을 경감시키고 환입하거나 상계하는 연도에는 조세부담을 증가시킨다.
② 전입한 준비금은 일정기간이 경과한 후에 다시 익금산입하여야 한다.
③ 준비금은 조세정책적 목적에서 조세의 납부를 일정기간 유예하는 조세지원 제도이다.
④ 고유목적사업준비금은 보험업을 영위하는 법인이 설정대상이다.

58. ㈜삼일은 대표이사에게 보유 중이던 비상장법인인 ㈜남산의 주식을 양도하였다. 다음 자료를 이용하여 ㈜삼일에 대하여 부당행위계산의 부인을 적용할 경우 세무조정으로 옳은 것은?

> (1) 양도주식수는 10,000주이며, 양도가액은 주당 6,000원이다.
> (2) 감정평가법인인 한국감정원에서 양도일부터 3개월 전에 ㈜남산의 주식을 감정평가하였는데, 1주당 평가액은 8,500원이었다.
> (3) 양도 당시 장외시장에서 거래되는 ㈜남산의 주식의 1주당 거래가격은 9,000원이며, 이 금액은 법인세법상 시가로 인정되는 금액이다.

① 세무조정 없음　　② 익금산입 20,000,000원
③ 익금산입 25,000,000원　　④ 익금산입 30,000,000원

59. 다음 중 법인세법상 이월결손금에 관한 설명으로 옳지 않은 것은?

① 각 사업연도 소득금액에서 세법상 공제가능한 이월결손금을 공제한 금액을 초과하는 비과세소득은 다음 사업연도로 이월되지 않고 소멸한다.
② 각 사업연도의 익금총액보다 손금총액이 큰 경우 동 차액을 결손금이라 하며, 동 결손금이 다음 사업연도로 이월되는 경우 이를 법인세법상 이월결손금이라 한다.
③ 세무상 결손금은 과세표준 계산상 공제되거나 자산수증이익이나 채무면제이익에 의해 보전에 충당되면 소멸된다.
④ 과세표준계산시 공제받을 수 있는 이월결손금은 각 사업연도 개시일 전 10년(2020.1.1 전에 개시하는 사업연도 발생분은 5년) 이내에 개시한 사업연도에서 발생한 결손금으로 발생연도의 제한이 있다.

60. 다음 중 법인세 과세표준 신고시 첨부하지 않으면 무신고로 보는 서류로 옳지 않은 것은(단, 상장법인을 가정한다)?

① 개별내국법인의 재무상태표　　② 개별내국법인의 포괄손익계산서
③ 개별내국법인의 현금흐름표　　④ 이익잉여금처분계산서

61. 다음 중 소득세의 특징에 관한 설명으로 옳지 않은 것은?

① 소득세법은 개인별 소득을 기준으로 과세하는 개인단위과세제도를 원칙으로 한다.
② 퇴직소득과 양도소득을 다른 소득과 합산하지 않고 별도로 과세하는 이유는 장기간에 걸쳐 발생한 소득이 일시에 실현되는 특징 때문이다.
③ 소득세법은 모든 소득에 대하여 열거주의에 의하여 과세대상 소득을 규정하고 있으므로 열거되지 아니한 소득은 과세되지 않는다.
④ 분리과세는 기간별로 합산하지 않고 그 소득이 지급될 때 소득세를 징수함으로써 과세를 종결하는 방식이다.

62. 다음 중 소득세법상 이자소득에 관한 설명으로 옳지 않은 것은?

① 자금대여를 영업으로 하는 자가 금전을 대여하여 얻은 이익은 이자소득으로 과세된다.
② 보험기간이 10년 미만인 저축성보험의 보험차익은 이자소득으로 과세된다.
③ 이자소득을 발생시키는 거래 · 행위와 파생상품이 결합된 경우 해당 파생상품의 거래 · 행위로부터의 이익은 이자소득으로 과세된다.
④ 동일직장이나 동일직종에 종사하는 근로자로 구성된 공제조합 또는 공제회로부터 받는 공제회 반환금 중 납입원금을 초과하는 금액은 이자소득으로 과세된다.

63. 다음 자료를 이용하여 개인사업자 김삼일씨(복식부기의무자 아님)의 20x1년도 사업소득금액을 계산하면 얼마인가?

ㄱ. 손익계산서상 당기순이익	400,000,000원
ㄴ. 손익계산서에는 다음과 같은 수익과 비용이 포함되어 있다.	
- 본인에 대한 급여	40,000,000원
- 정기예금의 이자수익	5,000,000원
- 유형자산(건물)처분이익	3,000,000원
- 소득세	3,000,000원

① 400,000,000원　　② 425,000,000원
③ 430,000,000원　　④ 435,000,000원

64. ㈜삼일에 근무하는 김삼일 대리의 20x1년 급여지급내역이 다음과 같을 때 20x1년 총급여액을 계산하면 얼마인가(단, 근무기간은 20x1년 1월 1일부터 20x1년 12월 31일까지이다)?

> ㄱ. 월급여 : 3,000,000원(아래 금액은 포함되어 있지 않음)
> ㄴ. 상여 : 4,000,000원
> ㄷ. 6 세 이하 자녀보육수당 : 월 100,000원
> ㄹ. 중식대 : 월 350,000원(별도의 식사를 제공받지 않음)
> ㅁ. 자가운전보조금 : 3,000,000원(월 250,000원, 종업원 소유차량을 업무에 사용하고 소요비용을 별도로 지급받지 않음)
> ㅂ. ㈜삼일로부터 법인세법상 상여로 처분된 금액 : 1,000,000원

① 42,800,000원 ② 43,400,000원 ③ 44,600,000원 ④ 45,800,000원

65. ㈜서울에 근무하는 거주자 김삼일씨는 20x1년 중 일시적으로 거래처인 ㈜부산의 직원들에게 ERP 사용방법을 강의하고 강사료 600만원을 받았다. 다음 중 강사료와 관련한 소득세법상 설명으로 옳지 않은 것은?

① 고용관계 없이 일시적으로 수령한 강사료는 기타소득에 해당한다.
② 강사료는 인적용역의 일시제공으로 인한 대가에 해당하므로 소득금액 계산시 필요경비는 실제 발생한 비용과 관계없이 총수입금액의 80%가 적용된다.
③ 기타소득의 수입시기는 원칙적으로 그 지급을 받는 날이다.
④ 기타소득금액이 300만원 이하인 경우 종합과세와 분리과세 중 선택이 가능하다.

66. 다음은 거주자 김삼일씨의 20x1년 부양가족 현황이다. 김삼일씨가 소득공제로 적용받을 수 있는 인적공제(기본공제와 추가공제)의 합계를 계산하면 얼마인가?

가족구성원	연령	소득종류 및 금액
김삼일	42세	종합소득금액 5,000만원
배우자(장애인)	40세	총급여 600만원
부친(장애인)	72세	소득 없음
모친	69세	사업소득금액 100만원
딸	10세	소득 없음
아들	8세	소득 없음

① 900만원 ② 950만원 ③ 1,050만원 ④ 1,150만원

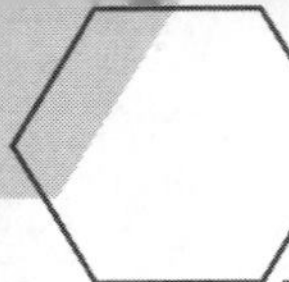

67. 다음 중 소득세법상 의료비세액공제에 관한 설명으로 옳지 않은 것은?

① 근로소득이 있는 거주자는 소득 및 연령조건을 미충족한 기본공제대상자의 의료비에 대해서도 의료비세액공제 적용이 가능하다.

② 건강증진을 위한 의약품 구입비용은 공제대상 의료비에 해당하지 않는다.

③ 난임시술비는 국외의료기관에 지급한 경우에도 의료비세액공제 대상이 된다.

④ 시력보정용 안경 또는 콘택트렌즈 구입을 위하여 지출한 비용으로서 기본공제대상자(나이 및 소득제한 없음) 1 명당 50만원 이내의 금액은 공제대상 의료비에 해당한다.

68. 다음 중 소득세법상 퇴직소득에 관한 설명으로 옳지 않은 것은?

① 사용자 부담금을 기초로 하여 현실적 퇴직을 원인으로 지급받는 소득은 퇴직소득으로 본다.

② 퇴직소득에 대한 총수입금액의 수입시기는 원칙적으로 퇴직을 한 날로 한다.

③ 법인의 상근임원이 비상근임원이 된 경우 실제로 퇴직금을 지급받지 않았다면 퇴직으로 보지 않을 수 있다.

④ 과세이연된 퇴직소득금액을 연금외수령한 경우 기타소득으로 과세한다.

69. 다음 중 양도소득세 과세대상으로 옳지 않은 것은?

① 건설기계의 양도

② 등기된 부동산 임차권의 양도

③ 대주주가 양도하는 상장주식

④ 특정시설물이용권(골프회원권)의 양도

70. 다음 중 종합소득 과세표준 확정신고 의무자는 누구인가?[단, 제시된 소득에 대한 원천징수(연말정산 포함)는 적법하게 하였다.]

① 공적연금소득과 퇴직소득만 있는 자

② 연말정산대상인 사업소득과 근로소득만 있는 자

③ 근로소득과 퇴직소득만 있는 자

④ 퇴직소득만 있는 자

71. 다음 중 부가가치세에 관한 설명으로 옳지 않은 주장을 하는 사람은 누구인가?

① 김철수 : 사업자란 사업목적이 영리이든 비영리이든 관계없이 사업상 독립적으로 재화 또는 용역을 공급하는 자를 말합니다.

② 박다혜 : 부가가치세는 납세의무자와 담세자가 다를 것으로 예정된 조세이므로 간접세에 해당합니다.

③ 김영희 : 사업설비를 취득하는 경우 부가가치세 조기환급 신청이 가능합니다.

④ 정민지 : 세금계산서의 임의적 기재사항의 전부 또는 일부가 기재되지 아니하거나 사실과 다를 경우 적법한 세금계산서로 보지 않으며, 가산세 등의 불이익이 있습니다.

72. 다음 중 부가가치세 납세의무자인 사업자에 관한 설명으로 옳지 않은 것은?

① 면세사업자는 매출세액을 거래 징수할 필요는 없으며 매입세액 공제를 받을 수 없다.

② 면세사업자는 부가가치세법에 따른 사업자등록 의무는 없다.

③ 겸영사업자는 과세사업과 면세사업(비과세사업 포함)을 함께 영위하는 자를 말한다.

④ 비영리사업자는 부가가치세법상 납세의무자가 될 수 없다.

73. 다음 중 부가가치세법상 과세기간에 관한 설명으로 옳지 않은 것은?

① 신규사업자가 사업개시일 이전에 사업자등록을 신청한 경우에도 사업개시일부터 개시일이 속하는 과세기간의 종료일까지를 최초 과세기간으로 한다.

② 폐업자의 경우 폐업일이 속하는 과세기간 개시일부터 폐업일까지를 최종 과세기간으로 한다.

③ 공급대가의 변동으로 간이과세자가 일반과세자로 변경되는 경우 그 변경 이전 1월 1일부터 6월 30일까지는 간이과세규정이 적용된다.

④ 공급대가의 변동으로 일반과세자가 간이과세자로 변경되는 경우 그 변경 이후 7월 1일부터 12월 31일까지는 간이과세규정이 적용된다.

74. 다음 중 부가가치세법상 주사업장 총괄납부에 관한 설명으로 옳지 않은 것은?

① 법인의 지점은 본점을 대신하여 주사업장이 될 수 없다.

② 사업장이 둘 이상인 사업자가 주사업장총괄납부하려는 경우에는 총괄납부하려는 과세기간 개시 20일 전에 주사업장총괄납부신청서를 주사업장 관할 세무서장에게 제출하여야 한다.

③ 주사업장 총괄납부는 총괄납부할 과세기간 개시일부터 적용한다.

④ 주사업장 총괄납부를 하는 경우에도 사업자등록은 각 사업장마다 이행하여야 한다.

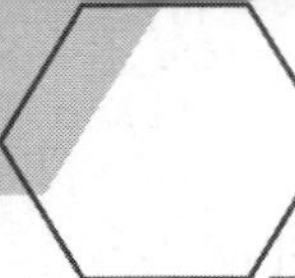

75. 다음 중 부가가치세법상 재화의 공급에 해당하지 않는 것은?

① 종업원에게 직장 연예 및 직장 문화와 관련하여 제공한 재화
② 대물변제계약에 따라 채무를 변제하기 위하여 소유권을 이전하는 재화
③ 교환계약에 의하여 인도하는 재화
④ 현금판매하는 것으로서 구입시 매입세액공제를 받지 못한 재화

76. 다음 중 부가가치세법상 공급시기에 관한 설명으로 옳은 것은?

① 장기할부판매의 경우에는 재화의 인도일을 공급시기로 한다.
② 2과세기간 이상에 걸쳐 부동산임대용역을 제공하고 그 대가를 선·후불로 받는 경우 예정신고기간 또는 과세기간의 종료일을 공급시기로 한다.
③ 내국신용장에 의하여 공급하는 재화의 공급시기는 수출재화의 선(기)적일로 한다.
④ 무인판매기를 이용하여 재화를 공급하는 경우에는 고객이 현금을 투입하는 때를 공급시기로 한다.

77. 다음은 김삼일씨의 20x1년 1월 가계부 지출내역이다. 지출금액에 포함된 부가가치세 합계를 계산하면 얼마인가(단, 공급자는 부가가치세법에 따라 적정하게 부가가치세를 거래징수 하였다고 가정한다)?

일 자	적 요	금 액
1월 14일	식빵 구입	55,000원
1월 21일	책 구입	22,000원
1월 27일	택시비	33,000원

① 5,000원 ② 7,000원 ③ 8,000원 ④ 10,000원

78. 과세사업과 면세사업을 겸영하고 있는 ㈜삼일은 두 사업에서 공통으로 사용하고 있던 재화를 매각하였다. 다음 자료를 바탕으로 ㈜삼일의 20x1년 제1기 확정신고시 공통사용재화와 관련된 매출세액을 계산하면 얼마인가?

- 공통사용재화 취득일 : 20x1년 1월 2일
- 공통사용재화 공급일 : 20x1년 6월 28일
- 공통사용재화 공급가액 : 10,000,000원(부가가치세 미포함)
- 과세사업과 면세사업의 공급가액

구분	20x1년 제1기	20x0년 제2기
과세	1억원	2억원
면세	9억원	8억원
계	10억원	10억원

① 100,000원 ② 200,000원 ③ 300,000원 ④ 400,000원

79. 다음은 제조업을 영위하는 ㈜삼일의 제1기 부가가치세 확정신고(20x1년 4월 1일~20x1년 6월 30일)와 관련된 자료이다. 확정신고시 ㈜삼일의 가산세를 포함한 차가감납부세액을 계산하면 얼마인가(아래의 금액은 부가가치세가 제외된 금액임)?

ㄱ. 확정신고기간 중 ㈜삼일의 제품공급가액 50,000,000원
(이 중 세금계산서를 발행하지 않은 공급가액은 5,000,000원이다)
ㄴ. 확정신고기간 중 ㈜삼일의 매입액 40,000,000원
(이 중 매입세액 불공제 대상인 매입액은 5,000,000원이다)
ㄷ. 세금계산서 관련 가산세는 미교부금액의 2%를 적용한다.
(그 외 가산세는 없다고 가정한다)

① 1,250,000원 ② 1,300,000원 ③ 1,550,000원 ④ 1,600,000원

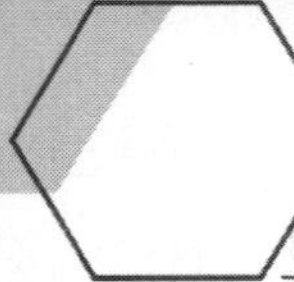

80. 다음 중 부가가치세법상 가산세에 관한 설명으로 옳지 않은 것은?

① 예정신고와 납부에 있어서는 해당 예정신고기간에 대한 과세표준과 납부세액으로 하되 가산세는 제외한다.

② 매출처별세금계산서합계표를 제출하지 않은 경우에는 가산세가 부과되나 매입처별세금계산서합계표를 제출하지 않은 경우에는 가산세가 부과되지 않는다.

③ 전자세금계산서 발급의무자가 발급기간 내에 종이세금계산서를 발급하면 가산세가 부과되지 않는다.

④ 사업개시일부터 20일 이내에 사업자등록을 신청하지 아니한 경우에는 미등록가산세가 부과된다.

원가관리회계

81. ㈜삼일은 공장에서 100명의 직원 모두가 팀 구분 없이 승용차와 트럭을 생산하고 있다. 승용차 생산과 관련하여 원가를 원가행태와 추적가능성에 따라 아래와 같이 분류하는 경우 (ㄱ)의 사례로 옳은 것은?

	직접원가	간접원가
변동원가	(ㄱ)	(ㄴ)
고정원가	(ㄷ)	(ㄹ)

① 승용차용 타이어 원가
② 공장 감가상각비
③ 공장장 급여
④ 식당 운영비

82. 다음은 ㈜삼일의 20X1년 2 분기 제조원가명세서이다. 아래의 (A)와 (B)에 들어갈 금액의 합계액을 계산하면 얼마인가?

제조원가명세서

㈜삼일 20X1년 4월 1일~20X1년 6월 30일 (단위 : 원)

Ⅰ. 재료비		3,800,000
기초재고액	500,000	
당기매입액	6,500,000	
기말재고액	(A)	
Ⅱ. 노무비		2,000,000
Ⅲ. 제조경비		3,000,000
Ⅳ. 당기총제조원가		8,800,000
Ⅴ. 기초재공품		1,000,000
Ⅵ. 기말재공품		(B)
Ⅶ. 당기제품제조원가		9,000,000

① 3,600,000원
② 3,800,000원
③ 4,000,000원
④ 4,400,000원

83. 다음 중 보조부문과 제조부문을 포함한 원가배분의 절차에 관한 설명으로 옳지 않은 것은?

① 부문공통원가의 배분은 공통적으로 발생한 원가를 회사의 각 부문에 배분하는 과정이다.
② 보조부문원가의 배분은 보조부문에 집계되거나 보조부문이 배분받은 공통원가를 제조부문에 배분하는 과정이다.
③ 제조간접원가의 배부는 제조부문에 집계된 원가를 제품제조원가와 판매관리비로 배부하는 과정이다.
④ 제품원가계산은 제품별로 집계된 제조원가를 기초로 매출원가와 기말 재고자산가액을 산출하는 과정이다.

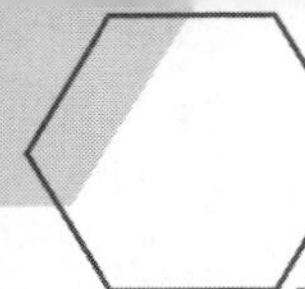

84. 두 개의 제조부문과 두 개의 보조부문으로 이루어진 ㈜삼일의 부문간 용역수수에 관련된 자료는 다음과 같다.

	보조부문		제조부문	
	A	B	C	D
A 부문 용역제공	-	40%	20%	40%
B 부문 용역제공	20%	-	60%	20%
발생원가	200,000원	300,000원	450,000원	600,000원

단계배분법을 사용할 경우 제조부문 D에 배분되는 보조부문의 원가를 계산하면 얼마인가(단, 보조부문 원가는 A 부문의 원가를 우선 배분한다)?

① 95,000원 ② 175,000원 ③ 285,000원 ④ 325,000원

85. ㈜삼일은 직접노동시간을 기준으로 제조간접원가를 예정배부하고 있으며, 연간 제조간접원가는 2,000,000원, 연간 직접노동시간은 40,000시간으로 예상하고 있다. 20X1년 12월 중 작업지시서 #A와 #B 를 시작하여 #A 만 완성하였다면 제품제조원가(a)와 기말 재공품원가(b)는 각각 얼마인가(단, 월초에 재공품은 없다고 가정한다)?

	#A	#B	계
직접재료원가	130,000원	90,000원	240,000원
직접노무원가	60,000원	50,000원	90,000원
직접노동시간	2,400시간	1,600시간	4,000시간

① a : 270,000원, b : 260,000원 ② a : 310,000원, b : 220,000원
③ a : 530,000원, b : 0원 ④ a : 0원, b : 530,000원

86. ㈜삼일의 박원가 회계팀장은 회사의 업무흐름을 더욱 투명하게 관리하고자 영업활동 flowchart를 작성하려 하고 있다. ㈜삼일이 개별원가계산을 채택하고 있을 때 (ㄱ)과 (ㄴ)에 각각 들어갈 내용으로 옳은 것은?

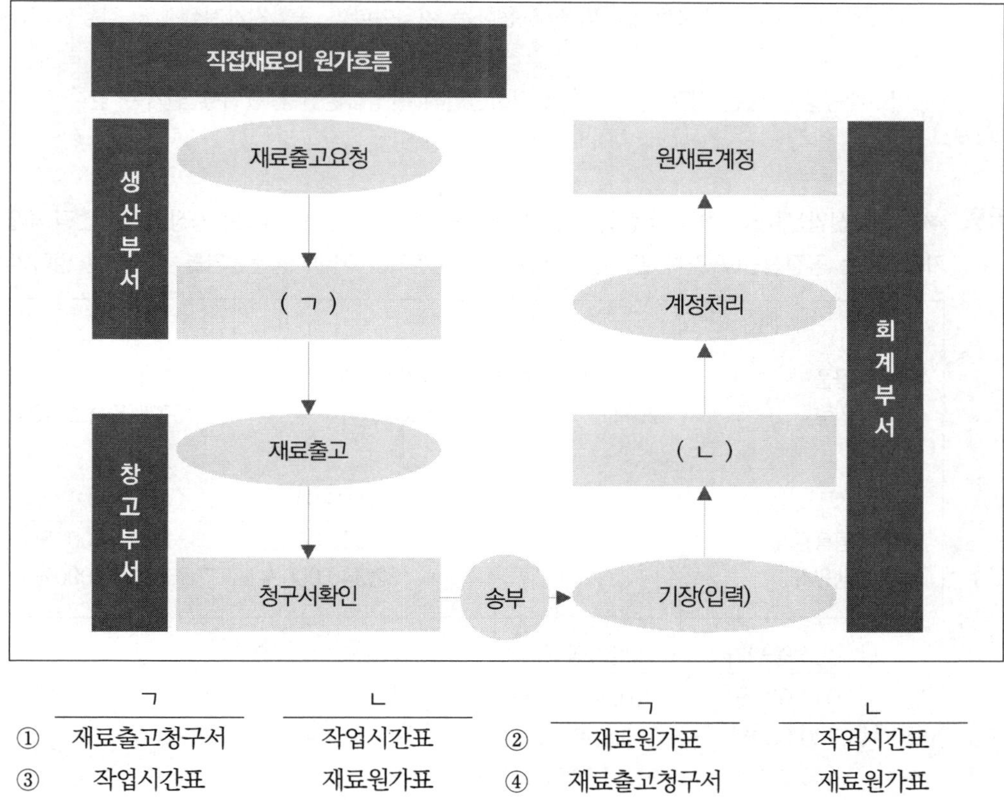

	ㄱ	ㄴ		ㄱ	ㄴ
①	재료출고청구서	작업시간표	②	재료원가표	작업시간표
③	작업시간표	재료원가표	④	재료출고청구서	재료원가표

87. 다음 중 개별원가계산과 종합원가계산에 관한 설명으로 옳지 않은 것은?

① 소량주문생산의 경우에는 개별원가계산이 합리적이며, 연속대량생산의 경우에는 종합원가계산이 적합하다.

② 종합원가계산은 원가관리 및 통제가 제품별이나 작업별로 수행되므로 직접원가와 간접원가의 구분이 불필요하다.

③ 개별원가계산은 제품별로 손익분석 및 계산이 용이한 반면, 종합원가계산은 관리비용이 적다.

④ 조선업, 기계제작업 등에서는 개별원가계산을, 섬유업, 제분업 등에서는 종합원가계산을 사용한다.

88. 다음 중 종합원가계산제도를 적용함에 있어 선입선출법과 평균법에 관한 설명으로 옳지 않은 것은?

① 평균법 적용하의 완성품환산량은 선입선출법 적용하의 완성품환산량보다 크거나 같다.
② 평균법에서는 완성품환산량 계산시 기초재공품을 당기에 착수한 것으로 간주한다.
③ 원재료 단가 산정시 선입선출법을 사용하는 기업이라면 종합원가계산제도 적용시 평균법을 사용할 수 없다.
④ 기초재공품이 없는 경우 평균법과 선입선출법의 완성품환산량 단위당 원가는 같다.

89. ㈜삼일은 선입선출법을 이용한 종합원가계산제도를 채택하고 있다. 재료는 공정초기에 전량 투입되며, 가공원가는 공정전반에 걸쳐 발생한다. 당기 완성품원가와 기말재공품원가를 계산하면 얼마인가

〈수량〉

기초재공품	80개 (완성도 40%)	당기완성품	400개
당기투입량	420개	기말재공품	100개 (완성도 40%)

〈원가〉

	재료원가	가공원가
기초재공품원가	8,000,000원	5,720,000원
당기발생원가	32,340,000원	28,560,000원

	당기완성품원가	기말재공품원가
①	47,040,000원	10,500,000원
②	48,720,000원	12,180,000원
③	62,440,000원	12,180,000원
④	64,120,000원	10,500,000원

90. ㈜삼일은 종합원가계산제도를 채택하고 있다. 기말재공품에 대한 완성도가 실제보다 과대평가된 경우, 이 오류가 각 항목에 끼치는 영향으로 옳지 않은 것은(기초재공품은 없다고 가정한다)?

① 기말재공품 완성품환산량은 실제보다 과대평가 되어 있을 것이다.
② 완성품환산량 단위당 원가는 실제보다 과소평가 되어 있을 것이다.
③ 완성품원가는 실제보다 과소평가되어 있을 것이다.
④ 기말재공품 원가는 실제보다 과소평가 되어 있을 것이다.

91. 다음 중 정상원가계산에 관한 설명으로 옳지 않은 것은?

① 제조간접원가의 배부가 기말까지 지연되어 제품원가계산이 지연되는 표준원가계산의 문제점을 보완하기 위한 원가계산제도이다.
② 제품원가를 정상원가로 측정하는 원가계산제도로서 평준화원가계산이라고도 한다.
③ 직접재료원가와 직접노무원가는 실제원가로 측정하지만 제조간접원가는 사전에 정해 놓은 제조간접원가 예정배부율에 의해 예정배부된 원가로 측정한다.
④ 제조간접원가 예정배부율에 의한 배부를 함으로써 특정 작업이 종료됨과 동시에 제품원가를 계산할 수 있도록 하고 매월 제품원가가 변동하지 않도록 하는 원가계산제도이다.

92. 다음 중 표준원가와 표준원가계산제도에 관한 설명으로 옳지 않은 것은?

① 표준원가계산제도는 원가절감을 위한 원가통제를 포함한다.
② 표준원가는 한번 설정된 영구불변의 원가가 아니라 기업 내적인 요소나 기업 외부환경의 변화에 따라 수시로 수정을 필요로 하는 원가이다.
③ 표준지표로 이상적 표준을 사용하게 되면 종업원들에게 강한 동기를 부여하는 효과가 있다.
④ 표준원가를 사용함으로써 예산편성을 위한 원가자료를 수집하는 데 소요되는 시간을 절약할 수 있다.

93. 다음 자료는 구입시점에서 직접재료원가 가격차이를 분리하기 위한 자료이다. 직접재료원가의 단위당 표준가격을 계산하면 얼마인가?

기초재고액	120,000원
기말재고액	145,000원
생산공정 투입액	285,500원
단위당 실제 구입가격	180원
불리한 가격차이	13,800원

① 168원 ② 170원 ③ 172원 ④ 178원

94. 다음 중 직접노무원가 능률차이의 발생 원인으로 옳지 않은 것은?

① 작업량 증가에 따른 초과근무수당의 지급
② 노동의 비능률적 사용
③ 생산에 투입되는 원재료의 품질 향상
④ 생산부문 책임자의 감독 소홀

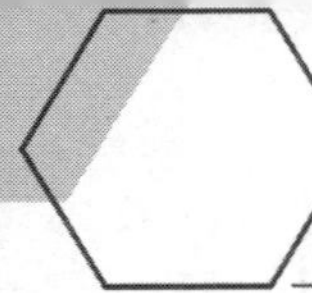

95. ㈜삼일은 직접노동시간을 기준으로 고정제조간접원가를 배부하고 있다. 당기 고정제조간접원가 예산과 실제자료는 다음과 같다.

	예 산	실 제
직접노동시간	8,000시간	9,000시간
고정제조간접원가	4,000원	5,000원

제품 단위당 표준직접노동시간은 4시간이고, 당기 실제생산량은 2,500개이다. 또한 회사는 기준조업도로 예산조업도를 사용한다. 이 경우 당기 고정제조간접원가 조업도차이를 계산하면 얼마인가?

① 500원 유리　② 500원 불리　③ 1,000원 유리　④ 1,000원 불리

96. 다음 중 변동원가계산과 전부원가계산에 관한 설명으로 옳지 않은 것은?

구분	변동원가계산	전부원가계산
① 기본목적	내부계획과 통제 등 경영관리	외부보고
② 제품원가	직접재료원가 +직접노무원가 +변동제조간접원가	직접재료원가 +직접노무원가 +변동제조간접원가 +고정제조간접원가
③ 보고양식	공헌이익접근법의 손익계산서	전통적 손익계산서
④ 이익결정요인	생산량 및 판매량	생산량

97. 20X1년 ㈜삼일은 신제품 A 를 500단위 생산하였는데 이에 대한 단위당 변동원가는 10원이고, 단위당 고정원가는 3원이다. 20X1년에 신제품에 대한 기초재고액은 없었으며 기말재고 수량만이 200단위일 경우, 전부원가계산방법 대신에 변동원가계산방법을 적용한다면 20X1년 12월 31일의 기말재고액은 전부원가계산방법에 비해 얼마나 변동할 것인가?

① 600원 증가　② 600원 감소　③ 2,000원 증가　④ 2,000원 감소

98. ㈜삼일의 20X1년 손익에 대한 자료가 다음과 같을 경우 (a) 전부원가계산에 따른 매출총이익, (b) 변동원가계산에 따른 공헌이익, (c) 초변동원가계산에 따른 재료처리량공헌이익을 계산하면 얼마인가?

단위당 판매가격	500원	고정제조간접원가	200,000원
단위당 직접재료원가	130원	고정판매비와관리비	70,000원
단위당 직접노무원가(변동원가)	100원	기초제품	없음
단위당 변동제조간접원가	70원	생산량	25,000개
단위당 변동판매비와관리비	30원	판매량	20,000개

① (a) 3,800,000원 (b) 3,000,000원 (c) 7,000,000원
② (a) 3,800,000원 (b) 3,400,000원 (c) 7,000,000원
③ (a) 3,840,000원 (b) 3,000,000원 (c) 7,400,000원
④ (a) 3,840,000원 (b) 3,400,000원 (c) 7,400,000원

99. 다음 중 초변동원가계산방법에 관한 설명으로 옳지 않은 것은?

① 매출액에서 판매된 제품의 직접재료원가를 차감하여 재료처리량공헌이익을 계산한다.
② 이익은 판매량에 의해서만 결정된다.
③ 초변동원가계산방법이 변동원가계산방법보다 불필요한 재고누적 방지효과가 크다.
④ 외부보고목적의 재무제표 작성에는 이용될 수 없다.

100. ㈜삼일의 6월 중 영업자료는 아래와 같다. 전부원가계산에 의한 영업이익이 변동원가계산에 의한 영업이익보다 10,500원 더 크다면 6월 발생한 고정제조간접원가는 얼마인가(재고자산은 평균법으로 평가한다)?

생 산 량	1,800개
판 매 량	1,500개
기초재고량	200개 (단위당 고정제조간접원가 50원)

① 50,000원 ② 72,000원 ③ 73,800원 ④ 90,000원

101. 다음 중 활동기준원가계산에 관한 설명으로 옳지 않은 것은?

① 활동기준원가계산은 기업의 기능을 여러가지 활동으로 구분한 다음, 활동을 기본적인 원가대상으로 삼아 원가를 집계하고 이를 토대로 하여 다른 원가대상들의 원가를 보다 정확하게 계산할 수 있다.

② 활동기준원가계산은 제조간접원가의 추적가능성을 향상시켜 보다 정확한 원가자료를 산출할 수 있다.

③ 활동기준원가계산은 소품종 다량생산 시스템하에서 제조간접원가의 비중이 낮은 기업에 적합하다.

④ 활동기준원가계산은 '제품은 활동을 소비하고, 활동은 자원을 소비한다.'는 사고에 근거한다.

102. 다음 중 원가추정에 관한 설명으로 옳지 않은 것은?

① 원가추정의 목적은 계획과 통제 및 의사결정에 유용한 미래원가를 추정하기 위함이다.

② 원가추정은 조업도(종속변수)와 원가(독립변수) 사이의 관계를 규명하여 원가함수를 추정하는 것이다.

③ 원가추정시 원가에 영향을 미치는 요인은 조업도 뿐이라고 가정한다.

④ 원가추정시 관련범위에서 단위당 변동원가와 총고정원가가 일정하다고 가정한다.

103. 원가를 추정하는 방법 중 변동비와 고정비의 분류에 있어서 원가담당자의 주관이 개입될 수 있다는 단점을 가진 원가추정방법은 무엇인가?

① 공학적 분석방법　　② 계정분석법
③ 고저점법　　④ 회귀분석법

104. ㈜삼일의 제품생산에 관한 자료는 다음과 같다. 자료를 바탕으로 (ㄱ)손익분기점 판매량과 (ㄴ)손익분기점 매출액을 계산하면 얼마인가?

ㄱ. 제품단위당 판매가격	100원
ㄴ. 제품단위당 변동제조원가	50원
ㄷ. 제품단위당 변동판매비와관리비	10원
ㄹ. 고정제조간접원가	100,000원
ㅁ. 고정판매비와관리비	20,000원

	ㄱ	ㄴ		ㄱ	ㄴ
①	2,000단위	200,000원	②	3,000단위	300,000원
③	3,550단위	355,000원	④	3,750단위	375,000원

105. ㈜삼일의 20X1년 공헌이익은 400,000원이고, 영업이익은 100,000원이다. 만일 20X2년에 판매량이 25% 증가한다면 영업이익의 증가율은 얼마가 될 것으로 예상되는가(단, 20X1년과 20X2년의 단위당 판매가격, 단위당 변동원가, 총고정원가는 동일하다고 가정한다)?

① 40% ② 60% ③ 80% ④ 100%

106. 다음 중 고정예산에 관한 설명으로 옳은 것은?

① 특정수준의 조업도를 기준으로 하여 사전에 수립되는 예산이다.
② 특정기간의 조업도의 변화여부를 고려하여 고정예산을 조정할 필요가 있다.
③ 특정산출량에 대하여 사용된 투입량의 정도에 대한 정보를 제공한다.
④ 통제를 위한 정보로서 적합하며 경영관리적 측면에서 큰 의미를 갖는다.

107. 다음 중 사업부별 성과평가에 관한 설명으로 옳은 것은?

① 여러 사업부에 공통으로 관련되는 공통고정원가를 특정사업부에 임의로 배분하는 경우 성과의 왜곡이 발생할 수 있다.
② 특정사업부로의 추적가능성에 따른 사업부별 추적가능고정원가와 공통고정원가는 구분하지 않는 것이 바람직하다.
③ 통제가능원가와 통제불능원가의 구분은 불가능하므로 구분의 실익이 없다.
④ 특정사업부의 경영자에 대한 성과평가시 통제불능원가를 포함하는 것이 바람직하다.

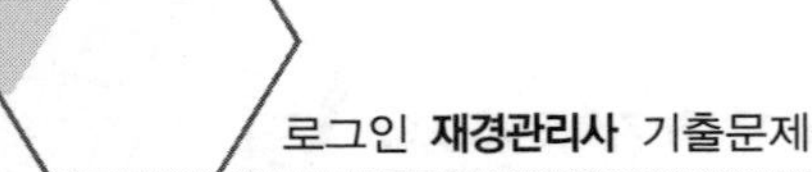

108. 다음은 ㈜삼일의 12월 예산 및 실제성과 관련 자료이다. 자료를 바탕으로 매출조업도차이를 계산하면 얼마인가?

	실 제	예 산
단위당 판매가격	92원	88원
단위당 변동원가	36원	35원
고정제조간접원가	55,000원	48,000원
고정판매관리비	15,000원	18,000원
판매량	2,000단위	2,100단위

① 5,300원 불리 ② 5,300원 유리 ③ 8,000원 불리 ④ 8,000원 유리

109. ㈜삼일은 휴대폰 및 모바일 부품을 제조하여 판매하는 전자기업으로, 분권화된 세 개의 제품별 사업부를 운영하고 있다. 이들은 모두 투자중심점으로 설계되어 있으며, 회사의 최저필수수익률은 20%이다. 각 사업부의 영업자산, 영업이익 및 매출액에 관한 정보는 다음과 같다. 각 사업부를 잔여이익법으로 평가했을 경우 잔여이익이 높은 사업부의 순서로 옳은 것은?

구분	A 사업부	B 사업부	C 사업부
평균영업자산	500,000원	1,000,000원	2,000,000원
영업이익	150,000원	270,000원	480,000원
매출액	1,000,000원	3,000,000원	2,000,000원

① B>C>A ② B>A>C ③ C>B>A ④ A>B>C

110. 다음 자료를 이용하여 ㈜삼일의 시장점유율차이와 시장규모차이를 계산하면 얼마인가?

단위당 예산평균공헌이익	120원
실제시장규모	100,000개
예산시장규모	120,000개
실제시장점유율	35%
예산시장점유율	30%

① 시장점유율차이 : 720,000원(불리), 시장규모차이 : 600,000원(유리)
② 시장점유율차이 : 720,000원(유리), 시장규모차이 : 600,000원(불리)
③ 시장점유율차이 : 600,000원(불리), 시장규모차이 : 720,000원(유리)
④ 시장점유율차이 : 600,000원(유리), 시장규모차이 : 720,000원(불리)

111. 다음 중 투자중심점의 성과지표로 투자수익률(return on investment, ROI)을 사용할 때의 특징으로 옳지 않은 것은?

① 자본예산기법에 의한 성과평가에 비하여 장기적인 성과를 강조한다.
② 현금의 흐름이 아닌 회계이익을 기준으로 성과를 평가한다.
③ 사업부의 경영자가 자신의 사업부 투자액에 대한 통제권한이 있는 경우 그 경영자의 성과측정 지표로 활용될 수 있다.
④ 준최적화 현상이 발생하지 않도록 유의해야 한다.

112. 다음은 로스쿨과 관련한 신문기사 내용이다. 의사결정과 관련하여 괄호 안에 들어갈 용어로 옳은 것은?

> 로스쿨은 도전할 만한 가치가 있는 것일까?
>
> 로스쿨의 연간 등록금은 최소 8백만원에서 최대 2천만원이 넘는 곳까지 천차만별이다. 책값과 생활비 등을 감안하면 사립대의 경우 로스쿨에 다니는 동안 9천만원~1억원 정도는 투자해야 할 각오를 해야 한다.
> 하지만 등록금보다 더 큰 부담은 (　　　)로 볼 수 있다. 직장에서 휴직을 허용하고, 로스쿨 진학비용을 대주지 않는 한 직장인이 로스쿨에 다니려면 사표를 내야 한다. 연봉 3천만원인 직장인이 로스쿨을 다니기 위해 사표를 낸다면 3년 동안 (　　　)가 1억원에 이른다. 사립대 로스쿨에 들어간다면 (　　　)와 등록금까지 감안하여 2억원에 이르는 돈을 투자하는 것이다.

① 추적불능원가　② 추적가능원가　③ 기회원가　④ 매몰원가

113. 다음 중 부품을 자가제조하고 있는 어떤 기업이 외부에서 부품을 구입하는 대안을 고려하고 있다고 가정할 경우 부적절한 의사결정은 무엇인가(단, 고정제조간접원가는 당해 부품 생산설비의 감가상각비만 존재한다고 가정한다)?

① 금액적인 증분수익과 증분원가 이외에 외부공급처의 지속적 확보 여부, 품질의 동질성 등 비재무적 요인도 고려하여야 한다.
② 유휴설비를 1년간 임대해 주고 임대료를 받을 수 있는 경우에는 변동제조원가 절감액과 임대료 수입액의 합계에서 외부부품 구입대금을 차감한 금액이 0(영)보다 큰 경우 외부구입 대안을 선택한다.
③ 유휴설비의 다른 용도가 없는 경우에는 변동제조원가 절감액에서 외부부품 구입대금을 차감한 금액이 0(영)보다 큰 경우 외부구입 대안을 선택한다.
④ 유휴설비를 다른 제품의 생산에 이용할 수 있는 경우에는 변동제조원가 절감액에서 외부부품 구입대금을 차감한 금액이 0(영)보다 작은 경우 외부구입 대안을 선택한다.

114. ㈜삼일이 A 제품 1,000단위를 단위당 200원에 판매할 경우의 예산자료는 다음과 같다. 거래처 ㈜부산으로부터 A 제품 400단위를 단위당 90원에 제공해 달라는 특별주문을 요청받았다. 연간 최대생산능력이 1,400단위일 경우 특별주문 수락여부와 회사의 이익에 미치는 영향으로 옳은 것은?

직접재료비	20,000원(@10)	직접노무비	10,000원(@10)
변동제조간접비	10,000원(@10)	변동판매비와관리비	20,000원(@30)
고정제조간접비	30,000원(@30)	고정판매비와관리비	40,000원(@40)

① 수락, 12,000원 이익증가
② 수락, 16,000원 이익증가
③ 거절, 4,000원 이익감소
④ 거절, 12,000원 이익감소

115. ㈜삼일이 자가제조하고 있는 부품의 원가자료는 다음과 같다.

부품단위당 직접재료원가	1,050원
부품단위당 직접노무원가(변동비)	800원
부품단위당 변동제조간접원가	400원
고정제조간접원가	10,000,000원
생산량	40,000단위

부품을 자가제조하지 않는 경우 고정제조간접원가의 20%를 회피할 수 있다면 부품을 외부구입할 때 지불할 수 있는 최대가격은 얼마인가?

① 2,250원 ② 2,300원 ③ 2,450원 ④ 2,500원

116. 다음 중 순현재가치법과 내부수익률법에 관한 설명으로 옳지 않은 것은?

① 순현재가치법과 내부수익률법에 따른 투자안 평가결과는 항상 동일하다.
② 순현재가치법은 투자기간동안 현금흐름을 자본비용으로 재투자한다고 가정한다.
③ 내부수익률법은 투자안의 내부수익률이 최저필수수익률을 상회하면 그 투자안을 채택하게 된다.
④ 두 방법 모두 화폐의 시간적 가치를 고려하는 방법이다.

117. 다음 중 자본예산을 편성하기 위해 현금흐름을 추정할 때 주의해야 할 사항으로 옳지 않은 것은?

① 이자비용은 현금흐름 유출에 해당하므로 현금흐름 추정에 반영해야 한다.

② 세금을 납부하는 것은 현금의 유출에 해당하므로 세금을 차감한 후의 현금흐름을 기준으로 추정하여야 한다.

③ 감가상각비를 계상함으로써 발생하는 세금의 절약분인 감가상각비 감세 효과는 현금흐름을 파악할 때 고려해야 한다.

④ 명목현금흐름은 명목할인율로 할인해야 하며, 실질현금흐름은 실질할인율로 할인해야 한다.

118. ㈜삼일은 투자종료시점에 보유하고 있던 건물(취득가 500,000,000원, 감가상각누계액 100,000,000원)을 300,000,000원에 매각하였다. 법인세율이 20%라고 가정했을때 투자종료시점의 현금흐름을 계산하면 얼마인가?

① 280,000,000원　　② 300,000,000원

③ 320,000,000원　　④ 380,000,000원

119. ㈜삼일은 A 사업부와 B 사업부로 구성되어 있다. B 사업부는 A 사업부에서 생산되는 부품을 가공하여 완제품을 제조한다. B 사업부에서 부품 한 단위를 완제품으로 만드는데 소요되는 추가가공원가는 550원이며, 완제품의 단위당 판매가격은 1,150원이다. 부품의 외부시장가격이 단위당 650원인 경우, B 사업부가 받아들일 수 있는 최대대체가격을 계산하면 얼마인가?

① 1,150원　　② 650원　　③ 600원　　④ 550원

120. 다음 중 각 원가관리시스템에 관한 설명으로 옳은 것은?

① 품질원가계산은 제품의 수명주기가 줄어들고 제조기술의 변화가 빨라지는 현상에 대응하여 대두되었다.

② 목표원가계산은 품질프로그램의 전반적 유효성을 평가하기 위한 것이다.

③ 목표원가계산에서 목표원가 설정을 위해서는 먼저 목표가격을 결정하고, 그 이후에 잠재고객의 요구를 충족하는 제품을 개발한다.

④ 품질원가는 예방원가, 평가원가, 내부실패원가 및 외부실패원가의 네 가지 종류로 구분된다.

103회 답안 및 해설

재무회계

1	2	3	4	5	6	7	8	9	10
3	1	1	4	2	3	2	3	4	1
11	12	13	14	15	16	17	18	19	20
3	4	3	1	3	4	4	2	2	4
21	22	23	24	25	26	27	28	29	30
2	4	3	1	4	1	2	3	3	1
31	32	33	34	35	36	37	38	39	40
4	3	4	2	2	4	3	1	1	3

01. **관리회계는 법적 강제력이 없다.**

02. 정보가 유용하기 위해서는 목적적합하고 나타내고자 하는 바를 충실하게 표현해야 한다.

03. 측정일에 **시장 참여자 사이의 정상거래**에서 **자산을 매도하면서** 수취하는 가격을 말한다.

04. **기능별로 분류하는 기업은 감가상각비, 기타상각비와 종업원급여비용을 포함하여 비용의 성격에 대한 추가정보를 공시**한다.

05. 주요 매출처는 특수관계에 있는 대상이 아니다.

06. ① 취득원가와 순실현가능가치 중 낮은 금액으로 측정한다.(저가법)

② 매입할인 등은 매입원가를 결정할 때 차감한다.

④ 현재의 상태로 이르게 하는데 기여하지 않은 관리간접원가는 비용처리한다.

07.

재고자산

기초	400,000	**매출원가**	520,000
		재고자산평가손실	550,000
		재고자산감모손실	30,000
순매입액	1,000,000	기말	300,000
계	1,400,000	계	1,400,000

비용총액을 계산하는 문제이므로 판매가능재고(1,400,000)에서 기말재고(300,000)를 차감하면 비용총액(1,100,000)을 구할 수 있다.

08. 물가가 상승(10→20→30)인 경우 2개가 판매되었다고 가정하면 기말재고자산은 선입선출법인 경우 30원이고, 평균법일 경우 20원이므로 선입선출법이 더 크게 계상된다.

09. ① 당해 유형자산을 취득하지 않았을 경우 보다 관련 자산으로부터 미래 경제적 효익을 얻을 수 있다면 자산으로 인식할 수도 있다.
② 일상적인 수선, 유지관련 지출은 비용처리한다.
③ 일부 대체시 자산 인식기준을 충족시 자산으로 하며, 대체되는 부분의 장부금액은 제거한다.

10. 재평가잉여금의 감소로 회계처리하므로 당기손익에 영향이 없다.

11.

1. 20X1년 말 장부금액	50,000,000원
2. 20X1년 말 회수가능가액 MAX(순공정가치, 사용가치)	45,000,000원
3. 20x2년 감가상각비＝장부가액(45,000,000)÷잔존내용연수(5)	9,000,000원

12. **개발단계와 연구단계를 구분할 수 없는 경우 연구단계**로 본다.

13. **소비형태를 신뢰성있게 결정할 수 없는 경우에는 정액법**을 사용해야 한다.

14. **판매목적 : 재고자산, 자가사용부동산 : 유형자산, 금융리스로 제공한 자산 : 재무상태표에 표시되지 않음**

15. **기타포괄손익누계액＝ 공정가치(150,000) - 취득원가(100,000＋10,000)＝40,000원**

16. 위험과 보상에 대한 이전이 양수자에게 이전되지 않고, 미리 정해진 가격으로 재매입약정이 있는 경우에는 제거하지 않는다.(차입거래에 해당한다.)

17. **수취대가가 확정되고, 결제되는 지분상품이 확정수량으로 결제되는 경우만 지분상품(자본)으로 보고, 나머지는 금융부채로 본다.**

18. 일반사채의 가치＝액면이자(600,000)×2.4018＋액면가액(6,000,000)×0.7118＝5,711,880원
전환권대가＝발행가액(6,000,000) - 일반 사채의 가치(5,711,880)＝288,120원

19. 상환일의 시장이자율(15%)>발행일의 시장이자율(10%) → **장부가액보다 적은 금액으로 상환**하므로 사채상환이익이 발생한다.

20. 수선유지가 필요한 자산을 매각하는 등 기업의 **미래행위로서 미래지출을 회피할 수 있기 때문에 현재의무가 아니므로** 충당부채를 인식할 필요가 없다

21. 주식의 할인발행시 자본금은 증가하고, 이익잉여금은 불변이나, **총자본은 증가**한다.

22. 주당이익＝당기순이익(1,000,000)÷주식수(2,000)＝500원

23. ① 회수가능성이 높지 않은 경우 고객과의 계약으로 회계처리 할 수 없다.
② 기업자체에는 대체 용도가 없을 경우 수익으로 인식한다.
④ 비슷한 수행의무에는 일관되게 적용하여야 한다.

24. 반품할 것으로 예상되는 금액(10,000,000)은 매출액으로 인식하지 아니하고 **환불부채로 인식**한다.

25. 누적공사진행률＝누적계약수익(15,000,000＋20,000,000)÷총공사계약액(50,000,000)＝70%

26. ② 사외적립자산>확정급여채무→순확정급여자산, 사외적립자산<확정급여채무→순확정급여부채
③ 사외적립기여금은 사외적립자산으로 인식한다.
④ **사외적립자산의 보험수리적손익은 재측정요소**이다.

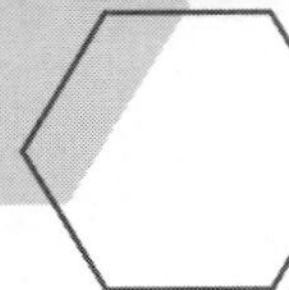

27. 현금결제형 주식 주가차액보상권은 주식선택권을 행사할 때 까지 부채의 공정가치를 재측정한다. 그러므로 **부여일 현재 주가차액보상권의 공정가치는 반드시 필요한 정보는 아니다.**

28. 당기법인세 = 과세표준(2,000,000 + 50,000 + 80,000 + 20,000) × 30% = 645,000원

	20x1년
(미래)차감할 일시적차이	100,000원
세율	30%
이연법인세자산	30,000

(차) **법인세비용**	**615,000**	(대) 당기법인세	645,000
이연법인세자산	30,000		

29. 차감할 일시적 차이는 **실현가능성이 거의 확실한 경우에만 이연법인세자산을 인식한다.**

30. 〈사채할인발행차금 상각표(유효이자율법)〉

연도	유효이자(A) (BV×12%)	액면이자(B) (액면가액×10%)	할인차금상각 (A－B)	장부금액 (BV)
20x1. 1. 1				95,196
20x1.12.31	11,424	10,000	1,424	**96,620**
20x2.12.31	11,594	10,000	*1,594(감소)*	**98,214**

31. **재고자산 원가흐름의 가정의 변경**은 회계정책의 변경에 해당한다.

32. 〈유통보통주식수 변동〉

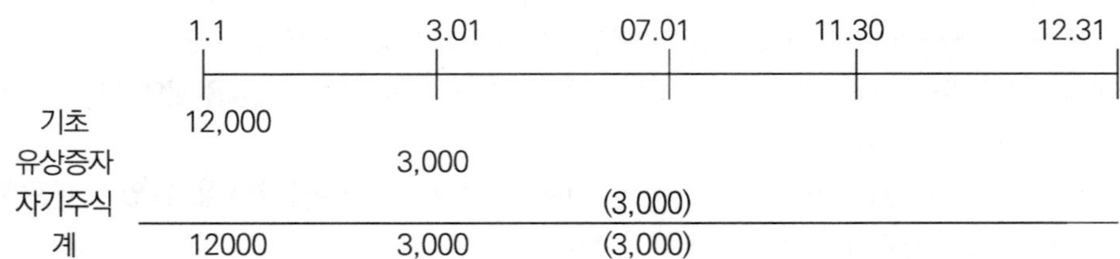

	1.1	3.01	07.01	11.30	12.31
기초	12,000				
유상증자		3,000			
자기주식			(3,000)		
계	12000	3,000	(3,000)		

유통보통주식수 : 12,000 × 12/12 + 3,000 × 10/12 - 3,000 × 6/12 = 13,000주

보통주 순이익 = 당기순이익(3,500,000) - 우선주배당금(250,000) = 3,250,000원

기본주당순이익 = 보통주 순이익(3,250,000) ÷ 유통보통주식수(13,000) = 250원/주

33. **관계기업에 대한 투자지분과 무관한 손익(내부미실현 손익의 제거)만 투자자의 재무제표에 반영**된다.

34. 관계기업투자주식 = 취득가액(800,000) + 관계기업 총 당기순이익(200,000) × 지분율(30%)
= 860,000원

35. 기능통화를 결정시 **재화와 용역의 공급가격에 주로 영향을 미치는 통화**를 우선적으로 고려하여야 한다.

36. ① 당기손익으로 인식한다.

② 현금흐름위험회피를 적용한다,

③ 위험회피에 효과적인 부분은 기타포괄손익으로 인식한다.

37.

연도	리스료(A)	리스이자(B) (BV×10%)	원금상환액 (B－A)	장부금액 (BV)
20x1. 1. 1				758,158
20x1.12.31	200,000	75,816	124,184	***633,974***

38. 직접법은 **현금유입액과 유출액을 원천별 및 용도별로 분류하여 표시**하므로 현금의 흐름내역을 일목요연하게 제시하여 주므로 **미래 현금흐름을 추정하는데 간접법보다 유용한 정보**를 제공한다.

39.

구분	금액
당기순이익	20,000
(+)감가상각비	4,600
(－)매출채권의 증가	(15,000)
(+)재고자산의 감소	2,500
(+)매입채무의 증가	10,400
(－)유형자산처분이익	(2,400)
= 영업활동으로 인한 현금	20,100

40.

구분	금액
매출액	100,000
(－)대손상각비	(5,000)
(－)매출채권 증가	(5,000)
(－)대손충당금 감소	(1,000)
= 현금유입액	89,000

세무회계

41	42	43	44	45	46	47	48	49	50
2	4	3	3	2	4	1	3	2	3
51	**52**	**53**	**54**	**55**	**56**	**57**	**58**	**59**	**60**
3	3	1	4	3	1	4	4	4	3
61	**62**	**63**	**64**	**65**	**66**	**67**	**68**	**69**	**70**
3	1	4	2	2	3	3	4	1	2
71	**72**	**73**	**74**	**75**	**76**	**77**	**78**	**79**	**80**
4	4	1	1	1	2	3	2	4	3

41. 신의성실의 원칙은 상대방의 신의를 배반하여서는 안된다는 원칙이다. 납세자가 그 의무를 이행할 때에는 신의에 따라 성실히 하여야 한다. **세무공무원이 그 직무를 수행할 때에도 또한 같다.**

42. 납세자의 우편신고는 발신주의, 과세관청의 우편송달은 도달주의에 의한다.

43. **납세자가 유리한 경우에는 예외적으로 소급과세가 가능**하다.

44. 과다신고한 경우에는 **경정청구를 통해서 환급**받을 수 있다.

45. 과세표준 = 차가감소득금액(370,000,000) + 기부금한도초과액(30,000,000)
- 이월결손금(90,000,00 + 20,000,000) = 290,000,000원

2019년 이전 이월결손금은 10년간 이월공제(2015,2017년 공제가 가능)가 가능하다.

46. 각사업연도소득금액 = 법인세비용차감전순이익(220,000,000) + 매출누락(20,000,000)
- 매출원가누락(16,000,000) - 전기매출액(10,000,000)
+ 임원상여한도초과액(30,000,000) + 손금불산입(14,000,000)
= 258,000,000원

47. 익금 = 수증익(10,000,000) + 재산세환급(3,000,000) + 임대료(2,000,000) = 15,000,000원
특수관계자인 개인으로부터 유가증권을 저가매입시 익금으로 본다.

48. 업무무관자산을 처분하는 경우 **양도가액을 익금으로 보고 장부가액은 손금**으로 본다.

49. 손금불산입 = 출자임원사택유지비(2,000,000) + 벌과금(500,000) + 잉여금의 처분(1,000,000)
= 3,500,000원

50. 일반법인의 경우 원천징수되는 이자소득에 한해 발생주의에 따라 미수이자를 인정하지 않는다.

51. **재해를 입은 자산에 대한 외장의 복구는 수익적지출**에 해당한다.

52.

구분	건물	기계장치	영업권
회사계상 상각비(A)	10,000,000원	3,000,000원	1,000,000원
상각범위액(B)	8,000,000원	4,000,000원	3,000,000원
시부인액(B－A)	상각부인액 2,000,000원	시인부족액 1,000,000원	시인부족액 2,000,000원
전기이월상각 부인액	1,000,000원		1,000,000원
세무조정	손금불산입 2,000,000원	－	손금산입 1,000,000원
영향	***과세표준 1,000,000원 증가***		

53. 일반기부금(특수관계인이 아님)은 자산의 장부가액으로 평가한다.

54. 기업업무추진비 한도초과 금액은 기타사외유출로 소득처분한다.

55. 기타사외유출＝비실명채권 원천징수세액(5,000,000)＋업무무관자산 지급이자(28,000,000)
＝33,000,000원

56. 대손실적율＝당기대손금(1,400,000)÷전기설정대상채권(70,000,000)＝2%
한도＝당기 대상채권(40,000,000)×대손설정률(2%)＝800,000원
대손충당금 한도＝기말대손충당금(2,000,000)－대손충당금한도(800,000)
＝1,200,000원(손不, 유보)

57. 고유목적사업준비금은 비영리법인이 설정대상이다.

58. 양도가액＝10,000주×6,000＝60,000,000원
시가＝10,000주×9,000(거래가격)＝90,000,000원
차액＝시가(90,00,000)－양도가(60,000,000) ＝30,000,000원(익금산입)
(저가양도 → 30,000,000/90,000,000＝33%)

59. 2019년 이전 발생 이월결손금은 10년간 이월하여 공제한다.

60. 현금흐름표는 일반법인의 필수적 첨부서류에 해당하지 않는다.

61. **열거주의가 원칙이나 일부 소득에 대해서는 유형별 포괄주의를 채택**하고 있다.

62. **자금대여를 사업적으로 하면 사업소득으로 과세된다.**

63. 사업소득금액＝당기순이익(400,000,000)＋본인 급여(40,000,000)－이자수익(5,000,000)
－건물처분(3,000,000)＋소득세(3,000,000)＝435,000,000원

64. 자녀보육수당은 월 20만원에 대해서 비과세 적용한다,

구분	금액	비고
월 급여	36,000,000	
상여	4,000,000	
중식대	1,800,000	**월 20만원 비과세**
자가운전보조금	600,000	**월 20만원 비과세**
상여처분	1,000,000	
총급여액 계	43,400,000	

65. **강사료(기타소득)는 필요경비 60%가 적용된다.**

66. 〈부양가족 판단〉

가족	요건		기본공제	추가공제	판단
	연령	소득			
김삼일	-	○	○	-	
배우자	-	×	부	-	총급여 500만원 초과자
부친	○	○	○	경로, 장애	
모친	○	○	○	-	종합소득금액 1백만원 이하자
딸	○	○	○	-	
아들	○	○	○	-	

② 인적공제액 계산

	대상자	세법상 공제액	인적공제액
1. 기본공제	본인, 부친, 모친, 딸, 아들	1,500,000원/인	7,500,000
2. 추가공제			
① 장애인	부친	2,000,000원/인	2,000,000
② 경로	부친	1,000,000원/인	1,000,000
합계			10,500,000

67. 국외의료비는 의료비 세액공제대상에서 제외된다.

68. **연금외수령한 경우 퇴직소득**으로 과세한다.

69. 건설기계는 기계장치이므로 양도소득세 과세대상에서 제외된다.

70. 퇴직소득은 분류과세소득이고, 공적연금소득과 근로소득은 연말정산으로 종합소득과세표준 확정신고에서 제외된다.

71. 세금계산서의 임의적 기재사항에 누락 등에 대해 별도 불이익은 없다.

72. 부가가치세법상 사업자는 **영리목적을 불문하고 재화나 용역을 공급하는 자**를 말한다. 즉, **비영리사업자도 부가가치세상 납세의무자가 된다.**

73. 사업개시 전에 등록한 경우 등록신청일부터 사업개시일이 된다.

74. 지점도 주사업장이 될 수 있다.

75. 직장연예비 등은 간주공급에서 제외된다.

76. ① 장기할부판매의 경우 대가의 각 부분을 받기로 한 때가 공급시기가 된다.

③ 내국신용장에 의하여 공급하는 재화는 국내간 거래이므로 공급시기는 인도일이 된다.

④ 무인판매기에서 인취하는 때가 공급시기이다.

77. 과세 = 식빵(5,000) + 택시(3,000) = 8,000원

78. 공통사용재화의 과세표준 = 공급가액(10,000,000) × (직전)과세공급가액(2억)/총공급가액(10억)
= 2,000,000원
매출세액 = 과세표준(2,000,000) × 10% = 200,000원

79.

구분	금액	비고
매출세액	5,000,000원	
(−)매입세액	(3,500,000원)	
= 납부세액	1,500,000원	
(+)가산세	100,000원	미발급가산세 5,000,000 × 2% = 100,000원
차가감납부세액	1,600,000원	

80. **<u>종이세금계산서를 발급하면 1% 세금계산서 미발급가산세</u>**가 적용된다.

원가관리회계

81	82	83	84	85	86	87	88	89	90
1	3	3	2	2	4	2	3	4	4
91	**92**	**93**	**94**	**95**	**96**	**97**	**98**	**99**	**100**
1	3	3	1	3	4	2	4	2	2
101	**102**	**103**	**104**	**105**	**106**	**107**	**108**	**109**	**110**
3	2	2	2	4	1	1	1	3	4
111	**112**	**113**	**114**	**115**	**116**	**117**	**118**	**119**	**120**
1	3	4	1	2	1	1	3	3	4

81. ② 감가상각비는 고정, 간접원가
③ 공장장 급여는 고정, 간접원가
④ 식당운영은 고정, 변동, 간접원가

82.

재고자산(원재료 + 재공품)

기초재고(원재료 + 재공품)	1,500,000	당기제품제조원가	9,000,000
원재료구입	6,500,000		
가공원가(직접노무비 + 제조간접비)	5,000,000	***<u>기말재고(원재료 + 재공품)</u>***	***<u>4,000,000</u>***
합　　계	13,000,000	합　　계	13,000,000

83. 제조간접원가는 판관비에 배부하지 않는다.

84. 〈단계배분법〉 A부문의 원가부터 배분한다.

제공부문 \ 사용부문		보조부문		제조부문	
		A부문	B부문	C부문	D부문
배부전원가		200,000	300,000	**450,000**	**600,000**
보조부문배부	A부문(40% : 20% : 40%)	(200,000)	80,000	**40,000**	**80,000**
	B부문(0 : 60% : 20%)	-	(380,000)	**285,000**	**95,000**
보조부문 배부		-	-	325,000	**175,000**

85. 예정배부율 = 연간제조간접원가(2,000,000) ÷ 연간직접노동시간(40,000) = 50원/시간당

제조간접원가 = 직접노동시간 × 예정배부율(50원)

구 분	#A(제품)	#B(재공품)
직접재료원가	130,000	90,000
직접노무원가	60,000	50,000
제조간접원가	120,000	80,000
합계	***310,000***	***220,000***

87. 직접원가와 간접원가의 구분은 개별원가계산의 핵심과제이다.

88. 원재료 단가산정과 종합원가계산 방법과는 무관하다.

89.

〈1단계〉 물량흐름파악(선입선출법) / **〈2단계〉 완성품환산량 계산**

재공품			재료비	가공비
	완성품	400		
	- 기초재공품	80(60%)	0	48
	- 당기투입분	320(100%)	320	320
	기말재공품	100(40%)	100	40
	계	500	**420**	**408**

〈3단계〉 원가요약(당기투입원가) 32,340,000 / 420개, 28,560,000 / 408개

〈4단계〉 완성품환산량당 단위원가 = @ 77,000, = @70,000

〈5단계〉 완성품원가와 기말재공품원가계산

- 완성품원가 = 기초재공품원가(8,000,000 + 5,720,000) + 당기투입 완성품원가(320개 × @77,000 + 368개 × @70,000) = ***64,120,000원***
- 기말재공품원가 = 100개 × @77,000원 + 40개 × @70,000원 = ***10,500,000원***

90. 기말재공품의 완성도가 과대평가되면 기말재공품 금액이 과대평가된다.

91. 실제원가가 지연되는 것을 보완하기 위하여 정상원가계산제도가 도입되었다.

92. 이상적표준은 달성하기 불가능하므로 종업원의 동기 부여에 역효과가 나타난다.

93. 〈직접재료원가〉

원재료 구입액 = 기말(145,000) + 투입액(285,500) - 기초(120,000) = 310,500원

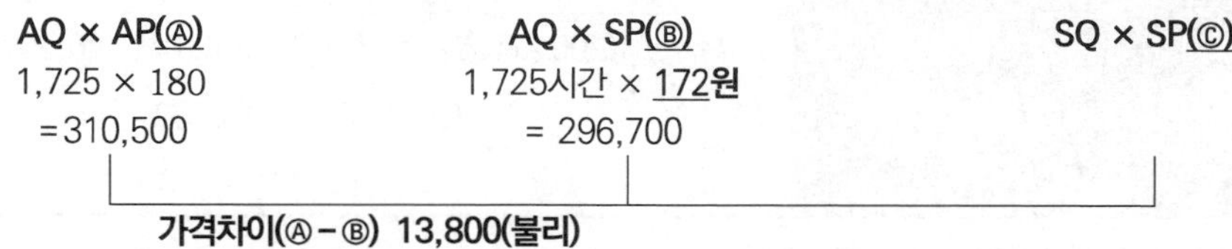

94. 작업량 증가에 따른 초과근무수당의 지급은 가격차이의 발생 원인이다.

95.

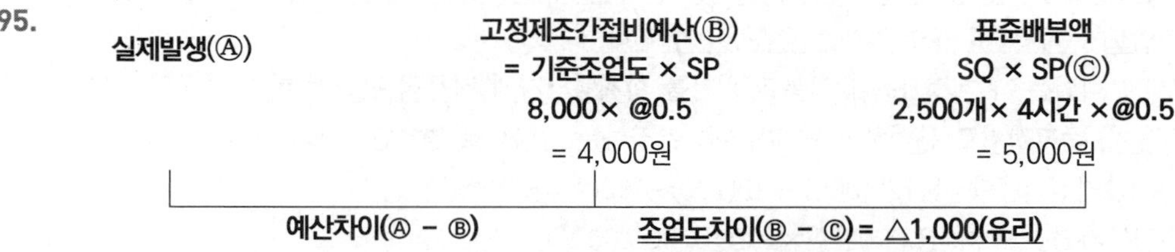

96. 변동원가계산은 판매량, 전부원가계산은 생산량, 판매량이 이익결정요인이다.

97. 변동원가계산에서 고정제조간접원가를 기간비용으로 처리하므로, 동 금액만큼 재고자산 금액이 감소된다.

기간비용(재고) = 기말재고(200) × 단위당 고정원가(3) = 600원(감소)

98. ① 전부원가계산

1. 매출액	20,000개×500원 = 10,000,000원
2. 매출원가	(130 + 100 + 70 + 200,000/25,000)×20,000개 = 6,160,000원
3. 매출이익	3,840,000

② 변동원가계산

1. 매출액	10,000,000원
2. 변동원가	(130 + 100 + 70 + 30)×20,000개 = 6,600,000원
3. 공헌이익	3,400,000

③ 초변동원가계산

1. 매출액	10,000,000원
2. 직접재료원가	130×20,000개 = 2,600,000원
3. 재료처리량공헌이익	7,400,000

99. 초변동원가계산은 생산량 및 판매량에 의해서 이익이 결정된다.

100. 기말재고 = 기초재고(200) + 생산량(1,800) - 판매량(1,500) = 500개

변동원가(순이익)	0
+기말재고에 포함된 고제간	[(200×@50)+X]×500개/2,000개 = 20,500
-기초재고에 포함된 고제간	200개×50원 = 10,000
= 전부원가(순이익)	10,500

∴ **X(6월 고정제조간접원가) = 72,000원**

101. **<u>다품종 소량생산 및 제조간접원가의 비중이 높은 기업이 활동기준원가계산에 적합하다.</u>**

102. **<u>조업도가 독립변수이고 원가는 종속변수가 된다.</u>**

103. 계정분석법은 각 계정과목에 기록된 원가를 **<u>회계담당자의 전문적 판단에 따라 변동비, 고정비, 준변동비, 준고정비로 분석</u>**하여 원가함수를 추정하는 방법으로 원가담당자의 주관이 개입될 수 있다.

104. 손익분기점판매량 = F(120,000) ÷ [P(100) - V(60)] = 3,000단위

손익분기점 매출액 = 3,000단위 × 100원 = 300,000원

105. 영업레버리지도 = 공헌이익(400,000)/영업이익(100,000) = 4

영업이익증감률 = 판매량증가율(25%) × 영업레버리지도(4) = 100%

107. ② 추적이 가능하면 고정원가라도 구분하는 것이 성과평가에 바람직하다.

③ **<u>고정제조간접원가는 통제가능원가와 통제불능원가로 구분</u>**하여야 한다.

④ **<u>통제불능원가는 관리가 불가능하므로 성과평가시 제외</u>**해야 한다.

108. AQ = 2,000단위 BQ = 2,100단위 AP = 92원 BP = 88원 BV = 35원

	실제성과 **AQ×(AP-BV)**	변동예산(1) **AQ× (BP-BV)**	고정예산 **BQ× (BP-BV)**
공헌이익		2,000×(88-35) = 106,000	2,100×(88-35) = 111,300

<u>매출가격차이</u> **<u>매출조업도차이△5,300(불리)</u>**

109.

	A	B	C
1. 영업자산	500,000	1,000,000	2,000,000
2. 영업이익	150,000	270,000	480,000
3. 최저필수수익률		20%	
4. 잔여이익 2-1×3	**<u>50,000</u>**	**<u>70,000</u>**	**<u>80,000</u>**

110.

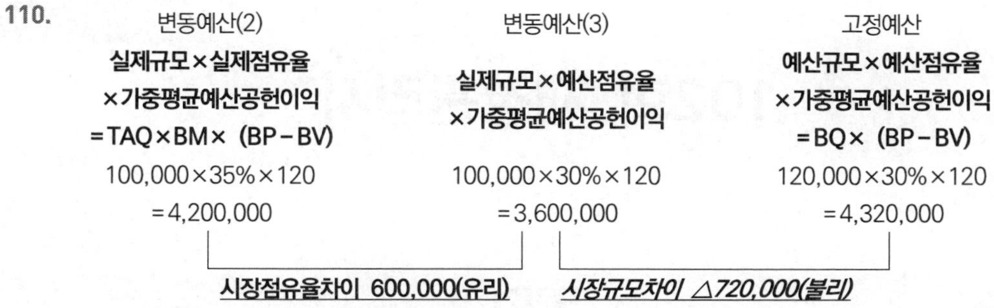

111. 투자수익률은 자본예산기법에 비하여 단기적인 성과를 강조한다.

113. 유휴설비를 다른 제품의 생산에 이용할 수 있는 경우에 다른 제품 생산에 따른 증분수익과 변동원가 절감액이 외부부품 구입대금보다 큰 경우에 외부구입 대안을 선택한다.

114. **최대생산능력이 1,400단위내에 대한 특별주문이다.**

1.증분수익(특별주문수락시)	
• **매출액 증가**	400단위×90=36,000원
2.증분비용(특별주문수락시)	
• **변동원가 증가**	400단위×60=24,000원
3.증분손익	12,000 이익(수락)

115. 외부구입단가=변동원가(2,250)+고정제조간접원가 절감액(10,000,000×20%)÷40,000단위

=2,300원

116. 순현재가치법과 내부수익률법은 항상 같은 결과가 나오는 것은 아니다.

117. 이자비용을 고려시 **이중으로 계산이 되므로 이자비용은 고려해서는 안된다.**

118. 투자종료시 현금흐름=처분가액(300,000,000)+처분손실(100,000,000)×법인세율(20%)

=320,000,000원

119. 최대대체가격=MIN[① 외부구입가격(650) ② 완제품판매가격(1,150)-추가가공비(550)]= 600원

120. ① 수명주기원가계산에 대한 설명이다.

② 품질원가계산에 대한 내용이다.

③ 먼저 잠재고객의 요구를 충족하는 제품을 개발하고, 목표가격을 결정한다.

2023년 7월

102회 재경관리사

재무회계

1. 다음 중 국제회계기준의 특징에 관한 설명으로 가장 옳은 것은?

① 국제회계기준은 규정중심의 회계기준으로 상세하고 구체적인 회계처리 방법을 제시한다.
② 국제회계기준은 자산 및 부채에 대한 역사적원가 적용이 확대되었다.
③ 국제회계기준을 적용한 후 주석공시 양이 줄어들었다.
④ 국제회계기준은 연결재무제표를 기본 재무제표로 제시하고 있다.

2. 다음 중 재무제표의 근본적인 질적특성에 관한 설명으로 가장 올바르지 않은 것은?

① 재무정보가 이용자에게 유용하기 위해서는 목적적합성과 표현충실성의 두 가지 요건을 모두 충족하여야 한다.
② 예측가치를 갖는 정보는 확인가치도 갖는 경우가 많다.
③ 정보가 누락되거나 잘못 기재된 경우 특정 보고기업의 재무정보에 근거한 정보이용자의 의사결정에 영향을 줄 수 있다면 그 정보는 중요한 것이다.
④ 완벽한 표현충실성을 위해서는 서술은 검증가능하고, 이해할 수 있으며, 적시성이 있어야 한다.

3. 다음 중 자산의 측정방법에 관한 설명으로 가장 올바르지 않은 것은?

① 사용가치 : 기업이 자산의 사용과 궁극적인 처분으로 얻을 것으로 기대하는 현금흐름 또는 그 밖의 경제적효익의 현재가치
② 현행원가 : 기업이 측정일 현재 동등한 자산의 원가로서 측정일에 지급할 대가(거래원가 포함)
③ 역사적원가 : 기업이 자산을 취득 또는 창출하기 위하여 지급한 대가(거래원가 포함)
④ 공정가치 : 자산 측정일에 특수관계자 사이의 거래에서 자산을 매도할 때 받을 가격

4. 다음 중 포괄손익계산서에 관한 설명으로 가장 올바르지 않은 것은?

① 포괄손익계산서는 일정기간 동안 소유주의 투자나 소유주에 대한 분배거래를 제외한 기타거래에서 발생하는 순자산의 변동내용을 표시하는 동태적 보고서이다.

② 포괄손익계산서는 단일의 포괄손익계산서를 작성하거나 당기순손익을 표시하는 손익계산서와 포괄손익계산서를 포함하는 2개의 보고서로 작성될 수 있다.

③ 포괄손익계산서에서 비용을 표시할 때는 기능별로 분류하거나 성격별로 분류하여 표시하여야 한다.

④ 기타포괄손익항목은 관련 법인세효과를 차감한 순액으로만 표시할 수 있다.

5. 다음 중 중간재무보고에 관한 설명으로 가장 올바르지 않은 것은?

① 중간재무보고서는 당해 중간보고기간 말과 직전 연차보고기간 말을 비교하는 형식으로 작성한 재무상태표를 포함하여야 한다.

② 중간재무보고서는 당해 중간기간과 당해 회계연도 누적기간을 직전 회계연도의 동일기간과 비교하는 형식으로 작성한 포괄손익계산서를 포함하여야 한다.

③ 중간재무보고서는 당해 회계연도 누적기간을 직전 회계연도의 동일기간과 비교하는 형식으로 작성한 자본변동표를 포함하여야 한다.

④ 중간재무보고서는 당해 중간기간과 당해 회계연도 누적기간을 직전 회계연도의 동일기간과 비교하는 형식으로 작성한 현금흐름표를 포함하여야 한다.

6. 다음 중 재고자산의 취득원가에 관한 설명으로 가장 옳은 것은?

① 재고자산을 현재의 장소에 현재의 상태로 이르게 하는데 기여하지 않은 관리간접원가는 취득원가에 포함한다.

② 후속 생산단계에 투입하기 전에 보관이 필요한 경우에 발생하는 보관원가는 취득원가에 포함하지 않는다.

③ 판매시 발생한 판매수수료는 취득원가에 포함한다.

④ 매입할인 및 리베이트는 매입원가를 결정할 때 차감한다.

7. 재고자산 평가방법으로 이동평균법을 적용하고 있는 ㈜삼일의 재고자산수불부가 다음과 같을 때, ㈜삼일의 기말재고자산 금액을 계산하면 얼마인가(단, 기말재고자산 실사결과 확인된 재고수량은 200개이다)?

	수량	단가	금액
전기이월	1,000개	90원	90,000원
3월 5일 구입	200개	150원	30,000원
4월 22일 판매	900개		
6월 8일 구입	200개	110원	22,000원
7월 12일 판매	300개		
기말	200개		

① 20,000원　② 20,300원　③ 20,800원　④ 22,000원

8. 다음 자료에서 재고자산평가손실은 ㈜삼일의 재고자산이 진부화되어 발생하였다. 자료를 바탕으로 ㈜삼일의 20X2년 포괄손익계산서상 매출원가를 계산하면 얼마인가?(단, ㈜삼일은 재고자산평가손실과 정상재고자산감모손실을 매출원가에 반영하고 있다.)

20X1년 12월 31일 재고자산	400,000원
20X2년 매입액	1,000,000원
20X2년 재고자산평가손실	550,000원
20X2년 재고자산감모손실(모두 정상감모)	20,000원
20X2년 12월 31일 재고자산(모든 평가손실과 감모손실 차감 후)	300,000원

① 1,080,000원　② 1,100,000원　③ 1,120,000원　④ 1,400,000원

9. 다음 자료를 바탕으로 ㈜삼일의 재무상태표에 유형자산으로 표시되는 기계장치의 취득금액을 계산하면 얼마인가?

- 매입금액 : 600,000원
- 설치장소까지의 운송비 : 30,000원
- 관세 및 취득세 : 20,000원
- 시운전비 : 50,000원
- 시운전 과정에서 발생한 시제품의 매각금액 : 30,000원

① 620,000원　② 650,000원　③ 670,000원　④ 700,000원

10. 내용연수가 7년인 건물을 정액법으로 감가상각한 결과 제 3 차연도의 감가상각비는 120,000원이었다. 잔존가치가 6,000원이라고 할 때 건물의 취득원가를 계산하면 얼마인가(단, 유형자산 후속측정방법은 원가모형이며 내용연수 및 잔존가치의 변동은 없다고 가정한다)?

① 740,000원 ② 746,000원 ③ 840,000원 ④ 846,000원

11. 다음 중 유형자산의 재평가모형 회계처리에 관한 설명으로 가장 올바르지 않은 것은?

① 재평가의 빈도는 재평가되는 유형자산의 공정가치 변동에 따라 달라진다.
② 자산의 장부금액이 재평가로 인하여 증가된 경우 원칙적으로 그 증가액은 당기손익(재평가이익)으로 인식한다.
③ 자산의 장부금액이 재평가로 인하여 감소한 경우 원칙적으로 그 감소액은 당기손익(재평가손실)으로 인식한다.
④ 특정 유형자산을 재평가할 때, 동일한 분류 내의 유형자산은 동시에 재평가한다.

12. 다음 중 무형자산의 상각에 관한 설명으로 가장 올바르지 않은 것은?

① 내용연수가 비한정인 무형자산은 상각하지 않으며, 매년 일정시기와 손상을 시사하는 징후가 있을 때에 손상검사를 수행하여야 한다.
② 내용연수가 유한한 무형자산은 자산을 사용할 수 있는 때부터 상각한다.
③ 내용연수가 유한한 무형자산은 정액법으로만 상각할 수 있다.
④ 내용연수가 유한한 무형자산의 상각기간은 적어도 매 회계연도 말에 검토한다.

13. 다음은 20X1년 ㈜삼일의 엔진 개발과 관련하여 20X1년 9월 30일까지 발생한 지출에 대한 자료이다. 동 엔진이 20X1년 10월 1일부터 사용가능할 것으로 예측된 경우 20X1년 ㈜삼일이 엔진 개발과 관련하여 무형자산 상각비를 포함한 인식해야 할 총비용은 얼마인가(단, 엔진 개발비에 대하여 내용연수 5년, 정액법 상각함)?

연구단계	개발단계
• 엔진 연구 결과의 평가를 위한 지출 : 3,000,000원 • 여러 가지 대체안 탐색 활동을 위한 지출 : 27,000,000원	• 자산인식조건을 만족하는 개발 단계 지출 : 30,000,000원 • 자산인식조건을 만족하지 않는 개발 단계 지출 : 7,000,000원

① 30,000,000원 ② 37,000,000원 ③ 38,500,000원 ④ 40,000,000원

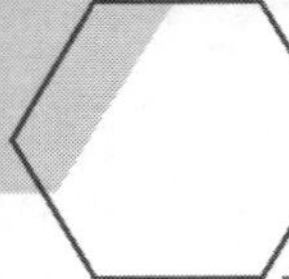

14. 다음 중 투자부동산에 관한 설명으로 가장 올바르지 않은 것은?

① 투자부동산이란 임대수익이나 시세차익을 얻기 위해 보유하고 있는 부동산이다.

② 공정가치 모형을 선택한 경우에는 매 보고기간 말에 공정가치로 측정하고, 공정가치에 기초하여 남은 내용연수동안 감가상각을 한다.

③ 투자부동산은 원가모형과 공정가치모형 중 하나를 선택할 수 있다.

④ 투자부동산에 대하여 원가모형을 선택한 경우 감가상각대상자산에 대하여 유형자산과 마찬가지로 감가상각비를 인식한다.

15. 다음 중 상각후원가측정금융자산에 관한 설명으로 가장 올바르지 않은 것은?

① 상각후원가측정금융자산은 계약상 현금흐름이 원리금으로만 구성되어 있고, 사업모형이 계약상 현금흐름을 수취하는 것인 금융자산을 의미한다.

② 원칙적으로 모든 채무증권은 상각후원가측정금융자산으로 분류한다.

③ 상각후원가측정금융자산 취득시 지출된 거래원가는 취득원가에 가산한다.

④ 상각후원가측정금융자산은 유효이자율법을 적용하여 상각후원가로 평가한다.

16. ㈜삼일은 20X1년 1월 1일 ㈜용산이 발행한 주식 100주를 주당 10,000원에 취득하고, 기타포괄손익-공정가치측정 금융자산으로 분류하였다. 20X1년 말 ㈜용산이 발행한 주식의 주당 공정가치는 13,000원이다. ㈜삼일은 동 주식 전부를 20X2년 6월 30일에 주당 11,000원에 처분하였다. 주식의 취득과 처분시 거래원가는 발생하지 않았다고 가정할 때, 상기 주식에 대한 회계처리가 ㈜삼일의 20X2년도 당기순손익과 기타포괄손익에 미치는 영향은 각각 얼마인가?

① 당기순손익 300,000원 증가, 기타포괄손익 200,000원 감소

② 당기순손익 200,000원 감소, 기타포괄손익 변동없음

③ 당기순손익 100,000원 증가, 기타포괄손익 300,000원 감소

④ 당기순손익 영향없음, 기타포괄손익 200,000원 감소

17. 다음 중 금융상품에 관한 설명으로 가장 올바르지 않은 것은?

① 금융상품은 정기예·적금과 같은 정형화된 상품 뿐만 아니라 다른 기업의 지분상품, 거래상대방에게 서 현금 등 금융자산을 수취할 계약상의 권리 등을 포함하는 포괄적인 개념이다.

② 한국채택국제회계기준은 보유자에게 금융자산을 발생시키고 동시에 상대방에게 금융부채나 지분상품을 발생시키는 모든 계약을 금융상품으로 정의하였다.

③ 매입채무와 미지급금은 금융부채에 해당하지 않는다.

④ 현금및현금성자산, 다른 기업의 지분상품 및 채무상품은 금융자산에 해당한다.

18. ㈜삼일은 20X1년 1월 1일 사채(액면 1,000,000원, 표시이자율 10%, 이자지급일 매년 12월 31일 후급, 만기 3년)를 951,980원에 발행하였다. ㈜삼일이 동 사채를 20X2년 1월 1일 1,119,040원에 상환할 경우 이로 인한 사채상환손익을 계산하면 얼마인가?(계산과정에서 단수차이가 발생할 경우 가장 근사치를 선택하며, 20X1년 1월 1일의 시장이자율은 12% 이며, 사채발행차금은 유효이자율법으로 상각한다)

① 사채상환이익 119,038원
② 사채상환손실 119,038원
③ 사채상환이익 152,822원
④ 사채상환손실 152,822원

19. 다음 중 복합금융상품의 회계처리에 관한 설명으로 가장 옳은 것은?

① 최초 인식시점에 자본요소와 부채요소의 분리가 필요하다.
② 복합금융상품의 발행금액에서 지분상품의 공정가치를 차감한 잔액을 금융부채로 인식한다.
③ 전환사채에 포함되어 있는 전환권은 발행조건에 관계없이 항상 자본으로 분류된다.
④ 현금 등 금융자산을 인도하기로 하는 계약 부분은 지분상품요소에 해당한다.

20. 다음 중 충당부채에 관한 설명으로 가장 올바르지 않은 것은?

① 충당부채는 과거사건이나 거래의 결과에 의한 현재의무로서, 지출의 시기 또는 금액이 불확실하지만 그 의무를 이행하기 위하여 자원이 유출될 가능성이 높고, 또한 금액을 신뢰성 있게 추정할 수 있는 의무를 말한다.
② 충당부채로 인식하는 금액은 현재의무를 보고기간 말에 이행하기 위하여 필요한 지출의 최선의 추정치이어야 한다.
③ 충당부채를 설정하는 의무는 명시적인 법규 또는 계약의무를 뜻하며, 과거의 실무 관행에 의해 기업이 이행해 온 의제의무는 포함되지 않는다.
④ 충당부채의 화폐의 시간가치 영향이 중요한 경우에는 의무를 이행하기 위하여 예상되는 지출액의 현재가치로 평가한다.

21. 다음 중 자기주식의 취득 및 처분 회계처리에 관한 설명으로 가장 올바르지 않은 것은?

① 자기주식을 처분하는 경우 처분가액과 취득원가와의 차액을 자기주식처분손익으로 기타포괄손익에 반영한다.
② 자기주식을 취득하는 경우 취득원가를 자본에서 차감하는 형식으로 기재한다.
③ 자기주식을 소각하는 경우 액면금액과 취득원가와의 차액을 감자차손익으로 반영한다.
④ 자기주식을 보유하고 있는 기간동안 자기주식에 대한 평가손익은 인식하지 않는다.

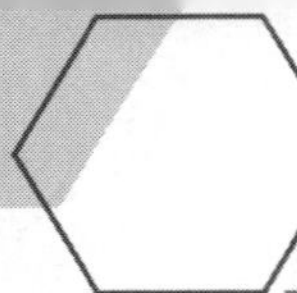

22. ㈜삼일은 20X1년 초 설립된 회사로 설립시에 보통주와 우선주를 모두 발행하였다. 설립일 이후 자본금의 변동은 없었으며, 20X2년 12월 31일 현재 보통주자본금과 우선주자본금은 다음과 같다. ㈜삼일은 설립된 이후 어떠한 배당도 하지 않았으나 20X2년 12월 31일로 종료되는 회계연도의 정기주주총회에서 배당금 총액을 300,000원으로 선언할 예정일 경우, 우선주 주주에게 배분될 배당금을 계산하면 얼마인가?

구분	주당액면금액	발행주식수	자본금
보통주	1,000원	1,000주	1,000,000원
우선주(*)	1,000원	500주	500,000원

* 누적적 · 비참가적 우선주, 배당률 5%

① 25,000원 ② 50,000원 ③ 75,000원 ④ 100,000원

23. 다음 중 고객과의 계약에서 생기는 수익에 관한 설명으로 가장 올바르지 않은 것은?

① 고객에게 구별되는 재화나 용역 또는 실질적으로 서로 같고 고객에게 이전하는 방식도 같은 '일련의 구별되는 재화나 용역'을 이전하기로 한 각 약속을 하나의 수행의무로 식별한다.

② 고객이 재화나 용역에서 그 자체 및 쉽게 구할 수 있는 다른 자원과 함께하여 그 재화나 용역에서 효익을 얻을 수 있고, 고객에게 재화나 용역을 이전하기로 하는 약속을 계약 내의 다른 약속과 별도로 식별해 낼 수 없다면 고객에게 약속한 재화나 용역은 별도로 구별되는 것이다.

③ 거래가격이란 고객에게 약속한 재화나 용역을 이전하고 그 대가로 기업이 받을 권리를 갖게 될 것으로 예상하는 금액이며, 부가가치세처럼 제3자를 대신해 회수한 금액은 제외한다.

④ 재화나 용역을 이전하는 시점과 고객이 대가를 지급하는 시점이 1년 이내로 예상되는 경우 유의적 금액이 아니라고 보아 계약에 있는 금융요소를 조정하지 않을 수 있다.

24. 다음 중 거래유형별 수익인식에 관한 설명으로 가장 올바르지 않은 것은?

① 배당금수익은 배당금을 받을 권리와 금액이 확정되는 시점에 인식한다.

② 위탁판매는 수탁자가 고객에게 판매한 시점에 수익을 인식한다.

③ 이자수익은 실제 이자수령일에 수익을 인식한다.

④ 시용판매의 경우 고객이 매입의사를 표시한 시점에 수익을 인식한다.

25. 다음 중 건설계약의 계약수익에 관한 설명으로 가장 올바르지 않은 것은?

① 계약수익은 건설사업자가 발주자로부터 지급받을 건설계약금액에 근거하여 계상한다.
② 계약수익은 수령하였거나 수령할 대가의 공정가치로 측정한다.
③ 계약수익은 진행률과 관계없이 청구한 금액으로 인식한다.
④ 계약수익은 최초에 합의된 계약금액과 공사변경, 보상금 및 장려금에 따라 추가되는 금액으로 구성되어 있다.

26. ㈜삼일건설은 ㈜용산과 20X1년 7월 1일 총 계약금액 50,000,000원의 공장신축공사계약을 체결하였다. 회사가 진행기준으로 수익을 인식한다면 ㈜삼일건설의 20X2년 계약이익을 계산하면 얼마인가?(단, 진행률은 누적발생원가에 기초하여 산정한다)

	20X1년	20X2년	20X3년
누적발생계약원가	5,000,000원	30,000,000원	40,000,000원
추정총계약원가	40,000,000원	40,000,000원	40,000,000원
공사대금청구액(연도별)	5,000,000원	25,000,000원	20,000,000원

① 4,000,000원　② 6,250,000원　③ 7,500,000원　④ 8,750,000원

27. 다음 중 확정급여형 퇴직급여제도와 관련하여 기타포괄손익으로 인식되는 항목으로 가장 옳은 것은?

① 당기근무원가
② 순확정급여부채 및 사외적립자산의 순이자
③ 재측정요소
④ 과거근무원가와 정산으로 인한 손익

28. 다음 중 현금결제형 주식기준보상거래에 관한 설명으로 가장 올바르지 않은 것은?

① 제공받는 재화나 용역과 그 대가로 부담하는 부채를 부채의 공정가치로 측정한다.
② 기업이 재화나 용역을 제공받는 대가로 지분상품의 가치에 기초하여 현금을 지급해야 하는 거래이다.
③ 부채가 결제될 때까지 매 보고기간 말과 결제일에 부채의 공정가치를 재측정한다.
④ 공정가치의 변동액은 기타포괄손익으로 회계처리한다.

29. 다음 중 이연법인세자산으로 인식할 수 있는 항목으로 가장 올바르지 않은 것은?

① 가산할 일시적차이 ② 차감할 일시적차이
③ 미사용 세무상결손금 ④ 미사용 세액공제

30. 다음 자료를 바탕으로 20X1년 포괄손익계산서에 계상될 ㈜삼일의 법인세비용을 계산하면 얼마인가?

ㄱ. 20X1년 당기법인세(법인세법상 당기에 납부할 법인세)	2,500,000원
ㄴ. 20X0년 말 이연법인세자산 잔액	600,000원
ㄷ. 20X1년 말 이연법인세부채 잔액	450,000원

① 2,500,000원 ② 2,950,000원 ③ 3,100,000원 ④ 3,550,000원

31. ㈜삼일의 20X3년 말 회계감사과정에서 발견된 기말재고자산 관련 오류사항은 다음과 같다. 위의 오류사항을 반영하기 전 20X3년 말 이익잉여금은 100,000원, 20X3년 당기순이익은 30,000원이었다. 오류를 수정한 후의 20X3년 말 이익잉여금(A)과 20X3년 당기순이익(B)은 각각 얼마인가(단, 오류는 중요한 것으로 가정한다)?

20X1년 말	20X2년 말	20X3년 말
5,000원 과대	2,000원 과소	3,000원 과대

	(A)	(B)
①	90,000원	29,000원
②	97,000원	25,000원
③	90,000원	25,000원
④	97,000원	29,000원

32. ㈜삼일의 20X1년 주식수의 변동내역이 다음과 같을 경우 가중평균유통보통주식수를 계산하면 얼마인가(단, 편의상 월할계산한다)?

구 분	주식수
20X1년 초	60,000주
5월 1일 유상증자 납입 *	27,000주
5월 1일 자기주식 구입	(27,000)주
20X1년 말	60,000주

* 5월 1일 유상증자시 시가로 유상증자하였다.

① 42,000주 ② 51,000주 ③ 60,000주 ④ 78,000주

33. 다음 중 지분법에 관한 설명으로 가장 올바르지 않은 것은?

① 투자자가 직접 또는 간접으로 피투자자에 대한 의결권의 20% 이상을 소유하고 있다면 명백한 반증이 없는 한 유의적인 영향력이 있는 것으로 본다.

② 기업이 해당 피투자자에 대하여 유의적인 영향력이 있는지 여부를 평가할 때에는 다른 기업이 보유한 잠재적 의결권은 고려하지 않는다.

③ 투자자의 보고기간종료일과 관계기업의 보고기간종료일이 다른 경우, 관계기업은 투자자의 재무제표와 동일한 보고기간종료일의 재무제표를 재작성한다.

④ 유의적인 영향력이란 투자자가 피투자자의 재무정책과 영업정책에 관한 의사결정에 참여할 수 있는 능력을 말한다.

34. ㈜삼일은 20X1년 초에 ㈜용산의 주식 25% 를 1,000,000원에 취득하면서 유의적인 영향력을 행사할 수 있게 되었다. 취득일 현재 ㈜용산의 순자산 장부금액은 4,000,000원이며, 자산 및 부채의 장부금액은 공정가치와 동일하다. ㈜용산은 20X1년에 당기순이익 900,000원과 기타포괄이익 100,000원을 보고하였다. ㈜삼일이 20X1년 중에 ㈜용산으로부터 중간배당금 50,000원을 수취하였다면, ㈜삼일이 20X1년 당기손익으로 인식할 지분법이익을 계산하면 얼마인가?

① 200,000원 ② 212,500원 ③ 225,000원 ④ 250,000원

35. ㈜삼일은 20X1년 4월 1일에 기타포괄손익－공정가치측정금융자산으로 분류되는 주식을 $10,000에 취득하였다. 20X1년 말 주식의 공정가치가 $14,000일 경우, ㈜삼일이 20X1년 말에 인식할 평가이익(기타포괄손익)을 계산하면 얼마인가(단, ㈜삼일의 기능통화는 원화이며, 관련 환율은 다음과 같다)?

일자	20X1년 4월 1일	20X1년 12월 31일
환율(₩/$)	1,000	1,200

① 2,000,000원　② 3,000,000원　③ 6,800,000원　④ 8,000,000원

36. 다음 중 파생상품회계의 일반원칙에 관한 설명으로 가장 올바르지 않은 것은?

① 위험회피수단으로 지정되지 않고 매매목적으로 보유하고 있는 파생상품의 평가손익은 기타포괄손익으로 처리한다.
② 위험회피회계를 적용하기 위해서는 일정한 요건을 충족해야 한다.
③ 공정가치 위험회피회계에서 위험회피수단에 대한 손익은 당해 회계연도의 당기손익으로 인식한다.
④ 현금흐름 위험회피회계에서 위험회피에 효과적이지 않은 부분은 당해 회계연도의 당기손익으로 인식한다.

37. 다음 중 리스에 관한 설명으로 가장 올바르지 않은 것은?

① 내재이자율은 리스료 및 무보증잔존가치의 현재가치 합계액을 기초자산의 공정가치와 리스제공자의 리스개설직접원가의 합계액과 동일하게 하는 할인율을 말한다.
② 리스개설직접원가란 리스를 체결하지 않았더라면 부담하지 않았을 리스체결의 증분원가를 말한다.
③ 리스이용자는 리스개시일에 그날 현재 지급되지 않은 리스료의 현재가치로 리스부채를 측정하며, 현재가치 계산시 내재이자율을 쉽게 산정할 수 없다면 리스제공자의 증분차입이자율로 할인한다.
④ 리스이용자는 단기리스와 소액 기초자산 리스에 대해 사용권자산과 리스부채를 인식하지 않기로 선택할 수 있다.

38. 다음 자료는 ㈜삼일의 현금흐름표상 활동별 현금 유출 · 입을 표시한 것이다. ㈜삼일의 현금흐름표에 대한 분석으로 가장 올바르지 않은 것은?

영업활동 현금흐름	투자활동 현금흐름	재무활동 현금흐름
현금유입(+)	현금유출(-)	현금유출(-)

① 당기순손실이 발생하더라도 영업활동 현금흐름은 (+)가 될 수 있다.
② 유형자산의 처분으로 현금이 유입되었지만 대규모 처분손실이 발생한 경우 투자활동 현금흐름은 (-)가 될 수 있다.
③ 배당금의 지급은 재무활동 현금흐름으로 분류할 수 있다.
④ 이자의 지급은 재무활동 현금흐름으로 분류할 수 있다.

39. 다음은 ㈜삼일의 감사보고서에 나타난 재무상태표 중 매출채권과 대손충당금에 관한 부분이다. 20X2년 포괄손익계산서상의 매출액은 560,000원, 대손상각비가 30,000원이다. 매출활동으로 인한 현금유입액을 계산하면 얼마인가?

구 분	20X2년 12월 31일	20X1년 12월 31일
매출채권	400,000원	500,000원
대손충당금	(50,000원)	(70,000원)

① 450,000원 ② 480,000원 ③ 510,000원 ④ 610,000원

40. 다음은 ㈜삼일의 영업활동으로 인한 현금흐름을 계산하기 위한 자료이다. ㈜삼일의 당기순이익이 5,000,000원이라고 할 때 영업활동으로 인한 현금흐름을 계산하면 얼마인가?

유형자산처분손실	200,000원	매출채권의 증가	900,000원
감가상각비	300,000원	재고자산의 감소	1,000,000원
		매입채무의 감소	500,000원

① 4,700,000원 ② 4,900,000원 ③ 5,100,000원 ④ 5,300,000원

세무회계

41. 다음 뉴스를 보고 재무팀장과 사원이 나눈 대화 중 괄호 안에 들어갈 단어로 옳은 것은?

> ○○도의 지난해 지방세 수입액이 사상 처음으로 10조원을 돌파했다. 세목별로는 보통세가 8조 2,694억원으로 가장 많았고, 목적세가 2조 570억원이었다.

> 사원 : "팀장님, 목적세라는 것이 무엇인가요?"
> 재무팀장 : "목적세는 (　　　　)가 특별히 지정되어있는 조세로, 보통세와 구분이 되는 조세입니다."

① 조세의 사용용도　　② 과세권자
③ 과세물건의 측정 단위　　④ 조세부담의 전가여부

42. 다음 중 국세기본법상 특수관계인에 관한 설명으로 옳지 않은 것은?

① 본인이 법인인 경우 해당 법인의 임원은 특수관계인에 해당한다.
② 본인이 법인인 경우 해당 법인에 지배적인 영향력을 행사하는 주주는 특수관계인에 해당한다.
③ 본인이 개인인 경우 해당 개인의 8 촌 이내의 혈족은 특수관계인에 해당한다.
④ 본인이 개인인 경우 해당 개인의 배우자는 특수관계인에 해당한다.

43. 다음 중 국세부과의 원칙에 해당하는 것으로 옳지 않은 것은?

① 실질과세의 원칙　　② 소급과세 금지의 원칙
③ 근거과세의 원칙　　④ 조세감면의 사후 관리

44. 다음 중 국세기본법상 기한 후 신고제도에 관한 설명으로 옳지 않은 것은?

① 법정신고기한 내에 과세표준신고서를 제출하지 아니한 자는 기한 후 신고를 할 수 없다.
② 법정신고기한이 지난 후 1개월 초과 3개월 이내 기한 후 신고납부를 한 경우 무신고가산세의 30%를 감면한다.
③ 관할세무서장이 세법에 의하여 해당 국세의 과세표준과 세액을 결정하여 통지하기 전까지 기한후과세표준신고서를 제출할 수 있다.
④ 기간후과세표준신고서를 제출한 자가 과세표준수정신고서를 제출한 경우 관할 세무서장은 세법에 따라 신고일부터 3개월 이내에 해당 국세의 과세표준과 세액을 결정 또는 경정하여 신고인에게 통지하여야 한다.

45. 다음 중 법인의 유형에 따른 법인세 납세의무에 관한 설명으로 옳지 않은 것은?

① 내국영리법인은 각 사업연도 소득(국내 · 외 원천소득)과 청산소득 및 토지 등 양도소득, 미환류소득에 대해서 납세의무를 진다.

② 내국비영리법인은 각 사업연도 소득(국내 · 외 원천소득 중 수익사업소득) 및 토지 등 양도소득에 대해서 납세의무를 진다.

③ 외국영리법인은 각 사업연도 소득(국내원천소득)과 토지 등 양도소득에 대해서 납세의무를 진다.

④ 외국비영리법인은 각 사업연도 소득(국내원천소득 중 수익사업소득) 및 청산소득에 대해서 납세의무를 진다.

46. 다음 자료를 기초로 ㈜삼일의 제1기(20x1년 1월 1일~20x1년 12월 31일) 법인세 산출세액을 계산하면 얼마인가?

㈜삼일

손익계산서

20x1년 1월 1일~20x1년 12월 31일

(단위 : 원)

매출액	950,000,000
매출원가	600,000,000
급여	126,000,000
감가상각비	24,000,000
법인세비용차감전순이익	200,000,000

- 손익계산서의 수익과 비용은 다음을 제외하고 모두 세법상 적정하게 계상되어 있다.
- 급여 126,000,000원에는 대표이사에 대한 상여금 한도초과액 20,000,000원, 종업원에 대한 상여금 한도초과액 10,000,000원이 포함되어 있다.
- 감가상각비 24,000,000원에 대한 세법상 감가상각범위액은 14,000,000원이다.
- 법인세율(과세표준 2억원 이하분 9%, 2억원 초과 200억원 이하분 19%)

① 19,900,000원 ② 21,800,000원 ③ 23,700,000원 ④ 25,600,000원

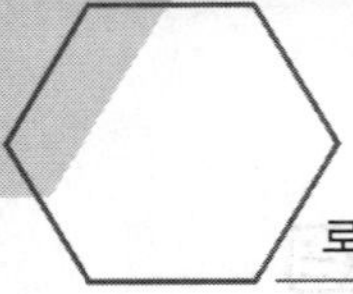

47. 다음 중 법인세법상 손금에 대한 결산조정사항과 신고조정사항에 관한 설명으로 옳지 않은 것은?

① 결산조정사항은 장부상 비용으로 회계처리하지 않은 경우 세무조정으로 손금에 산입할 수 없는 사항이다.

② 신고조정사항은 장부상 비용으로 회계처리하지 않은 경우에도 세무조정으로 손금에 산입할 수 있는 사항이다.

③ 결산조정사항을 장부상 손금에 산입하지 않고 법인세를 신고한 경우에는 경정청구를 통해 손금에 산입할 수 있다.

④ 퇴직급여충당금의 손금산입은 결산조정사항이지만, 퇴직연금충당금의 손금산입은 신고조정사항이다.

48. 다음 중 법인세법상 익금항목으로 옳지 않은 것은?

① 내국법인이 외국납부세액공제를 받는 경우 외국자회사 소득에 대해 부과된 외국법인세액 중 그 수입배당금액에 대응하는 금액으로서 세액공제 대상이 되는 금액

② 부동산임대업을 주업으로 하는 차입금과다 법인의 임대보증금 등의 간주익금

③ 특수관계에 있는 개인으로부터 저가로 매입한 유가증권의 매입가액과 시가와의 차액

④ 이월결손금 보전에 충당된 채무면제이익

49. 다음 중 법인세법상 업무무관경비 관련 손금불산입항목에 관한 설명으로 옳지 않은 것은?

① 업무무관경비 관련 손금불산입항목의 범위에는 업무무관부동산 및 업무무관자산의 취득과 관리에 따른 비용, 유지비, 수선비와 이에 관련있는 비용이 포함된다.

② 출자자(소액주주 제외)나 출연자인 임원 또는 그 친족이 사용하고 있는 사택의 유지비, 사용료 및 이에 관련되는 지출금은 업무무관경비에 속한다.

③ 업무무관부동산 및 업무무관자산을 취득하기 위한 자금의 차입과 관련있는 비용 또한 업무무관경비에 포함된다.

④ 업무무관자산의 취득에 따른 취득세 등은 취득부대비용으로 인정하지 아니하므로 자산의 취득가액에 산입하지 아니한다.

50. 다음 중 법인세법상 손익귀속시기에 관한 설명으로 옳지 않은 것은?

① 중소기업인 법인이 수행하는 계약기간이 1년 미만인 건설 용역의 경우 목적물의 인도일이 속하는 사업연도의 익금과 손금에 산입할 수 있다.

② 금융보험업 이외의 법인이 이자수익을 발생주의에 따라 회계처리한 경우 법인세법상 원천징수되지 아니하는 이자소득에 한하여 이를 인정한다.

③ 장기할부판매손익은 원칙적으로 작업진행률을 기준으로 하여 계산한 수익과 비용을 각 사업연도 익금과 손금에 산입한다.

④ 원칙적으로 제품 판매의 경우 법인세법상 손익귀속시기는 상품 등을 인도한 날이다.

51. 다음 중 법인세법상 수익적 지출 대상이 되는 것은?

① 건물 또는 벽의 도장

② 자산의 내용연수 연장을 위한 개조비용

③ 건물 등의 냉·난방 장치의 설치

④ 빌딩의 피난시설 설치

52. ㈜삼일은 20x0년 1월 1일에 기계장치를 100,000,000원에 취득하였다. 회사는 세법상 기계장치에 대한 감가상각방법을 정액법으로, 내용연수는 5년(정액법 상각률 0.2)으로 신고하였으며 잔존가치는 없다고 가정한다. 회사가 20x1년 감가상각비로 18,000,000원을 계상한 경우, 다음 각 상황에 따른 세무조정으로 옳은 것은?

상황 1. 전기 상각부인액이 3,000,000원이 있는 경우 상황 2. 전기 시인부족액이 2,000,000원이 있는 경우 상황 3. 전기 상각부인액이나 전기 시인부족액이 없는 경우

	상황 1	상황 2	상황 3
①	손금산입 2,000,000원	세무조정 없음	세무조정 없음
②	손금불산입 2,000,000원	손금산입 2,000,000원	손금불산입 2,000,000원
③	손금불산입 3,000,000원	손금불산입 2,000,000원	세무조정 없음
④	손금산입 2,000,000원	세무조정 없음	손금불산입 2,000,000원

53. 다음 중 법인세법상 기부금에 관한 설명으로 옳지 않은 것은?

① 특수관계가 없는 자에게 정당한 사유없이 자산을 정상가액(시가±30%)보다 낮은 가액으로 양도함으로써 실질적으로 증여한 것으로 인정되는 금액은 기부금으로 본다.

② 특례기부금을 금전 외의 자산으로 제공하는 경우에는 장부가액으로 평가한다.

③ 기부금은 특수관계가 없는 자에게 사업과 직접 관련없이 지출하는 재산적 증여가액을 말한다.

④ 기부금을 지급하기로 약속하고 미지급금으로 계상한 경우에는 계상한 사업연도의 기부금으로 본다.

54. 제조업을 영위하는 ㈜삼일의 제9기(20x1년 1월 1일~20x1년 12월 31일) 기업업무추진비와 관련된 자료가 다음과 같을 경우 기업업무추진비 관련 세무조정으로 인한 손금불산입 총금액을 계산하면 얼마인가(단, ㈜삼일은 중소기업이 아니다)?

ㄱ. 기업업무추진비지출액 : 18,000,000원
위 금액 중 문화기업업무추진비 지출금액은 없으며, 건당 3만원 초과 기업업무추진비 중 법정증빙을 수취하지 않은 기업업무추진비 2,000,000원이 포함되어 있다.
ㄴ. 매출액 : 1,000,000,000원(전액 제조업에서 발생한 금액으로서 특수관계인과의 거래분은 없음)
ㄷ. 기업업무추진비 손금한도액 계산시 수입금액기준한도액 계산에 필요한 적용률은 수입금액 100억원 이하분에 대하여 0.3%이다.

① 1,000,000원 ② 2,000,000원 ③ 3,000,000원 ④ 4,000,000원

55. 다음 중 법인세법상 업무무관자산 등 지급이자 손금불산입에 관한 설명으로 옳지 않은 것은?

① 지급이자 손금불산입하는 가지급금은 특수관계인에 대한 업무무관가지급금을 말한다.

② 유예기간 중 업무에 사용하지 않고 양도하는 업무무관부동산은 업무무관자산에 해당하지 아니한다.

③ 지급이자손금불산입액 계산시 지급이자는 선순위로 손금불산입된 금액을 제외한다.

④ 지급이자는 타인에게서 자금을 차용하는데 대응하여 지급되는 금융비용으로서 미지급이자는 포함하되 미경과이자는 제외한다.

56. 다음은 제조업을 영위하는 ㈜삼일의 제 7 기(20x1년 1월 1일~20x1년 12월 31일) 대손충당금과 관련된 자료이다. 이 자료를 이용하여 대손충당금에 대한 세무조정 결과를 '자본금과 적립금조정명세서(을)'에 기입하고자 할 때, 빈칸에 들어갈 금액으로 가장 올바르게 짝지어진 것은?

〈자료 1〉 대손충당금 관련 자료

ㄱ. 결산서상 대손충당금 내역
　기초 대손충당금 잔액　20,000,000원
　당기 대손 처리액　5,000,000원 (소멸시효 완성 채권)
　당기 추가 설정액　7,000,000원
ㄴ. 전기 대손충당금 부인액　8,000,000원
ㄷ. 세법상 대손충당금 설정대상 채권금액　500,000,000원
ㄹ. 당기 대손실적률은 3%임

〈자료 2〉 자본금과 적립금조정명세서(을)

과목 또는 사항	기초잔액	당기중증감		기말잔액
		감소	증가	
대손충당금한도초과액	8,000,000	(ㄱ)	xxx	(ㄴ)

	(ㄱ)	(ㄴ)
①	0	7,000,000
②	0	22,000,000
③	8,000,000	7,000,000
④	8,000,000	22,000,000

57. 다음 중 준비금에 관한 설명으로 옳지 않은 것은?

① 준비금은 중소기업지원 등 조세정책적 목적에서 조세의 납부를 일정기간 유예하는 조세지원제도이다.

② 준비금은 손금에 산입하는 사업연도에는 조세부담을 경감시키고 환입하거나 상계하는 연도에는 조세부담을 증가시킨다.

③ 전입한 준비금은 일정기간이 경과한 후에 다시 익금산입하여야 한다.

④ 법인세법상 준비금은 책임준비금, 비상위험준비금, 고유목적사업준비금 및 신용회복목적회사의 손실보전준비금이 있다.

58. ㈜삼일은 20x1년 1월 1일에 시가 10억원(장부가액 4억원)인 토지를 회사의 대표이사에게 양도하고 유형자산처분이익 2억원을 인식하였다. 토지 매각과 관련하여 20x1년에 필요한 세무조정으로 가장 옳은 것은(단, 증여세는 고려하지 않는다)?

① (익금산입) 부당행위계산부인(저가양도) 2억원(상여)
② (익금산입) 부당행위계산부인(저가양도) 3억원(상여)
③ (익금산입) 부당행위계산부인(저가양도) 4억원(상여)
④ (익금산입) 부당행위계산부인(저가양도) 6억원(상여)

59. 다음 중 법인세법상 과세표준의 계산에 관한 설명으로 옳지 않은 것은?

① 과세표준은 각사업연도소득에서 이월결손금, 비과세소득, 소득공제를 순서대로 차감하여 계산한다.
② 공제대상 이월결손금은 각사업연도소득의 80%(중소기업과 회생계획 이행중 기업 등은 100%) 범위에서 공제한다.
③ 각사업연도소득금액에서 이월결손금을 공제한 금액을 초과하는 비과세소득은 다음 사업연도로 이월되지 않고 소멸한다.
④ 자산수증이익이나 채무면제이익에 의해 충당된 이월결손금은 과세표준 계산시 공제 가능하다.

60. 다음 중 법인세 신고와 납부에 관한 설명으로 옳지 않은 것은?

① 기납부세액은 중간예납, 원천징수 및 수시부과세액을 의미하며, 이는 사업연도 중에 납부한 세액이므로 회사가 총부담할 세액에서 이를 차감하여 납부세액을 구한다.
② 원천징수한 세액은 징수일이 속하는 달의 다음달 10일까지 납세지 관할세무서장에게 납부하여야 한다.
③ 사업연도의 기간이 6개월을 초과하는 법인은 해당 사업연도 개시일부터 6개월간을 중간예납기간으로 하여 중간예납기간이 경과한 날부터 2개월 이내에 그 기간에 대한 법인세를 신고·납부해야 한다.
④ 법인세 납세의무가 있는 내국법인은 각 사업연도소득금액이 없거나 결손금이 있는 경우 법인세 과세표준과 세액을 신고하지 않아도 된다.

61. 다음 중 소득세의 납세의무자에 관한 설명으로 옳지 않은 것은?

① 거주자는 국내·외원천소득에 대하여 소득세를 과세하므로 거주자를 무제한납세의무자라고 한다.
② 비거주자에 대하여는 국내원천소득에 대해서만 소득세를 과세한다.
③ 1 거주자로 보는 법인 아닌 단체의 경우 그 단체의 소득을 단체구성원들의 다른 소득과 합산하여 과세한다.
④ 국내에 주소를 두거나 1과세기간 중 183일이상 거소를 둔 개인을 거주자라고 한다.

62. 다음은 거주자 김삼일씨의 20x1년 귀속 금융소득(이자소득과 배당소득)과 관련된 자료이다. 김삼일씨의 금융소득 중 종합과세되는 금융소득금액을 계산하면 얼마인가?

ㄱ. 국내 예금이자	15,000,000원
ㄴ. 비상장 내국법인으로부터 받은 현금배당금	15,000,000원
ㄷ. 외국법인으로부터 받은 현금배당금 (원천징수되지 않음)	5,000,000원
단, 배당소득 가산율은 10%이다.	

① 16,650,000원 ② 35,000,000원 ③ 36,500,000원 ④ 37,200,000원

63. 다음 중 소득세법상 사업소득금액과 법인세법상 각 사업연도 소득금액의 차이점에 관한 설명으로 옳지 않은 것은?

① 재고자산의 자가소비에 관하여 법인세법에서는 부당행위부인에 적용되나, 소득세법에서는 개인사업자가 재고자산을 가사용으로 소비하거나 이를 사용인 또는 타인에게 지급한 경우에는 총수입금액에 산입한다.
② 종업원 및 대표자에 대한 급여는 각 사업연도 소득금액의 계산에 있어서 손금으로 인정되며, 사업소득금액의 계산에 있어서도 필요경비로 인정된다.
③ 유가증권처분손익은 각 사업연도 소득금액의 계산에 있어서 익금 및 손금으로 보지만, 사업소득금액의 계산에 있어서는 총수입금액 및 필요경비로 보지 아니한다.
④ 이자수익과 배당금수익은 각 사업연도 소득금액에 포함하지만, 사업소득금액 계산시에는 제외한다.

64. 다음 자료에 의하여 거주자 김삼일씨의 20x1년 근로소득금액을 계산하면 얼마인가?

ㄱ. 월급여 : 2,000,000원(자녀보육수당, 중식대 제외)
ㄴ. 상여 : 월급여의 400%
ㄷ. 6 세 이하 자녀 보육수당 : 월 150,000원
ㄹ. 중식대 : 월 200,000원(식사를 별도 제공받음)
ㅁ. 연월차수당 : 4,000,000원
ㅂ. 거주자는 당해 1년 동안 계속 근무하였다.

연간급여액	근로소득공제액
1,500만원 초과 4,500만원 이하	750만원+1,500만원 초과액×15%
4,500만원 초과 1억원 이하	1,200만원+4,500만원 초과액×5%

① 25,350,000원　② 25,860,000원　③ 27,900,000원　④ 27,390,000원

65. 다음 중 기타소득에 해당하지 않는 것은?

① 일시적인 문예창작소득
② 주택입주 지체상금
③ 복권당첨소득
④ 근무하는 회사에서 부여 받은 주식매수선택권을 퇴직 전에 행사함으로써 얻는 이익

66. 거주자인 김삼일씨의 20x1년도 소득자료는 다음과 같다. 이에 의하여 20x2년 5월말까지 신고해야 할 종합소득금액을 계산하면 얼마인가?

ㄱ. 근로소득금액	35,000,000원
ㄴ. 양도소득금액	10,000,000원
ㄷ. 사업소득금액	15,000,000원
ㄹ. 퇴직소득금액	20,000,000원
ㅁ. 기타소득금액	6,000,000원

① 50,000,000원　② 56,000,000원　③ 60,000,000원　④ 66,000,000원

67. 다음의 세액공제 중 개인과 법인 모두에게 적용될 수 있는 것은?

① 배당세액공제　② 기장세액공제
③ 연금계좌세액공제　④ 재해손실세액공제

68. 다음 중 소득세법상 원천징수에 관한 설명으로 옳지 않은 것은?

① 분리과세대상소득은 원천징수로써 납세의무가 종결된다.

② 원천징수에 있어서 세금을 실제로 부담하는 납세의무자와 이를 실제 신고·납부하는 원천징수의무자는 서로 다르다.

③ 개인에게 소득을 지급하는 자가 법인인 경우에는 법인세법을, 개인인 경우에는 소득세법을 적용하여 원천징수한다.

④ 국외에서 지급하는 소득에 대하여는 소득세법에 따라 원천징수를 하지 않는다.

69. 다음 중 양도소득세가 과세되는 소득은?

① 1세대 1주택(고가주택 아님)의 양도소득

② 사업용 기계장치처분이익

③ 건물과 함께 양도하는 영업권

④ 업무용승용차의 양도

70. 다음 중 소득세법상 신고납부에 관한 설명으로 옳지 않은 것은?

① 소득세의 과세기간은 개인의 임의대로 변경할 수 없다.

② 모든 거주자는 소득의 종류와 관계없이 6개월간의 소득세를 미리 납부하는 중간예납제도 적용대상이다.

③ 중간예납세액이 50만원 미만일 경우 중간예납세액을 징수하지 아니한다.

④ 근로소득만이 있는 자는 연말정산으로 모든 납세절차가 종결되기 때문에 확정신고는 원칙적으로 하지 않아도 된다.

71. 다음 중 부가가치세법에 관한 설명으로 옳지 않은 것은?

① 부가가치세는 납세의무자와 담세자가 다를 것으로 예정된 조세이므로 간접세에 해당한다.

② 우리나라 부가가치세 제도는 전단계거래액공제법을 따르고 있다.

③ 부가가치세는 납세자의 소득수준과 관련없이 모두 동일한 세율이 적용된다.

④ 재화의 수입은 수입자가 사업자인지 여부과 관계없이 부가가치세가 과세된다.

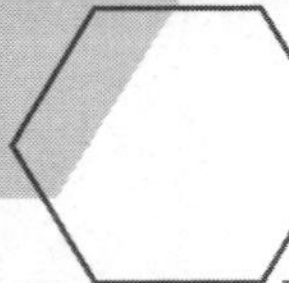

72. 다음 중 부가가치세법상 사업장에 관한 설명으로 옳지 않은 것은?

① 건설업의 경우 법인은 그 법인의 등기부상 소재지, 개인은 업무총괄장소를 사업장으로 본다.
② 제조업의 경우 최종 제품을 완성하는 장소를 사업장으로 본다.
③ 부동산임대업의 경우 그 부동산의 등기부상의 소재지를 사업장으로 본다.
④ 사업장을 설치하지 않은 경우 그 사업에 관한 업무총괄장소를 사업장으로 본다.

73. 다음 중 부가가치세법상 과세기간에 관한 설명으로 옳지 않은 것은?

① 일반과세자인 경우 1년을 2개의 과세기간으로 나누어 매 6개월마다 확정신고·납부하도록 규정하고 있다.
② 간이과세자의 경우 과세기간을 1월 1일부터 12월 31일로 적용한다.
③ 신규사업자의 경우 사업개시일부터 개시일이 속하는 과세기간의 종료일까지를 최초 과세기간으로 한다.
④ 폐업자는 폐업일이 속하는 과세기간 개시일부터 종료일까지를 최종 과세기간으로 한다.

74. 다음 중 부가가치세법상 재화 및 용역의 공급에 관한 설명으로 옳지 않은 것은?

① 고용관계에 의한 근로의 제공은 용역의 공급으로 보지 않는다.
② 사업자가 자기의 사업을 위해 직접 용역을 공급하는 경우에는 용역의 공급에 해당하지 아니한다.
③ 제조가공업자가 상대방으로부터 인도받은 재화에 주요 자재를 전혀 부담하지 아니하고 단순히 가공만 하는 것은 용역의 공급으로 본다.
④ 건설업에 있어서 건설업자가 건설자재의 전부 또는 일부를 부담하는 경우 재화를 공급한 것으로 본다.

75. 다음 중 부가가치세법상 재화와 용역의 공급시기에 관한 설명으로 옳지 않은 것은?

① 수출재화의 공급 : 수출신고 수리일
② 완성도기준지급조건부 판매 : 대가의 각 부분을 받기로 한 때
③ 조건부판매 : 조건이 성취되어 판매가 확정된 때
④ 판매목적 타사업장 반출 : 재화를 반출하는 때

76. 다음 중 부가가치세 영세율과 면세에 관한 설명으로 옳지 않은 것은?

① 영세율 제도가 국제적인 이중과세를 방지하는 효과가 있다면, 면세 제도는 부가가치세의 역진성을 완화하는 효과가 있다.

② 영세율사업자와 면세사업자는 세금계산서 발급 등의 부가가치세법에서 규정하고 있는 제반 사항을 준수해야 할 의무가 있다.

③ 영세율 적용대상자는 매입세액을 공제받지만, 면세사업자는 매입세액을 공제받지 못한다.

④ 면세사업자는 면세를 포기하고 과세사업자로 전환할 수 있으나, 영세율 적용대상자는 영세율을 포기하고 면세를 적용받을 수 없다.

77. 다음 중 부가가치세법상 과세표준에 포함되거나 과세표준에서 공제하지 않는 것은 몇 개인가?

ㄱ. 매출에누리와 매출환입
ㄴ. 거래처의 부도 등으로 인하여 회수할 수 없는 매출채권 등의 대손금
ㄷ. 재화 또는 용역의 공급과 직접 관련되지 않은 국고보조금
ㄹ. 판매촉진 등을 위하여 거래수량이나 거래금액에 따라 지급하는 판매장려금
ㅁ. 재화 또는 용역을 공급한 후 대금의 조기회수를 사유로 당초의 공급가액에서 할인해준 금액

① 2개 ② 3개 ③ 4개 ④ 5개

78. 다음은 부가가치세 과세사업을 영위하는 ㈜삼일의 20x1년 제1기 예정신고기간의 거래내역이다. 20x1년 제1기 예정신고기간의 과세표준은 얼마인가(단, 아래의 금액은 부가가치세가 포함되어 있지 않다)?

• 특수관계인 매출액 : 30,000,000원(시가 40,000,000원)
• 특수관계인 이외의 매출 : 45,500,000원(매출환입 2,500,000원, 매출에누리 1,500,000원과 매출할인 1,000,000원이 포함된 금액)

① 70,500,000원 ② 75,500,000원 ③ 80,500,000원 ④ 85,500,000원

79. 다음은 제조업을 영위하는 과세업자인 ㈜삼일의 20x1년 10월 1일부터 20x1년 12월 31일까지의 매입내역이다. 20x1년 제2기 확정신고시 공제받을 수 있는 매입세액을 계산하면 얼마인가(단, 필요한 경우 적정하게 세금계산서를 수령하였다)?

매입내역	매입가액(부가가치세 포함)
기계장치	550,000,000원
개별소비세 과세대상 자동차	66,000,000원
원재료	33,000,000원
비품	66,000,000원
기업업무추진비 관련 매입액	11,000,000원

① 50,000,000원　② 56,000,000원　③ 57,000,000원　④ 59,000,000원

80. 다음 중 부가가치세의 신고 및 납부, 환급에 관한 설명으로 옳지 않은 것은?

① 사업자는 각 예정신고기간 또는 과세기간이 끝난 후 25일 이내에 사업장 관할 세무서장에게 과세표준을 신고하고 세액을 자진납부하여야 한다.

② 일반환급세액은 확정신고기한 경과 후 30일 이내에 환급한다.

③ 조기환급을 신청한 경우 환급세액은 신고기한 경과 후 10일 이내에 환급받을 수 있다.

④ 당해 과세기간 중 대손이 발생하였거나 대손금이 회수되었을 경우 확정신고시에 대손세액을 가감한다.

원가관리회계

81. ㈜삼일통신은 매월 기본요금 15,000원과 10초당 18원의 통화료를 사용자에게 부과하고 있다. 이 경우 사용자에게 부과되는 매월 통화료의 원가행태로 가장 옳은 것은?

① 준고정원가　② 순수고정원가　③ 준변동원가　④ 순수변동원가

82. 다음은 ㈜삼일의 20X1년 한 해 동안의 제조원가 자료이다. 자료를 바탕으로 ㈜삼일의 20X1년 제조원가명세서상의 당기제품제조원가를 계산하면 얼마인가?

	기 초	기 말
직접재료	5,000원	7,000원
재공품	10,000원	8,000원
제 품	12,000원	10,000원
직접재료 매입액	45,000원	
기초원가	50,000원	
가공원가	35,000원	

① 78,000원 ② 80,000원 ③ 82,000원 ④ 84,000원

83. ㈜삼일의 수선부문에서 발생한 변동원가는 1,800,000원이고, 고정원가는 1,000,000원이었다. 수선부문은 두 개의 제조부문에 용역을 공급하고 있는데 각 제조부문의 실제사용시간 및 최대사용가능시간은 다음과 같다. 자료를 바탕으로 이중배분율법을 사용할 경우 제조 1부문에 배분될 수선부문의 원가를 계산하면 얼마인가?

	제조 1 부문	제조 2 부문
최대사용가능시간 :	800시간	450시간
실제 사용한 시간 :	550시간	350시간

① 1,540,000원 ② 1,740,000원 ③ 1,792,000원 ④ 2,240,000원

84. 다음 중 보조부문의 원가배분 방법에 관한 설명으로 가장 올바르지 않은 것은?

① 직접배분법이란 보조부문 상호간에 행해지는 용역의 수수를 완전히 무시하고 보조부문의 원가를 배분하는 방법이다.

② 직접배분법의 경우 각 제조부문이 사용한 용역의 상대적인 비율에 따라 각 보조부문 원가가 다른 보조부문에 배분된다.

③ 단계배분법이란 보조부문원가의 배분순서를 정하여 그 순서에 따라 단계적으로 보조부문 원가를 다른 보조부문과 제조부문에 배분하는 방법이다.

④ 단계배분법의 경우에도 보조부문간의 용역수수관계를 일부 인식하며, 보조부문간의 배분순위 결정이 부적절한 경우 원가배분 결과가 왜곡될 수 있다.

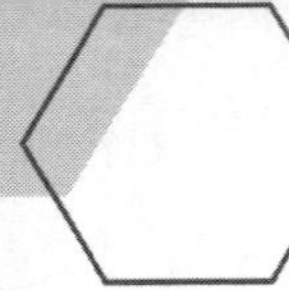

85. 다음 중 개별원가계산에 관한 설명으로 가장 올바르지 않은 것은?

① 개별제품별 또는 개별작업별로 원가가 집계되기 때문에 직접원가와 간접원가의 구분이 중요하다.

② 기말재공품의 작업원가표에 집계된 원가를 바탕으로 기말 제품과 재공품의 원가배분절차가 필요하다.

③ 개별원가계산을 적용하는 경우에도 제조간접원가의 배분절차가 필요하다.

④ 회계법인 등과 같이 수요자의 주문에 기초하여 서비스를 제공하는 경우에 이용할 수 있다.

86. ㈜삼일은 직접노동시간을 기준으로 제조간접원가를 예정배부하고 있으며 연간 제조간접원가는 2,000,000원, 연간 직접노동시간은 40,000시간으로 예상하고 있다. 20X1년 12월 중 작업지시서 #369와 #248을 시작하여 #369만 완성하였다면 12월 말 완성품의 원가를 계산하면 얼마인가(단, 월초에 재공품은 없다고 가정한다)?

	#369(완성)	#248(미완성)	계
직접재 직접재료원가	150,000원	90,000원	240,000원
직접노무원가	60,000원	30,000원	90,000원
직접노동시간	2,400시간	1,600시간	4,000시간

① 180,000원　② 200,000원　③ 330,000원　④ 530,000원

87. ㈜삼일은 개별원가계산제도를 사용하고 있으며, 제조간접원가를 직접노무원가 발생액에 비례하여 배부한다. 다음의 원가자료에서 작업지시서 #112는 완성이 되었으나, #111과 #113은 미완성이다. 기초재공품이 없다면 기말재공품원가를 계산하면 얼마인가?

	#111	#112	#113	합계
직접재료원가	30,000원	10,000원	20,000원	60,000원
직접노무원가	24,000원	5,200원	10,800원	40,000원
제조간접원가	( )	9,100원	( )	( )

① 24,300원　② 49,700원　③ 74,000원　④ 145,700원

88. 다음 중 종합원가계산의 평균법과 선입선출법 비교에 관한 설명으로 가장 올바르지 않은 것은?

① 평균법의 경우 원가배분 대상액은 기초재공품원가와 당기투입원가의 합계액이지만, 선입선출법의 경우 기초재공품원가는 완성품원가의 일부가 되며, 당기투입원가는 완성품원가와 기말재공품원가에 배분한다.

② 평균법의 경우 완성품원가는 기초재공품원가와 당기투입원가 중 완성품에 배분된 금액의 합계이지만, 선입선출법의 경우 당기완성품수량에 완성품환산량 단위당 원가를 곱한 금액이다.

③ 평균법의 경우 완성품환산량 단위당 원가에는 전기의 원가가 포함되어 있지만, 선입선출법의 경우 당기투입원가로만 구성된다.

④ 평균법의 경우 완성품환산량 산출시 기초재공품은 당기에 착수된 것으로 간주한다. 즉, 평균법은 기초재공품의 완성도를 무시하지만, 선입선출법은 기초재공품과 당기투입량을 구분한다.

89. 다음은 ㈜삼일의 원가자료이다. 원재료는 공정시작 시점에서 전량 투입되고 가공원가는 공정전반에 걸쳐 균등하게 투입된다.

〈수량〉

기초재공품수량	500개 (60%)	완성수량	1,800개
착수수량	2,000개	기말재공품수량	700개 (40%)

평균법과 선입선출법을 적용하여 종합원가계산을 하는 경우 가공원가 완성품환산량 차이는 얼마인가?

① 평균법이 200개 더 크다.

② 평균법이 200개 더 작다.

③ 선입선출법이 300개 더 크다.

④ 선입선출법이 300개 더 작다.

90. ㈜삼일은 평균법을 이용한 종합원가계산제도를 채택하고 있다. 재료는 공정초기에 전량 투입되며, 가공원가는 공정전반에 걸쳐 균등하게 투입된다. 자료를 바탕으로 (a)완성품원가와 (b)기말재공품원가를 계산하면 얼마인가?

〈수량〉

기초재공품	50개 (완성도 40%)	완 성 품	400개
착 수 량	450개	기말재공품	100개 (완성도 50%)

〈원가〉

	재료원가	가공원가
기초재공품원가	8,000,000원	6,000,000원
당기발생원가	32,000,000원	24,240,000원

① (a) 60,800,000원, (b) 9,440,000원
② (a) 58,880,000원, (b) 11,360,000원
③ (a) 60,800,000원, (b) 11,360,000원
④ (a) 58,880,000원, (b) 9,440,000원

91. 정상원가계산을 채택하고 있는 ㈜삼일의 20X1년 원가자료가 아래와 같을 경우 제조간접원가 배부차이로 가장 옳은 것은?

제조간접원가 예산	255,000원
기준조업도(직접노동시간)	100,000시간
제조간접원가 실제발생액	270,000원
실제직접노동시간	105,000시간

① 2,250원 과소배부
② 2,250원 과대배부
③ 2,550원 과소배부
④ 2,550원 과대배부

92. 다음 중 표준원가와 표준원가계산제도에 관한 설명으로 가장 올바르지 않은 것은?

① 계량정보와 비계량정보를 모두 포함하는 종합적인 원가계산제도이다.
② 표준원가와 실제원가의 차이를 분석함으로써 효과적인 원가통제를 수행할 수 있다.
③ 사전에 설정된 표준원가를 적용함으로써 예산편성을 위한 원가자료를 수집하는데 소요되는 시간을 절약할 수 있다.
④ 표준원가계산제도를 통해 재무제표상의 재고자산가액과 매출원가를 산출할 때 근거가 되는 원가정보를 제공할 수 있다.

93. ㈜삼일은 표준원가계산제도를 채택하고 있다. 다음은 재료비 표준원가와 실제원가의 차이에 관한 자료이다. 자료를 바탕으로 ㈜삼일의 제품 2,000 단위 표준재료비는 얼마인가?

[실제원가]	직접재료원가 실제사용량	3,200kg, 11원/kg
	실제완성품 생산수량	2,000단위
[재료비 원가차이]	직접재료비 가격차이	9,600원 (유리한 차이)
	직접재료비 능률차이	2,800원 (불리한 차이)

① 42,000원　　② 44,800원　　③ 35,200원　　④ 47,600원

94. ㈜삼일의 표준원가계산제도는 제조간접원가의 배부에 있어서 직접작업시간을 배부기준으로 사용한다. 다음은 이 회사의 원가차이분석에 필요한 자료이다. 자료를 바탕으로 변동제조간접원가 소비차이를 계산하면 얼마인가?

제조간접비 실제발생액	15,000원
고정제조간접비 실제발생액	7,800원
실제작업시간	3,000시간
표준작업시간	3,500시간
변동제조간접비 표준배부율	작업시간당 2.5원

① 300원 유리　　② 300원 불리　　③ 950원 유리　　④ 950원 불리

95. 다음 중 표준원가계산에서 원가차이의 처리방법인 매출원가조정법에 관한 설명으로 가장 올바르지 않은 것은?

① 매출원가조정법에서는 재공품과 제품계정은 모두 표준원가로 기록된다.
② 불리한 원가차이는 매출원가에 가산하고 유리한 원가차이는 매출원가에서 차감한다.
③ 매출원가조정법은 모든 원가차이를 매출원가와 재고자산에 가감하여 차이를 조정하는 방법이다.
④ 비례배분법을 사용하면 매출원가조정법에 비하여 실제원가계산제도의 금액에 근접할 수 있다.

96. 다음 설명 중 변동원가계산제도의 특징으로 옳은 것을 모두 고르면?

가. 이익에 영향을 미치는 주요 요인은 판매량이며 생산량은 이익에 영향을 미치지 않는다.
나. 변동원가계산제도는 기업회계기준에서 인정하는 원가계산제도이다.
다. 변동원가계산제도에서의 이익은 매출액과 동일한 방향으로 움직이므로 경영자의 입장에서 이해하기 쉽다.
라. 공통고정원가를 부문이나 제품별로 배분하기 때문에 부문별, 제품별 의사결정문제에 왜곡을 초래할 가능성이 존재한다.

① 가, 나 ② 가, 다 ③ 가, 다, 라 ④ 나, 라

97. 다음 중 변동원가계산과 전부원가계산의 차이에 관한 설명으로 가장 옳은 것은?

① 고정판매비와관리비 또한 고정제조간접원가와 마찬가지로 변동원가계산과 전부원가계산간의 처리방법이 상이하다.
② 변동원가계산은 표준원가를 사용할 수 있으나 전부원가계산은 표준원가를 사용할 수 없다.
③ 변동원가계산은 고정제조간접원가를 제품원가로 인식하고 전부원가계산은 고정제조간접원가를 기간원가로 인식한다.
④ 기초재고자산이 없고 당기 생산량과 판매량이 동일하다면 변동원가계산과 전부원가계산의 순이익은 같게 된다.

98. ㈜삼일의 20X1년 2월의 제품 생산 및 판매와 관련된 자료는 다음과 같다. 초변동원가계산을 이용한 ㈜삼일의 20X1년 2월 재료처리량 공헌이익을 계산하면 얼마인가?

생산량	5,000개
판매량	4,500개
판매가격	350원
제품단위당 직접재료원가	80원
제품단위당 직접노무원가	20원
제품단위당 변동제조간접원가	30원
고정제조간접원가	75,000원
단, 기초 제품재고는 없다.	

① 915,000원 ② 990,000원 ③ 1,125,000원 ④ 1,215,000원

99. 20X1년에 영업을 시작한 ㈜삼일은 당기에 1,000단위의 제품을 생산하여 800단위의 제품을 판매하였다. 당기의 판매가격 및 원가자료가 다음과 같을 때, 전부원가계산의 영업이익을 계산하면 얼마인가?

판매가격	100원
제품단위당 직접재료원가	25원
제품단위당 직접노무원가	20원
제품단위당 변동제조간접원가	6 원
제품단위당 변동판매비와관리비	10원
고정제조간접원가	16,000원

① 15,200원　② 16,400원　③ 18,400원　④ 19,200원

100. ㈜삼일의 3월 중 영업자료는 아래와 같다. 전부원가계산에 의한 영업이익이 변동원가계산에 의한 영업이익보다 14,000원 더 크다면 3월 발생한 고정제조간접원가는 얼마인가(재고자산은 평균법으로 평가한다.)?

생 산 량	2,000개
판 매 량	1,800개
기초재고량	200개 (단위당 고정제조간접원가 50원)

① 110,000원　② 112,000원　③ 120,000원　④ 122,000원

101. 다음 중 활동기준원가계산의 도입배경에 관한 설명으로 가장 올바르지 않은 것은?

① 직접노무원가와 같은 직접원가의 증가로 인해 새로운 원가배부기준이 필요하게 되었다.
② 제조환경의 변화로 단일배부기준에 의한 원가의 배부가 원가의 왜곡현상을 초래하였다.
③ 컴퓨터통합시스템의 도입으로 제조와 관련된 활동에 대한 원가를 수집하는 것이 용이해졌다.
④ 최근에는 종전에 비해 원가개념이 확대되어 연구개발, 제품설계 등의 기타원가를 포함한 정확한 원가계산이 요구되었다.

102. 다음은 ㈜삼일의 월별 원가자료이다. 5월 직접노동시간이 10,000시간으로 예상되는 경우, 고저점법을 이용하여 총제조원가를 계산하면 얼마인가?

월별	직접노동시간	총제조원가
1월	8,000시간	1,150,000원
2월	13,000시간	1,600,000원
3월	6,000시간	500,000원
4월	4,000시간	700,000원

① 950,000원 ② 1,025,000원 ③ 1,150,000원 ④ 1,300,000원

103. 다음은 회의 중에 일어난 사장과 이사의 대화이다. 원가 · 조업도 · 이익(CVP) 분석과 관련하여 괄호 안에 들어갈 용어는 무엇인가?

> 사장 : 재무담당이사! 올해 우리 회사 매출은 손익분기점 매출액을 얼마나 초과하나?
> 이사 : 10억원만큼 초과합니다. 이것을 (   )(이)라고 합니다.
> 사장 : (   )? 처음 듣는 용어군.
> 이사 : (   )는(은) 손실을 발생시키지 않으면서 허용할 수 있는 매출액의 최대 감소액을 의미하며, 기업의 안전성을 측정하는 지표로 많이 사용됩니다.

① 안전한계 ② 공헌이익 ③ 영업이익 ④ 목표이익

104. ㈜삼일은 회계프로그램을 판매하는 회사로 단위당 판매가격은 50원이며, 단위당 변동원가는 30원이다. 연간 고정원가는 30,000원이며 당기에 10,000원의 이익을 목표로 하고 있다. 다음 설명 중 가장 올바르지 않은 것은?

① 공헌이익률은 40%이다.
② 단위당 공헌이익은 20원이다.
③ 목표이익을 달성하려면 100,000원의 매출을 하여야 한다.
④ 손익분기점을 달성하기 위한 매출수량은 3,000단위이다.

105. 다음 자료를 이용하여 공헌이익률을 계산하면 얼마인가?

제품단위당 판매가격	400원
제품단위당 변동제조원가	150원
제품단위당 변동판매비	90원
고정제조간접원가	500,000원
고정판매비와관리비	1,500,000원

① 10% ② 20% ③ 30% ④ 40%

106. ㈜삼일에 새로 부임한 박상무는 올해 철저한 성과평가제도의 도입을 검토하고 있다. 성과평가제도의 도입과 관련하여 가장 올바르지 않은 주장을 펼치고 있는 실무담당자는 누구인가?

> 유팀장 : 효율적인 성과평가제도는 기업 구성원들의 성과극대화 노력이 기업전체 목표의 극대화로 연결될 수 있도록 설계되어야 합니다.
> 장과장 : 각 책임중심점의 성과평가를 수행하는 과정에서 성과측정의 오류가 발생하는 것이 일반적인데, 효율적인 성과평가제도는 성과평가치의 성과측정오류가 최소화되도록 설계되어야 합니다.
> 김대리 : 많은 시간과 비용을 투입할수록 더욱 정확하고 공정한 성과평가가 가능하므로 성과평가제도의 운영을 적시성 및 경제성의 잣대로 바라보지 않도록 주의해야 합니다.
> 최사원 : 성과평가를 한다는 사실 자체가 피평가자의 행위에 영향을 미치는 현상도 고려하여 이를 적절히 반영해야 합니다.

① 유팀장 ② 장과장 ③ 김대리 ④ 최사원

107. 다음 중 고정예산과 변동예산의 차이에 관한 설명으로 가장 옳은 것은?

① 고정예산의 범위는 회사전체인 반면, 변동예산의 범위는 특정부서에 한정된다.
② 변동예산은 변동원가만을 고려하고, 고정예산은 변동원가와 고정원가 모두를 고려한다.
③ 고정예산은 조업도의 변동을 고려하지 않고 특정조업도를 기준으로 작성되는 예산이고, 변동예산은 조업도의 변동에 따라 조정되어 작성되는 예산이다.
④ 변동예산에서는 권한이 하부 경영자들에게 위양되나, 고정예산에서는 그렇지 않다.

108. 다음은 ㈜삼일의 20X1년 이익중심점의 통제책임이 있는 A 사업부의 공헌이익 손익계산서이다. A 사업부의 성과평가목적에 가장 적합한 이익은 얼마인가?

매 출 액	5,000,000원
변 동 원 가	2,000,000원
공 헌 이 익	3,000,000원
추적가능 · 통제가능고정원가	500,000원
사업부경영자공헌이익	2,500,000원
추적가능 · 통제불능고정원가	500,000원
사업부공헌이익	2,000,000원
공통고정원가배분액	400,000원
법인세비용차감전순이익	1,600,000원
법인세비용	600,000원
순 이 익	1,000,000원

① 1,000,000원　② 2,000,000원　③ 2,500,000원　④ 3,000,000원

109. 다음 중 책임중심점의 종류에 관한 설명으로 가장 올바르지 않은 것은?

① 원가중심점이란 통제 불가능한 원가의 발생에 대해서만 책임을 지는 가장 작은 활동단위로서의 책임중심점이다.
② 수익중심점은 매출액에 대해서만 통제책임을 지는 책임중심점이다.
③ 이익중심점은 원가와 수익 모두에 대해서 통제책임을 지는 책임중심점이다.
④ 투자중심점은 원가 및 수익 뿐만 아니라 투자의사결정에 대해서도 책임을 지는 책임중심점이다.

110. 다음은 ㈜삼일의 A 와 B 의 두 개의 사업부와 관련한 성과평가 자료이다. 다음 중 ㈜삼일의 투자수익률과 잔여이익을 계산한 것으로 가장 옳은 것은(단, 최저필수수익률은 4%임)?

구분	A 사업부	B 사업부
평균영업자산	100억원	200억원
영업이익	20억원	35억원
매출액	300억원	400억원

① A 사업부의 매출액영업이익율은 9.25%이며, B 사업부의 매출액영업이익율은 8.75%이다.
② A 사업부의 투자수익률은 15%이며, B 사업부의 투자수익률은 20%이다.
③ A 사업부의 영업자산회전율은 3회이며, B 사업부의 영업자산회전율은 2회이다.
④ A 사업부의 잔여이익은 16억이며, B 사업부의 잔여이익은 20억이다.

111. ㈜삼일의 20X1년 고정예산 대비 실적자료는 다음과 같다. 동 자료를 토대로 당초 예상보다 영업이익이 차이가 나는 원인을 (ⅰ) 매출가격차이, (ⅱ) 변동원가차이, (ⅲ) 고정원가차이 이외에 중요한 차이 항목인 매출조업도차이를 추가하여 경영진에게 의미 있게 요약 · 보고하고자 한다. 매출조업도차이를 계산하면 얼마인가?

	실적	고정예산
판매량	400개	300개
단위당 판매가격	18원	22원
단위당 변동원가	12원	10원
단위당 공헌이익	6원	12원
고정원가	1,400원	1,800원

① 1,000원 유리 ② 1,000원 불리 ③ 1,200원 유리 ④ 1,200원 불리

112. ㈜삼일은 특별추가생산 요청을 받았다. 현재 여유생산시설이 있는 상황이라면 이 회사의 경영자가 특별추가생산 의사결정에서 고려하지 않아도 되는 원가로 가장 옳은 것은?

① 직접재료원가 ② 직접노무원가
③ 고정제조간접원가 ④ 변동제조간접원가

113. 다음 중 의사결정시에 필요한 원가용어와 그에 대한 정의를 연결한 것으로 가장 올바르지 않은 것은?

① 관련원가는 과거원가이거나 대안 간에 차이가 나지 않는 미래원가이다.
② 지출원가는 미래에 현금 등의 지출을 수반하는 원가이다.
③ 기회원가는 자원을 현재 용도 이외의 다른 용도에 사용할 경우 얻을 수 있는 최대금액이다.
④ 매몰원가는 과거에 발생한 역사적 원가로서 현재 또는 미래에 회수할 수 없는 원가이다.

114. ㈜삼일은 최근 고객사로부터 제품 400단위를 단위당 20,000원에 구입하겠다는 제안을 받았다. 이 주문의 수락여부와 회사의 이익에 미치는 영향은 어떠한가(단, 제품과 관련된 자료는 다음과 같으며 동 주문을 수락하더라도 고정원가에는 아무런 영향을 초래하지 않는다)?

	제품단위당 원가
직접재료원가	11,000원
직접노무원가(변동원가)	4,000원
변동제조간접원가	2,500원
고정제조간접원가	3,000원
변동판매비와관리비	500원
고정판매비와관리비	1,000원
	22,000원

① 수락, 400,000원의 이익 증가
② 수락, 800,000원의 이익 증가
③ 거절, 400,000원의 손실 증가
④ 거절, 800,000원의 손실 증가

115. ㈜삼일은 진부화된 의류 300벌을 보유하고 있다. 이 제품에 대한 총제조원가는 21,000,000원이었으나 현재로는 의류 한벌당 30,000원에 처분하거나 3,000,000원을 투입하여 개조한 후 의류 한 벌당 50,000원에 판매할 수밖에 없는 상황이다. 다음 설명 중 가장 옳은 것은?

① 한벌당 30,000원에 처분하면 12,000,000원의 손실이 발생하므로 처분하면 안된다.
② 개조하여 판매하는 것이 그대로 처분하는 것보다 3,000,000원만큼 유리하다.
③ 개조하여 판매하면 9,000,000원의 추가적인 손실이 발생한다.
④ 3,000,000원의 추가비용을 지출하지 않고 한벌당 30,000원에 판매하는 것이 가장 유리하다.

116. 다음은 투자안 타당성 평가와 관련한 담당이사들의 대화내용이다. 각 담당이사별로 선호하는 자본예산모형을 가장 올바르게 짝지은 것은?

> 최이사 : 저는 투자안 분석의 기초자료가 재무제표이기 때문에 자료확보가 용이한 (a)모형을 가장 선호합니다.
>
> 박이사 : (a)모형의 경우 현금흐름이 아닌 회계이익에 기초하고 있다는 단점이 있습니다. 그래서 저는 현금흐름을 기초로 화폐의 시간가치를 고려하는 (b)모형을 가장 선호합니다.
> 이 모형은 투자기간 동안 자본비용으로 재투자된다고 보기 때문에 가장 현실적인 가정을 하고 있습니다.

① (a) 회계적이익률법 (b) 회수기간법
② (a) 내부수익률법 (b) 순현재가치법
③ (a) 회계적이익률법 (b) 순현재가치법
④ (a) 회수기간법 (b) 내부수익률법

117. ㈜삼일은 내용연수가 3년인 기계장치에 투자하려고 하고 있다. 기계장치를 구입하면 첫해에는 5,000,000원, 2년째에는 6,000,000원, 그리고 3년째에는 3,000,000원의 현금지출운용비를 줄일 것으로 판단하고 있다. 회사의 최저필수수익률은 12%이고 기계장치에 대한 투자액의 현재가치는 8,000,000원이라고 할 때, 기계장치에 대한 투자안의 순현재가치(NPV)를 계산하면 얼마인가(단, 이자율 12%의 1원당 현재가치는 1년은 0.89, 2년은 0.80, 3년은 0.71이며 법인세는 없는 것으로 가정한다)?

① 2,580,000원 ② 3,380,000원 ③ 4,270,000원 ④ 5,100,000원

118. ㈜삼일은 당기 말 순장부가액이 300,000원인 기존의 기계장치를 700,000원에 처분하고, 새로운 기계장치를 1,000,000원에 매입하였다. 법인세율이 20%라고 가정하면, 위 거래로 인한 순현금지출액은 얼마인가(단, 감가상각비는 고려하지 않는다)?

① 220,000원 ② 300,000원 ③ 380,000원 ④ 400,000원

119. 다음 중 일반적으로 사용되는 대체가격 결정방법으로 가장 올바르지 않은 것은?

① 시장가격기준 ② 화폐가치기준 ③ 원가기준 ④ 협상가격기준

120. 다음 중 균형성과표(BSC)의 장점으로 가장 올바르지 않은 것은?

① 기존의 재무적 측정치와 고객, 내부프로세스, 학습과 성장 등의 관점에 의한 비재무적 측정치간의 균형있는 성과평가를 달성할 수 있다.
② 비재무적 측정치에 대한 객관적인 측정을 쉽게 할 수 있다.
③ 재무적 관점 및 고객관점에 의한 외부적 측정치와 내부프로세스 관점 및 학습과 성장관점에 의한 내부측정치 간의 균형을 이룰 수 있다.
④ 투자수익률 등의 과거노력에 의한 결과측정치와 종업원 교육시간 등과 같이 미래 성과를 유발하는 성과동인 간의 균형을 이룰 수 있다.

2023년 7월

102회 답안 및 해설

재무회계

1	2	3	4	5	6	7	8	9	10
4	4	4	4	4	4	3	2	4	4
11	12	13	14	15	16	17	18	19	20
2	3	3	2	2	4	3	4	1	3
21	22	23	24	25	26	27	28	29	30
1	2	2	3	3	2	3	4	1	4
31	32	33	34	35	36	37	38	39	40
2	3	2	3	3	1	3	2	4	3

01. 국제회계기준은 **원칙중심, 공정가치 평가, 공시의 강화 등 확대되었다**

02. **완벽하게 충실한 표현을 하기 위해서는 서술이 완전하고, 중립적이며, 오류가 없어야 한다.**

03. 공정가치란 측정일에 **시장 참여자 사이의 정상거래**에서 자산을 매도하면서 받게 될 가격을 말한다.

04. 기타포괄손익항목은 **법인세 효과를 차감한 순액**으로 표시하거나, **법인세 효과 반영전의 금액으로 표시하고 법인세 효과는 단일 금액**으로 합산하여 표시할 수 있다.

05. 현금흐름표는 **당해 회계연도 누적기간(당기 1.1~6.30)을 직전 회계연도의 동일기간(전기 1.1.~6.30)**과 비교한다.

06. ① 기여하지 않는 관리간접원가는 재고자산 취득원가에 포함하지 않는다.

② 생산 투입 전 보관원가는 취득원가에 포함한다.

③ 판매수수료는 판매비로 처리한다,

07. 〈이동평균법〉

구입순서	수량	단가	금액	누적재고수량	재고금액	평균단가
기초	1,000	90	90,000	1,000	90,000	@90
구입(3.5)	200	150	30,000	1,200	120,000	@100
판매(4.22)	△900			300	30,000	@100
구입(6.08)	200	110	22,000	500	52,000	*@104*
판매(7.12)	△300			△300		
기말재고	200			200	*20,800*	

08. **<u>재고자산평가손실과 정상감모손실 모두 매출원가에 해당</u>**한다.

상　품(20x2)

기초상품	400,000	**매출원가**	***1,100,000***
순매입액	1,000,000	기말상품	300,000
계	1,400,000	계	1,400,000

09. 기계장치의 취득금액 = 매입금액(600,000) + 운송비(30,000) + 취득세등(20,000) + 시운전비(50,000) = 700,000원

10. 감가상각비(120,000) = (취득원가 - 6,000) ÷ 7년
∴ 취득원가 = 846,000원

11. 재평가증인 경우 재평가감이 있는 금액을 먼저 제거하고, 잔여 금액을 재평가잉여금(기타포괄손익누계액)으로 처리한다.

12. 자산의 경제적 효익이 소비되는 형태를 반영하여야 한다.

13.

구분		비용
연구단계		30,000,000
개발단계	자산인식조건 충족×	7,000,000
무형자산상각비(30,000,000÷5년÷3/12)		1,500,000
합계		38,500,000

14. 투자부동산을 **<u>공정가치 모형으로 평가하는 경우에는 감가상각</u>**을 하지 않는다.

15. 채무증권은 상각후원가측정금융자산, 기타포괄손익인식금융자산, 당기손익인식 금융자산으로 분류할 수 있다.

16. 기타포괄손익 - 공정가치측정 금융자산으로 분류 후 처분시 재분류조정하지 않으므로 당기손익에는 영향을 주지 않으나, 기타포괄손익 - 공정가치 측정 금융자산의 처분시 손실(200,000)로 기타포괄손익에 반영된다.
평가손익 = (11,000 - 13,000) × 100주 = △200,000(평가손실)→기타포괄손익

17. 매입채무와 미지급금은 현금 등 금융자산을 인도하기로 한 계약 상 의무가 되기 때문에 금융부채가 된다.

18. 〈사채할인발행차금 상각표(유효이자율법)〉

연도	유효이자(A) (BV×12%)	액면이자(B) (액면가액×10%)	할증차금상각 (A-B)	장부금액 (BV)
20x1. 1. 1				951,980
20x1.12.31	114,238	100,000	14,238	**<u>966,218</u>**

상환손익 = 상환가액(1,119,040) - 장부금액(966,218) = 152,822원(손실)

19. ② 복합금융상품에서 금융부채의 공정가치를 차감한 **<u>잔액은 자본(지분상품)</u>**으로 인식한다.
③ 일반적으로 전환권은 자본으로 인식한다.
④ 현금 등을 인도하기로 한 계약부분은 채무상품(금융부채)으로 인식한다.

19. ② 발행금액에서 **금융부채의 공정가치를 차감한 잔액**을 지분상품으로 인식한다.

③ 전환권은 **일반적으로 자본으로 분류**된다. 그러나 발행조건에 따라 금융부채의 정의를 충족할 경우 금융부채로 분류되는 경우도 존재한다.

④ 현금 등 **금융자산을 인도하기로 하는 계약 부분은 금융부채요소**에 해당한다

20. 의제의무에 대해서도 충당부채를 인식한다.

21. 자기주식의 처분손익은 자본잉여금(이익)이나 자본조정(손실)으로 처리한다.

22. 우선주(누적적·비참가적) 배당금 = 우선주 자본금(500,000) × 배당률(5%) × 2년 = 50,000원

누적적 우선주이므로 과거 2년간 연체배당금에 대해서 우선 배당받을 수 있다.

23. 고객에게 재화나 용역을 이전하기로 하는 약속을 계약 내의 다른 약속과 별도로 **식별해 낼 수 있다면** 고객에게 약속한 재화나 용역은 별도로 구별되는 것이다.

24. 이자수익은 발생기준으로 인식한다.

25. 계약수익은 **계약금액에서 진행률에 따라 수익을 인식**한다.

26.

	x1년	x2년	x3년
누적공사원가(A)	5,000,000	30,000,000	40,000,000
총 공사계약원가(B)	40,000,000		
누적진행률(A/B)	12.5%	75%	100%
총공사계약금액	50,000,000		
당기누적계약수익	6,250,000	37,500,000	
당기계약수익	6,250,000	31,250,000	
당기계약원가	5,000,000	25,000,000	
당기계약이익(손실)	**1,250,000**	**6,250,000**	

27. 재측정요소는 기타포괄손익으로 인식한다.

28. 현금결제형 주식기준보상거래에 있어서 **공정가치의 변동액은 당기손익으로 반영**한다.

29. 가감할 일시적 차이는 아연법인세 항목이다.

30. 법인세비용 = 미지급법인세(2,500,000) + 이연법인세부채증가(450,000) + 이연법인세자산감소(600,000)
= 3,550,000원

(차) 법인세비용	3,550,000	(대) 당기법인세부채	2,500,000
		이연법인세부채	450,000
		이연법인세자산	600,000

31. **재고자산의 과대과소 오류는 자동조정오류이므로 이익잉여금에 대해서는 20x3년 자산과대평가분만 반영하면 되고, 당기순이익은 전년도 과대평가분과 당해연도 과대평가분을 계산하면 된다.**

		20x1년말	20x2년말	20x3년말
재고자산 오류		5,000원 과대	2,000원 과소	3,000원 과대
수정전	당기순이익			30,000
	이익잉여금			100,000
수정후	당기순이익	자동조정	전기 자산 과소	***25,000***
	이익잉여금	자동조정		***97,000***

수정후(20x3) 당기순이익 = 수정전 당기순이익(30,000) - 당기자산과대평가(3,000)
- 전기자산과소평가(2,000) = 25,000원

32. 〈유통보통주식수 변동〉

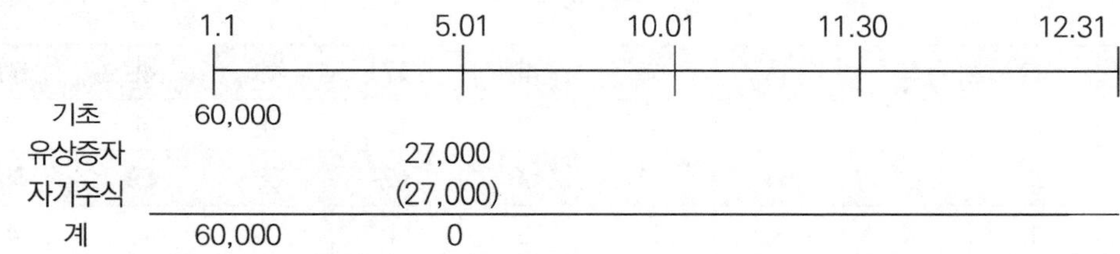

유통보통주식수 : 60,000×12/12+0×8/12=60,000주

33. **다른 기업이 보유한 잠재적 의결권을 고려**한다.

34. 지분법이익 = 당기순이익(900,000)×지분율(25%) = 225,000원

35. 평가이익 = 공정가치($14,000×1,200) - 장부가액($10,000×1,000) = 6,800,000원

36. **매매목적의 파생상품의 평가손익은 당기손익으로 인식**한다.

37. 현재가치 계산시 내재이자율을 쉽게 산정할 수 없다면, **리스이용자의 증분차입이자율로 할인**한다.

38. 처분손실이 발생하더라도 유형자산의 처분으로 현금이 유입되므로 (-)현금흐름이 될 수 없다.

39.

구분	금액
매출액	560,000
(-)대손상각비	(30,000)
(+)매출채권 감소	100,000
(-)대손충당금 감소	(20,000)
= 현금유입액	610,000

40.

구분	금액
당기순이익	5,000,000
(+)유형자산처분손실	200,000
(+)감가상각비	300,000
(−)매출채권의 증가	(900,000)
(+)재고자산의 감소	1,000,000
(−)매입채무의 감소	(500,000)
= 영업활동으로 인한 현금	5,100,000

세무회계

41	42	43	44	45	46	47	48	49	50
1	3	2	1	4	3	3	4	4	3
51	**52**	**53**	**54**	**55**	**56**	**57**	**58**	**59**	**60**
1	1	4	3	2	3	4	3	4	4
61	**62**	**63**	**64**	**65**	**66**	**67**	**68**	**69**	**70**
3	3	2	4	4	2	4	3	3	2
71	**72**	**73**	**74**	**75**	**76**	**77**	**78**	**79**	**80**
2	4	4	4	1	2	1	3	4	3

41. 조세의 사용용도에 따라 목적세와 보통세로 구분한다.

42. **4촌 이내의 혈족**이 특수관계인에 해당한다.

43. 소급과세 금지의 원칙은 세법적용의 원칙이다.

44. **법정신고기한 내에 신고서를 제출하지 않은 자는 결정전까지 기한후과세표준신고서를 제출할 수 있다.**

45. 외국비영리법인은 청산시 국내에서 하지 않으므로 청산소득에 대해서 납세의무가 없다.

46.

1. 법인세비용차감전순이익	200,000,000
① 대표이사 상여한도 초과	20,000,000
② 감가상각비 한도초과액	10,000,000
2. 차가감소득금액(=과세표준)	230,000,000
3. 세율	× 9%, 19%
4. 법인세산출세액	23,700,000

47. **결산조정사항은 결산 시 비용처리를 하지 않았으면 손금으로 인정받을 수 없다.** 따라서 경정청구가 불가하다.

48. 이월결손금 보전에 충당된 채무면제이익은 익금불산입사항이다.

49. 업무무관자산의 취득부대비용은 자산의 취득가액으로 인정되고, 추후 **감가상각시 손금불산입 사항**이 된다.

50. 장기할부판매의 손익귀속시기는 원칙적으로 인도기준이다.

52. 상각범위액 = 취득가액(1억) × 상각율(20%) = 20,000,000원

회사계상 상각비 : 18,000,000원→ 당기 시인부족액 2,000,000원

전기상각부인액 3,000,000	전기 시인부족액 2,000,000	없는 경우
손금산입 2,000,000	–	–

53. 기부금은 현금주의이다.

54. ① 직부인 기업업무추진비 : 적경증빙 미수취 2,000,000원(상여)

② 기업업무추진비 한도 계산

㉠ 해당액 = 지출액(18,000,000) - 직부인(2,000,000) = 16,000,000원

㉡ 한도(ⓐ + ⓑ) = 15,000,000원

ⓐ 기본(일반기업)한도 = 12,000,000원

ⓑ 수입금액 한도 = 10억 × 0.3% = 3,000,000원

㉢ 기업업무추진비 한도초과 = 해당액(16,000,000) - 한도(15,000,000) = 1,000,000원(손不)

손금불산입 = 적격증비미수취(2,000,000) + 한도초과액(1,000,000) = 3,000,000원

55. **유예기간 중 업무에 사용하지 않고 양도하는 업무무관부동산도 업무무관자산에 해당**한다.

56. 한도 = 당기 대상채권(500,000,000) × 대손설정률(3%) = 15,000,000원

대손충당금 한도 = 기말대손충당금(22,000,000) - 대손충당금한도(15,000,000)

= 7,000,000원(손不, 유보)(ㄴ)

(ㄱ)은 전기 대손충당금 한도초과(8,000,000)에 대한 당기 손금추인에 해당한다.

57. 신용회복목적 손실보전준비금은 조세특례제한법의 준비금이다.

58. 양도가 = 장부가(4억) + 처분이익(2억) = 6억

시가(10억) - 양도가(6억) = 4억(익금, 상여)

59. 이월결손금에 충당된 자산수증이익 등은 과세표준 계산시 공제가 불가능하다.(이중공제)

60. 내국법인은 결손이라 하더라도 법인세 과세표준과 세액을 신고하여야 한다.

61. 소득세법은 개인주의 과세이다. 다른 구성원의 소득과 합산하지 않는다.

62. 금융소득의 과세방법분류

(ㄱ) 국내예금이자	조건부종합과세	15,000,000원
(ㄴ) 비상장법인 현금배당금	조건부종합과세	15,000,000원
(ㄷ) 원천징수되지 않은 외국법인 배당금	무조건 종합과세	5,000,000원

∴ 조건부 + 무조건 종합과세(35,000,000) > 2,000만원이므로 전액 종합과세한다.

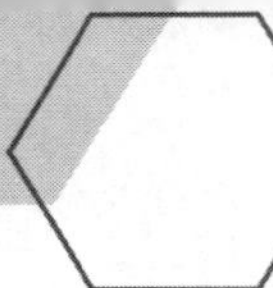

〈14%세율 및 기본세율 적용순서〉

원천징수세율(14%) 적용순서		-2,000만원-	
㉠ **이자소득금액**	- 14%	-국내예금이자	15,000,000
㉡ **Gross-up제외 배당소득총수입금액**		-외국법인 배당금	5,000,000
㉢ **Gross-up대상 배당소득총수입금액**	**-기본세율**	**-현금배당금**	**15,000,000**

종합과세되는 금융소득 = 20,000,000원 + 15,000,000 × 1.1(배당가산율) = 36,500,000원

63. 개인사업자의 급여는 총수입금액 불산입이 된다.

64. 자녀보육수당은 월 20만원 이내 비과세이고, 중식대는 식사를 제공받으므로 전액 과세된다.

구분	금액	비고
월 급여	24,000,000	
상여	8,000,000	월급여의 400%
중식대	2,400,000	**식사를 제공받았으니 전액 과세**
연월차수당	4,000,000	
총급여액 계	38,400,000	
근로소득공제	(11,010,000)	7,500,000 + (38,400,000 − 15,000,000) × 15%
근로소득금액	27,390,000원	

65. 주식매수선택권을 퇴직 전에 행사하면 근로소득에 해당한다.

66.

구분	금액	비고
근로소득금액	35,000,000	
양도소득금액	-	분류과세
사업소득금액	15,000,000	
퇴직소득금액	-	분류과세
기타소득금액	6,000,000	3백만원 초과는 종합소득
(=)종합소득금액	56,000,000	

67. 재해손실세액공제는 법인세법 및 소득세법상 세액공제이다.

68. 개인에게 소득을 지급시 법인이나 개인이든 모두 소득세법을 적용해야 한다.

70. 소득세법 중간예납은 사업소득자만 대상이다.

71. 부가가치세법은 전단계세액공제법을 따르고 있다.

72. 사업자가 사업장이 없을 경우 사업자의 주소 또는 거소를 사업장으로 본다.

73. 폐업자는 과세기간 개시일부터 폐업일까지 최종 과세기간으로 한다.

74. 건설업은 용역의 공급으로 규정되어 있다.

75. 수출재화는 선(기)적일을 공급시기로 본다.

76. 면세사업자는 소득세법상 사업자이므로 부가가치세법 규정을 준수할 의무가 없다.

77. 대손금과 판매장려금은 과세표준에서 공제하지 않는다.

78. 과세표준 = 특수관계인(40,000,000) + 순매출액(40,500,000) = 80,500,000원

79. 공제매입세액 = 기계장치(50,000,000) + 원재료(3,000,000) + 비품(6,000,000) = 59,000,000원

80. 조기환급은 신고기한 경과 후 15일 이내에 환급받을 수 있다.

원가관리회계

81	82	83	84	85	86	87	88	89	90
3	2	2	2	2	3	4	2	4	2
91	**92**	**93**	**94**	**95**	**96**	**97**	**98**	**99**	**100**
1	1	1	1	3	2	4	4	3	4
101	**102**	**103**	**104**	**105**	**106**	**107**	**108**	**109**	**110**
1	4	1	4	4	3	3	2	1	3
111	**112**	**113**	**114**	**115**	**116**	**117**	**118**	**119**	**120**
3	3	1	2	2	3	2	3	2	2

81. 기본요금(고정비) + 사용요금(변동비) → 준변동원가(혼합원가)

82.

재고자산(원재료 + 재공품)

기초재고(원재료 + 재공품)	5,000 + 10,000	**<u>당기제품제조원가(?)</u>**	**<u>80,000</u>**
원재료구입	45,000		
가공원가(직접노무비 + 제조간접비)	35,000	기말재고(원재료 + 재공품)	7,000 + 8,000
합　　계	95,000	합　　계	95,000

83. 〈이중배분율법〉

구 분	배부기준	제조1부문에 배부될 원가
변동원가	실제사용시간	1,800,000 × 550시간/900시간 = 1,100,000원
고정원가	최대사용가능시간	1,000,000 × 800시간/1,250시간 = 640000원
합　　계		*<u>1,740,000원</u>*

84. ② 상호배분법에 대한 설명이다.

85. **<u>기말재공품의 작업원가표에 집계된 원가는 재공품에만 배부</u>**한다.

86. 예정배부율 = 연간제조간접원가(2,000,000) ÷ 연간직접노동시간(40,000) = 50원/시간당
제조간접원가 = 직접노동시간(2,400시간) × 예정배부율(50원) = 120,000원

구 분	#369(제품)
직접재료원가	150,000
직접노무원가	60,000
제조간접원가	120,000
합계	***330,000***

87. 예정배부율 = #112제조간접원가(9,100) ÷ #112직접노무원가(5,200) = 1.75원/직접노무원가
기말재공품원가(#111, #113) = [30,000 + 24,000 + 24,000 × 1.75] + [20,000 + 10,800 + 10,800 × 1.75] = 145,700원

88. 선입선출법은 기초재공품원가와 당기투입원가 중 완성품에 배분된 금액의 합계이고, 평균법은 당기완성품수량에 완성품환산량 단위당 원가를 곱한 금액이다.

89. 기초재공품의 완성도 차이(500개 × 60% = 300개)가 선입선출법이 더 작다.

90.

〈1단계〉 물량흐름파악			〈2단계〉 완성품환산량 계산	
평균법			**재료비**	**가공비**
	완 성 품	400	400	400
	기말재공품	100 (50%)	100	50
	계	500	**500**	**450**
〈3단계〉 원가요약(기초재공품원가 + 당기투입원가)			40,000,000	30,240,000
〈4단계〉 완성품환산량당단위원가			@80,000	@67,200

〈5단계〉 완성품원가와 기말재공품 원가계산

- 완성품원가 = 400개 × [@80,000 + @67,200] = 58,880,000원
- 기말재공품원가 = 100개 × @80,000 + 50개 × @67,200 = 11,360,000원

91. 예정배부율 = 255,000/100,000시간 = 2.55원/직접노동시간

제조간접비 예정배부액 = 실제조업도(105,000) × 2.55원 = 267,750원

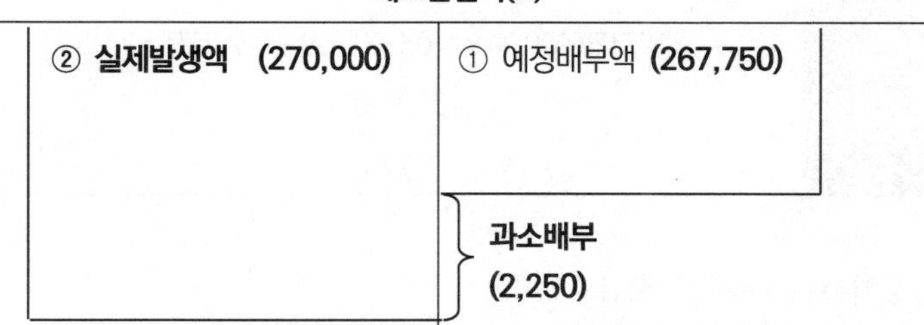

92. 표준원가계산에서는 계량정보를 포함하나 비계량정보를 무시할 가능성이 있다.

93.

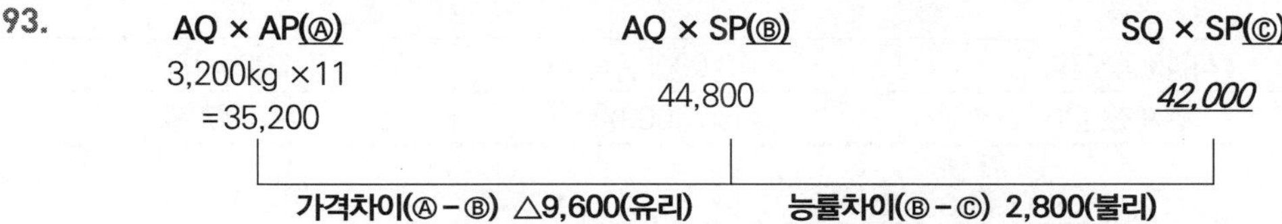

95. 매출원가조정법은 모든 원가차이를 매출원가에서 조정한다.

96. 변동원가계산은 외부보고서로서 인정되지 않으며, 공통고정원가를 기간비용화 하기 때문에 의사결정 문제에 왜곡을 초래하지 않는다.

97. ① 고정판매비와 관리비는 변동원가계산과 전부원가계산에서 기간비용화 한다.

② 전부원가계산도 표준원가계산을 사용할 수 있다.

③ 고정제조간접원가에 대해서 변동원가계산은 기간비용화 하고 전부원가계산에서는 제품원가로 인식한다.

98.

1. 매출액	4,500개 × 350원 = 1,575,000원
2. 직접재료원가	4,500개 × 80원 = 360,000원
3. 재료처리량공헌이익	**1,215,000**

99. 〈전부원가계산〉

1. 매출액	800단위 × 100원 = 80,000원
2. 매출원가	(25 + 20 + 6 + 16,000/1,000 + 10) × 800단위 = 61,600원
3. 영업이익	**18,400**

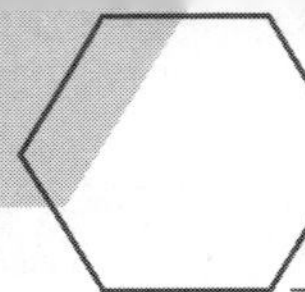

100. 기말재고 = 기초재고(200) + 생산수량(2,000) - 판매수량(1,800) = 400개

X를 고정제조간접원가라 하면,

변동원가(순이익)	0
+ 기말재고에 포함된 고제간 - 기초재고에 포함된 고제간	기말재고(400개) × (10,000 + X) ÷ 2,200개 = 24,000 10,000(200개 × 50)
= 전부원가(순이익)	14,000

<u>**X = 122,000원**</u>

101. 제조간접원가의 증가로 활동기준원가계산이 도입되었다.

102.

	최고조업도	최저조업도
월	2월	4월
직접노동시간(x)	13,000시간	4,000시간
총제조원가	1,600,000원	700,000원

단위당 변동원가(b) = $\frac{(1,600,000 - 700,000)}{(13,000 - 4,000)}$ = 100원

총제조원가(1,600,000) = 총고정제조원가(??) - 13,000시간 × 100

총고정제조원가 = 300,000원

총제조원가(10,000시간) = 300,000 + 10,000시간 × 100원 = 1,300,000원

104. ① 공헌이익률 = 1 - 변동비율(30/50) = 40%

② 공헌이익 = P(50) - V(30) = 20원

③ XT = (F + T)/공헌이익률 = (30,000 + 10,000)/40% = 100,000원

④ 손익분기점 = F(30,000) ÷ 단위당 공헌이익(50 - 30) = 1,500단위

105. 공헌이익률 = 1 - 변동비율(240/400) = 40%

106. 적시성과 경제성을 모두 고려해야 효율적인 성과제도가 된다.

108. 사업부 자체의 수익성을 평가하는데 사업부공헌이익이 가장 적합하다.

109. 원가중심점은 통제가능한 원가의 발생에 대해서만 책임을 진다.

110.

		A사업부	B사업부
1. 영업자산		100억원	200억원
2. 영업이익		20억원	35억원
3. 매출액		300억원	400억원
4. 매출액영업이익율	2÷3	6.66%	8.75%
5. 투자수익율	2÷1	20%	17.5%
6. 영업자산회전율	3÷1	<u>***3회***</u>	<u>***2회***</u>
7. 잔여이익	2 - 1 × 4%	<u>**16억**</u>	<u>**27억**</u>

111.

	실제성과 **AQ×(AP−BV)**	변동예산(1) **AQ× (BP−BV)**	고정예산 **BQ× (BP−BV)**
공헌이익		400개×12원=4,800	300개×12원=3,600

매출조업도차이 1,200(유리)

112. 여유생산시설이 있다면, 고정제조간접원가는 비관련원가이다.

113. ①비관련원가에 대한 설명이다.

114.

1.증분수익(특별주문수락시)	
• **매출액증가분**	**20,000원×400단위=8,000,000원**
2.증분비용(특별주문수락시)	
• **변동비증가**	**(11,000+4,000+2,500+500)×400단위=7,200,000원**
3.증분손익	800,000원(특별주문 수락)

115.

	즉시 판매	개조 후 판매
현금유입(A)	9,000,000(300벌×@30,000)	15,000,000(300벌×@50,000)
현금유출(B)	−	3,000,000
순현금유입액(A−B)	9,000,000	**12,000,000**

개조 후 판매시 3,000,000원 유리하다.

117. 〈현금흐름〉

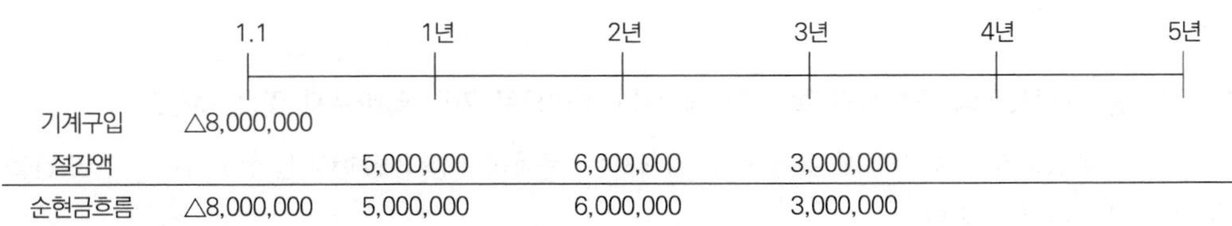

투자안의 순현재가치 = −8,000,000+5,000,000×0.89+6,000,000×0.80
+3,000,000×0.71 = 3,380,000원

118. 순현금지출액 = 새로운 기계(1,000,000) − 처분가액(700,000) + 처분이익(400,000) × 법인세율(20%)
= 380,000원

119. 대체가격결정방법에는 시장가격기준, 원가기준, 협상가격기준이 있다.

120. 비재무적 측정치에 대한 객관적인 측정이 어렵다.

2023년 5월

100회 재경관리사

재무회계

1. 다음 중 일반목적재무보고에 관한 설명으로 가장 올바르지 않은 것은?

① 일반목적재무보고의 목적은 기업에 자원을 제공하는 것에 대한 의사결정을 할 때 유용한 보고기업 재무정보를 제공하는 것이다.

② 현재 및 향후 잠재적인 투자자, 대여자 및 기타 채권자가 일반목적재무보고의 주요 이용자에 해당한다.

③ 감독당국 및 일반 대중도 일반목적재무보고를 유용하게 활용할 수 있다.

④ 경영진은 필요한 재무정보를 기업내부에서 얻을 수 없으므로 의사결정을 위하여 일반목적재무보고에 의존한다.

2. 다음 중 재무제표의 근본적인 질적특성에 관한 설명으로 가장 올바르지 않은 것은?

① 재무정보가 이용자에게 유용하기 위해서는 목적적합성과 표현충실성의 두 가지 요건을 모두 충족하여야 한다.

② 재무정보가 예측가치를 가지기 위해서는 반드시 그 자체에 예측치 또는 예상치를 포함해야 한다.

③ 재무정보의 예측가치와 확인가치는 상호 연관되어 있어, 예측가치를 갖는 정보는 확인가치도 갖는 경우가 많다.

④ 완벽한 표현충실성을 위해서는 서술은 완전하고, 중립적이며, 오류가 없어야 한다.

3. 다음 중 자산의 측정방법에 관한 설명으로 가장 옳은 것은?

① 현행원가 : 자산의 취득 또는 창출에 발생한 원가의 가치로서, 자산을 취득 또는 창출하기 위하여 지급한 대가와 거래원가를 포함한다.

② 역사적원가 : 기업이 자산의 사용과 궁극적인 처분으로 얻을 것으로 기대하는 현금흐름 또는 그 밖의 경제적효익의 현재가치이다.

③ 사용가치 : 측정일 현재 동등한 자산의 원가로서 측정일에 지급할 대가와 그 날에 발생할 거래원가를 포함한다.

④ 공정가치 : 측정일에 시장참여자 사이의 정상거래에서 자산을 매도할 때 받게 될 가격이다.

4. 다음 중 재무제표의 작성 및 표시에 관한 설명으로 가장 올바르지 않은 것은?

① 경영진은 재무제표를 작성할 때 계속기업으로서의 존속가능성을 평가해야 한다.

② 매출채권에 대해 대손충당금을 차감하여 순액으로 측정하는 것은 상계표시에 해당한다.

③ 기업은 현금흐름 정보를 제외하고는 발생기준 회계를 사용하여 재무제표를 작성한다.

④ 중요하지 않은 항목은 성격이나 기능이 유사한 항목과 통합하여 표시할 수 있다.

5. 기업은 회계정보의 적시성 확보를 위하여 중간재무보고서를 작성한다. 다음 중 이와 관련된 설명으로 가장 올바르지 않은 것은?

① 연차재무제표에 적용하는 회계정책과 동일한 회계정책을 적용하여 작성하여야 한다.

② 요약재무제표를 중간재무보고서에 포함하는 경우, 이러한 재무제표는 최소한 직전 연차재무제표에 포함되었던 제목, 소계 및 선별적 주석을 포함하여야 한다.

③ 최종적인 연차재무제표의 결과는 보고기간 중 몇 번의 중간보고가 이루어졌는지와 무관하다.

④ 중간재무보고서는 요약재무상태표, 요약포괄손익계산서, 요약자본변동표, 요약현금흐름표 및 연차재무제표에서 요구하는 모든 주석사항이 포함되어야 한다.

6. 자동차 부품제조업을 영위하고 있는 ㈜삼일은 당기 중 원자재를 후불 조건으로 수입하는 과정에서 다음과 같은 항목의 원가가 발생하였다. 동 매입거래에 의하여 재무상태표상에 증가하게 될 재고자산의 가액을 계산하면 얼마인가(단, 거래당시의 환율은 @1,100원이다)?

ㄱ. 재고자산의 매입원가	USD800
ㄴ. 매입할인	USD80
ㄷ. 운송보험료	80,000원
ㄹ. 후속 생산단계에 투입하기 전에 발생한 보관원가	15,000원
ㅁ. 재고자산 매입관리부서 인원의 매입기간 인건비	20,000원

① 792,000원 ② 872,000원 ③ 887,000원 ④ 907,000원

7. 다음은 재고자산에 대하여 실지재고조사법을 적용하고 있는 ㈜삼일의 자료이다. ㈜삼일이 가중평균법을 적용하는 경우와 선입선출법을 적용하는 각각의 경우 20X1년 매출원가 금액을 계산하면 얼마인가?

일 자	적 요	수 량	단 가	금 액
20X1. 01. 01	기초재고	1,000개	@ 100	100,000원
20X1. 03. 29	매 입	2,000개	@ 115	230,000원
20X1. 06. 12	매 출	(2,500개)		
20X1. 09. 24	매 입	500개	@ 180	90,000원
20X1. 12. 31	기말재고	1,000개		

	가중평균법	선입선출법
①	300,000원	275,000원
②	275,000원	272,500원
③	250,000원	275,000원
④	300,000원	272,500원

8. 다음 중 재고자산의 평가와 관련된 설명으로 가장 올바르지 않은 것은?

① 선입선출법은 실제 물량의 흐름을 고려하여 기말 재고액을 결정하는 방법이다.

② 선입선출법에 의하면 실지재고조사법과 계속기록법 중 어느 것을 사용하는지와 관계없이 한 회계기간에 계상될 기말재고자산 및 매출원가의 금액이 동일하게 산정된다.

③ 가중평균법으로 재고자산을 평가하고자 할 때 계속기록법에 따라 장부를 기록하는 경우에는 이동평균법을 적용하여야 한다.

④ 특정 프로젝트별로 생산되는 제품 또는 서비스의 원가는 개별법을 사용하여 결정한다.

9. 보고기간 개시일에 기계장치의 일부를 대체하기 위해 돈이 지출되었는데 해당 금액을 기계장치의 장부금액으로 회계처리 하였다. 해당 지출은 유형자산의 인식기준을 충족하였기 때문에 기계장치의 장부금액에 포함하여 인식하는 것이 회계원칙에 부합한다고 할 때, 다음 설명 중 가장 올바르지 않은 것은?

① 동 지출을 기계장치의 장부금액에 포함하여 인식한 회계처리는 올바르며 대체되는 부분의 장부금액은 제거한다.

② 대체되는 부분의 장부금액 제거 여부는 그 부분을 분리 인식하였는지 여부와는 관계가 없다.

③ 동 지출은 당기손익에 영향을 미치지 않는다.

④ 동 지출이 유형자산의 인식기준을 충족하지 않은 경우 동 지출은 발생시점에 비용으로 인식해야 한다.

10. 다음 중 유형자산의 후속측정에 관한 설명으로 가장 올바르지 않은 것은?

① 원가모형과 재평가모형 중 하나를 회계정책으로 선택하여 유형자산의 유형별로 동일하게 적용하여야 한다.

② 재평가모형은 취득일 이후 재평가일의 공정가치로 해당 자산금액을 수정하고, 당해 공정가치에서 재평가일 이후의 감가상각누계액과 손상차손누계액을 차감한 금액을 장부금액으로 공시한다.

③ 재평가로 인하여 자산이 증가된 경우 그 증가액은 기타포괄이익으로 인식하고 재평가잉여금의 과목으로 자본(기타포괄손익누계액)에 가산한다.

④ 재평가로 인하여 자산이 감소된 경우 그 감소액은 기타포괄손실로 인식하고 재평가잉여금의 과목으로 자본(기타포괄손익누계액)에서 차감한다.

11. ㈜삼일은 연구개발을 전담할 연구소를 신축하기로 하였다. 이와 관련하여 20X1년 1월 1일에 50,000,000원을 지출하였고, 연구소는 20X3년 중에 완공될 예정이다. 회사의 차입금 현황이 다음과 같을 경우 20X1년 자본화할 차입원가 금액을 계산하면 얼마인가(단, 차입금은 모두 만기가 3년 후이고 적수계산시 월할계산을 가정한다)?

차 입 처	차 입 일	차 입 금	연 이 자 율	용 도
K은행	20X1년 1월 1일	10,000,000원	6%	일반차입금
S은행	20X1년 7월 1일	20,000,000원	9%	일반차입금

① 1,500,000원　② 2,000,000원　③ 2,750,000원　④ 3,750,000원

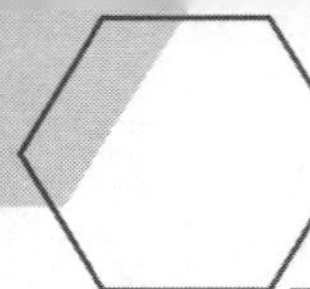

12. 다음 중 내부적으로 창출한 무형자산의 인식에 관한 설명으로 가장 옳은 것은?

① 내부적으로 창출한 영업권은 무형자산으로 인식할 수 있다.
② 내부 프로젝트에서 발생한 원가 중 연구단계에서 발생한 원가는 무형자산으로 인식할 수 없다.
③ 연구단계가 개발단계보다 훨씬 더 진전되어 있는 상태라면 무형자산으로 식별할 수 있다.
④ 생산 전 또는 사용 전의 시제품과 모형을 설계, 제작 및 시험하는 활동은 일반적으로 연구단계에 해당한다.

13. ㈜삼일이 20X1년 초에 취득한 특허권 관련 자료는 다음과 같다. 특허권은 정액법으로 상각하며, 잔존가치는 0원이다. 20X1년 말 ㈜삼일의 특허권 장부금액과 관련 손상차손 금액을 계산하면 얼마인가?

취득원가	내용연수	20X1년 말	
		순공정가치	사용가치
500,000원	5년	360,000원	380,000원

	장부금액	손상차손		장부금액	손상차손
①	400,000원	20,000원	②	380,000원	20,000원
③	400,000원	0원	④	380,000원	0원

14. 다음은 건설회사인 ㈜삼일의 김사장과 이과장이 나눈 대화이다. 다음 중 대화의 주제인 투자부동산에 관한 설명으로 가장 올바르지 않은 것은(단, 공정가치모형으로 회계처리할 경우 투자부동산의 공정가치를 계속하여 신뢰성 있게 결정할 수 있다고 가정한다)?

> 김사장 : 이과장, 이번에 건설한 상가는 요즘 부동산 경기가 좋지 않아서 분양이 잘 되지 않으니 임대목적으로 전향하도록 하게.
> 이과장 : 네, 알겠습니다. 그러면 상가의 계정과목을 변경해야겠군요.
> 김사장 : 무슨 계정과목으로 변경해야 하나?
> 이과장 : 투자부동산으로 변경해야 할 것 같습니다.
> 김사장 : 그렇다면, 재무제표에 미치는 영향은 어떻게 달라지나?

① ㈜삼일이 이미 다른 건물을 임대목적으로 사용하고 있고 이를 공정가치모형으로 회계처리하고 있다면, 위에서 언급한 상가도 공정가치모형으로 회계처리해야 한다.
② 상가에 대해 공정가치모형으로 회계처리 할 경우 감가상각은 하지 않기 때문에 감가상각으로 인한 비용은 발생하지 않을 것이다.
③ 투자부동산을 공정가치모형으로 회계처리 하는 경우 상가(투자부동산)의 장부금액은 상가(재고자산)의 대체 전 장부금액으로 한다.
④ 상가에 대해 공정가치모형으로 회계처리 할 경우 공정가치 변동으로 발생하는 손익은 발생한 기간의 당기손익에 반영한다.

15. 다음 중 당기손익-공정가치 측정 금융자산에 관한 설명으로 가장 올바르지 않은 것은?

① 단기매매 목적의 금융자산은 당기손익-공정가치 측정 금융자산으로 분류된다.
② 지분상품인 당기손익-공정가치 측정 금융자산은 다른 금융상품으로 재분류할 수 없다.
③ 회계불일치를 제거하기 위해 원래 당기손익-공정가치 측정 금융자산이 아닌 것을 당기손익-공정가치측정 금융자산으로 지정할 수 있다.
④ 당기손익-공정가치 측정 금융자산 취득시 지출된 거래원가는 취득원가에 가산하여 측정한다.

16. ㈜삼일은 20X1년 1월 1일에 다음과 같은 조건의 상각후원가측정금융자산을 취득 당시의 공정가치로 취득하였다. 이 경우 ㈜삼일의 재무상태표상 상각후원가측정금융자산의 20X1년 말 장부금액을 계산하면 얼마인가(소수점 첫 번째 자리에서 반올림한다)?

ㄱ. 액면금액 : 200,000원
ㄴ. 발행일 : 20X1년 1월 1일
ㄷ. 만기일 : 20X2년 12월 31일(2년)
ㄹ. 액면이자율 : 5%, 매년 말 지급조건
ㅁ. 시장이자율 : 20X1년 1월 1일 현재 8%, 20X1년 12월 31일 현재 9%
ㅂ. 현가계수

이자율	현가계수		
	1년	2년	계
8%	0.92593	0.85734	1.783265

① 189,300원 ② 192,661원 ③ 194,445원 ④ 200,000원

17. 다음 중 금융상품에 관한 설명으로 가장 올바르지 않은 것은?

① 금융상품은 거래당사자에게 금융자산을 발생시키고 동시에 거래상대방에게 금융부채나 지분상품을 발생시키는 모든 계약을 말한다.
② 매입채무와 미지급법인세는 금융부채에 해당한다.
③ 현금및현금성자산, 매출채권, 다른 기업의 지분상품 및 채무상품은 금융자산에 해당한다.
④ 잠재적으로 유리한 조건으로 거래상대방과 금융자산이나 금융부채로 교환하기로 한 계약상 권리는 금융자산이다.

18. 다음 중 지분상품으로 분류될 수 있는 계약으로 가장 옳은 것은?

① 100억원의 가치에 해당하는 지분상품을 인도할 계약
② 100 킬로그램의 금의 가치에 해당하는 현금을 대가로 지분상품을 인도할 계약
③ 액면 100억원의 사채에 대한 상환 대신 1 만주의 주식으로 교환할 계약
④ 100 킬로그램의 금의 가치에 해당하는 현금을 대가로 주식 1 만주를 인도할 계약

19. ㈜삼일은 20X1년 1월 1일 다음과 같은 조건의 회사채에 투자하기로 하였다. 동 투자사채의 취득과 관련하여 유출될 현금을 계산하면 얼마인가(단, 소수점 이하 첫째 자리에서 반올림하며, ㈜삼일은 동 투자사채를 기타포괄손익-공정가치 측정 금융자산으로 분류하였다)?

ㄱ. 액면금액 : 200,000,000원
ㄴ. 만기일 : 20X2년 12월 31일
ㄷ. 액면이자율 : 12%, 매년 말 지급 조건
ㄹ. 시장이자율 : 8%
ㅁ. 금융거래 수수료 : 액면금액의 0.5%

① 186,479,592원　② 200,000,000원　③ 214,266,118원　④ 215,266,118원

20. 20X1년 사업을 개시한 ㈜삼일은 제조상의 결함이나 하자에 대하여 1년간 제품보증을 시행하고 있다. 20X1년 7월 1일에 판매된 5,000,000원의 제품에서 중요하지 않은 결함이 발견된다면 50,000원의 수리비용이 발생하고, 치명적인 결함이 발생하면 300,000원의 수리비용이 발생할 것으로 예상한다. 20X1년 7월 1일의 매출액 5,000,000원에 대하여 판매된 제품의 80%에는 하자가 없을 것으로 예상하고, 제품의 15%는 중요하지 않은 결함이 발견될 것으로 예상하고, 5%는 치명적인 결함이 있을 것으로 예상하였다. ㈜삼일이 20X1년 말에 인식할 충당부채 금액을 계산하면 얼마인가(단, 20X1년에는 결함이나 하자로 인하여 7,500원의 수리비용이 발생하였다)?

① 7,500원　② 15,000원　③ 17,500원　④ 22,500원

21. 다음 중 이익잉여금의 처분거래로 가장 올바르지 않은 것은?

① 이익준비금의 적립　② 현금배당
③ 주식배당　④ 자기주식의 취득

22. 다음은 결산일이 12월 31일인 ㈜삼일의 20X1년 말 재무상태표상 자본에 관한 정보이다. 20X1년 말 ㈜삼일의 기타포괄손익누계액을 계산하면 얼마인가?

ㄱ. 보통주자본금	50,000,000원
ㄴ. 주식발행초과금	8,000,000원
ㄷ. 해외사업환산이익	3,000,000원
ㄹ. 확정급여제도의 재측정요소	2,500,000원
ㅁ. 미처분이익잉여금	8,000,000원
ㅂ. 유형자산재평가잉여금	4,000,000원

① 4,000,000원 ② 7,000,000원 ③ 9,500,000원 ④ 17,500,000원

23. 다음 중 고객과의 계약에서 생기는 수익에 관한 설명으로 가장 옳은 것은?

① 고객에게 이전할 재화나 용역에 대하여 받을 권리를 갖게 될 대가의 회수가능성이 높지 않더라도 계약에 상업적 실질이 존재하고 이전할 재화나 용역의 지급조건을 식별할 수 있으면 고객과의 계약으로 회계처리한다.

② 수익을 인식하기 위해서는 [고객과의 계약 식별 - 거래가격 산정 - 수행의무 식별 - 거래가격을 계약 내 수행의무에 배분 - 수행의무를 이행할 때 수익인식]의 단계를 거친다.

③ 거래가격 산정시 제 3 자를 대신해서 회수한 금액도 포함되어야 하며, 변동대가, 비현금대가 및 고객에게 지급할 대가 등이 미치는 영향을 고려하여야 한다.

④ 고객에게 약속한 재화나 용역을 이전하여 수행의무를 이행할 때, 즉 고객이 자산을 통제할 때 수익을 인식한다.

24. ㈜서울은 20X1년 1월 초 ㈜부산에 상품을 할부판매하고 할부금을 매년 말에 2,000,000원씩 3년간 회수하기로 하였다. ㈜서울이 작성한 현재가치할인차금 상각표가 다음과 같을 때, 할부매출과 관련된 20X2년 이자수익을 계산하면 얼마인가?(단, 소수점 첫째자리에서 반올림한다)

일자	할부금회수액	이자수익 (이자율 : 12%)	매출채권 원금회수액	매출채권 장부금액
20X1. 01. 01				4,803,660원
20X1. 12. 31	2,000,000원	576,439원	1,423,561원	XXX
20X2. 12. 31	2,000,000원			XXX
20X3. 12. 31	2,000,000원			XXX

① 343,787원 ② 405,612원 ③ 493,514원 ④ 523,543원

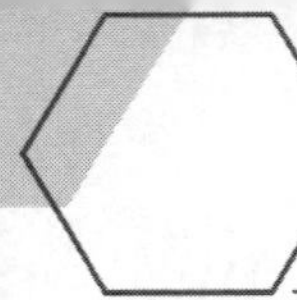

25. ㈜삼일은 건설계약에 대하여 발생원가에 기초하여 진행률을 산정하고 있다. 20X1년에 계약금액 30,000원의 빌딩 건설계약을 체결하였다. 20X1년 말 현재 공사진행률은 25%, 추정 총계약원가는 15,000원이며, 20X2년 말 현재 누적공사진행률은 60%, 추정 총계약원가는 16,000원이다. 20X2년에 실제로 발생한 당기 계약원가를 계산하면 얼마인가?

① 3,750원 ② 5,850원 ③ 9,600원 ④ 11,800원

26. 다음 중 건설계약에 관한 설명으로 가장 옳은 것은?

① 계약수익은 수령하였거나 수령할 대가의 공정가치로 측정한다.
② 계약원가는 계약체결일로부터 계약의 최종완료일까지의 기간에 당해 계약에 귀속될 수 있는 직접원가만을 포함한다.
③ 고객에게 청구할 수 없는 수주비의 경우 원가 발생시 자산계정으로 처리하고 이후 진행율에 따라 공사원가로 비용화한다.
④ 예상되는 하자보수원가는 계약원가에 포함하지 않고 발생시점에 비용으로 인식한다.

27. ㈜삼일은 확정급여형 퇴직급여제도를 시행하고 있다. 20X1년 말 사외적립자산의 공정가치 금액을 계산하면 얼마인가?

ㄱ. 20X1년 초 사외적립자산의 공정가치	:	2,000,000원
ㄴ. 기여금의 불입	:	800,000원
ㄷ. 사외적립자산의 기대수익	:	200,000원
ㄹ. 사외적립자산의 실제수익	:	150,000원
ㅁ. 퇴직금의 지급	:	300,000원

① 2,050,000원 ② 2,150,000원 ③ 2,650,000원 ④ 2,950,000원

28. 다음 중 주식기준보상 회계처리에 관한 설명으로 가장 올바르지 않은 것은?

① 주식선택권 행사로 신주가 발행되는 경우 행사가격이 액면금액을 초과하는 부분은 주식발행초과금으로 처리한다.
② 가득기간 중 각 회계기간에 인식할 주식보상비용은 당기말 인식할 누적보상원가에서 전기말까지 인식한 누적보상원가를 차감하여 계산한다.
③ 종업원에게 제공받은 용역 보상원가는 부여일 이후 지분상품 공정가치 변동을 반영하지 않는다.
④ 주식선택권의 권리를 행사하지 않아 소멸되는 경우에는 과거에 인식한 보상원가를 환입한다.

29. 다음 중 이연법인세자산 · 부채와 관련한 회계처리를 가장 올바르게 수행한 회계담당자는 누구인가?

① 오대리 : 난 어제 이연법인세자산 · 부채를 계산하면서 유동 · 비유동을 구분하느라 밤새 한숨도 못 잤어.

② 박대리 : 이연법인세자산과 부채는 현재가치평가를 하지 않는 것이 맞아.

③ 이대리 : 이연법인세자산 · 부채 계산에 적용되는 세율을 차이 발생시점의 한계세율로 인식했어.

④ 김대리 : 이연법인세자산 · 부채를 계산할 때 감가상각비 한도초과와 같은 일시적 차이는 제외하고 영구적 차이만 고려했어.

30. ㈜삼일의 과세소득과 관련된 다음 자료를 이용하여 20X1년 말 손익계산서의 법인세비용을 계산하면 얼마인가?

법인세비용차감전순이익	4,000,000원
가산(차감)조정	
일시적차이가 아닌 차이	600,000원
일시적차이	900,000원
과세표준	5,500,000원 (세율 : 25%)

〈 추가자료 〉

ㄱ. 일시적차이가 사용될 수 있는 미래과세소득의 발생가능성은 높다고 가정한다.

ㄴ. 일시적차이는 20X2년, 20X3년, 20X4년에 걸쳐 300,000원씩 소멸하며, 일시적 차이가 소멸될 것으로 예상되는 기간의 과세소득에 적용될 것으로 기대되는 평균세율은 30% 로 동일하다.

ㄷ. 20X0년 말 재무상태표에는 이연법인세자산(부채) 잔액은 없다.

① 1,005,000원 ② 1,105,000원 ③ 1,205,000원 ④ 1,745,000원

31. 회계추정치 변경이란 기업환경의 변화, 새로운 정보의 획득 또는 경영의 축적에 따라 지금까지 사용해 오던 회계적 추정치의 근거와 방법 등을 바꾸는 것을 말한다. 다음 중 무형자산과 관련된 회계추정치 변경으로 가장 올바르지 않은 것은?

① 상각방법의 변경

② 내용연수의 변경

③ 잔존가치의 변경

④ 원가모형을 재평가모형으로 변경

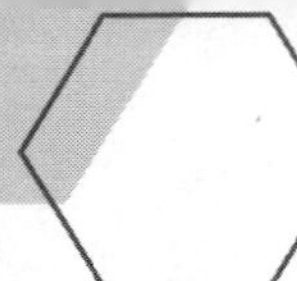

32. ㈜삼일은 20X1년 7월 1일 500,000원(내용연수 5년, 잔존가치 100,000원)에 건물을 취득하고, 20X1년 말 정액법으로 감가상각 하였다. 그런데 ㈜삼일은 건물에 내재된 미래경제적효익의 예상되는 소비형태의 유의적인 변동을 반영하기 위하여, 20X2년 초부터 감가상각방법을 연수합계법으로 변경하고 잔존내용연수는 3년, 잔존가치는 없는 것으로 재추정하였다. 20X2년 말 건물의 장부금액을 계산하면 얼마인가? (감가상각은 월할 상각하며, 건물에 대한 손상차손누계액은 없다.)

① 125,000원 ② 195,000원 ③ 210,000원 ④ 230,000원

33. ㈜삼일의 기중 보통주식수 변동내역이 다음과 같은 경우 가중평균유통보통주식수를 계산하면 얼마인가 (단, 월할 계산을 가정하며, 유상증자시 시가 이하로 유상증자하지 않았다)?

1월 1일	기초	100,000주
4월 1일	유상증자(10%)	10,000주
10월 1일	자기주식 취득	3,000주
12월 31일	기말	107,000주

① 104,500주 ② 106,750주 ③ 107,500주 ④ 109,250주

34. ㈜삼일은 20X1년 초에 ㈜용산의 주식 25%를 1,000,000원에 취득하면서 유의적인 영향력을 행사할 수있게 되었다. 취득일 현재 ㈜용산의 순자산 장부금액은 4,000,000원이며, 자산 및 부채의 장부금액은 공정가치와 동일하다. ㈜용산은 20X1년에 당기순이익 800,000원과 기타포괄이익 100,000원을 보고하였다. ㈜삼일이 20X1년 중에 ㈜용산으로부터 중간배당금 50,000원을 수취하였다면, ㈜삼일이 20X1년 당기손익으로 인식할 지분법이익을 계산하면 얼마인가?

① 185,000원 ② 200,000원 ③ 212,500원 ④ 225,000원

35. ㈜서울은 관계기업 ㈜용산으로부터 배당금 10,000원을 수령하였다. ㈜서울이 지분법회계처리를 적용할 경우 해당 배당금과 관련하여 수행할 회계처리로 가장 옳은 것은?

① (차) 현금 10,000원 (대) 배당금수익 10,000원
② (차) 현금 10,000원 (대) 지분법이익 10,000원
③ (차) 현금 10,000원 (대) 관계기업투자주식 10,000원
④ (차) 현금 10,000원 (대) 이익잉여금 10,000원

36. 다음 중 기능통화, 표시통화 및 외화거래에 관한 설명으로 가장 옳은 것은?

① 재무제표를 표시통화로 환산할 때 발생하는 환산차이는 당기손익으로 인식한다.
② 외화거래를 보고기간 말에 기능통화로 환산할 때 화폐성항목은 마감환율로 환산하고, 외환차이를 기타포괄손익으로 인식한다.
③ 외화거래를 보고기간 말에 기능통화로 환산할 때 역사적원가로 측정하는 비화폐성항목은 거래일의 환율로 환산하기 때문에, 외환차이가 발생하지 않는다.
④ 외화거래를 보고기간 말에 기능통화로 환산할 때 공정가치로 측정하는 비화폐성항목은 공정가치가 결정된 날의 환율로 환산하며, 외환차이는 항상 기타포괄손익으로 인식한다.

37. 다음 중 파생상품 회계처리에 관한 설명으로 가장 올바르지 않은 것은?

① 파생상품은 해당 계약에 따라 발생된 권리와 의무를 자산, 부채로 인식하여 재무제표에 계상한다.
② 위험회피대상항목은 공정가치나 미래현금흐름의 변동위험에 노출되어 있고, 위험회피대상으로 지정된 자산, 부채, 확정계약, 발생가능성이 매우 높은 예상거래 또는 해외사업장에 대한 순투자를 말한다.
③ 매매목적의 파생상품은 공정가치로 평가한다.
④ 위험회피수단으로 지정되지 않고 매매목적 등으로 보유하고 있는 파생상품의 평가손익은 자본조정으로 계상한다.

38. 다음 중 리스에 관한 설명으로 가장 올바르지 않은 것은?

① 리스란 대가와 교환하여 기초자산의 사용권을 일정기간 이전하는 계약이나 계약의 일부를 말한다.
② 금융리스에서 리스제공자가 리스채권으로 인식할 금액은 리스료의 현재가치와 무보증잔존가치의 현재가치를 합한 금액이다.
③ 리스이용자는 리스개시일에 사용권자산과 리스부채를 인식하는 것을 원칙으로 한다.
④ 리스이용자는 각 리스를 운용리스나 금융리스로 분류하여 유형별로 다른 회계처리를 한다.

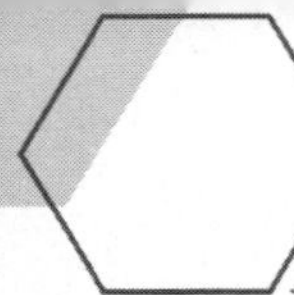

39. 현금흐름표의 작성방법에는 직접법과 간접법이 있다. 다음 중 현금흐름표의 작성방법에 관한 설명으로 가장 옳은 것은?

① 간접법은 현금흐름을 개별 항목별로 파악할 수 있기 때문에 거래유형별 현금흐름의 내용을 쉽게 파악할 수 있다.

② 직접법은 당기순이익과 영업활동으로 인한 현금흐름과의 차이를 명확하게 보여준다.

③ 간접법으로 영업활동현금흐름을 작성하더라도 이자 및 배당금수취, 이자지급 및 법인세 납부는 직접법을 적용한 것처럼 별도로 표시해야 한다.

④ 직접법과 간접법은 영업활동뿐만 아니라 투자활동 및 재무활동도 현금흐름표상의 표시방법이 다르다.

40. 다음은 ㈜삼일의 이자수익과 관련된 재무제표 자료이다. ㈜삼일의 20X2년 현금흐름표에 표시될 이자수취액을 계산하면 얼마인가?

ㄱ. 재무상태표 관련자료

구분	20X2년 12월 31일	20X1년 12월 31일
미지급이자	20,000원	30,000원
미수이자	40,000원	20,000원
선수이자	45,000원	15,000원

ㄴ. 포괄손익계산서 관련자료

구분	20X2년	20X1년
이자수익	200,000원	150,000원

① 180,000원　　② 190,000원　　③ 200,000원　　④ 210,000원

세무회계

41. 다음 중 국세기본법상 기한과 기간에 관한 설명으로 옳지 않은 것은?

① 과세표준신고서를 국세정보통신망을 통해 제출하는 경우 해당 신고서 등이 국세청장에게 전송된 때에 신고한 것으로 본다.

② 국세의 납부에 관한 기한이 근로자의 날일 때에는 그 다음 날을 기한으로 본다.

③ 기간을 일 · 주 · 월 · 연으로 정한 때에는 기간의 초일은 기간 계산시 산입한다.

④ 기간의 계산은 국세기본법 또는 그 세법에 특별한 규정이 있는 것을 제외하고는 민법에 따른다.

42. 다음 중 국세기본법상 서류의 송달에 관한 설명으로 옳지 않은 것은?

① 공시송달의 경우에는 서류의 주요 내용을 공고한 날부터 30일이 지나면 서류 송달이 된 것으로 본다.

② 서류는 교부, 우편 또는 전자송달에 의하여 송달함을 원칙으로 한다. 다만, 주소불명 등의 사유로 송달할 수 없는 경우에는 공시송달에 의한다.

③ 서류의 송달에 대한 효력은 원칙적으로 도달주의에 의하나, 공시송달 등의 경우는 특례규정을 두고 있다.

④ 국세기본법 또는 세법에 규정하는 서류는 그 명의인의 주소·거소·영업소 또는 사무소에 송달하는 것을 원칙으로 한다.

43. 다음 내용과 밀접한 관련이 있는 국세부과의 원칙으로 옳은 것은?

- 사업자등록명의자와는 별도로 사실상의 사업자가 있는 경우에는 사실상의 사업자를 납세의무자로 본다(국기통 14-0…1).
- 회사의 주주로 명부상 등재되어 있더라도 회사의 대표자가 임의로 등재한 것일 뿐 회사의 주주로서 권리행사를 한 사실이 없는 경우에는 그 명의자인 주주를 세법상 주주로 보지 않는다(국기통 14-0…3).
- 공부상 등기·등록 등이 타인의 명의로 되어 있더라도 사실상 당해 사업자가 취득하여 사업에 공하였음이 확인되는 경우에는 이를 그 사실상 사업자의 사업용자산으로 본다(국기통 14-0…4).
- 명의신탁부동산을 매각처분한 경우에는 양도의 주체 및 납세의무자는 명의수탁자가 아니고 명의신탁자이다(국기통 14-0…6).

① 실질과세의 원칙　　② 근거과세의 원칙

③ 조세감면사후관리의 원칙　　④ 신의성실의 원칙

44. 다음 중 국세기본법상 가산세에 관한 설명으로 옳지 않은 것은?

① 정부는 세법이 규정하는 의무를 위반한 자에게 국세기본법 또는 세법에서 정하는 바에 따라 가산세를 부과할 수 있다.

② 가산세는 해당 의무가 규정된 세법의 해당 국세의 세목으로 한다.

③ 해당 국세를 감면하는 경우 가산세는 그 감면대상에 포함시키지 아니한다.

④ 과세표준수정신고서를 법정신고기한 경과 후 일정기간 이내에 제출한 경우 납부지연가산세를 감면받을 수 있다.

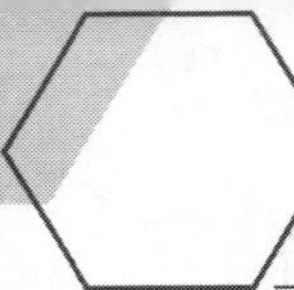

45. 다음 중 법인세법상 사업연도에 관한 설명으로 옳지 않은 것은?

① 사업연도는 법령 또는 정관 등에서 정하는 1 회계기간으로 하며 그 기간은 1년을 초과하지 못한다.

② 법령 또는 정관에 사업연도 규정이 없는 내국법인은 법인설립신고 또는 사업자등록시 사업연도를 신고 하여야 하며 신고하지 않은 경우에는 매년 1월 1일부터 12월 31일까지를 그 법인의 사업연도로 한다.

③ 신설법인은 관련법령에서 정하는 소정의 기한 내에 설립등기를 하여야 하며 이 때 신설법인의 최초 사업연도의 개시일은 그 설립등기일이 된다.

④ 사업연도를 변경하려는 법인은 해당 사업연도의 종료일부터 3 개월 이내에 사업연도변경신고서를 납세지 관할 세무서장에게 제출하여야 한다.

46. 다음 중 법인세법상 의제배당에 관한 설명으로 옳지 않은 것은?

① 법인이 이익잉여금을 자본전입하여 주주인 법인이 취득하는 주식은 배당으로 의제하지 아니한다.

② 자본감소 등으로 인해 주주가 취득하는 금전과 그 밖의 재산가액의 합계액이 주주가 해당 주식을 취득하기 위하여 사용한 금액을 초과하는 경우 그 초과 금액을 의제배당 금액으로 한다.

③ 의제배당이란 법인의 잉여금 중 사내에 유보되어 있는 이익이 일정한 사유로 주주나 출자자에게 귀속되는 경우 이를 실질적으로 현금배당과 유사한 경제적 이익으로 보아 과세하는 제도이다.

④ 법인의 해산·합병 및 분할 등으로 인해 보유하던 주식 대신 받는 금전 등 재산가액의 합계액이 주식취득가격을 초과하는 경우도 의제배당에 해당한다.

47. 다음 자료는 ㈜삼일의 손익계산서에 비용처리된 내역이다. 이 중 법인세법상 손금불산입되는 금액을 계산하면 얼마인가?

• 직장체육비	2,000,000원
• 출자임원(소액주주 아님)에 대한 사택유지비	2,000,000원
• 업무 수행과 관련하여 발생한 교통사고벌과금	500,000원
• 국민건강보험료(사용자부담분)	1,500,000원

① 2,000,000원 ② 2,500,000원 ③ 3,500,000원 ④ 4,000,000원

48. 다음은 ㈜삼일의 제23기(20x1년 1월 1일~20x1년 12월 31일)의 인건비 내역이다. 급여지급규정에 의하여 임원과 직원의 상여금은 급여의 40% 를 지급하도록 하고 있는 경우 필요한 세무조정으로 가장 옳은 것은?(단, 본사의 인건비는 판매비와관리비로 기록하였고, 건설본부의 인건비는 당기말 현재 공사가 진행 중인 자산과 관련된 것이므로 회계장부에 건설중인자산으로 기록하였다.)

구분		급여	상여금
본 사	임 원	150,000,000원	70,000,000원
	직 원	350,000,000원	170,000,000원
건설본부	임 원	100,000,000원	60,000,000원
	직 원	200,000,000원	120,000,000원
합 계		800,000,000원	400,000,000원

① (손금불산입) 상여금 한도초과액 20,000,000원(상여)
② (손금불산입) 상여금 한도초과액 30,000,000원(상여)
③ (손금산입) 건설중인자산 20,000,000원(△유보)
  (손금불산입) 상여금 한도초과액 20,000,000원(상여)
④ (손금산입) 건설중인자산 20,000,000원(△유보)
  (손금불산입) 상여금 한도초과액 30,000,000원(상여)

49. 다음 중 법인세법상 손익의 귀속시기에 관한 설명으로 옳지 않은 것은?

① 원천징수되지 아니하는 이자소득에 대해 발생주의에 따라 장부상 미수수익을 계상한 경우 익금으로 인정한다.
② 임대료 지급기간이 1년을 초과하는 경우 이미 경과한 기간에 대응하는 임대료 상당액과 비용은 이를 각각 당해 사업연도의 익금과 손금으로 한다.
③ 부동산의 경우 대금청산일, 소유권이전등기일, 인도일, 사용수익일 중 가장 빠른날을 귀속시기로 한다.
④ 법인이 잉여금처분으로 수입하는 배당금은 실제 배당금을 지급받는 날이 속하는 사업연도의 익금에 산입한다.

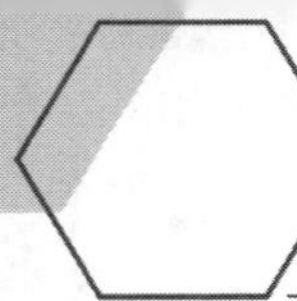

50. 다음 중 법인세법상 감가상각범위액의 결정요소에 관한 설명으로 옳지 않은 것은?

① 법인이 신고한 신고내용연수를 우선적으로 적용하고, 내용연수를 신고하지 않은 경우 기준내용연수를 적용한다.

② 감가상각자산의 취득가액은 취득 당시의 자산가액과 법인이 자산을 취득하여 법인 고유의 목적사업에 사용할 때까지의 제반비용을 포함하며, 건설자금이자는 제외한다.

③ 사업의 폐지로 임대차계약에 따라 임차한 사업장의 원상회복을 위하여 시설물을 철거하는 경우, 당해 자산의 장부가액에서 1 천원을 공제한 금액을 폐기일이 속하는 사업연도의 손금에 산입할 수 있다.

④ 세법은 유형·무형자산의 구분없이 잔존가액을 0(영)으로 하고 있다.

51. 다음은 ㈜삼일이 20x0년 7월 1일에 취득한 기계장치에 관한 자료이다. 동 자료를 기초로 제23기(20x1년 1월 1일~20x1년 12월 31일) 사업연도의 상각범위액을 계산하면 얼마인가?

ㄱ. 기계취득가액 : 6억원 ㄴ. 신고내용연수 : 4년 ㄷ. 20x1년 1월 1일 기계장치에 대한 자본적 지출 : 2억원 ㄹ. 감가상각신고방법 : 정액법

① 50,000,000원 ② 100,000,000원 ③ 200,000,000원 ④ 300,000,000원

52. 서울에 위치한 ㈜삼일은 투자 목적으로 회사 주변의 건물을 소유하고 있다. ㈜삼일의 김삼일 대표이사는 자신의 향우회로부터 80억원의 현금을 받는 조건으로 회사의 건물을 매각하라는 제안을 받았고, 동 제안을 수락할 경우 어떤 효과가 있을지 고민하고 있다. 동 건물의 시가는 100억원이다. 건물을 위의 조건으로 매각할 경우 다음 중 가장 올바른 세무조정은 어느 것인가?(단, 대표이사 향우회는 ㈜삼일과 특수관계인이 아니다)

① 〈손금불산입〉 비지정기부금 20억원 ② 〈손금불산입〉 비지정기부금 10억원

③ 〈손금불산입〉 일반기부금 10억원 ④ 세무조정 없음

53. 다음 중 기업업무추진비와 기부금에 관한 설명으로 옳지 않은 것은?

① 20x1 사업연도에 기업업무추진하고 미지급금으로 계상한 기업업무추진비는 20x1 사업연도의 기업업무추진비로 본다.

② 20x1 사업연도에 기부하기로 약정하고, 20x2 사업연도에 지출한 기부금은 20x2 사업연도의 기부금으로 본다.

③ 현물로 기부한 특례기부금은 장부가액으로 평가한다.

④ 현물로 기업업무추진하는 경우 기업업무추진비는 시가로 평가한다.

54. 다음 중 손금불산입대상인 지급이자와 이에 대한 소득처분을 연결한 것으로 옳지 않은 것은(단, 지급이자에 대한 원천징수는 고려하지 않는다)?

	구분	소득처분
①	채권자불분명 사채이자	대표자상여
②	비실명 채권 · 증권의 이자상당액	대표자상여
③	건설자금이자	기타사외유출
④	업무무관자산 등 관련 이자	기타사외유출

55. 다음 중 법인세법상 대손금 및 대손충당금에 관한 설명으로 옳지 않은 것은?

① 대손충당금 한도초과액을 계산할 때에는 당기말 재무상태표상 대손충당금 잔액을 대손충당금 손금산입한도액과 비교하여 계산한다.

② 상법 · 민법 · 어음법 또는 수표법에 따라 소멸시효가 완성된 채권은 결산조정사항이다.

③ 매각거래에 해당하는 할인어음은 대손충당금 설정대상채권이 아니다.

④ 금융기관 이외의 법인의 대손충당금 설정한도는 설정대상 채권금액에 1% 와 대손실적률 중 큰 비율을 적용하여 계산한다.

56. 다음 중 법인세법상 손금으로 인정되는 준비금으로 옳지 않은 것은?

① 책임준비금　　② 손실보전준비금

③ 비상위험준비금　　④ 고유목적사업준비금

57. 다음 중 법인세법상 부당행위계산의 유형으로 옳지 않은 것은?

① 자산을 시가보다 높게 매입 또는 현물출자 받았거나 그 자산을 과대상각한 때
② 무수익자산을 매입 또는 현물출자 받았거나 그 자산에 대한 비용을 부담한 때
③ 증자, 합병, 분할 등 법인의 자본을 증가 또는 감소시키는 거래를 통한 이익의 분여
④ 금전 기타 자산 또는 용역을 시가보다 낮은 이율·요율이나 임차료로 차용하거나 제공받은 때

58. 다음의 자료를 이용하여 ㈜삼일의 제23기 사업연도(20x1년 1월 1일~20x1년 12월 31일) 과세표준 금액을 계산하면 얼마인가?

> ㄱ. 당기순이익 : 250,000,000원
> ㄴ. 소득금액조정합계표상 금액
> - 익금산입 · 손금불산입 : 100,000,000원
> - 손금산입 · 익금불산입 : 70,000,000원
>
> ㄷ. 이월결손금(제20기 사업연도 발생분) : 10,000,000원
> ㄹ. 비과세소득 : 3,000,000원
> ㅁ. 소득공제 : 2,000,000원

① 265,000,000원
② 270,000,000원
③ 275,000,000원
④ 280,000,000원

59. 중소기업인 ㈜삼일의 당기(20x1년 1월 1일~20x1년 12월 31일) 결산서상 당기순이익은 200,000,000원이었다. 세무조정 결과 익금산입 · 손금불산입 금액은 50,000,000원이며, 손금산입 · 익금불산입 금액은 20,000,000원이었다. 이월결손금 잔액이 다음과 같을 때, ㈜삼일의 법인세 산출세액을 계산하면 얼마인가?

발생연도	회계상 이월결손금 잔액	세무상 이월결손금 잔액
2012년	9,000,000원	9,000,000원
2013년	7,000,000원	6,000,000원
2014년	5,000,000원	4,000,000원
2019년	8,000,000원	5,000,000원

① 19,140,000원 ② 20,850,000원 ③ 21,230,000원 ④ 22,750,000원

60. 다음 중 법인세의 신고와 납부에 관한 설명으로 옳은 것은?

① 법인세 납세의무가 있는 모든 내국법인은 각 사업연도 종료일이 속하는 달의 말일부터 4개월 이내에 법인세 과세표준과 세액을 신고하여야 한다.

② 법인세 과세표준 신고시 필수적 첨부서류인 개별법인의 재무상태표, 포괄손익계산서 및 합계잔액시산표를 첨부하여야 한다.

③ 각 사업연도 소득금액이 없거나 결손금이 있는 경우에는 법인세 과세표준 신고의무가 없다.

④ 각 사업연도의 기간이 6개월을 초과하는 법인은 사업연도 개시일부터 6개월간을 중간예납기간으로 하여 중간예납기간이 경과한 날로부터 2개월 이내에 그 기간에 대한 법인세를 신고·납부해야 한다.

61. 다음 중 소득세법에 관한 설명으로 옳지 않은 것은?

① 소득세법은 원칙적으로 열거주의에 의해 과세대상소득을 규정하고 있으므로(이자·배당소득 제외) 열거되지 아니한 소득은 비록 담세력이 있더라도 과세되지 않는다.

② 일부 소득은 원천징수로써 납세의무를 종결하는 분리과세 방식이 적용된다.

③ 소득세법은 개인의 인적사항이 다르면 부담능력도 다르다는 것을 고려하여 부담능력에 따른 과세를 채택하고 있다.

④ 소득세법상 납세의무자는 과세기간의 다음연도 5월 1일부터 5월 31일까지 과세표준확정신고를 해야 하며 정부의 승인으로 소득세액이 확정된다.

62. 다음 중 필요경비 공제가 인정되지 않는 소득으로만 이루어진 것으로 옳은 것은?

① 이자소득 및 배당소득 ② 사업소득 및 기타소득
③ 이자소득 및 기타소득 ④ 배당소득 및 사업소득

63. 다음 자료를 보고 복식부기의무자인 개인사업자 김삼일씨의 20x1년 사업소득금액을 계산하면 얼마인가?

ㄱ. 손익계산서상 당기순이익	200,000,000원
ㄴ. 손익계산서에는 다음과 같은 수익과 비용이 포함되어 있다.	
-본인에 대한 급여	30,000,000원
-회계부장으로 근무하는 배우자의 급여	25,000,000원
-배당금 수익	5,000,000원
-기계장치처분이익(사업용유형자산에 해당함)	3,000,000원
-세금과공과 중 벌금	2,000,000원

① 197,000,000원 ② 224,000,000원 ③ 227,000,000원 ④ 232,000,000원

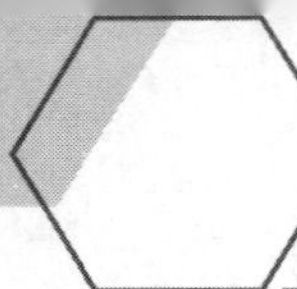

64. 김삼일씨의 20x1년 급여내역이 다음과 같을 때 총급여액을 계산하면 얼마인가(단, 김삼일씨는 1년 동안 계속 근무하였다)?

- 월급여액 : 2,000,000원
- 상여 : 월급여액의 400%
- 연월차수당 : 2,000,000원
- 식사대 : 2,400,000원(월 200,000원. 단, 식사 또는 기타 음식물을 제공받지 않음)
- 자가운전보조금 : 3,000,000원(월 250,000원)
  (김삼일 씨 명의로 임차한 차량을 김삼일 씨가 직접 운전하여 사용자의 업무수행에 이용하고 시내 출장 등에 소요된 실제여비를 받는 대신에 그 소요경비를 해당 사업체의 규칙 등으로 정하여진 지급기준에 따라 받는 금액임)

① 34,500,000원 ② 34,600,000원 ③ 35,100,000원 ④ 36,100,000원

65. 다음 중 소득세법상 기타소득에 관한 설명으로 옳지 않은 것은?

① 종업원이 퇴직한 후에 지급받는 직무발명 보상금으로서 연 500만원 이하의 금액은 기타소득으로 과세되지 않는다.
② 일시적인 문예창작소득은 기타소득에 포함된다.
③ 기타소득금액(강연료)이 연 300만원 이하인 경우에는 납세자의 선택에 따라 분리과세를 적용받을 수 있다.
④ 법인세법상 기타사외유출로 처분된 소득은 원칙적으로 소득처분귀속자의 소득세법상 기타소득에 합산되어 과세된다.

66. 다음 자료는 거주자 김삼일씨의 20x1년 소득금액이다. 김삼일씨의 20x1년 종합소득 과세표준을 계산하면 얼마인가? 배당소득에 대한 가산율은 10%이다.

항목	금액
정기예금이자	5,000,000원
비영업대금의 이익	10,000,000원
비상장법인배당소득	6,000,000원
사업소득금액	100,000,000원
종합소득공제	20,000,000원

① 81,000,000원 ② 101,000,000원 ③ 101,100,000원 ④ 101,600,000원

67. 다음 자료는 거주자 김삼일씨의 20x1년 소득금액이다. 종합소득산출세액을 계산하면 얼마인가(단, 모든 소득은 국내에서 발생한 것이다)?

ㄱ. 근로소득금액	80,000,000원
ㄴ. 사업소득금액(부동산임대업)	20,000,000원
ㄷ. 기타소득금액(분리과세 대상이 아님)	40,000,000원
ㄹ. 종합소득공제	20,000,000원

〈종합소득세율〉

종합소득	과세표준 세율
5,000만원 초과 8,800만원 이하	624만원+5,000만원 초과분의 24%
8,800만원 초과 1억 5천만원 이하	1,536만원+8,800만원 초과분의 35%

① 13,440,000원 ② 19,560,000원 ③ 26,560,000원 ④ 33,560,000원

68. 다음 중 소득세법상 의료비세액공제에 관한 설명으로 옳지 않은 것은?

① 근로소득이 있는 거주자는 소득 및 연령조건을 미충족한 기본공제대상자의 의료비에 대해서도 의료비세액공제 적용이 가능하다.
② 건강증진을 위한 의약품 구입비용은 공제대상 의료비에 해당하지 않는다.
③ 미숙아 · 선천성이상아 의료비에 대한 의료비세액공제는 세액공제대상 금액의 30% 로 한다.
④ 시력보정용 안경 또는 콘택트렌즈 구입을 위하여 지출한 비용으로서 기본공제대상자(나이 및 소득제한 없음) 1명당 50만원 이내의 금액은 공제대상 의료비에 해당한다.

69. 다음 중 소득세법상 퇴직급여를 실제로 받지 않은 경우 퇴직으로 보지 않을 수 있는 사례로 옳지 않은 것은?

① 종업원이 임원이 된 경우
② 법인의 상근임원이 비상근임원이 된 경우
③ 다른 사업자가 경영하는 사업장으로의 전출이 이루어진 경우
④ 사업양도로 출자관계에 있는 법인으로의 전출이 이루어진 경우

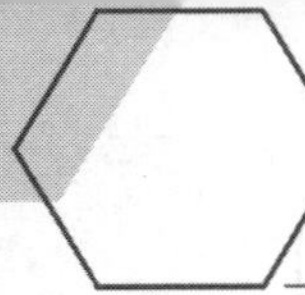

70. 다음 중 소득세법상 납세절차에 관한 설명으로 옳지 않은 것은?

① 종합소득과세표준에 대한 확정신고납부를 하는 경우 원천징수세액과 이미 납부한 중간예납세액이 있는 경우에는 이를 공제하고 납부한다.

② 납부할 세액이 1천만 원을 초과하는 경우에는 3개월 이내 분납할 수 있다.

③ 소득세법에 따라 적법하게 원천징수된 근로소득만 있는 거주자는 해당 소득에 대하여 과세표준확정신고를 하지 아니하여도 된다.

④ 과세표준과 세액의 결정은 장부 기타 증빙서류를 근거로 하여 실질조사에 의하는 것을 원칙으로 하되 실질조사를 할 수 없는 경우에는 추계조사에 의할 수 있다.

71. 다음 중 우리나라 부가가치세법에 대하여 가장 올바르지 않은 주장을 하는 사람은 누구인가?

① 박차장 : 면세사업만을 영위하는 사업자는 부가가치세법상의 사업자 등록의무가 없기 때문에 부가가치세법상 사업자등록을 하지 않아도 됩니다.

② 이과장 : 재화를 수입하는 자는 사업자 여부에 관계 없이 모두 납세의무가 있습니다. 그러니 주의해 주시기 바랍니다.

③ 박사원 : 간접세에 대한 국제적 이중과세의 문제점을 해결하기 위해 수입국에서만 간접세를 과세할 수 있도록 소비지국과세원칙을 채택하고 있습니다.

④ 김대리 : 부가가치세가 과세되는 재화라는 것은 재산적 가치가 있는 유체물을 이야기 합니다. 따라서 동력은 무체물이기 때문에 부가가치세 과세대상이 아닙니다.

72. 다음의 자료를 통해서 부가가치세 차가감납부세액을 계산하면 얼마인가(단, 면세로 매입한 금액 중 의제매입세액공제대상은 없다고 가정한다)?

(1) 과세표준 : 10,000,000원(면세공급가액 2,000,000원 포함)
(2) 매입가액 : 5,000,000원(면세 매입금액 500,000원, 기타 불공제 매입금액 1,000,000원 포함)
(3) 세금계산서 불성실가산세 : 5,000원
(단, 위의 공급가액과 매입가액은 모두 부가가치세가 포함되지 않은 금액이다.)

① 305,000원 ② 405,000원 ③ 455,000원 ④ 505,000원

73. 다음 중 부가가치세법의 과세대상거래에 관한 설명으로 옳지 않은 것은?

① 사업자가 자기재화의 판매촉진을 위하여 거래상대자의 판매실적에 따라 일정률의 장려금품을 재화로 제공하는 것은 사업상 증여에 해당하므로 과세한다.

② 신탁재산을 위탁자로부터 수탁자로 이전하거나 수탁자로부터 위탁자로 이전하는 경우에는 각각 재화의 공급으로 본다.

③ 사업자가 자기의 사업과 관련하여 생산하거나 취득한 재화를 수선비 등에 대체하여 사용하거나 소비하는 경우에는 재화의 공급으로 보지 않는다.

④ 사업자가 자기의 사업과 관련하여 사업장 내에서 그 사용인에게 음식용역을 무상으로 제공하는 것은 용역의 자가공급으로 보아 부가가치세를 과세하지 않는다.

74. ㈜삼일은 20x1년 12월 20일 제품을 4 개월 할부로 인도하고 판매대금 200,000원을 아래와 같이 회수하기로 약정하였다. 회수약정한 금액과 실제 회수액이 다음과 같을 때 20x1년 제2기 확정신고기간(20x1년 10월 1일~20x1년 12월 31일)에 할부판매와 관련하여 신고해야 하는 과세표준을 계산하면 얼마인가? (단, 회수약정액과 회수액은 부가가치세를 포함하지 않는 금액이다.)

일자	회수약정액	회수액
20x1년 12월 20일	50,000원	25,000원
20x2년 1월 20일	50,000원	75,000원
20x2년 2월 20일	50,000원	50,000원
20x2년 3월 20일	50,000원	50,000원

① 25,000원　② 50,000원　③ 175,000원　④ 200,000원

75. 다음 중 영세율과 면세를 비교한 것으로 옳은 것은?

구 분	영세율	면세
목적	부가가치세의 역진성 완화	ㄱ. 국제적인 이중과세 방지
성격	ㄴ. 부분면세제도	완전면세제도
매출시	거래징수의무 있음	ㄷ. 거래징수의무 없음
매입시	ㄹ. 환급되지 아니함 (매입세액불공제)	환급받음 (매입세액공제)

① ㄱ　② ㄴ　③ ㄷ　④ ㄹ

76. 일반과세사업을 영위하던 ㈜삼일은 20x3년 3월 3일에 폐업하였다. 폐업 당시의 사업장 내에 잔존하는 재화의 내역이 다음과 같을 경우 부가가치세법상 과세표준을 계산하면 얼마인가?(

종류	취득일	취득원가	시가
토지	2019년 5월 20일	700,000,000원	900,000,000원
제품	20X1년 8월 10일	30,000,000원	40,000,000원
기계장치	20X1년 10월 10일	100,000,000원	150,000,000원
건물	20X2년 2월 12일	300,000,000원	250,000,000원

(기계장치와 건물의 취득가액은 매입세액공제를 받은 취득가액이다.)

① 310,000,000원 ② 335,000,000원 ③ 405,000,000원 ④ 440,000,000원

77. 다음은 제조업을 영위하는 과세사업자인 ㈜삼일의 20x1년 10월 1일부터 12월 31일까지의 매입내역이다. 20x1년 제2기 확정신고시 공제받을 수 있는 매입세액을 계산하면 얼마인가(단, 별도 언급이 없는 경우 적정하게 세금계산서를 수령하였다)?

매입내역	매입가액	매입세액
기계장치	500,000,000원	50,000,000원
개별소비세 과세대상 자동차	60,000,000원	6,000,000원
토지 조성을 위한 자본적 지출	30,000,000원	3,000,000원
비품(현금영수증 수령)	60,000,000원	6,000,000원

① 50,000,000원 ② 56,000,000원 ③ 57,000,000원 ④ 59,000,000원

78. 다음 중 부가가치세법상 세금계산서 및 영수증에 관한 설명으로 옳지 않은 것은?

① 소매업을 영위하는 일반과세자는 공급받는 자가 사업자등록증을 제시하고 세금계산서의 발급을 요구하더라도 세금계산서를 발급할 의무가 없다.

② 사업자가 공급시기가 되기 전에 재화 또는 용역에 대한 대가의 전부를 받고 세금계산서를 발급하는 경우에는 이를 적법한 세금계산서로 인정한다.

③ 위탁판매의 경우 수탁자가 재화를 인도하는 때에는 수탁자가 위탁자를 공급자로 하여 세금계산서를 발급한다.

④ 부동산임대용역 중 간주임대료가 적용되는 부분에 대해서는 세금계산서 발급의무가 면제된다.

79. 다음은 제조업을 영위하는 ㈜삼일의 제1기 부가가치세 확정신고(20x1년 4월 1일~20x1년 6월 30일)와 관련된 자료이다. 확정신고시 ㈜삼일의 가산세를 포함한 차가감납부세액을 계산하면 얼마인가(아래의 금액은 부가가치세가 제외된 금액임)?

> ㄱ. 확정신고기간 중 ㈜삼일의 제품공급가액 50,000,000원
> (이 중 세금계산서를 발행하지 않은 공급가액은 2,500,000원이다)
> ㄴ. 확정신고기간 중 ㈜삼일의 매입액 40,000,000원
> (매입세액 불공제 대상인 매입액은 5,000,000원이다)
> ㄷ. 세금계산서 관련 가산세는 미교부금액의 2% 를 적용한다.
> (그 외 가산세는 없다고 가정한다)

① 1,250,000원 ② 1,300,000원 ③ 1,550,000원 ④ 1,600,000원

80. 다음 중 간이과세제도에 관한 설명으로 옳은 것은?

① 간이과세제도를 채택하고 있는 이유는 영세사업자의 경우 납세편의와 세부담경감을 위하여 매출액에 일정률을 적용하여 간단하게 과세하기 위함이다.
② 간이과세자는 세금계산서 발급이 불가능하다.
③ 간이과세자란 업종에 관계없이 직전 연도의 공급대가(부가가치세를 포함한 가액)의 합계액이 1억 4백만원에 미달하는 개인사업자를 말한다.
④ 간이과세자는 간이과세를 포기하여 일반과세자가 될 수 없다.

원가관리회계

81. 다음 중 원가회계 용어에 관한 설명으로 가장 올바르지 않은 것은?

① 원가대상(cost object)이란 원가를 따로 측정하고자 하는 활동이나 항목을 의미한다.
② 간접원가를 일정한 배분기준에 따라 원가대상에 배분하는 과정을 원가배분(cost allocation)이라고 한다.
③ 원가행태(cost behavior)란 조업도 수준의 변동에 따른 원가발생액의 변동양상을 의미한다.
④ 원가집합(cost pool)이란 원가대상의 총원가에 변화를 유발시키는 요인으로 작업시간, 생산량 등으로 원가대상에 따라 매우 다양하다.

82. 다음은 ㈜삼일의 20X1년 한 해 동안의 제조원가 자료이다. ㈜삼일의 20X1년 제조원가명세서상의 당기 제품제조원가를 계산하면 얼마인가?

	기 초	기 말
직접재료	5,000원	7,000원
재공품	10,000원	8,000원
제 품	12,000원	10,000원
직접재료 매입액	25,000원	
기초원가	60,000원	
가공원가	45,000원	

① 60,000원　② 64,000원　③ 68,000원　④ 70,000원

83. ㈜삼일은 보조부문(S1, S2)과 제조부문(P1, P2)을 이용하여 제품을 생산하고 있으며, 단계배분법을 사용하여 보조부문원가를 제조부문에 배분한다. 각 부문 간의 용역수수관계와 보조부문원가가 다음과 같을 때 P2에 배분될 보조부문원가를 계산하면 얼마인가?(단, 보조부문원가는 S1, S2의 순으로 배분한다.)

	보조부문		제조부문		합계
	S1	S2	P1	P2	
부문원가	120,000원	100,000원	–	–	
S1	–	25%	50%	25%	100%
S2	20%	–	30%	50%	100%

① 92,500원　② 95,000원　③ 111,250원　④ 120,500원

84. 다음 중 원가배분 기준에 관한 설명으로 가장 올바르지 않은 것은?

① 공정성과 공평성기준은 공정성과 공평성에 따라 공통원가를 원가배분대상에 배분해야 한다는 원칙을 강조하는 포괄적인 기준이다.
② 수혜기준은 원가배분대상이 공통원가로부터 제공받은 경제적 효익의 크기에 따라 원가를 배분하는 기준으로 수익자 부담의 원칙에 입각한 배분기준이다.
③ 인과관계기준은 원가대상과 배분대상원가 간의 인과관계에 따라 원가를 배분하는 기준이다.
④ 부담능력기준은 원가대상이 원가를 부담할 수 있는 능력에 따라 원가를 배분하는 기준으로, 품질검사원가를 품질검사시간을 기준으로 배분하는 경우가 대표적인 예이다.

85. ㈜삼일은 A 와 B 의 두 제조부문이 있으며, 제조과정에서 필요한 설비의 수선을 할 수 있는 수선부문을 보조부문으로 두고 있다. 두 제조부문의 최대사용가능시간은 A가 4,000시간이고 B가 6,000시간이며, 실제로 사용한 수선시간은 A, B 모두 4,000시간이고, 고정원가는 6,000,000원, 변동원가는 4,000,000원이다. 단일배분율을 사용하는 경우에 이중배분율을 사용하는 경우와 비교하여 제조부문 A에 배부되는 수선부문원가는 얼마나 차이가 나는가?

① 400,000원 ② 500,000원 ③ 600,000원 ④ 700,000원

86. 다음 중 개별원가계산에 관한 설명으로 가장 옳은 것은?

① 제조간접원가는 개별작업과 관련하여 직접적으로 추적할 수 없으므로 이를 배부하는 절차가 필요하다.

② 개별원가계산은 해당 제품이나 공정으로 직접 추적할 수 있기 때문에 실제원가계산만 가능하다.

③ 개별원가계산은 제품원가를 개별작업별로 구분하여 집계하므로 제조직접비와 제조간접비의 구분이 중요하지 않다.

④ 각 작업별로 원가가 계산되기 때문에 원가계산자료가 상세하고 복잡하며 오류가 발생할 가능성이 적어진다.

87. ㈜삼일은 개별원가계산제도를 채택하고 있으며, 직접노무원가를 기준으로 제조간접원가를 배분한다. 20X1년의 제조간접원가 배부율은 A부문에 대해서는 200%, B부문에 대해서는 50% 이다. 제조지시서 #04는 20X1년 중에 시작되어 완성되었으며, 원가 발생액은 다음과 같다. 제조지시서 #04와 관련된 총제조원가를 계산하면 얼마인가?

제조지시서 #04	A 부문	B 부문
직접재료원가	50,000원	10,000원
직접노무원가	?	40,000원
제조간접원가	60,000원	?

① 170,000원 ② 190,000원 ③ 210,000원 ④ 270,000원

88. ㈜삼일은 종합원가계산을 채택하고 있다. 원재료는 공정 초기에 전량 투입되며 가공원가는 공정전반에 걸쳐서 균등하게 발생한다. 완성품환산량 계산을 위해 기말재공품의 완성도를 파악할 때, 직접재료와 가공원가를 혼동한 경우 발생하는 결과로 가장 옳은 것은?

① 기말재공품 가공원가가 과대계상된다.
② 기말재공품 직접재료원가가 과대계상된다.
③ 제품 계정과 재공품 계정에 미치는 영향은 없다.
④ 당기완성품의 완성품환산량이 과대계상된다.

89. ㈜삼일은 선입선출법에 따라 종합원가계산을 하고 있다. 당월 완성품환산량 단위당 원가는 재료원가 5원, 가공원가 10원이며, 당월 중 생산과 관련된 자료는 다음과 같다. 재료는 공정초기에 전량 투입되고, 가공원가는 공정전반에 걸쳐 균등하게 발생한다고 할 때 ㈜삼일의 당월에 실제 발생한 가공원가를 계산하면 얼마인가?

기초재공품	500단위 (완성도 40%)
기말재공품	800단위 (완성도 50%)
당기완성품	4,200단위

① 42,000원　② 43,000원　③ 44,000원　④ 45,000원

90. ㈜삼일은 종합원가계산제도를 채택하고 있다. 원재료는 공정초기에 전량 투입되며, 가공원가는 공정전반에 걸쳐서 완성도에 따라 균등하게 발생한다. 재료원가의 경우 평균법에 의한 완성품환산량은 2,000단위이고, 선입선출법에 의한 완성품환산량은 1,500단위이다. 또한 가공원가의 경우 평균법에 의한 완성품환산량은 1,800단위이고, 선입선출법에 의한 완성품환산량은 1,600단위이다. 기초재공품의 완성도를 계산하면 얼마인가?

① 20%　② 40%　③ 60%　④ 80%

91. 다음 중 표준원가시스템에 관한 설명으로 가장 옳은 것은?

① 예외에 의한 관리는 책임을 명확히 하여 종업원의 동기를 유발시키는 방법으로 적절하다.
② 관리목적상 표준원가에 근접하는 원가항목을 보다 중점적으로 관리해야 한다.
③ 원가통제를 포함한 표준원가시스템을 잘 활용하여도 원가감소를 유도할 수는 없다.
④ 표준원가와 실제발생원가의 차이분석시 중요한 불리한 차이뿐만 아니라 중요한 유리한 차이도 검토할 필요가 있다.

92. 다음 중 차이분석에 관한 설명으로 올바른 것은 모두 몇 개인가?

> 가. 차이분석이란 표준원가와 실제원가를 비교하여 그 차이를 분석하는 것으로서, 일종의 투입-산출 분석이다.
> 나. 직접재료원가 차이분석시 표준투입량은 사전에 미리 설정해 놓은 최대 조업도에 대한 표준투입량이다.
> 다. 가격차이는 실제원가와 실제투입량에 대한 표준원가와의 차이이다.
> 라. 능률차이는 실제투입량에 대한 표준원가와 표준투입량에 대한 표준원가와의 차이이다.

① 0개 ② 1개 ③ 2개 ④ 3개

93. ㈜삼일의 생산 및 원가와 관련된 자료는 다음과 같다. 이와 관련된 설명으로 가장 올바르지 않은 것은? (단, 직접재료원가의 가격차이를 사용시점에 분리한다)

실제 생산량 : 1,100개	
단위당 실제 직접재료 사용량 : 3.2Kg	단위당 표준 직접재료 사용량 : 3Kg
Kg당 실제 직접재료원가 : 28원	Kg당 표준 직접재료원가 : 30원

① 직접재료원가 표준원가는 99,000원이다.
② 직접재료원가 실제원가는 92,400원이다.
③ 직접재료원가 가격차이는 7,040원 유리하게 나타난다.
④ 직접재료원가 능률차이는 6,600원 불리하게 나타난다.

94. ㈜삼일의 20X1년 4월 직접노무원가 관련 자료는 다음과 같다. 직접노무원가 가격차이를 계산하면 얼마인가?

직접노무원가 능률차이 3,075원(유리)	실제발생액 126,000원
실제직접노동시간 40,000시간	표준직접노동시간 41,000시간

① 3,000원 불리 ② 3,000원 유리 ③ 3,075원 불리 ④ 3,075원 유리

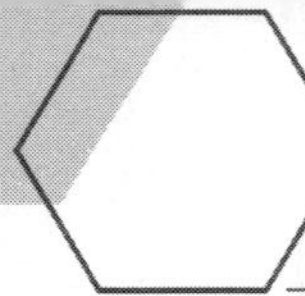

95. 다음 중 표준원가의 차이분석에 관한 설명으로 가장 올바르지 않은 것은?

① 고정제조간접원가 예산의 기준조업도를 최대 생산가능조업도로 할 경우 불리한 고정제조간접원가 조업도차이는 발생하지 않는다.

② 실제 고정제조간접원가 발생액과 고정제조간접원가 예산의 차이를 고정제조간접원가 예산차이라고 한다.

③ 고정제조간접원가 예정배부율에 의한 고정제조간접원가 배부액과 고정제조간접원가 예산의 차이를 고정제조간접원가 조업도차이라고 한다.

④ 조업도와 관계없이 일정하게 발생하는 고정제조간접원가는 생산활동의 능률적인 관리를 통해 발생액을 변화시킬 수 없으므로 고정제조간접원가 능률차이는 발생하지 않는다.

96. 다음 중 초변동원가계산에 관한 설명으로 가장 올바르지 않은 것은?

① 초변동원가계산에 의한 영업이익은 단위당 현금창출공헌이익에 판매수량을 곱하고 운영비용을 차감하여 계산한다.

② 생산량이 증가할수록 영업이익이 감소되므로 재고자산 보유를 최소화하도록 유인을 제공한다.

③ 기간비용으로 처리하는 제조간접원가에 포함되는 혼합원가를 변동원가와 고정원가로 구분하는 것이 필요하다.

④ 변동원가계산제도와 마찬가지로 원가회피개념에 근거를 두고 있다.

97. 다음 설명 중 변동원가계산제도의 특징을 모두 고른 것으로 가장 옳은 것은?

> ㄱ. 변동원가계산제도는 기업회계기준에서 인정하는 원가계산제도이다.
> ㄴ. 특정기간의 이익이 생산량에 의해 영향을 받지 않는다.
> ㄷ. 공통고정원가를 부문이나 제품별로 배부하기 때문에 부문별, 제품별 의사결정 문제에 왜곡을 초래할 가능성이 존재한다.
> ㄹ. 변동원가계산제도에서 매출액과 이익은 동일한 방향으로 움직이므로 경영자의 입장에서 이해하기 쉽다.

① ㄱ ② ㄴ, ㄷ ③ ㄱ, ㄴ, ㄷ ④ ㄴ, ㄹ

98. 다음 자료를 참고하여 ㈜삼일의 전부원가계산에 따른 매출총이익, 변동원가계산에 따른 공헌이익, 초변동원가계산에 따른 재료처리량공헌이익을 각각 올바르게 계산한 것은 어느 것인가?

제품단위당 직접재료원가	100원
제품단위당 직접노무원가	120원
제품단위당 변동제조간접원가	50원
제품단위당 변동판매비와관리비	30원
고정제조간접원가	500,000원
고정판매비와관리비	400,000원

기초제품과 기말제품은 없으며 ㈜삼일은 당기 10,000개를 생산하여 전량 판매하였다. 제품 단위당 판매가격은 1,500원이다.

	전부원가계산 매출총이익	변동원가계산 공헌이익	초변동원가계산 재료처리량공헌이익
①	12,300,000원	12,300,000원	14,000,000원
②	12,300,000원	12,300,000원	12,800,000원
③	11,800,000원	12,000,000원	14,000,000원
④	11,800,000원	12,000,000원	12,800,000원

99. ㈜삼일의 원가 관련 자료를 기초로 전부원가계산에 의한 순이익을 계산하면 얼마인가?

기초 재고자산에 포함된 가공원가	3,000,000원
기말 재고자산에 포함된 가공원가	1,500,000원
초변동원가계산의 순이익	5,000,000원

① 500,000원 ② 3,500,000원 ③ 6,500,000원 ④ 9,500,000원

100. ㈜삼일의 6월 중 영업자료는 아래와 같다. 전부원가계산에 의한 영업이익이 변동원가계산에 의한 영업이익보다 21,000원 더 클 경우, 6월 발생한 고정제조간접원가를 계산하면 얼마인가?(재고자산은 평균법으로 평가한다.)

생 산 량	1,500개
판 매 량	1,200개
기초재고량	300개 (단위당 고정제조간접원가 50원)

① 84,000원 ② 90,000원 ③ 93,000원 ④ 105,000원

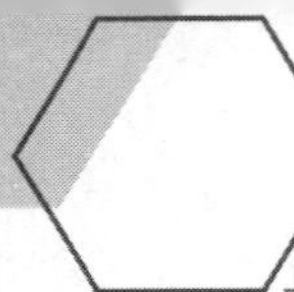

101. 다음 중 활동기준원가계산(ABC)에 관한 설명으로 가장 올바르지 않은 것은?

① 활동분석과 원가동인의 파악에 소요되는 비용과 시간이 크다는 단점이 존재한다.

② 활동기준원가계산을 통해 산출된 정보는 원가계산뿐만 아니라 관리회계의 의사결정과 성과평가에도 활용할 수 있다.

③ 제품원가를 계산하기 위한 활동은 분석이 가능하나 고객이나 서비스 등의 원가대상에 대해서는 활동분석이 불가능하여 활동기준원가계산을 적용할 수 없다.

④ 각 활동별로 적절한 배부기준을 사용하여 원가를 배부하기 때문에 종전에는 제품별로 추적불가능하던 제조간접원가도 개별제품에 추적가능한 직접원가로 인식되어 원가계산이 보다 정확해진다.

102. ㈜삼일의 과거 원가자료를 바탕으로 총제조간접원가를 추정한 원가함수는 다음과 같다. 이에 관한 설명으로 가장 올바르지 않은 것은?(단, 조업도는 기계시간이다.)

$$y = 200,000 + 38x$$

① 200,000은 총고정원가 추정치를 의미한다.

② x는 기계시간을 의미한다.

③ 38은 기계시간당 고정제조간접원가를 의미한다.

④ 조업도가 1,000기계시간일 경우 총제조간접비는 238,000원으로 추정된다.

103. 다음 중 CVP 분석에 필요한 가정에 관한 설명으로 가장 올바르지 않은 것은?

① 화폐의 시간가치를 고려하지 않는 분석 방법이다.

② 모든 원가는 변동원가와 고정원가로 분류할 수 있다.

③ 제품의 종류가 복수인 경우에는 판매량 변화에 따라 매출의 배합이 변동한다.

④ 판매량만큼 생산하는 것으로 가정함으로써 기초재고자산과 기말재고자산의 변화가 손익에 영향을 미치지 않는 것으로 본다.

104. 다음 중 영업레버리지에 관한 설명으로 가장 올바르지 않은 것은?

① 영업레버리지란 고정원가로 인하여 매출액의 변화율보다 영업이익의 변화율이 더 커지는 현상을 말한다.

② 영업레버리지는 영업레버리지도로 측정하는데, 영업레버리지도는 공헌이익을 영업이익으로 나누어 계산한다.

③ 영업레버리지도가 높다는 것은 그 기업의 영업이익이 많다는 것을 의미한다.

④ 영업레버리지도는 손익분기점 근처에서 가장 크고 매출액이 증가함에 따라 점점 작아진다.

105. ㈜삼일은 회계프로그램을 판매하는 회사로 단위당 판매가격은 100원이며, 단위당 변동원가는 60원이다. 연간 고정원가는 50,000원이며, 당기에 10,000원의 영업이익을 목표로 하고 있다. 이와 관련한 설명으로 가장 올바르지 않은 것은(단, 세금효과는 고려하지 않는다)?

① 공헌이익률은 40%이다.

② 단위당 공헌이익은 40원이다.

③ 손익분기점 매출액은 100,000원이다.

④ 목표이익을 달성하려면 150,000원의 매출을 달성해야 한다.

106. 다음 중 단위당 판매가격과 단위당 변동원가가 불변이고 총고정원가가 감소할 경우 가장 옳은 것은?

① 공헌이익이 감소한다.

② 공헌이익이 증가한다.

③ 손익분기점 매출액이 증가한다.

④ 손익분기점 매출액이 감소한다.

107. 다음 중 ㈜삼일의 성과평가에 관한 내용으로 가장 옳은 것은?

① 구 매 팀 장 : 최근 글로벌 경기침체로 원유가격이 크게 떨어져 ㈜삼일의 구매원가 하락으로 이어지자 구매팀장의 임금을 인상하였다.

② 영 업 부 장 : ㈜삼일의 영업부장은 기말에 매출액을 늘리기 위해 대리점으로 밀어내기식 매출을 감행하여 매출액을 무려 120% 인상시키는 공로를 세워 이사로 승진하였다.

③ 부 산 공 장 장 : 태풍의 피해로 부산공장가동이 10여 일간 중단되어 막대한 손실을 입은 ㈜삼일은 그 책임을 물어 공장장을 해고하였다.

④ 채권회수팀장 : 채권회수율과 고객관계(고객불만 전화의 횟수로 측정)에 의하여 성과평가를 받았으며 자체적으로 매너교육을 실시하여 채권회수율을 증가시킴과 동시에 고객불만 전화를 크게 감소시켜 좋은 성과평가 점수를 얻었다.

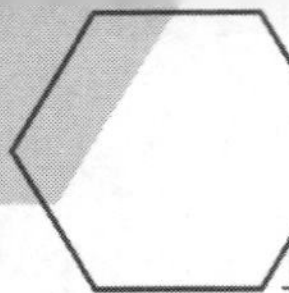

108. 다음 중 효율적인 성과평가제도를 설계하기 위해 고려해야 할 사항에 관한 설명으로 가장 올바르지 않은 것은?

① 성과평가는 객관적인 결과에 기초하여야 하므로 종업원의 만족도나 동기부여 등 주관적인 요소는 성과평가시 냉정하게 배제되어야 한다.

② 성과평가치의 성과측정 오류가 최소화 되도록 설계되어야 한다.

③ 적시성과 경제성을 적절히 고려하여야 한다.

④ 각 책임중심점의 행동에 미치는 영향을 적절히 고려하여야 한다.

109. 다음은 ㈜삼일의 20X1년 이익중심점의 통제책임이 있는 A 사업부의 공헌이익 손익계산서이다. A 사업부의 성과평가목적에 가장 적합한 이익은 얼마인가?

매 출 액	5,000,000원
변 동 원 가	2,000,000원
공 헌 이 익	3,000,000원
추적가능 · 통제가능고정원가	500,000원
사업부경영자공헌이익	2,500,000원
추적가능 · 통제불능고정원가	500,000원
사업부공헌이익	2,000,000원
공통고정원가배분액	400,000원
법인세비용차감전순이익	1,600,000원
법인세비용	600,000원
순 이 익	1,000,000원

① 1,000,000원　　② 2,000,000원　　③ 2,500,000원　　④ 3,000,000원

110. ㈜삼일은 A와 B의 두 제품을 생산 · 판매하고 있다. 예산에 의하면 제품 A의 단위당 공헌이익은 10원이고, 제품 B의 공헌이익은 5원이다. 20X1년의 예산매출수량은 제품 A가 800 단위, 제품 B는 1,200단위로 총 2,000단위였다. 그러나 실제매출수량은 제품 A가 500 단위, 제품 B가 2,000 단위로 총 2,500단위였다. ㈜삼일의 20X1년 매출배합차이와 매출수량차이를 계산하면 각각 얼마인가?

	매출배합차이	매출수량차이
①	2,500원 유리	3,500원 불리
②	2,500원 불리	3,500원 유리
③	3,000원 유리	2,000원 불리
④	3,000원 불리	2,000원 유리

111. 다음은 ㈜삼일의 A와 B의 두 개의 사업부와 관련한 성과평가 자료이다. 다음 중 ㈜삼일의 투자수익률과 잔여이익에 관한 설명으로 가장 옳은 것은(단, 최저필수수익률은 4%임)?

구분	A 사업부	B 사업부
평균영업자산	100억원	200억원
영업이익	20억원	35억원
매출액	300억원	400억원

① A 사업부의 매출액영업이익률은 9.25%이며, B 사업부의 매출액영업이익률은 8.75%이다.
② A 사업부의 투자수익률은 15%이며, B 사업부의 투자수익률은 20%이다.
③ A 사업부의 영업자산회전율은 3회이며, B 사업부의 영업자산회전율은 2회이다.
④ A 사업부의 잔여이익은 16억원이며, B 사업부의 잔여이익은 20억원이다.

112. ㈜삼일이 제조에 필요한 부품을 자가제조할 것인지 아니면 외부구입할 것인지의 의사결정시 고려할 사항에 관한 설명으로 가장 옳은 것은?

① 당해 의사결정에 따라 회피가능한 고정원가는 관련원가가 아니다.
② 고정원가가 당해 의사결정과 관계없이 계속 발생한다면 고정원가도 관련원가이다.
③ 기존설비를 다른 용도로 사용함에 따라 발생할 수 있는 기회비용도 관련원가이다.
④ 회피가능고정원가가 외부구입원가보다 큰 경우에는 자가제조하는 것이 바람직하다.

113. 선박 제조회사인 ㈜삼일은 소형모터를 자가제조하고 있다. 소형모터 10,000개를 자가제조하는 경우, 단위당 원가는 다음과 같다.

직접재료원가	7원
직접노무원가	3원
변동제조간접원가	2원
특수기계 감가상각비	2원
공통제조간접원가 배부액	5원
제품원가	19원

외부 회사에서 ㈜삼일에 소형모터 10,000개를 단위당 16원에 공급할 것을 제안하였다. ㈜삼일이 외부업체의 공급제안을 수용하는 경우, 소형모터 제작을 위하여 사용하던 특수기계는 다른 용도로 사용 및 처분이 불가능하며, 소형모터에 배부된 공통제조간접원가의 20%를 절감할 수 있다. ㈜삼일이 외부업체의 공급제안을 수용한다면, 자가제조하는 것보다 얼마나 유리 또는 불리한가?

① 30,000원 불리 ② 30,000원 유리 ③ 40,000원 불리 ④ 40,000원 유리

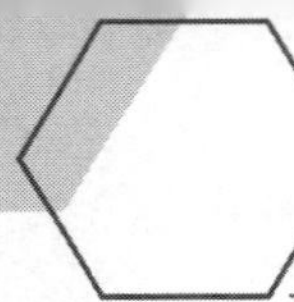

114. ㈜삼일의 프로젝트 A에 대한 매출액은 1,000,000원, 변동원가는 400,000원이고, 고정원가는 500,000원이다. 고정원가 중 200,000원은 프로젝트 A를 포기하더라도 계속하여 발생하는 금액이다. 만약 ㈜삼일이 프로젝트 A를 포기한다면 회사의 순이익은 어떻게 변화하는가?

① 100,000원 감소 ② 100,000원 증가 ③ 300,000원 감소 ④ 300,000원 증가

115. ㈜삼일의 부품생산부분은 최대생산량인 360,000단위를 생산하여 외부시장에 전량 판매하고 있다. 부품생산부분의 관련정보는 다음과 같다.

단위당 외부판매가격	100원
단위당 변동제조원가	58원
단위당 변동판매비	8원
단위당 고정제조원가	14원
단위당 고정관리비	10원

단위당 고정비는 최대생산량 360,000단위 기준의 수치이다. 부품생산부문의 이익을 극대화시키기 위해 내부대체를 허용할 수 있는 단위당 최소대체가격을 계산하면 얼마인가?(단, 내부대체에 대해서는 변동판매비가 발생하지 않는다.)

① 58원 ② 66원 ③ 90원 ④ 92원

116. 다음 중 자본예산을 편성하기 위해 현금흐름을 추정할 때 주의해야 할 사항으로 가장 올바르지 않은 것은?

① 현금유입과 현금유출의 차이를 순현금흐름이라 한다.

② 현금흐름의 추정시에는 이자비용이 전혀 없는 상황을 가정하여 현금흐름을 추정해야 한다.

③ 세금을 납부하는 것은 현금의 유출에 해당하므로 세금을 차감한 후의 현금흐름을 기준으로 추정하여야 한다.

④ 감가상각비를 계상함으로써 발생하는 세금의 절약분인 감가상각비 감세 효과는 현금흐름을 파악할 때 고려해서는 안된다.

117. ㈜삼일은 내용연수가 3년인 기계장치에 5,000,000원을 투자할 예정이다. 기계장치를 구입하면, 아래의 표와 같이 현금운영비를 줄일 것으로 판단하고 있다. 회사의 자본비용은 12%라고 할 때 ㈜삼일의 신규 기계장치 투자에 대한 순현재가치(NPV)를 계산하면 얼마인가(단, 현금운영비의 감소효과는 매년 말에 발생하며 법인세 및 잔존가치는 없다고 가정한다)?

	1년	2년	3년
현가계수(이자율 12%)	0.89	0.80	0.71
현금운영비 감소액	3,000,000원	3,000,000원	2,000,000원

① 650,000원 ② 990,000원 ③ 1,490,000원 ④ 2,090,000원

118. 다음 자료에 의하여 회수기간법에 따른 의사결정을 할 경우 가장 옳은 것은?

㈜삼일은 190,000원에 기계를 구입하고자 하며, 조건은 다음과 같다.

- 5년 이내에 회수가 되어야 한다.
- 연중 현금흐름은 일정하게 발생한다고 가정하며, 회수기간이 짧은 기계를 선택한다.

연도	기계 A 연간 원가절감액	기계 B 연간 원가절감액
1	100,000원	50,000원
2	50,000원	50,000원
3	30,000원	50,000원
4	20,000원	50,000원
5	20,000원	50,000원

① 기계 A 를 구입한다.
② 기계 B 를 구입한다.
③ 둘 중 어떤 것을 구입해도 관계없다.
④ 기계 A, B 모두 조건에 충족하지 않아 구입하지 않는다.

119. 다음 중 신제품 출시 초기에 높은 시장점유율을 얻기 위한 가격정책으로 초기시장진입가격을 낮게 설정하는 가격정책으로 가장 옳은 것은?

① 약탈가격 ② 입찰가격 ③ 상층흡수가격 ④ 시장침투가격

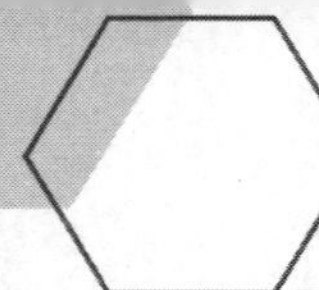

120. 프린터를 생산하여 판매하고 있는 ㈜삼일의 품질원가와 관련한 정보이다. 외부실패원가를 계산하면 얼마인가?

작업폐물	3,000원
생산직원 교육원가	1,000원
제품 검사원가	1,500원
반품원가	3,000원
구입재료 검사원가	2,000원
소비자 고충처리비	4,000원

① 3,000원 ② 7,000원 ③ 9,000원 ④ 10,000원

100회 답안 및 해설

재무회계

1	2	3	4	5	6	7	8	9	10
4	2	4	2	4	3	4	1	3	4
11	**12**	**13**	**14**	**15**	**16**	**17**	**18**	**19**	**20**
1	2	2	3	4	3	2	3	4	2
21	**22**	**23**	**24**	**25**	**26**	**27**	**28**	**29**	**30**
4	3	4	2	2	1	3	4	2	2
31	**32**	**33**	**34**	**35**	**36**	**37**	**38**	**39**	**40**
4	4	2	2	3	3	4	4	3	4

01. 경영진은 기업내부에서 필요한 재무정보를 얻을 수 있다.

02. **재무정보가 예측가치를 가지기 위해 그 자체가 예측치 또는 예상치일 필요는 없다.**

03. ① 역사적원가, ② 사용가치, ③ 현행원가

04. **대손충당금과 같은 평가충당금을 차감하여 관련 자산을 순액으로 측정하는 것은 상계표시에 해당하지 아니한다.**

05. 중간재무보고서에 **선별적 주석이 포함**되어야 한다.

06. 재고자산의 가액 = [매입원가($800) - 매입할인($80)] × @1,100 + 운송보험료(80,000)
+ 보관원가(15,000) = 887,000원

07.

상 품(총평균법)

기초	1,000개	@100	100,000	매출원가	2,500개	@120	300,000
순매입액	2,000개	@115	230,000				
	500개	@180	90,000	기말			
계(판매가능재고)	3,500개	**@120**	420,000	계			420,000

매출원가(선입선출법) = 100,000(기초) + 1,500개 × @115 = 272,500원

08. 선입선출법은 물량의 흐름과 관계없이 먼저 구입한 상품이 먼저 판매된 것으로 가정한다.

09. 일부대체시 자산 인식기준을 충족시 자산으로 포함하며, 감가상각을 통해 내용연수동안 비용화되어 당기손익에 영향을 미친다.

10. 재평가시 자산이 증가된 경우 **재평가잉여금은 기타포괄손익**, 감소된 경우 **재평가손실은 당기 손익**으로 반영한다.

11. 〈일반차입금 차입원가〉 연평균지출액 50,000,000원

차입금	차입금액	차입기간	연평균차입금액	이자율	차입원가
K은행	10,000,000	12/12	10,000,000	6%	600,000
S은행	20,000,000	6/12	10,000,000	9%	900,000
계					*1,500,000*

12. ① 내부창출영업권은 무형자산으로 인식하지 못한다.

③ 연구단계에서 지출한 비용은 무형자산으로 인식하지 못한다.

④ 생산 전 또는 사용 전의 시제품과 모형을 설계 등은 일반적으로 개발단계에 해당한다.

13. 무형자산상각비 = 취득원가(500,000) ÷ 5년 = 100,000원/년

장부금액 = 취득원가(500,000) - 상각누계액(100,000) = 400,000원

손상차손 = Max[순공정가치(360,000), 사용가치(380,000)] - 장부금액(400,000) = △20,000원

20x1년 장부금액 = 순사용가치(380,000)

14. 투자부동산을 공정가치모형을 적용하고 있는 경우 대체전 장부가액을 **대체시점 공정가치로 계정대체 하므로 평가손익이 발생**한다.

15. 당기손익 - 공정가치 측정 금융자산 취득시 거래원가는 당기 비용으로 처리한다.

16. 상각후원가측정금융자산 = 액면이자(10,000) × 1.783265 + 액면금액(200,000) × 0.85734 = 189,301원

〈상각표(유효이자율법)〉

연도	유효이자(A) (BV×8%)	액면이자(B) (액면가액×5%)	할인차금상각액 (A-B)	상각후취득원가액 (BV)
20x1. 1. 1				189,301
20x1.12.31	15,144	10,000	5,144	*194,445*

17. 계약에 의하지 않은 부채(미지급법인세)는 금융부채에 해당하지 않는다.

18. 수취대가가 확정되고, 결제되는 지분상품이 확정수량으로 결제되는 경우만 지분상품(자본)으로 본다.

19. 발행가액 = 1차년도 액면이자(24,000,000) ÷ 1.08+2차년도 액면이자와 액면가액(224,000,000) ÷ 1.1664
= 214,266,118원

유출될 현금 = 발행가액(214,266,118) + 수수료(2억 × 0.5%)=215,266,118원

20. 20X1년말 충당부채 = 중요하지 않은 경우 수리비용(50,000) × 15%
+ 치명적인 결함의 수리비용(300,000) × 5% - 수리비용(7,500) = 15,000원

22. 기타포괄손익누계액 = 해외사업환산이익(3,000,000) + 확정급여제도의 재측정요소(2,500,000)
+ 재평가잉여금(4,000,000) = 9,500,000원

23. ① 회수가능성이 높지 않은 경우 고객과의 계약으로 회계처리 할 수 없다

② 거래가격 산정 전에 수행의무 식별을 먼저 해야 한다.

③ 거래가격 산정시 제3자를 대신해서 회수한 금액은 제외되어야 한다.

24.

연도	할부금회수액	이자수익(12%)	원금회수액	장부금액
20x1. 1. 1				4,803,660
20x1.12.31	2,000,000	576,439	1,423,561	3,380,099
20x2.12.31	2,000,000	***405,612***	1,594,388	**1,785,711**

25. 20x1년 누적발생원가 = 추정총계약원가(15,000) × 공사진행률(25%) = 3,750원
20x2년 누적발생원가 = 추정총계약원가(16,000) × 누적공사진행률(60%) = 9,600원
20x2년 당기 계약 = x2년 누적발생원가(9,600) - x1년 누적발생원가(3,750) = 5,850원

26. ② 계약원가는 직접원가와 공통원가 등으로 구성된다.
③ 고객에게 청구할 수 없는 수주비는 원가발생시 비용으로 인식하여야 한다.
④ 하자보수비는 확신유형의 보증에 해당하므로 별도 수행의무로 구분하지 않고 예상되는 하자보수 원가를 추정하여 하자보수충당부채로 처리한다.

27. 사외적립자산 = 기초(2,000,000) + 불입(800,000) + 실제수익(150,000) - 퇴직금지급(300,000)
= 2,650,000원

28. 주식선택권의 권리를 행사하지 않아 소멸시 **과거에 인식한 보상원가를 환입하지 않는다.**

29. ① 이연법인세자산·부채는 비유동으로 분류한다.
③ 소멸될 것으로 예상되는 기간의 평균세율을 사용한다.
④ 일시적 차이에 대하여 이연법인세를 인식한다.

30. 법인세비용 = 미지급법인세(5,500,000 × 25%) - 이연법인세자산(900,000 × 30%)
= 1,105,000원

31. 유형자산의 **원가모형을 재평가모형으로 변경시 정책의 변경에 해당**한다.

32. x1년 감가상각(정액법, 6개월) = [취득가액(500,000) - 잔존가치(100,000)] ÷ 5년 × 6/12 = 40,000원
x1년 장부가액 = 취득가액(500,000) - 감가상각누계액(40,000) = 460,000원
x2년 감가상각비(연수합계법) = 장부가액(460,000) × 잔여내용연수(3)/내용연수합계(6) = 230,000원
x2년말 장부금액 = 취득가액(500,000) - 감가상각누계액(40,000 + 230,000) = 230,000원

33. 〈유통보통주식수 변동〉

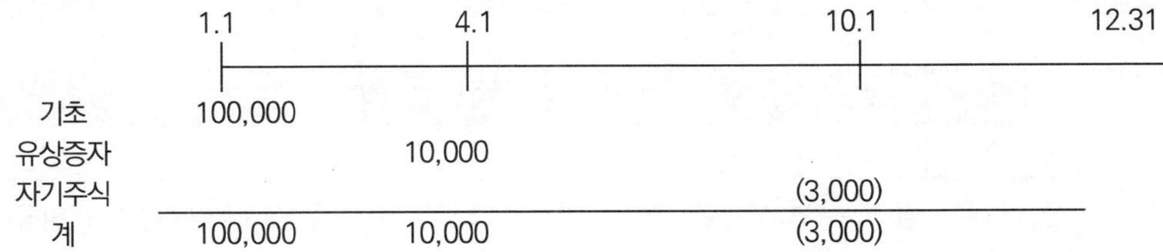

가중평균유통보통주식수 = 100,000 + 10,000 × 9/12 + (3,000) × 3/12 = 106,750주

34. 지분법이익 = 당기순이익(800,000) × 지분율(25%) = 200,000원

35. 배당금 수령시 관계기업투자주식에서 직접 차감한다.

36. ① 표시통화로 환산시 기타포괄손익으로 인식한다.
② 외환차이를 당기손익으로 인식한다.
④ 공정가치평가손익을 당기손익으로 인식하는 경우에는 외환차이도 당기손익으로, 기타포괄손익으로 인식하는 경우에는 외환차이도 기타포괄손익으로 인식한다.

37. 위험회피수단으로 지정되지 않고 매매목적 등으로 보유하고 있는 **파생상품의 평가손익은 당기손익으로 인식**한다,

38. **단기리스와 소액리스자산을 제외한 모든 리스에 대해서 리스이용자는 금융리스로 회계처리**하도록 규정하고 있다.

39. ① 직접법에 대한 설명이다.
② 간접법에 대한 설명이다.
④ 직접법과 간접법의 차이는 영업활동만 표시방법이 다르다.

40.

구분	금액
이자수익	200,000원
(−)미수이자 증가액	(20,000원)
(+)선수이자 증가액	30,000원
=이자수취액	210,000원

세무회계

41	42	43	44	45	46	47	48	49	50
3	1	1	4	4	1	2	4	4	2
51	52	53	54	55	56	57	58	59	60
3	4	4	3	2	2	4	1	4	4
61	62	63	64	65	66	67	68	69	70
4	1	3	2	4	3	3	3	3	2
71	72	73	74	75	76	77	78	79	80
4	3	2	4	3	2	2	1	3	1

41. 기간을 일·주·월 또는 년로 정한 때에는 기간의 초일은 불산입한다.(**초일불산입의 원칙**)

42. **공고한 날부터 14일이 지난 때 송달된 것으로 본다.**

44. 수정신고서를 법정신고 기한 경과 후 일정기간 이내에 제출한 경우 **신고불성실가산세를 감면**받을 수 있다.

45. **직전사업연도의 종료일부터 3개월 이내**에 제출하여야 한다.

46. **법인세가 과세된 잉여금(이익잉여금 등)으로 배당시 의제배당**으로 보아 익금에 산입한다.

47. 손금불산입 = 출자임원 사택유지비(2,000,000) + 벌과금(500,000) = 2,500,000원

48. 종업원에 대한 상여는 한도가 없다.

		급 여	상여한도(40%)	상여금	한도초과
관리부	임원	150,000,000원	60,000,000원	70,000,000원	10,000,000원
건설본부	임원	100,000,000원	40,000,000원	60,000,000원	20,000,000원

손금불산입	임원상여한도 초과	30,000,000원	상여
손금산입	건설중인 자산	20,000,000원	△유보

49. 법인이 잉여금 처분으로 수입하는 배당금(기명주식)은 **잉여금처분결의일을 귀속시기**로 한다.

50. 취득가액에 건설자금이자도 포함한다.

51. 상각범위액(정액법) = [취득가액(6억) + 자본적지출액(2억)] ÷ 4년 = 200,000,000원

52. 양도가액 80억은 [시가(100억)의 ±30%]이내이므로 별도 세무조정은 없다.

53. 현물기업업무추진비 = MAX[시가, 장부가]

54. 건설자금이자의 손금불산입 금액은 유보로 처분한다.

55. 소멸시효 완성채권은 신고조정사항이다.

56. 손실보전준비금은 조세특례제한법의 준비금이다.

57. **법인에게 이익이 발생**하므로 부당행위계산의 부인에 해당하지 아니한다.

58. 과세표준 = 순이익(250,000,000) + 가산(100,000,000) - 차감(70,000,000)

- 이월결손금(10,000,000) - 비과세(3,000,000) - 소득공제(2,000,000) = 265,000,000원

59.

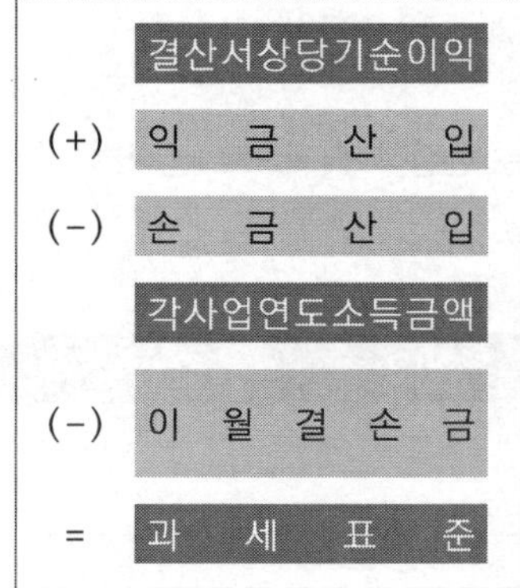

	결산서상당기순이익	200,000,000원
(+)	익 금 산 입	50,000,000원
(-)	손 금 산 입	20,000,000원
	각사업연도소득금액	230,000,000원
(-)	이 월 결 손 금	5,000,000원
=	과 세 표 준	225,000,000원

2019년 이전은 10년간 공제되므로 2019년 이월결손금만 공제됨

산출세액 = 18,000,000 + (225,000,000 - 200,000,000) × 19% = 22,750,000원

60. ① 3개월이내(성실신고확인서 제출시 4개월이내)

② 합계잔액시산표는 필수제출서류가 아니다.

③ 소득금액이 없거나 결손금이 있는 경우에도 신고하여야 한다.

61. 소득세는 신고납세제도를 채택하고 있다.

62. 금융소득은 필요경비를 인정해 주지 않는다.

63. 사업소득금액 = 당기순이익(2억) + 본인급여(30,000,000) - 배당금수익(5,000,000) + 벌금(2,000,000)
= 227,000,000원

복식부기의무자의 경우 유형자산 처분이익에 대하여 소득세가 과세된다.

64.

구분	금액	비고
월 급여	24,000,000	
상여	8,000,000	월급여의 400%
연월차수당	2,000,000	
식대	0	**월 20만원 비과세**
자가운전보조금	600,000	**월 20만원 비과세**
총급여액 계	*34,600,000*	

65. 법인세법상 소득처분이 기타사외유출일 경우 기타소득에 합산하지 아니한다.

66. 금융소득의 과세방법분류

정기예금이자	조건부종합과세	5,000,000원
비영업대금이익	조건부종합과세	10,000,000원
비상장법인 배당	조건부종합과세	6,000,000원

종합과세되는 금융소득 = 20,000,000원 + 1,000,000 × 1.1 = 21,100,000원

종합소득금액 = 금융소득금액(21,100,000) + 사업소득금액(100,000,000) = 121,100,000원

과세표준 = 종합소득금액(121,100,000) - 소득공제(20,000,000) = 101,100,000원

67. 종합소득과세표준 = 소득금액(140,000,000) - 소득공제(20,000,000) = 120,000,000원

산출세액 = 15,360,000 + (120,000,000 - 88,000,000) × 35% = 26,560,000원

68. 미숙아 등에 대한 의료비세액공제율은 20%이다.

69. 다른 사업자가 경영하는 사업장으로 전출이 이루어진 경우에는 현실적 퇴직으로 본다.

70. 2개월 이내에 분납할 수 있다.

71. 무체물도 부가가치세 과세대상이다.

72.

구분	금액	비고
매출세액	800,000원	면세공급가액 제외
(−)매입세액	(350,000원)	
(+)가산세	5,000원	
차가감납부세액	455,000원	

73. 신탁재산을 위탁자로부터 수탁자로 이전하거나 수탁자로부터 위탁자로 이전하는 경우에는 재화의 공급으로 보지 않는다.

74. 단기할부이므로 재화의 총가액(200,000원)을 공급가액으로 한다.

75. 면세는 부가가치세 역진성 완화목적, 영세율은 완전면세제도이고, 영세율은 매입시 매입세액공제가 된다.

76.

구분	계산근거	금액
토지	면세대상	-
제품	시가	40,000,000
기계장치	취득가(100,000,000)×[1-(체감률)25%×경과된 과세기간(3)]	25,000,000
건물	취득가(300,000,000)×[1-(체감률)5%×경과된 과세기간(2)]	270,000,000
	과세표준 계	335,000,000

77. 매입세액 =기계장치(50,000,000)-현금영수증(6,000,000)=56,000,000원

78. 공급받는자가 사업자등록증을 제시하고 세금계산서의 발급을 요청하면, 소매업의 경우 세금계산서를 발급해야 한다.

79.

구분	금액	비고
매출세액 (-)매입세액	5,000,000원 (3,500,000원)	50,000,000×10%
(+)가산세	50,000원	미발급가산세(2,500,000×2%)
차가감납부세액	1,550,000원	

80. ② 일정 간이과세자도 세금계산서 발급이 가능하다.

③ **부동산임대업과 과세유흥장소를 경영하는 사업자는 4,800만원에 미달하여야 간이과세자**가 된다.

④ 간이과세를 포기하고 일반과세자가 될 수 있다.

원가관리회계

81	82	83	84	85	86	87	88	89	90
4	4	3	4	3	1	3	1	3	2
91	**92**	**93**	**94**	**95**	**96**	**97**	**98**	**99**	**100**
4	4	2	1	1	3	4	3	2	3
101	**102**	**103**	**104**	**105**	**106**	**107**	**108**	**109**	**110**
3	3	3	3	3	4	4	1	2	2
111	**112**	**113**	**114**	**115**	**116**	**117**	**118**	**119**	**120**
3	3	1	3	4	4	3	1	4	2

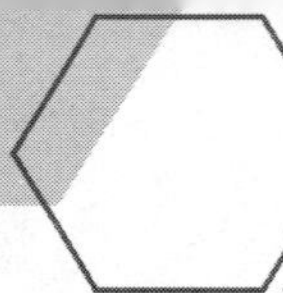

81. ④ 원가동인에 대한 설명이다.

82.

재고자산(원재료+재공품)			
기초재고(원재료+재공품)	5,000+10,000	**당기제품제조원가(?)**	***70,000***
원재료구입	25,000		
가공원가(직접노무비+제조간접비)	45,000	기말재고(원재료+재공품)	7,000+8,000
합　계	85,000	합　계	85,000

83. 〈단계배분법〉

제공부문 \ 사용부문		보조부문		제조부문	
		S1	S2	P1	P2
배부전원가		120,000	100,000	–	–
보조부문배부	S1(25% : 50% : 25%)	(120,000)	30,000		**30,000**
	S2(30% : 50%)		(130,000)		**81,250**
보조부문 배부후 제조간접비		–	–		**111,250**

84. 품질검사원가를 품질검사시간을 기준으로 배부하는 것은 인과관계기준에 해당한다.

85. 〈단일배분율〉 10,000,000×4,000시간/8,000시간=5,000,000원(A부문에 배부될 원가)

〈이중배분율법〉

구 분	배부기준	A부문에 배부될 원가
변동원가	실제사용시간	4,000,000×4,000시간/8,000시간=2,000,000원
고정원가	최대사용가능시간	6,000,000×4,000시간/10,000시간=2,400,000원
합　계		***4,400,000원***

86. ② 실제, 정상, 표준원가에도 적용이 가능하다.

③ 개별원가계산의 핵심과제는 제조직접비와 제조간접비의 구분이 중요한다.

④ 개별작업별로 집계하기 때문에 오류가 발생할 가능성이 높다.

87. 직접노무원가(A)=제조간접원가(60,000)÷배부율(200%)=30,000원

제조간접원가(A)=직접노무원가(40,000)×배부율(50%)=20,000원

구 분	A부문	B부문	계
직접재료원가	50,000원	10,000원	60,000원
직접노무원가	30,000원	40,000원	70,000원
제조간접원가	60,000원	20,000원	80,000원
계	140,000원	700,000원	***210,000원***

88. **재료비의 완성도는 100%이지만 가공원가의 완성도는 100%미만이므로 가공원가가 과대계상될 것이다.**

89. 〈1단계〉 물량흐름파악(선입선출법) 〈2단계〉 완성품환산량 계산

재공품		재료비	가공비
완성품	4,200		
-기초재공품	500(60%)	0	300
-당기투입분	3,700(100%)	3,700	3,700
기말재공품	800(50%)	800	400
계	5,000	**4,500**	**4,400**
〈3단계〉 원가요약(당기투입원가)		??	??
〈4단계〉 완성품환산량당 단위원가		=@5	=@10

→실제 발생한 가공원가=완성품환산량(4,400)×단위당 원가(@10)=44,000원

90.

	평균법	선입선출법	차이
재료원가	2,000	1,500	500(기초재공품수량)
가공원가	1,800	1,600	200(기초재공품수량×완성도)

∴ 기초재공품의 완성도=200단위/500단위=40%

91. ① 예외에 의한 관리는 종업원의 동기 부여측면에서 문제유발가능성이 있다.

② 표준원가와 차이가 큰 항목을 중점적으로 관리해야 한다.

③ 표준원가시스템을 잘 활용하면 원가감소를 유도할 수 있다.

92. 나. 표준투입량은 실제 산출량의 생산에 허용된 투입량이다.

93.

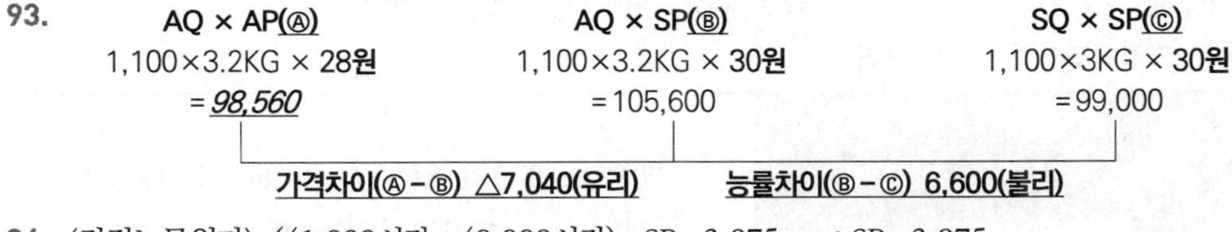

94. 〈직접노무원가〉 (41,000시간-40,000시간)×SP=3,075 ∴SP=3.075

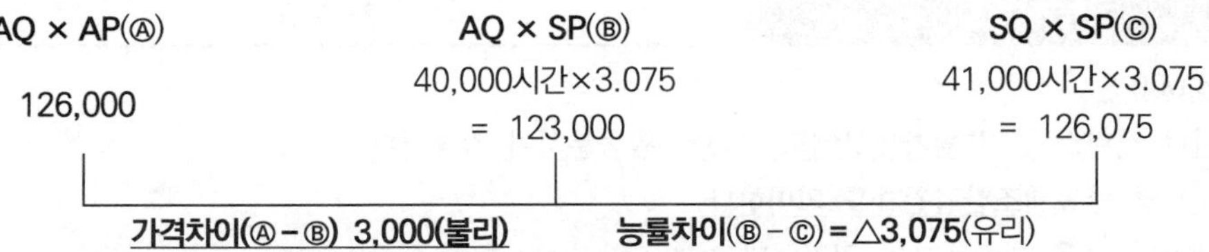

95. 기준조업도를 최대 생산가능조업도(달성하기 어려우므로)를 할 경우 불리한 조업도 차이가 발생하게 된다.

96. 재료비를 제외한 모두 기간비용으로 처리하므로 고정원가와 변동원가로 구분할 필요가 없다.

97. (ㄱ) 변동원가계산은 기업회계기준에서 인정되지 않는다.

(ㄷ) 공통고정원가를 기간비용하기 때문에 의사결정문제에 왜곡을 초래하지 않는다.

98. ① 전부원가계산

1. 매출액	10,000개×1,500원=15,000,000원
2. 매출원가	(100+120+50+500,000/10,000)×10,000개=3,200,000원
3. 매출이익	**11,800,000**

② 변동원가계산

1. 매출액	15,000,000원
2. 변동원가	(100+120+50+30)×10,000개=3,000,000원
3. 공헌이익	**12,000,000**

③ 초변동원가계산

1. 매출액	15,000,000원
2. 직접재료원가	100×10,000개=1,000,000원
3. 재료처리량공헌이익	**14,000,000**

99.

초변동원가(순이익)	5,000,000
+기말재고에 포함된 가공원가	1,500,000
-기초재고에 포함된 가공원가	3,000,000
=전부원가(순이익)	3,500,000

100. 기말재고=기초재고(300)+생산수량(1,500)-판매수량(1,200)=600개

X를 고정제조간접원가라 하면,

변동원가(순이익)	0
+기말재고에 포함된 고제간(평균법)	기말재고(600개)×(15,000+X)÷1,800개=36,000
-기초재고에 포함된 고제간	15,000(300개×50)
= 전부원가(순이익)	21,000

X=93,000원

101. **고객이나 서비스 등의 원가대상에도 대해서 활동분석이 가능하다.**

102. **기계시간당 변동제조간접원가를 의미한다.**

103. 복수제품일 경우 매출배합이 일정하다고 가정한다.

104. 영업레버리지가 높다는 것은 **매출액이 조금 변화해도 영업이익의 변화가 크다는 것**을 의미한다.

105. ① 공헌이익률=1-변동비율(60/100)=40%

② 공헌이익=P(100)-V(60)=40원

③ 손익분기점 매출액= F/공헌이익률=50,000/40%=125,000원

④ XT=(F+T)/공헌이익률=(50,000+10,000)/40%=150,000원

106. "손익분기점 매출액= F/공헌이익률" 이므로 고정비가 감소하면 손익분기점 매출액은 감소한다.

107. ① 원유가격의 하락은 통제불능원가이므로 성가평가지표로서 부적합하다.
② 밀어내기식 판매는 불법이므로 성과지표로 부적합하다.
③ 재해는 통제불능원가이므로 성과지표로 부적합하다.

108. 종업원의 만족도나 동기부여 측면에서 주관적인 요소도 고려하여야 한다.

109. 사업부 자체의 수익성을 평가하는데 **사업부공헌이익이 가장 적합**하다.

110. 예산공헌이익(A) = 10원　　예산공헌이익(B) = 5원

〈예산배합비율〉

	예산판매량	예산배합비율	실제매출량
A	800단위	40%	500단위
B	1,200단위	60%	2,000단위
계	2,000단위		2,500단위

	변동예산(1) (실제배합) **AQ× (BP−BV)**	변동예산(2) (예산배합) **TAQ×BM× (BP−BV)**	고정예산 **BQ× (BP−BV)**
공헌이익	A = 500×10 = 5,000 B = 2,000× 5 = 10,000 계 : 15,000	A = 2,500×40%×10 = 10,000 B = 2,500×60%× 5 = 7,500 계 : 17,500	A = 800×10 = 8,000 B = 1,200× 5 = 6,000 계 : 14,000

매출배합차이 △2,500(불리)　　**매출수량차이 3,500(유리)**

111.

		A사업부	B사업부
1. 영업자산		100억원	200억원
2. 영업이익		20억원	35억원
3. 매출액		300억원	400억원
4. 매출액영업이익율	2÷3	6.66%	8.75%
5. 투자수익율	2÷1	20%	17.5%
6. 영업자산회전율	3÷1	***3회***	***2회***
7. 잔여이익	2−1×4%	**16억**	**27억**

112. ① 회피가능한 고정원가는 관련원가이다.
② 의사결정과 관계없이 발생하는 고정원가는 비관련원가이다.
④ 회피가능고정원가>외부구입원가이면 외부구입하는 것이 바람직하다.

113.

1. 증분수익(외부구입시)	
• 변동비감소분	변동비(7+3+2)×10,000개=120,000원
• 고정원가절감	5원×10,000개×20%=10,000원(회피가능)
2. 증분비용(외부구입시)	
• 외부구입비증가	16(외부구입단가)×10,000개=160,000원
3. 증분손익	△30,000원(불리 - 자가제조가 유리)

114.

1. 증분수익(프로젝트 포기시)	
• 변동비감소분	400,000원
• 고정원가절감	300,000원
2. 증분비용	
• 매출액 감소	1,000,000원
3. 증분손익	△300,000원(감소)

115. 공급사업부의 최소대체가격=한단위 대체시 지출원가(58)

+한단위 대체시 기회비용(100-58-8)=92원

116. 현금흐름 파악시 감가상각비의 감세효과를 고려해야 한다.

117. 순현재가치=-5,000,000+3,000,000×0.89+3,000,000×0.80+2,000,000×0.71

=1,490,000원

118. 〈회수기간법〉 기계장치 구입비 190,000원

연도	기계 A		기계 B	
	원가절감액	누적원가절감액	원가절감액	누적원가절감액
1	100,000	100,000	50,000	50,000
2	50.000	150.000	50.000	100,000
3	**30,000**	**180,000**	**50,000**	**150.000**
4	**20,000**	**200,000**	**50,000**	**200,000**
5	20,000	220,000	50,000	250,000

회수기간(A)= 3년+(190,000-180,000)÷(200,000-180,000)=3.5년

회수기간(B)= 3년+(190,000-150,000)÷(200,000-150,000)=3.8년

120. 외부실패원가=반품원가(3,000)+소비자고충처리비(4,000)=7,000원

2023년 3월

99회 재경관리사

재무회계

1. 다음 중 국제회계기준의 특징에 관한 설명으로 가장 옳은 것은?

① 규정중심의 회계기준
② 연결재무제표 중심의 회계기준
③ 공시의 최소화
④ 공정가치 회계 제한적 적용

2. 다음 중 일반목적재무보고의 목적에 관한 설명으로 가장 올바르지 않은 것은?

① 일반목적재무보고의 목적은 현재 및 잠재적 투자자, 대여자 및 기타 채권자가 기업에 자원을 제공하는 것에 대한 의사결정을 할 때 유용한 보고기업 재무정보를 제공하는 것이다.
② 규제기관 및 투자자, 대여자와 그 밖의 채권자가 아닌 일반대중이 일반목적재무보고서가 유용하다고 여기더라도 일반목적재무보고서는 그들을 주요 대상으로 한 것은 아니다.
③ 보고기업의 경제적 자원과 청구권의 성격 및 금액에 대한 정보는 정보이용자가 보고기업의 재무적 강점과 약점을 식별하는데 도움을 줄 수 있다.
④ 보고기업의 경제적 자원과 청구권의 변동은 그 기업의 재무성과에서만 발생한다.

3. 재무제표 정보의 근본적 질적특성으로 목적적합성과 표현충실성이 있다. 다음 중 목적적합성과 표현충실성에 관한 설명으로 가장 올바르지 않은 것은?

① 재무정보가 예측가치를 갖기 위해서는 그 자체가 예측치 또는 예상치일 필요는 없다.
② 정보가 정보이용자들이 미래 결과를 예측하기 위해 사용하는 절차의 투입요소로 사용될 수 있다면 그 재무정보는 예측가치를 가진다.
③ 정보가 누락되거나 잘못 기재된 경우 특정 보고기업의 재무정보에 근거한 정보이용자의 의사결정에 영향을 줄 수 있다면 그 정보는 중요한 것이다.
④ 완벽한 표현충실성을 위해서는 서술이 비교가능하고 검증가능해야 하며 이해할 수 있어야 한다.

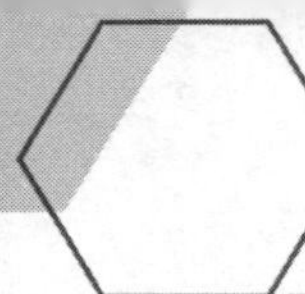

4. 다음 중 포괄손익계산서에서 당기순손익과 총포괄손익 간에 차이를 발생시키는 항목으로 가장 옳은 것은?

① 투자부동산 평가손익
② 유형자산의 재평가잉여금
③ 당기손익-공정가치 측정 금융자산 평가손익
④ 자기주식처분이익

5. 다음 중 중간재무보고에 관한 설명으로 가장 올바르지 않은 것은?

① 중간재무보고서는 당해 중간보고기간 말과 직전 연차보고기간 말을 비교하는 형식으로 작성한 재무상태표를 포함하여야 한다.
② 중간재무보고서는 당해 중간기간과 당해 회계연도 누적기간을 직전 회계연도의 동일기간과 비교하는 형식으로 작성한 포괄손익계산서를 포함하여야 한다.
③ 중간재무보고서는 당해 회계연도 누적기간을 직전 회계연도의 동일기간과 비교하는 형식으로 작성한 자본변동표를 포함하여야 한다.
④ 중간재무보고서는 당해 중간기간과 당해 회계연도 누적기간을 직전 회계연도의 동일기간과 비교하는 형식으로 작성한 현금흐름표를 포함하여야 한다.

6. 다음 중 재고자산의 취득원가에 관한 설명으로 가장 옳은 것은?

① 재고자산을 현재의 장소에 현재의 상태로 이르게 하는데 기여하지 않은 관리간접원가는 취득원가에 포함한다.
② 후속 생산단계에 투입하기 전에 보관이 필요한 경우에 발생하는 보관원가는 취득원가에 포함한다.
③ 판매시 발생한 판매수수료는 매입가격에 가산한다.
④ 매입할인 및 리베이트는 매입원가를 결정할 때 가산한다.

7. ㈜삼일은 상품재고자산의 단위원가 결정방법으로 선입선출법을 채택하고 있다. ㈜삼일의 20X1년 재고자산과 관련된 자료를 바탕으로 ㈜삼일이 20X1년 포괄손익계산서에 매출원가로 인식할 금액을 계산하면 얼마인가(단, 재고자산 감모손실은 없다.)?

구 분	단 위	단 위 원 가
기초재고(1.1)	100개	@ 100
매입(3.5)	250개	@ 200
매출(6.15)	300개	
매입(11.10)	100개	@ 225
매출(12.22)	100개	
실사 결과 재고수량(12.31)	50개	

① 70,000원　　② 71,250원
③ 72,500원　　④ 77,500원

8. 다음 자료에서 재고자산평가손실은 ㈜삼일의 재고자산이 진부화되어 발생하였다. 다음 자료 중 ㈜삼일의 20X2년 포괄손익계산서상 매출원가 등 재고자산과 관련하여 비용으로 인식할 금액은 얼마인가?

20X1년 12월 31일 재고자산	1,000,000원
20X2년 매입액	3,000,000원
20X2년 재고자산평가손실	300,000원
20X2년 재고자산감모손실(정상감모 150,000원, 나머지는 비정상감모)	200,000원
20X2년 12월 31일 재고자산(평가손실과 감모손실 차감 후)	1,500,000원

① 2,500,000원　　② 2,700,000원
③ 2,800,000원　　④ 3,000,000원

9. ㈜삼일은 20X1년 초에 토지를 10,000원에 구입하였으며, 이 토지에 대해 재평가모형을 적용하여 매년 말에 재평가하였다. 토지는 20X1년 말에 7,000원, 20X2년 말에 15,000원으로 각각 재평가되었다. 20X2년 말에 시행한 토지의 재평가가 ㈜삼일의 20X2년 당기순이익에 미치는 영향은 얼마인가?

① 영향 없음　　② 3,000원 증가
③ 5,000원 증가　　④ 8,000원 증가

10. ㈜삼일은 20X1년 1월 1일 임직원 연수동의 건설에 착공하였다. 회사가 20X1년 중 동 연수동 신축과 관련하여 지출한 금액과 차입금 현황은 다음과 같으며 완공까지는 약 3년이 소요될 예정이다. ㈜삼일이 20X1년에 자본화 할 차입원가는 얼마인가?

지 출 일	지 출 액	비 고
20X1년 1월 1일	10,000,000원	공사착공
20X1년 7월 1일	8,000,000원	
20X1년 9월 1일	9,000,000원	

차 입 처	차 입 일	차 입 금	연 이 자 율	용 도
K은행	20X1. 01. 01	8,000,000	6%	특정목적차입금
S은행	20X1. 07. 01	20,000,000	8%	일반목적차입금

① 1,200,000원 ② 1,280,000원 ③ 1,600,000원 ④ 2,080,000원

11. 전자기기 제조업을 영위하는 ㈜삼일은 당기 중 신제품 A의 출시를 위해 필요한 유형자산 B를 취득하였다. 이와 관련된 지출항목이 다음과 같다고 할 때, 유형자산 B의 취득원가로 계상될 금액은 얼마인가?

지 출 항 목	금 액
유형자산 B 의 매입가격	100,000,000원
최초의 운송	5,000,000원
설치 및 조립	3,000,000원
신제품 A 를 시장에 소개하기 위한 광고	5,000,000원
정상적인 가동 여부를 확인하는데 소요된 원가	2,000,000원
유형자산 B 의 취득과 관련하여 전문가에게 지급하는 수수료	10,000,000원

① 100,000,000원 ② 110,000,000원 ③ 120,000,000원 ④ 125,000,000원

12. 다음 중 무형자산의 상각에 관한 설명으로 가장 올바르지 않은 것은?

① 내용연수가 유한인 무형자산은 자산을 사용할 수 있는 때부터 상각한다.
② 내용연수가 비한정인 무형자산은 감가상각하지 않고, 매 회계기간마다 내용연수가 비한정이라는 평가가 정당한지 검토한다.
③ 내용연수가 유한인 무형자산은 경제적효익이 소비되는 형태를 신뢰성 있게 결정할 수 없는 경우에는 상각을 하지 않는다.
④ 내용연수가 유한한 무형자산의 상각기간과 상각방법은 적어도 매 회계연도 말에 검토한다.

13. ㈜삼일이 20X1년 초에 취득한 특허권 관련 자료는 다음과 같다. 특허권은 정액법으로 상각하며, 잔존가치는 0원이다. ㈜삼일이 20X1년 말에 인식할 특허권 장부금액과 관련 손상차손 금액은 얼마인가?

취득원가	경제적 · 법적 내용연수	20X1년 말	
		순공정가치	사용가치
500,000원	5년	300,000원	360,000원

	장부금액	손상차손
①	400,000원	0원
②	300,000원	100,000원
③	400,000원	40,000원
④	360,000원	40,000원

14. ㈜삼일은 20X1년 초에 다음과 같은 건물을 구입하였으나 장래 사용목적을 결정하지 못하여 투자부동산으로 분류하고 있다. 투자부동산의 회계처리와 관련하여 ㈜삼일의 20X1년 당기순이익에 미치는 영향은 얼마인가(단, 법인세비용은 고려하지 않으며, ㈜삼일은 투자부동산을 공정가치모형으로 측정하고 있다)?

ㄱ. 취득원가 : 10억원
ㄴ. 감가상각방법 및 내용연수 : 정액법, 10년
ㄷ. 잔존가치 : 1억원
ㄹ. 공정가치

구 분	20X1년 1월 1일	20X1년 12월 31일
건 물	10억원	12억원

① 90,000,000원 당기순이익 감소
② 110,000,000원 당기순이익 증가
③ 200,000,000원 당기순이익 증가
④ 290,000,000원 당기순이익 증가

15. ㈜삼일의 20X1년 말 기타포괄손익－공정가치측정금융자산의 기타포괄손익누계액은 얼마인가?

㈜삼일은 20X0년초 기타포괄손익－공정가치측정금융자산을 취득하였다. 취득시 공정가치는 100,000원이고, 취득관련 수수료는 10,000원이다. 20X0년 말 동 금융자산의 공정가치는 160,000원이며, 20X1년 말 동 금융자산의 공정가치는 130,000원이다.

① 10,000원 ② 20,000원 ③ 40,000원 ④ 50,000원

16. ㈜삼일은 20X1년 1월 1일에 다음과 같은 조건의 상각후원가측정금융자산을 취득 당시의 공정가치로 취득하였다. 이 경우 ㈜삼일의 포괄손익계산서상 상각후원가측정금융자산의 20X1년 이자수익은 얼마인가(소수점 첫 번째 자리에서 반올림한다)?

ㄱ. 액면금액 : 100,000원
ㄴ. 발행일 : 20X1년 1월 1일
ㄷ. 만기일 : 20X2년 12월 31일(2년)
ㄹ. 액면이자율 : 10%, 매년 말 지급조건
ㅁ. 시장이자율 : 20X1년 1월 1일 현재 12%
ㅂ. 현가계수

이자율	현가계수		
	1년	2년	계
12%	0.89285	0.79719	1.69004

① 10,000원 ② 11,594원 ③ 14,362원 ④ 16,278원

17. 다음과 같은 조건의 사채를 발행한 경우 동 사채로 인하여 만기까지 인식해야 하는 총 이자비용은 얼마인가?

ㄱ. 액면금액 : 50,000,000원
ㄴ. 발행일 : 20X1년 1월 1일
ㄷ. 만기일 : 20X3년 12월 31일
ㄹ. 액면이자율 및 이자지급조건 : 연 9%, 매년 말 지급
ㅁ. 발행일의 시장이자율 : 6%
ㅂ. 이자율 6%, 3년 연금현가계수 : 2.6730
　이자율 6%, 3년 현가계수 : 0.8396

① 4,008,500원 ② 9,491,500원 ③ 13,500,000원 ④ 17,508,500원

18. 다음 중 복합금융상품의 회계처리에 관한 설명으로 가장 옳은 것은?

① 최초 인식시점에 자본요소와 부채요소의 분리가 필요하다.
② 복합금융상품의 발행금액에서 지분상품의 공정가치를 차감한 잔액을 금융부채로 인식한다.
③ 일반적으로 전환사채에 포함되어 있는 전환권은 부채로 분류한다.
④ 현금 등 금융자산을 인도하기로 하는 계약 부분은 지분상품요소에 해당한다.

19. 다음 중 금융부채에 관한 설명으로 가장 올바르지 않은 것은?

① 금융부채는 원칙적으로 최초인식시 공정가치로 인식한다.

② 당기손익-공정가치 측정 금융부채와 관련되는 거래원가는 최초인식시 공정가치에서 차감한다.

③ 사채의 상환손익이 발생하는 이유는 상환일의 시장이자율이 발행일의 시장이자율과 다르기 때문이다.

④ 연속상환사채의 발행금액은 사채로부터 발생하는 미래현금흐름을 사채 발행시점의 시장이자율로 할인한 현재가치가 된다.

20. 다음 중 충당부채에 관한 설명으로 가장 올바르지 않은 것은?

① 충당부채는 과거사건이나 거래의 결과에 의한 현재의무로서, 지출의 시기 또는 금액이 불확실하지만 그 의무를 이행하기 위하여 자원이 유출될 가능성이 높고, 또한 금액을 신뢰성 있게 추정할 수 있는 의무를 말한다.

② 충당부채로 인식하는 금액은 현재의무를 보고기간 말에 이행하기 위하여 필요한 지출의 최선의 추정치이어야 한다.

③ 충당부채를 설정하는 의무는 명시적인 법규 또는 계약의무를 뜻하며, 과거의 실무 관행에 의해 기업이 이행해 온 의제의무는 포함되지 않는다.

④ 충당부채의 화폐의 시간가치 영향이 중요한 경우에는 의무를 이행하기 위하여 예상되는 지출액의 현재가치로 평가한다.

21. 다음 중 자본거래가 각 자본항목에 미치는 영향에 관한 설명으로 가장 올바르지 않은 것은?

		주식배당	무상증자	주식분할
①	자본금	증가	증가	증가
②	주식수	증가	증가	증가
③	이익잉여금	감소	감소가능	불변
④	총자본	불변	불변	불변

22. 다음 중 자기주식의 취득 및 처분 회계처리에 관한 설명으로 가장 올바르지 않은 것은?

① 자기주식을 처분하는 경우 처분가액과 취득원가와의 차액을 자기주식처분손익으로 기타포괄손익에 반영한다.

② 자기주식을 취득하는 경우 취득원가를 자본에서 차감하는 형식으로 기재한다.

③ 자기주식을 소각하는 경우 액면금액과 취득원가와의 차액을 감자차손익으로 반영한다.

④ 자기주식을 보유하고 있는 기간동안 자기주식에 대한 평가손익은 인식하지 않는다.

23. 다음 중 고객과의 계약에서 생기는 수익에 관한 설명으로 가장 올바르지 않은 것은?

① 재화나 용역을 이전하는 시점과 고객이 대가를 지급하는 시점이 1년 이내로 예상되는 경우 유의적인 금융요소를 조정하지 않을 수 있다.

② 수익을 인식하기 위해서는 [고객과의 계약 식별 - 수행의무 식별 - 거래가격 산정 - 거래가격을 계약 내 수행의무에 배분 - 수행의무를 이행할 때 수익인식]의 단계를 거친다.

③ 거래가격 산정시 제 3 자를 대신해서 회수한 금액은 제외되어야 하며, 변동대가, 비현금대가 및 고객에게 지급할 대가 등이 미치는 영향을 고려하여야 한다.

④ 재화나 용역을 제공하고 대가를 현금 외에 재화 또는 용역으로 수령하는 경우 재화 등의 성격이 유사하더라도 별도 거래로 보아 수익을 인식한다.

24. ㈜삼일은 20X1년 12월 31일 ㈜반품에 50,000,000원(원가 30,000,000원)의 제품을 판매하고 1년 이내 반품할 수 있는 권리를 부여하였다. 인도일 현재 판매가 10,000,000원의 제품이 반품될 것으로 예상된다면 ㈜삼일이 20X1년에 인식할 환불부채는 얼마인가?

① 6,000,000원 ② 10,000,000원 ③ 40,000,000원 ④ 44,000,000원

25. ㈜삼일건설은 ㈜용산과 20X1년 7월 1일 총공사계약액 60,000,000원의 공장신축공사계약을 체결하였다. 회사가 누적발생계약원가에 기초하여 진행률을 측정하여 진행기준으로 수익을 인식한다면 ㈜삼일건설의 20X2년 계약손익은 얼마인가?

	20X1년	20X2년
당기발생계약원가	10,000,000원	30,000,000원
추정총계약원가	40,000,000원	40,000,000원
공사대금청구액(연도별)	25,000,000원	25,000,000원

① 이익 10,000,000원 ② 이익 13,000,000원
③ 이익 15,000,000원 ④ 이익 20,000,000원

26. ㈜서울은 20X1년 2월 5일에 ㈜부산과 공장건설계약을 맺었다. 총공사계약액은 120,000,000원이며 ㈜서울은 누적발생계약원가에 기초하여 진행률을 산정하여 진행기준에 따라 수익을 인식한다. ㈜서울의 건설계약과 관련한 20X1년 자료는 다음과 같다. ㈜서울의 20X1년 말 재무상태표상 계약부채(초과청구공사) 또는 계약자산(미청구공사) 금액은 얼마인가?

누적발생원가	추정총계약원가	공사대금청구액
20,000,000원	100,000,000원	18,000,000원

① 계약부채(초과청구공사) 2,000,000원
② 계약부채(초과청구공사) 6,000,000원
③ 계약자산(미청구공사) 2,000,000원
④ 계약자산(미청구공사) 6,000,000원

27. ㈜삼일은 확정급여형 퇴직급여제도를 시행하고 있다. 확정급여채무의 현재가치와 사외적립자산의 공정가치 변동내역이 다음과 같을 경우 20X1년 포괄손익계산서상 기타포괄손익으로 인식할 금액은 얼마인가(단, 법인세 효과는 고려하지 않는다)?

〈확정급여채무의 현재가치〉

항목	금액
20X1년 1월 1일	100,000원
당기근무원가	10,000원
이자원가	2,000원
재측정요소	100원
20X1년 12월 31일	112,100원

〈사외적립자산의 공정가치〉

항목	금액
20X1년 1월 1일	50,000원
사외적립자산의 적립	5,000원
사외적립자산의 기대수익	1,000원
재측정요소	(200원)
20X1년 12월 31일	55,800원

① 손실 100원　② 이익 100원　③ 손실 300원　④ 이익 300원

28. 다음 중 현금결제형 주식기준보상거래에 관한 설명으로 가장 올바르지 않은 것은?

① 제공받는 재화나 용역과 그 대가로 부담하는 부채를 부채의 공정가치로 측정한다.
② 기업이 재화나 용역을 제공받는 대가로 지분상품의 가치에 기초하여 현금을 지급해야 하는 거래이다.
③ 부채가 결제될 때까지 매 보고기간 말과 결제일에 부채의 공정가치를 재측정한다.
④ 공정가치의 변동액은 기타포괄손익으로 회계처리한다.

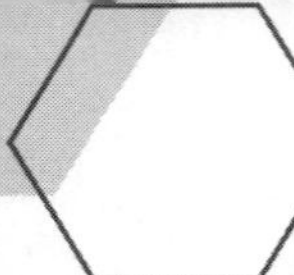

29. 다음 중 법인세회계에 관한 설명으로 가장 올바르지 않은 것은?

① 이연법인세자산은 비유동자산으로만 계상한다.

② 이연법인세부채는 비유동부채로만 계상한다.

③ 가산할 일시적차이가 사용될 수 있는 미래과세소득의 발생 가능성이 높은 경우에 이연법인세자산을 인식한다.

④ 일시적차이가 소멸될 것으로 예상되는 기간의 과세소득에 적용될 것으로 기대되는 평균세율을 적용하여 이연법인세자산·부채를 측정한다.

30. 다음은 ㈜삼일의 법인세비용 관련 자료이다. 20X2년 포괄손익계산서에 계상할 법인세비용은 얼마인가?

항목	금액
ㄱ. 20X2년 말 미지급법인세	1,000,000원
ㄴ. 20X1년 말 이연법인세부채 잔액	500,000원
ㄷ. 20X2년 말 이연법인세부채 잔액	1,500,000원

① 0원　② 500,000원　③ 1,000,000원　④ 2,000,000원

31. 회계추정의 변경이란 기업환경의 변화, 새로운 정보의 획득 또는 경영의 축적에 따라 지금까지 사용해 오던 회계적 추정치의 근거와 방법 등을 바꾸는 것을 말한다. 다음 중 유형자산과 관련된 회계추정의 변경에 해당하지 않는 것은?

① 감가상각방법의 변경　② 내용연수의 변경

③ 재평가모형을 원가모형으로 변경　④ 잔존가치의 변경

32. ㈜삼일의 20X1년 당기순이익은 12,000,000원이며, 우선주배당금은 3,000,000원이다. ㈜삼일의 20X1년 1월 1일 유통보통주식수는 18,000 주이며, 10월 1일에는 유상증자를 통해 보통주 8,000 주를 발행하였다. ㈜삼일의 20X1년 기본주당순이익은 얼마인가(단, 유상신주의 발행금액과 공정가치는 동일하며, 가중평균 유통보통주식수는 월할로 계산한다)?

① 450원　② 500원　③ 600원　④ 750원

33. 다음 중 지분법 회계처리에 관한 설명으로 가장 올바르지 않은 것은?

① 영업권은 정액법으로 상각한다.
② 염가매수차익이 발생하는 경우 취득한 기간의 당기순손익에 포함한다.
③ 투자회사가 수취하게 될 배당금 금액은 관계기업투자주식의 장부금액을 감소시킨다.
④ 관계기업투자주식의 장부금액이 '영(0)' 이하가 될 경우 지분변동액에 대한 인식을 중지한다.

34. ㈜삼일은 20X1년 1월 1일 ㈜용산의 보통주 30%를 3,000,000원에 취득하였고 그 결과 ㈜용산에 유의적인 영향력을 행사할 수 있게 되었다. ㈜용산에 대한 재무정보 및 기타 관련정보가 다음과 같을 경우 ㈜삼일의 20X1년 말 현재 지분법을 적용한 관계기업투자주식의 장부금액은 얼마인가?

* ㈜용산에 대한 재무정보 ㄱ. 20X1년 1월 1일 현재 순자산장부금액 : 9,000,000원(공정가치와 일치함) ㄴ. 20X1년 당기순이익 : 1,000,000원

① 2,000,000원　② 2,700,000원　③ 3,300,000원　④ 4,000,000원

35. 다음 중 기능통화, 표시통화 및 외화거래에 관한 설명으로 가장 올바르지 않은 것은?

① 재무제표를 표시통화로 환산할 때 발생하는 환산차이는 기타포괄손익으로 인식한다.
② 외화거래를 보고기간 말에 기능통화로 환산할 때 화폐성항목은 마감환율로 환산하고, 외환차이를 당기손익으로 인식한다.
③ 외화거래를 보고기간 말에 기능통화로 환산할 때 역사적원가로 측정하는 비화폐성항목은 거래일의 환율로 환산하기 때문에, 외환차이가 발생하지 않는다.
④ 외화거래를 보고기간 말에 기능통화로 환산할 때 공정가치로 측정하는 비화폐성항목은 공정가치가 결정된 날의 환율로 환산하며, 외환차이는 항상 기타포괄손익으로 인식한다.

36. 다음 중 파생상품회계의 일반원칙에 관한 설명으로 가장 올바르지 않은 것은?

① 위험회피수단으로 지정되지 않고 매매목적으로 보유하고 있는 파생상품의 평가손익은 기타포괄손익으로 처리한다.
② 위험회피회계를 적용하기 위해서는 일정한 요건을 충족해야 한다.
③ 공정가치 위험회피회계에서 위험회피수단에 대한 손익은 당해 회계연도의 당기손익으로 인식한다.
④ 현금흐름 위험회피회계에서 위험회피에 효과적이지 않은 부분은 당해 회계연도의 당기손익으로 인식한다.

37. 다음 중 리스에 관한 설명으로 가장 올바르지 않은 것은?

① 리스부채는 사용권자산에서 차감하는 형식으로 재무상태표에 표시한다.
② 금융리스에서 리스제공자가 리스채권으로 인식할 금액은 리스료의 현재가치와 무보증잔존가치의 현재가치를 합한 금액이다.
③ 리스이용자는 리스개시일에 사용권자산과 리스부채를 인식하는 것을 원칙으로 한다.
④ 리스제공자는 각 리스를 운용리스나 금융리스로 분류한다.

38. 다음 자료의 빈칸에 들어갈 내용으로 가장 알맞게 짝지어진 것은?

영업활동으로 인한 현금흐름	500,000원	법인세비용차감전순이익	50,000원
감가상각비	300,000원	재고자산의 증가	300,000원
유형자산처분손실	150,000원	매입채무의 (ㄱ)	(ㄴ)원

	ㄱ	ㄴ
①	증가	300,000
②	증가	600,000
③	감소	300,000
④	감소	600,000

39. 다음은 ㈜삼일의 현금흐름표상 활동별 현금유출 · 입을 표시한 것이다. 다음 중 ㈜삼일의 현금흐름표에 관한 분석으로 가장 올바르지 않은 것은?

영업활동 현금흐름	투자활동 현금흐름	재무활동 현금흐름
현금유입(+)	현금유출(-)	현금유출(-)

① 영업활동 현금흐름을 증가시키기 위해 유형자산의 처분으로 인한 현금유입을 영업활동으로 분류할 수 있다.
② 주식발행으로 재무활동 현금흐름을 (+)로 만들 수 있다.
③ 재무활동 현금흐름을 증가시키기 위해 이자지급은 영업활동 현금흐름으로 분류할 수 있다.
④ 재무활동 현금흐름이 (-)이니 차입금상환, 배당금지급 등이 있었을 것이다.

40. 다음의 자료를 이용하여 20X1년의 현금흐름표를 직접법에 의하여 작성할 경우 공급자에 대한 현금유출액은 얼마인가?

• 20X1년 매출원가는 60,000원이다.
• 20X1년 재고자산 및 매입채무 관련 자료

구 분	20X1년 1월 1일	20X1년 12월 31일
재고자산	5,000원	3,000원
매입채무	2,000원	4,000원

① 56,000원 ② 60,000원 ③ 62,000원 ④ 64,000원

세무회계

41. 다음 중 조세에 관한 설명으로 옳지 않은 것은?

① 조세는 금전납부가 원칙이다.
② 조세는 법률에 규정된 과세요건을 충족한 모든 자에게 부과된다.
③ 위법행위에 대한 제재를 목적을 두고 있는 벌금, 과태료는 조세에 해당하지 않는다.
④ 조세는 납세자가 납부한 세액에 비례하여 개별적 보상을 제공한다.

42. 다음 중 국세기본법상 기한과 기간에 관한 설명으로 옳지 않은 것은?

① 과세표준신고서를 국세정보통신망을 이용하여 제출하는 경우 해당 신고서 등이 국세청장에게 전송된 때에 신고한 것으로 본다.
② 국세의 납부에 관한 기한이 근로자의 날일 때에는 그 전일을 기한으로 본다.
③ 기간을 일·주·월·연으로 정한 때에는 기간의 초일은 기간 계산시 산입하지 않는다.
④ 기간의 계산은 국세기본법 또는 그 세법에 특별한 규정이 있는 것을 제외하고는 민법에 따른다.

43. 다음 중 국세기본법에 관한 설명으로 옳지 않은 것은?

① 실질과세의 원칙은 조세평등주의를 구체화한 세법적용의 원칙이다.
② 신의성실의 원칙이란 납세자가 그 의무를 이행할 때에는 신의에 따라 성실하게 하여야 한다는 것으로, 납세자와 세무공무원 모두에게 적용된다.
③ 실질과세의 원칙이란 법적 형식이나 외관에 관계없이 실질에 따라 세법을 해석하고 과세요건사실을 인정해야 한다는 원칙이다.
④ 근거과세의 원칙이란 장부 등 직접적인 자료에 입각하여 납세의무를 확정해야 한다는 원칙이다.

44. 다음 중 과세요건과 관련한 설명으로 옳지 않은 것은?

① 과세요건이란 납세의무의 성립에 필요한 법률상의 요건을 말한다.
② 세법에 의하여 국세를 납부할 의무(국세를 징수하여 납부할 의무를 포함)가 있는 자를 납세의무자라 한다.
③ 과세물건이란 조세부과의 목표가 되거나 과세의 원인이 되는 소득, 수익, 재산, 사실행위 등의 조세객체를 말한다.
④ 세율이란 과세의 한 단위에 대하여 징수하는 조세의 비율을 말한다.

45. 다음 중 법인세법상 과세소득의 범위에 관한 설명으로 옳지 않은 것은?

① 영리내국법인 중 법소정 요건 충족시 미환류소득에 대하여 법인세 납세의무가 있다.
② 외국법인은 비사업용토지의 양도소득에 대하여 법인세 납세의무가 없다.
③ 영리내국법인이 해산(합병이나 분할에 의한 해산 제외)한 경우 그 청산소득 금액은 해산에 의한 잔여재산의 가액에서 해산등기일 현재의 자기자본의 총액을 공제한 금액으로 한다.
④ 비영리내국법인은 주식의 양도로 인하여 생기는 수입에 대하여 법인세 납세의무가 있다.

46. 다음 중 소득처분에 관한 설명으로 옳지 않은 것은?

① 소득의 귀속자가 출자자이면서 임원인 출자임원의 경우 배당으로 처분한다.
② 기타사외유출 처분시 귀속자의 소득에 포함되어 이미 과세되었으므로 추가 과세는 하지 않으며 이에 법인의 원천징수의무도 없다.
③ 유보는 세무조정의 효과가 사외로 유출되지 않고 사내에 남아서 결산상 순자산보다 세무상 순자산을 증가시킨 경우에 하는 소득처분이다.
④ 업무무관자산을 대표자가 사용하고 있는 경우 업무무관자산에 관한 차입금이자 손금불산입금액은 기타사외유출로 처분한다.

47. 다음 중 법인세법상 익금에 산입되는 금액은 얼마인가?

(1) 부가가치세 매출세액	200,000원
(2) 법인세 과오납금의 환급금에 대한 이자	100,000원
(3) 채무면제이익	100,000원
(4) 상품판매로 받은 금액	300,000원
(5) 자기주식처분이익	100,000원

① 400,000원 ② 500,000원 ③ 600,000원 ④ 700,000원

48. 다음 중 법인세법상 업무무관경비 손금불산입항목에 관한 설명으로 옳지 않은 것은?

① 업무무관경비 관련 손금불산입항목의 범위에는 업무무관부동산 및 업무무관자산의 취득과 관리에 따른 비용, 유지비, 수선비와 이에 관련되는 비용이 포함된다.

② 출자자(소액주주 제외)나 출연자인 임원 또는 그 친족이 사용하고 있는 사택의 유지비, 사용료 및 이에 관련되는 지출금은 업무무관경비에 속한다.

③ 업무무관부동산 및 업무무관자산을 취득하기 위한 자금의 차입과 관련되는 비용은 업무무관경비에 포함하지 아니한다.

④ 업무무관자산의 취득에 따른 취득세 등은 취득부대비용으로 보아 자산의 취득가액에 가산한다.

49. ㈜삼일은 다음 항목을 손익계산서에 비용처리하였다. ㈜삼일의 제23기(20x1년 1월 1일~20x1년 12월 31일) 각사업연도소득금액 계산시 손금불산입되는 금액은 얼마인가?

① 10,000,000원 ② 12,000,000원 ③ 22,000,000원 ④ 24,000,000원

50. 다음 중 법인세법상 손익의 귀속시기에 관한 설명으로 옳지 않은 것은?

ㄱ. 국세의 체납으로 인한 가산금	5,000,000원
ㄴ. 국민건강보험료(사용자부담분)	12,000,000원
ㄷ. 제 23 기 사업연도에 납부한 과태료	5,000,000원
ㄹ. 제 22 기에 상법상 소멸시효가 완성된 외상매출금	2,000,000원
ㅁ. 파손으로 인한 재고자산의 평가손실	10,000,000원

① 건설·제조 기타 용역의 제공으로 인한 익금과 손금은 그 목적물의 작업진행률에 따른 진행기준에 따라 익금과 손금에 산입하는 것을 원칙으로 한다.

② 상품 등의 시용판매의 경우 상대방이 그 상품 등에 대한 구입 의사를 표시한 날(구입의 의사표시 기간에 대한 특약은 없음)을 익금 및 손금의 귀속사업연도로 한다.

③ 장기할부조건이라 함은 자산의 판매 또는 양도로서 판매금액 또는 수입금액을 월부·연부 기타의 지불방법에 따라 2회 이상으로 분할하여 수입하는 것 중 당해 목적물 인도일의 다음날부터 최종 할부금의 지급기일까지의 기간이 1년 이상인 것을 말한다.

④ 금융회사 등이 수입하는 이자 등에 대하여는 원칙적으로 발생주의에 의해 수익의 귀속사업연도를 결정한다.

51. 다음의 법인세법상 감가상각범위액 결정요소 중 취득가액에 관한 설명으로 옳지 않은 것은?

① 자본적지출은 자산의 취득원가에 가산되어 이후 감가상각과정을 통해 손금에 산입되나, 수익적지출은 지출당시에 당기비용으로 처리된다.

② 재해로 멸실되어 자산의 본래 용도에 이용할 가치가 없는 건축물 등의 복구는 자본적지출에 해당한다.

③ 시설의 개체 또는 기술의 낙후로 인하여 생산설비의 일부를 폐기한 경우에는 당해 자산의 장부가액 전액을 폐기일이 속하는 사업연도의 손금에 산입할 수 있다.

④ 개별자산별로 수선비로 지출한 금액이 600만원 미만인 경우 시부인 계산과정을 거치지 않고 전액 손금으로 인정할 수 있다.

52. 다음 자료에 의한 ㈜삼일의 제23기(20x1년 1월 1일~20x1년 12월 31일) 사업연도의 세무조정 사항이 각 사업연도 소득금액에 미치는 영향으로 가장 옳은 것은?

구분	건물	기계장치	영업권
회사계상 상각비	5,000,000원	4,000,000원	1,000,000원
세법상 상각범위액	6,000,000원	3,500,000원	1,200,000원
내 용 연 수	40년	5년	5년
전기이월상각 부인액	1,500,000원	-	-

① 영향 없음 ② 500,000원 감소 ③ 500,000원 증가 ④ 1,000,000원 증가

53. 다음 중 법인세법상 기부금에 관한 설명으로 옳지 않은 것은?

① 특수관계가 없는 자에게 정당한 사유없이 자산을 정상가액보다 낮은 가액으로 양도함으로써 실질적으로 증여한 것으로 인정되는 금액은 기부금으로 본다.

② 특례기부금을 금전 외의 자산으로 제공하는 경우에는 시가로 평가한다.

③ 기부금은 특수관계가 없는 자에게 사업과 직접 관련없이 무상으로 지출하는 재산적 증여가액을 말한다.

④ 기부금은 현금의 지출이 이루어진 사업연도의 손금으로 본다.

54. ㈜삼일의 담당 회계사인 김삼일 회계사가 ㈜삼일의 제23기 사업연도(20x1년 1월 1일~20x1년 12월 31일) 기업업무추진비에 대하여 자문한 내용으로 옳지 않은 것은?

① 기업업무추진비를 금전이 아닌 현물로 제공한 경우에는 시가와 장부금액 중 큰 금액을 기업업무추진비로 보아야 합니다.

② 기업업무추진비 관련 VAT 매입세액 불공제액과 기업업무추진한 자산에 대한 VAT 매출세액은 기업업무추진비로 간주하지 않습니다.

③ 문화기업업무추진비 한도액의 계산은 문화기업업무추진비 지출액과 일반기업업무추진비 한도액의 20% 중 작은 금액으로 합니다.

④ 20x1년 12월에 신용카드로 기업업무추진 행위를 하고, 20x2년 1월에 신용카드 대금을 결제한 경우에는 이를 20x1년의 기업업무추진비로 처리하여야 합니다.

55. 다음은 지급이자손금불산입 항목을 나열한 것이다. 지급이자손금불산입을 적용하는 순서를 나타낸 것으로 타당한 것은?

> ㄱ. 업무무관자산 등 관련 이자
> ㄴ. 건설자금이자
> ㄷ. 채권자불분명 사채이자
> ㄹ. 비실명 채권 · 증권의 이자상당액

① ㄱ → ㄴ → ㄷ → ㄹ　　② ㄴ → ㄷ → ㄹ → ㄱ
③ ㄷ → ㄹ → ㄱ → ㄴ　　④ ㄷ → ㄹ → ㄴ → ㄱ

56. 다음 자료를 바탕으로 제조업을 영위하는 ㈜삼일의 제23기 사업연도(20x1년 1월 1일~20x1년 12월 31일)의 대손충당금 한도초과액을 계산하면 얼마인가?

> (1) 결산서상 대손충당금 내역
> ① 기초대손충당금 잔액 : 20,000,000원
> ② 회수불능채권과 상계액 : 9,000,000원(전액 세무상 대손요건을 충족함)
> ③ 당기 추가설정액 : 29,000,000원
> ④ 기말잔액 : 40,000,000원
> (2) 당기 세무상 대손충당금 설정대상채권액 : 200,000,000원
> (3) 전기 세무상 대손충당금 설정대상채권액 : 300,000,000원
> (4) 전기 말 기준으로 대손부인된 채권은 없다고 가정한다.

① 24,000,000원　② 29,000,000원　③ 32,000,000원　④ 34,000,000원

57. 다음 중 법인세법상 손금으로 인정되는 준비금으로 옳지 않은 것은?

① 책임준비금　② 손실보전준비금　③ 비상위험준비금　④ 고유목적사업준비금

58. ㈜삼일은 20x1년 1월 1일에 시가 12억원(장부가액 4억원)인 토지를 회사의 대표이사에게 양도하고 유형자산처분이익 2억원을 인식하였다. 토지 매각과 관련하여 20x1년에 필요한 세무조정으로 가장 옳은 것은(단, 증여세는 고려하지 않는다)?

① (익금산입) 부당행위계산부인(저가양도) 2억원(상여)
② (익금산입) 부당행위계산부인(저가양도) 3억원(상여)
③ (익금산입) 부당행위계산부인(저가양도) 4억원(상여)
④ (익금산입) 부당행위계산부인(저가양도) 6억원(상여)

59. 다음 중 법인세법상 과세표준의 계산에 관한 설명으로 옳지 않은 것은?

① 과세표준은 각사업연도소득에서 이월결손금, 비과세소득, 소득공제를 순서대로 차감하여 계산한다.

② 공제대상 이월결손금은 각사업연도소득의 100%(중소기업과 회생계획 이행중 기업 포함) 범위에서 공제한다.

③ 각사업연도소득금액에서 이월결손금을 공제한 금액을 초과하는 비과세소득은 다음 사업연도로 이월되지 않고 소멸한다.

④ 자산수증이익이나 채무면제이익에 의해 충당된 이월결손금은 과세표준 계산시 공제가 불가능하다.

60. 다음 중 법인세 신고 · 납부에 관한 설명으로 옳지 않은 것은?

① 법인세 납세의무가 있는 내국법인은 각 사업연도 종료일이 속하는 달의 말일부터 3 개월 이내에 법인세 과세표준과 세액을 신고하여야 한다.

② 법인세 과세표준 신고시 개별 내국법인의 재무상태표, 포괄손익계산서 등의 첨부서류는 제출하지 않아도 된다.

③ 각사업연도소득금액이 없거나 결손금이 있는 경우에도 법인세 신고기간 내에 과세표준과 세액을 신고하여야 한다.

④ 법인세는 신고기한 내에 납부하여야 하나 납부할 세액이 일정 금액을 초과할 경우 분납할 수 있다.

61. 다음 중 소득세의 특징에 관한 설명으로 옳지 않은 것은?

① 소득세법은 개인별 소득을 기준으로 과세하는 개인단위과세제도를 원칙으로 한다.

② 퇴직소득과 양도소득을 다른 소득과 합산하지 않고 별도로 과세하는 이유는 장기간에 걸쳐 발생한 소득이 일시에 실현되는 특징 때문이다.

③ 소득세법은 모든 소득에 대하여 열거주의에 의하여 과세대상 소득을 규정하고 있으므로 열거되지 아니한 소득은 과세되지 않는다.

④ 분리과세는 과세기간별로 합산하지 않고 그 소득이 지급될 때 소득세를 징수함으로써 과세를 종결하는 방식이다.

62. 다음 자료를 참고하여 총급여액이 45,000,000원인 거주자 김자경씨의 종합과세되는 배당소득금액을 계산하면 얼마인가?

1. 20x1년에 수령한 배당금 내역은 다음과 같다.	
(1) 주권상장법인으로부터의 배당(금전배당)	20,000,000원
(2) 비상장법인으로부터의 배당(주식배당)	40,000,000원
(3) A 법인의 주식발행초과금의 자본전입으로 수령한 무상주	30,000,000원
2. 배당소득 가산율은 11%이다.	

① 60,000,000원 ② 64,400,000원 ③ 90,000,000원 ④ 97,700,000원

63. 다음 중 소득세법상 사업소득금액과 법인세법상 각사업연도소득금액의 차이점에 관한 설명으로 옳지 않은 것은?

① 재고자산의 자가소비에 관해서 법인세법에서는 부당행위부인에 적용되나, 소득세법에서는 개인사업자가 재고자산을 가사용으로 소비하거나 이를 사용인 또는 타인에게 지급한 경우에는 총수입금액으로 보지 아니한다.

② 대표자에 대한 급여는 각 사업연도 소득금액의 계산에 있어서 손금으로 보지만, 사업소득금액의 계산에 있어서는 필요경비로 보지 아니한다.

③ 유가증권처분손익은 각 사업연도 소득금액의 계산에 있어서 익금 및 손금으로 보지만, 사업소득금액의 계산에 있어서는 총수입금액 및 필요경비로 보지 아니한다.

④ 이자수익과 배당금수익은 각사업연도소득에 포함하나, 사업소득에서는 제외한다.

64. 다음 중 소득세법상 근로소득에 관한 설명으로 옳지 않은 것은?

① 잉여금처분에 의한 상여의 경우 당해 근로를 제공한 날이 속하는 사업연도를 근로소득의 수입시기로 한다.

② 퇴직함으로써 받는 소득으로서 퇴직소득에 속하지 아니하는 소득은 근로소득에 해당한다.

③ 종업원이 소유 또는 임차한 차량으로 사업주의 업무수행에 이용하고 그에 소요된 실제비용을 지급받지 않으면서 별도로 지급받는 월 20 만 원 이내의 금액은 소득세를 부과하지 아니한다.

④ 소액주주인 임원이 사택을 제공받음으로써 얻는 이익은 복리후생적 급여로 비과세 근로소득에 해당한다.

65. 다음 중 소득세법상 기타소득에 관한 설명으로 옳지 않은 것은?

① 계약금이 위약금·배상금으로 대체되는 경우의 기타소득은 계약의 위약 또는 해약이 확정된 날을 수입시기로 한다.

② 국가지정문화재로 지정된 서화·골동품의 양도로 발생하는 소득은 기타소득으로 과세되지 않는다.

③ 복권당첨소득은 기타소득으로 분류되며 무조건 분리과세되므로 별도로 종합과세 되지 않는다.

④ 고용관계 없는 자가 다수인에게 강연을 하고 받는 강연료는 기타소득으로 분류되며 총수입금액의 80% 를 필요경비로 인정한다.

66. 다음은 김삼일씨의 20x1년 소득 관련자료이다. 자료를 바탕으로 20x2년 5월 말까지 신고해야 할 종합소득금액은 얼마인가?

근로소득금액	15,000,000원
양도소득금액	38,000,000원
사업소득금액	33,000,000원
기타소득금액	5,300,000원
이자소득금액(정기예금이자)	20,000,000원

① 53,300,000원 ② 58,300,000원 ③ 73,300,000원 ④ 91,300,000원

67. 근로소득자인 홍길동씨는 20x1년 다음과 같이 보험료를 납부하였다. 홍길동씨의 20x1년 연말정산시 보험료 세액공제액은 얼마인가?

ㄱ. 고용보험료 총부담금	2,000,000원 (회사부담 1,000,000원 포함)
ㄴ. 국민건강보험료 총부담금	800,000원 (회사부담 400,000원 포함)
ㄷ. 자동차 보험료 납부액	1,600,000원
ㄹ. 생명보험(장애인전용보장성보험)의 보험료 납부액	1,200,000원

① 120,000원 ② 150,000원 ③ 270,000원 ④ 300,000원

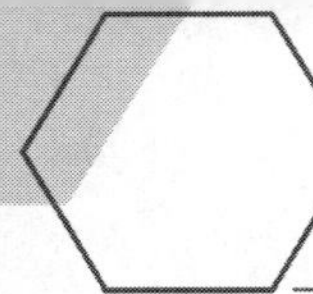

68. 다음 중 원천징수에 관한 설명으로 옳지 않은 것은?

① 비영업대금의 이익의 경우 원천징수세율은 25%이다.

② 법인이 개인에게 소득을 지급하는 경우 소득세법에 따라 원천징수한다.

③ 원천징수에 의해서 정부는 조세수입을 조기에 확보할 수 있으며, 탈세를 방지할 수 있는 장점이 있다.

④ 완납적 원천징수의 경우에는 별도의 소득세 확정신고 절차가 필요하나, 예납적 원천징수에 해당하면 별도의 확정신고 절차가 불필요하다.

69. 다음 중 양도소득세가 과세되는 소득으로 옳은 것은?

① 1세대 1주택(고가주택 아님)의 양도소득

② 사업용 기계장치의 처분이익

③ 상장주식의 양도소득(대주주 거래분)

④ 파산선고에 의한 처분으로 발생하는 소득

70. 다음 중 소득세법상 중간예납에 관한 설명으로 옳지 않은 것은?

① 중간예납은 1년간 소득에 대한 소득세를 분할 예납하게 하여 정부의 세입 충족면에서나 납세자의 자금부담면에서 효율적이다.

② 소득세 중간예납대상자는 종합소득이 있는 거주자 중 사업소득이 있는 자이다.

③ 중간예납이란 매년 1월 1일부터 6월 30일까지의 기간동안의 소득에 대해 소득세를 납부하는 것이며, 납부기한은 8월 30일이다.

④ 중간예납세액이 50만원 미만일 경우 중간예납세액을 징수하지 아니한다.

71. 다음 중 부가가치세법에 대하여 가장 옳은 주장을 하는 사람은 누구인가?

① 김철수 : 부가가치세가 과세되는 재화란 재산 가치가 있는 유체물을 말한다. 따라서 동력이나 열과같은 무체물은 부가가치세 과세대상이 아니다.

② 김영희 : 우리나라의 부가가치세 제도는 전단계세액공제법을 채택하고 있다.

③ 김영수 : 재화의 수입은 수입자가 사업자인 경우에만 부가가치세가 과세된다. 따라서 사업자가 아닌 개인이 재화를 수입하는 경우에는 부가가치세가 과세되지 않는다.

④ 김순희 : 간접세에 대한 국제적 중복과세의 문제를 해결하기 위하여 수출국에서만 간접세를 과세할 수 있도록 생산지국과세원칙을 채택하고 있다.

72. 다음 중 부가가치세 납세의무자인 사업자에 관한 설명으로 옳은 것은?

① 영세율을 적용받는 사업자라 할지라도 부가가치세법상의 사업자 등록의무가 있다.
② 과세사업자가 사업개시일부터 15일 이내에 사업자등록을 하지 아니한 경우에는 미등록가산세의 적용을 받는다.
③ 주사업장총괄납부사업자는 본점 또는 주사무소에서 모든 사업장의 부가가치세를 총괄하여 신고 및 납부할 수 있다.
④ 겸영사업자는 부가가치세 납세의무가 없으므로 면세사업자로 분류한다.

73. 다음 중 부가가치세 과세기간에 관한 설명으로 옳지 않은 것은?

① 폐업자의 최종 과세기간은 폐업일이 속하는 과세기간의 개시일부터 폐업일까지로 한다.
② 사업개시일 이전에 사업자등록을 신청한 경우의 과세기간은 그 신청일부터 그 신청일이 속하는 과세기간의 종료일까지로 한다.
③ 신규사업자의 최초과세기간은 사업개시일부터 개시일이 속하는 과세기간의 종료일까지로 하는 것이 원칙이다.
④ 간이과세자의 과세기간은 1년을 2과세기간으로 나누어 6개월마다 신고·납부하도록 하고 있다.

74. 다음 중 부가가치세법의 주사업장 총괄납부에 관한 설명으로 옳지 않은 것은?

① 총괄납부하려는 자는 주사업장총괄납부신청서를 총괄납부하고자 하는 과세기간 개시 20일 전에 주사업장 관할세무서장에게 제출하여야 한다.
② 법인은 지점 또는 분사무소를 주사업장으로 할 수 없다.
③ 주사업장 총괄납부하는 경우 사업자등록 및 과세표준의 신고 등은 각 사업장마다 이행하여야 한다.
④ 주사업장 총괄납부에 따라 납부하던 사업자가 총괄납부 포기신고를 하면 각 사업장에서 납부가 가능하다.

75. 다음 중 간주공급에 관한 설명으로 옳지 않은 것은?

① 개인적공급의 간주공급에 해당할 경우 세금계산서 발급의무가 면제된다.
② 개인적공급의 간주공급시기는 재화를 사용하거나 소비하는 때이며, 폐업시 잔존재화의 간주공급시기는 폐업일이 된다.
③ 사업을 위하여 무상으로 다른 사업자에게 인도 또는 양도하는 견본품은 사업상 증여에 해당한다.
④ 주사업장 총괄납부 사업자가 판매목적 타사업장 반출시 세금계산서를 발급하고 신고 규정에 따라 신고한 경우 재화의 공급으로 본다.

76. ㈜삼일은 20x1년 11월 15일 상품을 3개월 할부로 인도하고 판매대금 3,000,000원은 아래와 같이 회수하기로 약정하였다. 할부대금의 실제 회수액이 다음과 같을 때 20x1년 제2기 확정신고기간에 동 할부판매와 관련하여 신고할 과세표준은 얼마인가(단, 회수약정액과 회수액은 부가가치세를 포함하지 않은 금액임)?

- 20x1년 11월 15일 : 회수약정액 1,000,000원 / 회수액 0원
- 20x1년 12월 15일 : 회수약정액 1,000,000원 / 회수액 1,000,000원
- 20x2년 2월 15일 : 회수약정액 1,000,000원 / 회수액 800,000원

① 1,000,000원　　② 1,800,000원　　③ 2,000,000원　　④ 3,000,000원

77. 다음 중 부가가치세법상 영세율에 관한 설명으로 옳지 않은 것은?

① 영세율은 국제적인 이중과세를 방지하는 효과가 있다.
② 면세사업자는 면세를 포기할 경우 영세율을 적용 받을 수 있다.
③ 영세율을 적용받는 사업자는 사업자등록 및 세금계산서 발급 등 부가가치세법상 제반 의무를 이행할 필요가 없다.
④ 영세율을 적용받는 사업자가 사업과 관련하여 부담한 매입세액은 부가가치세 납부세액 계산 시 공제된다.

78. 다음은 부가가치세 과세사업을 영위하는 ㈜삼일의 20x1년 제1기 예정신고기간의 거래내역이다. 제1기 예정신고기간의 과세표준은 얼마인가(단, 아래의 금액은 부가가치세가 포함되어 있지 않다)?

- 특수관계인 매출액 : 30,000,000원(시가 40,000,000원)
- 특수관계인 이외의 매출 : 40,500,000원
  (매출환입 3,500,000원, 매출에누리 1,500,000원과 매출할인 500,000원이 차감된 금액)

① 70,500,000원　　② 76,000,000원　　③ 80,500,000원　　④ 86,000,000원

79. 다음은 제조업을 영위하는 과세사업자인 ㈜삼일의 20x1년 10월 1일부터 12월 31일까지의 매입내역이다. 20x1년 제2기 확정신고시 공제받을 수 있는 매입세액은 얼마인가(단, 필요한 경우 적정하게 세금계산서를 수령하였다고 가정한다)?

매입내역	매입가액(부가가치세 포함)
기계장치	550,000,000원
개별소비세 과세대상 자동차	88,000,000원
원재료	33,000,000원
비품	66,000,000원
기업업무추진비 관련 매입액	22,000,000원

① 50,000,000원 ② 56,000,000원 ③ 59,000,000원 ④ 61,000,000원

80. 다음은 자동차를 제조하여 판매하는 ㈜삼일의 20x1년 4월 1일부터 20x1년 6월 30일까지의 거래내역이다. 20x1년 1기 확정신고와 관련한 설명으로 옳지 않은 것은?

구분		금액
매출내역	면세사업자에게 판매한 금액	30,000,000원(부가가치세 별도)
	과세사업자에게 판매한 금액	20,000,000원(부가가치세 별도)
매입내역	원재료 매입금액(세금계산서 수령)	33,000,000원(부가가치세 포함)

① 과세사업자에게 판매한 20,000,000원은 과세표준에 포함해야 한다.
② 면세사업자에게 판매한 30,000,000원은 과세표준에 포함해야 한다.
③ 원재료 매입시 부담한 부가가치세 3,000,000원은 매입세액으로 공제한다.
④ 20x1년 제1기 예정신고시 누락한 매출금액을 확정신고시 과세표준에 포함해 신고할 수 없다.

원가관리회계

81. 다음 중 원가회계의 한계점에 관한 설명으로 가장 올바르지 않은 것은?

① 비화폐성 정보와 질적인 정보는 제공하지 못한다.
② 객관적으로 측정가능한 회계자료를 기초로 수익과 비용을 인식해야 하므로 자료수집에 어려움이 있다.
③ 경영자의 목적에 따라 다양한 회계절차를 적용해야 하는 어려움이 있다.
④ 특정한 시점에서 모든 의사결정에 목적적합한 원가정보를 제공할 수는 없다.

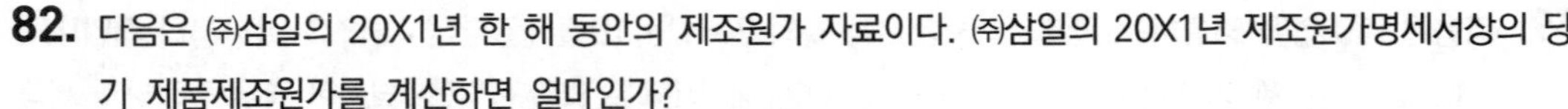

82. 다음은 ㈜삼일의 20X1년 한 해 동안의 제조원가 자료이다. ㈜삼일의 20X1년 제조원가명세서상의 당기 제품제조원가를 계산하면 얼마인가?

	기 초	기 말
직접재료	5,000원	7,000원
재공품	12,000원	8,000원
제 품	10,000원	8,000원

직접재료 매입액	25,000원
가공원가	35,000원

① 58,000원 ② 60,000원 ③ 62,000원 ④ 68,000원

83. 다음 중 원가배분에 관한 설명으로 가장 옳은 것은?

① 공장전체 제조간접원가 배분율을 사용하는 경우에는 보조부문원가 배분방법에 의해 제조간접원가 배분율이 영향을 받지 않는다.

② 이중배분율법은 변동원가와 고정원가를 구분해서 변동원가는 최대사용가능량을 기준으로 배분하고 고정원가는 서비스의 실제사용량을 기준으로 배분한다.

③ 부문별 제조간접원가 배분율을 사용하는 경우에는 보조부문원가 배분방법에 의해 제조간접원가 배분율이 영향을 받지 않는다.

④ 단계배분법의 경우 특정보조부문의 배분할 총원가는 자기부문의 발생원가와 다른 부문으로부터 배분된 원가의 합으로 표시된다.

84. ㈜삼일은 보조부문원가를 배분하는 방법으로 단계배분법과 직접배분법을 검토하고 있다. 동력부문은 전력량을, 공장관리부문은 공장면적을 배부기준으로 하며, 단계배분법을 적용하는 경우 동력부문원가부터 먼저 적용한다. 다음 설명 중 가장 옳은 것은?

구분	제조부문		보조부문	
	기계가공부문	조립부문	공장관리부문	동력부문
발생원가	64,000원	73,000원	48,000원	69,000원
공장면적	2,400m^2	1,600m^2	800m^2	500m^2
전력량	1,200kw	800kw	300kw	200kw

① 기계가공부문에 대체된 동력부문 대체액은 단계배분법이 직접배분법보다 크다.
② 기계가공부문에 대체된 공장관리부문 대체액은 직접배분법이 단계배분법보다 크다.
③ 조립부문에 대체된 동력부문 대체액은 두 방법 간에 5,400원의 차이가 있다.
④ 조립부문에 대체된 공장관리부문 대체액은 두 방법 간에 3,600원의 차이가 있다.

85. 다음 중 개별원가계산에 관한 설명으로 가장 옳은 것은?

① 제조간접원가는 개별작업과 관련하여 직접적으로 추적할 수 없으므로 이를 배부하는 절차가 필요하다.
② 개별원가계산은 해당 제품이나 공정으로 직접 추적할 수 있기 때문에 실제원가계산에만 적용이 가능하다.
③ 개별원가계산은 제품원가를 개별작업별로 구분하여 집계하므로 제조직접비와 제조간접비의 구분이 중요하지 않다.
④ 각 작업별로 원가가 계산되기 때문에 원가계산자료가 상세하고 복잡하며 오류가 발생할 가능성이 적어진다.

86. ㈜삼일은 개별원가계산제도를 채택하고 있으며, 제품 A의 작업원가표가 아래와 같을 때 제조간접원가 배부율(직접노동시간당)을 계산하면 얼마인가?

ㄱ. 직접재료 투입액	100,000원
ㄴ. 직접노동시간	200시간
ㄷ. 직접노무원가 임률	800원/시간
ㄹ. 제품 A 의 제조원가	360,000원

① 500원　② 750원　③ 800원　④ 1,000원

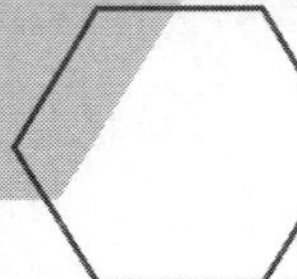

87. 다음 중 일반적인 개별원가계산절차를 나열한 것으로 가장 옳은 것은?

> ㄱ. 집계된 제조간접원가를 배부하기 위한 배부기준을 설정한다.
> ㄴ. 원가집적대상이 되는 개별작업을 파악한다.
> ㄷ. 원가배부기준에 따라 제조간접원가 배부율을 계산하여 개별작업에 배부한다.
> ㄹ. 개별작업에 대한 제조직접원가를 계산하여 개별작업에 직접 추적한다.
> ㅁ. 개별작업에 직접 대응되지 않는 제조간접원가를 파악한다.

① ㄱ - ㄴ - ㄷ - ㄹ - ㅁ　　② ㄴ - ㄱ - ㄹ - ㅁ - ㄷ
③ ㄴ - ㄱ - ㅁ - ㄷ - ㄹ　　④ ㄴ - ㄹ - ㅁ - ㄱ - ㄷ

88. 당기에 영업을 개시한 ㈜삼일은 종합원가계산을 적용하여 제품의 원가를 계산하고 있다. 재료는 공정초기에 전량 투입되며 기말재공품 400개에 대한 가공원가는 80%의 완성도를 보이고 있다. 완성품환산량 단위당 재료원가와 가공원가가 각각 1,500원, 500원으로 계산된 경우의 기말재공품 원가는 얼마인가?

① 640,000원　② 680,000원　③ 720,000원　④ 760,000원

89. 다음 중 평균법과 선입선출법에 의한 종합원가계산의 차이점에 관한 설명으로 가장 올바르지 않은 것은?

① 평균법은 완성품환산량 산출시 기초재공품의 기완성도를 고려한다.
② 평균법의 완성품환산량 단위당 원가에는 전기의 원가가 포함되어 있다.
③ 평균법의 원가배분대상액은 기초재공품원가와 당기투입원가의 합계액이다.
④ 선입선출법은 완성품환산량 산출시 기초재공품과 당기투입량을 구분한다.

90. ㈜삼일은 평균법에 의한 종합원가계산을 채택하고 있다. 기초와 기말의 재공품 물량은 동일하나 기초에 비하여 재공품 기말 잔액이 증가하였다. 다음 중 이 현상을 설명할 수 있는 것으로 가장 옳은 것은?

① 전년도에 비해 판매량이 감소하였다.
② 전년도에 비해 제조간접원가가 감소하였다.
③ 전년도에 비해 노무임률이 상승하였다.
④ 기초보다 기말의 재공품 완성도가 감소하였다.

91. ㈜삼일은 종합원가계산을 채택하고 있으며, 선입선출법에 의하여 완성품환산량을 계산한다. 재료는 공정 초기에 전량 투입되며 가공원가는 공정 전반에 걸쳐 균등하게 발생한다. ㈜삼일의 기말재공품 원가는 얼마인가?

수량	기초재공품 400개(완성도 50%)	완성품 1,000개
	착수량 800개	기말재공품 200개(완성도 80%)
원가	재료원가	가공원가
기초재공품원가	200,000원	500,000원
당기 발생원가	2,000,000원	3,000,000원

① 900,000원 ② 1,000,000원 ③ 1,050,000원 ④ 1,125,000원

92. 다음 중 정상원가계산에 관한 설명으로 가장 올바르지 않은 것은?

① 정상원가와 실제원가의 차이는 제조간접원가 배부차이와 같다.
② 제조간접원가 실제 발생액이 예정 배부액보다 적을 경우 이를 과소배부라고 한다.
③ 매출원가조정법은 모든 배부차이를 매출원가에 가감하는 방법으로서 비배분법에 해당한다.
④ 비례배분법을 사용할 경우 매출원가조정법에 비하여 실제원가계산의 금액에 근접할 수 있다.

93. 다음 중 표준원가계산에 관한 설명으로 가장 올바르지 않은 것은?

① 표준원가제도는 전부원가계산 및 변동원가계산제도 모두에 적용할 수 있다.
② 원가표준은 기본적으로 수량표준과 가격표준으로 이루어진다.
③ 원가발생의 예외를 관리하여 통제하기에 적절한 원가계산방법이다.
④ 표준원가계산제도를 채택할 경우 계량적인 정보를 무시할 가능성이 있다.

94. 다음은 ㈜삼일의 20X1년 1월 직접노무원가에 관한 자료이다. 당월의 실제직접노무시간이 2,500시간이었을때 실제 생산량에 허용된 표준직접노무시간은 얼마인가?

ㄱ. 실제 직접노무원가	7,500원
ㄴ. 직접노무원가 가격차이	2,500원 (유리)
ㄷ. 직접노무원가 능률차이	1,400원 (불리)

① 1,800시간 ② 2,000시간 ③ 2,150시간 ④ 2,350시간

95. ㈜삼일의 생산 및 원가와 관련된 자료는 다음과 같다. 변동제조간접원가 소비차이는 얼마인가?

변동제조간접원가 실제 발생액	6,200,000원
실제 투입시간에 허용된 표준 변동제조간접원가	6,500,000원
실제 산출량에 허용된 표준 변동제조간접원가	6,300,000원

① 200,000원(유리) ② 200,000원(불리) ③ 300,000원(유리) ④ 300,000원(불리)

96. 다음 중 변동원가계산의 유용성으로 가장 올바르지 않은 것은?

① 이익계획과 예산편성에 필요한 원가 - 조업도 - 이익에 관련된 자료를 변동원가계산제도에 의한 공헌손익계산서로부터 쉽게 얻을 수 있다.
② 특정기간의 이익이 생산량에 의해 영향을 받지 않는다.
③ 일반적으로 인정된 회계원칙으로 기업회계측면의 외부보고자료로서 이용될 수 있다.
④ 이익이 매출액과 동일한 방향으로 움직이므로 경영자의 입장에서 이해하기 쉽다.

97. 다음 중 전부원가계산제도의 제품원가를 구성하는 원가항목으로 가장 옳은 것은?

① 직접재료원가, 직접노무원가, 변동제조간접원가
② 직접재료원가, 직접노무원가, 변동제조간접원가, 고정제조간접원가
③ 직접재료원가, 직접노무원가, 변동제조간접원가, 고정제조간접원가, 고정판매비와관리비
④ 직접재료원가, 직접노무원가, 변동제조간접원가, 고정제조간접원가, 변동판매비와관리비

98. 다음은 ㈜삼일의 7월 한달 간 변동원가계산에 관한 자료이다. 7월의 총매출액을 계산하면 얼마인가?

제품 단위당 판매가격	8,000원
단위당 변동원가	4,500원
총고정원가	2,100,000원
영업이익	14,700,000원

① 33,600,000원 ② 38,400,000원 ③ 38,590,000원 ④ 40,000,000원

99. 전기와 당기의 단위당 고정제조간접원가가 동일하고 기초재고액보다 기말재고액이 큰 경우에 변동원가계산에 의한 순이익과 전부원가계산에 의한 순이익을 비교한 결과로 가장 옳은 것은?

① 변동원가계산에 의한 순이익이 더 크다.
② 전부원가계산에 의한 순이익이 더 크다.
③ 순이익은 같다.
④ 상황에 따라 이익의 크기가 달라진다.

100. 20X1년 3월에 영업을 시작한 ㈜삼일은 선입선출법에 의한 실제원가계산제도를 채택하고 있으며, 20X1년 3월과 4월의 생산과 판매에 관한 자료는 다음과 같다. 20X1년 4월 중 전부원가계산에 의한 영업이익이 변동원가계산에 의한 영업이익보다 200,000원 작다고 할 때, 3월 고정제조간접원가는 얼마인가?

	3월	4월
생 산 량	8,000단위	9,000단위
판 매 량	7,000단위	10,000단위

① 1,200,000원 ② 1,600,000원 ③ 1,800,000원 ④ 2,000,000원

101. 다음 중 활동기준원가계산의 절차로 가장 옳은 것은?

ⓐ 각 활동별로 제조간접원가를 집계
ⓑ 활동별 원가동인(배부기준)의 결정
ⓒ 활동분석
ⓓ 활동별 제조간접원가 배부율의 결정
ⓔ 원가대상별 원가계산

① ⓐ-ⓓ-ⓑ-ⓒ-ⓔ
② ⓐ-ⓔ-ⓓ-ⓑ-ⓒ
③ ⓒ-ⓐ-ⓑ-ⓓ-ⓔ
④ ⓔ-ⓐ-ⓓ-ⓑ-ⓒ

102. 다음 중 원가추정방법에 관한 설명으로 가장 올바르지 않은 것은?

① 공학적 방법은 과거의 원가 자료를 이용할 수 없는 경우에도 사용 가능한 원가추정방법이다.
② 계정분석법과 산포도법은 분석자의 주관적 판단이 개입될 수 있는 원가추정방법이다.
③ 고저점법은 최고조업도와 최저조업도의 원가자료를 이용하여 원가함수를 추정하는 방법이다.
④ 고저점법과 회귀분석법은 상대적으로 적용이 쉽고 시간과 비용이 적게 소요된다는 장점이 있다.

103. 다음 중 CVP 분석에 필요한 가정으로 가장 올바르지 않은 것은?

① 수익과 원가행태는 관련범위 내에서 선형이다.

② 모든 원가는 변동원가와 고정원가로 분류할 수 있다.

③ 제품의 종류가 복수인 경우에는 판매량 변화에 따라 매출의 배합이 변동한다.

④ 판매량만큼 생산하는 것으로 가정함으로써 기초재고자산과 기말재고자산의 변화가 손익에 영향을 미치지 않는 것으로 본다.

104. 다음은 신제품 도입과 관련한 ㈜삼일의 회의내용이다. 다음 중 괄호 안에 들어갈 수량으로 가장 옳은 것은(단, 세금은 없는 것으로 가정한다)?

사 장 : 이전에 지시한 신제품 도입에 대한 타당성검토는 잘 이루어지고 있습니까?
상 무 : 일단 원가 · 조업도 · 이익(CVP)분석으로 대략적인 윤곽은 드러났습니다.
생산부장 : 신제품 제조원가에 대한 내역이 다음과 같이 조사되었습니다.

제품 단위당 예상 판매가격	5,000원
제품 단위당 예상 변동원가	2,500원
예상 총 고정원가	1.2억원

영업부장 : 사장님께서 지시하신 목표이익 1.8억원을 달성하기 위해서는 ( )를 생산하여 판매하면 됩니다.
사 장 : 좋습니다. 이것으로 오늘 회의는 마치겠습니다.

① 60,000개 ② 80,000개 ③ 100,000개 ④ 120,000개

105. 다음 중 안전한계와 영업레버리지에 관한 설명으로 가장 올바르지 않은 것은?

① 안전한계는 손실을 발생시키지 않으면서 허용할 수 있는 매출액의 최대 감소액을 의미하므로 기업의 안전성을 측정하는 지표로 많이 사용된다.

② 안전한계가 높을수록 기업의 안전성이 높다고 말할 수 있으며, 안전한계가 낮을수록 기업의 안전성에 문제가 있다고 말할 수 있다.

③ 영업레버리지도는 손익분기점에서 가장 크고 매출액이 증가함에 따라 점점 커진다.

④ 영업레버리지는 고정원가로 인하여 매출액의 변화율보다 영업이익의 변화율이 더 커지는 현상을 말한다.

106. 다음 중 고정예산과 변동예산의 차이에 관한 설명으로 가장 옳은 것은?

① 고정예산의 범위는 회사전체인 반면, 변동예산의 범위는 특정부서에 한정된다.
② 변동예산은 변동원가만을 고려하고, 고정예산은 변동원가와 고정원가 모두를 고려한다.
③ 고정예산은 특정조업도를 기준으로 하여 사전에 수립되는 예산이고, 변동예산은 일정 범위의 조업도 변동에 따라 조정되어 작성되는 예산이다.
④ 변동예산에서는 권한이 하부 경영자들에게 위양되나, 고정예산에서는 그렇지 않다.

107. 다음 자료를 이용하여 ㈜삼일의 시장점유율차이를 계산하면 얼마인가?

항목	금액
단위당 예산평균공헌이익	100원
실제시장점유율	40%
예산시장점유율	32%
실제시장규모	100,000개
예산시장규모	120,000개

① 500,000원(유리)　② 500,000원(불리)
③ 800,000원(불리)　④ 800,000원(유리)

108. ㈜삼일은 A와 B의 두 제품을 생산 · 판매하고 있다. 예산에 의하면 제품 A의 단위당 공헌이익은 20원이고, 제품 B의 단위당 공헌이익은 4원이다. 20X1년의 예산매출수량은 제품 A가 1,000단위, 제품 B는 1,500단위로 총 2,500단위였다. 그러나 실제매출수량은 제품 A가 500단위, 제품 B가 1,500단위로 총 2,000단위였다. ㈜삼일의 20X1년 매출배합차이와 매출수량차이를 계산하면 각각 얼마인가?

	매출배합차이	매출수량차이
①	4,800원 불리	5,200원 불리
②	4,800원 유리	5,200원 유리
③	10,000원 불리	5,200원 불리
④	10,000원 유리	5,200원 유리

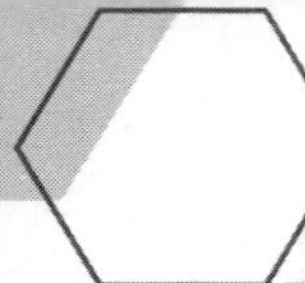

109. 다음 중 투자중심점의 성과지표로 투자수익률(return on investment, ROI)을 사용할 때의 특징으로 가장 올바르지 않은 것은?

① 자본예산기법에 의한 성과평가에 비하여 장기적인 성과를 강조한다.

② 현금의 흐름이 아닌 회계이익을 기준으로 성과를 평가한다.

③ 사업부의 경영자가 자신의 사업부 투자액에 대한 통제권한이 있는 경우 그 경영자의 성과측정 지표로 활용될 수 있다.

④ 준최적화 현상이 발생하지 않도록 유의해야 한다.

110. ㈜삼일은 A, B 두 개의 사업부만 두고 있다. 투자수익률과 잔여이익을 이용하여 사업부를 평가할 때, 이에 관한 설명으로 가장 옳은 것은? (단, 최저필수수익률은 6% 라고 가정한다.)

구 분	A 사업부	B 사업부
투자금액	250,000,000원	300,000,000원
감가상각비	25,000,000원	28,000,000원
영업이익	20,000,000원	22,500,000원

① A 사업부가 투자수익률로 평가하든 잔여이익으로 평가하든 더 우수하다.

② B 사업부가 투자수익률로 평가하든 잔여이익으로 평가하든 더 우수하다.

③ 투자수익률로 평가하는 경우 B 사업부, 잔여이익으로 평가하는 경우 A 사업부가 각각 더 우수하다.

④ 투자수익률로 평가하는 경우 A 사업부, 잔여이익으로 평가하는 경우 B 사업부가 각각 더 우수하다.

111. 아래에 주어진 재무자료를 이용하여 계산한 경제적부가가치(EVA)가 13억인 경우, 자기자본비용을 계산하면 얼마인가?(단, 아래의 자료에서 법인세효과는 무시한다)?

항목	금액
매출액	100억원
매출원가	60억원
판매비와관리비	10억원
영업외수익 중 영업관련수익	5억원
영업외비용 중 영업관련비용	7억원
투하자본(타인자본 100억원, 자기자본 100억원)	200억원
타인자본비용	5%

① 10% ② 11% ③ 12% ④ 13%

112. ㈜삼일은 6개월 전에 차량을 4,000,000원에 구입하였으나 침수로 인해 이 차량을 더 이상 사용할 수 없게 되었다. 회사는 동 차량에 대하여 수리비용 2,000,000원을 들여 2,500,000원에 팔거나 현재 상태로 거래처에 1,000,000원에 팔 수 있다. 이런 경우에 매몰원가는 얼마인가?

① 1,000,000원 ② 2,000,000원 ③ 2,500,000원 ④ 4,000,000원

113. ㈜삼일은 부품 A를 자가제조하고 있으며, 이와 관련된 연간 생산 및 원가자료는 다음과 같다. 최근 ㈜삼일은 외부업체로부터 부품 A 250단위를 단위당 500원에 공급하겠다는 제안을 받았다. 외부업체의 제안을 수락할 경우 자가제조보다 연간 얼마나 유리(또는 불리)한가(단, 고정제조간접원가는 전액 회피 가능하다.)?

직접재료원가	43,000원
변동직접노무원가	17,000원
변동제조간접원가	13,000원
고정제조간접원가	30,000원
생산량	250단위

① 22,000원 불리 ② 22,000원 유리 ③ 52,000원 불리 ④ 52,000원 유리

114. 다음은 세 사업부문(A, B, C)을 보유한 ㈜삼일의 손익자료이다. 다음 중 자료에 관한 분석으로 가장 올바르지 않은 것은?

(단위 : 원)

	A사업부	B사업부	C사업부	전 체
매출액	4,000	3,000	2,000	9,000
변동원가	2,400	2,000	1,200	5,600
공헌이익	1,600	1,000	800	3,400
회피불능원가	1,900	1,200	400	3,500
이익(손실)	(300)	(200)	400	(100)

① 사업부 A, B를 폐쇄하면 회사의 전체손실은 2,700원이 된다.
② 사업부 B, C를 폐쇄하면 회사의 전체손실은 1,900원이 된다.
③ 사업부 A, C를 폐쇄하면 회사의 전체손실은 2,500원이 된다.
④ 사업부 A, B, C 모두를 폐쇄하면, 손실은 발생하지 않는다.

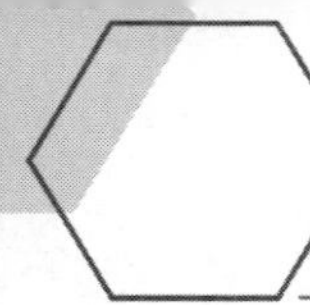

115. 다음 중 의사결정에 관한 설명으로 가장 올바르지 않은 것은?

① 어떤 고정원가가 당해 의사결정과 관계없이 계속 발생한다면 그 고정원가는 비관련원가이다.

② 현재 시설능력을 100% 활용하고 있는 기업이 특별주문의 수락 여부를 고려할 때 동 주문 생산에 따른 추가 시설 임차료를 고려하여야 한다.

③ 부품의 자가제조 또는 외부구입 의사결정시 제품라인을 폐지한 후 유휴생산시설을 이용하여 발생시키는 수익은 의사결정시 고려해서는 안된다.

④ 부품의 자가제조 또는 외부구입 의사결정시 회피가능원가가 외부구입원가보다 큰 경우에는 외부구입하는 것이 바람직하다.

116. 다음 중 자본예산에 관한 설명으로 가장 올바르지 않은 것은?

① 자본예산은 고정자산에 대한 효율적인 투자 수행을 위해 투자안의 타당성을 평가하는 기법이다.

② 자본예산은 고정자산에 대한 투자안의 현금흐름이나 이익에 미치는 영향을 평가하는 기법이다.

③ 자본예산은 기업의 장·단기적 경영계획에 바탕을 둔 장·단기투자에 관한 의사결정이다.

④ 자본예산에 의한 투자는 불확실성(경제상황, 소비자 선호, 기술진보 등)으로 인한 위험이 크다.

117. 다음 중 자본예산을 편성하기 위해 현금흐름을 추정할 때 주의해야 할 사항으로 가장 올바르지 않은 것은?

① 이자비용은 현금흐름 유출에 해당하므로 현금흐름 추정에 반영해야 한다.

② 세금을 납부하는 것은 현금의 유출에 해당하므로 세금을 차감한 후의 현금흐름을 기준으로 추정하여야 한다.

③ 감가상각비를 계상함으로써 발생하는 세금의 절약분인 감가상각비 감세 효과는 현금흐름을 파악할 때 고려해야 한다.

④ 명목현금흐름은 명목할인율로 할인해야 하며, 실질현금흐름은 실질할인율로 할인해야 한다.

118. ㈜삼일은 내용연수가 3년인 기계장치에 투자하려고 하고 있다. 기계장치를 구입하면, 처음 2년 동안은 매년 6,000,000원을, 그리고 3년째에는 3,000,000원의 현금지출운용비를 줄일 것으로 판단하고 있다. 회사의 최저필수수익률은 12%이고 기계장치에 대한 투자액의 현재가치는 10,000,000원이라고 할 때, 기계장치에 대한 투자안의 순현재가치(NPV)는 얼마인가(단, 이자율 12%의 1원당 연금의 현재가치는 1년은 0.89, 2년은 1.69, 3년은 2.40이며 법인세는 없는 것으로 가정한다. 또한, 기계장치 구입으로 인한 현금흐름 변동 효과는 매년 말에 발생함을 가정한다)?

① 2,270,000원　② 3,650,000원　③ 4,270,000원　④ 5,100,000원

119. ㈜삼일은 A 사업부와 B 사업부로 구성되어 있다. B 사업부는 A 사업부에서 생산되는 부품을 가공하여 완제품을 제조한다. B 사업부에서 부품 한 단위를 완제품으로 만드는데 소요되는 추가가공원가는 500원이며, 완제품의 단위당 판매가격은 1,100원이다. 부품의 외부시장가격이 단위당 550원인 경우, B사업부가 받아들일 수 있는 최대대체가격은 얼마인가?

① 500원　② 550원　③ 600원　④ 1,100원

120. 다음 중 수명주기원가계산(LCC)에 관한 설명으로 가장 올바르지 않은 것은?

① 수명주기원가계산(life - cycle costing : LCC)이란 제품수명주기 동안 연구개발, 설계, 제조, 마케팅, 유통, 고객서비스에서 발생하는 모든 원가를 제품별로 집계하는 원가계산제도이다.

② 제조이후단계에서 대부분의 제품원가가 결정된다는 인식을 토대로 생산단계와 마케팅단계에서 원가절감을 위한 노력을 기울여야 한다는 것을 강조한다.

③ 제품 또는 서비스의 수명주기 매 단계마다 모든 가치사슬단계에서 발생하는 수익과 비용에 대한 집계를 가능하게 하여 프로젝트 전체에 대한 이해가 향상된다.

④ 프로젝트와 관련하여 언제 어떤 가치사슬단계에서 얼마만큼의 원가가 발생하는지를(비율로) 알게 됨으로써 상이한 가치사슬단계에서 원가발생의 상호관계 파악이 가능하다.

2023년 3월

99회 답안 및 해설

재무회계

1	2	3	4	5	6	7	8	9	10
2	4	4	2	4	2	2	1	2	1
11	**12**	**13**	**14**	**15**	**16**	**17**	**18**	**19**	**20**
3	3	4	3	2	2	2	1	2	3
21	**22**	**23**	**24**	**25**	**26**	**27**	**28**	**29**	**30**
1	1	4	2	3	4	3	4	3	4
31	**32**	**33**	**34**	**35**	**36**	**37**	**38**	**39**	**40**
3	1	1	3	4	1	1	1	1	1

01. 국제회계기준은 **원칙중심, 공시의 강화, 공정가치 평가 적용이 확대되었다**

02. 보고기업의 경제적 자원과 청구권의 변동은 그 **기업의 재무성과(수익, 비용) 그리고 채무상품 또는 지분상품의 발행과 그 밖의 사건 또는 거래에서 발생**한다.

03. **완벽하게 충실한 표현을 하기 위해서는 서술이 완전하고, 중립적이며, 오류가 없어야 한다.**

04. 재평가잉여금은 기타포괄손익에 해당된다.

05. 현금흐름표는 **당해 회계연도 누적기간(당기 1.1~6.30)**을 **직전 회계연도의 동일기간(전기 1.1.~6.30)**과 비교한다.

06. ① 기여하지 않는 관리간접원가는 재고자산 취득원가에 포함하지 않는다.

② 판매수수료는 판매비로 처리한다,

④ 매입할인과 리베이트는 매입원가에서 차감한다.

07.

상　품(선입선출법)

기초	100개	@100	10,000	**매출원가**	**400개**		**71,250**
순매입액	250개	@200	50,000	**기말**	50개	@225	11,250
	100개	@225	22,500				
계(판매가능재고)			82,500	계			82,500

감모손실이 없으므로 기말재고를 구하고 매출원가를 계산하면 된다.

08.

상　품(20x2)

기초상품	1,000,000	**매출원가**	2,000,0000
		재고자산평가손실	300,000
		재고자산감모손실	200,000
순매입액	3,000,000	기말상품	1,500,000
계	4,000,000	계	4,000,000

비용으로 인식할 금액 = 매출원가(2,000,000) + 재고자산평가손실(300,000)
+ 재고자산감모손실(200,000) = 2,500,000원

09. 유형자산 재평가

	취득가액	공정가액	재평가잉여금(자본)	재평가손실(I/S)
20x1	10,000	7,000		3,000
20x2		15,000	5,000	*△3,000(이익)*

10. ① 연평균지출액

지출일	지출액	자본화대상기간	연평균지출액
20x1.01.01	10,000,000	12/12	10,000,000
20x1.07.01	8,000,000	6/12	4,000,000
20x1.09.01	9,000,000	4/12	3,000,000
합　계			17,000,000

② 특정차입금 차입원가

	지출액	대상기간	연평균지출액	이자율	차입원가
K은행	8,000,000	12/12	8,000,000	6%	480,000

③ 일반차입금 차입원가 한도

차입금	차입금액	차입기간	연평균차입금액	이자율	차입원가
S은행	20,000,000	6/12	10,000,000	8%	800,000

④ 일반차입금 자본화 차입원가

[연평균지출액(17,000,000) - 특정차입금(8,000,000)] × 8% = 720,000원

⑤ 당기에 자본화할 총차입원가

특정차입금 차입원가(480,000) + 일반차입금 차입원가(720,000) = 1,200,000원

11. 유형자산의 취득원가 = 매입가격(100,000,000) + 운송비(5,000,000) + 설치및조립(3,000,000)
시운전비(2,000,000) + 취득관련수수료(10,000,000) = 120,000,000원

12. **소비형태를 신뢰성있게 결정할 수 없는 경우에는 정액법**을 사용해야 한다.

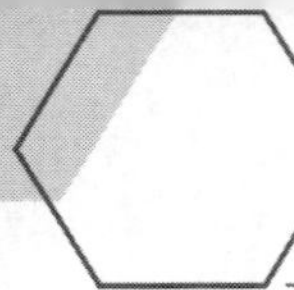

13. 무형자산상각비 = 취득원가(500,000) ÷ 5년 = 100,000원/년
장부금액 = 취득원가(500,000) - 상각누계액(100,000) = 400,000원
손상차손 = Max[순공정가치(300,000), 사용가치(360,000)] - 장부금액(400,000) = △40,000원
20x1년 장부금액 = 순사용가치(360,000)

14. 투자부동산 평가손익(공정가치 모형) = 공정가액(12억) - 취득원가(10억) = 2억원(이익)

15. 기타포괄손익인식금융자산의 평가손익은 자본(기타포괄손익누계액)으로 처리한다.

	취득가액	공정가치	평가이익	평가손실
20x0	110,000	160,000	50,000	-
20x1	-	130,000	△30,000	
계			<u>*20,000*</u>	

16. 상각후원가측정금융자산 = 액면이자(10,000) × 1.69004 + 액면금액(100,000) × 0.79719 = 96,619원
이자수익(x1년) = 금융자산(96,619) × 시장이자율(12%) = 11,594원

17. 사채의 발행가액 = 액면금액(**<u>50,000,000) × 액면이자율(9%) × 2.6730 +</u>**
<u>액면금액(50,000,000) × 0.8396 = 54,008,500원(할증발행)</u>
사채할증발행차금 = 발행가액(54,008,500) - 액면금액(5,000,000) = 4,008,500원
총이자비용 = **<u>액면이자(50,000,000 × 9%) × 3년 - 사채할증발행차금(4,008,500)</u>** = 9,491,500원

18. ② 복합금융상품에서 **<u>상환할 원금과 액면이자의 현재가치는 금융부채로 인식하고 발행금액에서 차감한 잔액은 자본(지분상품)</u>**으로 인식한다.
③ **전환권은 자본으로 인식한다.**
④ **현금 등을 인도하기로 한 계약부분은 채무상품으로 인식한다.**

19. **<u>당기손익 - 공정가치측정 금융부채 관련되는 거래원가는 당기비용</u>**으로 처리한다.

20. 의제의무에 대해서도 충당부채를 인식한다.

21. **<u>주식분할은 자본금은 불변이나 주식수는 증가</u>**한다.

22. 자기주식의 처분손익은 자본잉여금(이익)이나 자본조정(손실)으로 처리한다.

23. 성격이 유사한 재화의 교환은 수익으로 인식하지 않는다.

24. 반품할 것으로 예상되는 금액(10,000,000)은 매출액으로 인식하지 아니하고 **<u>환불부채로 인식</u>**한다.

25.

	x1년	x2년
누적공사원가(A)	10,000,000	40,000,000
총 공사계약원가(B)	40,000,000	40,000,000
누적진행률(A/B)	25%	100%
총공사계약금액	60,000,000	60,000,000
당기누적계약수익	15,000,000	60,000,000
당기계약수익	15,000,000	45,000,000
당기계약원가	10,000,000	30,000,000
당기계약이익(손실)	**5,000,000**	**<u>15,000,000</u>**

26. 누적 진행율 = 누적발생원가(20,000,000)/추정총계약원가(100,000,000) = 20%

누적계약수익 = 총공사계약액(120,000,000) × 20% = 24,000,000원

누적진행청구액(18,000,000)〈누적계약수익(24,000,000)

∴ 계약자산 = 6,000,000원

27. 기타포괄손익 = **확정급여채무 재측정요소(△100) + 사외적립자산의 재측정요소(△200) = △300원(손실)**

28. 현금결제형 주식기준보상거래에 있어서 **공정가치의 변동액은 당기손익으로 반영**한다.

29. 차감할 일시적 차이는 **실현가능성이 거의 확실한 경우에만 이연법인세자산을 인식한다.**

30. 법인세비용 = 미지급법인세(1,000,000) + 이연법인세부채증가(1,000,000) = 2,000,000원

(차) 법인세비용	2,000,000	(대) 당기법인세부채	1,000,000
		이연법인세부채	1,000,000

31. 유형자산의 **재평가모형을 원가모형으로 변경시 정책의 변경에 해당**한다.

32. 〈유통보통주식수 변동〉

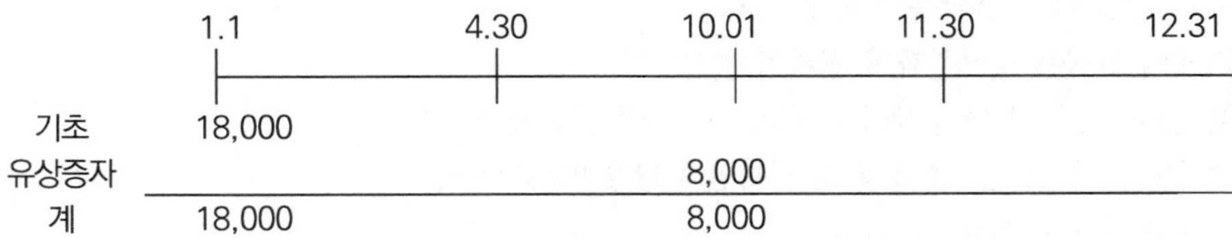

유통보통주식수 : 18,000 × 12/12 + 8,000 × 3/12 = 20,000주

보통주 순이익 = 당기순이익(12,000,000) - 우선주배당금(3,000,000) = 9,000,000원

기본주당순이익 = 보통주 순이익(9,000,000) ÷ 유통보통주식수(20,000) = 450원/주

33. **지분법 회계처리 시 영업권은 상각하지 않는다.**

34. 관계기업투자주식 = 취득가액(3,000,000) + 관계기업 총 당기순이익(1,000,000) × 지분율(30%)

= 3,300,000원

35. 비화폐성 항목에 대해서 **평가손익을 기타포괄손익으로 인식하는 경우에만 외환차이인식도 기타포괄손익으로 인식**한다.

36. **매매목적의 파생상품의 평가손익은 당기손익으로 인식**한다.

37. **리스부채는 부채의 항목으로 인식한다.**

38.

구분	금액
법인세비용차감전순이익	50,000
+ 감가상각비	300,000
(-)재고자산의 증가	(300,000)
(+)유형자산처분손실	150,000
(+)매입채무	+ 300,000 ← **(증가)**
= 영업활동으로 인한 현금	500,000

39. **유형자산의 처분으로 인한 현금유입은 투자활동에 해당한다.**

40. 현금유출액 = 매출원가(60,000) - 매입채무증가(2,000) - 재고자산감소(2,000) = 56,000원

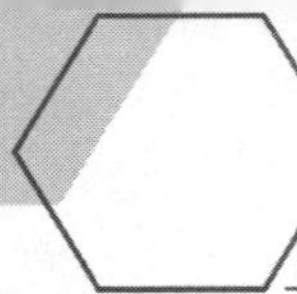

세무회계

41	42	43	44	45	46	47	48	49	50
4	2	1	2	2	1	2	3	2	4
51	**52**	**53**	**54**	**55**	**56**	**57**	**58**	**59**	**60**
3	2	2	2	4	4	2	4	2	2
61	**62**	**63**	**64**	**65**	**66**	**67**	**68**	**69**	**70**
3	2	1	1	4	1	3	4	3	3
71	**72**	**73**	**74**	**75**	**76**	**77**	**78**	**79**	**80**
2	1	4	2	3	4	3	3	3	4

41. 조세는 반대급부가 없다.

42. 근로자의 날일 때 다음날을 기한으로 본다.

43. 실질과세의 원칙은 국세부과의 원칙에 해당한다.

44. 국세를 징수하여 납부할 의무(원천징수 의무자)를 제외한다.

45. 외국법인도 토지 등 양도소득에 대한 법인세 납세의무를 진다.

46. 출자임원의 경우 상여로 처분한다.

47. 익금 = 채무면제이익(100,000) + 상품판매(300,000) + 자기주식처분이익(100,000) = 500,000원

48. 업무무관 자산을 취득하기 위한 차입금의 이자비용도 업무무관경비에 해당한다.

49. 손금불산입 = 가산금(5,000,000) + 과태료(5,000,000) + 22기 소멸시효완성외상매출금(2,000,000)
= 12,000,000원

50. 금융보험업을 영위하는 법인의 이자수익은 실제로 수입된 날이 속하는 사업연도의 익금으로 한다.

51. 비망가액 1,000원을 남겨 두어야 한다.

52.

구분	건물	기계장치	영업권
회사계상 상각비(A)	5,000,000	4,000,000	1,000,000
세법상 상각범위액(B)	6,000,000	3,500,000	1,200,000
시부인액(B－A)	시인액 1,000,000	부인액 500,000	시인액 200,000
세무조정	손금산입 1,000,000(추인)	손금불산입 500,000	－

53. 특례기부금은 장부가액으로 평가한다.

54. 부가가치세 세액은 기업업무추진비로 간주한다.

56. 대손실적율 = 당기대손금(9,000,000) ÷ 전기설정대상채권(300,000,000) = 3%
한도 = 당기 대상채권(200,000,000) × 대손설정률(3%) = 6,000,000원
대손충당금 한도 = 설정(40,000,000) - 대손충당금한도(6,000,000) = 34,000,000원(손不, 유보)

57. 손실보전준비금은 조세특례제한법의 준비금이다.

58. 양도가 = 장부가(4억) + 처분이익(2억) = 6억
시가(12억) - 양도가(6억) = 6억(익금, 상여)

59. 중소기업의 이월결손금은 각사업연도소득금액의 100%(일반기업은 80%)를 공제한다

60. 재무상태표와 손익계산서 등은 필수제출서류이다.

61. 금융소득과 사업소득은 유형별 포괄주의를 적용한다.

62. 금융소득의 과세방법분류

㉠ 현금배당금	조건부종합과세	20,000,000원
㉡ 비상장법인 주식배당	조건부종합과세	40,000,000원
㉢ 무상주(주식발행초과금)	의제배당에서 제외	

∴ 조건부 + 무조건 종합과세(60,000,000) > 2,000만원이므로 전액 종합과세한다.
종합과세되는 금융소득 = 20,000,000원 + 40,000,000 × 1.1(배당가산율) = 64,400,000원

63. 개인사업자의 자가소비도 총수입금액으로 본다.

64. 잉여금처분에 의한 상여 수입시기 : 잉여금처분결의일

65. 강연료(기타소득)의 필요경비는 60%이다.

66.

구분	금액	비고
근로소득금액	15,000,000	
양도소득금액	-	분류과세
사업소득금액	33,000,000	
기타소득금액	5,300,000	3백만원 초과는 종합소득
이자소득금액	-	2천만이하 분류과세
(=)종합소득금액	53,300,000	

67.

구분	본인부담금액	비고
고용보험료	1,000,000	소득공제
건강보험료	400,000	소득공제
자동차보험료	1,600,000(한도 1백만원)	세액공제
장애인 생명보험료	1,200,000(한도 1백만원)	세액공제

보험료세액공제 = 일반(1,000,000) × 12% + 장애인(1,000,000) × 15% = 270,000원

68. 예납적 원천징수가 소득세 확정신고절차가 필요하고, 완납적 원천징수는 확정신고가 불필요하다.

70. 중간예납의 납부기한은 11월 30일이다.

71. ① 무체물도 과세대상이다.
③ 개인이 수입을 해도 부가가치세가 과세된다.
④ 부가가치세는 소비지국과세원칙을 채택하고 있다.

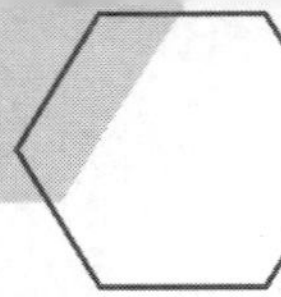

72. ② 20일 이내 미등록시 미등록가산세가 적용된다.
③ 주사업장총괄납부사업자는 본점 또는 주사무소에서 납부만 총괄하여 납부할 수 있다.
④ 겸영사업자는 과세사업자로 분류한다.

73. 간이과세자의 과세기간은 1기로 되어 있다.

74. **법인은 본점 또는 지점도 주사업장으로 할 수 있다.**

75. 견본품은 사업상 증여에서 제외된다.

76. 단기할부에 해당하므로 인도시 공급가액이 과세표준(3,000,000)이 된다.

77. 영세율 사업자는 과세사업자로 부가가치세법상 제반의무를 이행하여야 한다.

78. 과세표준 = 특수관계인(40,000,000) + 순매출액(40,500,000) = 80,500,000원

79. 공제매입세액 = 기계장치(50,000,000) + 원재료(3,000,000) + 비품(6,000,000) = 59,000,000원

80. 예정신고시 누락한 매출을 확정신고시 신고할 수 있으나, 가산세 과세 대상이다.

원가관리회계

81	82	83	84	85	86	87	88	89	90
2	3	1	4	1	1	4	4	1	3
91	**92**	**93**	**94**	**95**	**96**	**97**	**98**	**99**	**100**
2	2	4	3	3	3	2	2	2	2
101	**102**	**103**	**104**	**105**	**106**	**107**	**108**	**109**	**110**
3	4	3	4	3	3	4	1	1	1
111	**112**	**113**	**114**	**115**	**116**	**117**	**118**	**119**	**120**
1	4	1	4	3	3	1	1	2	2

81. 경영자의 목적에 따라 다양한 회계절차를 적용해야 하는 어려움이 있다.

82.

재고자산(원재료 + 재공품)

기초재고(원재료 + 재공품)	5,000 + 12,000	**당기제품제조원가(?)**	***62,000***
원재료구입	25,000		
가공원가(직접노무비 + 제조간접비)	35,000	기말재고(원재료 + 재공품)	7,000 + 8,000
합 계	77,000	합 계	77,000

83. ② 변동원가는 실제사용량, 고정원가는 최대사용가능량을 기준으로 배부한다.
③ 보조부문원가 배분방법에 의하여 배분율이 영향을 받는다.
④ 먼저 배분된 보조부문에는 다른 보조부문원가가 배분되지 않는다.

84. 시간이 남으면 푸시기 바랍니다.

〈직접배분법〉

제공부문 \ 사용부문		보조부문		제조부문	
		공장관리	동력	기계가공	조립
배부전원가		48,000	69,000	**64,000**	**73,000**
보조부문 배부	공장관리(60% : 40%)	(48,000)		**28,800**	**19,200**
	동력(60% : 40%)	-	(69,000)	**41,400**	**27,600**
보조부문 배부후 제조간접비		-	-	**134,200**	**119,800**

〈단계배분법〉

제공부문 \ 사용부문		보조부문		제조부문	
		동력	공장관리	기계가공	조립
배부전원가		69,000	48,000	64,000	73,000
보조부문 배부	동력(13.04%: 52.18%: 34.78%)	(69,000)	8,998	**36,004**	**23,998**
	공장관리(60% : 40%)		(56,998)	**34,199**	**22,799**
보조부문 배부후 제조간접비		-	-	**134,203**	**119,797**

① 동력부문 → 기계가공 대체액은 단계배분법이 공장관리에 일부 배부되므로 직접배분법이 더 크다.

② 공장관리부문 → 기계가공 대체액은 단계배분법이 동력부문에서 일부 배부된 후 공장관리부문에서 배부되므로 단계배분법이 더 크다.

③ 조립부문에 대체된 동력부문 = 직접배분법(27,600) - 단계배분법(23,988) = 3,612원

④ 조립부문에 대체된 공장관리 = 직접배분법(19,200) - 단계배분법(22,799) = **3,599원(단수차이)**

85. ② 개별원가계산은 실제, 정상, 표준원가에도 적용이 가능하다.

③ 개별원가계산의 핵심과제는 제조직접비와 제조간접비의 구분이 중요한다.

④ 개별작업별로 집계하기 때문에 오류가 발생할 가능성이 높다.

86. 제조원가(360,000) = 직접재료비(100,000) + 직접노무비(200시간 × 800원) + 제조간접비(??)

∴ 제조간접비 = 100,000원

제조간접원가배부율 = 제조간접비(100,000) ÷ 직접노동시간(200시간) = 500원/직접노동시간

88.

〈1단계〉 물량흐름파악 평균법, 선입선출법 동일		〈2단계〉 완성품환산량 계산 재료비	가공비
	기말재공품 400(80%)	400	320
	계		
〈4단계〉 완성품환산량당단위원가		@1,500	@500

〈5단계〉 기말재공품 원가계산

- **기말재공품원가 = 400개 × @1,500 + 320개 × @500 = 760,000원**

89. 선입선출법이 기초재공품의 완성도를 고려한다.

90. 기말재공품 금액이 증가하였다는 것은 **당기투입원가의 증가나 기말재공품의 완성도가 증가**하였다는 것을 의미한다.

91.

〈1단계〉 물량흐름파악(선입선출법) **〈2단계〉 완성품환산량 계산**

재공품		재료비	가공비
완성품	1,000		
- 기초재공품	400(50%)	0	200
- 당기투입분	600(100%)	600	600
기말재공품	200(80%)	200	160
계	1,200	**800**	**960**
〈3단계〉 원가요약(당기투입원가)		2,000,000	3,000,000
〈4단계〉 완성품환산량당 단위원가		@2,500	@3,125

〈5단계〉 기말재공품 원가계산

- 기말재공품원가 = 200개 × @2,500 + 160개 × @3,125 = 1,000,000원

92. 실제발생액＜예정배부액 → 과대배부

93. 표준원가를 채택시 **비계량적인 정보를 무시할 가능성**이 있다.

94.

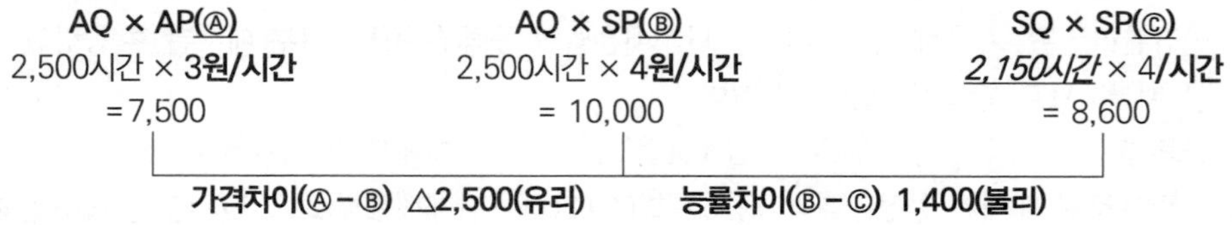

95. 〈변동제조간접원가〉

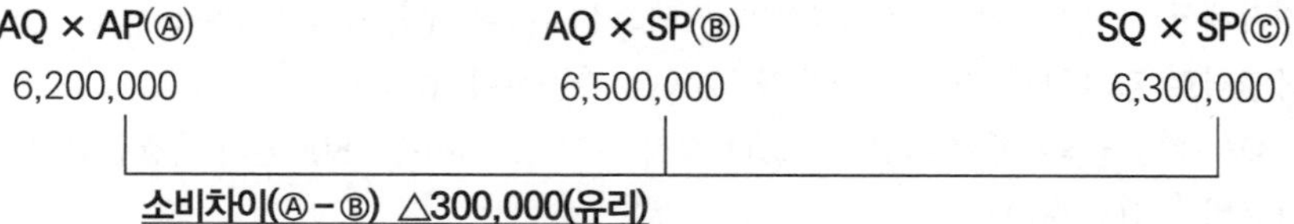

96. 변동원가계산은 외부보고서로서 인정되지 않는다.

98. 공헌이익률 = 1 - 변동비율(4,500/8,000) = 43.75%

영업이익(14,700,000) = 매출액 × 공헌이익률(43.75%) - 고정원가(2,100,000)

∴ 매출액 = 38,400,000원

99.

변동원가(순이익)	100(가정)	
+기말재고에 포함된 고제간	50	(기말>기초)
-기초재고에 포함된 고제간	30	
=전부원가(순이익)	120	

100.

4월 변동원가(순이익)	200,000
+기말재고에 포함된 고제간	(생산수량 - 판매수량) × 단위당 고정제조간접비 = 0
-기초재고에 포함된 고제간	200,000
=4월 전부원가(순이익)	0

기초재고에 포함된 고정제조간접비(200,000) = 기초재고수량(1,000) × 단위당고정제조간접비

∴단위당 고정제조간접비 = 200원

3월 고정제조간접원가 = 생산량(8,000) × 단위당고정제조간접비(200) = 1,600,000원

102. **회귀분석법은 적용이 복잡하고 이해하기 어렵다.**

103. 복수제품일 경우 매출배합이 일정하다.

104. 목표이익(180,000,000원)을 달성하기 위한 판매량

XT = (F + T)/(p - v) = (120,000,000 + 180,000,000)/(5,000 - 2,500) = 120,000개

105. 영업레버리지도 = 공헌이익/영업이익(= 공헌이익 - 고정원가)이므로 매출액이 증가하면 공헌이익과 영업이익의 차이가 없어지므로 1의 값에 가까워진다. 따라서 **손익분기점 부근에서 가장 크고 매출액이 증가함에 따라 점점 작아진다.**

107.

변동예산(2)	변동예산(3)	고정예산
실제규모 × 실제점유율 × 가중평균예산공헌이익	실제규모 × 예산점유율 × 가중평균예산공헌이익	예산규모 × 예산점유율 × 가중평균예산공헌이익
100,000 × 40% × 100 = 4,000,000	100,000 × 32% × 100 = 3,200.000	

시장점유율차이 800,000(유리)

108. 예산공헌이익(A) = 20원 예산공헌이익(B) = 4원

〈예산배합비율〉

	예산판매량	예산배합비율	실제매출량
A	1,000단위	40%	500단위
B	1,500단위	60%	1,500단위
계	2,500단위		2,000단위

	변동예산(1) (실제배합) AQ× (BP - BV)	변동예산(2) (예산배합) TAQ × BM × (BP - BV)	고정예산 BQ× (BP - BV)
공헌이익	A = 500 × 20 = 10,000	A = 2,000 × 40% × 20 = 16,000	A = 1,000 × 20 = 20,000
	B = 1,500 × 4 = 6,000	B = 2,000 × 60% × 4 = 4,800	B = 1,500 × 4 = 6,000
	계 : 16,000	계 : 20,800	계 : 26,000

매출배합차이 △4,800(불리) **매출수량차이 △5,200(불리)**

109. 투자수익률은 자본예산기법에 의한 성과평가에 비하여 단기적인 성과를 강조한다.

110.

		A사업부	B사업부
1. 영업자산		250,000,000	300,000,000
2. 영업이익		20,000,000	22,500,000
3. 최저필수수익률		6%	
4. 잔여이익	2－1×3	**5,000,000**	**4,500,000**
5. 투자수익률	1÷2	**8%**	**7.5%**

111.

1. 세후영업이익	28억	100억－60억－10억＋5억－7억
2. 투하자본	200억	
3. 가중평균자본비용	??%	$5\% \times \frac{100}{200}$ ＋자기자본비용 $\times \frac{100}{200}$
4. 경제적 부가가치	**13억**	28억－200억×7.5%

가중평균자본비용(7.5%)＝2.5%＋자기자본비용×50%　∴ 자기자본비용＝10%

112. 차량의 취득원가(4,000,000)가 매몰원가에 해당한다.

113.

1. 증분수익(외부구입시)	
• 변동비감소분	변동비(43,000＋17,000＋13,000)＝73,000원
• 고정원가절감	30,000원(회피가능)
2. 증분비용(외부구입시)	
• 외부구입비증가	500(외부구입단가)×250단위＝125,000원
3. 증분손익	△22,000원(불리－외부구업시 불리)

114. 모두 폐쇄하면 **회피불능원가 3,500원이 회사의 전체손실**이 된다.

115. 유휴생산시설을 활용시 의사결정에 반영해야 한다.

116. 자본예산은 **장기간에 걸쳐 나타내는 대안들 중에서 최선의 투자안을 선택하는 의사결정**이다.

117. 이자비용을 계산하고 **다시 할인율을 적용한는 것은 이중계산이 되므로 이자비용은 포함하지 않는다.**

118. 〈현금흐름〉

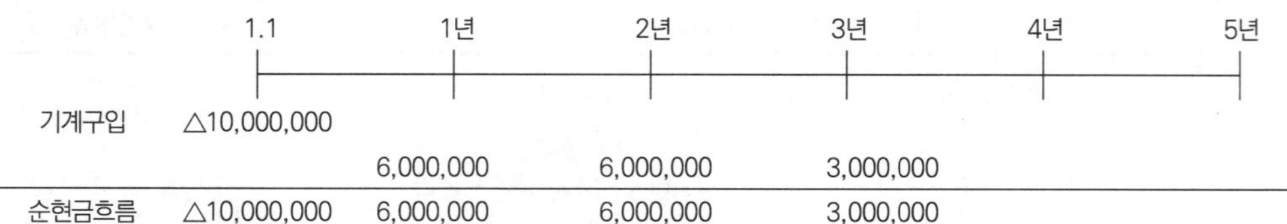

투자안의 순현재가치＝－10,000,000＋6,000,000×0.89＋6,000,000×(1.69－0.89)
＋3,000,000×(2.4－1.69)＝2,270,000원

119. 최대대체가격＝MIN[① 외부구입가격(550) ② 완제품판매가격(1,100)－추가가공비(500)]＝550원

120. 수명주기원가계산은 **연구단계부터 원가절감에 중점**을 둔다.

2022년 12월

97회 재경관리사

재무회계

1. 다음 중 한국채택국제회계기준과 일반기업회계기준의 특징으로 가장 올바르지 않은 것은?

① 한국채택국제회계기준은 연결재무제표를 기본 재무제표로 제시하고 있다.

② 한국채택국제회계기준은 재무제표의 구체적인 양식이나 계정과목을 정형화하고 있다.

③ 일반기업회계기준은 자본항목을 자본금, 자본잉여금, 자본조정, 기타포괄손익누계액, 이익잉여금(결손금)으로 구분하고 있다.

④ 한국채택국제회계기준은 자산과 부채에 대한 공정가치 적용이 확대되고 있다.

2. 다음 중 정보이용자의 의사결정에 차이가 나도록 하는 목적적합한 재무정보에 관한 설명으로 가장 올바르지 않은 것은?

① 재무정보에 예측가치와 확인가치 또는 둘 모두가 있다면 의사결정에 차이가 나도록 할 수 있다.

② 미래 결과를 예측하기 위해 사용하는 절차의 투입요소로 사용될 수 있다면 그 정보는 예측가치를 갖는다.

③ 재무정보가 과거 평가에 대해 피드백을 제공, 즉 확인하거나 변경시킨다면 확인가치를 갖는다.

④ 재무정보가 예측가치를 가지기 위해서는 그 자체로 예측치가 되어야만 한다.

3. 다음 중 재무정보의 질적 특성에 관한 설명으로 가장 옳은 것은?

① 적시성과 이해가능성은 근본적 질적 특성에 해당한다.

② 목적적합성과 표현충실성은 보강적 질적 특성에 해당한다.

③ 보강적 질적 특성은 가능한 극대화 되어야 하나 하나의 보강적 질적특성이 다른 질적 특성의 극대화를 위해 감소되어야 할 수도 있다.

④ 재무정보가 제공되기 위해서는 해당 정보 보고의 효익이 관련 원가를 정당화할 수 있어야 하는 것은 아니다.

4. 다음 중 재무제표 작성에 관한 설명으로 가장 올바르지 않은 것은?

① 비교정보를 포함한 전체 재무제표는 적어도 1년마다 작성되어야 한다.
② 재무제표 본문과 주석에 적용하는 중요성의 기준은 항상 일치하여야 한다.
③ 중요하지 않은 항목은 성격이나 기능이 유사한 항목과 통합하여 표시할 수 있다.
④ 한국채택국제회계기준을 준수하여 재무제표를 작성하는 기업은 그 사실을 주석에 기재하여야 한다.

5. 다음 중 중간재무보고서에 포함시켜야 할 구성요소로 가장 올바르지 않은 것은?

① 요약재무상태표 ② 요약현금흐름표
③ 요약제조원가명세서 ④ 선별적 주석

6. ㈜삼일은 재고자산을 선입선출법으로 평가하고 있다. 기말재고자산 실사결과 확인된 재고수량은 800개이며, 전기 이월분은 모두 전기 말에 일괄하여 매입한 것이다. 다음의 재고수불부에 따르면 매출원가는 얼마인가?

	수량	단가	금액
전기이월	1,000개	2,000원	2,000,000원
5월 5일 구입	1,500개	2,500원	3,750,000원
7월 8일 판매	1,200개		
9월 3일 구입	1,000개	2,800원	2,800,000원
10월 7일 판매	1,500개		
기 말	800개		

① 6,210,000원 ② 6,310,000원
③ 6,600,000원 ④ 6,950,000원

7. 다음 자료에서 재고자산평가손실은 ㈜삼일의 재고자산이 진부화되어 발생하였다. 자료를 바탕으로 ㈜삼일의 20X2년 포괄손익계산서상 매출원가를 계산하면 얼마인가?(단, ㈜삼일은 재고자산평가손실과 정상재고자산감모손실을 매출원가에 반영하고, 비정상재고자산감모손실은 기타비용으로 처리하고 있다.)

20X1년 12월 31일 재고자산	400,000원
20X2년 매입액	1,000,000원
20X2년 재고자산평가손실	500,000원
20X2년 재고자산감모손실(정상감모)	50,000원
20X2년 재고자산감모손실(비정상감모)	20,000원
20X2년 12월 31일 재고자산(모든 평가손실과 감모손실 차감 후)	300,000원

① 1,080,000원　② 1,100,000원
③ 1,120,000원　④ 1,400,000원

8. 다음은 ㈜삼일의 20X1년 재고수불부이다. ㈜삼일은 20X1년 1월 1일에 설립되었으며, ㈜삼일의 김사장은 기말재고자산을 총평균법으로 평가할지 선입선출법으로 평가할지 고민 중이다. 재고자산평가방법에 관한 설명으로 가장 올바르지 않은 것은?

	수량	단가	금액
5/5 구입	3,000개	2,000원	6,000,000원
6/6 구입	7,000개	1,200원	8,400,000원
9/9 판매	8,500개		
기 말	1,500개		

(단, 매출총이익률 = 매출총이익/매출액)

① 기말재고자산금액은 선입선출법을 적용했을 때보다 총평균법을 적용하였을 경우 360,000원만큼 크다.
② 매출총이익률은 선입선출법을 적용했을 때보다 총평균법을 적용했을 경우 상대적으로 더 작다.
③ 매출원가는 선입선출법을 적용했을 때보다 총평균법을 적용하였을 경우 360,000원만큼 작다.
④ 당기순이익은 선입선출법을 적용했을 때보다 총평균법을 적용하였을 경우 360,000원만큼 크다.

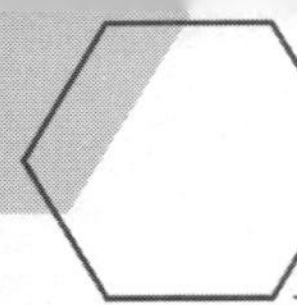

9. 다음 중 유형자산에 관한 설명으로 가장 올바르지 않은 것은?

① 일상적인 수선유지와 관련하여 발생한 원가는 해당 유형자산의 장부금액에 포함한다.

② 유형자산은 인식시점의 원가로 측정하며, 원가는 자산을 취득하기 위하여 자산의 취득시점이나 건설 시점에서 지급한 현금 또는 현금성자산이나 제공한 기타 대가의 공정가치를 말한다.

③ 감가상각방법은 해당 자산에 내재되어 있는 미래경제적 효익의 예상소비형태를 가장 잘 반영하는 방법에 따라 선택한다.

④ 유형자산의 정기적인 종합검사 과정에서 발생하는 원가가 인식기준을 충족한다면 해당 유형자산의 일부가 대체되는 것으로 보아 해당 유형자산의 장부금액에 포함한다.

10. ㈜삼일은 20X1년 초에 토지를 10,000원에 구입하였으며, 이 토지에 대해 재평가모형을 적용하여 매년 말에 재평가하였다. 토지는 20X1년 말에 5,000원, 20X2년 말에 13,000원으로 각각 재평가되었다. 20X2년 말에 시행한 토지의 재평가가 ㈜삼일의 20X2년 당기순이익에 미치는 영향은 얼마인가?

① 영향 없음
② 3,000원 증가
③ 5,000원 증가
④ 8,000원 증가

11. 제조업을 영위하는 ㈜삼일은 20X1년 1월 1일에 경리과장이 사용할 컴퓨터를 5,000,000원에 취득해서 사용하다가 20X3년 7월 1일에 3,500,000원에 처분하면서 다음과 같이 500,000원의 처분이익을 계상하였다. ㈜삼일은 이 컴퓨터에 대해 내용연수 5년, 잔존가치 0원, 정액법을 적용하여 감가상각하였다. 당신이 ㈜삼일의 담당회계사라면, 이 회계처리에 대해 ㈜삼일의 경리과장에게 바르게 조언한 것은?

㈜삼일의 회계처리

(차변)	현금	3,500,000원	(대변)	컴퓨터	5,000,000원
	감가상각누계액	2,000,000원		유형자산처분이익	500,000원

① 회사는 처분한 컴퓨터의 전기말 재무상태표상 장부금액과 당기중 처분가액과의 차액을 처분이익으로 계상하였으므로 회사의 회계처리는 적정합니다.

② 회사는 당기 6개월분에 대한 감가상각비 500,000원을 계상하지 않았으며, 유형자산처분이익 500,000원을 과소계상하였으므로 당기순이익이 1,000,000원 과소계상되었습니다.

③ 포괄손익계산서에 유형자산처분이익으로 1,000,000원이 계상되어야 적정하지만 감가상각비가 500,000원 과소계상되어, 당기순이익에 미치는 영향은 없습니다.

④ '①, ②, ③' 모두 올바른 조언임

12. 다음은 20X1년 ㈜삼일의 엔진 개발과 관련하여 20X1년 6월 30일까지 발생한 지출에 대한 자료이다. 동 엔진이 20X2년 1월 1일부터 사용가능할 것으로 예측된 경우 20X1년 ㈜삼일이 엔진 개발과 관련하여 무형자산 상각비를 포함한 인식해야 할 총비용은 얼마인가(단, 엔진 개발비에 대하여 내용연수 5년, 정액법 상각함)?

구분	내용
연구단계	• 엔진 연구 결과의 평가를 위한 지출 : 3,000,000원 • 여러 가지 대체안 탐색 활동을 위한 지출 : 27,000,000원
개발단계	• 자산인식조건을 만족하는 개발 단계 지출 : 40,000,000원 • 자산인식조건을 만족하지 않는 개발 단계 지출 : 7,000,000원

① 30,000,000원 ② 37,000,000원 ③ 41,000,000원 ④ 45,000,000원

13. 다음 중 무형자산의 상각에 관한 설명으로 가장 올바르지 않은 것은?

① 내용연수가 유한한 무형자산은 내용연수동안 상각하지만 내용연수가 비한정인 무형자산은 상각하지 않는다.

② 무형자산의 잔존가치는 처분으로 회수가능한 금액을 근거로 하여 추정하며, 적어도 매 회계기간 말에 검토한다.

③ 상각기간이나 상각방법을 변경하는 경우에는 회계정책의 변경으로 본다.

④ 상각하지 않는 무형자산에 대하여 매 회계기간마다 내용연수가 비한정이라는 평가가 정당한지 검토한다.

14. ㈜삼일은 20X1년 초에 임대수익을 얻을 목적으로 건물을 100,000,000원에 취득하였다. 취득당시 건물의 내용연수는 10년, 잔존가치 20,000,000원이며 감가상각방법은 정액법이다. ㈜삼일은 투자부동산을 공정가치 모형으로 평가하고 있으며, 20X1년 말과 20X2년 말에 건물의 공정가치는 각각 100,000,000원과 120,000,000원이었다. ㈜삼일이 투자부동산과 관련하여 20X2년에 당기손익으로 인식할 금액은 얼마인가?

① 이익 20,000,000원 ② 손실 20,000,000원
③ 이익 36,000,000원 ④ 손실 36,000,000원

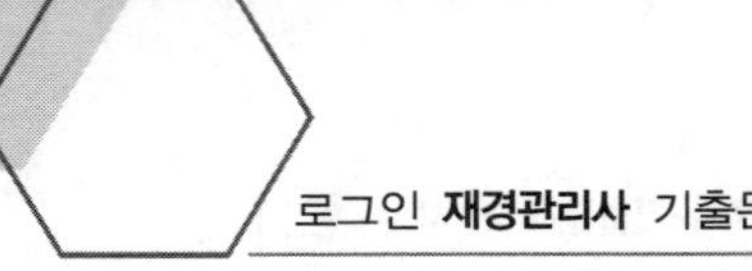

15. 다음 중 기타포괄손익-공정가치측정 금융자산에 관한 설명으로 가장 옳은 것은?

① 기타포괄손익-공정가치측정 금융자산은 원칙적으로 공정가치로 평가하여 평가손익을 당기손익으로 반영한다.

② 기타포괄손익-공정가치측정 금융자산으로 분류되는 채무상품은 당기손익-공정가치측정 금융자산으로 분류변경할 수 없다.

③ 기타포괄손익-공정가치측정 금융자산 취득시 지출된 거래원가는 당기비용으로 처리한다.

④ 기타포괄손익-공정가치측정 금융자산으로 분류되는 지분상품에 대한 손상차손은 인식하지 아니한다.

16. ㈜삼일은 20X1년 초 만기 3년, 액면이자율 5%, 액면금액 100,000원의 사채를 87,565원에 할인발행하였다. 사채 발행시점의 유효이자율이 10%라면, 20X1년 말 ㈜삼일의 재무상태표상 사채의 순장부금액은 얼마인가(단, 소수점 첫째자리에서 반올림한다)?

① 91,322원　② 93,765원　③ 95,454원　④ 100,000원

17. 다음 중 복합금융상품에 관한 설명으로 가장 올바르지 않은 것은?

① 전환사채란 유가증권 소유자가 일정한 조건하에 보통주로의 전환권을 행사할 수 있는 사채로서, 전환권을 행사하면 보통주로 전환되는 사채이다.

② 신주인수권부사채란 유가증권의 소유자가 일정한 조건하에 신주인수권을 행사하여 보통주 발행을 청구할 수 있는 권리가 부여된 사채이다.

③ 전환우선주란 유가증권의 소유자가 일정한 조건하에 전환권을 행사할 수 있는 우선주로서, 전환권을 행사하면 보통주로 전환되는 우선주이다.

④ 복합금융상품의 발행금액에서 지분상품(자본)의 공정가치를 차감한 잔액은 금융부채로 인식한다.

18. 다음의 빈칸에 들어갈 말로 가장 적절한 것끼리 묶인 것은?

> 일반적으로 사채는 상각후원가로 후속 측정된다. 만약 사채발행 시점에 시장이자율보다 계약상 액면이자율이 더 작은 경우에는 사채가 (㉠)되는데 이 경우에는 상각후원가가 만기로 갈수록 점점 (㉡)하게 된다.

	㉠	㉡		㉠	㉡
①	할인발행	증가	②	할인발행	감소
③	할증발행	증가	④	할증발행	감소

19. 다음 자료를 이용하여 전환사채 발행일에 ㈜삼일이 전환권대가(자본)로 계상할 금액을 계산하면 얼마인가?

> ㈜삼일은 다음과 같은 조건으로 전환사채를 액면발행하였다.
> ㄱ. 액면금액 : 3,000,000원
> ㄴ. 액면이자 : 지급하지 않음
> ㄷ. 발행일 : 20X1년 1월 1일
> ㄹ. 만기일 : 20X3년 12월 31일 (3년)
> ㅁ. 상환할증금 : 390,000원
> ㅂ. 전환사채가 일반사채인 경우의 시장이자율 : 12%(12%, 3년의 현재가치계수는 0.7118이다)

① 397,888원 ② 586,998원 ③ 864,600원 ④ 924,428원

20. 다음 중 충당부채를 재무상태표에 부채로 인식할 수 있는 요건에 해당하지 않는 것은?

① 과거사건의 결과로 현재 의무가 존재한다.
② 당해 의무를 이행하기 위하여 경제적 효익이 있는 자원이 유출될 가능성이 매우 높다.
③ 지출의 시기 및 금액을 확실히 추정할 수 있다.
④ 해당 의무를 이행하기 위하여 필요한 금액을 신뢰성 있게 추정할 수 있다.

21. ㈜삼일은 20X1년 초 설립된 회사로 설립시에 보통주와 우선주를 모두 발행하였다. 설립일 이후 자본금의 변동은 없었으며, 20X3년 12월 31일 현재 보통주자본금과 우선주자본금은 다음과 같다. ㈜삼일은 설립된 이후 어떠한 배당도 하지 않았으나 20X3년 12월 31일로 종료되는 회계연도의 정기주주총회에서 배당금 총액을 300,000원으로 선언할 예정일 경우, 우선주 주주에게 배분될 배당금은 얼마인가?

구분	주당액면금액	발행주식수	자본금
보통주	1,000원	1,000주	1,000,000원
우선주(*)	1,000원	500주	500,000원

* 누적적 · 비참가적 우선주, 배당률 10%

① 25,000원 ② 50,000원 ③ 150,000원 ④ 300,000원

22. 다음 중 이익잉여금의 처분거래로 가장 올바르지 않은 것은?

① 이익준비금의 적립 ② 현금배당
③ 임의적립금의 적립 ④ 자기주식의 처분

23. 수익인식 5 단계 모형에 따라 수익을 인식하는 순서가 아래와 같다면 다음 빈칸에 들어갈 말로 가장 옳은 것은?

[1단계] 계약 식별	[2단계] (㉠)	[3단계] (㉡)
[4단계] 거래가격 배분	[5단계] 수행의무별 수익인식	

	㉠	㉡		㉠	㉡
①	거래가격 산정	계약의 결합	②	수행의무 식별	거래가격 산정
③	수행의무 식별	통제이전	④	거래가격 산정	수행의무 식별

24. ㈜서울은 20X1년 1월 1일 ㈜용산에 상품을 할부로 판매하였다. 상품의 원가는 7,000,000원이며, 할부대금은 매년 말 3,000,000원씩 3년간 회수하기로 하였다. 또한 시장이자율은 10%이며, 연금현가계수(10%, 3년)는 2.48685이다. 동 할부매출과 관련하여 ㈜서울이 20X1년에 인식할 매출총이익과 이자수익은 각각 얼마인가(단, 소수점 이하는 반올림한다)?

	매출총이익	이자수익		매출총이익	이자수익
①	460,550원	746,055원	②	746,055원	1,200,000원
③	2,000,000원	994,740원	④	2,000,000원	1,200,000원

25. ㈜삼일은 20X1년 1월 5일에 서울시와 교량건설 도급공사계약을 체결하였다. 총계약금액은 500,000,000원이며 공사가 완성되는 20X3년 12월 31일까지 건설과 관련된 회계자료는 다음과 같다. ㈜삼일이 공사진행기준으로 수익을 인식한다면 20X1년, 20X2년 및 20X3년 계약이익으로 계상할 금액은 얼마인가? 단, 진행률은 발생원가에 기초하여 측정한다.

(단위 : 원)

	20X1년	20X2년	20X3년
당기계약원가	60,000,000	120,000,000	180,000,000
추정총계약원가	300,000,000	360,000,000	360,000,000
공사대금청구액	140,000,000	160,000,000	200,000,000

	20X1년	20X2년	20X3년
①	40,000,000원	30,000,000원	70,000,000원
②	40,000,000원	60,000,000원	40,000,000원
③	60,000,000원	30,000,000원	50,000,000원
④	60,000,000원	50,000,000원	30,000,000원

26. ㈜서울은 ㈜용산으로부터 건설공사를 수주하였다. ㈜용산과 체결한 건설공사에서 손실이 발생할 것으로 예상되는 경우 ㈜서울이 수행할 회계처리로 가장 옳은 것은?

① 건설계약에서 예상되는 손실액은 진행률에 따라 비용으로 인식한다.
② 건설계약에서 예상되는 손실액은 공사완료시점에 비용으로 인식한다.
③ 건설계약에서 예상되는 손실액은 전기에 인식했던 수익에서 직접 차감한다.
④ 건설계약에서 예상되는 손실액은 당기에 즉시 비용으로 인식한다.

27. 다음의 빈칸에 들어갈 말로 가장 적절한 것끼리 묶인 것은?

> 확정급여제도의 회계처리에서 당기근무원가, 과거근무원가와 정산으로 인한 손익, 순확정급 여부채 및 사외적립자산의 순이자는 (㉠)으로 인식한다.
> 보험수리적손익, 순확정급여부채(자산)의 순이자에 포함된 금액을 제외한 사외적립자산의 수익, 순확정급여부채(자산)의 순이자에 포함된 금액을 제외한 자산인식상한 효과의 변동은 (㉡)으로 인식한다.

	㉠	㉡		㉠	㉡
①	당기손익	기타포괄손익	②	당기손익	당기손익
③	기타포괄손익	당기손익	④	기타포괄손익	기타포괄손익

28. 다음 중 주식결제형 주식기준보상(주식선택권)과 관련하여 괄호 안에 들어갈 단어로 가장 옳은 것은?

> 종업원 및 유사용역제공자에게 제공받은 용역의 보상원가는 부여한 지분상품의 공정가치에 수량을 곱한 금액으로 산정한다. 부여한 지분상품의 공정가치를 신뢰성 있게 추정할 수 있는 경우 지분상품의 공정가치는 (　　) 현재로 측정한다.

① 부여일　② 가득일　③ 행사일　④ 결산일

29. 다음 중 법인세 관련 자산, 부채, 비용(수익)의 재무제표 표시와 공시에 관한 설명으로 가장 올바르지 않은 것은?

① 과거기간의 당기법인세에 대하여 당기에 인식한 조정사항은 주석으로 공시한다.
② 당기법인세자산과 당기법인세부채는 항상 상계하여 표시한다.
③ 이연법인세자산(부채)은 비유동으로 구분한다.
④ 당기법인세자산(부채)은 유동으로 구분한다.

30. 다음 자료를 바탕으로 20X1년 포괄손익계산서에 계상될 ㈜삼일의 법인세비용을 계산하면 얼마인가?

ㄱ. 20X1년 당기법인세 (법인세법상 당기에 납부할 법인세)	2,500,000원
ㄴ. 20X0년 말 이연법인세자산 잔액	400,000원
ㄷ. 20X1년 말 이연법인세부채 잔액	300,000원

① 1,800,000원 ② 2,900,000원 ③ 3,200,000원 ④ 3,600,000원

31. ㈜삼일은 20X2년에 처음으로 회계감사를 받았는데, 기말상품재고에 대하여 다음과 같은 오류가 발견되었다. 20X1년 및 20X2년에 ㈜삼일이 보고한 당기순이익이 다음과 같을 때, 20X2년의 오류수정 후 당기순이익은 얼마인가? (단, 법인세효과는 무시한다)

연도	당기순이익	기말상품재고오류
20X1년	30,000원	3,000원 과소평가
20X2년	35,000원	2,000원 과대평가

① 30,000원 ② 36,000원 ③ 38,000원 ④ 40,000원

32. 다음은 ㈜삼일의 20X1년 초 자본의 일부 내역과 20X1년 중 주식수의 변동내역이다. 20X1년의 가중평균유통보통주식수는 얼마인가(단, 가중평균유통보통주식수는월수로 계산하며, 소수점 첫째자리에서 반올림한다)?

1. 20X1년 초 자본의 일부 내역

	보통주	우선주
액면금액	5,000원	5,000원
발행주식수	15,000주	2,000주
자기주식	1,000주	0주

2. 20X1년 중 주식수의 변동내역

20X1년 4월 30일 보통주 유상증자 1,000주 발행
20X1년 10월 31일 보통주 자기주식 300주 취득
20X1년 11월 30일 보통주 자기주식 160주 재발행

① 14,630주 ② 14,880주 ③ 15,000주 ④ 15,200주

33. ㈜삼일은 20X1년 1월 1일에 ㈜용산의 보통주 30%를 3,000,000원에 취득하였고 그 결과 ㈜용산의 의사결정에 유의적인 영향력을 행사할 수 있게 되었다. ㈜용산에 대한 재무정보 및 기타 관련정보가 다음과 같을 경우 ㈜삼일의 20X1년 말 현재 관계기업투자주식의 장부금액은 얼마인가?

> ㈜용산에 대한 재무정보
> ㄱ. 20X1년 1월 1일 현재 순자산장부금액 : 9,000,000원(공정가치와 동일)
> ㄴ. 20X1년 총포괄이익 : 1,000,000원(기타포괄이익 200,000원 포함)
> * ㈜용산의 20X1년 중 순자산 장부금액 변동은 당기순이익 및 기타포괄이익으로 인한 것 외에 없다고 가정한다.

① 3,000,000원　② 3,240,000원　③ 3,300,000원　④ 3,360,000원

34. 다음 중 지분법 회계처리에 관한 설명으로 가장 올바르지 않은 것은?

① 지분법은 취득시점에서 관계기업투자주식을 공정가치로 측정한다.
② 피투자회사의 당기순이익 중 투자회사의 지분에 해당하는 금액은 투자회사의 지분법이익으로 보고된다.
③ 피투자회사가 배당금지급을 결의한 시점에 투자회사가 수취하게 될 배당금 금액을 관계기업투자주식에서 직접 차감한다.
④ 투자자와 관계기업 사이의 내부거래에서 발생한 당기손익에 대하여 투자자는 그 관계기업에 대한 투자지분과 무관한 손익까지만 투자자의 재무제표에 인식한다.

35. ㈜삼일은 20X1년 4월 1일에 재고자산을 $2,000에 매입하여 보고기간 말 현재 보유중이다. 매입 시점의 현물환율은 1,000원/$이며, 보고기간 말 현물환율은 1,300원/$이다. 20X1년 12월 31일에 재고자산의 순실현가능가치가 $1,600일 경우 ㈜삼일이 인식할 재고자산평가손실은 얼마인가?

① 0원　② 400,000원　③ 520,000원　④ 640,000원

36. 다음 중 선물(futures)과 옵션(option)에 관한 설명으로 가장 올바르지 않은 것은?

① 미국형 옵션은 만기일에만 권리를 행사할 수 있는 옵션이며, 유럽형 옵션은 만기일 이전에는 언제라도 권리를 행사할 수 있는 옵션이다.
② 선물거래에는 매일매일의 평가손익을 증거금에 반영하는 체계적인 과정인 '일일정산제도'가 있다.
③ 선물과 옵션 모두 파생상품에 해당한다.
④ 선물과 옵션 모두 위험회피기능을 가지고 있다.

37. ㈜삼일리스는 20X1년 1월 1일(리스약정일)에 ㈜한강(리스이용자)와 기계장치에 대한 금융리스계약을 체결하였으며, 관련 자료는 다음과 같다. 이러한 리스거래로 인하여 ㈜삼일리스가 인식할 20X1년 이자수익은 얼마인가(단, 계산금액은 소수점 첫째자리에서 반올림함을 원칙으로 하고, 가장 근사치를 답으로 선택한다)?

ㄱ. 리스기간 : 3년(리스기간 종료시 ㈜한강은 소유권을 이전 받음)
ㄴ. 리스료 총액 : 150,000원 (매 50,000원씩 매년 말 3회 후불)
ㄷ. 기초자산의 취득원가 : 120,092원 (리스약정일의 공정가치와 동일)
ㄹ. 기초자산의 내용연수와 잔존가치 : 내용연수 5년, 잔존가치 20,092원
ㅁ. 리스의 내재이자율 : 연 12%
ㅂ. 이자율 12%, 3년 연금현가계수 : 2.40183
이자율 12%, 3년 현가계수 : 0.71178

① 14,411원 ② 24,411원 ③ 27,744원 ④ 35,589원

38. 다음 ㈜삼일의 20X1년 재무제표 관련 자료를 이용하여 현금흐름표에 보고될 간접법에 의한 영업활동현금흐름을 계산하면 얼마인가?

법인세비용차감전순이익	20,000원	감가상각비	4,600원
매출채권의 증가	15,000원	재고자산의 감소	2,500원
매입채무의 증가	10,400원	유형자산처분손실	2,400원

① 20,200원 ② 21,000원 ③ 22,500원 ④ 24,900원

39. 다음은 ㈜삼일의 이자수익과 관련된 재무제표 자료이다. ㈜삼일의 20X2년 현금흐름표에 표시될 이자수취액은 얼마인가?

ㄱ. 재무상태표 관련자료

구분	20X2년 12월 31일	20X1년 12월 31일
미수이자	20,000원	30,000원
선수이자	40,000원	20,000원

ㄴ. 포괄손익계산서 관련자료

구분	20X2년	20X1년
이자수익	200,000원	150,000원

① 190,000원 ② 200,000원 ③ 210,000원 ④ 230,000원

40. ㈜삼일은 20X1년 포괄손익계산서상 기계장치와 관련하여 감가상각비 15,000원, 처분이익 30,000원을 보고하였다. 다음 자료를 이용하여 20X1년 기계장치 처분으로 인한 투자활동 순현금흐름을 계산하면 얼마인가?(단, 기중 기계장치의 취득은 없다)

구 분	20X0년 12월 31일	20X1년 12월 31일
기계장치	100,000원	60,000원
감가상각누계액	(30,000원)	(25,000원)
장부금액	70,000원	35,000원

① 45,000원 유입　② 50,000원 유입
③ 65,000원 유입　④ 70,000원 유입

세무회계

41. 다음 중 법인세법상 기간과 기한에 관한 설명으로 가장 올바르지 않은 것은?

① 기간이란 어느 일정시점에서 다른 일정시점까지의 계속된 시간을 말한다.
② 기간의 계산은 세법에 특별한 규정이 있는 경우를 제외하고는 민법의 역법적 계산방법에 따른다.
③ 우편으로 과세표준신고서를 제출한 경우에는 도착한 날에 신고된 것으로 본다.
④ 기간말일이 공휴일에 해당하는 때에는 그 다음 날로 기간이 만료된다.

42. 국세부과의 원칙 중 법적 형식이나 외관에 관계없이 실질에 따라 세법을 해석하고 과세요건사실을 인정해야 한다는 것은 어떤 원칙에 입각한 것인가?

① 소급과세금지의 원칙　② 조세법률주의
③ 공평과세의 원칙　④ 실질과세의 원칙

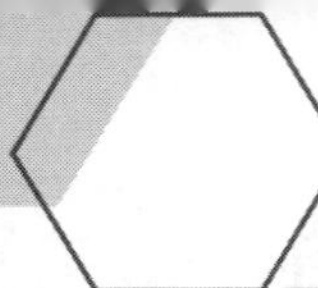

43. 다음 중 국세기본법상 기한 후 신고제도에 관한 설명으로 가장 올바르지 않은 것은?

① 법정신고기한 내에 과세표준신고서를 제출하지 아니한 자도 기한 후 신고를 할 수 있다.

② 법정신고기한이 지난 후 1개월 초과 6개월 이내 기한 후 신고납부를 한 경우 무신고가산세의 10%를 감면한다.

③ 관할세무서장이 세법에 의하여 당해 국세의 과세표준과 세액을 결정하여 통지하기 전까지 기한후과세표준신고서를 제출할 수 있다.

④ 기한후과세표준신고서를 제출한 자는 기한후과세표준신고액에 상당하는 세액과 세법에서 정하는 가산세를 기한후과세표준신고서의 제출과 동시에 납부하여야 한다.

44. 다음 중 납세자의 권리구제제도에 관한 설명으로 가장 올바르지 않은 것은?

① 납세고지서가 나오기 전에 구제받을 수 있는 사전권리구제제도에는 과세전적부심사가 있다.

② 사후권리구제제도에는 이의신청, 심사청구, 심판청구의 행정심판과 행정소송이 있다.

③ 행정소송은 조세심판원에 제기하여야 하며, 조세심판원 이외에 제기한 경우 행정소송의 효력이 발생하지 아니한다.

④ 이의신청은 처분이 있음을 안 날부터 90일 이내에 과세관청에 신청하여야 한다.

45. 다음 중 법인세법상 사업연도에 관한 설명으로 가장 옳은 것은?

① 법인의 사업연도는 법령 또는 정관 등에서 정하는 1회계기간으로 하며 그 기간은 1년을 초과할 수 없다.

② 법령 또는 정관에 사업연도 규정이 없는 법인의 사업연도는 일률적으로 1월 1일부터 12월 31일까지로 한다.

③ 사업연도를 변경하려는 법인은 변경하려는 사업연도 종료일로부터 3개월 이내에 사업연도변경신고서를 납세지 관할세무서장에게 제출하여야 한다.

④ 법인설립 이전에 발생한 손익은 법인세 과세대상 손익에서 산입할 수 없다.

46. 다음 중 법인세법상 결산조정사항과 신고조정사항에 관한 설명으로 가장 옳은 것은?

① 신고조정사항은 원칙적으로 장부에 기장처리해야만 세무회계상 손금으로 인정받을 수 있는 사항이다.

② 결산조정사항은 기업회계 결산시 회계처리하지 않고 법인세 과세표준신고의 과정에서 세무조정계산서에만 계상함으로써 손금으로 인정받을 수 있다.

③ 신고조정사항은 법인세신고기한 후 경정청구 대상에서 제외된다.

④ 조세특례제한법상 준비금은 이익잉여금 처분시 별도의 적립금으로 적립해야만 신고조정이 가능하다.

47. 다음은 제조업을 영위하는 내국법인인 ㈜삼일이 제5기 사업연도(20x1년 1월 1일~20x1년 12월 31일)에 계상한 비용이다. 각사업연도소득금액 계산시 손금에 산입되지 아니하는 금액은 얼마인가?

가. 지배주주 갑에게 지급한 여비 1,000,000원(갑은 ㈜삼일의 임원 또는 사용인이 아님) 나. 대표이사 을에게 지급한 상여금 2,500,000원(주주총회에서 결의된 급여지급기준 내의 금액임) 다. 제5기 사업연도에 지출한 업무무관자산에 대한 수선비 1,200,000원 라. 판매한 제품의 판매장려금으로서 사전약정 없이 지급한 금액 1,400,000원

① 2,200,000원 ② 2,500,000원
③ 3,600,000원 ④ 3,700,000원

48. 다음 중 법인세법상 손금불산입 항목에 관한 설명으로 가장 올바르지 않은 것은?

① 주식을 액면에 미달하는 가액으로 발행하는 경우 그 액면에 미달하는 금액인 주식할인발행차금은 손금불산입항목이다.
② 잉여금 처분항목은 확정된 소득의 처분사항이므로 잉여금의 처분을 손비로 계상한 경우 동 금액은 원칙적으로 손금으로 인정되지 않는다.
③ 제반 법령이나 행정명령을 위반하여 부과된 벌금·과료·과태료를 손금으로 인정해 주면 징벌효과가 감소되므로 손금으로 인정되지 않는다.
④ 세법상 업무무관자산을 처분한 경우 당해 자산의 장부가액은 업무와 관련 없는 지출액이므로 손금으로 인정되지 않는다.

49. 다음 중 법인세법상 손익의 귀속사업연도에 관한 설명으로 가장 올바르지 않은 것은?

① 장기할부판매손익은 원칙적으로 인도기준에 의하여 손익을 인식한다.
② 부동산의 양도는 대금청산일, 소유권이전등기일, 인도일 또는 사용수익일 중 빠른 날에 손익을 인식한다.
③ 중소기업의 경우 장기할부판매는 결산상 인도기준으로 인식한 경우에도 회수기일도래기준을 적용할 수 있다.
④ 금융회사 등 이외의 일반법인이 발생주의에 따라 미수수익을 계상한 경우 원천징수되는 이자소득에 한해 인정한다.

50. 다음 중 법인세법상 재고자산 평가에 관한 설명으로 가장 옳은 것은?

① 재고자산은 영업장별로 상이한 방법으로 평가할 수 없다.
② 재고자산평가방법 무신고시 후입선출법을 적용한다(매매목적용 부동산은 개별법).
③ 재고자산평가방법 변경신고를 신고기한을 경과하여 신고한 경우 선입선출법(매매목적용 부동산은 개별법)으로 평가한 금액과 당초 신고한 방법으로 평가한 금액 중 큰 금액으로 평가한다.
④ 세무상 재고자산의 평가금액이 재무상태표상 재고자산 기말가액보다 작은 경우 차이금액을 익금산입하여 유보처분한다.

51. 다음 자료에 의한 ㈜삼일의 제21기(20x1년 1월 1일~20x1년 12월 31일) 사업연도의 세무조정 사항이 과세표준에 미치는 영향으로 가장 옳은 것은?

구분	건물	기계장치	영업권
회사계상 상각비	5,000,000원	4,000,000원	1,000,000원
세법상 상각범위액	7,000,000원	3,500,000원	1,200,000원
내용연수	40년	5년	5년
전기이월상각 부인액	1,500,000원	-	-

① 영향 없음
② 500,000원 감소
③ 500,000원 증가
④ 1,000,000원 감소

52. 다음 중 법인세법상 감가상각비의 시부인계산에 관한 설명으로 가장 올바르지 않은 것은?

① 회사가 계상한 감가상각비와 상각범위액의 차액을 상각부인액 또는 시인부족액이라고 한다.
② 상각부인액은 손금불산입(유보)로 세무조정하고 차기 이후 시인부족액이 발생하면 그 시인부족액의 범위 내에서 손금산입(△유보)로 추인한다.
③ 시인부족액은 전기로부터 이월된 상각부인액이 없는 경우 손금에 산입하는 세무조정을 할 필요가 없다.
④ 법인의 각 사업연도 감가상각액의 시부인은 개별 감가상각자산별로 계산하며, 한 자산의 상각부인액과 다른 자산의 시인부족액은 서로 상계하는 것이 원칙이다.

53. ㈜삼일은 특수관계인이 아닌 다른 법인으로부터 사업용 토지를 15억원(시가 10억원)에 매입하였다. 다음 중 당해 토지매입거래에 관한 설명으로 가장 옳은 것은?

① 토지의 세무상 취득가액은 실제로 지급한 15억원이다.
② 의제기부금은 2억원이며, 이에 대하여는 별도의 세무조정을 하여야 한다.
③ 시가를 초과하여 지급한 대가에 해당하는 5억원을 손금불산입하여야 한다.
④ 세무조정이 불필요하다.

54. 다음은 제조업을 영위하는 ㈜삼일의 제7기(20x1년 1월 1일~20x1년 12월 31일) 사업연도 기부금에 관한 자료이다. ㈜삼일의 제7기 사업연도 특례기부금 한도초과액은 얼마인가?

(1) 당기순이익 100,000,000원, 특례기부금 70,000,000원, 일반기부금 12,000,000원
(2) 기부금 외의 익금산입・손금불산입액 26,000,000원(비지정기부금 4,000,000원 포함)이며, 손금산입・익금불산입액 10,000,000원
(3) 공제가능한 이월결손금 80,000,000원(각사업연도소득의 100%를 한도로 이월결손금을 공제받는 법인)

① 11,000,000원 ② 12,000,000원 ③ 17,000,000원 ④ 18,000,000원

55. 다음 중 법인세법상 기업업무추진비 세무조정에 관한 설명으로 가장 올바르지 않은 것은?

① 기업업무추진비 기본한도액은 1,200만원(중소기업은 3,600만원)이며 사업연도가 12개월 미만인 경우 개월수에 따라 안분하여야 한다. 이 경우 1개월 미만의 일수는 1개월로 한다.
② 기업업무추진비한도액 계산시 수입금액이란 기업회계기준에 따라 계산한 매출액을 말하며, 매출에누리 등을 차감하고 부산물매각액을 포함한 금액이다.
③ 일반수입금액과 특정수입금액이 동시에 발생한 경우 특정수입금액, 일반수입금액의 순서로 한도율을 적용하며, 특정수입금액에 대하여는 추가적으로 10%를 곱하여 수입금액기준한도액을 산출한다.
④ 문화기업업무추진비 한도액은 문화기업업무추진비 지출액과 일반기업업무추진비 한도액의 20%에 해당하는 금액 중 적은 금액으로 한다.

56. ㈜삼일은 20x1년 1월 1일 대표이사 아들이 사용할 목적으로 스포츠카를 30,000,000원에 구입하였다. ㈜삼일의 지급이자가 8,000,000원, 차입금적수가 21,900,000,000원인 경우 업무무관자산 등에 관한 지급이자 손금불산입금액으로 가장 옳은 것은(단, 1년은 365일이며 선순위 부인된 지급이자 손금불산입금액은 없다)?

① 2,100,000원 ② 2,300,000원 ③ 2,900,000원 ④ 4,000,000원

57. 다음은 제조업을 영위하는 ㈜삼일의 제10기(20x1년 1월 1일~20x1년 12월 31일) 대손충당금 변동내역과 이와 관련된 자료이다. 대손충당금과 관련하여 ㈜삼일이 수행하여야 하는 세무조정으로 가장 옳은 것은?

대손충당금

당기사용액	3,000,000원	기초 잔액	4,000,000원
기말 잔액	2,000,000원	당기설정액	1,000,000원
계	5,000,000원	계	5,000,000원

ㄱ. 전기말 대손충당금 한도초과액 : 600,000원
ㄴ. 세무상 기말 채권 잔액 : 140,000,000원(특수관계인에 대한 업무무관가지급금 40,000,000원 포함)
ㄷ. 당기 대손실적률 : 0.8%
ㄹ. 대손충당금의 당기사용액은 대손발생금액으로 세법상 대손요건을 충족함

① (손금불산입) 800,000원(유보), (손금산입) 600,000원(△유보)
② (손금불산입) 1,000,000원(유보), (손금산입) 600,000원(△유보)
③ (손금불산입) 800,000원(유보)
④ (손금불산입) 1,000,000원(유보)

58. 다음 중 법인세법상 부당행위계산부인 규정에 관한 설명으로 가장 올바르지 않은 것은?

① 부당행위계산부인 규정이 적용되기 위해서는 원칙적으로 특수관계인 사이에서 이루어진 거래이어야 한다.
② 특수관계인과의 거래에 대하여는 그 법인의 소득에 대한 조세부담이 감소했는지 여부와는 관계없이 부당행위계산부인 규정을 적용하여야 한다.
③ 중소기업에 근무하는 직원에게 주택임차자금을 대여하는 경우에는 복리후생적 지출로 보아 부당행위계산부인 규정을 적용하지 않는다.
④ 회사가 사택을 출자임원(지분율 5%)에게 무상으로 제공하는 경우에는 부당행위계산부인 규정을 적용하여야 한다.

59. 다음 중 법인세 신고납부제도에 관한 설명으로 가장 올바르지 않은 것은?

① 중간예납이란 각 사업연도 기간이 6개월을 초과하는 법인이 6개월간을 중간예납기간으로 하여 법인세법에 따라 신고납부하는 규정으로써, 각 사업연도 기간이 6개월 이하인 내국법인은 중간예납대상에서 제외된다.

② 중간예납세액은 중간예납기간이 경과한 날로부터 2개월 이내에 신고・납부하여야 한다.

③ 내국법인에게 배당소득금액을 지급하는 자는 원천징수세율을 적용하여 계산한 금액에 상당하는 법인세를 징수하여 그 징수일이 속하는 달의 다음달 10일까지 납세지에 납부하여야 한다.

④ 법인세법에서는 법인세포탈의 우려가 있어 조세채권을 조기에 확보하여야 할 것으로 인정되는 경우에 사업연도 중이라도 법인세를 수시로 부과할 수 있다.

60. 다음 중 법인세 신고・납부에 관한 설명으로 가장 올바르지 않은 것은?

① 법인세 납세의무가 있는 내국법인은 각 사업연도 종료일이 속하는 달의 말일부터 3개월 이내에 법인세 과세표준과 세액을 신고하여야 한다.

② 법인세 과세표준 신고시 개별 내국법인의 재무상태표, 포괄손익계산서 등의 첨부서류를 제출하지 않을 경우 무신고로 본다.

③ 각사업연도소득금액이 없거나 결손금이 있는 경우에는 실질적인 세부담이 없으므로 법인세 신고기간내에 과세표준과 세액의 신고를 생략할 수 있다.

④ 법인세는 신고기한 내에 납부하여야 하나 납부할 세액이 일정 금액을 초과할 경우 분납할 수 있다.

61. 다음 중 소득세법상 과세기간 및 납세지에 관한 설명으로 가장 옳은 것은?

① 소득세법상 과세기간은 매년 1월 1일부터 12월 31일까지가 원칙이나 납세의무자가 1년의 범위내에서 신청할 수 있다.

② 거주자가 폐업을 한 경우 1월 1일부터 폐업일까지를 과세기간으로 한다.

③ 사업소득이 있는 거주자는 사업장소재지를 납세지로 신청할 수 있다.

④ 거주자와 비거주자의 납세지는 모두 주소지로 하는 것이 원칙이다.

62. 다음 중 소득세법상 이자소득의 수입시기에 관한 설명으로 가장 올바르지 않은 것은?

① 비영업대금의 이익 : 실제로 이자를 지급받는 날

② 무기명채권 등의 이자와 할인액 : 그 지급을 받은 날

③ 저축성보험의 보험차익 : 보험금 또는 환급금의 지급일

④ 직장공제회의 초과반환금 : 약정에 따른 공제회 반환금의 지급일

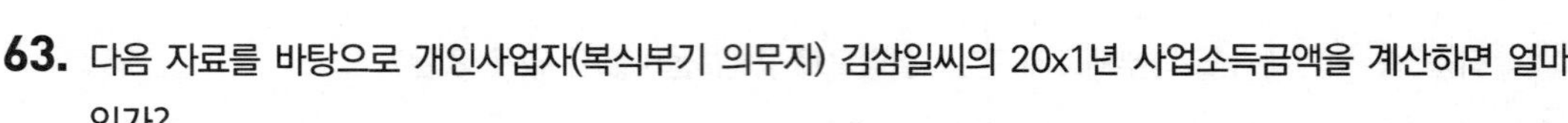

63. 다음 자료를 바탕으로 개인사업자(복식부기 의무자) 김삼일씨의 20x1년 사업소득금액을 계산하면 얼마인가?

ㄱ. 손익계산서상 당기순이익(부동산임대업 제외)	200,000,000원
ㄴ. 손익계산서에는 다음과 같은 수익과 비용이 포함되어 있다.	
- 본인에 대한 급여	30,000,000원
- 회계부장으로 근무하는 배우자의 급여	25,000,000원
- 배당금수익	5,000,000원
- 유형자산(토지)처분손실	3,000,000원
- 세금과공과 중 벌금	2,000,000원

① 225,000,000원 ② 227,000,000원 ③ 230,000,000원 ④ 235,000,000원

64. 다음은 ㈜삼일에 근무하는 김철수 대리의 20x1년 급여지급 내역이다. 이와 관련한 설명으로 가장 올바르지 않은 것은?

> ㄱ. 월 급여 : 3,200,000원(상여, 자녀보육수당, 중식대 제외)
> ㄴ. 상여 : 연간 6,000,000원
> ㄷ. 6세 이하 자녀보육수당 : 월 100,000원
> ㄹ. 중식대 : 월 100,000원(식사를 제공받지 않음)

① 총급여액 계산시 비과세소득은 근로소득에서 제외된다.
② 법인세법에 따라 상여로 처분된 금액은 근로소득에서 제외된다.
③ 근로자가 식사를 제공받지 않은 경우 월 20만원 이내의 식사대는 비과세한다.
④ 6세 이하의 자녀 보육과 관련하여 사용자로부터 받는 급여로서 월 20만원 이내의 금액은 비과세한다.

65. 다음 중 소득세법상 기타소득에 관한 설명으로 가장 올바르지 않은 것은?

① 고용관계 없는 자가 다수인에게 강연을 하고 받는 강연료는 기타소득으로 분류되며 증빙이 없더라도 총수입금액의 60%를 필요경비 인정률로 적용받을 수 있다.
② 국가지정문화재로 지정된 서화・골동품의 양도로 발생하는 소득은 기타소득으로 과세되지 않는다.
③ 복권당첨소득은 기타소득으로 분류되며 무조건 분리과세되므로 별도로 종합과세 되지 않는다.
④ 기타소득은 종합과세하는 것이 원칙이나 기타소득금액이 연 300만원 이하인 경우 무조건 분리과세된다.

66. 다음 자료는 거주자 김삼일씨의 20x1년 소득금액이다. 종합소득산출세액을 계산하면 얼마인가(단, 모든 소득은 국내에서 발생한 것이다)?

ㄱ. 이자소득금액(비영업대금의 이익이 아님)	10,000,000원
ㄴ. 배당소득금액(현금배당)	20,000,000원
ㄷ. 근로소득금액	80,000,000원
ㄹ. 부동산임대사업소득금액	20,000,000원
ㅁ. 기타소득금액(분리과세 대상이 아님)	30,000,000원
ㅂ. 종합소득공제	20,000,000원

* 배당소득 가산율은 10%로 가정한다.

〈종합소득세율〉

종합소득 과세표준	세율
5,000만원 초과 8,800만원 이하	624만원+5,000만원 초과금액의 24%
8,800만원 초과 1억 5,000만원 이하	1,536만원+8,800만원 초과금액의 35%

① 29,710,000원　　② 34,100,000원

③ 34,485,000원　　④ 34,870,000원

67. 다음은 20x1년 근로소득에 대한 연말정산 과정에서 거주자 김성실(여, 45세)씨가 계산한 자신의 인적공제 계산내역이다. 부양가족 공제는 우선적으로 김성실씨가 공제받는 것으로 가정할 때, 아래의 부양가족현황을 참고하여 김성실씨의 인적공제금액을 계산한 내용 중 가장 올바르지 않은 것은?

〈 부양가족 현황 〉

부양가족	연령	소득종류 및 금액
김성실(본인)	45세	근로소득금액 1억원
배우자	43세	소득없음
모친	61세	소득없음
장남(장애인)	25세	소득없음
장녀	4세	소득없음

〈 인적공제액 〉

ㄱ. 기본공제액 = 750만원
　5명(본인, 배우자, 모친, 장남, 장녀) × 150만원 = 750만원
ㄴ. 추가공제액 = 300만원
　경로우대공제액 = 1명(모친) × 100만원 = 100만원
　장애인공제액 = 1명(장남) × 200만원 = 200만원
ㄷ. 부녀자공제액 = 해당사항 없음

① 기본공제액 750만원　　② 경로우대공제액 100만원
③ 장애인공제액 200만원　　④ 부녀자공제액 0원

68. 다음 중 소득세법상 원천징수세율에 관한 내용으로 가장 올바르지 않은 것은?

① 일용근로자 근로소득의 원천징수세율은 8%이다.
② 비영업대금의 이익의 원천징수세율은 25%이다.
③ 일반적인 이자소득과 배당소득의 원천징수세율은 지급액의 14%이다.
④ 특정 사업소득의 원천징수세율은 특정사업소득수입금액(인적용역과 의료·보건용역)의 3%이다.

69. 다음 중 양도소득세 과세대상에 해당하는 것들을 모두 고르면?

ㄱ. 토지의 현물출자　　ㄴ. 등기된 부동산의 임차권 양도
ㄷ. 1세대 1주택(고가주택 아님)의 양도　　ㄹ. 임대하던 점포를 양도한 경우

① ㄱ,ㄴ　　② ㄱ,ㄹ　　③ ㄱ,ㄴ,ㄹ　　④ ㄱ,ㄷ,ㄹ

70. 다음 중 소득세법상 신고납부에 관한 설명으로 가장 올바르지 않은 것은?

① 부동산에 관한 권리를 양도한 경우 양도일이 속하는 달의 말일부터 2개월 이내에 예정신고를 하여야 한다.

② 소득세법상 사업자는 사업자의 기본사항과 휴・폐업 사실 등을 기재한 현황보고서를 해당 과세기간의 다음연도 3월 10일까지 보고하여야 한다.

③ 근로소득만 있는 자는 연말정산으로 모든 납세절차가 종결되기 때문에 확정신고는 원칙적으로 하지않아도 된다.

④ 사업소득이 있는 자는 6개월간의 소득세를 미리 납부하는 중간예납제도 적용대상으로서, 11월 말까지 중간예납세액을 납부하여야 한다.

71. 다음의 자료를 통해서 부가가치세 차가감납부세액을 계산하면 얼마인가(단, 면세로 매입한 금액 중 의제매입세액공제대상은 없다고 가정한다)?

(1) 공급가액 : 9,000,000원(면세공급가액 2,000,000원 포함) (2) 매입가액 : 5,000,000원 (면세 매입금액 500,000원, 기업업무추진비 관련 매입금액 1,000,000원 포함) (3) 세금계산서 불성실가산세 : 5,000원 (단, 위의 공급가액과 매입가액은 모두 부가가치세가 포함되지 않은 금액이다.)

① 205,000원 ② 305,000원 ③ 355,000원 ④ 405,000원

72. 다음 중 부가가치세 납세지인 사업장에 관한 내용으로 가장 올바르지 않은 것은?

① 부가가치세는 원칙적으로 각 사업장별로 납부하나, 하치장은 사업장으로 보지 않는다.

② 사업자가 주사업장 총괄납부를 신청하면 주사업장에서 다른 사업장의 세액까지 총괄하여 납부할 수 있다.

③ 주사업장 총괄납부를 하는 경우 사업자등록은 주사업장을 대표로 하여 한곳으로만 등록하여야 한다.

④ 사업자단위과세제도에 따라 사업자단위 신고・납부를 하는 경우에는 사업자등록 및 세금계산서의 발급과 수령까지도 단일화하여 본점 또는 주사무소에서 수행할 수 있다.

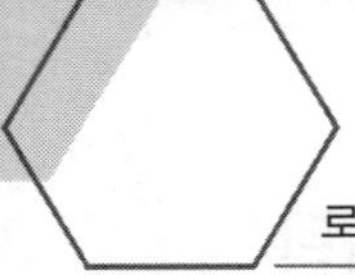

73. 다음 중 부가가치세법상 사업의 양도에 관한 설명으로 가장 올바르지 않은 것은?

① 포괄적 사업양도에 해당하는 경우 재화의 공급으로 보지 아니한다.

② 포괄적 사업양도란 사업에 관한 모든 권리와 의무를 양수자에게 승계하는 것을 말하며 사업과 관련이 없는 미수금이나 미지급금을 승계하지 않을 경우 포괄적 사업양도에 해당하지 아니한다.

③ 포괄적 사업양도에 대해 양수자가 부가가치세를 대리납부한 경우 해당 부가가치세는 양수자 매입세액 공제대상에 포함된다.

④ 사업의 양도에 대해 부가가치세에서 예외를 두는 것은 양수인에게 불필요한 자금부담이 발생하는 것을 방지하기 위한 정책적 배려차원이다.

74. 다음 중 부가가치세법에 따른 재화의 공급에 관한 설명으로 가장 올바르지 않은 것은?

① 재화의 공급은 계약상 또는 법률상의 모든 원인에 의해 재화를 인도 또는 양도하는 것으로 한다.

② 위탁매매 또는 대리인에 의한 매매를 할 때에는 위탁자 또는 본인을 알 수 없는 경우라도 위탁자 또는 본인이 직접 재화를 공급하거나 공급받은 것으로 본다.

③ 질권·저당권 또는 양도담보의 목적으로 동산·부동산 및 부동산상의 권리를 제공하는 경우 재화의 공급으로 보지 않는다.

④ 세금계산서를 발급받지 않아 매입세액을 공제받지 못한 재화를 면세사업에 사용하는 경우에는 재화의 공급에 해당하지 않는다.

75. 다음 중 부가가치세법상 재화와 용역의 공급시기에 관한 설명으로 가장 올바르지 않은 것은?

① 통상적인 용역공급 : 역무의 제공이 완료되는 때

② 중간지급조건부 : 대가의 각 부분을 받기로 한 때

③ 사업상 증여 : 재화를 증여하는 때

④ 내국신용장에 의해 수출하는 재화 : 수출재화의 선·기적일

76. 수산물 및 농산물을 수출 및 국내판매하고 있는 ㈜삼일이 20x1년 9월 20일 농산물 포장에 사용하던 포장기계를 30,000,000원에 매각하였다. 다음 자료에 의거하여 동 기계매출에 대한 20x1년 제2기 부가가치세 과세표준을 계산하면 얼마인가?

(1) 포장용 기계의 매매일자 : 20x1.9.20.

(2) 20x1년 제1기 수산물의 공급가액
- 수출(영세율) : 50,000,000원
- 국내판매(면세) : 50,000,000원

(3) 20x1년 제1기 농산물의 공급가액
- 수출(영세율) : 200,000,000원
- 국내판매(면세) : 300,000,000원

① 0원 ② 12,000,000원 ③ 15,000,000원 ④ 30,000,000원

77. 과세사업을 영위하는 ㈜삼일은 20x2년 2월 5일에 사업을 폐지하였다. 폐업 당시의 잔존재화가 다음과 같다면 부가가치세 과세표준은 얼마인가?

자산종류	취득일	취득원가	시가
제품	20x0.9.20.	50,000,000원	40,000,000원
토지	2018.4.20.	700,000,000원	800,000,000원
건물	20x0.2.10.	500,000,000원	300,000,000원

① 340,000,000원 ② 390,000,000원

③ 440,000,000원 ④ 490,000,000원

78. 다음은 음식업을 영위하지 않는 일반과세자 ㈜삼일의 제2기 예정신고기간의 매입내역과 매입세액이다. 제2기 예정신고기간의 매입세액 공제액은 얼마인가? (단, 별도의 언급이 없는 항목은 정당하게 세금계산서를 수령하였다고 가정하고, 의제매입세액은 면세로 구입한 농·축·수·임산물 매입가액의 102분의 2이며, 의제매입세액은 공제한도를 초과하지 않았다고 가정한다. 소수점 첫째 자리에서 반올림하시오.)

매입내역	매입가액	매입세액
기계장치 구입	300,000,000원	30,000,000원
업무무관자산 구입	100,000,000원	10,000,000원
원재료 구입	50,000,000원	5,000,000원
면세로 구입한 농산물	10,000,000원	-
비품 구입(신용카드매출전표 수령)*	30,000,000원	3,000,000원

* 단, 신용카드매출전표는 일반과세자로부터 수취한 것으로 부가가치세액이 별도로 구분가능하며 신용카드매출전표 등 수령명세서를 제출하였다.

① 33,196,078원 ② 38,000,000원 ③ 38,196,078원 ④ 43,000,000원

79. 다음 중 세금계산서에 관한 설명으로 가장 올바르지 않은 것은?

① 영세율 적용대상의 경우 세금계산서 교부의무가 없다.

② 필요적 기재사항이 일부라도 기재되지 아니하거나 기재된 사항이 사실과 다를 때에는 적법한 세금계산서로 인정되지 않는다.

③ 세금계산서는 원칙적으로 재화 또는 용역의 공급시기에 발급한다.

④ 한 번 발행된 세금계산서라도 기재사항에 착오나 정정사유가 있다면 수정세금계산서를 발행할 수 있다.

80. 다음 중 부가가치세법상 일반과세자와 간이과세자에 관한 설명으로 가장 올바르지 않은 것은?

① 법인은 일반과세자이며 간이과세자가 될 수 없다.

② 직전 연도의 공급대가의 합계액이 4,800만원을 초과하는 간이과세자는 세금계산서를 발급하여야 한다.

③ 모든 간이과세자는 의제매입세액공제가 가능하다.

④ 간이과세자는 간이과세를 포기함으로써 일반과세자가 될 수 있다.

원가관리회계

81. 다음 중 원가의 일반적인 특성에 관한 설명으로 가장 올바르지 않은 것은?

① 기업의 수익획득 활동에 필요한 물품을 단순히 구입하는 것만으로는 원가가 되지 않으며 이를 소비해야 비로소 원가가 된다.

② 원가는 정상적인 경제활동 과정에서 소비된 가치와 비정상적인 상황에서 발생한 가치의 감소분을 모두 포함한다.

③ 경제적 가치를 가지고 있는 요소만이 원가가 될 수 있다.

④ 발생한 제조원가 중 기업의 수익획득에 아직 사용되지 않은 부분은 자산으로, 수익획득에 사용된 부분은 비용으로 재무제표에 계상된다.

82. 다음은 ㈜삼일의 제조원가명세서(약식)와 관련된 자료이다. 아래 자료를 이용하여 ㈜삼일의 당기 기초원가와 가공원가를 계산하면 얼마인가?

제조원가명세서
(20X1.1.1.~20X1.3.31.)

ㄱ. 직접재료원가		
- 기초재료재고액	30,000원	
- 당기재료매입액	300,000원	
- 기말재료재고액	20,000원	
ㄴ. 직접노무원가		100,000원
ㄷ. 제조간접원가		350,000원
ㄹ. 기초재공품원가		100,000원
ㅁ. 기말재공품원가		50,000원

	기초원가	가공원가		기초원가	가공원가
①	400,000원	350,000원	②	410,000원	450,000원
③	400,000원	450,000원	④	410,000원	660,000원

83. 다음 중 원가의 개념과 관련된 내용 중 올바른 설명을 모두 고르시오.

ㄱ. 경영자는 원가배분 대상과 배분대상 원가간의 인과관계에 의한 원가배분이 경제적으로 실현 가능한 경우에는 인과관계기준에 의하여 원가를 배분하여야 한다.
ㄴ. 당기총제조원가란 당기 중에 완성된 제품의 제조원가이며, 당기제품제조원가에 기초재공품 재고액은 가산하고, 기말재공품재고액은 차감하여 구한다.
ㄷ. 원가행태란 조업도의 변동에 따른 원가 발생액의 변동양상을 의미한다.
ㄹ. 원가는 미래에 경제적 효익을 제공할 수 있는 용역잠재력을 갖는지에 따라 관련원가와 기회원가로 분류한다.
ㅁ. 제품생산을 위해 구입한 공장 건물은 구입시점에 원가가 아니라 자산에 해당된다.

① ㄱ, ㄴ, ㅁ　② ㄱ, ㄷ, ㅁ　③ ㄴ, ㄷ, ㄹ　④ ㄴ, ㄹ, ㅁ

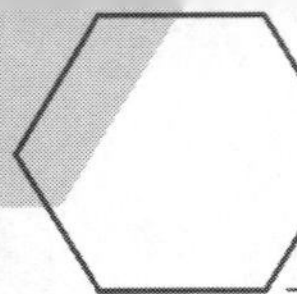

84. 다음 중 보조부문원가의 배분방법인 직접배분법, 단계배분법, 상호배분법에 관한 설명으로 가장 옳은 것은?

① 보조부문 간의 용역수수관계를 고려하는 가장 합리적인 보조부문원가의 배분방법은 직접배분법이다.

② 배분순서가 중요한 계산방법은 단계배분법이다.

③ 용역의 수수관계를 완전히 무시하고 보조부문의 원가를 각 제조부문이 사용한 용역의 상대적 비율에 따라 각 제조부문에 직접 배분하는 방법은 상호배분법이다.

④ 보조부문원가의 배분방법에 따라 공장 전체의 제조간접원가가 달라진다.

85. 다음 중 개별원가계산의 절차에 관한 설명으로 가장 올바르지 않은 것은?

① 개별원가계산에서 작업원가표는 통제계정이며, 재공품 계정은 보조계정이 된다.

② 원가가 작업원가표에 기재되면 동일한 금액이 재공품 계정의 차변에 기록된다.

③ 제조원가 중 직접원가는 발생시점에 작업원가표에 기록된다.

④ 재료출고청구서로 생산부서에 출고된 원재료가 간접재료원가일 경우에는 제조간접원가 통제계정에 기입한다.

86. ㈜삼일은 개별원가계산제도를 채택하고 있으며, 직접노무원가를 기준으로 제조간접원가를 배부한다. 20X1년의 제조간접원가배부율은 X 부문에 대해서는 20%, Y 부문에 대해서는 50%이다. 제조지시서 #105는 20X1년 중에 시작되어 완성되었으며, 원가 발생액과 관련된 자료가 다음과 같은 경우 제조지시서 #105와 관련된 총제조원가는 얼마인가?

구 분	X부문	Y부문	합 계
직접재료원가	700,000원	500,000원	
직접노무원가	1,000,000원		
제조간접원가		200,000원	
합 계			

① 2,800,000원 ② 3,000,000원 ③ 3,300,000원 ④ 3,800,000원

87. ㈜삼일은 선입선출법을 이용한 종합원가계산을 한다. 원재료는 공정시작 시점에서 전량 투입되며, 가공원가는 공정 전반에 걸쳐 균등하게 발생한다. 만약 기말재공품의 완성도가 70%임에도 90%로 잘못 파악하여 종합원가계산을 수행한다면 어떤 결과가 발생하는가?

① 기말재공품의 원가가 과대계상된다.
② 당기완성품의 완성품환산량이 과대계상된다.
③ 완성품환산량 단위당 원가가 과대계상된다.
④ 기말재공품의 완성품환산량이 과소계상된다.

88. ㈜삼일은 종합원가계산제도를 채택하고 있으며, 원재료는 공정의 초기에 전량 투입되며, 가공원가는 공정 전반에 걸쳐서 진척도에 따라 균등하게 발생한다. 재료원가의 경우 평균법에 의한 완성품환산량은 20,000단위이고, 선입선출법에 의한 완성품환산량은 18,000단위이다. 또한 가공원가의 경우 평균법에 의한 완성품환산량 20,000단위이고, 선입선출법에 의한 완성품환산량은 19,600단위이다. ㈜삼일의 기말재공품이 없는 경우 기초재공품의 진척도는 몇 %인가?

① 10%　　② 20%　　③ 30%　　④ 80%

89. ㈜삼일은 평균법을 이용한 종합원가계산을 한다. 원재료는 공정시작 시점에서 전량 투입되며, 가공원가는 공정 전반에 걸쳐 균등하게 발생한다. 자료를 이용하여 가공원가의 완성품환산량을 계산하면 얼마인가?

기초재공품	600개	(완성도 60%)
착수수량	2,000개	
완성수량	2,200개	
기말재공품	400개	(완성도 30%)

① 2,200개　　② 2,320개　　③ 2,440개　　④ 2,600개

90. ㈜삼일은 종합원가계산방법을 사용하고 있다. 재료는 공정초기에 전량 투입되며, 가공원가는 공정전반에 걸쳐 균등하게 발생한다. 기초재공품의 가공원가 완성도는 60%였고, 기말재공품의 가공원가 완성도는 40%였다. 다음 설명 중 가장 올바르지 않은 것은?

	물량자료	재료원가	가공원가
기초재공품	100개	20,000원	9,000원
당기착수	200개	52,000원	34,200원
당기완성량	200개		
기말재공품	100개		

① 선입선출법의 완성품환산량은 재료원가 200개, 가공원가 180개이며 기초재공품의 완성품환산량은 재료원가 100개, 가공원가 60개이다. 선입선출법 완성품환산량에 기초재공품완성품환산량을 가산하면 평균법 완성품환산량이다.

② 선입선출법의 경우 전기의 완성품환산량 단위당 원가는 재료원가 200원, 가공원가 150원이며, 당기의 완성품환산량 단위당 원가는 재료원가 260원, 가공원가 190원이다.

③ 선입선출법의 완성품에 포함된 재료원가가 평균법보다 작다.

④ 평균법의 완성품에 포함된 가공원가가 선입선출법보다 작다.

91. 다음 중 표준원가시스템의 특징을 가장 잘 설명한 것은?

① 책임을 명확히 하고 종업원의 동기를 유발시킬 수 없다.

② 표준과 일치하는 원가항목을 중점적으로 검토하여야 한다.

③ 원가통제를 포함한 표준원가는 원가절감을 유도할 수 있다.

④ 모든 중요한 불리한 차이는 검토해야 하나 중요한 유리한 차이는 검토할 필요가 없다.

92. 다음 자료는 구입시점에서 직접재료원가 가격차이를 분리하기 위한 자료이다. 직접재료원가의 단위당 표준가격은 얼마인가?

기초재고액	160,000원
기말재고액	200,000원
생산공정 투입액	325,000원
단위당 실제 구입가격	250원
유리한 가격차이	51,100원

① 210원　　② 215원　　③ 285원　　④ 289원

93. 다음은 표준원가계산을 사용하는 ㈜삼일의 노무원가에 관한 자료이다. ㈜삼일의 직접노무원가 가격차이와 능률차이로 가장 옳은 것은?

ㄱ. 생산수량	1,000단위
ㄴ. 단위당 표준 투입시간	4시간
ㄷ. 단위당 실제 투입시간	3.5시간
ㄹ. 시간당 표준 임률	10,000원
ㅁ. 실제 노무비 발생액	38,500,000원

	가격차이	능률차이
①	3,500,000원 (유리)	0원
②	3,500,000원 (불리)	5,000,000원 (불리)
③	3,500,000원 (유리)	5,000,000원 (유리)
④	3,500,000원 (불리)	5,000,000원 (유리)

94. 다음 중 ㈜삼일의 고정제조간접원가 차이분석에 관한 설명으로 가장 옳은 것은?

① 고정제조간접원가 실제발생액과 고정제조간접원가 예산과의 차이를 고정제조간접원가 총차이라고 한다.

② 고정제조간접원가 예산은 실제산출량에 허용된 표준조업도에 조업도 단위당 표준배부율을 곱하여 계산한 금액을 의미한다.

③ 고정제조간접원가 실제발생액과 고정제조간접원가 배부액과의 차이를 고정제조간접원가 예산차이라고 한다.

④ 고정제조간접원가 예산과 고정제조간접원가 배부액과의 차이를 고정제조간접원가 조업도차이라고 한다.

95. 다음 중 표준원가계산에서 원가차이의 처리방법인 매출원가조정법에 관한 설명으로 가장 옳은 것은?

① 매출원가조정법에서는 재공품과 제품 계정은 모두 실제원가로 기록된다.

② 매출원가조정법을 사용하면 비례배분법을 사용하는 경우보다 당기순이익이 작게 나타난다.

③ 매출원가조정법은 제조간접원가 배부차이를 매출원가, 제품 및 재공품에 배분하여 차이를 조정한다.

④ 과소배부액은 매출원가에 가산하고 과대배부액은 매출원가에서 차감한다.

96. 다음은 ㈜삼일의 12월 한달 간 변동원가계산에 관한 자료이다. 당월의 총매출액은 얼마인가?

제품 단위당 판매가격	12,000원
단위당 변동원가	7,500원
총고정원가	4,800,000원
영업이익	20,040,000원

① 24,840,000원 ② 39,744,000원 ③ 40,640,000원 ④ 66,240,000원

97. 다음 중 초변동원가계산에 관한 설명으로 가장 올바르지 않은 것은?

① 내부계획과 통제, 단기적 의사결정에 활용된다.
② 재료처리량 공헌이익을 계산하여 의사결정에 활용한다.
③ 제품원가는 직접재료원가와 변동제조간접원가로 구성된다.
④ 기간비용은 '직접노무원가+제조간접원가+판매비와 관리비'로 계산된다.

98. ㈜삼일은 당기 초에 영업활동을 시작하여 당기에 제품 1,100단위를 생산하였으며, 당기의 원가자료는 다음과 같다. 당기 판매량이 800단위였다면, 전부원가계산에 의한 기말제품재고액은 얼마인가?

단위당 직접재료원가	800원
단위당 직접노무원가	300원
단위당 변동제조간접원가	100원
단위당 변동판매비와관리비	300원
고정제조간접원가	220,000원
고정판매비와관리비	110,000원

① 140,000원 ② 420,000원 ③ 450,000원 ④ 540,000원

99. ㈜삼일은 아래 영업자료를 참고하여 전부원가계산과 변동원가계산에 의한 순이익을 비교하고 있다. 전부원가계산의 영업이익이 변동원가계산에 비해 120,000원만큼 많다면 기말제품재고량은 몇 개인가?

생산량	2,500개	판매량	?
고정제조원가	500,000원	고정판매관리비	100,000원
단, 기초재고 및 재공품재고는 없음.			

① 500개 ② 600개 ③ 800개 ④ 1,000개

100. ㈜삼일의 20X1년 재고자산 물량 자료는 다음과 같다. ㈜삼일의 제조간접비 및 판매비와관리비 중 약 50%는 변동비성 원가이다. 다음 중 각 원가계산 방법을 적용했을 때 당기 영업이익이 큰 순서대로 나열한 것으로 가장 옳은 것은?

기초재고수량	10,000개
당기제조	20,000개
당기판매	25,000개
기말재고수량	5,000개

① 초변동원가계산＞변동원가계산＞전부원가계산
② 전부원가계산＞변동원가계산＞초변동원가계산
③ 초변동원가계산＝변동원가계산＞전부원가계산
④ 초변동원가계산＞변동원가계산＝전부원가계산

101. 다음 중 활동기준원가계산(ABC)의 절차를 올바르게 나타낸 것은 무엇인가?

가. 제조간접원가 배부율 계산
나. 활동분석
다. 원가대상별 원가계산
라. 활동별 원가동인(배부기준)의 결정
마. 각 활동별로 제조간접원가 집계

① 나-마-라-가-다
② 나-마-가-라-다
③ 나-라-다-가-마
④ 라-마-나-가-다

102. 다음 중 CVP 분석에 관한 설명으로 가장 올바르지 않은 것은?

① 다양한 조업도 수준에서 원가와 이익의 관계를 분석하는 기법이다.
② 복수제품에 대하여 매출배합이 일정하다는 가정을 기초로 한다는 점은 분석의 한계로 작용한다.
③ 제품의 가격을 결정하거나 생산 및 판매계획을 수립하는데 활용할 수 있다.
④ 공헌이익률은 원가구조와 밀접한 관련이 있으며, 총원가 중 변동원가 비중이 높으면 공헌이익률도 높게 나타난다.

103. ㈜삼일의 제품에 대한 예상 손익자료는 다음과 같다. 제품의 판매가격을 20% 인하하면 판매량은 30% 증가할 것으로 예상된다. 만약 ㈜삼일이 20%의 가격인하를 단행한다면 영업이익은 얼마인가?

예상 매출액	5,000,000원
제품단위당 판매가격	1,000원
제품단위당 변동원가	600원
총 고정원가	1,000,000원

① 300,000원 ② 350,000원 ③ 400,000원 ④ 450,000원

104. 제조업을 영위하는 ㈜삼일의 재무자료를 분석한 결과 단위당 변동원가 20,000원, 총고정원가 28,000,000원일 때, 손익분기점 매출수량이 700단위이다. ㈜삼일이 제조하여 판매하는 제품의 단위당 판매가격은 얼마인가?

① 10,000원 ② 40,000원 ③ 60,000원 ④ 70,000원

105. 다음 중 예산편성 대상에 따른 분류에 해당하는 것으로 가장 옳은 것은?

① 종합예산 ② 재무예산 ③ 고정예산 ④ 변동예산

106. 다음 중 효율적인 성과평가제도를 설계하기 위해 고려해야 할 사항에 관한 설명으로 가장 올바르지 않은 것은?

① 기업전체 목표의 극대화보다 기업 구성원들의 성과극대화가 달성될 수 있도록 설계되어야 한다.
② 성과평가치의 성과측정오류가 최소화되도록 설계되어야 한다.
③ 적시성과 경제성을 적절히 고려하여야 한다.
④ 각 책임중심점의 행동에 미치는 영향을 고려하여야 한다.

107. 다음 중 책임회계제도에 관한 설명으로 가장 올바르지 않은 것은?

① 책임회계는 분권화된 조직행태로 이루어지기 쉬운데 이 경우 신속한 의사결정 및 대응, 부문관리자 동기부여의 장점이 있다.
② 책임회계는 각 개인 및 조직단위별로 경영계획과 통제가 이루어지는 관리통제시스템의 최종단계이다.
③ 책임회계는 제품원가계산과 재무보고 목적을 위해 원가정보를 제공한다.
④ 책임회계제도는 실제 성과와 예산과의 차이를 쉽게 파악할 수 있게 해준다.

108. ㈜삼일의 분권화된 사업부 A의 당기 영업이익은 80,000원이며, 평균 영업자산은 400,000원, 평균 영업부채는 200,000원이다. 다음 중 사업부 A의 투자수익률(ROI)로 가장 옳은 것은?

① 20% ② 30% ③ 40% ④ 50%

109. ㈜삼일은 휴대폰을 생산하여 판매하는 제조회사로서, 분권화된 세 개의 제품별 사업부를 운영하고 있다. 이들은 모두 투자중심점으로 설계되어 있으며, 회사의 최저필수수익률은 15%이다. 각 사업부의 영업자산, 영업이익 및 매출액에 관한 정보는 다음과 같다. 각 사업부를 잔여이익법으로 평가했을 경우 잔여이익이 높은 사업부의 순서로 가장 옳은 것은?

구 분	A 사업부	B 사업부	C 사업부
평균영업자산	500,000원	1,000,000원	2,000,000원
영업이익	100,000원	170,000원	230,000원
매출액	1,000,000원	2,000,000원	3,000,000원

① A>B>C ② B>A>C ③ C>B>A ④ B>C>A

110. 다음은 ㈜삼일의 제품생산 관련 자료이다. 아래 자료에서 직접재료원가의 배합차이는 20,000원 불리한 차이이고, 수율차이는 100,000원 유리한 차이일 경우 제품생산량은 몇 단위인가?

제품단위당 표준원가	직접재료 실제투입량
- 직접재료 A 30개(단위당 10원)	- 직접재료 A 88,000개
- 직접재료 B 10개(단위당 20원)	- 직접재료 B 32,000개

① 3,000단위 ② 3,200단위 ③ 3,500단위 ④ 3,800단위

111. 다음 자료를 기초로 하여 경제적부가가치(EVA)를 계산하면 얼마인가?

항목	금액
세후순영업이익	150억원
투하자본	400억원
타인자본비용(세후)	9%
자기자본비용	15%
부채비율(부채/자본)	200%

① 100억원 ② 102억원 ③ 106억원 ④ 110억원

112. A, B, C 3 개의 사업부를 운영하는 ㈜삼일은 20X1년 당기순이익으로 500,000원을 보고하였으며, 최근 수익성이 악화되고 있는 A 사업부의 폐지를 고려중이다. A 사업부의 공헌이익은 60,000원이고, A 사업부에 대한 공통원가 배분액은 70,000원이다. 공통원가배분액 중 30,000원은 A 사업부를 폐지하더라도 계속하여 발생한다. A 사업부를 폐지하는 경우 20X1년 당기순이익은 얼마인가?

① 450,000원 ② 460,000원 ③ 470,000원 ④ 480,000원

113. ㈜삼일은 제품 A의 생산을 위하여 부품 X를 직접 생산하여 사용하고 있다. ㈜삼일의 부품 X 제조에 대한 원가자료는 다음과 같다. ㈜삼일은 현재 원가절감을 위하여 부품 X의 외부구매를 검토하고 있다. 부품을 외부에서 구입하더라도 고정제조간접원가의 80%는 계속해서 발생할 것이다. ㈜삼일이 최대한 허용할 수 있는 부품의 단위당 구입가격은 얼마인가?

부품단위당 직접재료원가	500원
부품단위당 직접노무원가	300원
부품단위당 변동제조간접원가	200원
부품 X 관련 고정제조간접원가	500,000원
생산량	5,000단위

① 800원 ② 1,000원 ③ 1,020원 ④ 1,080원

114. ㈜삼일은 진부화된 의류 300 벌을 보유하고 있다. 이 제품에 대한 총제조원가는 21,000,000원이었으나 현재로는 의류 한벌당 30,000원에 처분하거나, 3,000,000원을 투입하여 개조한 후 의류 한벌당 50,000원에 판매할 수밖에 없는 상황이다. 다음 설명 중 가장 옳은 것은?

① 한벌당 30,000원에 처분하면 12,000,000원의 손실이 발생하므로 처분하면 안된다.
② 추가비용을 지출하지 않고 처분하는 것이 유리하다.
③ 개조하여 판매하면 3,000,000원의 추가적인 손실이 발생한다.
④ 개조하여 판매하는 것이 3,000,000원만큼 유리하다.

115. ㈜삼일은 부품의 자가제조 또는 외부구입에 관한 의사결정을 하려고 한다. 이때 고려해야 하는 비재무적 정보에 관한 설명으로 가장 올바르지 않은 것은?

① 부품을 외부구입할 경우 부품의 공급업자에 대한 의존도가 높아진다는 단점이 있다.
② 부품을 외부구입할 경우 제품에 특별한 지식이나 기술이 요구될 때 품질유지가 보다 어려워진다.
③ 부품을 자가제조할 경우 향후 급격한 주문의 증가로 회사의 생산능력을 초과할 때 제품을 외부구입하기 어려울 수 있다는 단점이 있다.
④ 부품을 자가제조할 경우 상대적으로 품질관리가 용이하다.

116. ㈜삼일은 취득가액 9,000,000원(잔존가액 0원, 정액법 상각), 내용연수가 3년인 컴퓨터를 구입하려고 하고 있다. 컴퓨터를 구입하면, 향후 3년 동안 매년 6,000,000원의 현금지출영업비용을 줄일 것으로 판단하고 있다. 회사의 최저필수수익률이 12%일 경우 컴퓨터에 대한 투자안의 순현재가치(NPV)는 얼마인가(단, 이자율 12%의 1원당 연금의 현재가치는 1년은 0.89, 2년은 1.69, 3년은 2.40이며 법인세율은 30%이다.)?

① 1,080,000원 ② 3,240,000원 ③ 5,400,000원 ④ 6,120,000원

117. 다음은 ㈜삼일의 신규투자담당 팀장과의 인터뷰 내용이다. 괄호 안에 들어갈 말로 가장 올바르지 않은 것은?

> 기자 : 신규 투자 기획팀에서 15년 동안 팀장을 맡고 계신데 신규 투자에 대한 타당성 검토에는 어떠한 모형들이 사용됩니까?
> 팀장 : 여러 모형이 있지만 우리 회사에서는 회수기간법, 순현재가치법, 내부수익률법, 수익성지수법을 이용하여 타당성 검토를 합니다.
> 기자 : 그렇다면, 그 중에서 가장 중요시 하는 모형이 있습니까?
> 팀장 : 물론입니다. 투자안마다 약간 다르긴 하지만 우리 회사는 회수기간법을 가장 중요시 합니다. 왜냐하면 (   ).

① 회수기간 이후의 현금흐름을 포함한 수익성을 고려하는 투자안이기 때문입니다.
② 투자자금을 빨리 회수하는 투자안을 선택하여 기업의 유동성확보에 도움을 줄 수 있기 때문입니다.
③ 현금흐름의 할인을 고려하지 않고 계산할 수도 있는 장점이 있기 때문입니다.
④ 회수기간이 짧을수록 안전한 투자안이라는 위험지표로서의 정보를 제공하기 때문입니다.

118. 다음은 ㈜삼일의 제품별 예산자료의 일부이다. 사용가능한 총 기계시간이 연간 300시간일 때, 이익을 극대화하기 위해서는 세 제품을 각각 몇 단위씩 생산·판매하여야 하는가?

	제품 A	제품 B	제품 C
단위당 공헌이익	200원	150원	300원
단위당 기계시간	4시간	2시간	5시간
최대 수요량(연간)	50단위	100단위	50단위

	제품 A	제품 B	제품 C
①	50단위	50단위	0단위
②	0단위	25단위	50단위
③	0단위	100단위	20단위
④	12단위	0단위	50단위

119. ㈜삼일의 A 사업부는 LED를 생산하고 있으며, 연간 생산능력은 100,000단위이다. ㈜삼일의 A 사업부 수익과 원가자료는 다음과 같다. ㈜삼일은 텔레비전을 생산하는 B 사업부도 보유하고 있다. B 사업부는 현재 연간 10,000단위의 LED를 단위당 380원에 외부에서 조달하고 있다. A 사업부가 생산하는 제품 전량을 외부시장에 판매할 수도 있고 사내대체시 단위당 변동원가 30원을 절감할 수 있다면, 회사 전체의 이익극대화 입장에서 LED의 단위당 최소대체가격은 얼마인가?

단위당 외부판매가격	400원
단위당 변동원가	230원
단위당 고정원가(연간 100,000단위 기준)	12원

① 230원 ② 242 원 ③ 370원 ④ 380원

120. 다음이 설명하는 품질원가는 무엇인가?

불량품이 고객에게 인도되기 전에 발견됨으로써 발생하는 원가이다. 예를 들면 공손품, 작업폐물, 재작업, 재검사, 작업중단 등으로 인하여 소요되는 원가가 있다.

① 예방원가 ② 평가원가 ③ 내부실패원가 ④ 외부실패원가

97회 답안 및 해설

재무회계

1	2	3	4	5	6	7	8	9	10
②	④	③	②	③	②	①	②	①	③
11	**12**	**13**	**14**	**15**	**16**	**17**	**18**	**19**	**20**
③	②	③	①	④	①	④	①	②	③
21	**22**	**23**	**24**	**25**	**26**	**27**	**28**	**29**	**30**
③	④	②	①	①	④	①	①	②	③
31	**32**	**33**	**34**	**35**	**36**	**37**	**38**	**39**	**40**
①	①	③	①	①	①	①	④	④	②

01. 한국채택국제회계기준은 재무상태표에 **형식이나 계정과목의 순서에 대해서는 강제규정을 두지 않는다.**

02. **재무정보가 예측가치를 가지기 위해 그 자체가 예측치 또는 예상치일 필요는 없다.**

03. ① **적시성과 이해가능성은 보강적 질적 특성**에 해당한다.

② **목적적합성과 표현충실성은 근본적 질적 특성**에 해당한다.

④ 재무정보가 제공되기 위해서는 해당 **정보보고의 효익이 관련원가를 정당화할 수 있어야** 한다.

04. **재무제표에는 중요하지 않아 구분하여 표시하지 않은 항목이라도 주석에서 구분표시해야 할만큼 충분히 중요할 수 있다.**

05. 중간재무보고서의 종류는 다음과 같다.

① 요약재무상태표 ② 요약포괄손익계산서 ③ 요약자본변동표

④ 요약현금흐름표 ⑤ 선별적주석

06.

상 품(선입선출법)

기초	1,000개	@2,000	2,000,000	**매출원가**			6,310,000
순매입액	1,500개	@2,500	3,750,000	**기말**	800개	@2,800	2,240,000
	1,000개	@2,800	2,800,000				
계(판매가능재고)			8,550,000	계			8,550,000

07.

상 품

기초	400,000	**매출원가**	1,080,000
순매입액	1,000,000	**비정상감모**	20,000
		기말	300,000
계(판매가능재고)	1,400,000	계	1,400,000

08.

상 품

기초	3,000개	@2,000	6,000,000	**기말재고(선) = 1,500개 × @1,200 = 1,800,000원**
순매입액	7,000개	@1,200	8,400,000	**기말재고(총) = 1,500개 × @1,440 = 2,160,000원**
계	10,000개	@1,440	14,400,000	

자산과 이익은 비례관계이다. 따라서 매출총이익률은 총평균법이 더 크다.

이익도 총평균법인 360,000원 크고, 매출원가는 반대로 선입선출법이 더 크다.

09. 일상적인 수선유지와 관련하여 발생한 원가는 당기 비용(수익적 지출)처리한다.

10. 유형자산 재평가

	취득가액	공정가액	재평가잉여금(자본)	재평가손실(I/S)
20x1	10,000	5,000		5,000
20x2		13,000	3,000	*△5,000(이익)*

11. 감가상각누계액 = 5,000,000 ÷ 5년 × 2.5년(2년 6개월) = 2,500,000원

〈올바른 회계처리〉 당기 6개월간 감가상각을 추가 계상해야 한다.

(차) 감가상각비	500,000	(대) 감가상각누계액	500,000
(차) 현금	3,500,000	(대) 컴퓨터	5,000,000
감가상각누계액	**2,500,000**	**처분이익**	**1,000,000**

12.

구분		비용처리되는 금액
연구단계		30,000,000원
개발단계	자산인식조건 충족○	-
	자산인식조건 충족×	7,000,000원
무형자산상각비		-(**무형자산은 사용가능시점부터 상각**)
합계		37,000,000원

13. **상각기간이나 상각방법의 변경의 회계추정의 변경**에 해당한다.

14. 투자부동산을 **공정가치 모형으로 평가하는 경우에는 감가상각**을 하지 않는다.

평가손익 = 당기말 공정가치(120,000,000) - 전기말 공정가치(100,000,000) = 20,000,000원(이익)

15. ① 기타포괄손익 - 공정가치 측정 금융자산의 평가손익은 기타포괄손익으로 반영한다.

② 지분상품은 분류변경할 수 없으나 **채무상품은 분류변경할 수 있다.**

③ 기타포괄손익 - 공정가치측정 금융자산 취득시 거래원가는 취득원가에 가산한다.

16. 〈사채할인발행차금 상각표(유효이자율법)〉

연도	유효이자(A) (BV×10%)	액면이자(B) (액면가액×5%)	할인차금상각 (A－B)	장부금액 (BV)
20x1. 1. 1				87,565
20x1.12.31	8,757	5,000	3,757	91,322

17. 복합금융상품에서 **상환할 원금과 액면이자의 현재가치는 금융부채로 인식하고 발행금액에서 차감한 잔액은 자본(지분상품)**으로 인식한다,

19. 사채의 발행가액 = 3,000,000원

일반사채의 가치(부채의 공정가치) = 액면이자의 현재가치 + (액면가액 + 상환할증금)의 현재가치

= 0 + (3,000,000 + 390,000) × 0.7118

= 2,413,002원

전환권대가 = 발행가액(3,000,000) - 부채의 공정가치(2,413,002) = 586,998원

20. 지출시기와 금액을 확실히 추정할 수 있으면 부채로 인식해야 한다.

21. 우선주(누적적 · 비참가적) 배당금 = 우선주 자본금(500,000) × 배당률(10%) × 3년 = 150,000원

누적적 우선주이므로 과거 3년간 연체배당금에 대해서 우선 배당받을 수 있다.

22. 자기주식의 처분은 이익잉여금하고 관계가 없다.

24. 할부매출 = 할부금(3,000,000) × 연금현가계수(2.48685) = 7,460,550원

매출총이익 = 매출액(7,460,550) - 매출원가(7,000,000) = 460,550원

이자수익 = 장부금액(7,460,550) × 유효이자율(10%) = 746,055원

25.

	x1년	x2년	x3년
누적공사원가(A)	60,000,000	180,000,000	360,000,000
총 공사계약원가(B)	300,000,000	360,000,000	360,000,000
누적진행률(A/B)	20%	50%	100%
총공사계약금액	500,000,000	500,000,000	500,000,000
당기누적계약수익(C)	100,000,000	250,000,000	500,000,000
전기누적계약수익(D)	-	100,000,000	250,000,000
당기계약수익(E = C - D)	100,000,000	150,000,000	250,000,000
당기계약원가(F)	60,000,000	120,000,000	180,000,000
당기계약이익(손실)(E - F)	**40,000,000**	**30,000,000**	**70,000,000**

26. 건설계약의 **추정총계약원가가 총계약수익을 초과할 것으로 예상되면**, 초과액 전액을 **즉시 당기 비용으로 인식**한다.

29. 이연법인세자산과 부채는 **동일한 과세당국에 의해서 부과되는 법인세와 관련된 경우에는 상계한다.**

30. 법인세비용 = 미지급법인세(2,500,000) + 이연법인세부채증가(300,000) + 이연법인세자산감소(400,000)
= 3,200,000원

(차) 법인세비용	3,200,000	(대) 당기법인세부채	2,500,000
		이연법인세자산	400,000
		이연법인세부채	300,000

31. 수정후(20x2) 당기순이익 = 수정전 당기순이익(35,000) - 당기자산과대평가(2,000)
- 전기자산과소평가(3,000) = 30,000원

〈오류수정분개(x2년 말)〉

(차) 매출원가	5,000	(대) 전기이월이익잉여금	3,000
		재고자산	2,000

32. ① 유통보통주식수 변동

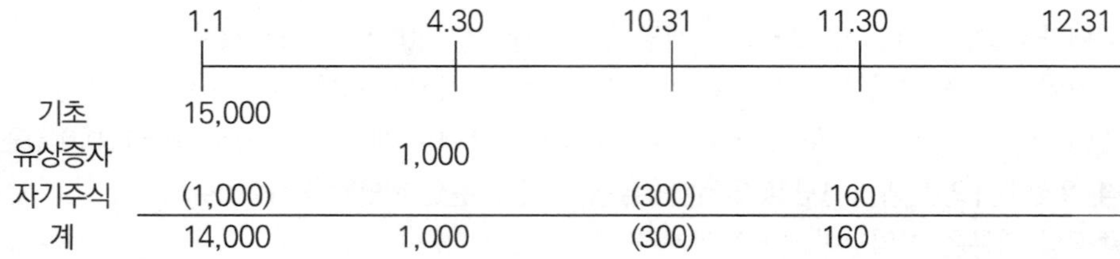

	1.1	4.30	10.31	11.30	12.31
기초	15,000				
유상증자		1,000			
자기주식	(1,000)		(300)	160	
계	14,000	1,000	(300)	160	

② 유통보통주식수 : 14,000 × 12/12 + 1,000 × 8/12 - 300 × 2/12 + 160 × 1/12 = 14,630주

33. 관계기업투자주식 = 취득가액(3,000,000) + 관계기업 총 포괄이익(1,000,000) × 지분율(30%)
= 3,300,000원

→ **투자주식의 장부금액을 구하는 것이므로 포괄손익도 포함하여 투자주식금액을 계산**

34. **관계기업투자주식의 취득시 취득시점에서 지분증권을 취득원가로 기록**한다.

35. 4.1 재고자산 취득금액 = $2,000 × 1,000원 = 2,000,000
12.31 재고자산 순실현가능가치 = $1,600 × 1,300원 = 2,080,000
재고자산의 순실현가능가치가 증가하였으므로 별도로 재고자산평가손실은 인식하지 않는다.

36. **미국형 옵션은 만기일 이전에는 언제라도 권리를 행사할 수 있고, 유럽형 옵션은 만기일에만 권리를 행사할 수 있는 옵션이다.**

37. 이자수익 = 리스채권(120,092) × 내재이자율(12%) = 14,411원

38.

구분	금액
법인세비용차감전순이익	20,000원
(+)감가상각비	4,600원
(+)유형자산처분손실	2,400원
(-)매출채권의 증가	(15,000원)
(+)재고자산의 감소	2,500원
(+)매입채무의 증가	10,400원
= 영업활동 현금흐름	24,900원

39.

구분	금액
이자수익	200,000원
(+)미수이자 감소액	10,000원
(+)선수이자 증가액	20,000원
=이자수취액	230,000원

40. (차) 현금 x (대) 기계장치 40,000
감가상각누계액 5,000 유형자산처분이익 30,000
감가상각비 15,000
x = 50,000(유입액)

세무회계

41	42	43	44	45	46	47	48	49	50
③	④	②	③	①	④	①	④	④	③
51	52	53	54	55	56	57	58	59	60
④	④	②	①	③	④	②	②	③	③
61	62	63	64	65	66	67	68	69	70
③	①	③	②	④	①	②	①	③	②
71	72	73	74	75	76	77	78	79	80
③	③	②	②	④	②	③	③	①	③

41. 우편으로 과세표준신고서를 제출하는 경우에는 **우편날짜 도장이 찍힌 날에 신고된 것**으로 본다.

43. 법정신고기한이 지난 후 **6개월 이내 기한 후 신고를 하는 경우에는 다음의 구분에 따라 감면율을 달리 적용**한다.

1개월 이내	3개월 이내	6개월 이내
50%	30%	20%

44. 행정심판은 조세심판원에 제기하며, 감사원 심사청구, 국세청장 심사청구도 가능하다.

45. ② 법령 또는 정관에 사업연도 규정이 없는 경우에는 **사업연도를 정하여 신고를 하여야 하며 무신고시 1.1~12.31을 사업연도로 한다.**
③ 사업연도를 변경하려는 법인은 **직전 사업연도 종료일부터 3월 이내**에 납세지 관할세무서장에게 신고를 하여야 한다.
④ **법인설립 이전에 발생한 손익은 법인세 과세대상** 손익에 산입해야 한다.

46. ① 결산조정사항에 대한 설명이다.
② 신고조정사항에 대한 설명이다.
③ **결산조정사항은 법인세신고기한 후 경정청구 대상에서 제외**된다.

47. 손금불산입 = 지배주주 여비(1,000,000) + 업무무관수선비(1,200,000) = 2,200,000원

48. 업무무관자산을 처분하는 경우 **양도가액을 익금으로 보고 장부가액은 손금**으로 본다.

49. **원천징수대상인 이자소득의 미수수익**은 익금불산입 사항이다.

50. ① 재고자산은 **종류별, 영업종목별, 영업장별로 각각 달리 평가가 가능**하다.
② 무신고시 선입선출법을 적용한다.
④ 세무상 재고자산의 평가금액이 재무상태표상 재고자산 기말가액보다 작은 경우에는 손금산입한다.

51.

구분	건물	기계장치	영업권
회사계상 상각비(A)	5,000,000원	4,000,000원	1,000,000원
상각범위액(B)	7,000,000원	3,500,000원	1,200,000원
시부인액(B − A)	시인부족액 2,000,000원	상각부인액 500,000원	시인부족액 200,000원
전기이월상각 부인액	1,500,000원		
세무조정	손금산입 1,500,000원 △유보	손금불산입 500,000원 유보	−

52. 한 자산의 상각부인액은 **다른 자산의 시인부족액과 상계할 수 없다.**

53. 특수관계인이 아닌 자에게 정상가액(시가의 ±30%)보다 고가매입하거나 저가양도하는 경우에는 **정상가액과 거래가액의 차이를 기부금**으로 본다.
간주기부금 = 매입가(15억) - 시가(10억) × 130% = 2억원

54.

1. 기준소득금액	당기순이익(100,000,000) + 특례기부금(70,000,000) + 일반기부금(12,000,000) + 가산조정(26,000.000) − 차감조정(10,000,000) = 198,000,000원
2. 특례기부금	① 해당액 = 70,000,000 ② 한도액 = [기준소득(198,000,000) − 이월결손금(80,000,000)] × 50% = 59,000,000 ③ 한도초과액 = 11,000,000원

55. 일반수입금액, 특정수입금액 순서로 기업업무추진비 적용률을 적용한다.

56. 손금불산입 = 지급이자$(8,000,0000) \times \frac{30,000,000 \times 365\text{일}}{21,900,000,000} = 4,000,000$원

57. 〈대손충당금 한도〉
① 세법상 대손충당금 설정대상 채권 = 140,000,000 - 업무무관가지급(40,000,000) = 100,000,000원
② 대손설정률 = MAX[0.8%, 1%] = 1%
③ 한도 = 대상채권(100,000,000) × 대손설정률(1%) = 1,000,000원
④ 기말대손충당금(2,000,000) - 대손충당금한도(1,000,000) = 1,000,000원(손不, 유보)
⑤ 전기대손충당금한도 초과 : 〈손금산입〉 전기 대손충당금 한도초과 600,000원 (△유보)

58. 부당행위계산부인대상이 되기 위해서는 다음의 요건을 모두 갖추어야 한다.
① 특수관계자간 거래 ② **부당한 조세부담 감소** ③ 현저한 이익의 분여

59. **법인이 법인주주에게 배당소득을 지급하는 경우에는 법인세의 원천징수의무가 없다.**

60. **각사업연도소득금액이 없거나 결손금이 존재하는 경우에도 법인세 신고기한까지 신고**하여야 한다.

61. ①, ② : 소득세법상 과세기간은 무조건 1.1~12.31이다.

④ : 거주자의 납세지는 주소지를 원칙으로 하고, **비거주자의 납세지는 국내사업장 소재지**를 원칙으로 한다.

62. 비영업대금의 이익의 수입시기는 원칙적으로 **약정에 따른 이자지급일이다.**

63. 복식부기자로 유형자산처분손익(토지는 양도소득)에 대한 별도 세무조정이 없다.

구분	금액	비고
결산서상 당기순이익	200,000,000	
(+) 총수입금액산입 · 필요경비불산입		
① 본인에 대한 급여	30,000,000	
② 토지 처분손실	3,000,000	양도소득
③ 벌금	2,000,000	
(−) 필요경비산입 · 수입금액불산입		
① 배당금수익	(5,000,000)	배당소득
=사업소득금액	230,000,000	

64. **법인세법에 따라 상여로 처분된 금액은 근로소득에 해당**한다.

65. **기타소득금액이 300만원 이하인 경우에는 분리과세로 선택**할 수 있다.

66. 종합소득산출세액

구분	금액	근거
① 금융소득금액	31,000,000	
㉠ 이자소득금액	10,000,000	
㉡ 배당소득금액	20,000,000	
㉢ 배당가산액	1,000,000	(30,000,000−20,000,000)×10%
② 근로소득금액	80,000,000	
③ 사업소득금액	20,000,000	
④ 기타소득금액	30,000,000	
=종합소득금액	161,000,000	
(−)종합소득공제	(20,000,000)	
=과세표준	141,000,000	
세율	×	
산출세액 =MAX[㉠,㉡]	**29,710,000원**	
	㉠ **종합과세시 세액**=(141,000,000−20,000,000)×세율 +20,000,000×14%=29,710,000원 ㉡ 분리과세시 세액=(141,000,000−31,000,000)×세율 +30,000,000×14%=27,260,000원	

67. **경로우대공제는 70세 이상부터 적용**한다.

68. 일용근로자의 원천징수세율은 6%이다.

69. **고가주택이 아닌 1세대 1주택자의 주택양도소득은 비과세 양도소득**이다.

70. 개인면세사업자의 **사업장현황은 다음연도 2월 10일까지 보고**하여야 한다.

71.

구분	금액	비고
매출세액	700,000원	면세공급가액 제외
(−)매입세액	(350,000원)	면세, 기업업무추진비 관련 매입세액은 불공제 대상
=납부세액	350,000원	
(+)가산세	5,000원	
차가감납부세액	355,000원	

72. 주사업장 총괄납부사업자라도 **개별 사업장을 각각 사업자등록**을 하여 한다.

73. 사업과 관련이 없는 **미수금이나 미지급금을 승계하지 않은 경우라도** 사업에 관한 권리와 의무를 승계하는 경우에는 사업의 포괄적 양도에 해당한다.

74. 위탁매매 또는 대리인에 의한 매매를 할 때 위탁자 또는 본인을 알 수 없는 경우에는 **수탁자 또는 대리인에게 재화를 공급하거나 공급받은 것**으로 본다.

75. 내국신용장에 의한 수출재화는 재화를 인도한 날이 공급시기가 된다.

76. 과세표준(농산물 포장)

$$= \text{공통사용재화 공급가액}(30,000,000) \times \frac{\text{과세}(200,000,000)}{\text{총공급가}(500,000,000)} = 12,000,000\text{원}$$

77.

구분	계산근거	금액
제품	시가	40,000,000
토지	면세대상	−
건물	취득가(500,000,000)×[1−(체감률)5%×경과된 과세기간(4)]	400,000,000
과세표준 계		440,000,000

78.

구분	계산근거	금액
원재료매입		5,000,000
고정자산매입		
① 기계장치		30,000,000
② 비품		3,000,000
의제매입세액	10,000,000×2/102	196,078
매입세액공제액		38,196,078

79. **영세율 적용대상(간접수출)의 경우에도 세금계산서 교부의무**가 있다.

80. **간이과세자는 의제매입세액공제가 불가능**하다.

원가관리회계

81	82	83	84	85	86	87	88	89	90
②	②	②	②	①	②	①	②	②	④
91	**92**	**93**	**94**	**95**	**96**	**97**	**98**	**99**	**100**
③	③	④	④	④	④	③	②	②	①
101	**102**	**103**	**104**	**105**	**106**	**107**	**108**	**109**	**110**
①	④	①	③	①	①	③	①	①	②
111	**112**	**113**	**114**	**115**	**116**	**117**	**118**	**119**	**120**
③	④	③	④	②	②	①	③	③	③

81. 원가는 비정상적인 가치의 감소분은 포함하지 않는다.(예 : 비정상감모분은 영업외비용)

82.

원재료

기초재고	30,000	직접재료비	310,000
구입	**300,000**	기말재고	20,000
계	330,000	계	330,000

기초원가 = 직접재료원가(310,000) + 직접노무원가(100,000) = 410,000원

가공원가 = 직접노무원가(100,000) + 제조간접원가(350,000) = 450,000원

83. ㄴ. 당기총제조원가는 직접재료비, 직접노무비, 제조간접비의 합계를 말한다.

ㄹ. 미래의사결정에 관련하여 관련원가와 비관련원가로 분류한다.

84. ① 상호배분법이 가장 정확한 방법이다.

③ 직접배분법에 대한 설명이다.

④ 배분되는 제조간접원가의 총액은 일정하다.

85. 개별원가계산에서 재공품계정은 통제계정이 되고, 각각의 작업원가표는 보조계정(기록)이 된다.

86. 제조간접원가(X) = 직 · 노(1,000,000) × 배부율(20%) = 200,000원

직접노무원가(Y) = 제 · 간(200,000) ÷ 배부율(50%) = 400,000원

구분	X부문	Y부문	#105 계
직접재료원가	700,000	500,000	1,200,000
직접노무원가	1,000,000	400,000	1,400,000
제조간접원가	200,000	200,000	400,000
계	1,900,000	1,100,000	*3,000,000*

87. 기말재공품의 완성도를 과대평가시 기말재공품원가도 과대계상된다.

88. 재료비 : 선입선출법(20,000단위)와 선입선출법(18,000단위)의 차이는 기초재공품의 수량(2,000단위)을 의미하고,

가공비 : 선입선출법(20,000단위)과 평균법(19,600단위)의 차이(400단위)는 **기초재공품의 완성도를 의미**한다.

기초재공품의 진척도 = 400단위/2,000단위(기초재공품) = 20%

89. 〈1단계〉 물량흐름파악(평균법) 〈2단계〉 완성품환산량 계산

재공품		재료비	가공비
	완성품 2,200 (100%)		2,200
	기말재공품 400 (30%)		120
	계 2,600		**2,320**

90. 원가요약시 평균법은 당기발생원가와 기초재공품 원가를 합한 금액으로 하나 선입선출법은 당기발생원가로 하므로 평균법에 의한 완성품에 포함된 가공원가는 평균법보다 크다.

92. **원재료**

기초재고	160,000	직접재료비	325,000
구입	**365,000**	기말재고	200,000
계	525,000	계	525,000

〈구입시점 분리〉

AQp × AP(Ⓐ) 1,460단위 × @250원 = 365,000

AQp × SP(Ⓑ) 1,460단위 × *@285원* = 416,100

가격차이(Ⓐ − Ⓑ) = △51,100(유리)

93.

AQ	AP	SQ	SP
3.5시간	??	생산량×4시간	10,000

AQ × AP(Ⓐ) 3,500시간 × **11,000원/시간** = 38,500,000

AQ × SP(Ⓑ) 3,500시간 × 10,000/**시간** = 35,000,000

SQ × SP(Ⓒ) *4,000시간* × 10,000/**시간** = 40,000,000

가격(임률)차이(Ⓐ − Ⓑ) = 3,500,000(불리)

능률차이(Ⓑ − Ⓒ) = △5,000,000(유리)

94. ① 실제발생액과 예산과의 차이를 예산차이라 한다.

② **예산은 기준조업도에 단위당 표준배부율**을 곱한다.

③ 실제발생액과 배부액과의 차이를 배부차이라 한다.

95. ① **매출원가 조정법에서 재공품과 제품 계정은 표준원가로 기록**된다.

② **비례배분법은 자산에 배부되므로 자산이 커지면 이익이 커지므로, 비례배분법이 일반적으로 크다.**

③ 배부차이를 매출원가에서 만 조정한다.

96. 공헌이익률 = 1 - 변동비율(7,500/12,000) = 37.5%
영업이익(20,040,000) = 매출액 × 공헌이익률(37.5%) - 고정원가(4,800,000)
∴ 매출액 = 66,240,000원

97. **초변동원가계산에서 제품원가는 직접재료원가로만 구성**된다.

98. 기말제품수량 = 기초(0) + 생산량(1,100) - 판매량(800) = 300단위
단위당 고정제조원가 = 고정제조간접원가(220,000) ÷ 생산량(1,100) = 200원/단위
기말제품재고액 = 300단위 × (800 + 300 + 100 + 200) = 420,000원

99. 단위당 고정제조간접비 = 고정제조간접원가(500,000) ÷ 생산량(2,500) = 200원/개

변동원가(순이익)	0
+ 기말재고에 포함된 고 · 제 · 간 - 기초재고에 포함된 고 · 제 · 간	120,000 = **기말재고량(600개)** × 200원 0
= 전부원가(순이익)	120,000

100. **생산량 < 판매량**이 많으므로 전부원가 계산의 경우 전월재고에 포함된 고정제조간접비가 비용화 되므로 영업이익이 가장 작다. 그리고 변동원가계산은 전월재고에 포함된 변동가공원가가 비용화 되므로 2번째로 작고, 초변동원가 계산이 영업이익 가장 크다.

102. **변동비율과 공헌이익률의 합은 1이다.** 따라서 **변동비율이 높으면 공헌이익률은 낮게 나타난다.**

103. 판매수량(현) = 매출액(5,000,000) ÷ 판매가격(1,000) = 5,000개
영업이익(가격인하) = (1,000 × 80% - 600) × 5,000 × 130% - 총고정원가(1,000,000)
= 300,000원

104. 손익분기점(700단위) = 고정비(28,000,000)/[단위당판매가격 - 단위당변동원가(20,000)]
∴ 단위당 판매가격 = 60,000원

105. **편성대상에 따라 종합예산과 부문예산을 나눈다.**

106. **기업의 이익극대화 목표를 달성할 수 있도록 설계**되어야 한다.

107. 책임회계는 **책임중심점별로 실적을 집계, 분석함으로써 성과평가를 하려는 회계시스템**이다.

108. 투자수익률 = 영업이익(80,000) ÷ 평균영업자산(400,000) = 20%

109.

		A사업부	B사업부	C사업부
1. 영업자산		500,000	1,000,000	2,000,000
2. 영업이익		100,000	170,000	230,000
3. 최저필수수익률			15%	
4. 잔여이익	2 - 1 × 3	**25,000**	**20,000**	**△70,000**

110. 〈배합차이, 수율차이〉

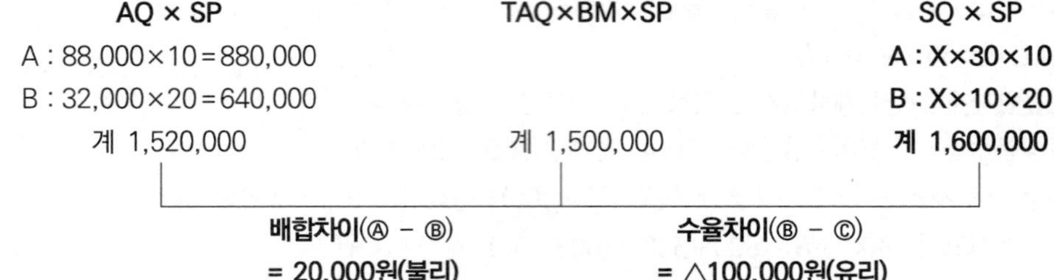

1,600,000=300X+200X　　X=3,200단위

111. 부채비율=부채(200)÷자본(100)=200%

1. 세후영업이익	150억	
2. 투하자본	400억	
3. 가중평균자본비용	11%	$9\% \times \frac{200}{300} + 15\% \times \frac{100}{300}$
4. 경제적 부가가치	**106억**	150억－400억×11%

112.

1.증분수익(A사업부 폐지시)	
• 공통원가감소	70,000－30,000=40,000원
2.증분비용(A사업부 폐지시)	
• 공헌이익감소	60,000원
3.증분손익	△20,000원(유지하는 것이 순이익 5,000원이 증가한다.)

폐지시 당기순이익=폐지전 당기순이익(500,000)－증분손익(20,000)=480,000원

113.

1. 증분수익(외부구입시)	
• 변동비감소분	(500+300+200)=1,000원
• 회피가능고정원가	500,000÷5,000단위×20%=20원
2. 증분비용(외부구입시)	
• 외부구입비증가	X(외부구입단가)=1,020원
3. 증분손익	0

114.

	대안1	대안2
내용	처분	개조 후 처분
순실현가치	30,000×300벌 =9,000,000	50,000×300벌－3,000,000 =12,000,000
결론	개조하여 판매하는 것이 3,000,000원 유리하다.	

115. 외부구입 부품에 대한 외부구입자에게 품질 조언을 받을 수 있다.

116. 감가상각비 = 취득가액(9,000,000)/3년 = 3,000,000원/년

(세후)순현금흐름 = 세전영업현금흐름 × (1 - t) + 감가상각비 × t(감가상각비 감세효과)

= 6,000,000 × (1 - 0.3) + 3,000,000 × 0.3 = 5,100,000원/년

순현재가치 = - 9,000,000 + 5,100,000 × 2.4 = 3,240,000원

117. <u>**회수기간법은 회수기간 이후의 현금흐름을 무시**</u>한다.

118. 연간 사용가능한 기계시간 = 300시간

구 분	제품A	제품B	제품
1. 단위당 공헌이익	200원	150원	300원
2. 단위당 기계사용시간	4시간	2시간	5시간
3. 기계시간당 공헌이익(1÷2)	**50원**	**75원**	**60원**
4. 최대 시장수요량	50단위	100단위	50단위
5. 생산순서	3순위	1순위	2순위
6. 생산량	–	100단위 (200시간)	20단위 (100시간)

119. 〈유휴생산능력이 없을 경우〉

최소대체가격 = 한단위 대체시 지출원가(230 - 30) + 한단위 대체시 기회비용(400 - 230) = 370원

2022년 11월

96회 재경관리사

재무회계

1. 다음 중 재무회계와 관리회계에 관한 설명으로 가장 옳은 것은?

① 국제회계기준에는 관리회계에 대한 기준서가 존재하며, 이를 통해서 관리회계 회계처리가 이루어진다.

② 주주와 채권자는 재무정보를 필요로 하지만 종업원의 경우는 필요로 하지 않는다.

③ 재무회계는 일반적으로 인정된 회계원칙에 근거하여 재무제표 양식으로 보통 1년 단위(또는 분기, 반기)로 공시된다.

④ 관리회계는 내부보고보다는 외부보고에 사용된다.

2. 다음 중 재무제표 요소의 인식에 관한 설명으로 가장 올바르지 않은 것은?

① 미래 경제적 효익의 유입(유출) 가능성이 높고 이를 금액적으로 신뢰성 있게 측정할 수 있다면 재무제표에 인식되어야 한다.

② 자산이나 부채의 정의를 충족하는 항목이 인식되지 않더라도, 기업은 해당 항목에 대한 정보를 주석에 제공해야 할 수도 있다.

③ 주문 후 아직 인도되지 않은 재고자산 매입대금에 대한 부채는 일반적으로 재무상태표에 부채로 인식되지 않는다.

④ 비용의 인식은 부채가 증가하는 경우에만 인식된다.

3. 다음 중 자산의 측정방법에 관한 설명으로 가장 옳은 것은?

① 역사적원가 : 자산의 취득 또는 창출에 발생한 원가의 가치로서, 자산을 취득 또는 창출하기 위하여 지급한 대가와 거래원가를 포함한다.

② 현행원가 : 기업이 자산의 사용과 궁극적인 처분으로 얻을 것으로 기대하는 현금흐름 또는 그 밖의 경제적효익의 현재가치이다.

③ 공정가치 : 측정일 현재 동등한 자산의 원가로서 측정일에 지급할 대가와 그 날에 발생할 거래원가를 포함한다.

④ 사용가치 : 측정일에 시장참여자 사이의 정상거래에서 자산을 매도할 때 받게 될 가격이다.

4. 다음은 자산에 속하는 계정들의 잔액이다. 유동성 분류에 따라 재무상태표에 유동자산으로 계상될 금액은 얼마인가?

ㄱ. 단기대여금	80,000원	ㄴ. 이연법인세자산	100,000원
ㄷ. 선급비용	400,000원	ㄹ. 재고자산	250,000원
ㅁ. 기계장치	1,000,000원	ㅂ. 매출채권	320,000원

① 650,000원 ② 730,000원 ③ 1,050,000원 ④ 1,150,000원

5. 다음 중 특수관계자 공시에 관한 설명으로 가장 옳은 것은?

① 최상위 지배자와 지배기업이 다른 경우에는 최상위 지배자의 명칭은 공시를 생략할 수 있다.
② 주요 경영진에 대한 보상에는 단기종업원급여와 퇴직급여만을 포함한다.
③ 보고기업에 유의적인 영향력을 행사할 수 있는 개인은 보고기업과 특수관계에 있다.
④ 지배기업과 그 종속기업 사이의 관계는 거래가 없을 경우 공시를 생략할 수 있다.

6. 20X1년 말 재고실사를 수행한 결과 ㈜삼일의 재고자산 현황은 아래와 같다. 자료를 바탕으로 ㈜삼일이 재고자산감모손실로 인식할 금액을 계산하면 얼마인가(장부금액은 재고자산감모손실 인식 전 금액임)?

	장부수량	장부금액	실사수량
상 품	1,100개	4,400,000원	1,000개
제 품	1,000개	3,000,000원	1,000개

① 400,000원 ② 1,000,000원 ③ 1,400,000원 ④ 1,900,000원

7. 지난 2년간 재고자산의 매입가격이 계속적으로 상승했을 경우, 기말재고 평가시 이동평균법을 적용했을 경우와 총평균법을 적용했을 경우에 관한 설명으로 가장 올바르지 않은 것은?(단, 기말재고 수량이 기초재고 수량보다 크다)

① 총평균법은 회계기간 단위로 품목별 총평균원가를 산출하는 방법이고, 이동평균법은 자산을 취득할 때마다 장부재고금액을 장부재고수량으로 나누어 평균단가를 산출하는 방법이다.
② 이동평균법을 적용할 때 매출원가가 보다 높게 평가된다.
③ 총평균법을 적용할 때 기말재고자산이 보다 낮게 평가된다.
④ 총평균법을 적용할 때 회계적 이익이 보다 낮게 평가된다.

8. 다음은 ㈜삼일의 20X1년 결산시 재고자산과 관련된 자료이다. 재고자산과 관련된 결산수정분개가 당기손익에 미치는 영향으로 가장 옳은 것은(단, 20X1년 기초재고자산의 재고자산평가충당금은 없다)?

ㄱ. 결산수정분개전 기말재고자산 장부상 수량	100개
ㄴ. 결산수정분개전 기말재고자산 장부상 매입단가	200원/개
ㄷ. 기말재고자산 실사수량	95개
ㄹ. 기말재고자산의 예상판매가격	160원/개
ㅁ. 기말재고자산의 예상판매비용	10원/개

① 5,560원 증가 ② 5,560원 감소 ③ 5,750원 증가 ④ 5,750원 감소

9. ㈜삼일은 20X1년 1월 1일 내용연수 5년, 잔존가치 500,000원인 기계장치를 5,000,000원에 취득하였다. 다음 중 20X1년 감가상각비가 가장 크게 인식되는 상각방법은 무엇인가?

① 정액법
② 정률법(상각률 : 0.451)
③ 생산량비례법(추정 총 생산제품수량 6,000개 중 20X1년 생산량 1,500개)
④ 연수합계법

10. 다음 중 유형자산의 후속측정에 관한 설명으로 가장 올바르지 않은 것은?

① 당해 자산이 폐기되거나 제거될 때에는 해당 자산과 관련하여 자본(기타포괄손익누계액)에 계상된 재평가잉여금을 당기손익으로 재분류한다.
② 재평가모형은 취득일 이후 재평가일의 공정가치로 해당 자산금액을 수정하고, 당해 공정가치에서 재평가일 이후의 감가상각누계액과 손상차손누계액을 차감한 금액을 장부금액으로 공시한다.
③ 재평가로 인하여 자산이 증가된 경우 그 증가액은 기타포괄이익으로 인식하고 재평가잉여금의 과목으로 자본(기타포괄손익누계액)에 가산한다.
④ 재평가로 인하여 자산이 감소된 경우 그 감소액은 당기손실로 인식한다.

11. ㈜삼일은 20X1년 1월 1일에 기계장치(내용연수는 5년, 잔존가치는 없음)를 100,000원에 취득하였다. ㈜삼일은 기계장치에 대하여 원가모형을 적용하고 있으며, 감가상각방법으로 정액법을 사용한다. 20X1년 말에 동 기계장치의 회수가능액이 40,000원으로 하락하여 손상차손을 인식하였다. 그러나 20X2년 말에 동 기계장치의 회수가능액이 50,000원으로 회복되었다. 20X2년 말에 인식할 손상차손 환입액은 얼마인가?

① 10,000원 ② 20,000원 ③ 30,000원 ④ 40,000원

12. 다음 항목 중 무형자산에 해당되는 금액의 합계는 얼마인가?

항목	금액
새로운 지식을 얻고자 하는 활동 지출액	140,000원
내부적으로 창출된 브랜드의 가치평가금액	200,000원
내부적으로 창출된 영업권의 가치평가금액	160,000원
개발단계 지출로 자산인식 조건을 만족하는 금액	320,000원
사업결합으로 취득한 고객목록 평가금액	180,000원

① 500,000원 ② 660,000원 ③ 800,000원 ④ 860,000원

13. 다음 중 무형자산의 상각에 관한 설명으로 가장 올바르지 않은 것은?

① 내용연수가 유한한 무형자산은 자산을 사용할 수 있는 때부터 상각을 시작한다.

② 내용연수가 비한정인 무형자산은 감가상각하지 않고, 매 회계기간마다 내용연수가 비한정이라는 평가가 정당한지 검토한다.

③ 내용연수가 유한한 무형자산은 경제적효익이 소비되는 형태를 신뢰성 있게 결정할 수 없는 경우에는 정률법을 적용하여 상각한다.

④ 내용연수가 유한한 무형자산은 잔존가치뿐만 아니라 상각기간과 상각방법을 적어도 매 회계연도 말에 검토한다.

14. 통신업을 영위하는 ㈜삼일은 임대수익을 얻기 위한 목적으로 20X1년 1월 1일 건물을 1억원에 취득하였다. 공정가치모형을 적용할 경우 동 건물과 관련하여 ㈜삼일이 20X2년 말에 수행할 회계처리로 가장 옳은 것은(단, ㈜삼일은 건물을 10년간 사용할 것으로 예상하고 있다)?

〈건물의 공정가치〉
20X1년 말 : 97,000,000원
20X2년 말 : 95,000,000원

①	(차) 감가상각비	10,000,000원	(대) 감가상각누계액	10,000,000원
②	(차) 투자부동산평가손실	5,000,000원	(대) 투자부동산	5,000,000원
③	(차) 감가상각비	10,000,000원	(대) 감가상각누계액	10,000,000원
	투자부동산	15,000,000원	투자부동산평가이익	15,000,000원
④	(차) 투자부동산평가손실	2,000,000원	(대) 투자부동산	2,000,000원

15. 다음 중 상각후원가측정금융자산에 관한 설명으로 가장 올바르지 않은 것은?

① 상각후원가측정금융자산을 당기손익-공정가치측정 금융자산으로 재분류하는 경우 재분류일의 공정가치로 대체한다.
② 원리금 수취와 매도가 목적인 채무상품은 기타포괄손익-공정가치측정 금융자산으로 분류한다.
③ 상각후원가측정금융자산을 기타포괄손익-공정가치측정 금융자산으로 재분류하는 경우 공정가치로 대체하되 평가손익을 기타포괄손익으로 인식한다.
④ 상각후원가측정금융자산을 재분류할 때 최초 취득일의 액면이자율을 사용하고 조정하지 않는다.

16. 다음 중 금융상품에 관한 설명으로 가장 올바르지 않은 것은?

① 금융상품은 거래당사자에게 금융자산을 발생시키고 동시에 거래상대방에게 금융부채나 지분상품을 발생시키는 모든 계약을 말한다.
② 잠재적으로 유리한 조건으로 거래상대방과 금융자산이나 금융부채를 교환하기로 한 계약상 권리는 금융자산이다.
③ 매입채무와 미지급금, 미지급법인세는 금융부채에 해당한다.
④ 현금및현금성자산, 매출채권, 다른 기업의 지분상품 및 채무상품은 금융자산에 해당한다.

17. 다음 중 금융부채에 관한 설명으로 가장 올바르지 않은 것은?

① 금융부채는 원칙적으로 최초 인식시 공정가치로 인식한다.

② 당기손익-공정가치측정 금융부채와 관련되는 거래원가는 최초 인식하는 공정가치에서 차감하여 측정한다.

③ 사채의 상환손익이 발생하는 이유는 상환일의 시장이자율이 발행일의 시장이자율과 다르기 때문이다.

④ 연속상환사채의 발행금액은 사채로부터 발생하는 미래현금흐름을 사채 발행시점의 시장이자율로 할인한 현재가치가 된다.

18. ㈜삼일은 20X1년 1월 1일에 다음과 같은 조건의 사채를 발행하였다. ㈜삼일의 사채발행으로 인한 자금 조달금액은 얼마인가?

액면가액 : 10,000,000원 액면이자 지급조건 : 매년 말 지급조건 발행일 : 20X1년 1월 1일 만기일 : 20X2년 12월 31일 액면이자율 : 5% 시장이자율 : 6% (사채발행비는 고려되지 않음) (시장이자율 6%, 기간 2년, 1원의 현가계수 0.8396, 1원의 연금현가계수 2.673)

① 8,815,800원 ② 9,732,500원 ③ 9,999,800원 ④ 10,000,000원

19. 다음 중 전환사채에 관한 설명으로 가장 올바르지 않은 것은?

① 전환사채는 부채요소와 자본요소를 모두 가지고 있는 복합금융상품을 의미한다.

② 전환사채의 전환권조정은 사채할인발행차금과 유사하게 상환기간동안 유효이자율법을 적용하여 상각하고 상각된 금액은 이자비용으로 인식한다.

③ 전환사채는 유가증권의 소유자가 사전에 약정된 가격으로 보통주의 발행을 청구할 수 있는 권리가 부여된 사채를 의미한다.

④ 상환할증금지급조건에 의해 발행된 상환할증금은 전환사채의 액면금액에 부가하여 표시한다.

20. ㈜삼일은 판매일로부터 1년간 판매한 제품에 발생하는 하자를 무상으로 수리해주는 제품보증정책(확신유형의 보증)을 시행하고 있다. 제품보증비용은 매출액의 2%가 발생할 것으로 예측된다. 각 회계연도의 매출액과 실제 제품보증 발생액이 다음과 같은 경우 20X2년 말 재무상태표상 제품보증충당부채로 계상할 금액은 얼마인가?

	20X1년	20X2년
매출액	10,000,000원	14,000,000원
20X1년 판매분에 대한 제품보증비용	50,000원	120,000원
20X2년 판매분에 대한 제품보증비용	-	100,000원

① 60,000원　② 160,000원　③ 180,000원　④ 280,000원

21. 20X1년 설립된 ㈜삼일의 20X1년 당기순이익은 1,000,000,000원이고, 1 주당 액면금액은 5,000원이다. 20X1년 말 자본이 아래와 같을 때 가장 옳은 것은(단, 설립 이후 추가 증자는 없었다)?

자본금	5,000,000,000원
주식발행초과금	3,000,000,000원
이익잉여금	1,000,000,000원
자본총계	9,000,000,000원

① ㈜삼일의 발행주식수는 1,600,000주이다.
② ㈜삼일의 주식발행금액은 주당 8,000원이다.
③ ㈜삼일의 법정자본금은 9,000,000,000원이다.
④ ㈜삼일의 20X1년 주당이익은 2,000원이다.

22. 결산일이 12월 31일인 ㈜삼일의 20X1년 12월 31일 재무상태표의 이익준비금은 100,000원, 임의적립금은 50,000원, 미처분이익잉여금은 300,000원이다. 20X1년 재무제표에 대한 결산승인은 20X2년 3월 23일에 개최된 주주총회에서 이루어졌으며, 그 내용이 다음과 같을 때, 20X2년 3월 23일 현재 미처분 이익잉여금은 얼마인가?

- 주식할인발행차금 상계 30,000원
- 현금배당 60,000원
- 이익준비금 적립 : 법정 최소금액(자본금의 1/2에 미달)

① 160,000원　② 204,000원　③ 210,000원　④ 234,000원

23. 다음 중 고객과의 계약에서 생기는 수익에 관한 설명으로 가장 옳은 것은?

① 고객에게 이전할 재화나 용역에 대하여 받을 권리를 갖게 될 대가의 회수가능성이 높지 않더라도 계약에 상업적 실질이 존재하고 이전할 재화나 용역의 지급조건을 식별할 수 있으면 고객과의 계약으로 회계처리한다.

② 수익을 인식하기 위해서는 [고객과의 계약 식별 · 수행의무 식별 · 거래가격 산정 · 거래가격을 계약 내 수행의무에 배분 · 수행의무를 이행할 때 수익인식]의 단계를 거친다.

③ 거래가격 산정시 제3자를 대신해서 회수한 금액도 포함되어야 하며, 변동대가, 비현금대가 및 고객에게 지급할 대가 등이 미치는 영향을 고려하여야 한다.

④ 자산은 고객이 그 자산을 통제하지 않더라도 인도하였을 때 이전된다.

24. 방송프로그램 제작사인 ㈜삼일은 20X1년 1월 1일 장난감 제조사인 ㈜용산과 4년간 방송프로그램 캐릭터 사용계약을 체결하였다. ㈜용산은 현재 및 향후 방송에 나올 캐릭터를 모두 사용할 권리를 가지고 4년간 사용대가로 계약일에 200,000,000원을 지급하였다. 20X1년 ㈜삼일의 라이선스 수익인식 금액은 얼마인가?

① 0원 ② 25,000,000원 ③ 50,000,000원 ④ 200,000,000원

25. 다음 중 건설계약의 수익과 원가 인식방법에 관한 설명으로 가장 옳은 것은?

① 계약수익은 진행률과 관계없이 청구한 금액으로 인식한다.

② 하도급계약에 따라 수행될 공사에 대해 하도급자에게 선급한 금액은 진행률 산정을 위한 누적발생원가에 포함시켜야 한다.

③ 총계약원가가 총계약수익을 초과하는 경우, 예상되는 손실을 즉시 당기비용으로 인식한다.

④ 건설계약의 결과를 신뢰성 있게 추정할 수 없는 경우, 건설계약과 관련한 계약수익과 계약원가는 보고기간 말 현재 계약활동의 진행률을 기준으로 각각 수익과 비용으로 인식한다.

26. ㈜삼일건설은 ㈜용산과 20X1년 7월 1일 총 계약금액 50,000,000원의 공장신축공사계약을 체결하였다. 회사가 진행기준으로 수익을 인식한다면 ㈜삼일건설의 20X2년 계약이익은 얼마인가?

	20X1년	20X2년
누적발생계약원가	10,000,000원	30,000,000원
추정총계약원가	40,000,000원	40,000,000원
공사대금청구액 (연도별)	5,000,000원	25,000,000원

① 1,000,000원 ② 5,000,000원 ③ 7,500,000원 ④ 8,000,000원

27. 다음 중 종업원급여(퇴직급여)의 회계처리에 관한 설명으로 가장 올바르지 않은 것은?

① 확정기여제도(DC형)를 도입한 기업은 기여금의 운용결과에 따라 추가납부 의무가 없다.
② 확정급여제도(DB형)는 기업이 기여금을 불입한다해도 퇴직급여와 관련된 모든 의무가 종료된다고 볼 수 없다.
③ 확정급여채무(DB형)의 현재가치를 계산할 때 종업원 이직률, 조기퇴직률, 임금상승률, 할인율 등의 가정은 상황 변화에 관계없이 전기와 동일한 값을 적용한다.
④ 확정급여채무와 사외적립자산의 재측정요소는 기타포괄손익으로 인식한다.

28. ㈜삼일은 20X1년 1월 1일에 기술책임자인 홍길동 이사에게 다음과 같은 조건의 현금결제형 주가차액보상권 300개를 부여하였다. 이 경우 20X2년 포괄손익계산서에 계상될 당기보상비용은 얼마인가(단, 홍길동 이사는 20X3년 12월 31일 이전에 퇴사하지 않을 것으로 예상된다)?

ㄱ. 기본조건 : 20X3년 12월 31일까지 의무적으로 근무할 것 ㄴ. 행사가능기간 : 20X4년 1월 1일~20X5년 12월 31일 ㄷ. 20X1년 말 추정한 주가차액보상권의 공정가치 : 15,000원/개 ㄹ. 20X2년 말 추정한 주가차액보상권의 공정가치 : 20,000원/개

① 1,000,000원 ② 1,125,000원 ③ 1,500,000원 ④ 2,500,000원

29. 다음 중 이연법인세자산으로 인식할 수 있는 항목으로 가장 올바르지 않은 것은?

① 가산할 일시적차이 ② 차감할 일시적차이
③ 미사용 세무상결손금 ④ 미사용 세액공제

30. ㈜삼일은 20X1년에 사업을 개시하였다. 아래의 자료를 이용할 경우 ㈜삼일의 20X1년 재무상태표에 계상될 이연법인세자산 · 부채는 얼마인가?

ㄱ. 당기순이익 : 9,000,000원 ㄴ. 세무조정내역 : 가산할 일시적차이 6,000,000원 ㄷ. 평균세율 : 20%(매년 동일할 것으로 예상) ㄹ. 이연법인세자산 · 부채를 인식하지 아니하는 예외사항에 해당되지는 않는다고 가정

① 이연법인세부채 1,200,000원 ② 이연법인세자산 1,200,000원
③ 이연법인세부채 1,800,000원 ④ 이연법인세자산 1,800,000원

31. ㈜삼일의 20X3년 말 회계감사과정에서 발견된 기말재고자산 관련 오류사항은 다음과 같다. 위의 오류사항을 반영하기 전 20X3년 말 이익잉여금은 100,000원, 20X3년 당기순이익은 30,000원이었다. 오류를 수정한 후의 20X3년 말 이익잉여금(A)과 20X3년 당기순이익(B)은 각각 얼마인가(단, 오류는 중요한 것으로 가정한다)?

20X1년 말	20X2년 말	20X3년 말
5,000원 과대	2,000원 과소	3,000원 과대

	(A)	(B)		(A)	(B)
①	90,000원	29,000원	②	97,000원	25,000원
③	90,000원	25,000원	④	97,000원	29,000원

32. ㈜삼일의 20X1년 당기순이익은 14,000,000원이며, 우선주배당금은 2,000,000원이다. ㈜삼일의 20X1년 1월 1일 유통보통주식수는 17,000주이며, 9월 1일에는 유상증자를 통해 보통주 9,000주를 발행하였다. ㈜삼일의 20X1년 기본주당순이익은 얼마인가(단, 유상신주의 발행금액과 공정가치는 동일하며, 가중평균유통보통주식수는 월할로 계산한다)?

① 300원 ② 600원 ③ 900원 ④ 1,000원

33. 다음 중 관계기업투자주식의 회계처리에 관한 설명으로 가장 올바르지 않은 것은?

① 유의적인 영향력 판단에는 지분율 기준과 실질 영향력 기준이 있다.

② 유의적인 영향력을 판단함에 있어 피투자자에 대한 의결권은 투자자의 지분율과 종속기업이 보유하고 있는 지분율의 단순합계로 계산한다.

③ 실질영향력기준이 적용되지 않을 경우 투자자가 직접 또는 간접으로 피투자자에 대한 의결권의 20% 미만을 소유하고 있다면 유의적인 영향력이 없는 것으로 본다.

④ 투자자와 관계기업 사이의 상향거래나 하향거래에서 발생한 당기손익에 대하여 투자자는 그 관계기업에 대한 투자지분과 관련된 손익까지만 투자자의 재무제표에 인식한다.

34. 20X1년 1월 1일 ㈜삼일은 ㈜용산의 보통주 30%를 850,000원에 취득하여 유의적인 영향력을 행사하게 되었으며, 취득 당시 ㈜용산의 순자산 장부금액과 공정가치는 2,000,000원으로 동일하였다. 20X1년 ㈜용산의 자본은 아래와 같으며, 당기순손익 이외에 자본의 변동은 없다고 가정한다. 20X1년 말 ㈜삼일의 관계기업투자주식의 장부금액은 얼마인가?

	20X1년 1월 1일	20X1년 12월 31일
자본금	900,000원	900,000원
이익잉여금	1,100,000원	1,000,000원
합계	2,000,000원	1,900,000원

① 820,000원　② 880,000원　③ 910,000원　④ 930,000원

35. ㈜삼일은 20X1년 4월 1일에 유형자산으로 분류되는 토지를 $10,000에 취득하였다. ㈜삼일은 유형자산에 대해 재평가모형을 적용하고 있으며, 매년 말에 공정가치로 재평가한다. 20X1년 말 토지의 공정가치가 $14,000일 경우, ㈜삼일이 20X1년 말에 인식할 재평가잉여금(기타포괄손익)은 얼마인가(단, ㈜삼일의 기능통화는 원화이며, 관련 환율은 다음과 같다)?

일자	20X1년 4월 1일	20X1년 12월 31일
환율(₩/$)	1,000	1,200

① 2,000,000원　② 3,000,000원　③ 6,800,000원　④ 8,000,000원

36. 다음 중 파생상품회계에 관한 설명으로 가장 올바르지 않은 것은?

① 위험회피수단으로 지정되지 않고 매매목적으로 보유하고 있는 파생상품의 평가손익은 당기손익으로 처리한다.

② 공정가치위험회피 목적으로 보유하고 있는 파생상품의 평가손익은 기타포괄손익으로 처리한다.

③ 현금흐름위험회피 목적으로 보유하고 있는 파생상품의 평가손익 중 위험회피에 효과적인 부분은 기타포괄손익으로 처리한다.

④ 현금흐름위험회피 목적으로 보유하고 있는 파생상품의 평가손익 중 위험회피에 효과적이지 못한 부분은 당기손익으로 처리한다.

37. ㈜삼일리스는 20X1년 1월 1일 ㈜용산과 금융리스계약을 체결하였다. 20X1년 ㈜용산이 사용권자산에 대해 인식할 감가상각비(정액법 적용)는 얼마인가?

ㄱ. 리스기간 : 20X1년 1월 1일~20X4년 12월 31일
ㄴ. 기초자산 내용연수 : 5년
ㄷ. 기초자산 잔존가치 : 0(영)
ㄹ. 리스료 지급방법 : 리스기간 동안 매년 말 지급
ㅁ. 리스실행일 현재 리스료의 현재가치 : 400,000원
ㅂ. ㈜용산의 리스개설직접원가 : 100,000원
ㅅ. 리스기간 종료 후 소유권을 ㈜용산에 이전하기로 하였다.

① 80,000원 ② 100,000원 ③ 133,333원 ④ 144,444원

38. 다음은 ㈜삼일의 매입활동과 관련된 재무상태표와 포괄손익계산서의 일부이다. ㈜삼일의 모든 매입은 외상으로 이루어진다고 할 때, 20X1년 중 ㈜삼일이 매입처에 지급한 현금은 얼마인가?

ㄱ. 재무상태표 일부

	20X0년 12월 31일	20X1년 12월 31일
매입채무	10,000,000원	35,000,000원

ㄴ. 당기 재고자산 매입액은 145,000,000원이다.

① 120,000,000원 ② 135,000,000원
③ 155,000,000원 ④ 185,000,000원

39. 다음 중 리스이용자의 리스부채 원금상환에 따라 발생하는 현금흐름의 분류로 가장 옳은 것은?

① 영업활동
② 투자활동
③ 재무활동
④ 영업활동, 투자활동 또는 재무활동 중 기업의 자율선택

40. 다음은 간접법에 의한 영업활동으로 인한 현금흐름 계산 자료이다. 자료의 빈칸에 들어갈 말로 알맞게 짝지어진 것은?

영업활동으로 인한 현금흐름	50,000원	법인세비용차감전순이익	500,000원
감가상각비	300,000원	재고자산의 증가	300,000원
유형자산처분손실	150,000원	매출채권의 (ㄱ)	(ㄴ)원

	ㄱ	ㄴ		ㄱ	ㄴ
①	증가	1,250,000	②	증가	600,000
③	감소	600,000	④	감소	1,250,000

세무회계

41. 다음 중 조세법의 기본원칙에 관한 설명으로 가장 올바르지 않은 것은?

① 조세평등주의란 조세법의 입법과 조세의 부과 및 징수과정에서 모든 납세의무자는 평등하게 취급되어야 한다는 원칙을 말한다.
② 국세기본법에서 규정하고 있는 실질과세의 원칙에 반하는 규정을 다른 세법에서 규정하고 있는 경우 국세기본법에서 규정하고 있는 실질과세의 원칙을 우선하여 적용한다.
③ 신의성실의 원칙이란 납세자가 그 의무를 이행하거나 세무공무원이 그 직무를 수행함에 있어서 신의에 따라 성실히 하여야 한다는 원칙을 말한다.
④ 납세의무자가 세법에 따라 장부를 갖추어 기록하고 있는 경우에는 해당 국세 과세표준의 조사와 결정은 그 장부와 이에 관계되는 증거자료에 의하여야 한다.

42. 다음 중 국세기본법상 소멸시효 정지사유에 해당하는 것으로 가장 옳은 것은?

① 납부고지
② 독촉
③ 압류
④ 체납자가 국외에 6개월 이상 계속 체류하는 경우 해당 국외 체류 기간

43. 다음은 신문기사의 일부이다. 괄호 안에 들어갈 내용으로 가장 옳은 것은?

> **빠뜨린 연말정산 추가 환급 이렇게 신청**
> 시간이 촉박해 소득 및 세액공제 항목 중 일부를 누락한 사람들도 많다. 국세청에서 간소화 서비스를 제공하면서 각종 영수증을 일일이 챙기는 부담은 덜었지만 1년에 한 번 하는 연말정산이다 보니 빠뜨리는 경우가 많다.
> 이럴 때 활용할 수 있는 것이 바로 (　　)라는 제도이다. (　　)는 연말정산시 신고는 하였으나, 소득 및 세액공제 항목 중 일부를 누락하여 세금을 환급 받지 못한 사람들에게 환급 받을 수 있는 기회를 주는 제도이다.

① 수정신고　② 수시부과　③ 경정청구　④ 기한후신고

44. 다음 중 국세환급금 및 국세환급가산금에 관한 설명으로 가장 올바르지 않은 것은?

① 국세환급금이란 납세의무자가 국세 및 강제징수비로서 납부한 금액 중 잘못 납부하거나 초과하여 납부한 금액이 있거나 세법에 따라 환급하여야 할 환급세액이 있을 때 환급을 결정한 금액을 말한다.

② 세법에 따라 환급세액에서 공제하여야 할 세액이 있을 경우, 국세환급금은 공제한 후에 남은 금액을 말한다.

③ 국세환급가산금이란 국세환급금을 충당 또는 지급하는 경우 그 국세환급금에 가산되는 법정 이자상당액을 말한다.

④ 국세환급가산금에 대한 권리는 행사할 수 있는 때로부터 3년간 행사하지 않으면 소멸시효가 완성된다.

45. 다음 중 법인세 납세의무자에 관한 설명으로 가장 올바르지 않은 것은?

① 외국법인은 토지 등 양도소득에 대한 법인세 납세의무가 없다.

② 외국에 본점을 둔 단체로서 국내에 사업의 실질적 관리장소가 소재하지 아니한 경우에는 이를 외국법인으로 본다.

③ 외국법인은 본점이 있는 외국에서 해산을 하기 때문에 국내에서 청산소득이 발생하지 않아 청산소득에 대한 납세의무가 없다.

④ 내국법인 중 국가 또는 지방자치단체(지방자치단체조합을 포함)는 법인세 납세의무가 없다.

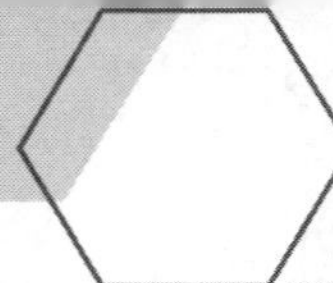

46. ㈜삼일의 당기(20x1년 1월 1일~20x1년 12월 31일) 세무조정 자료는 다음과 같다. 다음 자료를 기초로 자본금과적립금조정명세서(을)의 〈#1〉의 값을 구하면?

〈자료 1〉 소득금액조정합계표 (단위 : 원)

익금산입 및 손금불산입		손금산입 및 익금불산입	
과목	금액	과목	금액
임대보증금에 대한 간주임대료	15,500,000	재고자산평가이익	9,500,000
감가상각비한도초과액	33,000,000	단기매매금융자산평가이익	8,000,000
대손충당금한도초과액	5,500,000	전기대손충당금한도초과액	5,000,000
합 계	54,000,000	합 계	22,500,000

〈자료 2〉 자본금과 적립금조정명세서(을) (단위 : 원)

① 과목 또는 사항	② 기초잔액	당기중증감		⑤ 기말잔액
		③ 감소	④ 증가	
대손충당금한도초과액	5,000,000	(?)	(?)	(?)
감가상각비한도초과액	22,000,000	(?)	(?)	(?)
재고자산평가이익	–	(?)	(?)	(?)
단기매매금융자산평가이익	–	(?)	(?)	(?)
합 계	27,000,000	(?)	(?)	〈#1〉

① 36,000,000원　② 40,000,000원
③ 43,000,000원　④ 55,500,000원

47. ㈜삼일은 제22기(20x1년 1월 1일~20x1년 12월 31일)에 채무에 대한 출자전환을 하였는데, 채무가액은 8,500원, 발행 당시 주식의 시가는 7,000원, 그리고 주식의 액면가액은 5,000원이었다. ㈜삼일의 제22기 법인세법상 주식발행액면초과액과 채무면제이익은 각각 얼마인가?

	주식발행액면초과액	채무면제이익
①	1,000원	1,500원
②	1,500원	2,000원
③	1,500원	3,500원
④	2,000원	1,500원

48. ㈜삼일의 경리부장은 20x1년 회계처리에 대하여 다음과 같은 근거로 세무조정을 수행하였다. 경리부장이 수행한 세무조정 중 법인세법상 가장 올바르지 않은 것은?

〈분개장〉

(a)	(차)	현금	800,000	(대)	자본금	500,000
					주식발행초과금	300,000
(b)	(차)	현금	50,000	(대)	이자수익	50,000
(c)	(차)	기부금	400,000	(대)	미지급금	400,000
(d)	(차)	외화매출채권	600,000	(대)	외화환산이익	600,000

① (a) 주식발행초과금을 자본잉여금으로 회계처리한 것은 세법상으로도 타당하므로 아무런 조정도 하지 않았다.

② (b) 지방세 과오납금에 대한 환급이자를 수령한 것으로 이는 세무상 익금에 해당하지 않으므로 익금불산입하고 기타로 소득처분하였다.

③ (c) 세법상 기부금의 손익귀속시기는 실제로 현금이 지출되는 시점이므로 연도말까지 미지급한 기부금을 손금불산입하고 기타사외유출로 소득처분하였다.

④ (d) 외화매출채권은 화폐성 외화자산이므로 환산이익을 인식한 회계처리는 세법상으로도 타당하므로 아무런 조정도 하지 않았다.

49. ㈜삼일의 제22기 사업연도(20x1년 1월 1일~20x1년 12월 31일)의 법인세 계산을 위해 수행한 세무조정에 관한 내용으로 가장 올바르지 않은 것은?

① 증빙이 없는 기업업무추진비에 대하여 손금불산입하고 대표자 상여로 소득처분하였다.

② 영업사원의 교통위반 범칙금에 대하여 손금불산입하고 상여로 소득처분하였다.

③ 법인이 비업무용 자산을 수선하고 지급하는 수선비를 손금불산입하고 기타사외유출로 소득처분하였다.

④ 임원이 사용한 업무용승용차 관련비용 중 업무사용금액에 해당하지 않는 금액을 손금불산입하고 상여로 소득처분하였다.

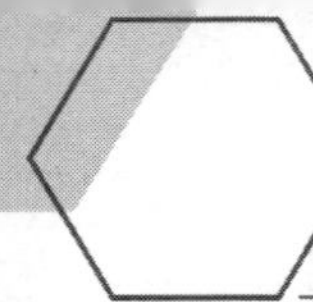

50. 다음 중 법인세법상 손익의 귀속시기에 관한 설명으로 가장 올바르지 않은 것은?

① 제조업을 영위하는 법인이 이자지급일 이전에 기간 경과분을 이자비용으로 계상하는 경우 해당 사업연도의 손금으로 인정되지 아니한다.

② 중소기업의 단기 건설용역의 경우에는 그 목적물이 인도되는 사업연도의 익금과 손금에 산입할 수 있다.

③ 금융회사 등이 수입하는 이자 등은 원칙적으로 현금주의에 의해 수익의 귀속사업연도를 결정하되 선수입이자 등은 제외한다.

④ 중소기업이 장기할부조건으로 자산을 판매하고 결산서상 인도기준으로 손익을 인식한 경우에도 신고조정을 통해 회수기준으로 익금과 손금에 산입할 수 있다.

51. ㈜삼일은 당기 중 사업용 유형자산의 수선비 지출에 대하여 다음과 같은 대화를 나누었다. ㈜삼일의 담당자들 중 세법의 내용에 가장 부합하지 않게 주장하는 사람은 누구인가?

김부장 : 지난 12월에 시행된 대규모 옥외창고(A) 지붕설치 공사로 인해 다들 수고가 많았습니다. 다들 아시다시피 신규설치 비용이 총 1억원이 발생했는데, 제가 알기로는 수선비가 그 실질에 따라 자산의 취득원가를 구성하기도 하고, 혹은 당기 비용으로 처리되기도 합니다. 이를 자본적 지출과 수익적 지출로 구분하기도 하는데, 이번 옥외창고(A)의 신규지붕 설치공사건에 대한 세무상 처리가 어떻게 되는지 설명해 주실 분 계십니까?

정과장 : 통상 지붕수리 비용은 수선비로 하여 당기 비용처리하면 되나, 이번 경우는 신규 설치이고 금액이 크고 자산의 내용연수를 증가시키기 때문에 자산의 취득원가로 처리하면 될 것이라고 생각합니다.

윤대리 : 자산의 취득원가로 처리한다는 것은 옥외창고(A)에 대한 자본적 지출로 처리해야 한다는 의미인 것 같은데, 제가 알기로는 결산팀에서는 이미 장부상 수선비로 하여 당기 비용처리한 것으로 알고 있습니다. 따라서 세무조정시 해당 수선비를 자산의 취득원가에 포함하여 감가상각 범위액을 계산하고, 동시에 동 수선비를 감가상각비 계상액에 포함하여 감가상각 한도시부인을 수행하면 될 것입니다.

최사원 : 한편, 기존 창고(B)에 설치되어 있던 지붕이 노후화로 말미암아, 빗물이 조금씩 새고 있습니다. 따라서 다음 달 중에 보완공사를 할 예정에 있습니다. 물론, 동 보완공사로 인해 창고의 내용연수가 연장되거나 하지는 않습니다만, 해당 공사도 건물과 관련된 비용이라고 볼 수 있으므로 동 보완공사에 소요되는 비용은 이번 옥외창고(A)건과 마찬가지로 창고에 대한 자본적 지출로 처리하도록 하겠습니다.

① 김부장　② 정과장　③ 윤대리　④ 최사원

52. ㈜삼일은 20x0년 1월 1일에 기계장치를 100,000,000원에 취득하였다. 회사는 세법상 기계장치에 대한 감가상각방법을 정액법으로, 내용연수는 5년으로 신고하였으며 잔존가치는 없다고 가정한다. 회사가 20x1년 감가상각비로 18,000,000원을 계상한 경우, 다음 각 상황에 따른 세무조정으로 가장 옳은 것은?

> 상황 1. 전기 상각부인액이 2,000,000원이 있는 경우
> 상황 2. 전기 시인부족액이 1,000,000원이 있는 경우
> 상황 3. 전기 상각부인액이나 전기 시인부족액이 없는 경우

	상황1	상황2	상황3
①	손금산입 2,000,000원	세무조정 없음	세무조정 없음
②	손금불산입 2,000,000원	손금산입 1,000,000원	손금불산입 2,000,000원
③	손금불산입 2,000,000원	손금불산입 1,000,000원	세무조정 없음
④	손금산입 2,000,000원	세무조정 없음	손금불산입 2,000,000원

53. ㈜삼일의 담당 회계사인 김자문 회계사는 제22기(20x1년 1월 1일~20x1년 12월 31일)의 기업업무추진비와 기부금에 대하여 다음과 같이 자문하였다. 김자문 회계사가 자문한 내용 중 가장 올바르지 않은 것은?

① 기업업무추진비 지출액에 대해서는 반드시 법적 증빙을 수취하는 습관을 가지셔야 합니다. 건당 3만원 초과 기업업무추진비 지출액에 대하여 법적 증빙을 수취하지 않고 간이영수증을 수취한다면 동 금액은 세법상 전액 손금 부인되기 때문입니다.

② 건당 20만원 이하의 경조사비의 경우에는 법정증빙서류를 수취하지 않더라도 손금불산입되지 않습니다.

③ 우리사주조합에 지출한 기부금은 법인세법상 소득금액의 10% 범위 내에서 손금인정 받을 수 있으므로, 기부금 지출 계획을 마련할 시에 우선적으로 고려하셔야 할 것입니다.

④ 기부금을 지출할 경우 기부금 모금 단체가 세법상 적정한 모금단체인지 확인할 필요가 있습니다. 세법상 적정한 기부금 단체 이외의 단체에 납부한 기부금은 세법상 비지정기부금으로서 전액 손금 부인되기 때문입니다.

54. 다음 중 법인세법상 기부금에 관한 설명으로 가장 올바르지 않은 것은?

① 특례기부금은 회사의 기준소득금액에서 이월결손금을 차감한 금액의 50%에 해당하는 금액을 손금산입한도로 한다.

② 이월결손금을 각사업연도소득의 60%를 한도로 공제받는 법인의 경우 기부금의 손금산입 한도계산시 차감하는 이월결손금 공제액도 기준소득금액의 60%를 한도로 한다.

③ 특수관계인(일반기부금단체)에게 금전 외의 자산으로 기부한 경우 당해 기부금은 시가와 장부가액 중 작은 금액으로 한다.

④ 특례기부금을 금전 외의 자산으로 제공한 경우 당해 기부금은 장부가액으로 평가한다.

55. 다음 중 법인세법상 과세표준 계산에 관한 설명으로 가장 올바르지 않은 것은?

① 소득공제는 조세정책적 목적에서 일정한 요건에 해당하는 경우 소득금액에서 일정액을 공제하여 주는 제도이다.

② 과세표준은 각사업연도소득에서 이월결손금, 소득공제, 비과세소득을 순서대로 공제하여 계산한다.

③ 자산수증이익이나 채무면제이익에 의해 충당된 이월결손금은 과세표준 계산시 공제하지 않는다.

④ 결손금은 이월공제가 가능하나, 소득공제는 이월공제가 불가능하다.

56. 다음 지급이자 손금불산입 항목 중 유보로 소득처분해야 하는 것을 모두 고르면?

ㄱ. 채권자가 불분명한 사채의 이자(원천징수세액 제외)
ㄴ. 비실명 채권・증권의 이자상당액(원천징수세액 제외)
ㄷ. 건설자금이자
ㄹ. 업무무관자산 등 관련 이자

① ㄴ　② ㄱ, ㄴ　③ ㄷ　④ ㄷ, ㄹ

57. 다음 중 법인세법상 대손금과 대손충당금에 관한 설명으로 가장 옳은 것은?

① 채무보증으로 인하여 발생한 구상채권(독점규제 및 공정거래에 관한 법률에 따른 채무보증 제외)에 대한 대손금은 손금으로 인정되지 않는다.

② 대손충당금 한도미달액은 손금산입하고 △유보로 소득처분한다.

③ 법인세법상 대손금으로 인정된 금액 중 회수된 금액은 대손 인정된 날이 속하는 사업연도의 익금에 산입한다.

④ 대손충당금은 매출활동을 통해 발생한 외상매출금과 받을어음에만 설정할 수 있으므로 대여금, 미수금 등에 대해서는 대손충당금을 설정할 수 없다.

58. 다음은 제조업을 영위하는 ㈜삼일의 법인세 절세전략에 대한 회의 내용이다. 다음 중 가장 적합하지 않은 주장을 하고 있는 사람은 누구인가?

> 이부장 : 이번에 우리 회사가 출시한 제품이 시장에서 반응이 좋아 회사의 당기순이익이 크게 증가할 것으로 예상됩니다. 하지만 이익이 늘어나는 만큼 법인세도 늘어나므로 이에 대한 적절한 대책이 필요하다고 생각됩니다.
> 김차장 : 퇴직연금에 가입하는 것이 필요합니다. 퇴직연금에 가입하면 세무상 부인된 퇴직급여충당금 범위 내에서 손금산입이 가능합니다.
> 정과장 : 연구개발과 관련하여 발생한 비용 중 법에서 정한 비용은 일정비율만큼 소득공제가 가능합니다. 따라서, 연구개발비 중 소득공제가 가능한 비용을 검토해야 합니다.
> 박과장 : 사업용자산을 취득하는데 투자하도록 합시다. 그러면 투자금액의 일정률에 해당하는 세액공제를 받을 수 있습니다.
> 장대리 : 재고자산 평가방법을 신고하지 않았어도 파손된 재고에 대해서는 장부상 재고자산평가손실을 계상한 경우 이는 세법상 손금으로 인정받을 수 있어 과세표준이 줄어들게 됩니다.
> 이부장 : 여러분의 의견을 잘 들었습니다. 앞으로 이를 고려하여 절세전략을 수립하겠습니다.

① 김차장 ② 정과장 ③ 박과장 ④ 장대리

59. 다음 중 법인세법상 부당행위계산부인규정에 관한 설명으로 가장 올바르지 않은 것은?

① 임원에 대한 경조사비 대여액은 인정이자 계산대상 가지급금에 해당한다.
② 법인의 임원·사용인은 법인의 특수관계인에 해당한다.
③ 법인의 대주주와 생계를 같이하는 친족은 법인의 특수관계인에 해당하지 아니한다.
④ 특수관계인이라 함은 그 쌍방관계를 각각 특수관계인으로 하는바, 어느 일방을 기준으로 특수관계에 해당하면 이들 상호간에 특수관계가 있는 것으로 본다.

60. ㈜삼일의 20x1년 법인세 세무조정을 수행하던 중 ㈜삼일이 법인의 대표이사에게 업무와 관련없는 가지급금을 계상하고 있는 것이 발견되었다. 이 경우 고려해야 할 사항이 아닌 것은?

① 가지급금인정이자 세무조정
② 대손충당금에 대한 세무조정
③ 의제배당에 대한 세무조정
④ 업무무관자산 등에 대한 지급이자 손금불산입 세무조정

61. 다음 중 소득세의 특징에 관한 설명으로 가장 올바르지 않은 것은?

① 분류과세는 기간별로 합산하지 않고 그 소득이 지급될 때 소득세를 원천징수함으로써 과세를 종결하는 방법이다.

② 퇴직소득과 양도소득을 다른 소득과 합산하지 않고 별도로 과세하는 이유는 장기간에 걸쳐 발생한 소득이 일시에 실현되는 특징 때문이다.

③ 소득세법은 개인별 소득을 기준으로 과세하는 개인단위과세제도를 원칙으로 한다.

④ 소득세법은 열거주의에 의하여 과세대상 소득을 규정하고 있으므로 열거되지 아니한 소득은 과세되지 않는다. 다만, 예외적으로 이자소득과 배당소득은 유사한 소득을 포함하는 유형별 포괄주의를 채택하고 있다.

62. 다음 자료에 의하여 거주자 김삼일씨의 20x1년 소득 중 종합과세할 금융소득금액을 계산하면 얼마인가? (배당소득 가산율은 10%로 가정한다)

ㄱ. 현금배당 : 10,000,000원
ㄴ. 주식배당 : 상장법인 30,000,000원
비상장법인 20,000,000원
ㄷ. 은행예금이자 : 10,000,000원
ㄹ. 직장공제회 초과반환금 : 20,000,000원

① 64,400,000원 ② 75,000,000원
③ 86,600,000원 ④ 97,700,000원

63. 다음 중 사업소득에 관한 설명으로 가장 옳은 것은?

① 개인사업자가 재고자산을 가사용으로 소비한 경우 총수입금액에 산입한다.

② 개인사업자가 출자금을 인출하는 경우 가지급금인정이자를 계산하여 총수입금액에 산입한다.

③ 복식부기의무자의 경우 유형자산처분손익은 어떤 경우에도 사업소득에 포함하지 않는다.

④ 1주택을 소유하는 자의 주택임대소득(기준시가 9억원을 초과하는 주택 포함)에 대해서는 비과세가 적용된다.

64. 다음 자료에 의하여 거주자 김삼일씨의 20x1년 근로소득금액을 계산하면 얼마인가?

ㄱ. 월급여 : 2,500,000원
ㄴ. 상여 : 월급여의 500%
ㄷ. 실비변상비적 성격의 자가운전보조금 : 월 250,000원
ㄹ. 중식대 : 월 100,000원(별도의 식사를 제공받음)
ㅁ. 연간 연월차수당 총합계 : 1,000,000원
* 거주자는 당해 1년 동안 계속 근무하였다.

총급여액	근로소득공제액
1,500만원 초과 4,500만원 이하	750만원+1,500만원 초과액×15%
4,500만원 초과 1억원 이하	1,200만원+4,500만원 초과액×5%

① 31,725,000원　② 32,235,000원　③ 33,285,000원　④ 35,565,000원

65. 다음 중 소득세법상 기타소득에 해당하는 것을 모두 고르면?

ㄱ. 고용관계 없이 다수인에게 강연을 하고 강연료 등 대가를 받은 용역
ㄴ. 계약의 위약으로 받는 위약금
ㄷ. 법인세법상 기타소득으로 처분된 소득
ㄹ. 업무와 관계 있는 사보게재 원고료

① ㄱ, ㄴ, ㄷ　② ㄱ, ㄷ, ㄹ　③ ㄱ, ㄴ, ㄷ, ㄹ　④ ㄱ, ㄴ, ㄹ

66. 다음은 20x1년 김삼일씨의 소득 내역이다. 김삼일씨의 20x1년 종합소득 과세표준을 계산하면 얼마인가?

ㄱ. 비실명금융소득 20,000,000원　ㄴ. 사업소득금액 40,000,000원
ㄷ. 근로소득금액 80,000,000원　ㄹ. 퇴직소득금액 90,000,000원
ㅁ. 양도소득금액 50,000,000원　ㅂ. 종합소득공제 40,000,000원

① 80,000,000원　② 100,000,000원　③ 130,000,000원　④ 240,000,000원

67. 다음 중 소득세법상 기부금 세액공제에 관한 설명으로 가장 올바르지 않은 것은?

① 기부금 세액공제 한도를 초과하는 금액은 10년간 이월하여 공제한다.
② 기부금 세액공제는 해당 거주자의 기본공제대상자가 지출한 기부금도 대상금액에 포함된다.
③ 기부금지출액이 1천만원을 초과하는 경우, 그 초과분에 대해서는 30%의 공제율이 적용된다.
④ 근로소득이 있는 거주자만이 기부금세액공제 적용이 가능하다.

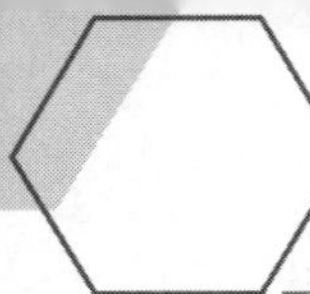

68. 다음 중 소득세법상 원천징수에 관한 설명으로 가장 옳은 것은?

① 실지명의가 확인되지 아니하는 배당소득에 대해서는 25%의 세율을 적용하여 원천징수한다.
② 인적용역과 의료·보건용역 등의 특정사업소득수입금액은 5%의 세율을 적용하여 원천징수한다.
③ 3억원을 초과한 복권당첨소득에 대해서는 20%의 세율을 적용하여 원천징수한다.
④ 원천징수는 국내에서 지급하는 경우에 한하여 적용된다.

69. 다음 중 근로소득 연말정산에 관한 설명으로 가장 올바르지 않은 것은?

① 일반적으로 다음 해 2월분 급여를 지급하는 때에 1년간의 총급여에 대한 근로소득세액을 정산하는 절차를 말한다.
② 중도 퇴직한 경우에는 퇴직한 달의 급여를 지급하는 때 정산한다.
③ 해외에서 지출한 신용카드 사용액도 신용카드소득공제 대상에 포함된다.
④ 자동차보험은 보험료세액공제의 대상이다.

70. 다음 자료를 이용하여 등기된 토지의 양도로 인한 양도소득세 과세표준을 계산하면 얼마인가?

ㄱ. 양도가액 : 120,000,000원(양도당시 기준시가 : 80,000,000원) ㄴ. 취득가액 : 60,000,000원(취득당시 기준시가 : 40,000,000원) ㄷ. 양도비용 : 2,000,000원 ㄹ. 보유기간 : 2013년 5월 6일에 취득하여 20x1년 8월 10일에 양도 ㅁ. 장기보유특별공제율(9년 이상 10년 미만 보유) : 18% ㅂ. 20x1년에 위 토지 외의 다른 양도소득세 과세대상 자산을 양도하지 아니함.

① 36,860,000원 ② 39,360,000원
③ 45,060,000원 ④ 47,560,000원

71. 다음 중 우리나라의 부가가치세 제도에 관한 설명으로 가장 올바르지 않은 것은?

① 우리나라의 부가가치세는 전단계거래액공제법의 방식을 채택하고 있다.
② 납세의무자와 담세자가 일치하지 않는 간접세이다.
③ 사업상 독립적으로 재화 또는 용역을 공급하는 경우 법인 뿐 아니라 개인도 부가가치세법상 사업자에 해당한다.
④ 국제적 이중과세의 문제를 해결하기 위하여 소비지국과세원칙을 채택하고 있다.

72. 다음 중 부가가치세 납세의무자인 사업자에 관한 설명으로 가장 옳은 것은?

① 영세율을 적용받는 사업자는 부가가치세법상의 사업자 등록의무가 없다.
② 비영리사업자는 납세의무자가 아니므로 부가가치세를 거래징수하지 않아도 된다.
③ 주사업장 총괄납부 사업자는 본점 또는 주사무소에서 모든 사업장의 부가가치세를 총괄하여 신고 및 납부할 수 있다.
④ 겸영사업자는 일반과세사업과 면세사업을 함께 영위하는 자를 말한다.

73. 다음 중 부가가치세법상 과세기간에 관한 설명으로 가장 올바르지 않은 것은?

① 부가가치세는 1년을 2과세기간으로 나누어 매 6개월마다 확정신고·납부하도록 규정하고 있다.
② 신규사업자의 경우 사업개시일로부터 개시일이 속하는 과세기간의 종료일까지를 최초 과세기간으로 한다.
③ 간이과세자의 경우 과세기간을 1월 1일부터 12월 31일로 적용한다.
④ 폐업자는 폐업일이 속하는 과세기간 개시일부터 종료일까지를 최종 과세기간으로 한다.

74. 다음 중 부가가치세법상 사업장에 관한 설명으로 가장 올바르지 않은 것은?

① 부동산임대업은 그 부동산의 등기부상의 소재지를 사업장으로 한다.
② 제조업은 최종 제품을 완성하는 장소를 사업장으로 하며, 따로 제품의 포장만을 하거나 용기에 충전만을 하는 장소도 사업장에 포함한다.
③ 사업장을 설치하지 않은 경우에는 사업자의 주소 또는 거소를 사업장으로 한다.
④ 재화의 보관·관리 시설만을 갖춘 장소로서 사업자가 관할세무서장에게 그 설치신고를 한 하치장은 사업장으로 보지 아니한다.

75. 다음 중 부가가치세법상 재화의 공급에 해당하지 않는 것은?

① 사업을 폐지하는 때에 잔존하는 재화
② 교환계약에 의하여 인도하는 재화
③ 사업상 증여하는 것으로 구입시 매입세액공제를 받지 못한 재화
④ 총괄납부 신청을 하지 아니한 자가 직매장으로 반출하는 재화

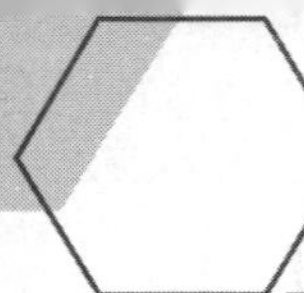

76. 다음 중 부가가치세법상 공급시기에 관한 설명으로 가장 옳은 것은?

① 반환조건부판매, 동의조건부판매 그 밖의 조건부 및 기한부판매의 경우 실제로 대가를 수령하는 때를 공급시기로 한다.

② 2과세기간 이상에 걸쳐 부동산임대용역을 제공하고 그 대가를 선·후불로 받는 경우 예정신고기간 또는 과세기간의 종료일을 공급시기로 한다.

③ 내국신용장에 의하여 공급하는 재화의 공급시기는 수출재화의 선(기)적일로 한다.

④ 위탁판매 또는 대리인에 의한 매매의 경우 위탁자 또는 대리인의 공급을 기준으로 하여 공급시기 규정을 적용한다.

77. 다음 중 부가가치세 영세율과 면세에 관한 설명으로 가장 올바르지 않은 것은?

① 영세율 제도가 국제적인 이중과세를 방지하는 효과가 있다면, 면세 제도는 부가가치세의 역진성을 완화하는 효과가 있다.

② 영세율 적용 대상자는 세금계산서 발급 등의 부가가치세법에서 규정하고 있는 제반 사항을 준수해야 할 의무가 있으나 면세사업자는 그러한 의무가 없다.

③ 면세사업자는 매입세액을 공제받지만, 영세율 적용 대상자는 매입세액을 공제받지 못한다.

④ 사업자가 토지를 공급하는 때에는 면세에 해당하나, 주택부수토지를 제외한 토지의 임대용역을 공급하는 때에는 원칙적으로 과세에 해당한다.

78. 다음 중 부가가치세 과세표준에 관한 설명으로 가장 올바르지 않은 것은?

① 과세표준이란 세액산출의 기초가 되는 과세대상의 수량 또는 가액을 말한다.

② 재화를 공급하고 금전 이외의 대가를 받는 경우에는 자기가 받은 재화의 시가를 과세표준으로 한다.

③ 대손금의 경우 과세표준에서 공제하지 아니한다.

④ 공급받는 자에게 도달하기 전에 공급자의 부주의로 인한 파손, 훼손, 멸실된 재화의 가액은 과세표준에 포함하지 아니한다.

79. 다음은 제조업을 영위하는 과세사업자인 ㈜삼일의 20x1년 10월 1일부터 12월 31일까지의 매입내역이다. 20x1년 제2기 확정신고시 공제받을 수 있는 매입세액은 얼마인가(단, 필요한 경우 적정하게 세금계산서를 수령하였다)?

매입내역	매입가액	매입세액
원재료 매입	500,000,000원	50,000,000원
기업업무추진비	60,000,000원	6,000,000원
토지 조성을 위한 자본적 지출	30,000,000원	3,000,000원
기계장치 (세금계산서의 필요적 기재사항 누락)	60,000,000원	6,000,000원

① 50,000,000원　② 56,000,000원　③ 57,000,000원　④ 59,000,000원

80. 다음 중 부가가치세의 일반 사항에 관한 설명으로 가장 올바르지 않은 것은?

① 매입시 매입세금계산서를 발급받지 않은 경우 매입세액공제가 불가능하다.
② 재화의 공급 이전에 세금계산서를 발급하고 그 세금계산서 발급일로부터 7일 이내에 대가를 받은 경우 세금계산서를 발급한 때에 재화를 공급한 것으로 본다.
③ 일반환급세액은 확정신고기한 경과 후 30일 이내에 환급한다.
④ 의제매입세액은 면세농산물 등을 사용한 날이 속하는 과세기간의 매출세액에서 공제한다.

원가관리회계

81. 다음에서 설명하고 있는 원가를 원가행태에 따라 분류하고자 할 때 가장 옳은 것은?

조업도의 증감에 따라 총원가는 일정하나, 단위당 원가는 조업도의 증가(감소)에 따라 감소(증가)하는 원가

① 준고정원가　② 준변동원가　③ 고정원가　④ 변동원가

82. ㈜삼일의 다음 자료를 이용하여 당기 발생하는 제조간접원가를 계산하면 얼마인가?

• 직접재료원가	60,000원
• 직접노무원가	200,000원
• 기초재공품원가	50,000원
• 기말재공품원가	60,000원
• 기초제품원가	70,000원
• 기말제품원가	100,000원
• 매출액	500,000원
• 매출총이익률	30%

① 120,000원 ② 130,000원 ③ 140,000원 ④ 150,000원

83. 다음 중 제조원가명세서의 최종결과치가 의미하는 것으로 가장 옳은 것은?

① 당기에 완성되어 제품으로 대체된 완성품의 제조원가
② 당기에 현금 지출된 투입 원가
③ 당기에 완성된 산출물에 대해 당기에 투입된 원가
④ 당기에 투입 발생된 모든 원가

84. 두 개의 제조부문과 두 개의 보조부문으로 이루어진 ㈜삼일의 부문간 용역수수에 관련된 자료는 다음과 같다. 상호배분법을 사용할 경우 조각부문에 배분되는 보조부문의 원가는 얼마인가?(단, 소수점 첫째자리에서 반올림한다)

보조부문 : 창고부문, 전력부문
제조부문 : 조각부문, 도료부문

창고부문의 제공용역 : 전력(40%), 조각(30%), 도료(30%)
전력부문의 제공용역 : 창고(20%), 조각(50%), 도료(30%)
각 부문별 발생원가 : 창고(200,000원), 전력(800,000원)

① 391,304원 ② 404,348원 ③ 595,652원 ④ 956,522원

85. 다음 중 개별원가계산에 관한 설명으로 가장 옳은 것은?

① 개별원가계산은 해당 제품이나 공정으로 직접 추적할 수 있기 때문에 실제원가계산만 가능하다.

② 개별원가계산은 제품원가를 개별작업별로 구분하여 집계하므로 제조직접비와 제조간접비의 구분이 중요하지 않다.

③ 각 작업별로 원가가 계산되기 때문에 원가계산자료가 상세하고 복잡하며 오류가 발생할 가능성이 많아진다.

④ 제조간접원가는 개별작업과 관련하여 직접적으로 추적 가능하므로 이를 배부하는 절차가 불필요하다.

86. ㈜삼일은 일반형 전화기와 프리미엄 전화기 두 종류의 제품을 생산하고 있다. 4월 한 달 동안 생산한 두 제품의 작업원가표는 아래와 같다. 동 기간 동안 발생한 회사의 총제조간접원가는 3,000,000원이며, 제조간접원가는 직접노무원가를 기준으로 배부하고 있다. ㈜삼일은 실제 발생한 제조간접원가를 실제조업도에 의해 배부하는 원가계산방식을 채택하고 있다. 4월 한 달 동안 생산한 프리미엄 전화기와 일반형 전화기의 제조원가 차이는 얼마인가?

	일반형 전화기	프리미엄 전화기
직접재료 투입액	400,000원	800,000원
직접노동시간	100시간	200시간
직접노무원가 임률	1,000원/시간	2,000원/시간

① 1,700,000원　　② 1,800,000원　　③ 2,500,000원　　④ 3,600,000원

87. 다음 중 일반적인 개별원가계산절차를 나열한 것으로 가장 옳은 것은?

ㄱ. 집계된 제조간접원가를 배부하기 위한 배부기준을 설정한다.
ㄴ. 원가집적대상이 되는 개별작업을 파악한다.
ㄷ. 원가배부기준에 따라 제조간접원가 배부율을 계산하여 개별작업에 배부한다.
ㄹ. 개별작업에 대한 제조직접원가를 계산하여 개별작업에 직접 추적한다.
ㅁ. 개별작업에 직접 대응되지 않는 제조간접원가를 파악한다.

① ㄱ-ㄴ-ㄷ-ㄹ-ㅁ　　② ㄴ-ㄱ-ㄹ-ㅁ-ㄷ

③ ㄴ-ㄱ-ㅁ-ㄷ-ㄹ　　④ ㄴ-ㄹ-ㅁ-ㄱ-ㄷ

88. 다음은 ㈜삼일의 원가자료이다. 원재료는 공정시작 시점에서 전량 투입되고 가공원가는 공정전반에서 균등하게 투입된다. ㈜삼일의 종합원가계산 방법에 따른 가공원가 완성품환산량이 올바르게 연결된 것은?

기초재공품수량	1,000개 (40%)	완성수량	2,800개
착수수량	2,500개	기말재공품수량	700개 (80%)

① 선입선출법 - 3,360개　　② 선입선출법 - 2,960개
③ 평균법 - 2,760개　　④ 평균법 - 2,960개

89. ㈜삼일은 선입선출법을 이용한 종합원가계산제도를 채택하고 있다. 원재료는 공정초기에 전량 투입되고, 가공원가는 공정전반에 걸쳐 균등하게 발생하고 있다. 물량흐름 및 원가관련 정보가 다음과 같을 때, 당기완성품원가는 얼마인가?

	수량	완성도	재료원가	가공원가
기초재공품	3,000개	60%	8,000원	10,000원
당기투입	30,000개	-	150,000원	320,400원
기말재공품	6,000개	25%		

① 408,000원　② 422,400원　③ 432,000원　④ 440,400원

90. 다음 중 종합원가계산에 관한 설명이 가장 올바르지 않게 짝지어진 것은?

① 평균법 - 완성품환산량 산출시 기초재공품은 당기에 투입된 것으로 간주한다.
② 평균법 - 원가 통제의 관점에서 상대적으로 유용한 정보를 제공한다.
③ 선입선출법 - 완성품원가는 기초재공품원가와 당기 투입원가 중 완성품에 배분된 금액의 합계이다.
④ 선입선출법 - 기말재공품은 모두 당기 투입분으로 이루어진 것으로 보고 물량의 흐름을 파악한다.

91. 표준원가의 종류는 이상적표준, 정상적표준 및 현실적표준으로 구분할 수 있다. 다음 중 이상적표준을 기준으로 표준원가를 설정할 경우 나타날 수 있는 영향으로 가장 옳은 것은?

① 종업원의 동기부여 측면에서 가장 효과적이다.
② 이상적표준을 달성하는 경우가 거의 없기 때문에 불리한 차이가 발생할 가능성이 크다.
③ 실제원가와의 차이가 크지 않으므로 재고자산가액과 매출원가가 항상 적절하게 계상된다.
④ 근로자들의 임금상승 효과를 가져온다.

92. 다음은 ㈜삼일의 20X1년 1월 직접노무원가에 관한 자료이다.1월의 실제직접노무시간이 1,800시간이었을때 실제 생산량에 허용된 표준직접노무시간은 얼마인가?

ㄱ. 실제 직접노무원가	4,500원
ㄴ. 직접노무원가 가격차이	900원(불리)
ㄷ. 직접노무원가 능률차이	100원(유리)

① 1,750시간 ② 1,767시간 ③ 1,850시간 ④ 1,867시간

93. 다음 중 표준원가계산의 장점을 모두 고른 것은?

ㄱ. 예외에 의한 관리를 통한 원가관리 및 통제가 가능함
ㄴ. 효율적인 예산 편성
ㄷ. 적정원가의 산정에 있어 객관성의 확보가 용이함
ㄹ. 회계업무의 간소화 및 신속한 원가보고

① ㄱ,ㄴ ② ㄱ,ㄷ ③ ㄱ,ㄴ,ㄹ ④ ㄱ,ㄴ,ㄷ,ㄹ

94. 다음 중 실제원가와 표준원가의 차이를 가격차이와 능률차이로 분리하는 이유로 가장 올바르지 않은 것은?

① 관리자의 통제 가능한 범위에 대한 성과평가가 이루어져야 하기 때문이다.
② 구입을 책임지는 부서와 사용에 대한 책임을 지는 부서가 같지 않기 때문이다.
③ 구입과 사용에 대한 통제는 각각 이루어져야 하기 때문이다.
④ 직접재료원가 가격차이를 구입시점에서 분리하는 경우에는 원가차이의 발생 원인을 신속하게 규명할 수 없기 때문이다.

95. 다음은 표준원가계산을 사용하는 ㈜삼일의 직접재료원가에 관한 자료이다. 원재료의 실제 구입가격이 총 1,950억원이라고 할 때, 직접재료원가 가격차이와 능률차이는 각각 얼마인가(단, 가격차이는 사용시점에 분리한다고 가정한다)?

ㄱ. 실제구입량	25,000Ton	ㄴ. 실제사용량	24,000Ton
ㄷ. 실제생산량	15,000단위	ㄹ. 예상생산량	16,000단위
ㄹ. 단위당 표준투입량	1.8Ton	ㅁ. 톤당 표준가격	8,000,000원

	가격차이	능률차이		가격차이	능률차이
①	50억(유리)	160억(유리)	②	50억(유리)	304억(유리)
③	48억(유리)	240억(유리)	④	48억(유리)	384억(유리)

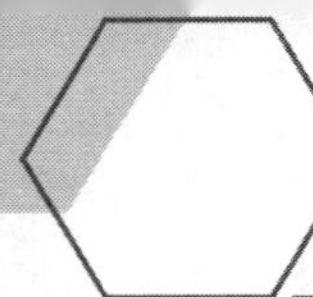

96. 직접재료원가와 직접노무원가는 실제원가로, 제조간접원가는 사전에 전해놓은 예정배부율로 측정하는 원가계산방법은 무엇인가?

① 전부원가계산 ② 종합원가계산 ③ 정상원가계산 ④ 표준원가계산

97. 다음 중 변동원가계산의 유용성에 관한 설명으로 가장 올바르지 않은 것은?

① 이익이 생산량에 영향을 받으므로 불필요한 재고의 누적을 막을 수 있다.
② 공통부문의 고정원가를 사업부나 제품별로 배분하지 않으므로 사업부별 또는 제품별 의사결정문제에 왜곡을 초래하지 않는다.
③ 예산편성에 필요한 원가, 조업도, 이익에 관련된 자료를 얻는데 유용하다.
④ 표준원가 및 변동예산과 같이 사용하면 원가통제와 성과평가에 유용하게 활용할 수 있다.

98. 다음 자료를 이용하여 초변동원가계산에 의한 영업이익을 계산하면 얼마인가?

(단위 : 원)

항목	금액
판매수량 = 생산수량	50,000개
제품단위당 판매가격	1,200
제품단위당 직접재료원가	450
제품단위당 직접노무원가	85
제품단위당 변동제조간접원가	135
제품단위당 변동판매비	200
고정제조간접원가	1,800,000
고정판매비와관리비	9,000,000

① 3,000,000원 ② 5,700,000원 ③ 7,500,000원 ④ 12,900,000원

99. ㈜삼일전자의 20X1년 제품 생산 및 판매와 관련된 자료는 다음과 같다. 전부원가계산에 의한 영업이익이 260,000원일 경우, 변동원가계산을 이용한 ㈜삼일전자의 20X1년 영업이익은 얼마인가?

매출량	3,000개	(단위당 판매가격 200원)
기말 제품재고량	500개	(단, 기초제품재고는 없다)
변동판매관리비	50,000원	
단위당 변동직접원가	60원	
단위당 변동제조간접원가	20원	
단위당 고정제조간접원가	5원	

단, 고정판매관리비는 발생하였으나 금액은 알 수 없다.

① 220,000원 ② 257,500원 ③ 258,000원 ④ 260,000원

100. 다음 중 변동원가계산에 관한 설명으로 가장 올바르지 않은 것은?

① 변동원가계산은 원가회피개념에 근거를 두고 있다.
② 일반적으로 인정된 회계원칙에 의한 외부보고 목적으로 사용 가능하다.
③ 특정 기간의 이익이 생산량에 영향을 받지 않는다.
④ 부문별, 제품별 의사결정 문제에 왜곡을 초래하지 않는다.

101. ㈜삼일은 활동기준원가계산을 사용하며, 제조과정은 다음의 3가지 활동으로 구분된다. X 제품 단위당 재료부피는 100리터, 압착기계시간은 30시간, 분쇄기계시간은 8시간이다. X 제품의 단위당 판매가격과 재료원가가 각각 2,400원과 500원일 경우 제품의 단위당 공헌이익은 얼마인가(단, 판매관리비는 없다)?

활동	원가동인	연간 원가동인수	연간 가공원가총액
세척	재료의 부피	100,000리터	300,000원
압착	압착기계시간	90,000시간	1,800,000원
분쇄	분쇄기계시간	24,000시간	600,000원

① 700원 ② 800원 ③ 900원 ④ 1,000원

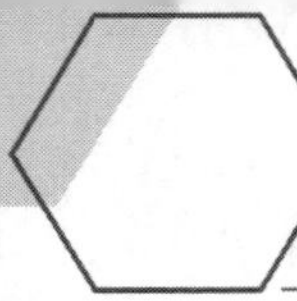

102. 다음 중 CVP 분석에 관한 설명으로 가장 올바르지 않은 것은?

① 단위당 판매단가는 판매량의 변동과 무관하게 일정하고, 단위당 변동원가도 조업도의 변동과 관계 없이 항상 일정하다는 가정이 필요하다.

② 화폐의 시간가치를 고려하지 않으므로 장기적 의사결정에의 활용에 있어 한계점을 갖는다.

③ 다양한 조업도수준에서 원가와 이익의 관계를 분석하는데 유용하다.

④ 매출액의 변화가 기업의 순이익에 미치는 영향을 파악하는데 있어서는 공헌이익률보다 공헌이익 개념이 더 유용하다.

103. ㈜삼일의 재무팀 직원들이 식사 중에 나눈 다음의 대화 중 가장 올바르지 않은 설명은 무엇인가?

대리 : 부장님, 이 식당은 맛집으로 소문이 나서 그런지 사람들이 정말 많네요. 부장 : 그래, 나도 항상 여기서 식사를 할 때마다 그런 생각이 들어. 대리 : 월 이익이 얼마일까요? 부장 : ① 냉면 한 그릇에 6,000원이고, 한 그릇을 만들 때마다 2,000원 정도의 비용이 들어갈 것으로 생각되니까, 단위당 공헌이익은 4,000원, 공헌이익률은 67% 정도겠군. 대리 : ② 임대료와 인건비 등 고정비를 한달에 500만원 수준으로 가정하면 손익분기 판매량은 월 1,250 그릇이 되네요. 부장 : ③ 그렇지, 목표이익이 1,000만원이라면 그것보다 2,000 그릇을 더 팔아야겠군. 대리 : ④ 세금을 고려하면 목표 판매량은 더 많아져야 할테니 생각보다 쉽지 않겠어요.

104. ㈜삼일의 식품사업부를 총괄하는 김철수 전무는 해외식품사업부의 김영수 부장에게 총 매출액의 25%의 이익 달성을 지시하였다. 김영수 부장의 분석 결과 해외식품사업부의 변동비는 매출액의 60%, 연간 고정비는 30,000원이다. 총 매출액의 25%의 이익을 달성하기 위한 목표 매출액은 얼마인가?

① 150,000원　　② 200,000원　　③ 250,000원　　④ 300,000원

105. ㈜삼일의 총매출액은 10,000,000원이고 총변동비가 6,000,000원, 총고정비는 2,800,000원인 경우, ㈜삼일의 안전한계율은 얼마인가?

① 20%　　② 25%　　③ 30%　　④ 35%

106. 다음 중 예산에 관한 설명으로 가장 올바르지 않은 것은?

① 예산이란 공식적인 경영계획을 화폐단위로 표현한 것이다.
② 예산은 조직원들에게 동기를 부여함과 동시에 의사전달과 조정의 역할을 수행한다.
③ 예산 편성성격에 따라 종합예산과 부문예산으로 분류된다.
④ 고정예산은 조업도의 변동을 고려하지 않고 특정조업도를 기준으로 작성된다.

107. 다음 중 책임회계에 근거한 성과보고서에 관한 설명으로 가장 올바르지 않은 것은?

① 통제가능원가와 통제불능원가를 반드시 구분하여야 한다.
② 통제가능원가의 실제와 표준간의 차이를 포함시켜야 한다.
③ 해당 책임중심점에 배분된 고정제조간접원가는 통제가능원가에 포함시켜야 한다.
④ 예외에 의한 관리가 가능하도록 작성하여야 한다.

108. 다음 중 책임회계제도의 성과평가시 고려해야 할 사항으로 가장 올바르지 않은 것은?

① 하이젠버그 불확실성원칙(Heisenberg uncertainty priciple)을 고려하여야 한다.
② 기업 구성원들의 성과극대화 노력이 기업전체목표의 극대화로 연결될 수 있도록 설계하여야 한다.
③ 정확한 성과평가보다는 적시성과 경제성이 최우선적으로 고려되어야 한다.
④ 성과평가치의 성과측정오류가 최소화되도록 설계되어야 한다.

109. ㈜삼일은 다음과 같은 3 개의 사업부(A, B, C)를 갖고 있다. 다음 자료를 이용하여 각 사업부를 잔여이익으로 평가했을 때 성과가 높은 사업부 순서대로 올바르게 배열한 것은?

구분	A	B	C
영업자산	1,000,000원	4,000,000원	3,000,000원
영업이익	900,000원	1,500,000원	1,500,000원
최저필수수익률	10%	20%	30%

① A>B>C ② A>C>B ③ B>A>C ④ C>B>A

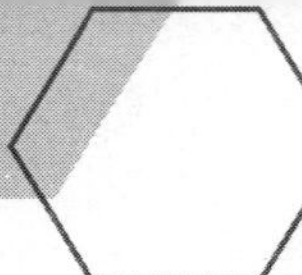

110. 다음 중 경제적부가가치(EVA)와 관련된 설명으로 가장 올바르지 않은 것은?

① 고유의 영업활동에서 창출된 순가치의 증가분을 의미한다.
② 투하자본 산정시 이자비용이 지급되는 유동부채는 차감하지 않는다.
③ 가중평균자본비용의 측정에 있어 법인세 효과는 별도로 고려하지 않는다.
④ 투하자본의 회전율을 높이면 매출액이익률이 동일하더라도 경제적부가가치는 높아진다.

111. 다음 중 투자중심점 성과평가에 관한 설명으로 가장 올바르지 않은 것은?

① 투자수익율(ROI)은 투자규모가 다른 투자중심점을 상호 비교하기가 용이하다.
② 잔여이익(RI)은 각 투자중심점과 회사전체의 목표일치성을 충족시킬 수 있다.
③ 경제적부가가치(EVA)를 기준으로 성과평가를 하는 경우에는 산업간 위험의 차이에 대해서 쉽게 조정할 수 있다.
④ 경제적부가가치(EVA)는 자기자본에 대한 자본비용을 고려하여 성과평가를 할 수 있다.

112. 다음 중 의사결정시에 필요한 원가용어에 관한 설명으로 가장 올바르지 않은 것은?

① 관련원가는 대안간에 차이가 나는 미래원가로 의사결정과 관련된 원가이다.
② 회피가능원가는 대표적인 비관련원가에 해당한다.
③ 기회원가는 자원을 현재 용도 이외의 다른 용도에 사용할 경우 얻을 수 있는 최대금액이다.
④ 매몰원가는 과거에 발생한 역사적 원가로서 현재 또는 미래에 회수할 수 없는 원가이다.

113. ㈜삼일의 사업부 X의 매출액은 300,000원, 변동원가는 280,000원, 고정원가는 120,000원이다. 고정원가 중 70,000원은 회피불능원가에 해당한다. 만약 회사가 사업부 X를 폐지한다면 회사 전체 순이익은 어떻게 변화하겠는가?

① 30,000원 증가 ② 30,000원 감소
③ 100,000원 증가 ④ 100,000원 감소

114. ㈜삼일의 부품제조에 대한 원가자료는 다음과 같다. 외부의 제조업자가 이 부품을 납품하겠다고 제의하였으며, 부품을 외부에서 구입할 경우 고정제조간접원가의 2/3를 회피할 수 있다면 ㈜삼일이 최대한 허용할 수 있는 부품의 단위당 구입가격은 얼마인가?

부품단위당 직접재료원가	200원
부품단위당 직접노무원가	80원
부품단위당 변동제조간접원가	120원
고정제조간접원가	600,000원
생산량	10,000단위

① 280원 ② 400원 ③ 420원 ④ 440원

115. ㈜삼일은 제조에 필요한 부품을 자가제조할 것인지 아니면 외부구입할 것인지의 여부에 대한 의사결정을 하려고 한다. 다음 설명 중 가장 올바르지 않은 것은?

① 매몰원가는 비관련원가로 의사결정을 하는데 영향을 미치지 않는다.
② 회피가능 고정원가는 의사결정을 하는데 있어 고려대상이 아니다.
③ 외부구입원가가 회피가능원가보다 큰 경우에는 자가제조하는 것이 바람직하다.
④ 기존설비를 다른 용도로 사용함에 따라 발생할 수 있는 기회비용도 함께 고려해야 한다.

116. 다음 중 자본예산을 편성하기 위해 현금흐름을 추정할 때 주의해야 할 사항으로 가장 올바르지 않은 것은?

① 감가상각비를 계상함으로써 발생하는 세금의 절약분인 감가상각비 감세효과는 현금흐름을 파악할 때 고려해야 한다.
② 세금을 납부하는 것은 현금의 유출에 해당하므로 세금을 차감한 후의 현금흐름을 기준으로 추정하여야 한다.
③ 이자비용은 현금의 유출에 해당하므로 이자비용을 차감한 후의 현금흐름을 기준으로 추정하여야 한다.
④ 인플레이션 효과는 현금흐름과 할인율에 일관성 있는 기준을 적용하여 고려되어야 한다.

117. ㈜삼일은 당기 초 새로운 투자안에 950,000원을 투자하였다. 회사는 이 투자안으로부터 앞으로 5년 동안 매년 말 300,000원의 현금유입을 예측하고 있다. 회사의 최저필수수익률이 연 10%일 경우 이 투자안의 순현재가치(NPV)는 얼마인가?

	연 10%
5년 현가계수	0.62
5년 연금현가계수	3.79

① 115,000원　② 120,000원　③ 187,000원　④ 550,000원

118. 다음 중 자본예산모형에 관한 설명으로 가장 올바르지 않은 것은?

① 투자안의 타당성을 평가하기 위하여 투자안의 현금흐름이나 이익에 미치는 영향을 평가하는 방법이다.
② 자본예산모형 중 화폐의 시간적 가치를 고려하는 할인모형에는 순현재가치법과 내부수익률법이 있다.
③ 자본예산모형 중 화폐의 시간적 가치를 고려하지 않는 모형은 비할인모형이다.
④ 자본예산모형 중 실제 현금흐름으로 자본예산을 실행하는 현금모형에는 회수기간법과 회계적이익률법이 있다.

119. ㈜삼일은 두 개의 사업부 A, B로 구성되어 있다. A 사업부는 단위당 변동비가 100원인 부품을 제조하고 있는데 이를 170원에 외부에 판매할 수도 있고 B 사업부에 대체할 수도 있다. B 사업부가 이 부품을 외부에서 구입할 수 있는 가격은 160원이다. 회사전체의 이익극대화를 위한 B 사업부의 의사결정으로 가장 옳은 것은?

① A 사업부에서 구입하여야 한다.
② 외부에서 구입하여야 한다.
③ 외부에서 구입하는 경우와 A 사업부에서 구입하는 경우 차이가 없다.
④ 유휴생산능력이 있으면 A 사업부에서, 없으면 외부에서 구입한다.

120. 다음 중 수명주기원가계산에 관한 설명으로 가장 올바르지 않은 것은?

① 가치사슬 관점에서 제품수명주기 초기단계에서의 원가절감을 강조한다.
② 제조활동 이후의 하위활동은 원가계산시 고려하지 않는다.
③ 제품 또는 서비스의 수명주기 매 단계마다 모든 가치사슬단계에서 발생하는 수익과 비용에 대한 집계를 가능하게 하여 프로젝트 전체에 대한 이해가 향상된다.
④ 장기적 관점의 원가절감 및 원가관리에 유용하다.

96회 답안 및 해설

재무회계

1	2	3	4	5	6	7	8	9	10
③	④	①	③	③	①	②	④	②	①
11	**12**	**13**	**14**	**15**	**16**	**17**	**18**	**19**	**20**
②	①	③	④	④	③	②	②	③	③
21	**22**	**23**	**24**	**25**	**26**	**27**	**28**	**29**	**30**
②	②	②	③	③	②	③	④	①	①
31	**32**	**33**	**34**	**35**	**36**	**37**	**38**	**39**	**40**
②	②	④	①	③	②	②	①	③	②

01. ① 국제회계기준에는 관리회계에 대한 기준서는 존재하지 않는다.
② 종업원의 경우에도 재무정보가 필요할 수 있다.
④ **관리회계는 내부보고에 사용**된다.

02. **비용은 순자산이 감소하는 경우에도 인식**된다. 즉, 자산이 감소하여도 비용으로 인식할 수 있다.

03. ② (자산)의 사용가치에 대한 설명이다.
③ 현행원가에 대한 설명이다.
④ 공정가치에 대한 설명이다.

04. 유동자산 = 단기대여금(80,000) + 선급비용(400,000) + 재고자산(250,000) + 매출채권(320,000)
= 1,050,000원

05. ① 최상위 지배자와 지배기업이 다른 경우에는 **최상위지배자의 명칭도 공시**한다.
② 장기종업원급여, 주식기준 보상등이 있다.
④ **지배, 종속기업간 거래의 유무에 관계없이 특수관계 공시를 하여야 한다.**

06. 상품의 개당 단가 = 4,400,000원/1,100개 = 4,000원
재고자산감모손실 = 4,000원 × 감모수량(1,100개 - 1,000개) = 400,000원

07. 물가가 상승하므로 이동평균법을 적용했을 경우 과거의 원가가 매출원가가 되므로 **총평균법을 적용하였을 때 매출원가가 보다 높게 평가**된다.

08. 재고자산감모손실 = 매입단가(200) × 감모수량(100개 - 95개) = 1,000원
재고자산평가손실 = 실제단가(95) × 단가하락[200 - (160 - 10)] = 4,750원

09. **초기 감가상각비가 가장 크게 되는 것은 일반적으로 정률법**이나, 생산량비례법은 생산수량에 따라 달라지므로 확인해야 한다.

정률법 = 장부가액(5,000,000) × 상각률(0.451) = 2,255,000원

생산량비례법 = 취득가액(5,000,000) × 당기생산량(1,500개)/추정총생산량(6,000개) = 1,250,000원

10. 당기손익으로 재분류되지 않는 기타포괄손익(재평가잉여금)은 **이익잉여금으로 대체**된다.

11.

1. 20X1년 초 취득가액	100,000	
2. 20X1년 상각액(100,000÷5년)	20,000	
3. 20X1년 말 장부금액[1 - 2]	80,000	
4. 20X1년 말 회수가능가액	40,000	
5. 손상차손 [3 - 4]	40,000	
6. 20X2년 상각액[4÷잔여내용연수(4년)]	10,000	
7. 20X2년 장부금액[4 - 6]	30,000	
8. 20X2년 말 회수가능액	50,000	한도 = 손상되지 않았을 경우 장부금액 (100,000 - 40,000) = 60,000원
9. 손상차손 환입액[8 - 7]	20,000	

12. 무형자산 = 개발단계 자산인식(320,000) + 사업결합(180,000) = 500,000원

☞ ①은 연구활동이고, **내부적으로 창출된 것은 무형자산으로 인식하지 않는다.**

13. 무형자산에 대해서 **상각방법을 신뢰성있게 결정할 수 없는 경우 정액법을 적용**한다.

14. **투자부동산(공정가치모형)에 대해서 감가상각을 하지 않고 평가손익은 당기손익으로 인식**한다.

15. **유효이자율은 최초 취득일 것을 사용하고 조정하지 않는다.**

16. **미지급법인세는 금융부채에 해당하지 않는다.**

17. **당기손익 - 공정가치측정 금융부채 관련되는 거래원가는 당기비용**으로 처리한다.

18. 발행가액 = 액면가액(10,000,000) × 현재가치계순(0.8396) + 액면이자(500,000)
× 연금현가계수(2.673) = 9,732,500원

19. 신주인수권부사채에 대한 설명이다.

20. 제품보증기간은 1년이므로 x1년 판매분에 대한 보증기간은 끝났다.

제품보증충당부채(x2) = x2매출액(14,000,000) × 2% - 제품보증비(100,000) = 180,000원

21. ① 발행주식수 = 1,000,000주 $(\frac{5,000,000,000}{5,000})$

② 발행금액 = [자본금(50억) + 주식발행초과금(30억)] ÷ 발행주식수 = 8,000원/주

③ 법정자본금 = 5,000,000,000원

④ 주당이익 = 1,000원$(\frac{1,000,000,000\text{원}}{1,000,000\text{주}})$

22. 이익잉여금 = 미처분이익잉여금(300,000) - 주식할인발행차금상계(30,000)
- 현금배당(60,000) - 이익준비금(60,000 × 10%) = 204,000원

23. ① **회수가능성이 높지 않으면 고객과의 계약으로 회계처리할 수 없다.**

③ **부가가치세처럼 제3자를 대신해 회수한 금액은 제외**한다.

④ **자산은 통제권을 이전한 경우에 이전**된다.

24. 라이선스로 **접근권(일정기간 지적재산에 접근할 권리)**에 해당하므로 사용기간에 걸쳐 수익을 인식한다. 200,000,000÷4년=50,000,000원/년

25. ① 계약수익은 **계약금액에서 진행률을 곱한 금액**으로 한다.

② 하도급자에게 **선급한 금액은 건설계약시 발생한 금액이 아니기 때문에 누적발생원가에 포함하지 아니한다.**

④ **진행률을 합리적으로 추정할 수 없는 경우에는 공사원가 중 회수가능한 범위 내에서 계약수익을 인식하고, 발생한 공사원가를 당기비용으로 인식**한다.

26.

	x1년	x2년
누적공사원가(A)	10,000,000	30,000,000
총 공사계약원가(B)	40,000,000	40,000,000
누적진행률(A/B)	25%	75%
총공사계약금액	50,000,000	50,000,000
당기누적계약수익(C)	12,500,000	37,500,000
전기누적계약수익(D)	–	12,500,000
당기계약수익(E=C–D)	12,500,000	25,000,000
당기계약원가(F)	10,000,000	20,000,000
당기계약이익(손실)(E–F)	2,500,000	**5,000,000**

27. **매기 추정하여야 한다.**

28. 당기보상비용(현금결제형 추가차액보상권)

구분	가격	수량	총보상원가	누적비용		당기비용
20X1년	15,000	300개	4,500,000	1/3	1,500,000원	1,500,000원
20X2년	20,000	300개	6,000,000	2/3	4,000,000원	**2,500,000원**

29. (미래)가산할 일시적차이는 이연법인세부채로 인식한다.

30. 이연법인세 부채=(미래)가산할 일시적 차이(6,000,000)×평균세율(20%)=1,200,000원

31. 수정후(20x3) 이익잉여금=수정전 이익잉여금(100,000)-당기자산과대평가(3,000)=97,000원

→ **재고자산의 과대과소 오류는 자동조정오류이므로 20x1년, 20x2년 오류는 조정되었으므로, 20x3년 자산과대평가분만 반영하면 된다.**

수정후(20x3) 당기순이익=수정전 당기순이익(30,000)-당기자산과대평가(3,000)

-전기자산과소평가(2,000)=25,000원

32. 〈유통보통주식수 변동〉

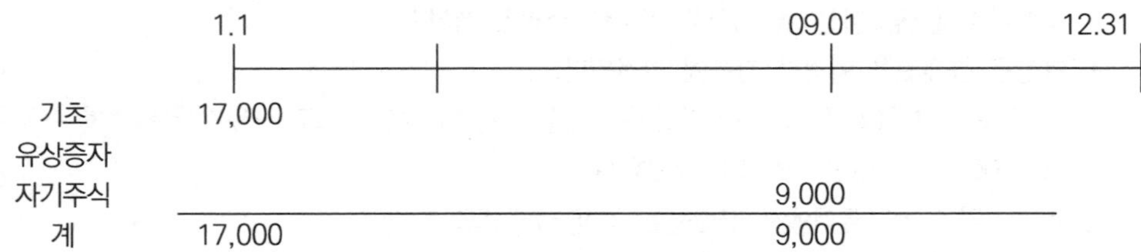

유통보통주식수 = 17,000 × 12/12 + 9,000 × 4/12 = 20,000주

보통주 순이익 = 당기순이익(14,000,000) - 우선주배당금(2,000,000) = 12,000,000원

기본주당순이익 = 보통주 순이익(12,000,000) ÷ 유통보통주식수(20,000) = 600원/주

33. 투자자와 관계기업 사이의 내부거래에서 발생한 당기손익에 대하여 투자자는 그 **관계기업에 대한 투자지분과 무관한 손익까지만 투자자의 재무제표에 인식**한다.

34. 관계기업투자주식 = 취득가액(850,000) + [관계기업 당기순이익(100,000) × 지분율(30%)

= 820,000원

→ 이익잉여금의 증가가 관계기업의 당기순이익이 된다.

35. 비화폐성 항목에 대해서 **평가손익을 기타포괄손익으로 인식하는 경우 외환차이인식도 기타포괄손익으로 인식**한다.

재평가 전	재평가 후	재평가잉여금
$10,000 × 1,000 = 10,000,000원	$14,000 × 1,200 = 16,800,000원	6,800,000원

36. **공정가치위험회피목적으로 보유한 파생상품의 평가손익은 당기손익으로 처리**한다.

37. 사용권자산 = 리스료의 현재가치(400,000) + 직접원가(100,000) = 500,000원

감가상각비 = 사용권자산(500,000) ÷ 5년 = 100,000원/년

38. 현금유출액 = 매입액(145,000,000) - 매입채무증가(25,000,000) = 120,000,000원

40.

구분	금액
법인세비용차감전순이익	500,000
+ 감가상각비	300,000
(−) 재고자산의 증가	(300,000)
(+) 유형자산처분손실	150,000
매출채권(x)	(600,000) ← **증가**
= 영업활동으로 인한 현금	50,000

세무회계

41	42	43	44	45	46	47	48	49	50
②	④	③	④	①	③	④	③	②	①
51	52	53	54	55	56	57	58	59	60
④	①	③	③	②	③	①	②	③	③
61	62	63	64	65	66	67	68	69	70
①	②	①	③	①	①	④	④	③	③
71	72	73	74	75	76	77	78	79	80
①	④	④	②	③	②	③	②	①	④

41. 국세기본법과 다른 세법에서 규정하는 법령이 차이가 있는 경우에는 **세법에서 규정되어 있는 법령을 우선하여 적용**한다.

42. ①②③은 **징수권 행사 중단으로 중단사유**가 되나, **④는 징수권행사가 불가능기간에는 정지사유**가 된다.

44. 국세환급가산금에 관한 권리는 이를 행사할 수 있는 날로부터 **5년간 행사하지 아니하면 소멸시효가 완성한다.**

45. **외국법인도 토지 등 양도소득에 대한 법인세 납세의무**를 진다.

46. 임대보증금에 대한 간주임대료는 기타사외유출사항이다.

과목 또는 사항	기초잔액	당기중증감		기말잔액
		감소	증가	
대손충당금	5,000,000	5,000,000	5,500,000	5,500,000
감가상각비	22,000,000	-	33,000,000	55,000,000
재고자산	-	-	(9,500,000)	(9,500,000)
금융자산	-	-	(8,000,000)	(8,000,000)
합계				**43,000,000**

47. 주식발행액면초과액 = 시가(7,000) - 액면가(5,000) = 2,000원
채무면제이익 = 채무가액(8,500) - 시가(7,000) = 1,500원

48. **미지급기부금은 유보로 소득처분**한다.

49. **교통위반 범칙금은 기타사외유출로 소득처분**한다.

50. 특례조항으로 **기간 경과분에 대한 이자비용은 손금으로 인정**된다.

51. 노후화된 건물의 보수공사(**내용연수가 연장되지 않음**)는 수익적지출에 해당한다.

52. 상각범위액 = 취득가액(1억) ÷ 5년 = 20,000,000원/년
회사계상상각비(18,000,000) - 상각범위액(20,000,000) = △2,000,000원(시인액)
당기에 감가상각비 한도미달액(2,000,000)이 발생한 경우에는 **전기에 감가상각비 한도초과액(2,000,000)이 있는 경우에만 한도초과액을 한도로 손금산입**하여야 한다.

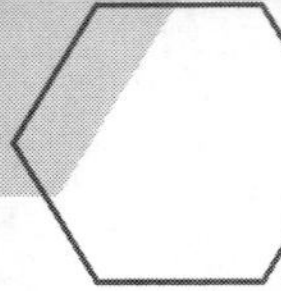

53. **우리사주조합기구금은 소득금액의 30%범위 내에서 손금산입**된다.

54. **시가와 장부가액 중 큰 금액**으로 한다.

55. **이월결손금 → 비과세소득 → 소득공제 순서대로 공제하여 계산**한다.

56. **건설자금이자에 대해서만 유보로 소득처분**한다.

57. ② **대손충당금 한도미달액은 별도의 세무조정이 필요하지 않다.**

③ 회수시점에 익금산입한다.

④ **대여금, 미수금 등에 대해서도 대손충당금을 설정**할 수 있다.

58. 연구개발비용은 세액공제대상이다.

61. 분리과세에 대한 설명이다.

62. 금융소득의 과세방법분류

㉠ 현금배당금	조건부종합과세	10,000,000원
㉡ 상장법인 주식배당	조건부종합과세	30,000,000원
㉢ 비상장법인 주식배당	조건부종합과세	20,000,000원
㉣ 은행예금이자	조건부종합과세	10,000,000원
㉤ 직장공제회 초과반환금	무조건분리과세	20,000,000원

∴ 조건부 + 무조건 종합과세(70,000,000)>2,000만원이므로 전액 종합과세한다.

② 14%세율 및 기본세율 적용순서

<table>
<tr><th>원천징수세율(14%) 적용순서</th><td rowspan="3">- 14%</td><td colspan="2">-2,000만원-</td></tr>
<tr><td>㉠ 이자소득금액</td><td>-은행예금이자</td><td>10,000,000</td></tr>
<tr><td>㉡ Gross-up제외 배당소득총수입금액</td><td>-현금배당금</td><td>10,000,000</td></tr>
<tr><td>㉢ Gross-up대상 배당소득총수입금액</td><td>-기본세율</td><td>-주식배당금</td><td>50,000,000</td></tr>
</table>

Gross-up금액

종합과세되는 금융소득=20,000,000원+50,000,000×1.10=75,000,000원

63. ② 개인사업자의 출자금은 인출이 자유로우므로 가지급금인정이자를 계산하지 아니한다.

③ **복식부기의무자에 한해서 유형자산처분손익을 사업소득에 포함**한다.

④ **기준시가 12억원 이하인 경우 비과세**가 적용된다.

64.

구분	금액	비고
월 급여	30,000,000	
상여	12,500,000	
자가운전보조금	600,000	**월 20만원 비과세**
중식대	1,200,000	**식사를 제공받았으니 전액 과세**
연월차수당	1,000,000	
총급여액 계	45,300,000	
근로소득공제	(12,015,000)	12,000,000+(45,300,000−45,000,000)×5%
근로소득금액	33,285,000원	

65. **업무와 관계있는 사보게재 원고료는 근로소득에 해당**한다.

66.

구분	금액	비고
비실명금융소득	−	분리과세
사업소득금액	40,000,000	
근로소득금액	80,000,000	
퇴직소득금액	−	분류과세
양도소득금액	−	분류과세
(=)종합소득금액	120,000,000	
(−)종합소득공제	(40,000,000)	
(=)과세표준	80,000,000	

67. **사업소득이 있는 자 외의 거주자는 기부금세액공제 적용이 가능**하다.

68. ① 비실명금융소득의 원천징수세율은 45%이다.

② 특정사업소득의 원천징수세율은 3%이다.

③ 3억원을 초과하는 복권당첨소득의 원천징수세율은 30%이다.

69. **해외에서 지출한 신용카드 사용액은 신용카드소득공제 대상에 포함되지** 않는다.

70.

구분	금액	비고
양도가액	120,000,000	
(−)취득가액	(60,000,000)	
(−)기타필요경비	(2,000,000)	
=양도차익	58,000,000	
(−)장기보유특별공제	(10,440,000)	=58,000,000×18%
=양도소득금액	47,560,000	
(−)양도소득 기본공제	(2,500,000)	
양도소득 과세표준	45,060,000	

71. 우리나라 부가가치세는 전단계세액공제법을 채택하고 있다.

72. ① 영세율을 적용받는 사업자도 **부가가치세법상 사업자에 해당하므로 사업자 등록**을 하여야 한다.

② 부가가치세법상 사업자는 **영리목적을 불문하고 재화나 용역을 공급하는 자**를 말한다. 즉, **비영리사업자도 부가가치세를 거래징수**하여야 한다.

③ 주사업장 총괄납부 사업자는 납부만 주사업장에서 총괄하여 납부할 수 있으며, **신고는 각 사업장별**로 하여야 한다.

73. **과세기간 개시일부터 폐업일까지를 과세기간**으로한다.

74. **제품의 포장만을 하거나 용기에 충전만을 하는 장소는 사업장에 포함되지 아니한다.**

75. 매입세액공제를 받지 못한 재화는 간주공급이 적용되지 아니한다.

76. ① 조건이 성취되거나 기한이 지나 **판매가 확정되는 때를 공급시기**로 본다.

③ **재화를 인도한 날을 공급시기**로 본다.

④ **수탁자의 공급시점을 기준**으로 한다.

77. **면세사업자는 매입세액공제를 받지 못하고** 영세율 적용 대상자는 매입세액공제를 받는다.

78. **자기가 공급한 재화의 시가를 과세표준**으로 한다.

79. 공제매입세액 = 원재료(50,000,000)

기업업무추진비와 토지 조성을 위한 자본적 지출, 세금계산서의 필요적 기재사항 누락에 해당하는 경우에는 매입세액불공제 대상이다.

80. **의제매입세액공제는 구입시점에 공제**한다.

원가관리회계

81	82	83	84	85	86	87	88	89	90
③	②	①	③	③	③	④	②	④	②
91	**92**	**93**	**94**	**95**	**96**	**97**	**98**	**99**	**100**
②	③	③	④	③	③	①	②	②	②
101	**102**	**103**	**104**	**105**	**106**	**107**	**108**	**109**	**110**
②	④	③	②	③	③	③	③	①	③
111	**112**	**113**	**114**	**115**	**116**	**117**	**118**	**119**	**120**
③	②	①	④	②	③	③	④	④	②

82. 매출원가 = 매출액(500,000) × (1 - 30%) = 350,000원

기초재고(재공품+제품)	50,000+70,000	**매출원가**	**350,000**
당기총제조원가	390,000	기말재고(재공품+제품)	60,000+100,000
합　　계	510,000	합　　계	510,000

제조간접원가 = 당기총제조원가(390,000) - 직 · 재(60,000) - 직 · 노(200,000) = 130,000원

83. 제조원가명세서의 최종결과치는 당기제품제조원가이다.

84. 〈상호배분법〉→시간이 남으시면 푸십시오.

X(창고부문 총원가) = 창고부문발생원가 + 전력부문에서 배부받은 원가 = 200,000 + Y × 20%

Y(전력부문 총원가) = 전력부문발생원가 + 창고부문에서 배부받은 원가 = 800,000 + X × 40%

X = 391,304원 Y = 956,522원

제공부문 \ 사용부문		보조부문		제조부문	
		창고부문	전력부문	조각부문	도료부문
배부전원가		200,000	800,000		
보조부문배부	창고부문(40% : 30% : 30%)	(391,304)	156,522	**117,391**[*1]	
	전력부문(20% : 50% : 30%)	191,304	(956,522)	**478,261**[*2]	
계		0	0	***595,652***	

*1. X(391,304) × 40% = 117,391 *2. Y(956,522) × 50% = 478,261

85. ① 개별원가계산에 정상원가, 표준원가계산이 적용할 수 있다.

② 개별원가계산의 핵심은 제조간접비와 직접비 구분이 핵심이다.

④ 추적불가능한 제조간접원가를 개별 작업별로 배부하여야 한다.

86. 제조간접원가배분율(직접노무원가) = 3,000,000원/500,000원 = 6원/직접노무원가

일반형 제조간접원가(직접노무원가) = 100,000 × 6원/직접노무원가 = 600,000원

프리미엄 제조간접원가(직접노무원가) = 400,000 × 6원/직접노무원가 = 2,400,000원

구 분	일반형 전화기	프리미엄 전화기
직접노동시간(A)	100시간	200시간
직접노무원가 임률(B)	1,000원/시간	2,000원/시간
직접노무비(A × B)	100,000원	400,000원
직접재료비	400,000원	800,000원
제조간접비	600,000원	2,400,000원
계	**1,100,000원**	**3,600,000원**

∴ 제조원가(제조간접원가)차이 = 1,100,000 - 3,600,000 = △2,500,000원 차이

88.

〈1단계〉 물량흐름파악 〈2단계〉 완성품환산량 계산

평균법		재료비	가공비
	완 성 품 2,800		2,800
	기말재공품 700 (80%)		560
	계 3,500		**3,360(평균법)**

선입선출법 = 평균법(3,360) - 기초재공품(1,000) × 완성도(40%) = 2,960개

89.

〈1단계〉 물량흐름파악(선입선출법) 재공품			〈2단계〉 완성품환산량 계산 재료비	가공비
	완성품	27,000		
	－기초재공품	3,000 (40%)	0	1,200
	－당기투입분	24,000 (100%)	24,000	24,000
	기말재공품	6,000 (25%)	6,000	1,500
	계	33,000	**30,000**	**26,700**
〈3단계〉 원가요약(당기투입원가)			150,000	320,400
〈4단계〉 완성품환산량당 단위원가			=@ 5	= @12

〈5단계〉 완성품원가 = 기초재공품원가(8,000 + 10,000) + 24,000 × @5 + 25,200 × @12 = 440,400원

90. 선입선출법이 원가통제의 관점에서 평균법보다 더 유용한 정보를 제공한다.

91. ① **이상적표준은 달성 불가능하므로 동기부여가 되지 않는다.**

③ 이상적표준은 실제원가와 차이가 크게 나타난다.

④ 이상적표준은 달성불가능하므로 근로자의 임금상승에는 영향을 끼치지 못한다.

92.

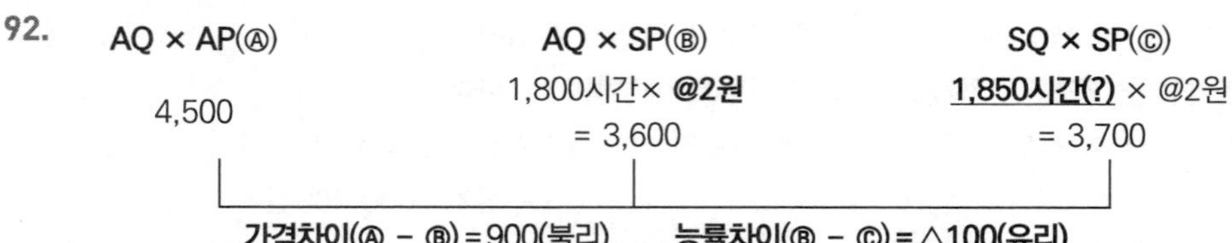

93. 표준원가 산정에 시간과 비용이 많이 든다.

94. **구입시점에서 분리시 구매부서의 가격차이 발생 원인을 알 수가 있다.**

95. AP = 1,950억 ÷ 25,000Ton = @78,000원

〈사용시점 분리〉

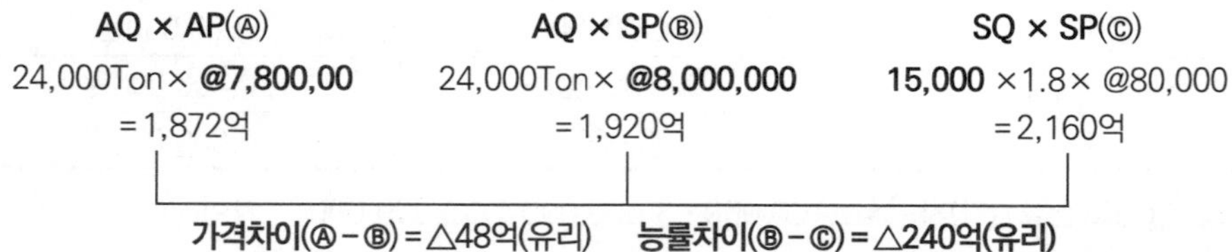

97. **변동원가계산는 판매량에 영향을 받으므로 불필요한 재고의 누적을 막을 수 있다.**

98. 운영비 = 직접노무원가 + 변동제조간접원가 + 변동판매비 + 고정제조원가 + 고정판관비

초변동원가계산		
Ⅰ. 매 출 액	50,000개 × 1,200원	60,000,000
Ⅱ. 제품단위수준변동원가	50,000개 × 450원	22,500,000
Ⅲ. 현금창출공헌이익(Ⅰ − Ⅱ)		37,500,000
Ⅳ. 운영비용	50,000개 × (85 + 135 + 200) + 1,800,000 + 9,000,000	31,800,000
Ⅴ. 영업손익(Ⅲ − Ⅳ)		*5,700,000*

99. 기말재고 = 500개

변동원가(순이익)	257,500원
+ 기말재고에 포함된 고제간	500개 × 단위당 고정제조간접원가(@5) = 2,500원
- 기초재고에 포함된 고제간	0
= 전부원가(순이익)	260,000원

100. **변동원가계산은 외부보고 목적으로 사용이 불가능**하다.

101.

활 동	가공원가 총액	원가동인수 총계	배부율	X제품원가동인	X제품가공원가
세척	300.000	100,000리터	3	100리터	300원
압착	1,800,000	90,000시간	20	30시간	600원
분쇄	600,000	24,000시간	25	8시간	200원
계	2,700,000				1,100원

X제품 단위당 공헌이익 = 판가(2,400) - 재료비(500) - 가공원가(1,100) = 800원/단위

102. 공헌이익률은 매출액 중 몇 %가 고정원가의 회수 및 이익창출에 공헌하였는가를 나타내는 것으로, **매출액의 변화가 순이익에 미치는 영향을 분석할 때 공헌이익보다 유용하게 사용**된다.

103. 공헌이익율 = 단위당 공헌이익(4,000)/판가(6,000) = 67%

손익분기점 판매량 = 고정비(5,000,000)/단위당공헌이익(4,000) = 1,250그릇

목표수량 = [고정원가(5,000,000) + 목표이익(10,000,000)] ÷ 단위당공헌이익(4,000) = **3,750그릇**

104. 목표매출액 = [고정비(30,000) + 목표매출액 × 25%] ÷ 공헌이익률(1 - 60%)

∴ 목표매출액 = 200,000원

105. 공헌이익 = 매출액(10,000,000) × 공헌이익률(40%) = 4,000,000원

영업이익 = 공헌이익(4,000,000) - 고정원가(2,800,000) = 1,200,000원

안전한계율 = 영업이익(1,200,000) ÷ 공헌이익(4,000,000) = 30%

106. **편성대상에 따라 종합예산과 부문예산**으로 분류된다.

107. **고정제조간접원가는 통제가능원가와 통제불능원가로 구분**하여야 한다.

108. **성과평가의 오차가 최소화(정확한 성과평가)되도록 설계하여야 한다.**

109.

	A사업부	B사업부	C사업부
1. 영업자산	1,000,000	4,000,000	3,000,000
2. 영업이익	900,000	1,500,000	1,500,000
3. 최저필수수익률	10%	20%	30%
4. 잔여이익 2 - 1 × 3	**800,000**	**700,000**	**600,000**

110. 가중평균자본비용 산정시 **타인자본에 대한 법인세 감세효과를 반영**하여야 한다.

111. 경제적 부가가치는 기업에 대한 고유의 경영성과를 측정하는데 유용하다.

산업 간의 위험의 차이에 대해서 조정할 수 없다.

112. **회피가능원가는 의사결정에 필요한 관련원가에 해당**한다.

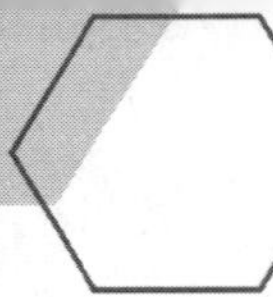

113.

1.증분수익(X사업부 폐지시)	
• **공통원가감소**	**120,000－70,000＝50,000원**
2.증분비용(X사업부 폐지시)	
• **공헌이익감소**	**매출액(300,000)－변동원가(280,000)＝20,000원**
3.증분손익	+30,000원(사업부 폐지)

114. 외부구입단가＝변동비 감소(200＋80＋120)＋고정원가절감(600,000÷10,000단위×2/3)

＝440원

115. 회피가능 고정원가는 의사결정시 필요한 관련원가이다.

116. 현금흐름 추정시 이자비용을 고려시 이중으로 계산이 되므로 이자비용을 고려해서는 안된다.

117. 순현재가치＝－950,000＋매년현금유입(300,000)×연금현가계수(3.79)＝187,000원

118. **실제현금흐름으로 자본예산을 실행하는 현금모형에는 회수기간법, 순현재가치법, 내부수익률법이 있다.**

119. 〈유휴생산능력이 있을 경우〉

최소대체가격＝한단위 대체시 지출원가(100)＋한단위 대체시 기회비용(0)＝100원

〈유휴생산능력이 없을 경우〉

최소대체가격＝한단위 대체시 지출원가(100)＋한단위 대체시 기회비용(170－100)＝170원

최대대체가격＝MIN[①외부구입가격(160) ②완제품판매가격－추가가공비등]＝160원

유휴생산능력이 있으면 대체하는 것이 유리하고, 없으면 외부에서 구입하는게 유리하다.

120. 수명기주기 원가계산은 제품의 기획, 연구, 개발, 설계에서 제조, 마케팅, **판매후 서비스, 폐기(공급중단)에 이르기까지 수명주기 전체동안 발생된 일체의 원가**를 추적하여 집계하는 것을 말한다.

2022년 7월

94회 재경관리사

재무회계

1. 다음 중 재무보고의 필요성에 대한 설명으로 가장 올바르지 않은 것은?

① 주주는 투자와 관련된 의사결정에 유용한 재무정보를 얻을 수 있다.

② 채권자는 원리금 상환능력 등의 판단에 유용한 재무정보를 얻을 수 있다.

③ 정부(국세청 등)는 과세표준 결정 등에 유용한 재무정보를 얻을 수 있다.

④ 종업원이나 경영자는 외부 이해관계자가 아닌 내부 이해관계자이므로 필요하지 않다.

2. 다음 중 자산 및 부채의 측정방법에 대한 설명으로 가장 올바르지 않은 것은?

① 공정가치 : 측정일에 시장참여자간 정상거래에서 자산을 매도할 때 받을 가격 등

② 사용가치 : 기업이 자산의 사용과 궁극적인 처분으로 얻을 것으로 기대하는 현금흐름 등

③ 역사적원가 : 기업이 자산을 취득 또는 창출하기 위하여 지급한 대가(거래원가 포함)

④ 현행원가 : 기업이 부채를 이행할 때 이전해야 하는 현금이나 그 밖의 경제적 자원의 현재가치

3. 다음 중 재무제표 요소의 인식에 관한 설명으로 가장 올바르지 않은 것은?

① 미래 경제적 효익의 유입(유출) 가능성이 높고 이를 금액적으로 신뢰성 있게 측정할 수 있다면 재무제표에 인식되어야 한다.

② 인식 요건을 충족하는 항목을 재무상태표나 손익계산서상에 누락하였다면 관련된 내용을 주석에 상세히 공시하는 것으로 대체할 수 있다.

③ 주문 후 아직 인도되지 않은 재고자산 매입대금에 대한 부채는 일반적으로 재무상태표에 부채로 인식되지 않는다.

④ 비용의 인식은 부채의 증가나 자산의 감소에 대한 인식과 동시에 이루어진다.

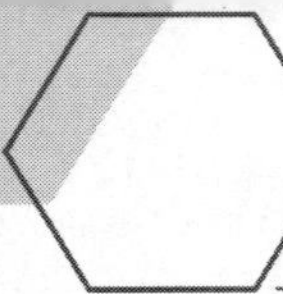

4. 다음 중 포괄손익계산서의 작성과 관련된 설명으로 가장 올바르지 않은 것은?

① 단일포괄손익계산서 또는 별개의 손익계산서와 포괄손익계산서 중 하나의 양식을 선택할 수 있다.

② 포괄손익은 크게 당기손익과 기타포괄손익으로 구성된다.

③ 당기순손익과 총포괄손익은 비지배지분과 지배기업의 소유주 지분으로 구분하여 표시하여야 한다.

④ 비용을 성격별로 분류하여 손익계산서를 작성한 기업은 비용의 기능별 배부에 대한 내용을 주석에 추가적으로 공시하여야 한다.

5. 다음 중 재무제표 보고기간후사건에 관한 설명으로 가장 올바르지 않은 것은?

① 수정을 요하지 않는 보고기간후사건의 예로 보고기간 말과 재무제표 발행 승인일 사이에 투자자산의 공정가치의 하락을 들 수 있다.

② 수정을 요하지 않는 보고기간후사건으로서 중요한 것은 그 범주별로 사건의 성격이나 재무적 영향에 대한 추정치 등을 공시하여야 한다.

③ 수정을 요하는 보고기간후사건의 예로 보고기간 말 이전에 구입한 자산의 취득원가나 매각한 자산의 대가를 보고기간 후에 결정하는 경우 등을 들 수 있다.

④ 수정을 요하는 보고기간후사건이란 재무제표 발행 승인일 후에 발생한 상황을 나타내는 사건을 말한다.

6. 재고자산 평가방법으로 이동평균법을 적용하고 있는 ㈜삼일의 재고자산수불부가 다음과 같을 때, ㈜삼일의 기말재고자산 금액으로 가장 옳은 것은(단, 기말재고자산 실사결과 확인된 재고수량은 600개이다)?

	수량	단가	금액
전기이월	1,000개	80원	80,000원
3월 5일 구입	200개	110원	22,000원
4월 22일 판매	800개		
6월 8일 구입	200개	120원	24,000원
기말	600개		

① 58,000원 ② 62,000원 ③ 68,000원 ④ 72,000원

7. 다음은 ㈜삼일의 20X1년 재고수불부이다. ㈜삼일이 재고자산을 선입선출법으로 평가하는 경우와 총평균법(회계기간 단위로 평균단가를 산출하는 방법)으로 평가하는 경우 각각의 기말재고자산금액은 얼마인가?

	수량	단가	금액
전기이월	3,000개	2,000원	6,000,000원
1. 20. 구입	2,000개	2,500원	5,000,000원
6. 15. 판매	(2,500개)		
8. 14. 구입	2,000개	2,400원	4,800,000원
10. 1. 판매	(3,500개)		
12. 4. 구입	1,000개	3,000원	3,000,000원
기 말	2,000개		

	선입선출법	총평균법		선입선출법	총평균법
①	5,400,000원	4,000,000원	②	5,400,000원	4,700,000원
③	5,800,000원	4,000,000원	④	5,800,000원	4,700,000원

8. 다음은 ㈜삼일의 20X1 회계연도 결산시 재고자산과 관련된 자료이다. 재고자산과 관련된 결산수정분개가 당기손익에 미치는 영향으로 가장 옳은 것은(단, 20X1년 기초재고자산의 재고자산평가충당금은 없다)?

ㄱ. 결산수정분개전 기말재고자산 장부상 수량	100개
ㄴ. 결산수정분개전 기말재고자산 장부상 매입단가	200원/개
ㄷ. 기말재고자산 실사수량	95개
ㄹ. 기말재고자산의 예상판매가격	160원/개
ㅁ. 기말재고자산의 예상판매비용	예상판매가격의 5%

① 4,800원 증가 ② 5,560원 증가 ③ 4,800원 감소 ④ 5,560원 감소

9. 다음 중 유형자산의 취득원가에 포함되는 요소가 아닌 것으로 올바르게 짝지어진 것은?

ㄱ. 설치장소 준비를 위한 지출
ㄴ. 최초의 운송 및 취급관련 원가
ㄷ. 보유중인 건물에 대하여 부과되는 재산세
ㄹ. 취득세
ㅁ. 매입할인

① ㄱ, ㄴ, ㄷ ② ㄴ, ㄹ, ㅁ ③ ㄷ, ㅁ ④ ㄱ, ㄴ, ㄷ, ㄹ, ㅁ

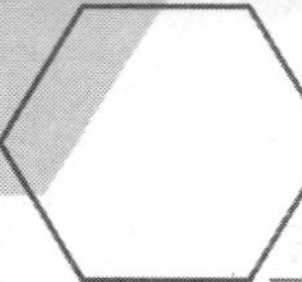

10. 다음 중 유형자산의 후속측정에 관한 설명으로 가장 올바르지 않은 것은?

① 원가모형과 재평가모형 중 하나를 회계정책으로 선택하여 유형자산의 유형별로 동일하게 적용하여야 한다.

② 재평가모형은 취득일 이후 재평가일의 공정가치로 해당 자산금액을 수정하고, 당해 공정가치에서 재평가일 이후의 감가상각누계액과 손상차손누계액을 차감한 금액을 장부금액으로 공시한다.

③ 재평가로 인하여 자산이 증가된 경우 그 증가액은 기타포괄이익으로 인식하고 재평가잉여금의 과목으로 자본(기타포괄손익누계액)에 가산한다.

④ 재평가로 인하여 자산이 감소된 경우 그 감소액은 기타포괄손실로 인식하고 재평가잉여금의 과목으로 자본(기타포괄손익누계액)에 차감한다.

11. 다음은 ㈜삼일이 20X1년 7월 1일에 취득하여 20X1년 현재 사용 중인 기계장치들에 대한 내용이다. 20X1년 말 사용 중인 기계장치들에 대하여 자산손상을 시사하는 징후가 존재하였다. ㈜삼일이 20X1년 말에 유형자산손상차손으로 인식해야 할 금액은 얼마인가?

구 분	기계장치 A	기계장치 B
20X1년 말 장부금액	225,000,000원	80,000,000원
20X1년 말 처분시 예상 순공정가치	150,000,000원	40,000,000원
계속 사용할 경우의 사용가치	135,000,000원	96,000,000원

① 0원
② 59,000,000원
③ 74,000,000원
④ 75,000,000원

12. 다음은 ㈜삼일의 프로젝트 개발활동과 관련된 지출내용이다. ㈜삼일의 프로젝트 개발활동과 관련하여 무형자산(개발비)으로 회계처리가 가능한 금액은 얼마인가?

프로젝트	금액	내용
가	350,000원	프로젝트 연구단계에서의 지출
나	900,000원	프로젝트 개발단계에서의 지출로 자산 인식조건을 만족시킴
다	1,000,000원	프로젝트 개발단계에서의 지출로 자산 인식조건을 만족시키지 못함
라	250,000원	프로젝트 개발과 관련된 내부개발 소프트웨어로 자산 인식조건을 만족시킴

① 900,000원
② 1,150,000원
③ 1,500,000원
④ 1,600,000원

13. 다음 중 무형자산의 상각에 관한 설명으로 가장 올바르지 않은 것은?

① 내용연수가 유한한 무형자산은 내용연수 동안 상각하지만 내용연수가 비한정인 무형자산은 상각하지 않는다.

② 무형자산의 잔존가치는 처분으로 회수가능한 금액을 근거로 하여 추정하며 적어도 매 회계기간말에 검토한다.

③ 상각기간이나 상각방법을 변경하는 경우에는 회계추정의 변경으로 본다.

④ 내용연수가 비한정인 무형자산이란 내용연수가 무한하여 미래 경제적 효익이 무한할 것으로 기대되는 무형자산을 의미한다.

14. ㈜삼일은 부동산매매업을 영위하고 있다. ㈜삼일은 당기 중 판매목적으로 보유하던 장부가액 10억원의 상가건물을 제3자에게 운용리스를 통해 제공하기로 하였다. 용도변경 시점의 동 상가건물의 공정가치는 13억원이었으며, ㈜삼일은 투자부동산에 대하여 공정가치모형을 적용하고 있다. ㈜삼일이 용도변경 시점에 ㈜삼일의 회계처리로 가장 옳은 것은?

①	(차) 투자부동산	13억	(대) 재고자산	10억
			재평가이익(당기손익)	3억
②	(차) 투자부동산	13억	(대) 재고자산	13억
③	(차) 투자부동산	13억	(대) 재고자산	10억
			재평가잉여금(기타포괄손익)	3억
④	(차) 투자부동산	10억	(대) 재고자산	10억

15. 다음 중 금융자산의 분류에 관한 설명으로 가장 올바르지 않은 것은?

① 일반적으로 지분증권은 당기손익-공정가치 측정 금융자산으로 분류한다.

② 단기매매항목이 아닌 지분상품은 최초 인식시 기타포괄손익-공정가치 측정 금융자산으로 지정할 수 있다.

③ 원리금 수취 목적의 채무상품은 상각후원가측정금융자산으로 분류한다.

④ 매매목적의 파생상품은 기타포괄손익-공정가치측정 금융자산으로 분류한다.

16. ㈜서울은 20X1년 초에 ㈜용산의 주식 1,000주를 취득하고 당기손익-공정가치 측정 금융자산으로 분류하였다. 20X2년 초에 1,000주를 공정가치로 처분한 경우 ㈜서울이 20X2년의 포괄손익계산서에 계상할 처분손익은 얼마인가?

일 자	구 분	주 당 금 액
20X1년 1월 3일	취득원가	10,000원
20X1년 12월 31일	공정가치	10,500원
20X2년 1월 1일	공정가치	9,700원

① 이익 300,000원
② 이익 500,000원
③ 손실 300,000원
④ 손실 800,000원

17. 다음의 빈칸에 들어갈 말로 가장 적절한 것끼리 묶인 것은?

> 사채는 (㉠)로 후속 측정한다. 만약 사채발행 시점에 시장이자율이 계약상 액면이자율보다 더 큰 경우에는 사채가 (㉡) 되는데 이 경우에는 (㉠) 가 만기로 갈수록 점점 증가하게 된다.

	㉠	㉡
①	공정가치	할인발행
②	공정가치	할증발행
③	상각후원가	할인발행
④	상각후원가	할증발행

18. 다음 중 ㈜삼일의 20X1년 12월 31일 사채 관련 분개에 관한 설명으로 가장 옳은 것은(소수점 이하는 반올림 한다)?

> ㈜삼일은 20X1년 1월 1일 사채(액면 100,000원, 표시이자율 10%, 이자는 매년말에 지급, 만기일은 20X3년 12월 31일이고, 유효이자율은 8%)를 발행하였다. 20X1년 12월 31일에 표시이자 지급 후 사채를 105,000원에 상환하였다.
> (가치계산표 : 3년 8% 단일금액의 현재가치=0.7938, 3년 8% 정상연금의 현재가치=2.5771)

① 3년동안 사채의 총이자비용은 8,412원이다.
② 사채의 장부금액은 103,563원이다.
③ 사채상환손실은 3,563원이다.
④ 사채할증발행차금상각액은 2,000원이다.

19. 다음 중 전환사채에 관한 설명으로 가장 옳은 것은?

① 전환사채는 부채요소와 자산요소를 모두 가지고 있는 복합금융상품을 의미한다.
② 전환사채의 전환권조정은 사채할인발행차금과 유사하게 상환기간동안 유효이자율법을 적용하여 상각하고 상각된 금액은 이자비용으로 인식한다.
③ 전환사채는 유가증권의 소유자가 사전에 약정된 가격으로 보통주의 발행을 청구할 수 있는 권리가 부여된 사채를 의미한다.
④ 상환할증금지급조건에 의해 발행된 상환할증금은 전환사채의 액면금액에서 차감하여 표시한다.

20. 다음 중 충당부채에 관한 설명으로 가장 올바르지 않은 것은?

① 충당부채를 인식하기 위해서는 과거에 사건이나 거래가 발생하여 현재 의무가 존재하여야 한다.
② 충당부채를 반드시 재무상태표에 금액으로 인식할 필요는 없으며, 주석으로 공시해도 된다.
③ 충당부채를 설정하는 의무에는 법적의무 또는 의제의무가 포함된다.
④ 화재, 폭발 등의 재해에 의한 재산상의 손실에 대비한 보험에 가입하고 있지 않을 때 보험미가입으로 인하여 재무상태표에 인식하여야 할 부채는 없다.

21. 20X1년 설립된 ㈜삼일의 20X1년 당기순이익은 1,000,000,000원이고, 1주당 액면금액은 5,000원이다. 20X1년 말 자본이 아래와 같을 때 가장 옳은 것은(단, 설립 이후 추가 증자는 없었다)?

자본금	5,000,000,000원	주식발행초과금	3,000,000,000원
이익잉여금	1,000,000,000원	자본총계	9,000,000,000원

① ㈜삼일의 발행주식수는 1,600,000주이다.
② ㈜삼일의 주식발행금액은 주당 8,000원이다.
③ ㈜삼일의 법정자본금은 9,000,000,000원이다.
④ ㈜삼일의 20X1년 주당이익은 2,000원이다.

22. 다음은 결산일이 12월 31일인 ㈜삼일의 20X1년 말 재무정보이다. 20X1년 말 ㈜삼일의 기타포괄손익 누계액은 얼마인가?

ㄱ. 자본금	5,000,000원
ㄴ. 주식발행초과금	1,000,000원
ㄷ. 보험수리적이익	2,500,000원
ㄹ. 유형자산 재평가잉여금	500,000원
ㅁ. 미처분이익잉여금	4,600,000원
ㅂ. 자기주식처분이익	1,000,000원

① 500,000원
② 1,500,000원
③ 3,000,000원
④ 4,000,000원

23. 방송프로그램 제작사인 ㈜삼일은 20X1년 1월 1일 장난감 제조사인 ㈜용산과 4년간 방송프로그램 캐릭터 사용계약을 체결하였다. ㈜용산은 현재 및 향후 방송에 나올 캐릭터를 모두 사용할 권리를 가지고 4년간 사용대가로 계약일에 100,000,000원을 지급하였다. 20X1년 ㈜삼일의 라이선스 수익인식 금액은 얼마인가?

① 0원
② 25,000,000원
③ 50,000,000원
④ 100,000,000원

24. ㈜삼일은 20X1년 1월 1일 ㈜용산에 상품을 할부로 판매하였다. 할부대금은 매년 말 30,000,000원씩 3년간 회수하기로 하였다. 상품판매시의 시장이자율이 5%인 경우 ㈜삼일의 20X2년 1월 1일 재무상태표상 매출채권 잔액은 얼마인가(3년, 5% 연금현가계수는 2.7232이며, 소수점 이하는 반올림한다)?

① 28,569,840원
② 30,000,000원
③ 55,780,800원
④ 60,000,000원

25. ㈜삼일은 ㈜서울로부터 건설공사를 수주하였다. 건설계약과 관련한 계약원가의 구성은 다음과 같을 때, (나)항에 들어갈 구성 항목으로 가장 옳은 것은?

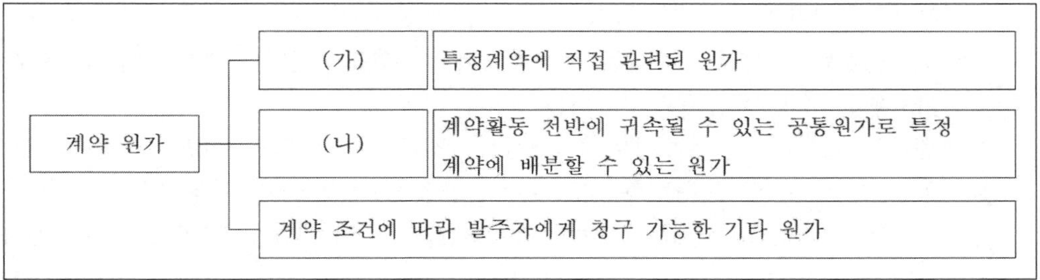

① 판매원가
② 생산설비와 건설장비의 임차원가
③ 건설인력의 급여지급에 대한 사무처리 원가
④ 계약에 사용된 생산설비와 건설장비의 감가상각비

26. ㈜서울은 ㈜용산으로부터 건설공사를 수주하였다. ㈜용산과 체결한 건설공사에서 손실이 발생할 것으로 예상되는 경우 ㈜서울이 수행할 회계처리로 가장 옳은 것은?

① 건설계약에서 예상되는 손실액은 진행률에 따라 비용으로 인식한다.
② 건설계약에서 예상되는 손실액은 공사완료시점에 비용으로 인식한다.
③ 건설계약에서 예상되는 손실액은 당기에 즉시 비용으로 인식한다.
④ 건설계약에서 예상되는 손실액은 전기에 인식했던 수익에서 직접 차감한다.

27. ㈜삼일은 확정급여형 퇴직급여제도를 시행하고 있다. 20X1년 말 사외적립자산의 공정가치 금액은 얼마인가(단, 20X1년에 중도퇴사자는 없다)?

ㄱ. 20X1년 초 사외적립자산의 공정가치 :	2,000,000원
ㄴ. 기여금의 불입 :	800,000원
ㄷ. 사외적립자산의 기대수익 :	200,000원
ㄹ. 사외적립자산의 실제수익 :	150,000원

① 2,050,000원　② 2,150,000원　③ 2,200,000원　④ 2,950,000원

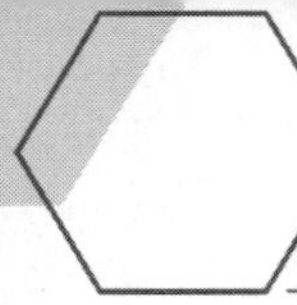

28. 다음 중 주식기준보상거래에 관한 설명으로 가장 올바르지 않은 것은?

① 주식결제형 주식기준보상거래는 기업이 재화나 용역을 제공받는 대가로 기업의 지분상품을 부여하는 것이다.

② 현금결제형 주식기준보상거래는 기업이 재화나 용역을 제공받는 대가로 기업의 지분상품의 가치에 기초하여 현금 등을 지급하는 것이다.

③ 종업원으로부터 제공받는 경우 주식결제형 주식기준보상거래의 보상원가 산정시 지분상품의 공정가치는 부여일 현재로 측정하고 이후에 공정가치가 변동되는 경우 변동분을 반영한다.

④ 선택형 주식기준보상거래는 결제방식으로 현금 지급이나 기업의 지분상품 발행을 선택할 수 있다.

29. ㈜삼일의 과세소득과 관련된 다음 자료를 이용하여 20X1년 말 재무상태표상의 이연법인세자산(부채) 금액을 구하면 얼마인가?

법인세비용차감전순이익	4,000,000원
가산(차감)조정	
일시적차이가 아닌 차이	600,000원
일시적차이	900,000원
과세표준	5,500,000원 (세율 : 25%)

〈 추가자료 〉

ㄱ. 일시적차이가 사용될 수 있는 미래과세소득의 발생가능성은 높다고 가정한다.

ㄴ. 일시적차이는 20X2년, 20X3년, 20X4년에 걸쳐 300,000원씩 소멸하며, 일시적 차이가 소멸될 것으로 예상되는 기간의 과세소득에 적용될 것으로 기대되는 평균세율은 30%로 동일하다.

ㄷ. 20X0년 말 재무상태표상 이연법인세자산(부채)은 없다.

① 이연법인세부채 225,000원 ② 이연법인세자산 270,000원

③ 이연법인세부채 325,000원 ④ 이연법인세자산 370,000원

30. 다음은 ㈜삼일의 20X1년과 20X2년 말의 이연법인세자산・부채의 내역이다. ㈜삼일이 20X2년에 인식할 법인세비용은 얼마인가(20X2년 과세소득에 대하여 부담할 법인세액은 400,000원이다)?

〈각 회계연도 말 재무상태표 금액〉

구 분	20X2년 말	20X1년 말
이연법인세자산	200,000원	50,000원
이연법인세부채	–	50,000원

① 200,000원 ② 400,000원 ③ 450,000원 ④ 600,000원

31. 김회계사는 ㈜삼일의 20X1 회계연도 감사과정에서 다음과 같은 사실을 발견하였다. 동 발견사항에 대하여 수정할 경우 ㈜삼일의 수정 후 20X1년 법인세비용차감전순이익은 얼마인가?

> ㄱ. 회사가 제시한 20X1년 법인세비용차감전순이익 : 300,000,000원
> ㄴ. 담당공인회계사가 발견한 사항 :
> - 20X1년 중 설치조건부 판매를 하였고 이에 대해 ㈜삼일은 200,000,000원의 매출 총이익을 인식하였음. 이와 관련하여 20X1년 말 현재 계약의 중요한 부분을 차지하는 설치가 아직 완료되지 않았음을 발견함
> - ㈜삼일은 20X1년 7월 1일 건물에 대한 보험료 1년치 100,000,000원을 선급하고 지출하는 시점에 전액 보험료로 비용처리하였음

① 100,000,000원 ② 150,000,000원
③ 250,000,000원 ④ 350,000,000원

32. 희석주당이익은 실제 발생된 보통주뿐만 아니라 보통주로 전환될 수 있는 잠재적 보통주까지 감안하여 산출한 주당이익을 말한다. 다음 중 잠재적 보통주에 해당하는 것으로 가장 올바르지 않은 것은?

$$\text{희석주당순이익} = \frac{\text{희석당기순이익}}{\text{가중평균유통보통주식수} + \text{잠재적 보통주식수}}$$

① 보통주로 전환할 수 있는 전환사채
② 보통주로 전환할 수 있는 전환우선주
③ 사업인수나 자산취득과 같이 계약상 합의에 따라 조건이 충족되면 발행하는 보통주
④ 회사가 보유하고 있는 자기주식

33. 지분법은 투자자가 피투자자에 대해 유의적인 영향력을 행사할 수 있는 경우에 적용한다. 다음 중 유의적인 영향력을 행사할 수 있는 경우에 해당하는 것으로 가장 올바르지 않은 것은?

① 피투자자의 이사회나 이에 준하는 의사결정기구에 참여하는 경우
② 필수적 기술정보를 제공하는 경우
③ 투자자와 피투자자 사이의 중요한 거래가 있는 경우
④ 투자자와 피투자자가 동일지배하에 있는 경우

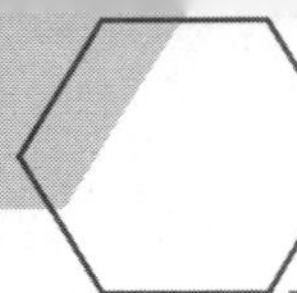

34. 다음 중 지분법 회계처리에 관한 설명으로 가장 올바르지 않은 것은?

① 지분법은 취득시점에서 관계기업투자주식을 취득원가로 기록한다.

② 피투자회사의 당기순이익 중 투자회사의 지분에 해당하는 금액은 투자회사의 지분법이익으로 보고된다.

③ 피투자회사가 배당금지급을 결의한 시점에 투자회사가 수취하게 될 배당금 금액을 당기순이익으로 인식한다.

④ 투자자와 관계기업 사이의 내부거래에서 발생한 당기손익에 대하여 투자자는 그 관계기업에 대한 투자지분과 무관한 손익까지만 투자자의 재무제표에 인식한다.

35. 다음 중 기능통화와 표시통화에 관한 설명으로 가장 올바르지 않은 것은?

① 기능통화란 영업활동이 이루어지는 주된 경제 환경의 통화이다.

② 기능통화로 외화거래를 최초로 인식하는 경우에 거래일의 외화와 기능통화 사이의 현물환율을 외화금액에 적용하여 기록한다.

③ 표시통화란 재무제표를 표시할 때 사용하는 통화이다.

④ 표시통화와 기능통화는 반드시 동일한 화폐로 사용하여야 한다.

36. 다음 중 파생상품과 관련한 회계처리에 대한 설명으로 가장 올바르지 않은 것은?

① 파생상품은 당해 계약상의 권리와 의무에 따라 자산 또는 부채로 인식하여 재무제표에 계상하여야 한다.

② 내재파생상품은 파생상품이 아닌 주계약을 포함하는 복합상품의 구성요소이며, 복합상품의 현금흐름 중 일부를 독립적인 파생상품의 경우와 유사하게 변동시키는 금융상품을 말한다.

③ 위험회피대상항목은 공정가치 변동위험 또는 미래현금흐름 변동위험에 노출된 자산, 부채, 확정계약 또는 미래에 예상되는 거래를 말한다.

④ 위험회피수단으로 지정되지 않고 매매목적 등으로 보유하고 있는 파생상품의 평가손익은 기타포괄손익으로 계상해야 한다.

37. ㈜삼일리스는 20X1년 1월 1일(리스약정일)에 ㈜한강(리스이용자)와 기계장치에 대한 금융리스계약을 체결하였으며, 관련 자료는 다음과 같다. 이러한 리스거래로 인하여 리스이용자인 ㈜한강의 리스부채와 사용권자산에 대해 20X1년에 인식할 이자비용과 감가상각비의 합계액은 얼마인가(단, 계산금액은 소수점 첫째자리에서 반올림함을 원칙으로 하고, 가장 근사치를 답으로 선택한다)?

ㄱ. 리스기간 : 3년(리스기간 종료시 ㈜한강은 소유권을 이전 받음)
ㄴ. 리스료 총액 : 150,000원 (매 50,000원씩 매년 말 3회 후불)
ㄷ. 기초자산의 취득원가 : 120,092원 (리스약정일의 공정가치와 동일)
ㄹ. 기초자산의 내용연수와 잔존가치 : 내용연수 5년, 잔존가치 20,092원
ㅁ. 리스의 내재이자율 : 연 12%
ㅂ. 이자율 12%, 3년 연금현가계수 : 2.40183
이자율 12%, 3년 현가계수 : 0.71178

① 18,000원 ② 34,411원 ③ 44,411원 ④ 47,744원

38. 다음은 ㈜삼일의 매입활동과 관련된 재무상태표와 포괄손익계산서의 일부이다. ㈜삼일의 모든 매입은 외상으로 이루어진다고 할 때, 20X1년 중 ㈜삼일이 매입처에 지급한 현금은 얼마인가?

ㄱ. 재무상태표 일부

	20X0년 12월 31일	20X1년 12월 31일
매입채무	0원	15,000,000원

ㄴ. 당기 재고자산 매입액은 150,000,000원이다.

① 100,000,000원 ② 120,000,000원 ③ 135,000,000원 ④ 155,000,000원

39. ㈜삼일의 20X1년도 포괄손익계산서상 이자비용은 110,000원이다. 다음 자료를 이용하여 ㈜삼일이 20X1 년도에 현금으로 지급한 이자금액을 계산하면 얼마인가?

구 분	20X0년 12월 31일	20X1년 12월 31일
미지급이자	10,000원	25,000원
선급이자	10,000원	5,000원

① 70,000원 ② 80,000원 ③ 90,000원 ④ 100,000원

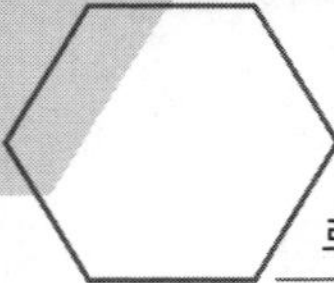

40. 다음 중 영업활동으로 인한 현금흐름으로 분류되지 않는 것은?

① 단기매매목적으로 보유하는 자산에서 발생하는 현금흐름
② 로열티, 수수료, 중개료 및 기타수익에 따른 현금유입
③ 종업원급여와 관련하여 발생하는 현금유출
④ 선물계약에 따른 현금유출

세무회계

41. 다음 중 조세의 분류기준 및 구분과 조세항목을 연결한 것으로 가장 올바르지 않은 것은?

	분류기준	구분	조세항목
①	과세권자	국세	법인세, 소득세
		지방세	취득세, 등록면허세, 주민세
②	독립된 세원	독립세	법인세, 소득세
		부가세	교육세
③	과세물건의 측정단위	종가세	주세(주정에 한함)
		종량세	인지세(단순정액세율인 경우)
④	조세부담의 전가여부	직접세	법인세, 소득세
		간접세	부가가치세, 개별소비세

42. 다음 중 신문기사의 괄호 안에 들어갈 국세부과의 원칙으로 가장 옳은 것은?

> 인테리어 공사 업체를 운영하던 오 씨는 지난 20X1년 인테리어 면허가 있는 직원 김 씨에게 "당장 공사를 위해 인테리어 면허가 있는 사업자등록이 필요하다"라며 김 씨에게 명의를 빌렸으나, 이후 김 씨 앞으로 나온 매출에 따른 세금 6 천 2 백여 만원을 부담하지 않아 사기 혐의 등으로 기소됐다.
> 대법원 재판부는"(　　　　)에 따라 과세관청은 타인의 명의로 사업자등록을 하고 실제로 사업을 영위한 사람에 대해 세법을 적용해 과세하는 것이 당연하다"면서… (이하 생략)

① 실질과세의 원칙　　② 근거과세의 원칙
③ 신의성실의 원칙　　④ 조세감면의 사후관리

43. 다음 중 국세기본법상 근거과세의 원칙에 관한 설명으로 가장 올바르지 않은 것은?

① 근거과세의 원칙이란 장부 등 직접적인 자료에 입각하여 납세의무를 확정하여야 한다는 원칙이다.

② 국세를 조사·결정할 때 장부의 기록 내용이 사실과 다르거나, 장부의 기록에 누락된 것이 있을 때에는, 장부 전체에 대하여 정부가 조사한 사실에 따라 결정할 수 있다.

③ 정부는 장부의 기록 내용과 다른 사실 또는 장부 기록에 누락된 것을 조사하여 결정하였을 때에는, 정부가 조사한 사실과 결정의 근거를 결정서에 적어야 한다.

④ 행정기관의 장은 해당 납세의무자 또는 그 대리인이 요구하면, 제3항의 결정서를 열람 또는 복사하게하거나, 그 등본 또는 초본이 원본과 일치함을 확인하여야 한다.

44. 다음 중 국세기본법상 가산세의 감면에 관한 설명으로 가장 옳은 것은?

① 국세를 감면하는 경우에 가산세는 그 감면하는 국세에 포함한다.

② 법인세 과세표준과 세액의 경정이 있을 것을 미리 알고 수정신고를 한 경우에 가산세를 감면하지 아니한다.

③ 가산세의 감면을 받고자 하는 경우에도 가산세 감면신고서를 제출하지 않아도 된다.

④ 법정신고기한이 지난 후 3년이 되는 날에 수정신고를 한 경우 과소신고가산세의 감면을 받을 수 있다.

45. 다음 중 법인세법상 사업연도에 관한 설명으로 가장 올바르지 않은 것은?

① 법인의 사업연도는 법령 또는 정관상에서 정하고 있는 회계기간을 우선적으로 적용하며 원칙적으로 1년을 초과할 수 없다.

② 법인설립 이전에 발생한 손익은 발기인의 소득이므로 신설법인의 최초 사업연도에 귀속시킬 수 없다.

③ 신설법인의 최초 사업연도 개시일은 설립등기일이다.

④ 법령 또는 정관상에 사업연도가 규정되어 있지 않은 경우에는 법인이 관할세무서장에게 신고한 사업연도를 적용하며, 신고하지 않은 경우에는 1월 1일에서 12월 31일까지를 사업연도로 한다.

46. 다음 중 소득의 귀속자에게 소득세가 부과되지 않는 소득처분은 무엇인가?

① 상여　　② 기타소득　　③ 유보　　④ 배당

47. 다음 자료에 의할 경우 ㈜삼일의 제22기(20x1년 1월 1일~20x1년 12월 31일) 각 사업연도소득금액은 얼마인가?

1. 제22기의 손익계산서

손익계산서

㈜삼일　　20x1년 1월 1일~20x1년 12월 31일　　(단위 : 원)

과목	금액
매출액	850,000,000
매출원가	550,000,000
(중략)	…
급여	95,000,000
세금과공과	7,000,000
이자비용	15,000,000
(중략)	…
법인세비용차감전순이익	110,000,000

2. 세무조정 관련 추가정보
   가. 매출액에는 제22기 거래인 매출액 10,000,000원과 매출원가 8,000,000원이 누락되어 있으며, 세법상 매출액이 아닌 금액 5,000,000원이 포함되어 있다.
   나. 급여에는 세법상 임원상여금 한도초과액 15,000,000원이 포함되어 있다.
   다. 세금과공과에는 세법상 손금불산입되는 2,000,000원이 포함되어 있다.
   라. 이자비용에는 세법상 손금불산입되는 5,000,000원이 포함되어 있다.

① 19,000,000원　② 24,000,000원　③ 125,000,000원　④ 129,000,000원

48. 다음 중 법인세법상 익금에 산입되는 금액은 얼마인가?

항목	금액
(1) 부가가치세 매출세액	200,000원
(2) 법인세 과오납금의 환급금에 대한 이자	100,000원
(3) 채무면제이익	100,000원
(4) 상품판매로 받은 금액	300,000원
(5) 감자차익	100,000원

① 300,000원　② 400,000원　③ 500,000원　④ 600,000원

49. 다음 중 법인세법상 손금으로 인정되는 금액은 얼마인가(단, 손금인정을 위한 기타 요건은 갖추었다고 가정한다)?

• 업무용승용차 관련 비용 중 사적사용비용	5,000,000원
• 주식할인발행차금	3,000,000원
• 사용자로서 부담하는 국민건강보험료	1,500,000원
• 임직원을 위한 직장보육시설비	3,700,000원

① 1,500,000원 ② 5,200,000원 ③ 7,200,000원 ④ 10,200,000원

50. 다음 중 영리내국법인의 자산·부채의 취득 및 평가와 손익의 귀속사업연도에 관한 설명으로 가장 올바르지 않은 것은?

① 재고자산 평가방법을 신고하지 아니하여 무신고에 따른 평가방법을 적용하는 경우에는 총평균법을 이용한다.

② 은행법에 의한 인가를 받아 설립된 은행이 보유하는 화폐성외화자산·부채는 사업연도 종료일 현재의 기획재정부령으로 정하는 매매기준율 또는 재정된 매매기준율로 평가하여야 한다.

③ 중소기업 법인이 장기할부조건으로 자산을 판매하거나 양도한 경우에는 그 장기할부조건에 따라 각 사업연도에 회수하였거나 회수할 금액과 이에 대응하는 비용을 각각 해당 사업연도의 익금과 손금에 산입할 수 있다.

④ 중소기업 법인이 수행하는 계약기간 1년 미만 건설용역의 경우에는 그 목적물의 인도일이 속하는 사업연도에 익금과 손금을 산입할 수 있다.

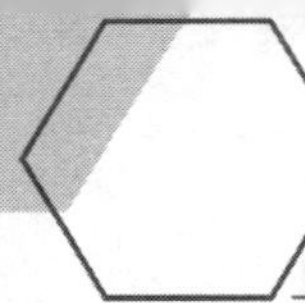

51. ㈜삼일은 당기 중 사업용 유형자산의 수선비 지출에 대하여 다음과 같은 대화를 나누었다. ㈜삼일의 담당자들 중 세법의 내용에 가장 부합하지 않게 주장하는 사람은 누구인가?

> 김부장 : 지난 12월에 시행된 대규모 옥외창고(A) 지붕설치 공사로 인해 다들 수고가 많았습니다. 다들 아시다시피 신규설치 비용이 총 1억원이 발생했는데, 제가 알기로는 수선비가 그 실질에 따라 자산의 취득원가를 구성하기도 하고, 혹은 당기 비용으로 처리되기도 합니다. 이를 자본적 지출과 수익적 지출로 구분하기도 하는데, 이번 옥외창고(A)의 신규지붕 설치 공사건에 대한 세무상 처리가 어떻게 되는지 설명해 주실 분 계십니까?
>
> 정과장 : 통상 지붕수리 비용은 수선비로 하여 당기 비용처리하면 되나, 이번 경우는 신규 설치이고 금액이 크고 자산의 내용연수를 증가시키기 때문에 자산의 취득원가로 처리하면 될 것이라고 생각합니다.
>
> 윤대리 : 자산의 취득원가로 처리한다는 것은 옥외창고(A)에 대한 자본적 지출로 처리해야 한다는 의미인 것 같은데, 제가 알기로는 결산팀에서는 이미 장부상 수선비로 하여 당기 비용처리한 것으로 알고 있습니다. 따라서 세무조정시 해당 수선비를 자산의 취득원가에 포함하여 감가상각 범위액을 계산하고, 동시에 동 수선비를 감가상각비 계상액에 포함하여 감가상각한도시부인을 수행하면 될 것입니다.
>
> 최사원 : 한편, 기존 창고(B)에 설치되어 있던 지붕이 노후화로 말미암아, 빗물이 조금씩 새고 있습니다. 따라서 다음 달 중에 보완공사를 할 예정에 있습니다. 물론, 동 보완공사로 인해 창고의 내용연수가 연장되거나 하지는 않습니다만, 해당 공사도 건물과 관련된 비용이라고 볼 수 있으므로 동 보완공사에 소요되는 비용은 이번 옥외창고(A)건과 마찬가지로 창고에 대한 자본적 지출로 처리하도록 하겠습니다.

① 김부장　② 정과장　③ 윤대리　④ 최사원

52. ㈜삼일은 기계장치를 20x0년 1월 29일에 취득하여 당기말 현재 보유중이다. 다음 자료에 의할 경우 당해 사업연도(20x1년 1월 1일~20x1년 12월 31일)의 감가상각범위액은?

> ㄱ. 기계의 취득가액 : 500,000,000원
> ㄴ. 신고내용연수 : 10년
> ㄷ. 상각률 : 정액법 0.1, 정률법 0.259
> ㄹ. 전기말 감가상각누계액 : 40,000,000원
> ㅁ. 20x1년 9월 19일 기계장치에 대한 자본적 지출 : 100,000,000원
> ㅂ. 신고 감가상각방법 : 무신고

① 56,000,000원　② 60,000,000원　③ 145,040,000원　④ 155,400,000원

53. 다음 중 법인세법상 기부금의 손익귀속시기에 관한 설명으로 가장 올바르지 않은 것은?

① 기부금의 손금 귀속시기는 현금주의에 의한다.

② 기부금을 미지급금으로 계상한 경우에는 실제로 이를 지출할 때까지는 기부금으로 보지 않는다.

③ 기부금의 지출을 위하여 어음을 발행한 경우에는 그 어음이 실제로 결제된 날에 기부금을 지출한 것으로 본다.

④ 기부금의 지출을 위하여 수표를 발행한 경우에는 해당 수표를 발행한 날에 지출한 것으로 본다.

54. 다음 기부금 중 종류가 다른 것은 무엇인가?

① 국방헌금

② 사립학교 시설비를 위해 지출한 기부금

③ 천재지변으로 인한 이재민을 위한 구호금품

④ 평생교육시설의 장이 추천하는 개인에게 교육비, 연구비 또는 장학금을 지출하는 기부금

55. 다음은 ㈜삼일의 제5기 사업연도(20x1년 1월 1일~20x1년 12월 31일) 기업업무추진비 관련 지출내역이다. ㈜삼일의 제5기 사업연도 기업업무추진비 관련 모든 손금불산입 합계액은 얼마인가?

(1) 기업업무추진비 지출액 : 200,000,000원(신용카드 등 미사용 기업업무추진비 15,000,000원(1건) 포함) (2) 매출액 : 45,000,000,000원(특수관계인간 거래액 10,000,000,000원 포함) (3) ㈜삼일은 중소기업에 속하지 아니하며 제조업을 영위하고 있음 (4) 기업업무추진비 한도계산시 수입금액 100억원 이하는 0.3%, 100억원 초과 500억원 이하는 0.2%를 적용

① 15,000,000원 ② 91,000,000원 ③ 106,000,000원 ④ 185,000,000원

56. 다음 지급이자 손금불산입 항목 중 대표자상여로 소득처분해야 하는 것을 모두 고르면?

ㄱ. 채권자가 불분명한 사채의 이자(원천징수세액 제외) ㄴ. 비실명 채권·증권의 이자상당액(원천징수세액 제외) ㄷ. 건설자금이자 ㄹ. 업무무관자산 등 관련 이자

① ㄴ ② ㄱ, ㄴ ③ ㄱ, ㄹ ④ ㄷ, ㄹ

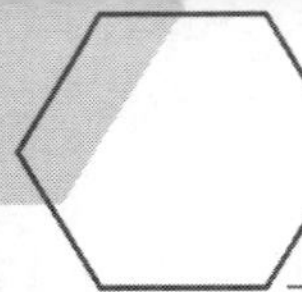

57. 다음은 대손금과 대손충당금에 관한 실무담당자들의 대화이다. 올바른 설명으로 짝지은 것은?

> ㄱ. '특수관계인에 대한 업무무관가지급금'에서 발생하는 대손금은 법인세법상 손금으로 인정되지 않으므로 세무조정시 참고하여야 합니다.
> ㄴ. 법인세법상 대손충당금은 대손실적률과 무관하게 설정대상 채권가액의 1%만 설정할 수 있습니다.
> ㄷ. 대손충당금 설정대상채권에는 매출채권뿐만 아니라 대여금, 미수금 등도 포함됩니다.
> ㄹ. 대손충당금 한도미달액에 대해서는 손금산입(유보)으로 세무조정 합니다.

① ㄱ, ㄷ　② ㄴ, ㄹ　③ ㄷ, ㄹ　④ ㄱ, ㄷ, ㄹ

58. 다음 중 법인세법상 부당행위계산부인 규정에 관한 설명으로 가장 올바르지 않은 것은?

① 중소기업에 근무하는 직원에게 주택임차자금을 대여하는 경우에는 복리후생적 지출로 보아 부당행위계산부인 규정을 적용하지 않는다.
② 특수관계인과의 거래라고 하더라도 그 법인의 소득에 대한 조세부담이 감소하지 않은 경우 부당행위계산부인 규정이 적용되지 않는다.
③ 부당행위계산부인 규정이 적용되기 위해서는 원칙적으로 특수관계인 사이에서 이루어진 거래이어야 한다.
④ 회사가 사택을 출자임원(지분율 1%)에게 무상으로 제공하는 경우에는 부당행위계산부인 규정을 적용하지 않는다.

59. 다음 자료를 이용하여 제조업을 영위하는 ㈜삼일의 제7기 사업연도(20x1년 1월 1일~12월 31일) 각 사업연도소득금액을 계산하면 얼마인가?

> (1) ㈜삼일은 제7기 사업연도 7월에 특수관계인(개인주주)으로부터 시가 1억원인 건물을 2억원에 매입하고 대가를 전액 지불하였다.
> (2) ㈜삼일은 건물의 취득가액을 장부상 2억원으로 계상하고, 신고내용연수(20년)에 따라 5,000,000원을 감가상각비로 계상하였다.
> (3) 결산서상 당기순이익은 50,000,000원이며, 위 자료 외의 다른 세무조정은 없는 것으로 가정한다.

① 52,500,000원　② 65,000,000원　③ 152,500,000원　④ 155,000,000원

60. ㈜삼일의 당기 법인세 과세표준 및 국외원천소득에 관한 자료에 근거하여 ㈜삼일의 외국납부세액 공제액을 계산하면 얼마인가?

(1) 각사업연도소득금액 : 900,000,000원 (2) 법인세 과세표준 : 450,000,000원 (3) 법인세 산출세액(가정) : 60,000,000원 (4) 국외원천소득자료 ① 과세표준에 산입된 국외원천소득 : 150,000,000원 ② 국외원천소득에 대한 외국납부세액 : 30,000,000원

① 5,000,000원 ② 10,000,000원 ③ 20,000,000원 ④ 30,000,000원

61. 다음 중 소득세법상 과세기간에 관한 설명으로 가장 옳은 것은?

① 소득세 과세기간은 원칙적으로 1월 1일부터 12월 31일까지 1년으로 하는 것이나, 법인세법과 마찬가지로 개인의 선택에 따라 과세기간을 임의로 정할 수 있다.

② 거주자가 사업을 개시한 경우 과세기간은 사업개시일 부터 12월 31일까지로 하는 것이 원칙이다.

③ 거주자가 사업을 폐업한 경우 과세기간은 1월 1일부터 폐업일까지로 하는 것이 원칙이다.

④ 거주자가 주소 또는 거소를 국외로 이전(이하 '출국')하여 비거주자가 되는 경우의 과세기간은 1월 1일부터 출국한 날까지로 한다.

62. 다음 자료에 의하여 거주자 김영희씨의 종합과세되는 금융소득금액을 계산하면 얼마인가?

1. 20x1년에 수령한 배당금 등의 내역은 다음과 같다. (1) 주권상장법인으로부터 받은 현금배당 : 10,000,000원 (2) 비상장법인으로부터 받은 현금배당 : 10,000,000원 (3) 서울은행의 정기예금이자 : 5,000,000원 (4) 비실명이자 소득금액 : 5,000,000원 2. 배당소득 가산율은 10%로 가정한다.

① 25,000,000원 ② 25,500,000원 ③ 30,330,000원 ④ 33,300,000원

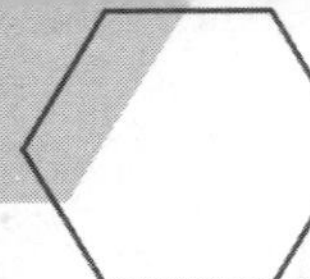

63. 다음 자료를 참고하여 20x1년 거주자 이철수의 세법상 부동산임대 사업소득 총수입금액을 계산하면 얼마인가?(단, 소수점 첫째자리에서 반올림한다)

1. 임대자산의 취득내역(토지가격 제외함)

구분	취득일자	취득가액
사무실	2016. 10. 10.	50,000,000원

2. 임대자산의 임대현황

구분	월임대료	임대보증금	임대기간
사무실	200,000원	100,000,000원	20x1년 1월 1일~20x1년 6월 30일

3. 임대보증금은 정기예금에 가입하여 이자수익 200,000원을 수령하였고, 기획재정부령이 정하는 정기예금이자율은 1.2%, 1년은 365일로 가정한다.

① 97,534원 ② 1,200,000원 ③ 1,297,534원 ④ 1,497,534원

64. ㈜용산에 근무하는 김삼일씨의 20x1년 급여내역이 다음과 같을 때 총급여액은 얼마인가?

- 월급여액 : 2,000,000원
- 상여 : 월급여액의 400%
- 연월차수당 : 2,000,000원
- 가족수당 : 1,000,000원
- 자녀학자금 : 500,000원
- 식사대 : 1,200,000원(월 100,000원. 단, 식사 또는 기타 음식물을 제공받지 않음)
- 자가운전보조금 : 3,000,000원(월 250,000원. 단, 비과세 요건은 충족함)
- 회사로부터 법인세법상 상여로 처분된 금액 : 1,000,000원
- 김삼일씨는 1년간 계속 근무하였다.

① 35,000,000원 ② 36,500,000원 ③ 37,100,000원 ④ 39,500,000원

65. 다음 중 기타소득에 관한 설명으로 가장 올바르지 않은 것은?

① 국내에서 거주자 또는 비거주자에게 기타소득을 지급하는 자는 기타소득금액의 25%에 해당하는 세액을 원천징수하여 그 징수일이 속하는 달의 다음달 10일까지 납부하여야 한다.
② 기타소득은 종합과세하는 것이 원칙이나 복권당첨소득은 무조건 분리과세한다.
③ 기타소득금액이 연 300만원 이하인 경우 선택적 분리과세가 가능하다.
④ 기타소득의 수입시기는 그 지급을 받은 날이다.

66. 다음 중 종합소득공제에 관한 설명으로 가장 옳은 것은?

① 기본공제대상자가 아닌 경우에도 추가공제대상자가 될 수 있다.

② 생계를 같이하는 부양가족으로 75세의 장애인인 아버지(연간소득 없음)가 포함되어 있다면 아버지에 대하여 기본공제 150만원과 추가공제 중 경로우대공제 100만원, 장애인공제 200만원을 적용한다.

③ 배우자는 나이, 소득금액 제한없이 기본공제 150만원을 적용한다.

④ 직계비속이 해당 과세기간 중 19세로 대학생이 된 경우에는 기본공제대상자가 될 수 없다.

67. 다음 중 소득세법상 세액공제에 관한 설명으로 가장 올바르지 않은 것은?

① 종합소득이 있는 거주자의 기본공제대상자에 해당하는 자녀로서 8세 이상의 사람에 대해서는 자녀세액공제를 받을 수 있다.

② 기장세액공제액이 100만원을 초과하는 경우에는 100만원을 한도로 한다.

③ 근로소득이 있는 거주자로서 소득공제나 세액공제 신청을 하지 아니한 경우에는 연 13만원의 표준세액공제를 적용받을 수 있다.

④ 사업자가 천재지변이나 그 밖의 재해로 자산총액 15% 이상에 해당하는 자산을 상실하여 납세가 곤란하다고 인정되는 경우에는 재해손실세액공제를 받을 수 있다.

68. ㈜삼일은 20x1년 10월 25일 사업소득자 최영희씨의 사업소득 10,000,000원에 대해 3%(지방소득세 제외) 300,000원을 원천징수하고 나머지 금액을 지급하였다. 원천징수의무자인 ㈜삼일의 원천징수 신고ㆍ납부기한으로 가장 옳은 것은?

① 20x1년 10월 25일　② 20x1년 10월 31일

③ 20x1년 11월 10일　④ 20x1년 11월 30일

69. 거주자 최순희씨는 얼마 전 6년간 보유한 토지를 양도하였다. 토지는 등기되었으며 사업용토지이다. 다음 자료에 의해 양도소득 과세표준을 계산하면 얼마인가?(다만, 동 토지의 실지양도비용은 3,000,000원이다.)

구분	실지거래가액	기준시가 (개별공시지가)
양도가액	120,000,000원	70,000,000원
취득가액	72,000,000원	40,000,000원

* 단, 장기보유특별공제율은 12%를 적용한다.

① 37,100,000원　② 39,600,000원　③ 41,360,000원　④ 45,000,000원

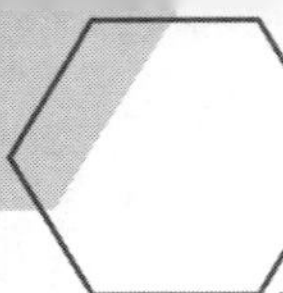

70. 다음 중 소득세 과세표준 확정신고 의무자는 누구인가?

① 공적연금소득만 있는 자
② 연말정산대상인 사업소득만 있는 자
③ 종합소득금액만 있는 자
④ 퇴직소득만 있는 자

71. 다음 중 부가가치세에 대해 가장 올바르지 않은 주장을 하는 사람은 누구인가?

① 김민정 : 사업설비를 취득하는 경우 부가가치세 조기환급 신청이 가능합니다.
② 강영희 : 세금계산서의 필요적 기재사항의 전부 또는 일부가 기재되지 아니하거나 사실과 다를 경우 적법한 세금계산서로 보지 않으며, 가산세 등의 불이익이 있습니다.
③ 정수정 : 부가가치세는 납세의무자와 담세자가 동일하므로 직접세에 해당합니다.
④ 문철수 : 사업자란 사업목적이 영리이든 비영리이든 관계없이 사업상 독립적으로 재화 또는 용역을 공급하는 자를 말합니다.

72. 다음 중 부가가치세 납세지인 사업장에 관한 설명으로 가장 옳은 것은?

① 제조업의 경우 최종제품을 완성하는 장소를 사업장으로 하며, 이 경우 따로 제품의 포장만을 하거나 용기에 충전만을 하는 장소를 포함한다.
② 무인자동판매기를 통하여 재화·용역을 공급하는 사업의 경우 그 사업에 관한 업무를 총괄하는 장소를 사업장으로 한다.
③ 부동산매매업의 경우 부동산의 등기부상의 소재지를 사업장으로 한다.
④ 임시사업장은 사업장으로 보며, 직매장은 사업장으로 보지 않는다.

73. 다음 중 부가가치세법상 사업자에 관한 설명으로 가장 올바르지 않은 것은?

① 사업자는 면세사업자와 과세사업자로 구분한다.
② 단순히 한두 번 정도의 재화와 용역을 공급하는 행위는 사업성이 인정될 수 없다.
③ 영세율을 적용받는 사업자는 부가가치세법상의 사업자 등록의무가 없다.
④ 과세와 면세사업을 겸영하는 자를 겸영사업자라 하며 겸영사업자도 부가가치세 납세의무가 있다.

74. 다음 중 부가가치세법상 주사업장 총괄납부에 관한 설명으로 가장 올바르지 않은 것은?

① 법인의 지점은 본점을 대신하여 주사업장이 될 수 없다.

② 총괄납부하려는 자는 주사업장총괄납부신청서를 총괄납부하고자 하는 과세기간 개시 20일 전에 주사업장 관할 세무서장에게 제출하여야 한다.

③ 주사업장 총괄납부는 총괄납부할 과세기간 개시일부터 적용한다.

④ 주사업장 총괄납부를 하는 경우에도 사업자등록은 각 사업장마다 이행하여야 한다.

75. 다음은 김삼일씨의 20x1년 1월 가계부 지출내역이다. 지출금액에 포함된 부가가치세 합계는 얼마인가(단, 공급자는 부가가치세법에 따라 적정하게 부가가치세를 거래징수하였다고 가정한다)?

일 자	적 요	금 액
1월 14일	쌀 구매	55,000원
1월 21일	영화표	22,000원
1월 27일	택시비	33,000원

① 2,000원 ② 5,000원 ③ 7,000원 ④ 10,000원

76. 다음은 자동차를 제조하여 판매하는 ㈜삼일의 20x1년 4월 1일부터 20x1년 6월 30일까지의 거래내역이다. 20x1년 제1기 확정신고와 관련한 설명으로 가장 옳은 것은?

〈매출내역〉
면세사업자에게 판매한 금액 : 30,000,000원(부가가치세 별도)
과세사업자에게 판매한 금액 : 20,000,000원(부가가치세 별도)

〈매입내역〉
원재료 매입금액(세금계산서 수령) : 33,000,000원(부가가치세 포함)

① 과세사업자에게 판매한 20,000,000원은 과세표준에 포함하지 않는다.

② 면세사업자에게 판매한 30,000,000원은 과세표준에 포함해야 한다.

③ 원재료 매입시 부담한 부가가치세 3,300,000원은 매입세액으로 공제한다.

④ 20x1년 제1기 예정신고시 누락한 매출금액은 확정신고시 과세표준에 포함해 신고할 수 없다.

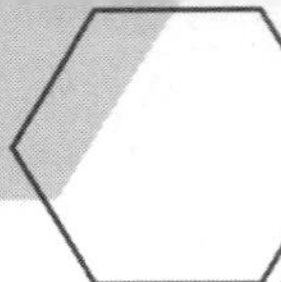

77. 다음은 제조업과 건설업을 영위하는 ㈜삼일의 제1기 예정신고기간(20x1년 1월 1일~20x1년 3월 31일)에 발생한 거래이다. 해당 예정신고기간의 과세표준은 얼마인가?

> (1) 특수관계인 매출액 5,000,000원(시가 10,000,000원)
> (2) 특수관계인 이외의 매출액 50,000,000원(매출에누리 3,000,000원과 매출할인액 1,000,000원이 포함된 금액임)
> (3) 회사가 공급한 재화와 직접 관련되지 않은 국고보조금 20,000,000원
> (4) 거래처 파산으로 인한 대손금 10,000,000원

① 55,000,000원 ② 56,000,000원 ③ 60,000,000원 ④ 64,000,000원

78. 다음 자료에 따라 20x1년 제1기 예정신고시 ㈜삼일의 부가가치세 환급세액을 계산하면 얼마인가?

> 다음은 20x1년 중 발생한 거래로 부가가치세가 제외된 금액이다.
> • 1월 10일 기계장치 매입 및 설치 : 100,000,000원(10개월 할부)
> • 2월 15일 상품 매입 : 10,000,000원(세금계산서에 거래처 사업자등록번호 및 상호 누락)
> • 2월 25일 상품 매출 : 25,000,000원(매출에누리 2,000,000원 포함)
> • 3월 5일 비영업용 승용차 매입 : 40,000,000원(일시불)

① 700,000원 ② 7,700,000원 ③ 8,700,000원 ④ 12,700,000원

79. 다음 중 부가가치세법상 세금계산서에 관한 설명으로 가장 옳은 것은?

① 간이과세자는 공급받는 자의 요청이 있더라도 세금계산서를 발행할 수 없다.
② 부동산임대용역은 실제임대료와 간주임대료 모두 세금계산서 교부 의무가 면제된다.
③ 세금계산서는 재화 또는 용역의 공급시기에 발급하는 것이 원칙이나 공급시기가 도래하기 전에 대가의 전부 또는 일부를 받은 경우 그 받은 대가에 대하여 세금계산서를 발급할 수 있다.
④ 주사업장 총괄납부 또는 사업자단위 신고.납부 승인을 얻은 사업자도 직매장 반출 등 타인에게 직접 판매할 목적으로 다른 사업장에 재화를 반출하는 경우 세금계산서를 교부해야 한다.

80. 다음 중 간이과세제도에 관한 설명으로 가장 옳은 것은?

① 간이과세제도를 채택하고 있는 이유는 영세사업자의 경우 납세편의와 세부담 경감을 위하여 매출액에 일정률을 적용하여 간단하게 과세하기 위함이다.
② 간이과세자도 대손세액공제 적용이 가능하다.
③ 간이과세자란 업종에 관계없이 직전 연도의 공급대가(부가가치세를 포함한 가액)의 합계액이 1억 4백만원에 미달하는 개인사업자를 말한다.
④ 간이과세자는 간이과세를 포기하여 일반과세자가 될 수 없다.

원가관리회계

81. 다음 중 제품제조원가로 분류하기 가장 어려운 항목은?

① 당기 투입한 원재료 구입시 발생한 운송비용
② 직매장 건물의 감가상각비
③ 공장 종업원의 복리후생을 위한 식비
④ 공장에 대한 감가상각비

82. 다음 설명의 빈칸 (ㄱ), (ㄴ)에 들어갈 용어로 가장 적절한 것은 무엇인가?

> 회사가 생산 또는 매입하여 보유하고 있는 재고자산의 원가는 보유하고 있는 동안에는 (ㄱ)이다. 그러다 판매되면 (ㄴ)(이)라는 비용이 되고 화재 등으로 소실되면 경제적 효익을 상실한 것이므로 손실이 된다.

	ㄱ	ㄴ		ㄱ	ㄴ
①	소멸원가	미소멸원가	②	미소멸원가	매출
③	매출원가	소멸원가	④	미소멸원가	매출원가

83. ㈜삼일의 과거 2년간 생산량과 총제조원가는 다음과 같다. 지난 2년간 고정원가총액 및 단위당 변동원가는 변화가 없었다. 20X3년에 생산량이 3,000개일 때 총제조원가는 얼마인가?

	20X1년	20X2년
생산량	1,000개	2,000개
총제조원가	50,000,000원	70,000,000원

① 60,000,000원
② 90,000,000원
③ 110,000,000원
④ 120,000,000원

84. ㈜삼일은 2 개의 제조부문과 1 개의 보조부문으로 구성되어 있다. 당기 중 보조부문에서 발생한 변동원가는 1,000,000원이고, 고정원가는 600,000원이었다. 보조부문에서는 두 개의 제조부문에 용역을 공급하고 있는데 각 제조부문이 실제 사용한 시간과 최대사용가능시간은 다음과 같다.

	제조 #1 부문	제조 #2 부문
최대 사용 가능시간	800시간	700시간
실제 사용한 시간	400시간	400시간

제조 #2 부문에 배분될 보조부문의 원가는 얼마인가(단, 보조부문원가를 제조부문으로 배분할 때 이중배분율법을 사용한다고 가정한다)?

① 780,000원　② 800,000원　③ 833,333원　④ 853,333원

85. 다음 중 개별원가계산에 관한 설명으로 가장 올바르지 않은 것은?

① 주문받은 작업별로 원가를 집계하기 때문에 직접원가와 간접원가의 구분이 중요하지 않다.
② 제품별 손익분석 및 계산이 용이하다.
③ 개별원가계산을 적용하는 경우에도 제조간접원가의 배분절차가 필요하다.
④ 회계법인 등과 같이 수요자의 주문에 기초하여 서비스를 제공하는 경우에 이용할 수 있다.

86. ㈜삼일은 일반형 전화기와 프리미엄 전화기 두 종류의 제품을 생산하고 있다. 4월 한 달 동안 생산한 두 제품의 작업원가표는 아래와 같다.

	일반형 전화기	프리미엄 전화기
직접재료 투입액	400,000원	600,000원
직접노동시간	100시간	200시간
직접노무원가 임률	1,000원/시간	2,000원/시간

㈜삼일은 실제 발생한 제조간접원가를 실제조업도에 의해 배부하는 원가계산방식을 채택하고 있다. 동 기간 동안 발생한 회사의 총제조간접원가는 3,000,000원이며, 제조간접원가를 직접노무원가 기준으로 배부할 경우 4월 한 달 동안 생산한 일반형 전화기와 프리미엄 전화기의 총제조원가 차이는 얼마인가?

① 1,000,000원　② 1,800,000원　③ 2,300,000원　④ 2,500,000원

87. 다음 중 종합원가계산에 관한 설명으로 가장 올바르지 않은 것은?

① 특정기간 동안 특정공정에서 가공된 제품은 원가측면에서 서로가 동일하다고 가정한다. 즉 제품원가를 평균개념에 의해서 산출한다.

② 원가의 집계는 공정과 상관없이 개별작업별로 작업지시서를 통해 이루어진다.

③ 종합원가계산의 원가요소별 단위당 원가는 완성품환산량에 기초하여 계산된다.

④ 원가통제 및 성과평가는 개별 작업이 아닌 공정이나 부문별로 수행되는 것이 일반적이다.

88. ㈜삼일은 선입선출법을 이용한 종합원가계산제도를 채택하고 있다. 당월 완성품환산량 단위당 원가는 재료원가 5원, 가공원가 10원이며, 당월 중 생산과 관련된 자료는 다음과 같다.

기초재공품	500단위 (완성도 40%)
기말재공품	800단위 (완성도 50%)
당기완성품	4,200단위

이 회사의 당월 실제 발생한 가공원가는 얼마인가(단, 재료원가는 공정초기에 전량투입되고 가공원가는 공정전반에 걸쳐 균등하게 발생한다고 가정한다)?

① 41,000원 ② 42,000원 ③ 44,000원 ④ 45,000원

89. 종합원가계산에서 완성품원가와 기말재공품원가는 일반적으로 다섯 단계를 거쳐 계산된다. 종합원가계산의 절차로 가장 옳은 것은?

ㄱ. 물량의 흐름 파악
ㄴ. 완성품환산량 단위당 원가계산
ㄷ. 배분할 원가 파악
ㄹ. 완성품환산량 계산
ㅁ. 완성품과 기말재공품에 원가배분

① ㄱ → ㄹ → ㄷ → ㄴ → ㅁ
② ㄱ → ㄷ → ㄹ → ㄴ → ㅁ
③ ㄱ → ㄹ → ㄷ → ㅁ → ㄴ
④ ㄴ → ㄹ → ㄷ → ㄱ → ㅁ

90. ㈜삼일은 종합원가계산을 채택하고 있다. 원재료는 공정초기에 전량 투입되며 가공원가는 공정전반에 걸쳐서 균등하게 발생한다. 기말재공품 수량은 250개이며, 가공원가의 완성도는 30%이다. 완성품환산량 단위당 직접재료원가와 가공원가가 각각 130원, 90원이라면 기말재공품 원가는 얼마인가?

① 23,400원 ② 34,740원 ③ 39,250원 ④ 39,600원

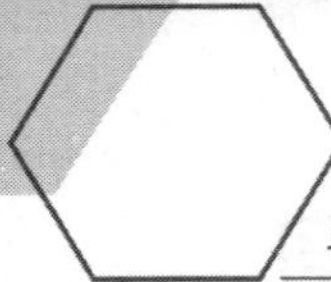

91. 다음 중 표준원가와 표준원가계산에 관한 설명으로 가장 올바르지 않은 것은?

① 표준원가는 사전에 과학적이고 통계적인 방법으로 적정원가를 산정하는 것이 필수적이나, 표준원가의 산정에 객관성이 보장되기 힘들고 많은 비용이 소요되는 단점이 있을 수 있다.

② 표준원가는 기업 내적인 요소나 기업 외부환경의 변화에 따라 수시로 수정을 필요로 하는 원가이기 때문에, 사후 관리하지 않을 경우 향후 원가계산을 왜곡할 소지가 있다.

③ 표준원가의 달성을 위하여 납품업체에 표준원가를 기초로 지나친 원가절감을 요구할 경우 관계가 악화될 수 있으므로 신중을 기해야 한다.

④ 경영자는 금액의 중요성과 상관없이 표준원가와 실제원가의 모든 차이에 대해 반드시 관심을 가지고 개선책을 강구해야 한다.

92. 다음 중 차이분석에 관한 설명으로 올바르지 않은 것은 모두 몇 개인가?

> 가. 차이분석이란 표준원가와 실제원가를 비교하여 그 차이를 분석하는 것으로서, 일종의 투입-산출 분석이다.
> 나. 직접재료원가 차이분석시 표준투입량은 사전에 미리 설정해 놓은 최대 조업도에 대한 표준투입량이다.
> 다. 가격차이는 실제원가와 실제투입량에 대한 표준원가와의 차이이다.
> 라. 능률차이는 실제투입량에 대한 표준원가와 표준투입량에 대한 표준원가와의 차이이다.

① 0개　② 1개　③ 2개　④ 3개

93. 다음은 표준원가계산제도를 채택하고 있는 ㈜삼일의 재료비 표준원가와 실제원가의 차이에 관한 자료이다. ㈜삼일의 제품 1 단위당 직접재료 표준투입량은 얼마인가?

[실제원가]	직접재료원가 실제사용량	3,200kg, 11원/kg
	실제완성품 생산수량	2,000단위
[재료비 원가차이]	직접재료비 가격차이	9,600원 (유리한 차이)
	직접재료비 능률차이	2,800원 (불리한 차이)

① 1.3kg　② 1.5kg　③ 2.0kg　④ 2.5kg

94. ㈜삼일은 표준원가계산제도를 사용하고 있다. 제품 단위당 직접노무원가 수량표준은 3시간, 임률표준은 20원이다. 제품 실제생산량은 1,500개이며, 이와 관련하여 실제로 직접노무시간 4,600시간, 직접노무원가 91,000원이 발생하였다고 할 때, 직접노무원가 능률차이는 얼마인가?

① 1,000원 불리　② 1,000원 유리　③ 2,000원 불리　④ 2,000원 유리

95. ㈜삼일은 표준원가제도를 사용하고 있다. 표준노무시간은 제품 한 단위당 5시간이다. 제품의 실제생산량은 2,200단위이고 고정제조간접원가 실제발생액은 24,920,000원이다. ㈜삼일의 고정제조간접원가는 노무시간을 기준으로 배부되며 기준조업도는 10,000 노무시간이다. 고정제조간접원가 예산차이가 4,360,000원 불리하다면 조업도차이는 얼마인가?

① 2,056,000원 유리
② 2,056,000원 불리
③ 2,928,000원 유리
④ 2,928,000원 불리

96. 다음은 ㈜삼일의 7월 한달 간 변동원가계산에 관한 자료이다. 7월의 총매출액은 얼마인가?

제품 단위당 판매가격	7,000원	단위당 변동원가	4,500원
총고정원가	2,300,000원	영업이익	8,750,000원

① 19,890,000원 ② 30,940,000원 ③ 38,590,000원 ④ 42,500,000원

97. 다음 중 초변동원가계산에서 재고자산가액에 포함되는 원가항목을 모두 올바르게 나열한 것은?

① 직접재료원가
② 직접재료원가, 직접노무원가, 변동제조간접원가
③ 직접재료원가, 직접노무원가, 변동제조간접원가, 고정제조간접원가
④ 직접재료원가, 직접노무원가, 변동제조간접원가, 변동판매비와관리비

98. 다음 중 변동원가계산의 한계에 관한 설명으로 가장 올바르지 않은 것은?

① 원가행태의 구분이 현실적으로 쉽지 않다.
② 일반적으로 인정된 회계원칙에 의한 외부보고용 회계정보로 활용될 수 없다.
③ 고정원가의 중요성을 간과할 수 있어 가격결정과 관련된 잘못된 의사결정을 할 수 있다.
④ 공통적인 고정원가를 부문이나 제품에 배부하므로 부문별, 제품별 의사결정 문제에 왜곡을 초래할 수 있다.

99. 다음은 ㈜삼일의 20X1년 동안의 손익에 대한 자료이다. 변동원가계산에 의한 ㈜삼일의 기말제품재고액과 영업이익은 얼마인가?

순매출액	5,000,000원	변동판매관리비	260,000원
변동제조원가	1,350,000원	고정판매관리비	550,000원
고정제조원가	500,000원	생산량	90,000단위
판매량	70,000단위	기초제품	없음

	기말제품재고액	영업이익		기말제품재고액	영업이익
①	300,000원	2,640,000원	②	300,000원	2,840,000원
③	350,000원	2,640,000원	④	350,000원	2,840,000원

100. ㈜삼일은 당기 초에 영업활동을 시작하여 제품 500단위를 생산하였으며, 원가자료는 다음과 같다(단, 기말 재공품은 없다). 당기 판매량이 200단위였다면, 전부원가계산에 의한 기말제품재고액과 변동원가계산에 의한 기말제품재고액의 차이는 얼마인가?

단위당 직접재료원가	1,000원
단위당 직접노무원가	400원
단위당 변동제조간접원가	200원
단위당 변동판매비와관리비	100원
고정제조간접원가	1,200,000원
고정판매비와관리비	400,000원

① 20,000원　② 40,000원　③ 60,000원　④ 80,000원

101. 다음 활동기준원가계산(ABC)의 절차를 올바르게 나타낸 것은 무엇인가?

ⓐ 원가대상별 원가계산	ⓑ 활동분석
ⓒ 제조간접원가 배부율 계산	ⓓ 활동별 원가동인(배부기준)의 결정
ⓔ 각 활동별로 제조간접원가를 집계	

① ⓔ - ⓑ - ⓓ - ⓒ - ⓐ　② ⓑ - ⓔ - ⓓ - ⓒ - ⓐ
③ ⓑ - ⓔ - ⓒ - ⓓ - ⓐ　④ ⓑ - ⓒ - ⓓ - ⓔ - ⓐ

102. 다음 자료를 이용하여 공헌이익률을 계산하면 얼마인가?

제품단위당 판매가격	400원
제품단위당 변동제조원가	150원
제품단위당 변동판매비	130원
고정제조간접원가	500,000원
고정판매비와관리비	1,100,000원

① 10% ② 20% ③ 30% ④ 40%

103. ㈜삼일의 식품사업부를 총괄하는 김철수 전무는 해외식품사업부의 김영수 부장에게 총 매출액의 20%의 이익 달성을 지시하였다. 김영수 부장의 분석 결과 해외식품사업부의 변동비는 매출액의 70%, 연간 고정비는 30,000원이다. 총 매출액의 20%의 이익을 달성하기 위한 목표 매출액은 얼마인가?

① 150,000원 ② 200,000원 ③ 250,000원 ④ 300,000원

104. ㈜삼일의 20X1년 공헌이익 손익계산서는 다음과 같다. 다음 설명 중 옳은 것은?

매 출 액	50,000원
변동원가	30,000원
공헌이익	20,000원
고정원가	15,000원
영업이익	5,000원

① 공헌이익률은 60%이다.
② 손익분기점 매출액은 40,000원이다.
③ 안전한계율은 25%이다.
④ 영업레버리지도는 5이다.

105. 다음 중 CVP 분석에 관한 설명으로 가장 올바르지 않은 것은?

① 원가・조업도・이익 도표의 수평축이 조업도일 경우 수익선의 기울기는 단위당 판매가격을 나타낸다.
② 원가・조업도・이익 도표의 수평축이 조업도일 경우 비용선의 기울기는 단위당 변동원가를 나타낸다.
③ 안전한계가 높을수록 기업의 안전성이 높다고 할 수 있다.
④ 영업레버리지도(DOL)가 높을수록 영업이익이 많다는 의미이므로 기업운영이 좋다고 할 수 있다.

106. 다음 중 책임회계제도 하에서 작성되는 성과보고서에 관한 설명으로 가장 옳은 것은?

① 원가는 통제가능원가와 통제불가능원가의 구분이 불가능하므로 통합하여 작성한다.

② 책임중심점으로의 추적가능성에 따라 책임중심점별 원가와 공통원가로 구분하지 않는 것이 바람직하다.

③ 여러 책임중심점에서 공통으로 사용되는 공통고정원가는 특정사업부에 부과시키거나 임의로 배분하는 경우 성과의 왜곡이 발생할 수 있으므로 총액으로 관리해야 한다.

④ 특정 책임중심점의 경영자에 대한 성과평가시 통제불가능원가를 포함하는 것이 바람직하다.

107. 다음 중 원가와 수익 모두에 대해서 통제책임을 지는 책임중심점은 무엇인가?

① 이익중심점　② 수익중심점　③ 원가중심점　④ 생산중심점

108. ㈜삼일의 20X1년 고정예산 대비 실적자료는 다음과 같다. 동 자료를 토대로 당초 예상보다 영업이익이 차이가 나는 원인을 (ⅰ) 매출가격차이, (ⅱ) 변동원가차이, (ⅲ) 고정원가차이 이외에 중요한 차이항목인 매출조업도차이를 추가하여 경영진에게 의미 있게 요약・보고하고자 한다. 매출조업도차이의 금액은 얼마인가?

	실적	고정예산
판매량	400개	300개
단위당 판매가격	18원	20원
단위당 변동원가	12원	10원
단위당 공헌이익	6원	10원
고정원가	1,400원	1,800원

① 1,000원 유리　② 1,000원 불리

③ 1,800원 유리　④ 1,800원 불리

109. ㈜삼일은 휴대폰 및 모바일 부품을 제조하여 판매하는 전자기업으로, 분권화된 세 개의 제품별 사업부를 운영하고 있다. 이들은 모두 투자중심점으로 설계되어 있으며, 회사의 최저필수수익률은 20%이다. 각 사업부의 영업자산, 영업이익 및 매출액에 관한 정보는 다음과 같다. 각 사업부를 잔여이익법으로 평가했을 경우 잔여이익이 높은 사업부의 순서로 가장 옳은 것은?

구 분	A사업부	B사업부	C사업부
평균영업자산	500,000원	1,000,000원	2,000,000원
영업이익	150,000원	270,000원	460,000원
매출액	1,000,000원	3,000,000원	2,000,000원

① B>C>A ② B>A>C ③ C>B>A ④ A>B>C

110. 다음 중 이익중심점인 기업의 판매부서가 일반적으로 통제할 수 없는 차이는 무엇인가?

① 매출가격차이 ② 매출배합차이 ③ 시장점유율차이 ④ 시장규모차이

111. ㈜삼일은 X, Y 사업부로 구성되어 있다. 각 사업부는 투자중심점으로 운영되고 있으며, 경제적부가가치로 성과평가를 받고 있다. 각 사업부의 20X1년 실제자료는 다음과 같다(단, 총자산은 모두 영업자산이며, 유동부채는 모두 무이자부채이다).

구 분	X 사업부	Y 사업부
총 자 산	100,000원	400,000원
유 동 부 채	20,000원	100,000원
영 업 이 익	40,000원	80,000원

㈜삼일의 가중평균자본비용 계산과 관련된 자료는 다음과 같다.

	시장가액	자본비용
타인자본	750,000원	10%
자기자본	250,000원	20%

법인세율이 20%일 때 Y 사업부의 경제적부가가치는 얼마인가?

① 30,000원 ② 31,000원 ③ 32,000원 ④ 33,000원

112. ㈜삼일이 A 제품 1,000단위를 단위당 200원에 판매할 경우의 예산자료는 다음과 같다. 거래처 ㈜부산으로부터 A 제품 400단위를 단위당 100원에 제공해 달라는 특별주문을 요청받았다. 연간 최대생산능력이 1,400단위일 경우 특별주문 수락여부와 회사의 이익에 미치는 영향이 옳게 짝지어진 것은?

직접재료비	20,000원(@20)	직접노무비	10,000원(@10)
변동제조간접비	10,000원(@10)	변동판매비와관리비	20,000원(@20)
고정제조간접비	30,000원(@30)	고정판매비와관리비	40,000원(@40)

① 수락, 12,000원 이익증가
② 수락, 16,000원 이익증가
③ 거절, 4,000원 이익감소
④ 거절, 12,000원 이익감소

113. ㈜삼일의 부품제조에 대한 원가자료는 다음과 같다. 외부의 제조업자가 이 부품을 납품하겠다고 제의하였다. 부품을 외부에서 구입할 경우 고정제조간접원가의 1/4을 회피할 수 있다고 한다면 ㈜삼일이 최대한 허용할 수 있는 부품의 단위당 구입가격은 얼마인가?

부품단위당 직접재료원가	1,200원
부품단위당 직접노무원가	700원
부품단위당 변동제조간접원가	350원
고정제조간접원가	480,000원
생산량	800단위

① 2,250원
② 2,300원
③ 2,400원
④ 2,900원

114. ㈜삼일의 손익계산서는 다음과 같다. 매출원가 중 1/4과 판매비와관리비 중 2/3가 고정비이다. 유휴생산능력이 있다고 할 경우, 제품단위당 700원에 500단위의 제품에 대한 추가주문을 받아들인다면 회사의 영업이익에 미치는 영향은 얼마인가(단, 추가주문 수락이 기존주문에 미치는 영향은 없는 것으로 가정한다)?

제품단위당 판매가격	1,200원
매출액	7,200,000원
매출원가	3,200,000원
매출총이익	4,000,000원
판매비와관리비	2,700,000원
영업이익	1,300,000원

① 75,000원 증가
② 75,000원 감소
③ 125,000원 증가
④ 125,000원 감소

115. 다음 중 자본예산에 관한 설명으로 가장 올바르지 않은 것은?

① 자본예산은 고정자산에 대한 효율적인 투자 수행을 위해 투자안의 타당성을 평가하는 기법이다.

② 자본예산은 고정자산에 대한 투자안의 현금흐름이나 이익에 미치는 영향을 평가하는 기법이다.

③ 자본예산은 기업의 장・단기적 경영계획에 바탕을 둔 장・단기투자에 관한 의사결정이다.

④ 자본예산에 의한 투자는 불확실성(경제상황, 소비자 선호, 기술진보 등)으로 인한 위험이 크다.

116. 다음 중 회수기간법에 관한 설명으로 가장 올바르지 않은 것은?

① 많은 투자안을 평가할 경우 시간과 비용을 절약할 수 있다.

② 화폐의 시간가치를 고려하지 않는다.

③ 회수기간 전후의 현금흐름을 파악하여 수익성을 고려한다.

④ 위험지표로서의 정보를 제공한다.

117. ㈜삼일은 신제품 생산 및 판매를 위하여 새로운 설비를 구입하려고 한다. 관련자료는 다음과 같다. 감가상각방법은 정액법을 사용하고, 법인세율은 30%이다. 감가상각비 이외의 모든 수익과 비용은 현금으로 거래한다. 새로운 설비의 구입으로 인한 매년도 영업활동으로 인한 순현금흐름은 얼마인가?

항목	금액
신설비 취득원가	50,000,000원
내용연수	5년
잔존가치	5,000,000원
5년 후 추정처분가치	없음
매년 예상되는 매출액	35,000,000원
매년 예상되는 현금영업비용(감가상각비 제외)	17,000,000원

① 12,600,000원　② 15,300,000원

③ 15,600,000원　④ 21,600,000원

118. ㈜삼일은 A, B 두 개의 사업부를 갖고 있다. 사업부 A는 부품을 생산하여 사업부 B에 대체하거나 외부에 판매할 수 있다. 완제품을 생산하는 사업부 B는 부품을 사업부 A에서 매입하거나 외부시장에서 매입할 수 있다. 사업부 A와 B의 단위당 자료는 다음과 같다. A, B 두 사업부 사이의 대체가격결정과 관련된 다음의 설명 중 가장 옳은 것은?

사업부 A		사업부 B	
부품 외부판매가격	11,000원	최종제품 외부판매가격	25,000원
변동원가	7,000원	추가변동원가	10,000원
고정원가	3,000원	고정원가	4,000원

① 사업부 A는 부품을 외부에 단위당 11,000원에 팔 수 있으므로 사업부 B에 11,000원 이하로 공급해서는 안 된다.

② 사업부 B는 사업부 A로부터 부품을 단위당 11,000원 이하로 구입하면 이익을 올릴 수 있으므로 대체가격을 11,000원 이하로 결정하면 된다.

③ 사업부 A에 유휴생산시설이 없는 경우 사업부 B가 외부에서 부품을 단위당 10,000원에 매입할 수 있더라도 회사 전체의 이익을 위해서 두 사업부는 내부대체를 하여야 한다.

④ 사업부 B가 외부공급업체로부터 부품을 구입할 수 없다면 사업부 A는 유휴생산시설이 없더라도 외부판매를 줄이고 사업부 B에 부품을 공급하는 것이 회사전체의 이익에 도움이 된다.

119. ㈜삼일의 부품생산부분은 최대생산량인 360,000단위를 생산하여 외부시장에 전량 판매하고 있다. 부품생산부분의 관련정보는 다음과 같다. 단위당 고정비는 최대생산량 360,000단위 기준의 수치이다. 부품생산부문의 이익을 극대화시키기 위해 내부대체를 허용할 수 있는 단위당 최소대체가격은 얼마인가?(단, 내부대체에 대해서는 변동판매비가 발생하지 않는다)

항목	금액
단위당 외부판매가격	100원
단위당 변동제조원가	58원
단위당 변동판매비	8원
단위당 고정제조원가	14원
단위당 고정관리비	10원

① 58원 ② 66원 ③ 90원 ④ 92원

120. 품질원가는 예방원가, 평가원가, 내부실패원가, 외부실패원가로 분류한다. 다음 중 외부실패원가에 해당하는 것은?

① 공급업체 평가 ② 재작업 ③ 공손품 ④ 보증수리

94회 답안 및 해설

재무회계

1	2	3	4	5	6	7	8	9	10
④	④	②	④	④	①	②	④	③	④
11	**12**	**13**	**14**	**15**	**16**	**17**	**18**	**19**	**20**
④	②	④	①	④	④	③	②	②	②
21	**22**	**23**	**24**	**25**	**26**	**27**	**28**	**29**	**30**
②	③	②	③	③	③	④	③	②	①
31	**32**	**33**	**34**	**35**	**36**	**37**	**38**	**39**	**40**
②	④	④	③	④	④	②	③	③	④

01. 내부 이해관계자에게도 재무보고가 필요하다.

02. (부채)이행가치에 대한 설명이다.

03. 자산이나 부채의 정의를 충족하는 항목이 **인식되지 않더라도 기업은 해당항목에 대한 정보를 주석에 제공해야 할 수도 있다.**

04. **기능별로 작성되었을 경우 성격별로 공시**해야 한다.

05. 수정을 요하는 보고기간후사건이란 **재무제표 발행 승인일 전에 발생한 상황을 나타내는 사건**을 말한다.

06. 〈이동평균법〉

구입순서	수량	단가	금액	누적재고수량	재고금액	평균단가
기초	1,000	80	80,000	1,000	80,000	@80
구입(3.5)	200	110	22,000	1,200	102,000	@85
판매(4.22)	△800			400	34,000	@85
구입(6.08)	200	120	24,000	600	58,000	@96.667

07.

상 품

기초	3,000개	@2,000	6,000,000	**매출원가**	6,000개
	2,000개	@2,500	5,000,000		*선입 : 3,000,000+@2,400×1,000*
순매입액	2,000개	@2,400	4,800,000	**기말**	*=5,400,000원*
	1,000개	@3,000	3,000,000		*총 : @2,350×2,000개=4,700,000원*
계	8,000개	@2,350	18,800,000	계	18,800,000

08. 재고자산감모손실 = 감모수량(100개 - 95개) × 매입단가(200원) = 1,000원
재고자산평가손실 = [매입단가(200) - 순실현가치(160원 - 160원 × 5%)] × 95개 = 4,560원

10. 재평가로 인하여 자산이 감소된 경우 그 **감소액은 당기손실로 인식하고 재평가손실이라는 과목**을 사용한다.

11.

구 분	기계장치A	기계장치B
1. 20X1년 말 장부금액	225,000,000원	80,000,000원
2. 20X1년 말 처분시 예상 순공정가치	150,000,000원	40,000,000원
3. 계속 사용할 경우의 사용가치	135,000,000원	96,000,000원
4. 회수가능가액 = MAX[2,3]	150,000,000원	96,000,000원
5. 손상차손 [4 - 1]	**75,000,000원**	4>1이므로 미인식

12. 개발비 = 개발단계자산인식요건 충족(900,000) + 내부개발소프트웨어(250,000) = 1,150,000원

13. 비한정이란 무한을 의미하는 것이 아니라 **내용연수를 추정하는 시점에서 결정할 수 없는 것**을 의미한다.

14. 재고자산을 공정가치모형을 적용하고 있는 투자부동산으로 대체시 **대체시점 공정가치와의 차액을 당기손익으로 인식**한다.

15. 파생상품은 **단기매매항목이므로 당기손익 - 공정가치측정금융자산으로 분류**한다.

16. 처분손익(당기손익 - 공정가치측정) = [처분가액(9,700) - 장부가액(10,500)] × 1,000주
= △800,000원(손실)

18. 사채의 발행가액 = 액면가액(100,000) × 0.7938 + 액면이자(100,000 × 10%) × 2.5771 = 105,151원
〈사채할증발행차금 상각표(유효이자율법)〉

연도	유효이자(A) (BV × 8%)	액면이자(B) (액면가액 × 10%)	할증차금상각 (A - B)	장부금액 (BV)
20x1. 1. 1				105,151
20x1.12.31	8,412	10,000	△1,588④	**103,563②**

① 총이자비용 = 액면이자(10,000) × 3년 - 사채할증발행차금(5,151) = 24,849원
③ 상환손익 = 상환가액(105,000) - 장부금액(103,563) = 1,437원(손실)

19. ① 전환사채는 부채요소와 자본요소를 모두 가지고 있는 복합금융상품을 말한다.
③ 신주인수권부사채에 대한 설명이다.
④ 상환할증금은 사채의 가산하여 표시한다.

20. **충당부채는 재무상태표에 인식**하여야 한다.

21. 주식수 = 자본금(50억) ÷ 액면금액(5,000) = 1,000,000주
1주당 발행금액 = [자본금(50억) + 주식발행초과금(30억)] ÷ 주식수(1,000,000) = 8,000원/주
법정자본금은 50억원이다.
주당이익 = 당기순이익(10억) ÷ 주식수(1,000,000) = 1,000원/주

22. 기타포괄손익누계액 = 보험수리적이익(2,500,000) + 재평가잉여금(500,000) = 3,000,000원

23. 라이선스로 **접근권(일정기간 지적재산에 접근할 권리)**에 해당하므로 사용기간에 걸쳐 수익을 인식한다. 100,000,000÷4년=25,000,000원/년

24. 매출의 현재가치=30,000,000×2.7232=81,696,000원

〈현재가치할인차금 상각표〉

연도	유효이자(A)	할부금 회수(B)	원금회수액(C=B−A)	장부금액(BV)
20x1. 1. 1				81,696,000
20x1.12.31	4,084,800	30,000,000	25,915,200	**55,780,800**

25. **건설인력의 급여는 공통원가로 특정계약에 배분할 수 있는 원가에 해당**한다.
판매원가는 건설계약의 원가에서 제외하고, ②,④는 (가)에 해당한다.

26. **총계약원가가 총계약수익을 초과할 가능성이 높은 경우** 예상되는 손실을 **즉시 비용으로 인식**한다.

27. 사외적립자산=기초(2,000,000)+불입(800,000)+실제수익(150,000)=2,950,000원

28. 주식기준보상거래는 부여일 현재 공정가치로 측정하고 추후 **공정가치 변동분을 반영**하지 아니한다.

29.

	20x2년	20x3년	20x4년	20x1년말 이연법인세
(미래)차감할 일시적차이	300,000원	300,000원	300,000원	
세율	30%	30%	30%	**270,000**
이연법인세자산	90,000	90,000	90,000	

30. 법인세비용=미지급법인세(400,000)−이연법인세자산증가(150,000)−이연법인세부채 감소(40,000)
=200,000원

(차)			(대)	
	이연법인세자산	150,000	당기법인세부채	400,000
	이연법인세부채	50,000		
	법인세비용	200,000		

31.

연도	유효이자(A)	할부금 회수(B)
수정전 순이익	300,000,000	
+설치조건부판매	(200,000,000)	중요한 부분이 미설치로 수익인식 취소
선급보험료	50,000,000	차기 6개월 보험료 선급비용 인식
=수정후 순이익	150,000,000	

32. 자기주식은 유통보통주식수에서 차감한다.

33. **투자자와 피투자자가 동일 지배하에 있는 경우는 유의적인 영향력**이 있다고 보지 않는다.

34. **배당금 수취시 관계회사투자주식에서 차감하므로 투자주식 계정이 감소**한다.

35. **표시통화와 기능통화는 반드시 동일한 화폐일 필요가 없다.**

36. **매매목적의 파생상품의 평가손익은 당기손익으로 인식**한다.

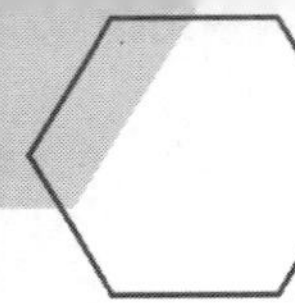

37. 감가상각비 = [기초자산의 취득원가(120,092) - 잔존가치(20,092)] ÷ 5년 = 20,000/년
리스부채 = 리스료(50,000) × 연금현가계수(2.40183) = 120,092원
이자비용 = 리스부채(120,092) × 내재이자율(12%) = 14,411원
감가상각비(20,000) + 이자비용(14,411) = 34,411원

38. 현금유출액 = 매입액(150,000,000) - 매입채무증가(15,000,000) = 135,000,000원

39. 현금유출액 = 이자비용(110,000) - 미지급이자 증가(15,000) - 선급이자감소(5,000) = 90,000원

40. **선물계약은 원칙적으로 투자활동**에 해당한다.

세무회계

41	42	43	44	45	46	47	48	49	50
③	①	②	②	②	③	④	②	②	①
51	**52**	**53**	**54**	**55**	**56**	**57**	**58**	**59**	**60**
④	③	④	④	③	②	①	④	①	③
61	**62**	**63**	**64**	**65**	**66**	**67**	**68**	**69**	**70**
④	②	③	③	①	②	④	③	①	③
71	**72**	**73**	**74**	**75**	**76**	**77**	**78**	**79**	**80**
③	②	③	①	②	②	②	②	③	①

41. 주세는 종가세와 종량세로 나누어진다.
종가세는 주류반출가격에 일정한 세율을 적용하는 것이고, 종량세는 주류 반출수량에 일정한 세율을 적용하는 것으로 **주정(희석하여 음용할 수 있는 에틸알코올을 말한다), 탁주, 맥주가 종량세에 해당**한다.

43. 장부의 기록내용이 사실과 다르거나 장부의 기록에 누락된 것이 있을 때에는 **그 부분에 대해서만 정부가 조사한 사실에 따라 결정**할 수 있다.

44. ① 가산세는 국세에 해당하지 않으므로 감면하는 **국세에 가산세는 포함되지 아니한다.**
③ 가산세의 감면을 받고자 하는 경우에는 **가산세 감면신고서를 제출**하여야 한다.
④ 3년 → 2년

45. 법인설립 이전에 발생한 손익은 신설법인 최초 사업연도에 귀속시킨다.

46. 유보는 회계상 자본과 세법상 자본의 차이의 조정에 해당하므로 **소득의 귀속이 해당 법인에 귀속되므로 소득세가 부과되지 아니한다.**

47.

구분	금액
법인세비용차감전순이익	110,000,000
(+)매출누락	10,000,000
(−)매출원가누락	(8,000,000)
(−)세법상 매출이 아닌 금액	(5,000,000)
(+)임원상여한도초과	15,000,000
(+)손금불산입 세금공과	2,000,000
(+)손금불산입 이자비용	5,000,000
=각 사업연도소득금액	129,000,000

48. 익금 = 채무면제이익(100,000) + 상품판매(300,000) = 400,000원

49. 손금 = 사용자부담 건강보험료(1,500,000) + 직장보육시설비(3,700,000) = 5,200,000원

50. 무신고시 선입선출법에 의한다.

51. **노후화된 건물에 대한 보완공사(내용연수 동일)는 수익적지출**에 해당한다.

52. **기계장치의 상각방법은 신고하지 않은 경우에는 정률법**을 적용한다.

상각범위액 = [취득가액(500,000,000) − 기초감가상각누계액(40,000,000)
+ 자본적지출액(100,000,000)] × 0.259 = 145,040,000원

53. 기부금의 지출을 위하여 수표를 발행한 경우에는 **수표를 교부한 날에 지출한 것**으로 본다.

54. ①②③ : 특례기부금 ④ : 일반기부금

55. ① 직부인 기업업무추진비 : 적경증빙 미수취 15,000,000원(상여)

② 기업업무추진비 한도 계산

㉠ 해당액 = 지출액(200,000,000) − 직부인(15,000,000) = 185,000,000원

㉡ 한도(ⓐ+ⓑ) = 94,000,000원

ⓐ 기본(일반기업)한도 = 12,000,000원

ⓑ 수입금액 한도 = 100억 × 0.3% + 250억 × 0.2% + 100억 × 0.2% × 10% = 82,000,000원

㉢ 기업업무추진비 한도초과 = 해당액(185,000,000) − 한도(94,000,000) = 91,000,000원

손금불산입 = 적격증비미수취(15,000,000) + 한도초과액(91,000,000) = 106,000,000원

56. 채권자 불분명사채이자와 비실명 채권·증권의 이자의 원천징수세액 제외분은 대표자 상여처분한다.

57. ㄴ : 법인세법상 대손충당금 한도액을 계산할 때 한도율은 MAX[대손실적률, 1%]이다.

ㄹ : 대손충당금 한도미달액이 발생하는 경우에는 별도의 세무조정이 필요하지 않다.

단, 당기 이전에 대손충당금 한도초과액이 있는 경우에는 그 금액을 한도로 손금추인한다.

58. 회사가 **소액주주(지분율 1% 미만)에게 사택을 무상으로 제공하는 경우에만 부당행위계산부인 규정을 적용하지 아니한다.**

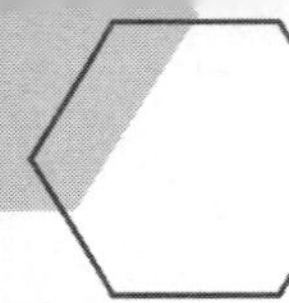

59. 세무상 상각범위액 = 세무상 취득가액(1억) ÷ 20년 × 6개월/12개월 = 2,500,000원

회사계상 상각비(5,000,000) - 상각범위액(2,500,000) = +2,500,000원(부인액)

구분		금액	기타
당기순이익		50,000,000	
건물고가매입 (이중세무조정)	고가매입	(100,000,000)	△유보
	대주주 부당행위	100,000,000	배당
건물감가상각부인액		2,500,000	
= 각사업연도소득금액		52,500,0000	

60. 외국납부세액 = MIN[①,②] = 20,000,000원

① 외국납부세액 = 30,000,000원

② 한도 = 산출세액(60,000,000) × $\frac{150,000,000원}{450,000,000원}$ = 20,000,000원

61. ① 소득세 과세기간은 개인의 선택에 따라 과세기간을 임의로 정할 수 없다.

②③ 소득세의 과세기간은 **<u>사업개시 또는 사업의 폐업과 무관하게 1.1~12.31</u>**이다.

62. 금융소득의 과세방법분류

㉠ 주권상장 현금배당금	조건부종합과세	10,000,000원
㉡ 비상장법인 현금배당금	조건부종합과세	10,000,000원
㉢ 정기예금이자	조건부종합과세	5,000,000원
㉣ 비실명이자	무조건종합과세	5,000,000원

∴ 조건부 + 무조건 종합과세(25,000,000) > 2,000만원이므로 전액 종합과세한다.

② 14%세율 및 기본세율 적용순서

원천징수세율(14%) 적용순서		-2,000만원-	
㉠ **이자소득금액**	- 14%	- 국내정기예금이자	5,000,000
㉡ **Gross - up제외 배당소득총수입금액**		- 현금배당금	15,000,000
㉢ **Gross - up대상 배당소득총수입금액**	**- 기본세율**	**- 현금배당금**	**5,000,000**

Gross - up금액

종합과세되는 금융소득 = 20,000,000원 + 5,000,000 × 1.1 = 25,500,000원

63. 임대료 = 월임대료(200,000) × 6개월 = 1,200,000원

간주 임대료 = (100,000,000 - 50,000,000) × $\frac{181일}{365일}$ × 1.2% - 200,000원 = 97,534원

총수입금액 = 월임대료(1,200,000) + 간주임대료(97,534) = 1,297,534원

64.

구분	금액	비고
월 급여	24,000,000	
상여	8,000,000	
연월차수당	2,000,000	
가족수당	1,000,000	
자녀학자금	500,000	
식사대	-	월 20만원 비과세
자가운전보조금	600,000	월 20만원 비과세
상여로 처분된 금액	1,000,000	
계	37,100,000	

65. **비거주자에 대한 기타소득의 원천징수세율은 20%**이다.

66. ① **기본공제 대상자인 경우에만 추가공제 대상자**가 될 수 있다.
③ 배우자는 연령요건을 고려하지 않으나 소득요건을 고려하여야 한다.
④ **20세 이하인 경우에는 기본공제대상자가 될 수 있다.**

67. **20% 이상의 재해로 자산을 상실한 경우에 재해손실세액공제**를 받을 수 있다.

68. **소득을 지급한 날이 속하는 달의 다음 달 10일까지 원천징수 금액을 신고·납부**하여야 한다.

69.

구분	금액	
양도가액	120,000,000	
(−)취득가액	(72,000,000)	
(−)기타필요경비	(3,000,000)	
=양도차익	45,000,000	
(−)장기보유특별공제	(5,400,000)	45,000,000×12%
양도소득금액	39,600,000	
(−)양도소득 기본공제	(2,500,000)	
양도소득 과세표준	37,100,000	

71. 부가가치세는 납세의무자와 담세자가 다르므로 간접세에 해당한다.

72. ① **제품의 포장만을 하거나 용기에 충전만을 하는 장소는 사업장에 해당**하지 아니한다.
③ 법인 : 법인의 등기부상 소재지　　개인 : 업무를 총괄하는 장소
④ 임시사업장은 기존 사업장에 포함된 것으로 보며, 직매장은 사업장으로 본다.

73. **영세율을 적용받는 사업자는 부가가치세법상 사업자에 해당하며 사업자 등록의무가 존재**한다.

74. 법인의 **지점은 본점을 대신하여 주사업장 총괄납부를 적용**할 수 있다.

75. $(22,000+33,000)\times\frac{10}{110}=5,000$원

쌀은 면세에 해당한다.

76. ① 사업자 여부를 불문하고 매출은 과세표준에 포함한다.

③ 매입세액은 3,000,000원으로 공제한다.

④ 신고할 수 없다.(×) → 신고하여야 한다.(○)

77.

구분	금액	비고
특수관계인 매출액	10,000,000	시가
특수관계인 외 매출액	46,000,000	(50,000,000 - 3,000,000 - 1,000,000)
= 과세표준	56,000,000	

78.

구분	금액	비고
매출세액	2,300,000	(25,000,000 - 2,000,000) × 10%
매입세액	10,000,000	100,000,000 × 10%
환급세액	(7,700,000)	

☞ 공급자의 사업자등록번호와 상호 누락은 필요적 기재사항 누락으로 불공제 매입세액이 된다.
비영업용 승용차 매입세액도 불공제 대상이다.

79. ① 세금계산서 발급대상 간이과세자는 공급받는 자의 요청이 있는 경우에는 세금계산서를 발행하여야 한다.

② **간주임대료만 세금계산서 교부 의무가 면제**된다.

④ 사업자단위과세 특례를 받는 경우에는 **직매장 반출시 간주공급에서 제외되므로 세금계산서를 발급**하지 아니한다.

80. ② 간이과세자는 **대손세액공제가 적용되지 아니한다.**

③ 간이과세자는 **업종요건과 공급대가요건을 모두 갖추어야 한다.**

④ 간이과세자는 간이과세를 포기하여 일반과세자가 될 수 있다.

원가관리회계

81	82	83	84	85	86	87	88	89	90
②	④	②	①	①	③	②	③	①	③
91	92	93	94	95	96	97	98	99	100
④	②	②	③	①	②	①	④	①	③
101	102	103	104	105	106	107	108	109	110
②	③	④	③	④	③	①	①	①	④
111	112	113	114	115	116	117	118	119	120
②	②	③	①	③	③	②	④	④	④

81. 직매장 건물의 감가상각비는 판관비이다. 공장감가상각비는 고정원가, 공장장급여는 간접원가, 식당 운영비는 간접원가임.

83.
$$단위당\ 변동원가 = \frac{(70,000,000 - 50,000,000)}{(2,000개 - 1,000개)} = 20,000원/개$$

고정제조간접원가 = 70,000,000 - 20,000원 × 2,000개 = 30,000,000원

Y(총제조간접원가) = 30,000,000원(고정제조간접원가) + 20,000원(단위당 변동원가) × X(조업도)

= 30,000,000원 + 20,000원(단위당 변동원가) × 3,000개 = 90,000,000원

84. 〈이중배분율법〉

구 분	배부기준	#2부문에 배부될 원가
변동원가	실제사용시간	1,000,000×400시간/800시간 = 500,000원
고정원가	최대사용가능시간	600,000×700시간/1,500시간 = 280,000원
합 계		***780,000원***

85. **개별원가계산의 핵심은 직접원가와 간접원가의 구분**이다.

86. 제조간접원가배분율(직접노무원가) = 3,000,000원/500,000원 = 6원/직접노무원가

일반형 제조간접원가(직접노무원가) = 100,000 × 6원/직접노무원가 = 600,000원

프리미엄 제조간접원가(직접노무원가) = 400,000 × 6원/직접노무원가 = 2,400,000원

구 분	일반형 전화기	프리미엄 전화기
직접노동시간(A)	100시간	200시간
직접노무원가 임률(B)	1,000원/시간	2,000원/시간
직접노무비(A×B)	100,000원	400,000원
직접재료비	400,000원	600,000원
제조간접비	600,000원	2,400,000원
계	1,100,000원	3,400,000원

∴ 제조원가(제조간접원가)차이 = 1,100,000 - 3,400,000 = △2,300,000원 차이

87. 공정별로 집계하는 것이 종합원가계산이다.

88.

〈1단계〉 물량흐름파악(선입선출법) / 〈2단계〉 완성품환산량 계산

재공품			재료비	가공비
	완성품	4,200		
	- 기초재공품	500 (60%)	0	300
	- 당기투입분	3,700 (100%)	3,700	3,700
	기말재공품	800 (50%)	800	400
	계	5,000	**4,500**	**4,400**
〈3단계〉 원가요약(당기투입원가)			??	??
〈4단계〉 완성품환산량당 단위원가			= @5	= @10

→당기투입가공원가 = 완성품환산량(4,400) × 단위당 원가(@10) = 44,000원

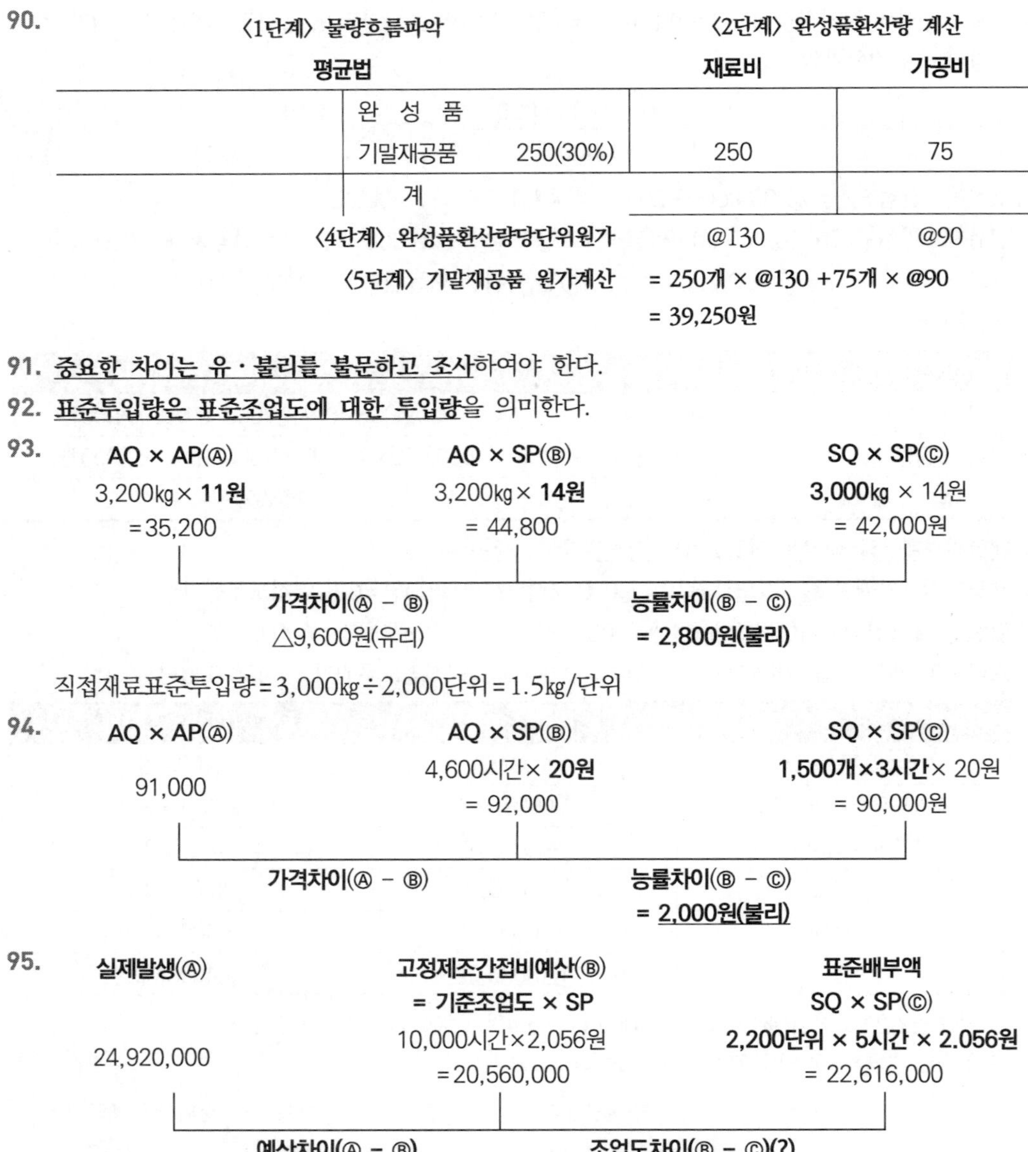

90.

〈1단계〉 물량흐름파악 / 〈2단계〉 완성품환산량 계산

평균법		재료비	가공비
	완 성 품		
	기말재공품 250(30%)	250	75
	계		
	〈4단계〉 완성품환산량당단위원가	@130	@90

〈5단계〉 기말재공품 원가계산 = 250개 × @130 + 75개 × @90
= 39,250원

91. <u>중요한 차이는 유·불리를 불문하고 조사</u>하여야 한다.

92. <u>표준투입량은 표준조업도에 대한 투입량</u>을 의미한다.

93.

AQ × AP(Ⓐ)	AQ × SP(Ⓑ)	SQ × SP(Ⓒ)
3,200㎏× **11원**	3,200㎏× **14원**	**3,000㎏** × 14원
=35,200	= 44,800	= 42,000원

가격차이(Ⓐ - Ⓑ)	**능률차이(Ⓑ - Ⓒ)**
△9,600원(유리)	**= 2,800원(불리)**

직접재료표준투입량 = 3,000㎏ ÷ 2,000단위 = 1.5㎏/단위

94.

AQ × AP(Ⓐ)	AQ × SP(Ⓑ)	SQ × SP(Ⓒ)
91,000	4,600시간× **20원**	**1,500개×3시간**× 20원
	= 92,000	= 90,000원

가격차이(Ⓐ - Ⓑ)	**능률차이(Ⓑ - Ⓒ)**
	= <u>2,000원(불리)</u>

95.

실제발생(Ⓐ)	**고정제조간접비예산(Ⓑ) = 기준조업도 × SP**	**표준배부액 SQ × SP(Ⓒ)**
24,920,000	10,000시간×2,056원	**2,200단위 × 5시간 × 2.056원**
	=20,560,000	= 22,616,000

예산차이(Ⓐ - Ⓑ)	**<u>조업도차이(Ⓑ - Ⓒ)(?)</u>**
=4,360,000(불리)	**<u>= △2,056,000원(유리)</u>**

96. 단위당공헌이익 = 판매가격(7,000) - 변동원가(4,500) = 2,500원
총매출액 = [총고정원가(2,300,000) + 영업이익(8,750,000)] ÷ 공헌이익률(2,500/7,000)
= 30,940,000원

97. 초변동원가계산에서 <u>직접재료원가 이외는 모두 기간비용으로 한다.</u>

98. 고정원가를 기간비용화한다.

99. 단위당 변동제조원가 = 변동제조원가(1,350,000) ÷ 생산량(90,000) = 15원/단위
기말재고(20,000단위) = 단위당 변동제조원가(15) × 20,000단위 = 300,000원

변동원가계산	
Ⅰ. 매 출 액	5,000,000
Ⅱ. 변동원가	1,310,000
1. 변동매출원가(70,000 × 15원)	1,050,000
2. 변동판관비	260,000
Ⅲ. **<u>공헌이익(Ⅰ - Ⅱ)</u>**	3,690,000
Ⅵ. 고정원가	1,050,000
1. 고정제조원가	500,000
2. 고정판관비	550,000
Ⅴ. 영업손익(Ⅲ - Ⅳ)	2,640,000

100. 기말재고 = 기초(0) + 생산량(500) - 판매(200) = 300단위
제품단위당 고정제조간접비 = 100,000/500단위 = 200원/단위
기말제품재고액 차이(전부원가 - 변동원가) = 제품단위당 고정제조간접비 × 재고수량
= 300원 × 200개 = 60,000원

102. 공헌이익률 = 1 - 변동비율[(150 + 130) ÷ 400] = 30%

103. 공헌이익률 = 1 - 변동비율(70%) = 30%
S(매출액) × 30% - 고정비(30,000) = S × 20%　∴S = 300,000원

104. ① 공헌이익률 = 1 - 변동비율(30,000/50,000) = 40%
② 손익분기점매출액 = 고정원가(15,000) ÷ 공헌이익률(40%) = 37,500원
③ 안전한계율 = 영업이익(5,000) ÷ 공헌이익(20,000) = 25%
④ 영업레버리지 = 1 ÷ 안전한계율(25%) = 4

105. 영업레버리지란 **<u>매출액의 증감에 따른 영업이익의 반응정도</u>**를 의미하는 것이다.

106. ① 통제가능원가와 불가능원가를 구분하여야 한다.
② 책임중심점별원가와 공통원가로 구분하여야 한다.
④ 성과평가시 통제불가능원가를 포함하면 안된다.

108. AQ = 400개　　BQ = 300개　　예산공헌이익 = 10원/단위당

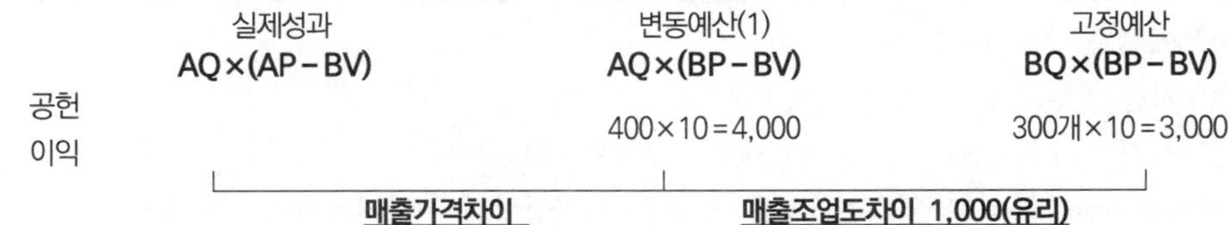

109.

	A사업부	B사업부	C사업부
1. 영업자산	500,000	1,000,000	2,000,000
2. 영업이익	150,000	270,000	460,000
3. 최저필수수익률		20%	
4. 잔여이익　　2－1×3	**50,000**	**70,000**	**60,000**

111.

1. 세후영업이익	64,000	80,000×(1－20%)
2. 투하자본	300,000	영업자산(400,000)－무이자부채(100,000)
3. 가중평균자본비용	11%	$10\%\times(1-20\%)\times\frac{750,000}{1,000,000}+20\%\times\frac{250,000}{1,000,000}$
4. 경제적 부가가치	31,000	64,000－300,000×11%

112.

1.증분수익(특별주문수락시) ☞최대생산능력 이내임.	
• **매출액증가분**	**100원×400단위＝40,000원**
2.증분비용(특별주문수락시)	
• **변동비증가**	**(20＋10＋10＋20)×400단위＝24,000원**
3.증분손익	16,000원(특별주문 수락)

113.

1. 증분수익(외부구입시)	
• 변동비감소분	(1,200＋700＋350)＝2,250
• 회피가능고정원가	480,000÷800단위×1/4＝150
2. 증분비용(외부구입시)	
• 외부구입비증가	X(외부구입단가)＝2,400원
3. 증분손익	0

114.

1.증분수익(특별주문수락시) ☞최대생산능력이내임.	
• **매출액증가분**	**700원×500단위＝350,000원**
2.증분비용(특별주문수락시)	
• **변동비증가**	**[3,200,000×3/4＋2,700,000×1/3]÷6,000단위×500단위＝275,000원**
3.증분손익	75,000원(특별주문 수락)→영업이익 75,000원 증가

115. 자본예산은 장기의사결정이다.

116. **회수기간 이후의 현금흐름을 무시**한다.

117. 감가상각비＝(50,000,000－5,000,000)/5년＝9,000,000원/년

(세후)순현금흐름＝세전영업현금흐름×(1－t)＋감가상각비×t(감가상각비 감세효과)

＝(35,000,000－17,000,000)×(1－0.3)＋9,000,000×0.3＝15,300,000원

118. A(공급)사업부의 최소대체가격 = 한단위 대체시 지출원가(7,000) + 한단위 대체시 기회비용(0)
= 7,000원①

B(구매)사업부의 최대대체가격
= MIN[① 외부구입가격(??) ② 완제품판매가격(25,000) - 추가가공비(10,000)] = 15,000원②

③ 외부구입비용이 단위당 10,000원이고 외부판매가격이 단위당 11,000원이므로 유휴생산시설이 없는 경우 외부구입하는 것이 타당하다.

④ 최소대체가격(7,000)<최대대체가격(15,000)이므로 대체하는 것이 유리하므로 A사업부에서 구입하는 것이 최적의 의사결정이다.

119. 유휴생산시설이 없으므로,
사업부의 최소대체가격 = 한단위 대체시 지출원가(58) + 한단위 대체시 기회비용(100 - 58 - 8) = 92원

2022년 6월

93회 재경관리사

재무회계

1. 다음 중 일반목적재무보고에 관한 설명으로 가장 올바르지 않은 것은?

① 경영진은 필요한 재무정보를 기업내부에서 얻을 수 없으므로 의사결정을 위하여 일반목적재무보고에 의존한다.

② 현재 및 향후 잠재적인 투자자, 대여자 및 기타채권자가 일반목적재무보고의 주요 이용자에 해당한다.

③ 감독당국 및 일반 대중도 일반목적재무보고를 유용하게 활용할 수 있다.

④ 일반목적재무보고의 목적은 기업에 자원을 제공하는 것에 대한 의사결정을 할 때 유용한 보고기업 재무정보를 제공하는 것이다.

2. 다음의 빈칸에 들어갈 알맞은 말을 올바르게 짝지은 것은?

> 재무제표가 제공하는 정보가 정보이용자의 의사결정에 목적적합성을 제공하기 위해서 기본적으로 갖추어야 할 주요 질적 특성으로 (ㄱ)와 (ㄴ), (ㄷ)을 들 수 있다.
> 정보가 정보이용자들이 미래 결과를 예측하기 위해 사용하는 절차의 투입요소로 사용될 수 있다면 그 재무정보는 (ㄱ)를 갖는다. 재무정보가 과거 평가에 대한 피드백을 제공, 즉 확인하거나 변경시킨다면 (ㄴ)를 갖는다.
> 정보가 누락되거나 잘못 기재된 경우 특정 보고기업의 재무정보에 근거한 정보이용자의 의사결정에 영향을 줄 수 있다면 그 정보는 중요한 것이다.
> (ㄷ)은 개별 기업 재무보고서 관점에서 해당 정보와 관련된 항목의 성격이나 규모 또는 이 둘 모두에 근거하여 해당 기업에 특유한 측면의 목적적합성을 의미한다.

	(ㄱ)	(ㄴ)	(ㄷ)
①	충실한 표현	비교가능성	중요성
②	예측가치	확인가치	중요성
③	예측가치	적시성	중요성
④	적시성	이해가능성	확인가치

3. 다음 중 포괄손익계산서의 기본요소에 대한 설명으로 가장 올바르지 않은 것은?

① 경영성과의 측정을 위해 기록되는 포괄손익계산서의 기본요소에는 수익, 비용이 있다.
② 광의의 수익의 정의에는 수익뿐만 아니라 차익이 포함된다.
③ 비용에는 아직 실현되지 않은 손실은 포함하지 않는다.
④ 수익의 발생은 자산의 증가 또는 부채의 감소를 수반한다.

4. 다음 중 포괄손익계산서의 구성요소 중 기타포괄손익으로 분류될 항목으로 가장 적절하지 않은 것은?

① 유형자산의 재평가잉여금
② 관계기업에 대한 지분법평가이익
③ 기타포괄손익 - 공정가치측정 금융자산의 평가손실
④ 해외사업장의 재무제표 환산으로 인한 손익

5. 다음 중 당해기업의 특수관계자로 가장 올바르지 않은 것은?

① 당해기업과 통상적인 업무 관계를 맺고 있는 경우
② 당해기업 또는 그 지배기업의 주요 경영진의 일원인 경우
③ 보고기업에 공동지배력이 있는 경우
④ 보고기업에 유의적인 영향력이 있는 경우

6. 다음 중 재고자산의 수량결정방법과 관련된 설명으로 가장 올바르지 않은 것은?

① 계속기록법에서는 장부상의 재고잔량을 기말재고수량으로 결정한다.
② 계속기록법에서는 기중 언제라도 장부상에서 재고수량을 파악할 수 있다.
③ 실지재고조사법에서는 실지재고조사를 통해 기말재고수량을 파악하므로 재고장에 입고기록 및 출고기록을 일절 수행하지 않는다.
④ 실지재고조사법에서는 기말재고를 먼저 확정한 뒤에 당기판매수량을 계산한다.

7. ㈜삼일은 재고자산을 선입선출법에 의하여 평가하고 있다. 다음의 자료를 토대로 ㈜삼일의 20X1년 기말 재고자산 금액을 측정한 것으로 가장 옳은 것은?

장부	장부수량	취득 단가	장부 금액
전기이월	3,000개	@12,000	36,000,000원
구입(20X1. 07. 01)	2,000개	@14,000	28,000,000원
시용판매(20X1. 11. 25)*	4,800개		
구입(20X1. 12. 22)	1,500개	@14,500	21,750,000원
차기 이월	1,700개		

* ㈜삼일은 당기 중 4,800개를 시용판매하였으나 그 중 300개는 고객이 기말 현재까지 매입의사를 표시하지 않고 있다.

① 24,550,000원 ② 24,650,000원 ③ 28,750,000원 ④ 29,000,000원

8. 다음은 ㈜삼일의 20X1 회계연도 결산시 재고자산과 관련된 자료이다. 재고자산과 관련된 결산수정분개가 당기손익에 미치는 영향으로 가장 옳은 것은(단, 20X1년 기초재고자산의 재고자산평가충당금은 없다)?

ㄱ. 결산수정분개전 기말재고자산 장부상 수량	100개
ㄴ. 결산수정분개전 기말재고자산 장부상 매입단가	200원/개
ㄷ. 기말재고자산 실사수량	95개
ㄹ. 기말재고자산의 예상판매가격	160원/개
ㅁ. 기말재고자산의 예상판매비용	예상판매가격의 5%

① 4,800원 증가 ② 5,560원 증가 ③ 4,800원 감소 ④ 5,560원 감소

9. ㈜서울은 사용 중이던 차량운반구 A를 ㈜부산이 사용하던 차량운반구 B와 교환하였다. 이 교환과 관련하여 ㈜서울은 공정가치의 차액 300,000원을 현금으로 지급하였다. 이 경우 ㈜서울이 차량운반구 B의 취득원가로 인식해야 할 금액은 얼마인가(단, 동 거래는 상업적 실질이 결여된 거래임)?

(단위 : 원)

	차량운반구 A	차량운반구 B
취득원가	3,500,000	4,000,000
감가상각누계액	1,200,000	1,500,000
공정가치	1,700,000	2,000,000

① 2,600,000원 ② 2,300,000원 ③ 2,000,000원 ④ 1,700,000원

10. 통신업을 영위하고 있는 ㈜삼일은 20X1년 7월 1일 5억원에 취득하여 사용해 오던 건물 A(내용연수 10년, 정액법, 잔존가치 0원)를 20X5년 4월 1일 3억원에 처분하였다. 다음 중 ㈜삼일이 건물 A의 처분과 관련하여 20X5년 포괄손익계산서에 인식할 계정과 금액으로 올바르게 짝지어진 것은(단, ㈜삼일은 건물을 원가모형으로 후속측정한다)?

① 유형자산처분이익, 10,000,000원
② 유형자산처분이익, 12,500,000원
③ 유형자산처분손실, 10,000,000원
④ 유형자산처분손실, 12,500,000원

11. 다음 중 유형자산의 손상에 관한 설명으로 가장 옳은 것은?

① 유형자산에 대해 재평가모형을 적용하는 경우 손상차손을 인식하지 않는다.
② 자산의 회수가능액은 순공정가치와 사용가치 중 작은 금액이다.
③ 기업은 매 보고기간말마다 자산손상을 시사하는 징후가 있는지를 검토하여야 한다.
④ 자산손상을 시사하는 징후가 있는지를 검토할 때는 경제상황과 같은 외부정보는 고려하지 않는다.

12. 다음 중 무형자산으로 인식하기 위하여 필요한 조건이 아닌 것은?

① 자산의 물리적인 형체는 없지만 식별가능해야 한다.
② 자산으로부터 발생하는 미래 경제적효익이 기업에 유입될 가능성이 높아야 한다.
③ 자산의 원가를 신뢰성 있게 측정할 수 있어야 한다.
④ 사업결합에 의해 취득한 자산이어야 한다.

13. 다음은 20X1년 ㈜삼일의 엔진 개발과 관련하여 20X1년 9월 30일까지 발생한 지출에 대한 자료이다. 동 엔진이 20X1년 10월 1일부터 사용가능할 것으로 예측된 경우 20X1년 ㈜삼일이 엔진 개발과 관련하여 무형자산 상각비를 포함한 인식해야 할 총비용은 얼마인가(단, 엔진 개발비에 대하여 내용연수 10년, 정액법 상각함)?

구분	내용
연구단계	• 엔진 연구 결과의 평가를 위한 지출 : 3,000,000원 • 여러 가지 대체안 탐색 활동을 위한 지출 : 27,000,000원
개발단계	• 자산인식조건을 만족하는 개발 단계 지출 : 40,000,000원 • 자산인식조건을 만족하지 않는 개발 단계 지출 : 7,000,000원

① 1,925,000원
② 38,000,000원
③ 39,000,000원
④ 77,000,000원

14. 부동산매매업을 영위하고 있는 ㈜삼일은 당기 중 판매목적으로 보유하던 장부금액 100억원의 상가건물을 제3자에게 운용리스를 통해 제공하기로 하였다. 용도 변경시점의 동 상가건물의 공정가치가 140억원이었다고 할 때 ㈜삼일의 회계처리로 가장 옳은 것은(단, ㈜삼일은 투자부동산에 대하여 공정가치모형을 적용하고 있다)?

①	(차) 투자부동산	100억	(대) 재고자산	100억
②	(차) 투자부동산	140억	(대) 재고자산	100억
			재평가잉여금(기타포괄손익)	40억
③	(차) 투자부동산	140억	(대) 재고자산	140억
④	(차) 투자부동산	140억	(대) 재고자산	100억
			재평가이익(당기손익)	40억

15. 다음 중 지분상품으로 분류될 수 있는 계약으로 가장 옳은 것은?

① 100억의 가치에 해당하는 지분상품을 인도할 계약
② 100킬로그램의 금의 가치에 해당하는 현금에 상응하는 지분상품을 인도할 계약
③ 액면 100억의 사채에 대한 상환 대신 1만주의 주식으로 교환할 계약
④ 공모가액의 80% 해당하는 현금을 대가로 주식 1만주를 인도할 계약

16. ㈜삼일은 20X1년 1월 1일 ㈜광주가 발행한 주식 100주를 주당 10,000원에 취득하고, 기타포괄손익 – 공정가치측정 금융자산으로 분류하였다. 20X1년 말 ㈜광주가 발행한 주식의 주당 공정가치는 12,000원이다. ㈜삼일은 동 주식 전부를 20X2년 6월 30일에 주당 13,000원에 처분하였다. 주식의 취득과 처분시 거래원가는 발생하지 않았다고 가정할 때, 상기 주식에 대한 회계처리가 ㈜삼일의 20X2년도 당기순손익과 기타포괄손익에 미치는 영향은 각각 얼마인가?

① 당기순손익 영향없음, 기타포괄손익 100,000원 증가
② 당기순손익 100,000원 증가, 기타포괄손익 100,000원 증가
③ 당기순손익 200,000원 증가, 기타포괄손익 100,000원 증가
④ 당기순손익 300,000원 증가, 기타포괄손익 100,000원 증가

17. ㈜삼일은 20X1년 3월 28일 200,000원에 취득한 채권을 기타포괄손익-공정가치측정 금융자산으로 분류하였다. 20X1년 12월 31일 채권의 공정가치가 250,000원이었고, 이를 20X2년 3월 30일에 280,000원에 매도하였다. 다음 중 처분일의 회계처리로 가장 옳은 것은(단, 취득 시점 표시이자율과 시장이자율은 동일하며, 이자는 무시한다)?

①	(차) 현금	280,000원	(대)	기타포괄손익-공정가치측정 금융자산	200,000원
				처분이익	80,000원
②	(차) 현금	280,000원	(대)	기타포괄손익-공정가치측정 금융자산	200,000원
				평가이익(기타포괄손익)	80,000원
③	(차) 현금	280,000원	(대)	기타포괄손익-공정가치측정 금융자산	250,000원
	평가이익(기타포괄손익)	50,000원		처분이익	80,000원
④	(차) 현금	280,000원	(대)	기타포괄손익-공정가치측정 금융자산	200,000원
	평가이익(기타포괄손익)	50,000원		처분이익	130,000원

18. 다음 중 금융부채의 분류에 관한 설명으로 가장 올바르지 않은 것은?

① 당기손익-공정가치 측정 금융부채는 단기매매금융부채와 당기손익인식지정금융부채로 나누어진다.

② 부채가 단기매매활동의 자금조달에 사용된다는 사실만으로도 당해 부채를 단기매매금융부채로 분류하기에 충분하다.

③ 위험회피수단으로 회계처리하지 아니하는 파생상품부채는 단기매매금융부채에 해당한다.

④ 당기손익인식항목으로 지정될 경우 서로 다른 기준에 따라 자산이나 부채를 측정하거나 그에 따른 손익을 인식함으로써 발생할 수 있는 인식이나 측정의 불일치가 제거되거나 유의적으로 감소된다면 당기손익인식금융부채로 지정할 수 있다.

19. ㈜삼일은 20X1년 1월 1일 액면금액 1,000,000원, 표시이자율 5%, 만기 3년인 사채를 922,687원에 할인발행하였다. 사채의 발행당시 유효이자율이 12%일 때 ㈜삼일이 사채발행으로 인하여 만기 3년 동안 인식해야 할 총 이자비용을 계산한 것으로 가장 옳은 것은?

① 150,000원 ② 240,000원 ③ 227,313원 ④ 317,313원

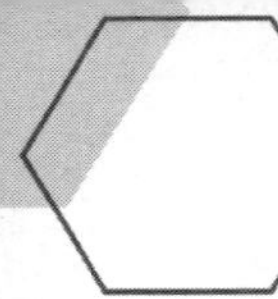

20. 다음 중 ㈜삼일의 충당부채에 관한 회계처리로 가장 올바르지 않은 것은?

① 판매시점으로부터 2년간 품질을 보증(확신유형의 보증)하는 조건으로 제품을 판매하여 20X1년 중에 판매한 제품에 대해 추정한 보증수리비용을 충당부채로 인식하였다.

② 화재, 폭발 또는 기타 재해에 의한 재산상의 손실에 대비한 보험에 가입하고 있지 않아 이의 멸실에 대비하여 충당부채를 계상하였다.

③ 충당부채의 명목가액과 현재가치의 차이가 중요하여 예상 지출의 현재가치로 충당부채를 평가하였다.

④ 충당부채를 계상할 때 현재의무의 이행에 소요되는 지출에 대한 보고기간종료일 현재의 최선의 추정치를 산출하였다.

21. 다음은 ㈜삼일의 제1기 말(20X1년 12월 31일) 현재의 주요 재무정보이다. ㈜삼일은 제1기에 증자 및 배당 등 다른 자본거래가 없었다. ㈜삼일의 20X1년 당기순이익은 1,500,000,000원이고, 주당 액면금액은 5,000원일 때 20X1년 말 현재 자본에 대한 설명으로 가장 올바르지 않은 것은?

(단위 : 원)

자본금	5,000,000,000
주식발행초과금	3,500,000,000
…	…
자본총계	10,000,000,000

① ㈜삼일의 법정자본금은 5,000,000,000원이다.

② ㈜삼일의 발행주식수는 1,000,000주이다.

③ ㈜삼일의 기말 이익잉여금은 1,500,000,000원이다.

④ ㈜삼일의 주식발행금액은 주당 10,000원이다.

22. 다음 중 이익잉여금 처분에 관한 설명으로 가장 올바르지 않은 것은?

① 현금배당은 자산과 자본의 감소를 유발한다.

② 주식배당은 자본금은 감소하나 자본총계는 변함이 없다.

③ 주식할인발행차금 상각으로 이익잉여금을 처분하면 자본금 및 자본총계는 변함이 없다.

④ 이익준비금은 현금배당의 10% 이상을 자본금의 1/2이 될 때까지 의무적립한다.

23. 수익인식 5 단계 모형에 따라 수익을 인식하는 순서가 아래와 같다면 다음 빈칸에 들어갈 말로 가장 옳은 것은?

> [1단계] 계약 식별
> [2단계] (㉠)
> [3단계] (㉡)
> [4단계] 거래가격 배분
> [5단계] 수행의무별 수익인식

	㉠	㉡		㉠	㉡
①	수행의무 식별	거래가격 산정	②	통제이전	수행의무 식별
③	수행의무 식별	통제이전	④	거래가격 산정	수행의무 식별

24. ㈜삼일은 20X1년 12월 31일 ㈜반품에 50,000,000원(원가 30,000,000원)의 제품을 판매하고 1년 이내 반품할 수 있는 권리를 부여하였다. 인도일 현재 판매가 10,000,000원의 제품이 반품될 것으로 예상된다면 ㈜삼일이 20X1년에 인식할 매출액은 얼마인가?

① 10,000,000원
② 40,000,000원
③ 44,000,000원
④ 46,000,000원

25. ㈜삼일건설은 20X1년 1월 1일에 대전시로부터 교량건설을 총공사계약액 50,000,000원에 수주하였다. 공사기간은 20X1년 1월 1일부터 20X3년 12월 31일까지이다. 추정총계약원가는 40,000,000원으로 공사기간 동안 변동이 없으며, 회사는 누적발생계약원가에 기초하여 공사진행률을 측정하고 있다. 20X1년과 20X2년 계약수익이 다음과 같을 때 20X2년 말 누적공사진행률을 계산한 것으로 가장 옳은 것은?

> ㄱ. 20X1년 계약수익 : 15,000,000원
> ㄴ. 20X2년 계약수익 : 20,000,000원

① 30%
② 50%
③ 70%
④ 80%

26. ㈜삼일건설은 20X1년 5월 1일 총 계약금액 340,000,000원의 공장신축 공사계약을 체결하였다. 20X2년의 당기계약손익은 얼마인가?

	20X1년	20X2년
당기발생계약원가	120,000,000원	144,000,000원
총공사계약원가	300,000,000원	330,000,000원
공사대금청구액(연도별)	100,000,000원	160,000,000원

① 계약손실 8,000,000원　② 계약손실 10,000,000원
③ 계약이익 8,000,000원　④ 계약이익 18,000,000원

27. 확정급여제도하에서 기업은 미래에 종업원에게 지급할 퇴직급여의 수급권을 보장하기 위하여 사외기금제도를 이용한다. 다음 중 사외적립자산에 대한 설명으로 가장 옳은 것은?

① 사외적립자산은 공정가치로 측정한다.
② 사외적립자산과 확정급여채무는 차감하지 않고 재무상태표에 각각 자산과 부채로 표시한다.
③ 당해 회계기간에 대하여 회사가 사외에 적립한 기여금은 비용으로 인식한다
④ 사외적립자산은 재측정요소가 발생하지 않는다.

28. ㈜삼일은 20X1년 1월 1일에 기술책임자인 홍길동 이사에게 다음과 같은 조건의 현금결제형 주가차액보상권 30,000개를 부여하였다. 이 경우 20X1년 포괄손익계산서에 계상될 당기보상비용은 얼마인가(단, 홍길동 이사는 20X3년 12월 31일 이전에 퇴사하지 않을 것으로 예상된다)?

ㄱ. 기본조건 : 20X3년 12월 31일까지 의무적으로 근무할 것
ㄴ. 행사가능기간 : 20X4년 1월 1일~20X4년 12월 31일
ㄷ. 20X1년 초 추정한 주가차액보상권의 공정가치 : 100,000원/개
ㄹ. 20X1년 말 추정한 주가차액보상권의 공정가치 : 150,000원/개

① 10억원　② 15억원　③ 20억원　④ 30억원

29. ㈜삼일은 20X1년에 영업을 개시하였다. ㈜삼일의 과세소득과 관련된 자료는 다음과 같다. 20X1년 말 재무상태표에 계상될 이연법인세자산(부채)(A)과 포괄손익계산서에 계상될 법인세비용(B)는 각각 얼마인가?

법인세비용차감전순이익	3,000,000원
가산(차감)조정	
일시적차이가 아닌 차이	600,000원
일시적차이	(800,000원)
과세표준	2,800,000원 (세율 : 30%)

〈 추가자료 〉

ㄱ. 일시적차이가 사용될 수 있는 미래과세소득의 발생가능성은 높다고 가정한다.

ㄴ. 일시적차이는 20X2년, 20X3년에 걸쳐 400,000원씩 소멸하며, 미래에도 세율의 변동은 없는 것으로 가정한다.

		(A)	(B)
①	이연법인세부채	120,000원	960,000원
②	이연법인세자산	240,000원	1,080,000원
③	이연법인세자산	420,000원	1,320,000원
④	이연법인세부채	240,000원	1,080,000원

30. 다음은 ㈜삼일의 20X1년과 20X2년 말의 법인세회계와 관련된 내역이다. 20X2년에 ㈜삼일이 계상하여야 할 법인세비용은 얼마인가?

	20X1년 말	20X2년 말
이연법인세자산	50,000원	10,000원
이연법인세부채	10,000원	40,000원
20X2년 당기법인세	200,000원	

① 130,000원 ② 190,000원 ③ 210,000원 ④ 270,000원

31. ㈜삼일은 20X1년 7월 1일 500,000원 (내용연수 5년, 잔존가치 100,000원)에 건물을 취득하고, 20X1년 말 정액법으로 감가상각하였다. 그런데 ㈜삼일은 건물에 내재된 미래경제적효익의 예상되는 소비형태의 유의적인 변동을 반영하기 위하여, 20X2년 초부터 감가상각방법을 연수합계법으로 변경하고 잔존 내용연수는 3년, 잔존가치는 없는 것으로 재추정하였다. 20X2년 말 건물의 장부금액은 얼마인가? (감가상각은월할 상각하며, 건물에 대한 손상차손누계액은 없다.)

① 125,000원 ② 195,000원 ③ 210,000원 ④ 230,000원

32. ㈜삼일의 20X1년 가중평균유통보통주식수는 3,000주이며, 기본주당순이익은 6,000원이다. 희석당기순이익은 19,250,000원이며 잠재적 보통주식수는 500주일 경우 희석주당순이익으로 가장 옳은 것은?

① 4,500원 ② 5,000원 ③ 5,500원 ④ 6,000원

33. ㈜삼일은 20X1년 초에 ㈜용산의 주식 25%를 1,000,000원에 취득하면서 유의적인 영향력을 행사할 수 있게 되었다. 취득일 현재 ㈜용산의 순자산 장부금액은 4,000,000원이며, 자산 및 부채의 장부금액은 공정가치와 동일하다. ㈜용산은 20X1년도에 당기순이익 800,000원과 기타포괄이익 100,000원을 보고하였다. ㈜삼일이 20X1년 중에 ㈜용산으로부터 중간배당금 50,000원을 수취하였다면, ㈜삼일이 20X1년도 당기손익으로 인식할 지분법이익은 얼마인가?

① 185,000원 ② 200,000원 ③ 212,500원 ④ 225,000원

34. 다음 중 관계기업투자주식의 회계처리에 관한 설명으로 가장 올바르지 않은 것은?

① 관계기업투자주식을 취득한 시점에는 취득원가로 기록한다.
② 피투자기업으로부터 배당금 수취시 투자수익을 즉시 인식하므로, 투자주식 계정이 증가한다.
③ 관계기업에 관련된 영업권의 상각은 허용되지 않는다.
④ 피투자기업의 당기순이익은 투자기업의 지분법이익으로 보고된다.

35. ㈜삼일은 20X1년 3월 30일 기계장치를 2,500 달러에 구입하였으며 이에 대한 결제일이 20X2년 4월 1일이다. 이에 관련된 각 시점의 환율은 다음과 같다.

20X1년 3월 30일의 환율	1,000원/달러
20X1년 12월 31일의 환율	1,200원/달러
20X2년 4월 1일의 환율	1,100원/달러

상기 거래와 관련하여 ㈜삼일이 20X1년 말 현재 계상할 외화환산손익은 얼마인가(단, ㈜삼일은 유형자산에 대하여 원가모형을 적용하여 회계처리하고 있다)?

① 외화환산이익 100,000원 ② 외화환산손실 100,000원
③ 외화환산이익 500,000원 ④ 외화환산손실 500,000원

36. 다음 거래목적 중 파생상품평가손익을 기타포괄손익으로 인식하여 자본항목(기타포괄손익누계액)으로 처리하는 것은?

① 공정가치위험회피 목적의 파생상품평가손익
② 매매목적의 파생상품평가손익
③ 현금흐름위험회피 목적으로 체결한 파생상품의 평가손익 중 위험회피에 효과적인 부분
④ 현금흐름위험회피 목적으로 체결한 파생상품의 평가손익 중 위험회피에 효과적이지 못한 부분

37. ㈜삼일리스는 20X1년 1월 1일(리스약정일)에 ㈜용산(리스이용자)와 기계장치에 대한 금융리스계약을 체결하였으며, 관련 자료는 다음과 같다. 이러한 리스거래로 인하여 리스이용자인 ㈜용산이 20X1년에 인식할 이자비용과 감가상각비의 합계액은 얼마인가(단, 계산금액은 소수점 첫째자리에서 반올림함을 원칙으로 하고, 가장 근사치를 답으로 선택한다)?

ㄱ. 리스기간 : 3년(리스기간 종료시 ㈜용산은 소유권을 이전 받음)
ㄴ. 리스료 총액 : 150,000원 (매 50,000원씩 매년 말 3회 후불)
ㄷ. 기초자산의 취득원가 : 120,092 원 (리스약정일의 공정가치와 동일)
ㄹ. 기초자산의 내용연수와 잔존가치 : 내용연수 3년, 잔존가치 30,092원
ㅁ. 리스의 내재이자율 : 연 12%
ㅂ. 이자율 12%, 3년 연금현가계수 : 2.40183
이자율 12%, 3년 현가계수 : 0.71178

① 14,411원 ② 30,000원 ③ 40,031원 ④ 44,411원

38. 다음 중 현금흐름표에 관한 설명으로 가장 올바르지 않은 것은?

① 간접법을 적용하여 표시한 영업활동 현금흐름은 직접법에 의한 영업활동 현금흐름에서는 파악할 수 없는 정보를 제공하기 때문에 미래현금흐름을 추정하는 데 보다 유용한 정보를 제공한다.
② 영업활동은 기업의 주요 수익창출활동, 그리고 투자활동이나 재무활동이 아닌 기타의 활동을 말한다.
③ 투자활동은 유・무형자산, 다른 기업의 지분상품이나 채무상품 등의 취득과 처분활동, 제3자에 대한 대여 및 회수활동 등을 포함한다.
④ 현금흐름표는 회계기간 동안 발생한 현금흐름을 영업활동, 투자활동 및 재무활동으로 분류하여 보고한다.

39. 다음은 ㈜삼일의 감사보고서에 나타난 재무상태표 중 매출채권과 대손충당금에 관한 부분이다. 20X2년 포괄손익계산서상의 매출액은 560,000원, 대손상각비가 30,000원이다. 매출활동으로 인한 현금유입액은 얼마인가?

구 분	20X2년 12월 31일	20X1년 12월 31일
매출채권	500,000원	400,000원
대손충당금	(70,000원)	(50,000원)

① 450,000원 ② 480,000원 ③ 510,000원 ④ 600,000원

40. ㈜삼일의 20X1년도 당기순이익은 91,000원이다. 다음에 제시된 자료를 이용하여 ㈜삼일의 20X1년도 영업활동현금흐름을 구하면 얼마인가(단, 이자지급 및 법인세납부는 영업활동으로 분류한다)?

〈20X1년도 ㈜삼일의 재무자료〉

유형자산처분손실	3,000원	사채상환이익	2,000원
사채의 감소	7,000원	미지급이자의 증가	2,000원
재고자산(순액)의 증가	3,000원	매출채권(순액)의 증가	2,000원
매입채무의 증가	3,000원	미지급법인세의 감소	3,000원

① 68,000원 ② 87,000원 ③ 89,000원 ④ 91,000원

세무회계

41. 다음은 신의성실의 원칙의 적용요건에 관한 설명이다. 신의성실의 원칙을 적용하기 위한 과세관청의 "공적인 견해표현"에 해당하는 것은?

ㄱ. 납세자의 신뢰의 대상이 되는 과세관청의 공적견해표시가 있어야 한다.
ㄴ. 납세자가 과세관청의 견해표시를 신뢰하고, 그 신뢰에 납세자의 귀책사유가 없어야 한다.
ㄷ. 납세자가 과세관청의 견해표시에 대한 신뢰를 기초로 하여 어떤 행위를 하여야 한다.
ㄹ. 과세관청이 당초의 견해표시에 반하는 적법한 행정처분을 하여야 한다.
ㅁ. 과세관청의 그러한 배신적 처분으로 인하여 납세자가 불이익을 받아야 한다.

① 홈택스사이트의 Q&A ② 국세상담센터의 전화안내
③ 세무서담당자의 구두설명 ④ 국세청법규과의 서면질의회신

42. 다음 중 국세기본법상 국세부과의 원칙에 관한 설명으로 가장 올바르지 않은 것은?

① 실질과세의 원칙은 조세평등주의를 구체화한 국세부과의 원칙이다.

② 신의성실의 원칙이란 납세자가 그 의무를 이행할 때에는 신의에 따라 성실하게 하여야 한다는 것으로, 납세자의 직무수행에만 적용된다.

③ 법적 형식이나 외관에 관계없이 실질에 따라 세법을 해석하고 과세요건사실을 인정해야 한다.

④ 근거과세의 원칙이란 장부 등 직접적인 자료에 입각하여 납세의무를 확정해야 한다는 원칙이다.

43. 다음 중 세법적용원칙에 관한 설명으로 가장 올바르지 않은 것은?

① 일반적으로 납세자에게 받아들여진 세법의 해석이 변경된 경우 종전의 해석에 따른 과세는 소급하여 수정되어야 한다.

② 기업회계나 관행상 공정·타당하다고 인정되고, 이에 대한 세법상 특별한 규정이 없는 경우라면 납세의무자가 계속 적용하고 있는 회계상 처리는 존중되어야 한다.

③ 세무공무원은 그 재량으로 직무를 수행할 때에는 과세의 형평과 해당 세법의 목적에 비추어 일반적으로 적당하다고 인정되는 한계를 엄수하여야 한다.

④ 세법의 해석 및 적용에 있어서는 과세의 형평과 해당 조항의 합목적성에 비추어 납세자의 재산권이 부당하게 침해되지 않도록 해야 한다.

44. 다음 중 가산세 부과에 관한 설명으로 가장 올바르지 않은 것은?

① 무신고가산세는 납세의무자가 법정신고기한까지 세법에 따른 국세의 과세표준 신고를 하지 아니한 경우로서 해당 무신고가 부정행위로 인한 경우에는 무신고납부세액의 20%가 된다.

② 원천징수 등 납부지연가산세는 국세를 징수하여 납부할 의무를 지는 자가 징수하여야 할 세액을 세법에 따른 납부기한까지 납부하지 아니하거나 과소납부한 경우의 가산세를 말한다.

③ 납부지연가산세는 납세의무자가 세법에 따른 납부기한까지 국세를 납부하지 아니하거나 납부하여야 할 세액보다 적게 납부한 경우의 가산세를 말한다.

④ 가산세를 부과하는 경우 그 부과의 원인이 천재지변 등의 기한연장 사유 또는 납세의무자가 의무를 이행하지 않은 것에 대한 정당한 사유가 있을 때에는 해당 가산세를 부과하지 않는다.

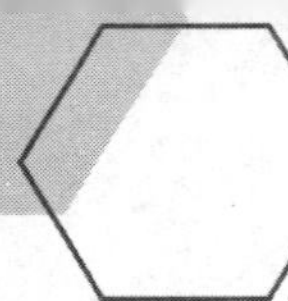

45. 다음 중 법인세법상 미환류소득 법인세에 관한 설명으로 가장 올바르지 않은 것은?

① 미환류소득에 대한 법인세 납부의무가 있는 법인은 각사업연도의소득에 대한 법인세액에 추가하여 미환류소득에 대한 법인세를 납부해야 한다.

② 상호출자제한 기업집단에 속하는 법인이 적용대상이다.

③ 미환류소득에서 차기환류적립금, 이월된 초과환류액을 차감한 금액의 20%를 미환류소득 법인세로 납부한다.

④ 초과환류액 발생시 그 다음 5개 사업연도 동안 미환류소득에서 공제할 수 있다.

46. 다음 중 기타사외유출로 처분하는 항목으로 가장 올바르지 않은 것은?

① 기업업무추진비 한도초과액

② 업무무관자산 관련 지급이자

③ 대손충당금 한도초과액

④ 채권자불분명사채이자에 대한 원천징수액

47. 다음 중 법인세법상 익금에 관한 설명으로 가장 올바르지 않은 것은?

① 자기주식소각이익은 익금에 산입한다.

② 보험업법에 따른 유형자산 평가이익은 익금에 산입한다.

③ 전기 손금으로 인정된 재산세가 환급되는 경우에는 이를 익금에 산입한다.

④ 특수관계인인 개인으로부터 유가증권을 저가매입하는 경우, 시가와 매입가액의 차액은 익금으로 본다.

48. 다음 중 법인세법상 익금불산입 항목에 관한 설명으로 가장 올바르지 않은 것은?

① 국세 및 지방세 과오납금의 환급금에 대한 이자는 익금에 산입하지 않는다.

② 법인세는 지출 당시 손금으로 인정받지 못하고 법인세의 환급액도 익금에 산입하지 않는다.

③ 자산수증이익·채무면제이익 중 이월결손금의 보전에 충당된 금액은 익금에 산입하지 않는다.

④ 자본거래를 통해 특수관계인으로부터 분여받은 이익은 항상 익금에 산입하지 않는다.

49. 다음은 ㈜삼일의 임원 또는 사용인을 위하여 지출한 복리후생비 보조원장의 일부이다. 이 중 법인세법상 손금으로 인정받지 못하는 금액은 얼마인가?

복 리 후 생 비
20x1년 1월 1일~20x1년 12월 31일

㈜삼일 (단위 : 원)

월/일	적 요	금 액
01/23	우리사주조합운영비	5,000,000
01/25	직장체육비	500,000
02/03	대주주인 임원에 대한 사택유지비	3,000,000
02/13	업무를 수행하던 사원의 교통 벌금	2,000,000
02/27	고용보험료(사용자부담분)	500,000

① 0원 ② 3,000,000원 ③ 5,000,000원 ④ 5,500,000원

50. 제조업을 영위하는 ㈜삼일이 제22기(20x1년 1월 1일~20x1년 12월 31일) 7월 1일에 ㈜용산은행에서 1년 만기 정기예금(만기 : 20x2년 6월 30일)에 가입하였다. 만기시 정기예금이자는 40억원이며, ㈜삼일이 제22기 결산시 기간경과분 이자수익 20억원을 영업외수익으로 계상한 경우 제22기 세무조정으로 가장 옳은 것은(단, 정기예금이자는 원천징수 대상에 해당한다)?

① (익금산입) 미수이자 20억원 (유보)
② (익금불산입) 미수이자 20억원 (△유보)
③ (익금불산입) 미수이자 40억원 (△유보)
④ (익금산입) 미수이자 40억원 (유보)

51. 다음의 법인세법상 감가상각범위액 결정요소 중 취득가액에 관한 설명으로 가장 올바르지 않은 것은?

① 자본적지출은 자산의 취득원가에 가산되어 이후 감가상각과정을 통해 손금에 산입되나, 수익적지출은 지출당시에 당기비용으로 처리된다.
② 재해로 멸실되어 자산의 본래 용도에 이용할 가치가 없는 건축물 등의 복구는 수익적지출에 해당한다.
③ 시설의 개체 또는 기술의 낙후로 인하여 생산설비의 일부를 폐기한 경우에는 당해 자산의 장부가액에서 1천원을 공제한 금액을 폐기일이 속하는 사업연도의 손금에 산입할 수 있다.
④ 개별자산별로 수선비로 지출한 금액이 600만원 미만인 경우 시부인 계산과정을 거치지 않고 전액 손금으로 인정할 수 있다.

52. 다음 중 법인세법상 기부금에 관한 설명으로 가장 올바르지 않은 것은?

① 기부금은 특수관계가 없는 자에게 사업과 직접 관련없이 무상으로 지출하는 재산적 증여가액을 말한다.

② 대표이사 동창회에 지출한 기부금은 비지정기부금으로 전액 손금불산입 된다.

③ 특례기부금 한도초과액은 그 다음 사업연도의 개시일로부터 10년 이내에 종료하는 사업연도에 이월하여 손금에 산입할 수 있다.

④ 특례기부금을 금전 외의 자산으로 제공하는 경우 MAX[시가, 장부가액]으로 평가한다.

53. 용산역에 위치한 ㈜삼일은 투자 목적으로 회사 주변의 건물을 소유하고 있다. ㈜삼일의 김삼일 대표이사는 자신의 향우회로부터 60억원의 현금을 받는 조건으로 회사의 건물을 매각하라는 제안을 받았고, 동 제안을 수락할 경우 어떤 효과가 있을지 고민하고 있다. 동 건물의 시가는 100억원이다. 건물을 위의 조건으로 매각할 경우 다음 중 가장 옳은 세무조정은 어느 것인가(단, 대표이사 향우회는 ㈜삼일과 특수관계인이 아니다)?

① 〈손금불산입〉 비지정기부금 10억원(기타사외유출)

② 〈손금불산입〉 일반기부금 10억원(기타사외유출)

③ 〈손금불산입〉 특례기부금 30억원(기타사외유출)

④ 〈손금불산입〉 비지정기부금 40억원(기타사외유출)

54. ㈜삼일의 담당 회계사인 김삼일 회계사가 ㈜삼일의 제7기 사업연도(20x1년 1월 1일~20x1년 12월 31일) 기업업무추진비에 대하여 자문한 다음 내용 중 가장 올바르지 않은 것은?

① 기업업무추진비를 금전이 아닌 현물로 제공한 경우에는 시가와 장부가액 중 큰 금액을 기업업무추진비로 보아야 합니다.

② 기업업무추진비와 관련된 부가가치세 매입세액은 불공제되며, 전액 손금불산입하여야 합니다.

③ 문화 관련 기업업무추진비는 일반기업업무추진비 한도액의 20% 범위 내에서 추가로 손금에 산입합니다.

④ 20x1년 12월에 신용카드로 접대 행위를 하고, 20x2년 1월에 신용카드 대금을 결제한 경우에는 이를 20x1년의 기업업무추진비로 처리하여야 합니다.

55. 다음은 제조업을 영위하는 중소기업인 ㈜삼일의 제22기(20x1년 1월 1일~20x1년 12월 31일) 기업업무추진비 관련 자료이다. 기업업무추진비 관련 세무조정으로 인한 손금불산입액의 총합계액은 얼마인가?

> ㄱ. 기업업무추진비 지출액 : 45,000,000원
> [이 중 신용카드 등 법정증빙서류를 수취하지 못한 금액 1,000,000원(1건) 포함]
> ㄴ. 손익계산서상 매출액 : 20억원(이 중 특수관계인에 대한 매출액 2억원 포함)
> ㄷ. 기업업무추진비 손금한도액 계산시 수입금액기준한도액 계산에 필요한 적용률은 수입금액 100억원 이하분에 대하여 0.3%이다.
> ㄹ. 기업업무추진비 손금한도액 계산시, 중소기업의 기본한도금액은 36,000,000원이다.

① 2,000,000원　② 2,540,000원　③ 3,000,000원　④ 3,540,000원

56. 다음 중 업무무관가지급금에 관한 법인세법상 처리내용 중 옳은 것을 모두 고르면?

> ㄱ. 업무무관가지급금에 대하여 이자를 받지 않거나 또는 법인세법상 적정이자율보다 낮은 이율로 대여한 경우 적정이자율로 계산한 이자상당액 또는 이자상당액과의 차액을 익금산입한다.
> ㄴ. 업무무관가지급금에 대하여 설정한 대손충당금은 손금으로 인정되지 않는다.
> ㄷ. 업무무관가지급금에 대한 손금불산입 대상 지급이자는 미지급이자를 제외하고 미경과이자를 포함한다.

① ㄱ　② ㄴ　③ ㄱ, ㄴ　④ ㄱ, ㄴ, ㄷ

57. 다음 중 법인세법상 퇴직급여충당금에 관한 설명으로 가장 올바르지 않은 것은?

① 퇴직급여충당금 설정액 중 한도초과액은 손금불산입하고 유보로 소득처분한다.
② 퇴직금추계액은 일시퇴직기준 퇴직급여추계액과 보험수리적기준에 의한 퇴직급여추계액 중 작은 금액으로 한다.
③ 퇴직급여충당금은 법인의 장부에 비용으로 계상한 경우에만 손금에 산입할 수 있는 결산조정사항이다.
④ 퇴직급여충당금 한도액 계산시 기준이 되는 총급여액이란 근로제공으로 인한 봉급·상여·수당 등을 말하는 것으로 손금불산입되는 인건비와 인정상여 등은 포함되지 않는다.

58. 다음은 중소기업인 ㈜서울의 20x1년 12월 31일 현재 매출채권 명세서의 일부분이다. 결산시 대손처리한 금액이 없는 경우 세무조정시 손금산입할 수 있는 금액은 얼마인가(단, 모든 채권은 회수가능가액이 없다)?

거래처명	채권금액	대손충당금	설 명
㈜부산	2억원	0	20x1년 6월 10일 소멸시효 완성됨
㈜광주	2억원	0	부도발생일부터 8개월 경과한 어음
㈜대구	1억원	0	20x1년 8월 12일 사업폐지

① 1억원 ② 2억원 ③ 3억원 ④ 4억원

59. ㈜삼일은 20x1년 1월 1일에 시가 10억원(장부가액 4억원)인 토지를 회사의 대표이사에게 양도하고 유형자산처분이익 2억원을 인식하였다. 토지 매각과 관련하여 20x1년에 필요한 세무조정으로 가장 옳은 것은(단, 증여세는 고려하지 않는다)?

① (익금산입) 부당행위계산부인(저가양도) 2억원(상여)
② (익금산입) 부당행위계산부인(저가양도) 3억원(상여)
③ (익금산입) 부당행위계산부인(저가양도) 4억원(상여)
④ (익금산입) 부당행위계산부인(저가양도) 6억원(상여)

60. 다음 중 법인세법상 이월결손금에 관한 설명으로 가장 올바르지 않은 것은?

① 각사업연도소득금액에서 세법상 공제가능한 이월결손금을 공제한 금액을 초과하는 비과세소득은 다음 사업연도로 이월되지 않고 소멸한다.
② 각 사업연도의 익금총액보다 손금총액이 큰 경우 동 차액을 결손금이라 하며, 동 결손금이 다음 사업연도로 이월되는 경우 이를 법인세법상 이월결손금이라 한다.
③ 손익계산서상 당기순손실과 법인세법상 결손금이 항상 일치하는 것은 아니다.
④ 과세표준 계산시 미공제된 이월결손금은 발생연도와 금액에 상관없이 모두 공제 가능하다.

61. 다음 중 우리나라의 소득세에 관한 설명으로 가장 올바르지 않은 것은?

① 소득세법상 과세기간은 원칙적으로 1월 1일부터 12월 31일까지이나 사업자인 경우에는 법인과 같이 과세기간을 임의로 정하여 신고할 수 있다.

② 국내에 주소를 두거나 183일 이상의 거소를 둔 개인을 거주자라 하며, 거주자는 국내 및 국외원천소득에 대하여 소득세를 과세한다.

③ 거주자가 아닌 자를 비거주자라 하며 국내원천소득에 대해서만 소득세 납세의무가 있다.

④ 거주자가 주소 또는 거소의 국외이전으로 인하여 비거주자가 되는 경우, 1월 1일부터 출국한 날까지의 소득금액에 대하여 소득세를 부과한다.

62. 다음은 거주자 김삼일씨의 금융소득(이자소득과 배당소득)과 관련된 자료이다. 김삼일씨의 금융소득 중 종합과세되는 금융소득금액은 얼마인가?

ㄱ. 국내 예금이자	15,000,000원
ㄴ. 비상장 내국법인으로부터 받은 현금배당금	15,000,000원
ㄷ. 외국법인으로부터 받은 현금배당금 (원천징수되지 않음)	5,000,000원

단, 배당소득 가산율은 10%라 가정한다.

① 15,000,000원 ② 16,650,000원 ③ 35,000,000원 ④ 36,500,000원

63. 다음 중 금융소득에 대한 총수입금액의 수입시기로 가장 옳은 것은?

① 무기명 공채의 경우 : 약정에 의한 이자지급개시일

② 보통예금 · 정기예금의 경우 : 이자의 발생일

③ 저축성보험의 보험차익 : 보험금 또는 환급금의 지급일

④ 잉여금처분에 의한 배당의 경우 : 실제로 지급받는 날

64. 김삼일씨의 20x1년 급여내역이 다음과 같을 때 총급여액은 얼마인가(김삼일씨는 20x1년에 연간 계속 근무하였다)?

- 월급여액 : 2,000,000원
- 상여 : 월급여액의 400%
- 연월차수당 : 2,000,000원
- 자녀학자금 : 500,000원
- 식사대 : 1,200,000원(월 100,000원. 단, 식사 또는 기타 음식물을 제공받지 않음)
- 자가운전보조금 : 3,000,000원(월 250,000원)

① 34,500,000원 ② 34,600,000원 ③ 35,100,000원 ④ 36,100,000원

65. 다음 중 기타소득에 해당하지 않는 것은?

① 일시적인 문예창작소득
② 주택입주 지체상금
③ 복권당첨소득
④ 저작자가 수령하는 저작권 사용료

66. 김영인씨의 20x1년도 소득자료는 다음과 같다. 아래 자료를 기초로 20x2년 5월말까지 신고해야 할 종합소득금액을 계산하면 얼마인가?

ㄱ. 근로소득금액 12,000,000원
ㄴ. 퇴직소득금액 13,000,000원
ㄷ. 사업소득금액 15,000,000원
ㄹ. 기타소득금액* 4,800,000원
ㅁ. 이자소득금액(정기예금이자) 20,200,000원
* 기타소득금액은 강사료 수입으로 필요경비를 공제한 후의 금액임

① 27,000,000원 ② 31,800,000원 ③ 47,200,000원 ④ 52,000,000원

67. 다음 중 소득세법상 퇴직소득에 관한 설명으로 가장 올바르지 않은 것은?

① 사용자 부담금을 기초로 하여 현실적 퇴직을 원인으로 지급받는 소득은 퇴직소득으로 본다.
② 법인의 상근임원이 비상근임원이 된 경우는 현실적 퇴직으로 본다.
③ 과세이연된 퇴직소득금액을 연금외수령한 경우 퇴직소득으로 과세한다.
④ 퇴직소득에 대한 총수입금액의 수입시기는 원칙적으로 퇴직을 한 날로 한다.

68. 다음 중 소득세법상 원천징수의 의무가 있는 소득을 모두 고른 것은?

ㄱ. 비영업대금의 이자소득	ㄴ. 배당소득	ㄷ. 사업소득(의료 · 보건용역)
ㄹ. 양도소득	ㅁ. 국외에서 지급하는 근로소득	

① ㄱ, ㄴ, ㄷ　　② ㄱ, ㄴ, ㄹ　　③ ㄴ, ㄷ, ㄹ　　④ ㄱ, ㄷ, ㅁ

69. 다음은 거주자 김삼일씨가 20x1년에 양도한 토지(등기된 사업용 토지)와 관련된 자료이다. 해당 토지의 양도로 인한 양도차익 및 양도소득 과세표준은 각각 얼마인가?

ㄱ. 양도당시의 실지거래가	50,000,000원
ㄴ. 취득당시의 실지거래가	20,000,000원
ㄷ. 양도비용(중개수수료 등)	5,000,000원

단, 장기보유특별공제율은 20%를 적용한다.

	양도차익	양도소득 과세표준		양도차익	양도소득 과세표준
①	17,500,000원	17,500,000원	②	20,000,000원	20,000,000원
③	25,000,000원	17,500,000원	④	30,000,000원	20,000,000원

70. 다음 중 소득세법상 신고 · 납부에 관한 설명으로 가장 옳은 것은?

① 소득세 중간예납 적용대상은 원칙적으로 종합소득이 있는 거주자 중 사업소득이 있는 자로 한다.

② 부가가치세법에 따른 사업자가 예정신고 또는 확정신고를 한 경우에도 사업장 현황신고를 하여야 한다.

③ 근로소득만 있는 거주자도 소득세 확정신고 의무가 있다.

④ 소득세 과세표준과 세액의 결정 및 경정방법은 추계조사를 원칙으로 한다.

71. 다음 중 부가가치세법에 관한 설명으로 가장 올바르지 않은 것은?

① 부가가치세는 원칙적으로 재화 또는 용역을 과세대상으로 하는 일반소비세에 해당한다.

② 부가가치세는 납세의무자와 실질적인 담세자가 일치하지 않는 간접세이다.

③ 부가가치세는 일정기간 동안 사업자가 공급한 매출액에서 매입액을 차감하여 부가가치를 계산한 다음 세율을 적용하는 전단계거래액 공제방법을 채택하고 있다.

④ 부가가치세는 원칙적으로 10%의 비례세율로 과세한다.

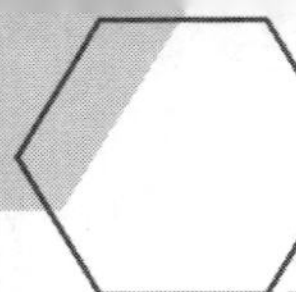

72. 다음 중 부가가치세 납세의무자에 관한 설명으로 가장 올바르지 않은 것은?

① 사업목적이 영리이든 비영리이든 관계없이 납세의무를 부담하므로 국가·지방자치단체도 납세의무자가 될 수 있다.
② 재화를 수입하는 자는 사업자인지 여부에 관계없이 납세의무자에 해당한다.
③ 고용관계에 따라 근로를 제공하는 종업원은 납세의무자에 해당하지 않는다.
④ 계속·반복적인 의사로 재화 또는 용역을 공급하는 자에 해당하더라도 사업자등록을 하지 않은 경우에는 납세의무자에 해당하지 않는다.

73. 다음 중 부가가치세법상 과세기간에 관한 설명으로 가장 올바르지 않은 것은?

① 간이과세자의 경우 과세기간을 1월 1일 부터 12월 31일로 적용한다.
② 부가가치세의 과세기간은 1년을 4 과세기간으로 나누어 3개월마다 신고.납부하도록 하고 있다.
③ 폐업자는 폐업일이 속하는 과세기간 개시일부터 폐업일까지를 최종 과세기간으로 한다.
④ 신규사업자가 사업개시일 전에 사업자등록을 신청한 경우에는 그 신청한 날부터 신청일이 속하는 과세기간의 종료일까지를 최초 과세기간으로 한다.

74. 다음 중 부가가치세법상 사업장에 관한 설명으로 가장 올바르지 않은 것은?

① 제조업의 경우 최종제품을 완성하는 장소를 사업장으로 하며, 이 경우 따로 제품의 포장만을 하거나 용기에 충전만을 하는 장소를 포함한다.
② 사업자가 자기의 사업과 관련하여 생산한 재화를 직접 판매하기 위해 판매시설을 갖춘 직매장은 사업장에 해당한다.
③ 한명의 사업자가 여러 개의 사업장을 보유하는 경우 원칙적으로 각 사업장별로 신고·납부하여야 하며 각 사업장마다 별도의 사업자등록을 해야 한다.
④ 기존사업장을 가지고 있는 사업자가 기존사업장 외의 법소정의 임시사업장을 개설하는 경우 그 임시사업장은 기존사업장에 포함된다.

75. 다음 중 부가가치세법상 재화의 공급에 해당하지 않는 것은?

① 사업을 위해 착용하는 작업복, 작업모 및 작업화를 제공하는 경우
② 사업을 폐업하는 때에 잔존하는 재화
③ 교환계약에 의하여 인도하는 재화
④ 현금판매하는 것으로서 구입시 매입세액공제를 받지 못한 재화

76. 다음 중 부가가치세법상 재화의 공급에 관한 설명으로 가장 올바르지 않은 것은?

① 사업자 단위과세를 적용받는 사업자가 자기사업과 관련하여 생산 또는 취득한 재화를 타인에게 직접 판매할 목적으로 다른 사업장에 반출하는 경우에는 재화의 공급으로 보지 아니한다.

② 사업자가 자기의 과세사업과 관련하여 취득한 재화(매입세액을 공제받음)를 자기의 면세사업에 전용한 경우에는 재화의 공급으로 본다.

③ 주사업장총괄납부 신청을 한 사업자가 판매목적으로 타사업장에 반출하는 경우에는 이를 재화의 공급으로 보지 아니한다.

④ 사업자가 자기의 사업과 관련하여 취득한 재화(매입세액공제를 받음)를 직장 연예 및 직장 문화 관련으로 사용한 경우에는 재화의 공급으로 본다.

77. 다음은 핸드폰를 판매하는 ㈜삼일의 거래내역이다. 제1기 예정신고 및 확정신고시의 과세표준은 각각 얼마인가?

ㄱ. 2월 5일 : 핸드폰 1대를 300,000원에 현금판매함
ㄴ. 3월 6일 : 핸드폰 3대를 900,000원에 할부판매하고 대금을 당월부터 매월 50,000원씩 회수함
ㄷ. 3월 15일 : 핸드폰 10대를 3,000,000원에 할부판매하고 대금을 당월부터 매월 500,000원씩 회수함

	예정신고	확정신고		예정신고	확정신고
①	850,000원	1,650,000원	②	850,000원	3,350,000원
③	3,350,000원	150,000원	④	3,600,000원	0원

78. 다음 중 최대리의 부가가치세에 관한 대화 내용으로 가장 올바르지 않은 것은?

① 김계장 : 저 어제 여자친구와 한강에 위치한 레스토랑에서 근사한 저녁식사를 하였습니다.
최대리 : 어제 지불한 음식값에 부가가치세가 포함되어 있습니다.

② 이과장 : 우리 아이가 이번 중간고사 전교 1등을 해서, 선물로 스마트폰을 사주었습니다.
최대리 : 아실지 모르겠지만 그 스마트폰 가격 안에는 부가가치세가 포함되어 있습니다.

③ 곽과장 : 수박을 저렴한 가격에 판매하고 있어서 한 개에 1만원씩, 2개를 사왔습니다.
최대리 : 저렴한 가격에 구매하셨지만 그 수박 가격에도 부가가치세가 포함되어 있습니다.

④ 감부장 : 프로야구 입장권 가격에도 부가가치세가 포함되어 있나요?
최대리 : 예, 감부장님. 프로야구 입장권 가격에도 부가가치세가 포함되어 있습니다.

79. 다음은 부가가치세 과세사업을 영위하는 ㈜삼일의 제1기 예정신고기간의 매입내역이다. 제1기 예정신고시 공제받을 수 있는 매입세액은 얼마인가(단, 별도의 언급이 없는 항목은 정당하게 세금계산서를 수령하였다고 가정한다)?

매입내역	매입세액
ㄱ. 기계장치 구입	10,000,000원
ㄴ. 업무무관자산 구입	30,000,000원
ㄷ. 원재료 구입	5,000,000원
ㄹ. 부재료 구입(세금계산서의 필요적 기재사항의 일부가 누락되었고, 다른 증빙을 참조하여도 거래사실을 확인할 수 없음)	10,000,000원
ㅁ. 기업업무추진비	5,000,000원

① 15,000,000원　② 25,000,000원　③ 35,000,000원　④ 45,000,000원

80. 다음 중 부가가치세법상 가산세에 관한 설명으로 가장 올바르지 않은 것은?

① 미등록가산세는 과세사업자가 사업자등록을 신청하지 않은 경우 부과하는 가산세이다.

② 예정신고시 제출하여야 할 매출처별세금계산서합계표를 확정신고시 제출하면 지연제출가산세를 적용한다.

③ 세금계산서의 필요적 기재사항을 부실 기재한 경우에도 별도로 가산세를 부과하지 않는다.

④ 신고불성실가산세와 납부불성실가산세는 중복하여 적용될 수 있다.

원가관리회계

81. 다음 설명과 관련된 원가회계 용어로 가장 옳은 것은?

ㄱ. 직접적인 대응이나 간접적인 원가배분방법에 의한 원가측정을 통하여 원가가 집계되는 활동이나 항목 ㄴ. 이것에 대한 전통적인 예로는 제품, 부문 등이 있으나 최근에는 활동(activity), 작업(operation) 등으로 다양화 되고 있음

① 원가대상 ② 원가집합 ③ 원가동인 ④ 원가배분

82. 다음에서 설명하고 있는 원가를 원가행태에 따라 분류하고자 할 때 가장 옳은 것은?

일정범위의 조업도 내에서는 총원가가 일정하지만 조업도가 일정범위를 벗어나면 총원가가 증가 또는 감소하는 원가

① 준고정원가 ② 준변동원가 ③ 순수고정원가 ④ 순수변동원가

83. ㈜삼일은 매출총이익을 매출액의 25%로 설정하고 있다. 다음의 자료에서 ㈜삼일의 기말재공품은 얼마인가?

직접재료원가	1,500,000원	직접노무원가	900,000원
제조간접원가	1,100,000원	당기매출액	8,000,000원
기초제품	4,000,000원	기말제품	1,200,000원
기초재공품	1,250,000원	기말재공품	?

① 1,250,000원 ② 1,300,000원 ③ 1,500,000원 ④ 1,550,000원

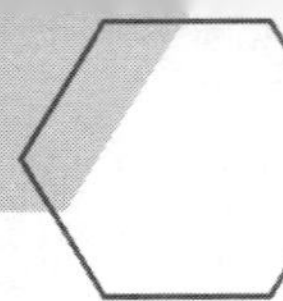

84. 원목가구 제조회사인 ㈜삼일은 두 개의 제조부문(조각부와 도료부)과 두 개의 보조부문(창고부와 전력부)으로 구성되어 있다. 각 부문에서 발생한 원가 및 부문간의 용역관계는 다음과 같다.

용역사용부문 / 용역제공부문	제조부문		보조부문		합계
	조각부	도료부	창고부	전력부	
창고부	40%	50%		10%	100%
전력부	30%	50%	20%		100%
발생원가	800,000원	400,000원	200,000원	600,000원	2,000,000원

위 자료에 따라 보조부문 상호간의 용역수수에 의한 배분방법 중 단계배분법을 사용하여 보조부문 원가를 각 제조부문에 배분하기 위한 계산과정에서 괄호 안에 들어갈 금액에 대한 설명이 가장 올바르지 않은 것은(단, 창고부문원가부터 먼저 배분한다)?

용역사용부문 / 용역제공부문	제조부문		보조부문	
	조각부	도료부	창고부	전력부
각 부문의 발생원가	800,000원	400,000원	200,000원	600,000원
보조부문의 원가배부				
창고부	괄호 1(　)	괄호 2(　)		
전력부	괄호 3(　)	괄호 4(　)		

① "괄호 1"은 80,000원이다.
② "괄호 2"는 100,000원이다.
③ "괄호 3"은 180,000원이다.
④ 직접배분법을 사용할 경우"괄호 4"는 375,000원이다.

85. 다음 중 개별원가계산에 관한 설명으로 가장 올바르지 않은 것은?

① 여러 종류의 제품을 주문에 의해 생산하거나 또는 동종의 제품을 일정 간격을 두고 비반복적으로 생산하는 업종에 적합한 원가계산제도이다.
② 각 제품별로 원가를 집계하기 때문에 제품에 직접대응이 불가능한 제조간접원가의 구분이 중요한 의미를 갖는다.
③ 개별원가계산은 제조간접원가의 배부절차가 반드시 필요하므로, 개별원가계산을 사용하면서 변동원가계산제도를 채택할 수 없다.
④ 제조과정에서 발생한 원가는 개별제품별로 작성된 작업원가표에 집계되므로 재공품원가를 집계하는 것이 용이하다.

86. ㈜삼일은 직접노동시간을 기준으로 제조간접원가를 예정배부하고 있으며 연간 제조간접원가는 2,000,000원으로, 연간 직접노동시간은 5,000시간으로 예상하고 있으나 실제로는 4,000시간이 발생하였다. 실제 제조간접원가가 2,000,000원이 발생한 경우 #B의 예정배부와 실제배부의 제조간접원가 차이는 얼마인가?

	#A	#B	계
예상직접노동시간	3,000시간	2,000시간	5,000시간
실제직접노동시간	1,500시간	2,500시간	4,000시간

① 200,000원 ② 250,000원 ③ 300,000원 ④ 450,000원

87. 다음은 선입선출법(FIFO)에 의한 기말재공품원가를 계산하는 식을 나타낸 것이다. 괄호 안에 들어갈 내용으로 가장 옳은 것은?

$$\text{당기발생원가} \times \frac{\text{기말재공품의 완성품환산량}}{(\qquad\qquad)} = \text{기말재공품원가}$$

① 기초재공품수량+당기투입수량-기말재공품수량
② 당기완성품수량+기말재공품의 완성품환산량-기초재공품의 완성품환산량
③ 기초재공품의 완성품환산량+당기완성품수량-기말재공품의 완성품환산량
④ 당기완성품수량+기말재공품의 완성품환산량

88. ㈜삼일은 종합원가계산을 채택하고 있다. 기말재공품에 대한 완성도가 실제보다 과대평가되었다면 이 오류가 각 항목에 끼치는 영향으로 가장 올바르지 않은 것은(기초재공품은 없다고 가정한다)?

① 기말재공품 완성품환산량은 실제보다 과대평가 되어 있을 것이다.
② 완성품환산량 단위당 원가는 실제보다 과소평가 되어 있을 것이다.
③ 완성품원가는 실제보다 과소평가되어 있을 것이다.
④ 기말재공품 원가는 실제보다 과소평가 되어 있을 것이다.

89. ㈜삼일은 평균법을 이용한 종합원가계산제도를 채택하고 있다. 재료는 공정초기에 전량 투입되며, 가공원가는 공정전반에 걸쳐 발생한다. 당기 완성품원가와 기말재공품원가는 각각 얼마인가?

〈 수량 〉

기초재공품	80개(완성도 40%)	당기완성품	400개
당기투입량	420개	기말재공품	100개(완성도 40%)

〈 원가 〉

	재료원가	가공원가
기초재공품원가	8,000,000원	6,000,000원
당기발생원가	32,000,000원	27,000,000원

	당기완성품원가	기말재공품원가		당기완성품원가	기말재공품원가
①	58,400,000원	14,600,000원	②	59,000,000원	14,000,000원
③	62,000,000원	11,000,000원	④	65,100,000원	7,900,000원

90. 다음은 ㈜삼일의 원가자료이다. 원재료는 공정시작 시점에서 전량 투입되고 가공원가는 공정전반에서 균등하게 투입된다. 평균법과 선입선출법을 적용하여 종합원가계산을 하는 경우 가공원가 완성품환산량 차이는 얼마인가?

〈 수량 〉

기초재공품수량	600개(완성도 40%)	완성수량	2,000개
착수수량	1,900개	기말재공품수량	500개(완성도 40%)

① 평균법이 360개 더 크다.
② 평균법이 360개 더 작다.
③ 선입선출법이 240개 더 크다.
④ 선입선출법이 240개 더 작다.

91. 다음 중 원가계산제도에 대한 설명으로 가장 올바르지 않은 것은?

① 정상원가계산에서는 직접재료원가만을 실제원가로 측정하고 노무원가와 제조간접원가는 사전에 정해 놓은 배부율에 의해 배부한다.
② 표준원가계산에 의할 경우 비계량 정보를 무시할 가능성이 있다.
③ 정상원가계산은 평준화원가계산이라고도 한다.
④ 실제원가계산에 의할 경우 기말이 되어야 제조간접원가의 실제 발생액과 배부기준의 총계가 확정된다.

92. 다음은 동일한 제품을 대량생산하고 있는 ㈜삼일의 표준원가 차이분석 보고서의 일부이다. 보고서에 대한 분석내용으로 가장 올바르지 않은 것은?

〈표준원가 차이분석 보고서〉

1. 연초 설정 단위당 표준원가

	표준수량	표준가격	표준원가
직접재료원가	10kg	50원/kg	500원
직접노무원가	10시간	40원/시간	400원
제조간접원가	10kg	80원/kg	800원
제품 단위당 표준원가			1,700원

2. 연말 수원공장 단위당 실제원가

	실제수량	실제가격	실제원가
직접재료원가	9kg	52원/kg	468원
직접노무원가	10시간	39원/시간	390원
제조간접원가			720원
제품 단위당 실제원가			1,578원

3. 연말 평택공장 단위당 실제원가

	실제수량	실제가격	실제원가
직접재료원가	12kg	49원/kg	588원
직접노무원가	11시간	40원/시간	440원
제조간접원가			900원
제품 단위당 실제원가			1,928원

① 원가 절감 측면에서 수원공장이 평택공장에 비해 효율적으로 생산하였다.
② 수원공장이 직접재료원가 수량측면에서 평택공장보다 효율적이다.
③ 수원공장이 직접노무원가 수량측면에서 평택공장보다 비효율적이다.
④ 수원공장이 제조간접원가 측면에서 평택공장보다 효율적이다.

93. 다음은 표준원가계산제도를 채택하고 있는 ㈜삼일의 12월 중 생산활동과 관련한 직접노무비에 대한 자료이다. 직접노무비 가격차이는 얼마인가?

직접노무비 표준임률	9,000원/시간
실제 직접노무비 임률	10,000원/시간
허용표준 직접작업시간	10,000시간
직접노무비 유리한 능률차이	9,000,000원

① 9,000,000원 (유리)
② 9,000,000원 (불리)
③ 10,000,000원 (유리)
④ 10,000,000원 (불리)

94. ㈜삼일의 7월 제조활동과 관련된 자료이다. 변동제조간접원가 소비차이는 얼마인가?

> 제품의 생산량 1,000단위
> 생산량 단위당 실제노동시간 10시간, 단위당 표준노동시간 11시간
> 노동시간당 표준임률 @50원
> 변동제조간접원가 표준 노동시간당 @20원
> 실제 변동제조간접원가는 직접노무원가 실제발생액의 40%
> 직접노무원가 가격차이 50,000원(유리)

① 20,000원 유리
② 20,000원 불리
③ 40,000원 불리
④ 40,000원 유리

95. 다음 중 표준원가계산의 원가차이 처리방법으로서 매출원가조정법에 관한 설명으로 가장 올바르지 않은 것은?

① 매출원가조정법을 사용하면 비례배분법을 사용하는 경우보다 당기순이익이 항상 크게 나타난다.
② 유리한 원가차이는 매출원가에서 차감하며 불리한 원가차이는 매출원가에 가산한다.
③ 원가차이가 중요하지 않은 경우 매출원가조정법을 적용할 수 있다.
④ 원가차이가 모두 매출원가에서 조정되므로 재공품과 제품 계정은 모두 표준원가로 기록된다.

96. 다음 중 원가계산방법과 특징이 짝지어진 것으로 가장 올바르지 않은 것은?

① 전부원가계산 - 기업 외부 공시 목적의 기능적 손익계산서를 작성하는데 이용된다.
② 변동원가계산 - 모든 제조간접원가는 기간원가로 처리된다.
③ 변동원가계산 - 공헌이익 손익계산서의 작성에 이용된다.
④ 초변동원가계산 - 원가회피 개념에 근거를 두고 있다.

97. 20X1년에 영업을 시작한 ㈜삼일은 당기에 1,000단위의 제품을 생산하여 800단위의 제품을 판매하였다. 당기의 판매가격 및 원가자료가 다음과 같을 때, 전부원가계산의 영업이익은 얼마인가?

판매가격	100원
제품단위당 직접재료원가	25원
제품단위당 직접노무원가	20원
제품단위당 변동제조간접원가	6원
제품단위당 변동판매비와관리비	10원
고정제조간접원가	16,000원

① 15,200원　② 18,400원　③ 19,200원　④ 23,200원

98. ㈜삼일의 20X1년 2월의 제품 생산 및 판매와 관련된 자료는 다음과 같다. 초변동원가계산을 이용한 ㈜삼일의 20X1년 2월 재료처리량 공헌이익은 얼마인가?

생산량	3,000개	판매량	2,800개
판매가격	250원	직접재료원가	80원
직접노무원가	20원	변동제조간접원가	30원
고정제조간접원가	75,000원		

단, 기초 제품재고는 없다.

① 336,000원　② 420,000원　③ 476,000원　④ 510,000원

99. 다음 중 모든 조건이 동일할 경우 어떠한 상황에서 변동원가계산에 의한 영업이익이 전부원가계산에 의한 영업이익보다 작게 나타나는가?

① 판매량이 생산량보다 많을 때
② 생산량이 판매량보다 많을 때
③ 고정판매비와 관리비가 증가할 때
④ 고정판매비와 관리비가 감소할 때

100. 다음 중 변동원가계산과 전부원가계산의 차이점을 정리한 내용으로 가장 올바르지 않은 것은?

구분	변동원가계산	전부원가계산
① 기본목적	내부계획과 통제 등 경영관리	외부보고목적
② 제품원가	직접재료원가 +직접노무원가 +변동제조간접원가	직접재료원가 +직접노무원가 +변동제조간접원가 +고정제조간접원가
③ 보고양식	공헌이익접근법의 손익계산서	전통적 손익계산서
④ 이익결정요인	판매량	생산량

101. 다음 중 활동기준원가계산제도에 대한 설명으로 가장 올바르지 않은 것은?

① 전통적 원가회계제도에 비하여 보다 다양한 원가동인 요소를 고려한다.
② 다양한 활동 및 활동원가의 분석이 필요하므로 원가통제에 어려움이 존재한다.
③ 활동기준원가계산제도는 전통적 원가회계에서 발생할 수 있는 문제점인 원가왜곡현상을 극복함으로써 적정한 가격설정을 가능하게 한다.
④ 활동기준원가계산제도는 전통적인 개별원가계산이나 종합원가계산과 동시에 사용가능한 원가계산제도이다.

102. 다음 중 CVP 분석의 기본가정으로 가장 올바르지 않은 것은?

① 모든 원가는 변동원가와 고정원가로 분류할 수 있다.
② 수익과 원가행태는 관련범위 내에서 곡선적이다.
③ 생산량과 판매량이 동일하다.
④ 복수제품의 경우 매출배합이 일정하다.

103. 다음 중 고저점법에 관한 설명으로 가장 올바르지 않은 것은?

① 최고원가와 최저원가의 자료를 이용하여 원가함수를 추정하는 방법이다.
② 시간과 비용이 적게 소요된다.
③ 비정상적인 결과가 도출될 수 있다.
④ 원가함수가 모든 원가자료를 대표하지 못한다.

104. 다음 자료를 이용하여 손익분기점 판매량과 영업이익 1,300,000원을 달성하기 위한 판매량을 계산하면 얼마인가?

판매가격	4,000원/단위
변동제조원가	1,500원/단위
변동판매비와관리비	1,200원/단위
총고정제조간접원가	2,340,000원

	손익분기점 판매량	영업이익 달성 판매량
①	936개	1,456개
②	936개	1,936개
③	1,800개	2,125개
④	1,800개	2,800개

105. 책상을 생산해서 판매하는 ㈜삼일은 20X1년의 종합예산을 편성하고자 한다. 이를 위해 수집한 자료는 다음과 같다. 다음 중 ㈜삼일의 20X1년의 판매예산으로 가장 옳은 것은?

(1) 20X0년도의 책상의 판매가격은 10,000원, 판매량은 1,000개였다. 20X1년도 판매가격은 20X0년 실질 GDP 성장률 10%만큼을 인상하여 판매하고, 예상판매량도 실질 GDP 성장률만큼 증가하리라 예상하고 있다.
(2) 제품의 기말재고 수량은 당해 예상판매량의 10% 수준을 유지하도록 한다.

① 11,900,000원 ② 12,100,000원 ③ 12,400,000원 ④ 12,600,000원

106. 기업은 미래의 불확실성에 대처하기 위하여 계획을 수립하며, 이러한 계획의 일부분으로서 예산을 편성한다. 예산은 다양하게 분류할 수 있는데, 그 중 조업도 변동에 따라 작성되는 예산으로 실제원가를 실제조업도 수준의 예산원가와 비교하는 예산을 무엇이라 하는가?

① 종합예산 ② 재무예산 ③ 고정예산 ④ 변동예산

107. 다음 중 사업부별 성과평가시 사업부경영자의 성과를 평가할 때 포함하여야 하는 원가는 무엇인가?

① 추적가능하고 통제가능한 고정원가 ② 공통 고정원가
③ 통제불가능한 고정원가 ④ 추적불가능한 고정원가

108. ㈜삼일은 선박을 생산하여 판매하는 조선회사로서, 분권화된 세 개의 제품별 사업부를 운영하고 있다. 이들은 모두 투자중심점으로 설계되어 있으며, 회사의 최저필수수익률은 10%이다. 각 사업부의 영업자산, 영업이익 및 매출액에 관한 정보는 다음과 같다. 각 사업부를 잔여이익법으로 평가했을 경우 잔여이익이 높은 사업부의 순서로 가장 옳은 것은?

구분	군함사업부	여객선사업부	화물선사업부
평균영업자산	500,000원	1,000,000원	2,000,000원
영업이익	100,000원	170,000원	260,000원
매출액	1,000,000원	3,000,000원	2,000,000원

① 군함>여객선>화물선
② 여객선>군함>화물선
③ 화물선>여객선>군함
④ 여객선>화물선>군함

109. 다음 중 투자중심점의 성과평가와 관련된 설명으로 가장 옳은 것은?

① 투자중심점의 성과평가를 위해서는 각 사업부 경영자에게 배부되는 통제가능한 투자액을 고려하지 않고 매출액이나 공헌이익 등의 지표들만을 반영하는 것이 적절하다.
② 투자수익률은 화폐의 시간가치를 고려하지 않기 때문에 순현재가치법이나 내부수익률법과 같은 자본예산기법에 의한 성과평가에 비하여 장기적인 성과를 강조한다.
③ 잔여이익을 성과평가 기준으로 사용할 경우 투자수익률법이 가지고 있는 준최적화 문제를 해결할 수 있다.
④ 투자수익률법은 투자규모가 다른 투자중심점을 상호 비교하기가 어렵다는 문제점이 있는 반면에 잔여이익법에는 이런 문제점이 없다.

110. ㈜삼일은 다음과 같은 방법을 사용하여 성과를 평가하고 있다. 다른 조건이 일정할 때 ㈜삼일이 투자수익률(ROI) 25%를 달성하기 위한 영업자산 감소액은 얼마인가?

$$\frac{1,200,000\text{원(매출액)}}{1,000,000\text{원(영업자산)}} \times \frac{200,000\text{원(영업이익)}}{1,200,000\text{원(매출액)}} = 20\%\text{(투자수익률)}$$

① 200,000원 ② 220,000원 ③ 240,000원 ④ 250,000원

111. ㈜삼일의 분권화된 자동차 사업부는 투자중심점으로 간주된다. 자동차 사업부의 영업활동과 관련된 자료가 다음과 같을 경우 영업이익은 얼마인가?

총자산	2,000,000원
영업관련유동부채	500,000원
경제적부가가치	30,000원
영업이익	(?) 원

투하자본은 40%의 타인자본(이자율 15%)과 60%의 자기자본(자기자본비용 20%)으로 구성되어 있으며 법인세는 존재하지 않는다.

① 250,000원 ② 300,000원 ③ 350,000원 ④ 400,000원

112. 원가는 경영자의 의사결정 목적에 따라 다음과 같이 여러 가지로 분류할 수 있다. 다음 중 원가 분류가 올바른 것으로 짝지어진 것은?

ㄱ. 의사결정과의 관련성에 따른 분류	A. 지출원가와 기회원가
ㄴ. 실제지출유무에 따른 분류	B. 회피가능원가와 회피불가능원가
ㄷ. 원가 발생시점에 따른 분류	C. 매몰원가와 미래원가
ㄹ. 원가의 회피가능성에 대한 분류	D. 관련원가와 비관련원가

	원가의 분류	원가 종류		원가의 분류	원가 종류
①	ㄱ	A	②	ㄴ	B
③	ㄷ	C	④	ㄹ	D

113. ㈜삼일은 여러 사업부를 운영하고 있는 기업이며, 20X1년의 당기순이익은 600,000원이다. 여러 사업부 중에서 사업부 갑의 공헌이익은 150,000원이고, 사업부 갑에 대한 공통원가 배분액은 70,000원이다. 공통원가 배분액 중 30,000원은 사업부 갑을 폐지하더라도 계속하여 발생하는 것이다. 만약 회사가 사업부 갑을 폐지하였다면 20X1년 당기순이익은 얼마로 변하였겠는가?

① 450,000원 ② 470,000원 ③ 480,000원 ④ 490,000원

114. 다음은 세 사업부문(A, B, C)을 보유한 ㈜삼일의 손익자료이다. 이에 관한 분석으로 가장 올바르지 않은 것은?

(단위 : 원)

	A사업부	B사업부	C사업부	전 체
매출액	3,000	3,500	2,500	9,000
변동원가	2,400	2,500	1,200	6,100
공헌이익	600	1,000	1,300	2,900
회피불능원가	900	1,200	900	3,000
이익(손실)	(300)	(200)	400	(100)

① 사업부 A를 폐쇄하면 회사의 전체손실은 1,700원이 된다.
② 사업부 B, C를 폐쇄하면 회사의 전체손실은 2,400원이 된다.
③ 사업부 A, C를 폐쇄하면 회사의 전체손실은 2,000원이 된다.
④ 사업부 A, B, C 모두를 폐쇄하면, 회사의 전체 손실은 3,000원이 된다.

115. 매월 5,000단위의 제품을 생산하는 ㈜삼일의 단위당 판매가격은 700원이고 단위당 변동원가는 500원이며 고정원가는월 1,500,000원이다. ㈜삼일은 ㈜용산으로부터 2,000단위의 특별주문을 받았다. 현재 유휴설비능력은 특별주문 수량보다 부족한 상황이며, 특별주문을 수락할 경우 주문 처리를 위한 비용 900원이 추가로 발생한다. 다음 중 특별주문에 대한 의사결정을 함에 있어 관련항목으로만 구성된 것은 어느 것인가?

① 특별주문 수락 전의 단위당 고정원가, 단위당 변동원가, 특별주문 처리비용
② 특별주문가, 특별주문 처리비용, 특별주문 수락 후의 단위당 고정원가, 기존판매량 감소분의 공헌 이익
③ 특별주문 수락 후의 단위당 고정원가, 특별주문 처리비용, 기존판매량 감소분의 공헌이익
④ 특별주문가, 단위당 변동원가, 특별주문 처리비용, 기존판매량 감소분의 공헌이익

116. ㈜삼일은 부품 A를 자가제조하고 있으며, 이와 관련된 연간 생산 및 원가자료는 다음과 같다. 최근 외부업체로부터 부품 A 250단위를 단위당 500원에 공급하겠다는 제안을 받았다. 외부업체의 제안을 수용하면, 자가제조보다 연간 얼마나 유리(또는 불리)한가(단, 직접노무원가는 변동비이며, 고정제조간접원가는 50% 회피 가능하다)?

직접재료원가	43,000원	직접노무원가	17,000원
변동제조간접원가	13,000원	고정제조간접원가	30,000원
생산량	250단위		

① 37,000원 불리 ② 37,000원 유리 ③ 52,000원 불리 ④ 52,000원 유리

117. 다음 중 순현재가치법(NPV법)에 관한 설명으로 가장 올바르지 않은 것은?

① 투자기간 동안의 현금흐름을 자본비용으로 재투자한다고 가정한다.
② 순현재가치를 계산할 때 사용하는 할인율인 자본비용의 산출이 간단하다.
③ 독립적인 투자안에 대한 의사결정시 순현재가치가 0(영)보다 크면 수익성이 있는 것으로 판단되어 투자안을 채택한다.
④ 복수투자안의 순현재가치는 그 복수투자안을 구성하는 개별투자안 각각의 순현재가치를 합산한 것과 같다.

118. ㈜삼일은 당기 초에 내용연수 5년에 처분가치가 없는 새 기계를 2,200,000원에 구입했다. 이 기계는 정액법으로 감가상각 될 것이며, 매년 900,000원의 법인세비용차감전 현금유입을 창출할 것으로 기대된다. ㈜삼일은 12%의 할인율을 사용하고, 법인세율이 매년 30%라고 가정한다. 12% 할인율의 5년 후의 현재가치는 0.57이며, 12% 할인율의 1원에 대한 5년 연금의 현재가치는 3.61이다. 이 기계를 구입하는 투자안의 순현재가치는 얼마인가? (단, 감가상각비 외의 항목은 모두 현금으로 거래된다)

① 74,300원 ② 365,400원 ③ 550,820원 ④ 1,186,180원

119. ㈜삼일의 A 사업부는 모터를 생산하고 있으며, 연간 생산능력은 300,000단위이다. ㈜삼일의 A 사업부 수익과 원가자료는 다음과 같다.

단위당 외부판매가격	900원
단위당 변동원가	670원
단위당 고정원가(연간 300,000단위 기준)	350원

㈜삼일은 냉장고를 생산하는 B 사업부도 보유하고 있다. B 사업부는 현재 연간 10,000단위의 모터를 단위당 680원에 외부에서 조달하고 있다. 회사가 생산하는 제품 전량을 외부시장에 판매할 수 있고 사내대체시 단위당 변동원가 130원을 절감할 수 있다면, 회사 전체의 이익극대화 입장에서 모터의 단위당 최소 대체가격은 얼마인가?

① 670원 ② 700원 ③ 770원 ④ 900원

120. 다음의 목표원가계산의 절차를 올바르게 나타낸 것은 무엇인가?

ⓐ 목표원가 달성을 위한 가치공학을 수행
ⓑ 잠재 고객의 요구를 충족하는 제품의 개발
ⓒ 목표가격에서 목표이익을 고려하여 목표원가를 산출
ⓓ 고객이 인지하는 가치와 경쟁기업의 가격 등을 고려하여 목표가격을 선택

① ⓐ → ⓑ → ⓒ → ⓓ ② ⓑ → ⓓ → ⓒ → ⓐ
③ ⓒ → ⓑ → ⓐ → ⓓ ④ ⓓ → ⓐ → ⓒ → ⓑ

93회 답안 및 해설

재무회계

1	2	3	4	5	6	7	8	9	10
①	②	③	②	①	③	③	④	①	④
11	**12**	**13**	**14**	**15**	**16**	**17**	**18**	**19**	**20**
③	④	②	④	③	①	③	②	③	②
21	**22**	**23**	**24**	**25**	**26**	**27**	**28**	**29**	**30**
④	②	①	②	③	①	①	②	④	④
31	**32**	**33**	**34**	**35**	**36**	**37**	**38**	**39**	**40**
④	③	②	②	④	③	④	①	①	③

01. 경영진은 필요한 재무정보를 기업내부에서 구할 수 있다.

03. **아직 실현되지 않은 손실도 비용에 포함될 수 있다. (ex.외환환산손익, 재고자산평가손실)**

04. **지분법 평가손익은 영업외손익이다.**

06. 재고장에 입출고 기록을 수행한다.

07.

상　품(선입선출법)

기초	3,000개	@12,000	36,000,000	**매출원가**	**3,000개 +** 1,500개
순매입액	2,000개	@14,000	28,000,000	**기말재고 = 500개 × @14,000 + 21,750,000 = 28,750,000**	
	1,500개	@14,500	21,750,000		
계(판매가능재고)			85,750,000	계	85,750,000

☞ 시용판매 중 매입의사표시분은 기말재고로 처리해야 한다.

08. 재고자산감모손실 = 감모수량(100개 - 95개) × 매입단가(200) = 1,000원

재고자산평가손실 = [매입단가(200) - 순실현가치(160원 - 160원 × 5%)] × 95개 = 4,560원

09. 차량운반구B(상업적 실질이 결여) = A제공자산의 장부가액(3,500,000 - 1,200,000)

+ 현금지급액(300,000) = 2,600,000원

자산교환시 상업적 실질이 결여(동종자산 교환)시 취득원가는 **제공한 자산의 장부가액**에서 **현금 지급액을 가산**하거나, 현금 수령액을 차감한 금액을 취득가액으로 한다.

10. 감가상각누계액 = 취득가액(500,000,000) × $\frac{45개월}{120개월}$ = 187,500,000원

장부가액 = 취득가액(500,000,000) - 감가상각누계액(187,500,000) = 312,500,000원

처분손익 = 처분가액(3억) - 장부가액(312,500,000) = △12,500,000원(손실)

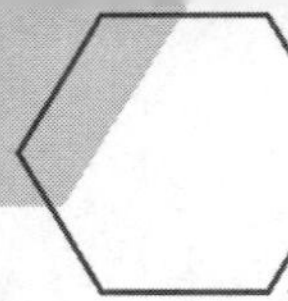

11. ① **재평가모형을 적용하는 경우에도 손상차손을 인식**한다.

② **회수가능액 = MAX[순공정가치, 사용가치]**

④ 경제상황과 외부정보도 고려하여야 한다.

13.

구분		비용
연구단계		30,000,000
개발단계	자산인식조건 충족×	7,000,000
	자산인식조건 충족○	-
무형자산상각비(40,000,000÷10년÷3/12)		1,000,000
합계		38,000,000

14. 공정가치모형을 적용하고 있는 투자부동산은 재고자산 대체시 **대체시점 공정가치와의 차액(40억)을 당기손익으로 인식**한다.

15. **수취대가(100억 사채)와 지분상품발행(1만주)가 확정**되었으므로 지분상품으로 분류한다.

16.

x1. 1. 1	(차) 기타금융자산	1,000,000	(대) 현금	1,000,000
x1.12.31	(차) 기타금융자산	200,000	(대) 기타금융자산평가이익	200,000
x2. 6.30	(차) 기타금융자산	100,000	(대) **기타금융자산평가이익**	**100,000**
x2. 6.30	(차) 현금	1,300,000	(대) 금융자산	1,300,000

기타포괄손익 - 공정가치측정금융자산(주식)은 처분시 제거일에 **공정가치로 재측정 후(기타포괄손익) 처분하는 회계처리**를 한다.

17. **기타포괄손익 - 공정가치측정금융자산(채권)**은 처분시 제거일 **공정가치로 측정하지 않고 처분손익은 당기손익으로 한다.**

처분손익 = 처분가액(280,000) - 취득가액(200,000) = 80,000원(처분이익)

18. 단기매매항목의 정의를 충족하거나, 최초인식시점에 당기손익 - 공정가치 측정항목으로 지정하는 경우에 단기매매금융부채로 분류한다. 단, **부채가 단기매매활동의 자금조달에 사용된다는 사실만으로는 당해 부채를 단기매매금융부채로 분류할 수 없다.**

19. 액면이자 합계 = 액면가액(1,000,000) × 표시이자율(5) × 3년 = 150,000원

사채할인발행차금 = 액면가액(1,000,000) - 발행가액(922,687) = 77,313원

총 이자비용 = 액면이자 합계(150,000) + 사채할인발행차금(77,313) = 227,313원

20. 재해 등은 현재의무에 해당하지 않고 또한 **예상손실금액을 신뢰성있게 추정이 불가능하므로** 충당부채로 인식하지 않는다.

21. 주식수 = 자본금(50억) ÷ 액면금액(5,000) = 1,000,000주

1주당 발행금액 = [자본금(50억) + 주식발행초과금(35억)] ÷ 주식수(1,000,000) = 8,500원/주

22. 주식배당은 자본금은 증가하나 자본총계는 변함이 없다.

(차) 이익잉여금	XXX	(대) 자본금	XXX

24. 반품할 것으로 예상되는 금액은 매출액으로 인식하지 아니하고 **환불부채로 인식**한다.

(차) 현금	50,000,000	(대) 매출	40,000,000
		환불부채	10,000,000

25. 누적공사진행률 = 누적계약수익(15,000,000 + 20,000,000) ÷ 총공사계약액(50,000,000) = 70%

26.

	x1년	x2년
누적공사원가(A)	120,000,000	264,000,000
총 공사계약원가(B)	300,000,000	330,000,000
누적진행률(A/B)	40%	80%
총공사계약금액	340,000,000	340,000,000
당기누적계약수익(C)	136,000,000	272,000,000
전기누적계약수익(D)	–	136,000,000
당기계약수익(E = C – D)	136,000,000	136,000,000
당기계약원가(F)	120,000,000	144,000,000
당기계약이익(손실)(E – F)	16,000,000	**(8,000,000)**

27. ② 사외적립자산은 확정급여채무를 차감하여 표시한다.

③ 사외적립기여금은 부채를 차감하는 항목이다.

④ **사외적립자산의 보험수리적손익은 재측정요소**이다.

28. 당기보상비용 = 공정가치(150,000) × 부여수량(30,000개) × 1/3(가득기간) = 15억원

29.

	20x2년	20x3년	20x1년말 이연법인세
가산할 일시적차이	400,000원	400,000원	**240,000**
세율	30%	30%	
이연법인세부채	120,000	120,000	

(차) **법인세비용**	**1,080,000**	(대) 당기법인세	840,000
		이연법인세부채	240,000

30.

(차) **법인세비용**	**270,000**	(대) 이연법인세자산	40,000
		이연법인세부채	30,000
		당기법인세	200,000

법인세비용 = 미지급법인세(200,000) + 이연법인세부채증가(30,000) – 이연법인세자산감소(40,000)
= 270,000원

31. x1년 감가상각(정액법, 6개월) = [취득가액(500,000) – 잔존가치(100,000)] ÷ 5년 × 6/12 = 40,000원

x1년 장부가액 = 취득가액(500,000) – 감가상각누계액(40,000) = 460,000원

x2년 감가상각비(연수합계법) = 장부가액(460,000) × 잔여내용연수(3)/내용연수합계(6) = 230,000원

x2년말 장부금액 = 취득가액(500,000) – 감가상각누계액(40,000 + 230,000) = 230,000원

32. 희석주당순이익 = 희석당기순이익(19,250,000) ÷ [가중평균유통보통주식수(3,000주)
+ 잠재적 보통주식수(500주)] = 5,500원

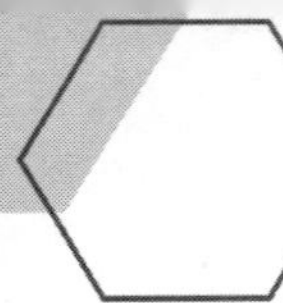

33. 지분법이익 = 관계기업 당기순이익(800,000) × 지분율(25%) = 200,000원

34. **<u>배당금 수취시 관계회사투자주식에서 차감하므로 투자주식 계정이 감소</u>**한다.

35. 환산손익(부채) = (1,200원 - 1,000원) × $2,500 = 500,000원(손실)

37. 감가상각비 = [취득원가(120,092) - 잔존가치(30,092)] ÷ 3년 = 30,000원/년

리스부채 = 리스료((50,000) × 연금현가계수(2.40183) = 120,092원

이자비용 = 리스부채(120,092) × 내재이자율(12%) = 14,411원

감가상각비(30,000) + 이자비용(14,411) = 44,411원

38. 직접법은 **<u>현금유입액과 유출액을 원천별 및 용도별로 분류하여 표시</u>**하므로 현금의 흐름내역을 일목요연하게 제시하여 주므로 **<u>미래 현금흐름을 추정하는데 간접법보다 유용한 정보</u>**를 제공한다.

39.

구분	금액
매출액	560,000
(-)대손상각비	(30,000)
(-)매출채권 증가	(100,000)
+대손충당금 증가	20,000
=현금유입액	450,000

40.

1. 당기순이익	91,000	유상증자 및 차입금은 재무활동임.				
① 유형자산처분손실	+3,000	투자활동이므로 가산				
② 사채상환이익	-2,000	재무활동이므로 차감				
③ 재고자산 증가	-3,000	(차) 재고자산	xx	(대) 현 금	xx	
④ 미지급이자 증가	+2,000	(차) 현 금	xx	(대) 미지급이자	xx	
⑤ 매출채권 증가	-2,000	(차) 매출채권	xx	(대) 현 금	xx	
⑥ 매입채무증가	+3,000	(차) 현 금	xx	(대) 매입채무	xx	
⑦ 미지급법인세 감소	-3,000	(차) 미지급법인세	3,000	(대) 현금	3,000	
2. 영업활동현금 흐름	***<u>89,000원</u>***					

세무회계

41	42	43	44	45	46	47	48	49	50
④	②	①	①	④	③	①	④	③	②
51	52	53	54	55	56	57	58	59	60
②	④	①	②	④	③	②	②	③	④
61	62	63	64	65	66	67	68	69	70
①	④	③	③	④	④	②	①	③	①
71	72	73	74	75	76	77	78	79	80
③	④	②	①	①	④	③	③	①	③

41. <u>과세관청의 공적인 견해 표현에는 국세청의 예규, 서면질의 회신</u> 등이 있다.

42. <u>신의성실의 원칙은 세무공무원이 직무를 수행할 때에도 적용</u>된다.

43. 소급하여 과세하지 않는게 원칙이다.

44. 부정의 행위의 경우 무신고납부세액의 40%의 가산세가 적용된다.

45. <u>2개 사업연도 동안 미환류소득에서 공제</u>할 수 있다.

46. 대손충당금 한도초과액은 유보처분하고 나머지는 기타사외유출로 처분한다.

47. 자기주식소각이익은 원칙적으로 익금불산입항목이다.

48. 특수관계인으로부터 분여받은 이익은 익금항목이다.

49. 손금불산입 = 임원사택유지비(3,000,000) + 벌금(2,000,000) = 5,000,000원

50. 기간경과분 이자수익 중 원천징수 대상 이자수익은 익금불산입 사항이다.

51. <u>재해로 멸실되어 해당 자산의 본래의 용도에 이용가치가 없는 것의 복구는 자본적 지출에 해당</u>한다.

52. <u>특례기부금을 현물로 제공하는 경우에는 장부가액으로 평가</u>한다.

53. 저가양도 = 시가(100억) × 70% - 처분가(60억) = 10억원(비지정기부금)

54. 기업업무추진비와 관련된 부가가치세 매입세액은 불공제대상이며, 해당 매입세액은 법인세법상 기업업무추진비로 보아 한도초과 여부를 계산한다.

55. ① 직부인 기업업무추진비 : 적경증빙 미수취　1,000,000원(상여)

② 기업업무추진비 한도 계산

㉠ 해당액 = 지출액(45,000,000) - 직부인(1,000,000) = 44,000,000원

㉡ 한도(ⓐ + ⓑ) = 41,460,000원

ⓐ 기본(중소기업)한도 = 36,000,000원

ⓑ 수입금액 한도 = 18억 × 0.3% + 특수관계(2억) × 0.3% × 10% = 5,460,000원

③ 기업업무추진비 한도초과액 = 해당액(44,000,000) - 한도(41,460,000) = 2,540,000원

손금불산입 = 적격증비미수취(1,000,000) + 한도초과액(2,540,000) = 3,540,000원

56. <u>미지급이자는 포함하고 미경과이자는 제외</u>한다.

57. 퇴직금추계액 = MAX[일시퇴직기준 퇴직급여추계액, 보험수리적기준 퇴직급여추계액]

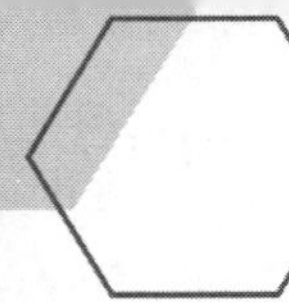

58. ㈜부산 : 소멸시효 완성채권은 신고조정항목에 해당하므로 당기에 대손금으로 처리하지 않은 경우에도 세무조정을 통하여 손금산입하여야 한다.

㈜광주, 대구 : 결산조정항목에 해당하므로 결산서상 대손금으로 처리한 경우에만 손금으로 인정된다.

59. 토지를 시가(10억)보다 저가(6억)로 양도하였으므로 차액(4억)만큼 익금산입하고 상여로 소득처분하여야 한다.

60. **이월결손금은 15년 이내 발생한 세무상 결손금에 대해서 공제가 가능하다.**

61. **소득세법상 과세기간은 임의로 정하여 신고할 수 없다.**

62. ① 금융소득의 과세방법분류

㉠ 국내예금이자	조건부종합과세	15,000,000원
㉡ 비상장법인 현금배당금	조건부종합과세	15,000,000원
㉢ 외국법인 현금배당금(원천징수되지 않음)	무조건종합과세	5,000,000원

∴ 조건부 + 무조건 종합과세(35,000,000)>2,000만원이므로 전액 종합과세한다.

② 14%세율 및 기본세율 적용순서

원천징수세율(14%) 적용순서		−2,000만원−	
㉠ 이자소득금액	− 14%	−국내정기예금이자	15,000,000
㉡ Gross−up제외 배당소득총수입금액		−외국법인 현금배당금	5,000,000
㉢ Gross−up대상 배당소득총수입금액	−기본세율	−주권상장법인배당금	15,000,000

Gross−up금액

종합과세되는 금융소득 = 20,000,000 + 15,000,000 × 1.10 = 36,500,000원

63. 무기명 공채 및 예금의 경우 : 실제로 지급받는 날

잉여금처분에 의한 배당 : 잉여금처분결의일

64.

구분	금액	비고
월 급여	24,000,000	
상여	8,000,000	
연월차수당	2,000,000	
자녀학자금	500,000	
식사대	-	월 20만원 비과세
자가운전보조금	600,000	월 20만원 비과세
계	35,100,000	

65. **저작자가 수령하는 저작권 사용료는 사업소득**에 해당한다.

66.

구분	금액	비고
근로소득금액	12,000,000	
사업소득금액	15,000,000	
기타소득금액	4,800,000	300만원 이상이므로 종합과세
이자소득금액	20,200,000	2,000만원 이상이므로 종합과세
계	52,000,000	

67. 법인의 상근임원이 비상근임원이 된 경우 **퇴직급여를 실제로 받지 아니한 경우 퇴직으로 보지 아니할 수 있다.**

68. **양도소득과 국외에서 지급하는 근로소득은 원천징수의무가 없다.**

69.

구분	금액
1. 양도가액	50,000,000
2. 취득가액	(20,000,000)
3. 기타필요경비	(5,000,000)
4. 양도차익(1－2－3)	**25,000,000**
5. 장기보유특별공제(25,000,000×20%)	(5,000,000)
6. 양도소득금액(4－5)	20,000,000
7. 기본공제	(2,500,000)
8. 과세표준(6－7)	**17,500,000**

70. ② **예정신고 또는 확정신고를 한 경우에는 사업장 현황을 신고하지 않아도 된다.**
③ 근로소득만 있는 거주자는 연말정산으로 납세의무가 완결된다.
④ 소득세 과세표준과 **세액의 결정 및 경정방법은 실지조사를 원칙**으로 한다.

71. **부가가치세는 전단계세액공제방법**을 채택하고 있다.

72. 사업적(계속・반복)으로 재화 또는 용역을 공급하는 경우에는 **사업자등록을 하지 않아도 납세의무자**에 해당한다.

73. **부가가치세는 과세기간은 2과세기간으로 나누어 신고・납부**하도록 하고 있다.

74. **제품의 포장만을 하거나 용기에 충전만을 하는 장소는 사업장으로 보지 아니한다.**

76. 자기생산・취득 재화를 **직장 연예 및 직장 문화 관련으로 사용한 경우에는 재화의 공급으로 보지 아니한다.**

77.

	예정신고	확정신고	비고
ㄱ	300,000	－	단기할부판매
ㄴ	50,000	150,000	장기할부판매 : 각 대금을 지급받기로 한 날
ㄷ	3,000,000	－	단기할부판매
과세표준	**3,350,000**	**150,000**	

78. **수박(과일)은 미가공식료품에 해당하므로 면세**이다.

79. 매입세액(공제)＝기계장치(10,000,000)＋원재료 구입(5,000,000)＝15,000,000원

80. **필요적 기재사항을 부실기재시 1%의 가산세가 부과**된다.

원가관리회계

81	82	83	84	85	86	87	88	89	90
①	①	④	③	③	②	②	④	③	④
91	**92**	**93**	**94**	**95**	**96**	**97**	**98**	**99**	**100**
①	③	②	①	①	②	②	③	②	④
101	**102**	**103**	**104**	**105**	**106**	**107**	**108**	**109**	**110**
②	②	①	④	②	④	①	④	③	①
111	**112**	**113**	**114**	**115**	**116**	**117**	**118**	**119**	**120**
②	③	④	①	④	①	②	③	③	②

83. 매출원가 = 매출액(8,000,000) × (1 - 25%) = 6,000,000원

제　품

기초재고	4,000,000	매출원가	6,000,000
당기제품제조원가	**3,200,000**	기말재고	1,200,000
계	7,200,000	계	7,200,000

당기총제조원가 = 직・재(1,500,000) + 직・노(900,000) + 제・간(1,100,000) = 3,500,000원

재공품

기초재고	1,250,000	**당기제품제조원가**	**3,200,000**
당기총제조원가	3,500,000	***기말재고***	***1,550,000***
계	4,750,000	계	4,750,000

84. 〈단계배분법〉 창고부문의 원가부터 배분한다.

제공부문 \ 사용부문		보조부문		제조부문	
		창고부문	전력부문	조각부문	도료부문
배부전원가		200,000	600,000	800,000	400,000
보조부문배부	창고부문(10% : 40% : 50%)	(200,000)	20,000	**80,000①**	**100,000②**
	전력부문(0 : 30% : 50%)	–	(620,000)	**232,500③**	–

④직접배분법 : 600,000(전력부) × 50% ÷ 80% = 375,000원

85. 개별원가계산으로 변동원가계산을 할 수 있다.

86. 제조간접비 예정배부율 = 2,000,000/5,000시간 = 400원/직접노동시간
제조간접비 실제배부율 = 2,000,000/4,000시간 = 500원/직접노동시간
실제제조간접비(#B) = 실제직접노동시간(2,500) × 실제배부율(500) = 1,250,000원
예정제조간접비(#B) = 실제직접노동시간(2,500) × 예정배부율(400) = 1,000,000원
배부차이 = 예정배부액(1,000,000) - 실제배부액(1,250,000) = △250,000원

88. <u>**기말재공품의 완성도를 과대평가시 기말재공품원가도 과대계상**</u>된다.

89. 〈1단계〉 물량흐름파악 〈2단계〉 완성품환산량 계산

평균법		재료비	가공비
	완 성 품 400	400	400
	기말재공품 100(40%)	100	40
	계 500	**500**	**440**
〈3단계〉 원가요약(기초재공품원가 + 당기투입원가)		8,000,000+32,000,000	6,000,000+27,000,000
〈4단계〉 완성품환산량당단위원가		@80,000	@75,000

〈5단계〉 완성품원가와 기말재공품 원가계산

<u>**- 완성품원가(제품제조원가) = 400개 × [@80,000+@75,000] = 62,00,000원**</u>

<u>**- 기말재공품원가 = 100개 × @80,000 + 40개 × @75,000 = 11,000,000원**</u>

90. <u>**선입선출법과 평균법의 차이는 기초재공품의 완성품환산량 차이**</u>이고 평균법≥선입선출법이다.
기초재공품의 완성품 환산량 차이 = 기초재공품(600개) × 완성도(40%) = 240개
선입선출법이 평균법보다 240개 더 작다.

91. 제조간접원가만 예정배부율로 배부한다.

92. ① 수원공장 실제원가(1,578) < 평택공장 실제원가(1,928) → 수원공장이 효율적
② 직접재료원가(수원) 수량(9kg) < 직접재료원가(평택) 수량(12kg) → 수원공장이 효율적
③ 직접노무원가(수원) 수량(10시간) < 직접노무원가(평택) 수량(11시간) → 수원공장이 효율적
④ 제조간접원가(수원) 수량(720원) < 제조간접원가(평택) 수량(900원) → 수원공장이 효율적

93.

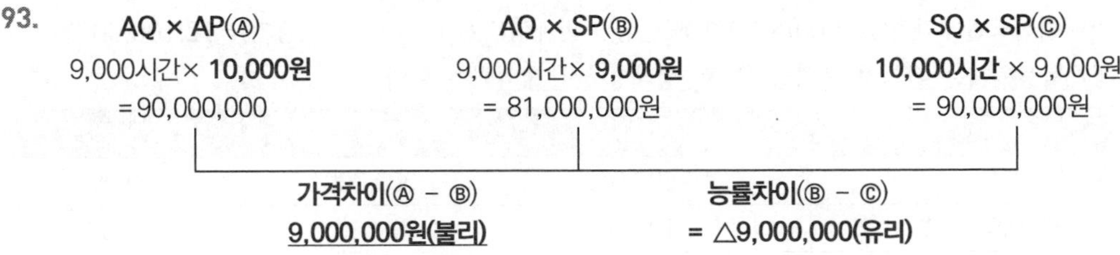

94. 〈노무원가〉

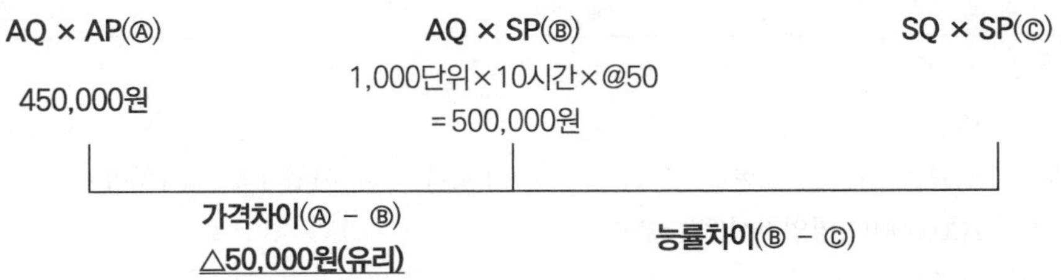

〈변동제조간접원가〉

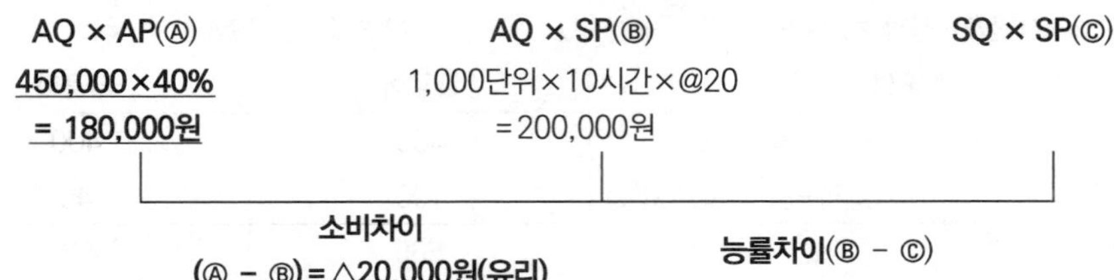

95. **비례배분법은 자산에 배부**되므로 자산이 커지면 이익이 커지므로, 비례배분법이 일반적으로 크다.

96. 고정제조간접원가만 기간원가로 처리한다.

97. 영업이익(전부)=(100-25-20-6-10)×800단위-고·제·간(16,000)÷1,000×800단위=18,400원

98. 재료처리량 공헌이익=[판가(250)-직·재(80)]×2,800개=476,000원

99. 변동원가계산은 고정제조간접원가를 전부 비용처리하지만 전부원가는 재고자산에 포함되므로 생산량 많으면 전부원가계산의 영업이익이 더 크다.

100. **전부원가계산의 이익의 결정요인은 생산량과 판매량에 좌우**된다.

101. 활동별로 원가통제가 가능하다.

102. 선형이다.

103. **최고조업도 수준과 최저조업도 수준**에서의 자료를 이용하여 변동원가와 고정원가를 추정하는 방법이다.

104. 손익분기점 판매량=F/(p-v)=2,340,00/(4,000-1,500-1,200)=1,800개
영업이익달성 판매량=[고정원가(2,340,000)+목표이익(1,300,000)]÷공헌이익(1,300)=2,800개

105. 판매예산=판매가격(10,000)×1.1(10%인상)×판매량(1,000)×1.1(10%증가)=12,100,000원

107. **통제불능원가는 관리가 불가능하므로 성과평가시 제외**해야 한다.

108.

	군함사업부	여객선사업부	화물선사업부
1. 영업자산	500,000	1,000,000	2,000,000
2. 영업이익	100,000	170,000	260,000
3. 최저필수수익률		10%	
4. 잔여이익 2-1×3	**50,000**	**70,000**	**60,000**

109. ① 통제가능한 투자액도 고려하여야 한다.
② 투자수익률은 단기적인 성과를 강조한다.
④ 투자수익률은 비율로 표현하기 때문에 투자규모가 다른 사업부의 성과평가에 유용하다.

110. 영업이익(200,000)÷영업자산(??)=25%
영업자산=800,000원 따라서 영업자산 감소액은 200,000원이 된다.

111. 가중평균자본비용=타인자본(40%×15%)+자기자본(60%×20%)=18%
경제적부가가치(30,000)=영업이익(??)-투하자본(2,000,000-500,000)×18%
∴ 영업이익=300,000원

112. • 의사결정 : 관련원가와 비관련원가
• 실제지출 유무 : 지출원가와 기회원가
• 발생시점 : 매몰원가와 미래원가
• 회피가능성 : 회피가능원가와 회피불능원가

113.

1.증분수익(갑사업부 폐지시)		
	• 공통원가감소	70,000 - 30,000 = 40,000원
2.증분비용(갑사업부 폐지시)		
	• 공헌이익감소	150,000원
3.증분손익		△110,000원

갑사업부폐지시 당기순이익 = 당기순이익(600,000) - 증분손익(110,000) = 490,000원

114. ① 사업부 A폐쇄 = 전체손익(△100) + A공헌이익(△600) = △700원
② 사업부 B,C폐쇄 = 전체손익(△100) + B,C공헌이익(△2,300) = △2,400원
③ 사업부 A,C폐쇄 = 전체손익(△100) + A,C공헌이익(△1,900) = △2,000원
③ 사업부 A,B,C폐쇄 = 전체손익(△100) + B,C공헌이익(△2,900) = △3,000원

115. 특별주문시 특별주문가와 단위당 변동원가, 특별주문처리비용과 유휴설비능력이 없으므로 기존판매량 감소분의 공헌이익이 필요하다.

116.

1. 증분수익(외부구입시)		
	• 변동비감소분	변동비(43,000 + 17,000 + 13,000) = 73,000원
	• 고정원가절감	30,000 × 50% = 15,000원
2. 증분비용(외부구입시)		
	• 외부구입비증가	500(외부구입단가) × 250단위 = 125,000원
3. 증분손익		△37,000원(불리 - 자가제조가 유리)

117. 미리 자본비용(할인율)을 결정해야 하는데 **자본비용결정이 어렵다.**

118. 세후순현금흐름 = 세전영업현금흐름(900,000) × (1 - 30%) + 감가상각비(440,000) × 30%
= 762,000원

투자안의 순현재가치 = - 2,200,000 + 762,000 × 3.61 = 550,820원

119. **최소대체가격 = 한단위 대체시 지출원가(670 - 130) + 한단위 대체시 기회비용(230) = 770원**

기회비용은 대체시 공헌이익 감소(900 - 670)분이다.

2022년 1월

90회 재경관리사

재무회계

1. 다음은 재무회계와 관리회계의 특징을 구분한 것이다. 옳게 설명하고 있는 것을 모두 고르면?

구분		재무회계	관리회계
(가)	보고대상	투자자, 채권자 등 외부 이해관계자	경영자 및 기타 내부이용자
(나)	작성근거	일반적으로 인정된 회계원칙	경제이론, 경영학, 통계학 등
(다)	보고양식	일정한 양식없음	재무제표
(라)	보고시점	보통 1년(또는 분기, 반기)	주기적 또는 수시
(마)	법적 강제력	있음	있음

① (가), (나), (라) ② (나), (다), (라) ③ (나), (라), (마) ④ (다), (라), (마)

2. 다음 중 자산의 측정방법에 대한 설명으로 가장 올바르지 않은 것은?

① 사용가치 : 기업이 자산의 사용과 궁극적인 처분으로 얻을 것으로 기대하는 현금흐름의 현재가치
② 현행원가 : 기업이 부채를 이행할 때 이전해야 하는 현금이나 그 밖의 경제적 자원의 현재가치
③ 역사적원가 : 기업이 자산을 취득 또는 창출하기 위하여 지급한 대가(거래원가 포함)
④ 공정가치 : 자산 측정일에 시장참여자 사이의 정상거래에서 자산을 매도할 때 받을 가격 등

3. 다음 중 기타포괄손익 항목 중 후속적으로 당기손익으로 재분류 되지 않는 항목은?

① 재평가잉여금의 변동
② 해외사업장의 재무재표 환산으로 인한 손익
③ 현금흐름위험회피의 위험회피수단평가손익 중 효과적인 부분
④ 관계기업의 재분류되는 기타포괄손익에 대한 지분

4. 다음은 자산에 속하는 계정들의 잔액이다. 재무상태표에 유동자산으로 계상될 금액은 얼마인가?

(가) 단기대여금	50,000원
(나) 매출채권	200,000원
(다) 재고자산	300,000원
(라) 선급금	100,000원
(마) 기계장치	450,000원
(바) 개발비	200,000원

① 250,000원 ② 550,000원 ③ 650,000원 ④ 750,000원

5. 다음 중 재무제표 보고기간 후에 발생한 사건에 대한 설명으로 가장 올바르지 않은 것은?

① 수정을 요하지 않는 보고기간 후 사건의 예로 보고기간 말과 재무제표 발행 승인일 사이에 투자자산의 공정가치의 하락을 들 수 있다.

② 수정을 요하지 않는 보고기간 후 사건으로서 중요한 것은 그 범주별로 사건의 성격이나 재무적 영향에 대한 추정치 등을 공시하여야 한다.

③ 수정을 요하는 보고기간 후 사건의 예로 보고기간 말 이전에 구입한 자산의 취득원가나 매각한 자산의 대가를 보고기간 후에 결정하는 경우 등을 들 수 있다.

④ 수정을 요하는 보고기간 후 사건이란 보고기간 후에 발생한 상황을 나타내는 사건을 말한다.

6. 다음 중 재고자산에 대한 설명으로 가장 옳은 것은?

① 재고자산은 취득원가와 순실현가능가치 중 높은 금액으로 측정한다.

② 매입할인, 리베이트 및 기타 유사한 항목은 매입원가를 결정할 때 차감하지 않는다.

③ 재고자산을 현재의 장소에 현재의 상태로 이르게 하는데 기여하지 않은 관리간접원가는 재고자산의 취득원가에 포함한다.

④ 판매원가는 재고자산의 취득원가에 포함하지 않는다.

7. ㈜삼일은 창업연도부터 개별법으로 재고자산을 평가해왔으나, 회사의 규모가 커지고 판매상품의 종류가 많아짐에 따라 재고자산평가방법을 선입선출법으로 변경하고자 한다. 재고자산평가방법을 선입선출법으로 변경할 경우 ㈜삼일의 기말재고자산 금액은 얼마인가?

	수량	단가	금액
전기이월	1,000개	1,000원	1,000,000원
2월 3일 구입	2,000개	1,500원	3,000,000원
8월 7일 판매	2,750개		
9월 5일 구입	3,000개	2,000원	6,000,000원
기 말	3,250개		

① 5,375,000원　　② 6,000,000원　　③ 6,375,000원　　④ 6,500,000원

8. 다음은 ㈜삼일의 20X1년 재고수불부이다. ㈜삼일은 20X1년 1월 1일에 설립되었으며, ㈜삼일의 김사장은 기말재고자산을 총평균법으로 평가할지 선입선출법으로 평가할지 고민 중이다. 재고자산평가방법에 관한 설명으로 가장 올바르지 않은 것은?

	수량	단가	금액
5/5 구입	3,000개	2,000원	6,000,000원
6/6 구입	7,000개	3,000원	21,000,000원
9/9 판매	8,500개		
기 말	1,500개		

(단, 매출총이익률 = 매출총이익/매출액)

① 기말재고자산금액은 선입선출법을 적용했을 때보다 총평균법을 적용하였을 경우 450,000원만큼 작다.

② 매출총이익률은 선입선출법을 적용했을 때보다 총평균법을 적용했을 경우 상대적으로 더 크다.

③ 매출원가는 선입선출법을 적용했을 때보다 총평균법을 적용하였을 경우 450,000원만큼 크다.

④ 당기순이익은 선입선출법을 적용했을 때보다 총평균법을 적용하였을 경우 450,000원만큼 작다.

9. 다음은 의류 제조업을 영위하는 ㈜삼일이 20X1년 1월 1일에 취득한 자산의 목록이다. 동 자산의 취득으로 인하여 20X1년 말에 증가할 유형자산의 금액은 얼마인가(단, ㈜삼일은 모든 상각대상 유형자산에 대하여 내용연수 4년, 정액법, 잔존가치 0원을 적용한다)?

ㄱ. 본사 사옥 건설을 위해 취득한 토지	10억
ㄴ. 임대수익을 얻을 목적으로 취득한 건물	8억
ㄷ. 재고자산의 운송을 위해 취득한 설비자산	2억
ㄹ. 제조공장 내 구축물을 자체 건설하는데 소요된 원가(20X1년 말 현재 건설중임)	1억

① 12억 ② 12.5억 ③ 13억 ④ 21억

10. 다음 중 유형자산의 취득원가에 관한 설명으로 가장 올바르지 않은 것은?

① 토지는 취득세, 등록세 등 취득부대원가를 가산한 금액을 취득원가로 한다.

② 토지만 사용할 목적으로 토지와 건물을 일괄구입하는 경우 일괄구입대가 모두 토지의 취득원가로 처리한다.

③ 토지와 건물 일괄구입 후 기존 건물을 철거할 때 발생하는 건물철거비용은 토지의 원가에 가산한다.

④ 토지와 건물 일괄구입 후 기존 건물 철거로 발생한 폐자재들을 처리하는 비용이 발생하는 경우 당기손실로 처리한다.

11. 통신업을 영위하고 있는 ㈜삼일은 20X1년 7월 1일 5억원에 취득하여 사용해 오던 건물 A(내용연수 10년, 정액법, 잔존가치 0원)를 20X5년 1월 1일 3억원에 처분하였다. 다음 중 ㈜삼일이 건물 A의 처분과 관련하여 20X5년 포괄손익계산서에 인식할 계정과 금액으로 가장 옳은 것은(단, ㈜삼일은 건물을 원가모형으로 후속측정한다)?

① 유형자산처분이익 25,000,000원

② 유형자산처분이익 12,500,000원

③ 유형자산처분손실 25,000,000원

④ 유형자산처분손실 12,500,000원

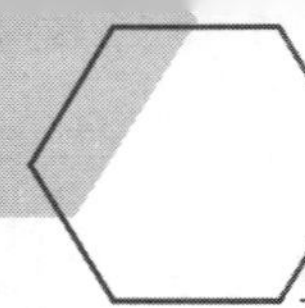

12. 다음은 ㈜삼일의 프로젝트 개발활동과 관련된 지출내용이다. 무형자산(개발비)으로 회계처리가 가능한 금액은 얼마인가?

프로젝트	금액	내용
가	350,000원	프로젝트 연구단계에서의 지출
나	900,000원	프로젝트 개발단계에서의 지출로 자산 인식조건을 만족시킴
다	1,000,000원	프로젝트 개발단계에서의 지출로 자산 인식조건을 만족시키지 못함
라	250,000원	프로젝트 개발과 관련된 내부개발 소프트웨어로 자산 인식조건을 만족시킴

① 900,000원 ② 1,150,000원 ③ 1,500,000원 ④ 1,600,000원

13. 다음 중 무형자산의 상각에 대한 설명으로 가장 올바르지 않은 것은?

① 내용연수가 유한한 무형자산은 내용연수동안 상각하지만 내용연수가 비한정인 무형자산은 상각하지 않는다.

② 무형자산의 잔존가치는 처분으로 회수가능한 금액을 근거로 하여 추정하며, 적어도 매 회계기간말에 검토한다.

③ 무형자산의 상각방법을 변경하는 경우에는 회계추정의 변경으로 본다.

④ 내용연수가 비한정인 무형자산이란 내용연수가 무한하여 미래 경제적 효익이 무한할 것으로 기대되는 무형자산을 의미한다.

14. 다음 중 투자부동산의 후속 측정에 관한 설명으로 가장 옳은 것은?

① 투자부동산으로 분류된 건물에 대하여 공정가치모형을 적용할 경우 감가상각은 하지 않는다.

② 투자부동산은 보고기간 말에 공정가치모형과 원가모형 중 하나를 선택하여 각각의 투자부동산에 다르게 선택하여 적용할 수 있다.

③ 투자부동산의 공정가치모형 적용시 공정가치 변동으로 발생하는 손익은 당기손익에 반영하지 않는다.

④ 투자부동산은 원가모형만 적용이 가능하다.

15. 다음 중 상각후원가측정금융자산에 관한 설명으로 가장 올바르지 않은 것은?

① 원칙적으로 지분상품은 상각후원가측정금융자산으로 분류될 수 없다.

② 상각후원가측정금융자산은 유효이자율법을 적용하여 상각후원가로 평가한다.

③ 원칙적으로 모든 채무증권은 상각후원가측정금융자산으로 분류한다.

④ 상각후원가측정금융자산 취득시 지출된 거래원가는 취득원가에 우선 가산한 후 유효이자율법에 의해 이자수익에 가감된다.

16. ㈜서울은 20X1년 초에 ㈜용산의 주식 1,000주를 취득하고 당기손익-공정가치측정 금융자산으로 분류하였다. 20X2년 초에 1,000주를 공정가치로 처분한 경우 ㈜서울이 20X2년의 포괄손익계산서에 계상할 처분손익은 얼마인가?

일자	구분	주당금액
20X1년 1월 3일	취득원가	10,000원
20X1년 12월 31일	공정가치	9,500원
20X2년 1월 1일	공정가치	10,200원

① 손실 500,000원　② 손실 200,000원
③ 이익 200,000원　④ 이익 700,000원

17. 다음 중 금융자산 제거의 경제적 실질 판단 요소에 포함되는 사항으로 가장 올바르지 않은 것은?

① 법률상 금융자산의 이전 여부
② 금융자산의 소유에 따른 위험과 보상의 이전 여부
③ 금융자산의 현금흐름 양도에 대한 판단
④ 금융자산에 대한 통제권 상실 여부

18. ㈜삼일은 20X1년 1월 1일에 만기 3년, 액면금액 100,000,000원, 표시이자율 10%인 사채를 발행하였다. 이자는 매년 말에 지급되고 사채 발행시점의 유효이자율은 8%라고 할 때 사채의 발행가액은 얼마인가?

8%	1년	2년	3년	합계
현가계수	0.92593	0.85734	0.79383	2.57710

① 100,000,000원　② 103,197,900원
③ 105,154,000원　④ 106,245,000원

19. 다음 중 전환사채에 대한 설명으로 가장 올바르지 않은 것은?

① 전환사채는 전환사채소유자가 일정한 조건 하에 전환권을 행사할 수 있는 사채로, 일반사채보다 표면금리가 낮게 책정된다.

② 전환권에 대한 대가가 자본으로 분류되는 전환사채는 복합금융상품에 해당한다.

③ 전환사채 만기에 주식으로 전환되지 못했을 경우 투자자에게 지급되는 상환할증금은 지급이 확정된 시점에서 인식한다.

④ 전환권조정은 사채할인발행차금과 마찬가지로 상환기간동안 유효이자율법을 적용하여 상각하고 상각된 금액은 이자비용으로 인식한다.

20. 전자제품을 판매하는 ㈜삼일은 확신유형의 보증으로 판매 후 1년간 판매한 제품에서 발생하는 결함을 무상으로 수리해주고 있다. 과거의 판매경험에 의하면 제품보증비용은 매출액의 5%가 발생할 것으로 예상된다. ㈜삼일의 20X1년도 매출액이 200억원이고 20X1년 중 발생된 제품보증비용이 7억원인 경우, 포괄손익계산서에 계상되는 20X1년도 제품보증비는 얼마인가?

① 0억원 ② 3억원 ③ 7억원 ④ 10억원

21. 다음은 ㈜삼일의 제1기말(20X1년 12월 31일) 현재의 주요 재무정보이다. ㈜삼일은 제1기에 증자 및 배당 등 다른 자본거래가 없었다. ㈜삼일의 20X1년 당기순이익은 1,500,000,000원이고, 주당 액면금액은 5,000원일 때 20X1년 말 현재 자본에 대한 설명으로 가장 올바르지 않은 것은?

(단위 : 원)

자본금	5,000,000,000
주식발행초과금	3,500,000,000
…	…
자본총계	10,000,000,000

① ㈜삼일의 법정자본금은 5,000,000,000원이다.

② ㈜삼일의 발행주식수는 1,000,000주이다.

③ ㈜삼일의 기말 이익잉여금은 1,500,000,000원이다.

④ ㈜삼일의 주식발행금액은 주당 10,000원이다.

22. 다음 중 자기주식에 관한 설명으로 가장 올바르지 않은 것은?

① 주식을 발행한 회사가 자사발행주식을 재취득한 주식을 말한다.

② 자기주식의 매각이나 소각에 따른 손실은 자기주식처분이익으로 우선 상계한다.

③ 상법상 자기주식취득은 주가수준 유지나 stock option과 같은 특별한 경우에 한하여 인정하고 있다.

④ 자기주식처분에 따른 손실에 대한 자기주식처분이익 상계 후 잔액은 결손금 처리순서에 준하여 처리한다.

23. 기업은 고객에게 약속한 재화나 용역을 이전하여 수행의무를 이행할 때 수익을 인식하여야 하는데, 만약 수행의무가 한 시점에 이행되는 경우라면 고객이 약속된 자산을 통제하고 기업이 의무를 이행하는 시점에서 수익을 인식한다. 여기서 고객이 자산을 통제하는 시점의 예로 가장 올바르지 않은 것은?

① 판매기업이 자산에 대해 현재 지급청구권이 있다.

② 판매기업이 자산의 물리적 점유를 이전하였다.

③ 판매기업에게 자산의 법적 소유권이 있다.

④ 자산의 소유에 따른 유의적인 위험과 보상이 고객에게 있다.

24. ㈜삼일은 20X1년 12월 31일 ㈜반품에 50,000,000원(원가 30,000,000원)의 제품을 판매하고 1년 이내 반품할 수 있는 권리를 부여하였다. 인도일 현재 판매금액 중 10,000,000원이 반품될 것으로 예상된다면 ㈜삼일이 20X1년에 인식할 매출원가는 얼마인가?

① 21,000,000원 ② 24,000,000원

③ 27,000,000원 ④ 30,000,000원

25. 다음 중 건설계약에 관한 설명으로 가장 올바르지 않은 것은?

① 진행률 계산시 발주자에게서 받은 기성금과 선수금도 공사의 정도를 반영하므로 이를 기준으로 진행률을 결정할 수 있다.

② 공사가 완료된 후에 일정기간 발생하는 하자보수원가를 추정하여 하자보수비로 인식하고 상대계정으로 하자보수충당부채를 인식한다.

③ 계약수익은 수령하였거나 수령할 대가의 공정가치로 측정한다.

④ 진행률은 보고기간 말마다 다시 측정하며 진행률의 변동은 회계추정의 변경으로 회계처리한다.

26. ㈜삼일건설은 20X1년 1월 1일에 대전시로부터 교량건설을 총공사계약액 50,000,000원에 수주하였다. 공사기간은 20X1년 1월 1일부터 20X3년 12월 31일까지이다. 추정 총계약원가는 40,000,000원으로 공사기간 동안 변동이 없으며, 회사는 누적발생계약원가에 기초하여 공사진행률을 측정하고 있다. 20X1년과 20X2년 계약수익이 다음과 같을 때 20X2년 말 누적공사진행률을 계산한 것으로 가장 옳은 것은?

ㄱ. 20X1년 계약수익 : 20,000,000원	ㄴ. 20X2년 계약수익 : 10,000,000원

① 10%　② 20%　③ 40%　④ 60%

27. 다음 중 확정급여형 퇴직급여제도와 관련하여 당기손익으로 인식되는 항목으로 가장 올바르지 않은 것은?

① 당기근무원가　② 이자원가
③ 보험수리적손익　④ 과거근무원가

28. ㈜삼일은 20X1년 1월 1일 임원 10명에게 2년의 용역제공조건(20X1년 1월 1일부터 20X2년 12월 31일)으로 1인당 주식결제형 주식선택권 100개를 부여하였다. 부여일 현재 주식선택권의 단위당 공정가치는 100원으로 추정되며 추정권리상실률은 20%로 예상되는 경우 ㈜삼일이 20X1년 중 인식할 주식보상비용은 얼마인가?

① 40,000원　② 50,000원　③ 80,000원　④ 100,000원

29. 20X1년 초 사업을 개시한 ㈜삼일의 과세소득과 관련된 다음 자료를 이용하여 20X1년 말 재무상태표 상의 이연법인세자산(부채)금액을 구하면 얼마인가?

법인세비용차감전순이익	4,000,000원
가산(차감)조정	
기업업무추진비한도초과액	600,000원
감가상각비한도초과액	900,000원
과세표준	5,500,000원
세율	25%

〈 추가자료 〉

ㄱ. 차감할 일시적차이가 사용될 수 있는 미래과세소득의 발생가능성은 높다고 가정한다.

ㄴ. 감가상각비한도초과액에 대한 일시적차이는 20X2년, 20X3년, 20X4년에 걸쳐 300,000원씩 소멸하며, 일시적차이가 소멸될 것으로 예상되는 기간의 과세소득에 적용될 것으로 기대되는 평균세율은 다음과 같다.

연도	20X2년	20X3년	20X4년
세율	25%	30%	30%

① 이연법인세부채 225,000원
② 이연법인세자산 255,000원
③ 이연법인세부채 325,000원
④ 이연법인세자산 375,000원

30. ㈜삼일은 결손이 누적되고 미래 과세소득이 발생하지 않을 것이라 판단하여 미사용 세무상 결손금에 대하여 더 이상 이연법인세자산을 인식하지 않기로 하였다. 전기까지 인식하였던 세무상 결손금에 대한 이연법인세자산을 더 이상을 인식하지 않을 경우 ㈜삼일의 재무제표에 미치는 영향으로 가장 옳은 것은?

① 부채비율(부채/자본)의 감소
② 법인세비용의 증가
③ 당기순이익 증가
④ 법인세비용차감전순이익의 감소

31. 다음 중 회계추정의 변경에 해당하는 것으로 가장 올바르지 않은 것은?

① 수취채권의 대손상각률 변경
② 재고자산 원가흐름의 가정을 선입선출법에서 평균법으로 변경
③ 유형자산 감가상각방법의 변경
④ 유형자산 내용연수의 변경

32. 다음 정보를 이용하여 ㈜삼일의 주가를 계산하면 얼마인가?

ㄱ. 업종 평균 주가수익률(PER)	10배	ㄴ. ㈜삼일의 당기순이익	50,000원
ㄷ. ㈜삼일의 가중평균유통보통주식수	1,000주		

① 500원 ② 5,000원 ③ 10,000원 ④ 50,000원

33. ㈜삼일은 20X1년 1월 1일 ㈜용산의 보통주 40%를 4,000,000원에 취득하였고 그 결과 ㈜용산에 유의적인 영향력을 행사할 수 있게 되었다. 주식 취득일 현재 ㈜용산의 순자산 공정가치가 9,000,000원인 경우 관계기업투자주식의 취득원가 중 영업권에 해당하는 금액은 얼마인가?

① 0원 ② 160,000원 ③ 400,000원 ④ 5,000,000원

34. 다음 중 환율변동효과와 관련하여 괄호 안에 들어갈 단어로 가장 옳은 것은?

> 기능통화와 표시통화가 다른 경우 표시통화로 재무상태와 경영성과를 환산하여 보고해야 한다. 재무상태표의 자산과 부채는 (ㄱ)을 적용하고, 포괄손익계산서의 수익과 비용은 (ㄴ)을 적용하되 환율이 유의적으로 변동하지 않을 경우에는 (ㄷ)을 적용할 수 있다.

	ㄱ	ㄴ	ㄷ
①	보고기간 말의 마감환율	해당 거래일의 환율	해당 기간의 평균환율
②	보고기간 말의 마감환율	해당 기간의 평균환율	해당 거래일의 환율
③	해당 기간의 평균환율	보고기간 말의 마감환율	해당 거래일의 환율
④	해당 기간의 평균환율	해당 거래일의 환율	보고기간 말의 마감환율

35. 외화거래를 최초로 인식하는 경우 거래일의 외화와 기능통화 사이의 현물환율을 외화금액에 적용하여 기능통화로 기록한다. 다음의 외화자산 및 부채 중 보고기간 말의 마감환율을 적용하여 환산하여야 할 화폐성항목으로 가장 올바르지 않은 것은?

① 선수금 ② 매입채무 ③ 매출채권 ④ 장기차입금

36. 다음 거래목적 중 파생상품평가손익을 당기손익으로 처리하지 않는 것은?

① 매매목적으로 체결한 파생상품의 평가손익
② 공정가치위험회피 목적으로 체결한 파생상품의 평가손익
③ 현금흐름위험회피 목적으로 체결한 파생상품의 평가손익 중 위험회피에 효과적인 부분
④ 현금흐름위험회피 목적으로 체결한 파생상품의 평가손익 중 위험회피에 효과적이지 못한 부분

37. 다음 중 리스와 관련된 용어에 대한 설명으로 가장 올바르지 않은 것은?

① 리스총투자는 금융리스에서 리스제공자가 받게 될 리스료와 무보증잔존가치의 합계액을 말한다.

② 리스순투자는 리스총투자를 리스의 내재이자율로 할인한 금액을 말하며, 리스개시일 현재 기초자산의 공정가치와 리스제공자가 지출한 리스개설직접원가로 구성된다.

③ 변동리스료는 리스기간 중에 기초자산의 사용권에 대하여 리스이용자가 리스제공자에게 지급하는 리스료의 일부로서 시간의 경과가 아닌 리스개시일 후 사실이나 상황의 변화 때문에 달라지는 부분을 말한다.

④ 내재이자율은 리스제공자의 목표수익률을 의미하며, 내재이자율 산정 시에는 리스료만을 고려하고 무보증잔존가치는 제외한다.

38. ㈜삼일리스는 20X1년 1월 1일(리스약정일)에 ㈜대구(리스이용자)와 기계장치에 대한 금융리스계약을 체결하였으며, 관련 자료는 다음과 같다. 이러한 리스거래로 인하여 리스이용자인 ㈜대구가 20X1년에 인식할 감가상각비는 얼마인가(단, 계산금액은 소수점 첫째자리에서 반올림함을 원칙으로 하고, 가장 근사치를 답으로 선택한다)?

ㄱ. 리스기간 : 3년(리스기간 종료시 ㈜대구는 소유권을 이전 받음)
ㄴ. 리스료 총액 : 300,000원 (매 100,000원씩 매년 말 3회 후불)
ㄷ. 기초자산의 취득원가 : 240,183원 (리스약정일의 공정가치와 동일)
ㄹ. 기초자산의 내용연수와 잔존가치 : 내용연수 5년, 잔존가치 40,183원
ㅁ. 리스의 내재이자율 : 연 12%
ㅂ. 이자율 12%, 3년 연금현가계수 : 2.40183
이자율 12%, 3년 현가계수 : 0.71178

① 24,018원 ② 28,822원 ③ 40,000원 ④ 68,822원

39. 다음은 ㈜삼일의 매입활동과 관련된 재무상태표와 포괄손익계산서의 일부이다. ㈜삼일의 모든 매입은 외상으로 이루어진다고 할 때, 20X1년 중 ㈜삼일이 매입처에 지급한 현금은 얼마인가?

ㄱ. 재무상태표 일부

	20X0년 12월 31일	20X1년 12월 31일
매입채무	10,000,000원	35,000,000원

ㄴ. 당기 재고자산 매입액은 160,000,000원이다.

① 120,000,000원 ② 135,000,000원
③ 155,000,000원 ④ 185,000,000원

40. 다음은 ㈜삼일의 20X1년 영업활동에 관련된 자료이다. 20X1년 12월 31일로 종료되는 회계연도에 ㈜삼일의 현금흐름표에 보고되어야 할 영업활동 현금흐름은 얼마인가(단, 상기 자료 이외에 간접법으로 현금흐름표 작성 시 고려할 사항은 없다고 가정함)?

당기순이익	15,000,000원	매출채권의 증가	3,000,000원
매입채무의 감소	2,500,000원	감가상각비	1,000,000원

① 8,500,000원 ② 9,000,000원 ③ 10,000,000원 ④ 10,500,000원

세무회계

41. 다음 중 조세에 관한 설명으로 가장 올바르지 않은 것은?

① 조세는 금전납부가 원칙이다.
② 조세는 법률에 규정된 과세요건을 충족한 모든 자에게 부과된다.
③ 위법행위에 대한 제재를 목적을 두고 있는 벌금, 과태료는 조세에 해당한다.
④ 조세는 납세자가 납부한 세액에 비례하여 개별적 보상을 제공하지 않는다.

42. 다음 중 국세기본법상 특수관계인에 관한 설명으로 가장 올바르지 않은 것은?

① 본인이 법인인 경우 해당 법인의 임원은 특수관계인에 해당한다.
② 본인이 법인인 경우 해당 법인에 지배적인 영향력을 행사하는 주주는 특수관계인에 해당한다.
③ 본인이 개인인 경우 해당 개인의 3촌 이내의 인척은 특수관계인에 해당한다.
④ 본인이 법인인 경우 해당 법인의 소액주주는 특수관계인에 해당한다.

43. 다음 중 국세부과의 원칙에 관한 설명으로 가장 올바르지 않은 것은?

① 신의성실의 원칙이란 납세자가 그 의무를 이행할 때에는 신의에 따라 성실하게 하여야 한다는 원칙으로 세무공무원의 직무수행에는 적용되지 않는다.
② 근거과세의 원칙이란 장부 등 직접적인 자료에 입각하여 납세의무를 확정해야 한다는 원칙이다.
③ 조세감면 사후관리란 세법이 정하는 바에 따라 감면한 세액에 상당하는 자금 또는 자산의 운용범위를 정할 수 있는 원칙이다.
④ 실질과세의 원칙은 조세평등주의를 구체화한 국세부과의 원칙이다.

44. 다음 자료를 기초로 ㈜삼일의 제1기(20x1년 1월 1일~20x1년 12월 31일) 법인세 산출세액을 계산하면 얼마인가?

㈜삼일

손익계산서

20x1년 1월 1일~20x1년 12월 31일

(단위 : 원)

매출액	950,000,000
매출원가	600,000,000
급여	126,000,000
감가상각비	24,000,000
법인세비용차감전순이익	200,000,000

- 손익계산서의 수익과 비용은 다음을 제외하고 모두 세법상 적정하게 계상되어 있다.
  - 급여 126,000,000원에는 대표이사에 대한 상여금 한도초과액 10,000,000원이 포함되어 있다.
  - 감가상각비 24,000,000원에 대한 세법상 감가상각범위액은 14,000,000원이다.
  - 법인세율(과세표준 2억원 이하 9%, 2억원 초과 200억원 이하분 19%)

① 22,000,000원 ② 21,800,000원 ③ 28,000,000원 ④ 30,000,000원

45. 다음 중 법인세법상 결산조정사항과 신고조정사항에 관한 설명으로 가장 올바르지 않은 것은?

① 결산조정사항은 원칙적으로 회계상 비용으로 계상한 경우에만 세무상 손금으로 인정받을 수 있는 사항이다.

② 신고조정사항은 기업회계 결산시 기장처리하지 않고 법인세 과세표준신고의 과정에서 세무조정계산서에만 계상함으로써 세무회계상 인정받을 수 있는 사항이다.

③ 결산조정사항을 결산시 손금에 산입하지 않고 법인세 신고기한이 경과한 경우에는 경정청구를 통해 정정이 가능하다.

④ 법인세법상 준비금은 결산조정사항이지만 조세특례제한법상 준비금은 신고조정이 가능하다.

46. 다음 중 법인세법상 익금에 관한 설명으로 가장 올바르지 않은 것은?

① 자산수증이익과 채무면제이익은 익금이지만 세무상 이월결손금의 보전에 충당된 부분은 익금불산입항목이다.

② 법인이 특수관계인인 개인 또는 법인으로부터 유가증권을 시가보다 낮은 가액으로 매입하는 경우 동 매입가액과 시가의 차액은 익금으로 본다.

③ 손금에 산입한 금액이 환입된 경우 동 금액은 익금이다.

④ 자기주식의 양도금액은 익금에 해당하며, 그 장부가액은 손금에 해당한다.

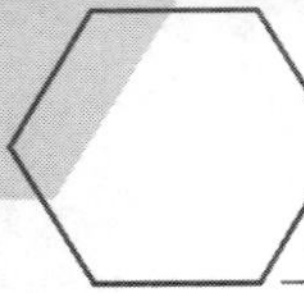

47. 다음 중 법인세법상 손금불산입 항목에 관한 설명으로 가장 올바르지 않은 것은?

① 주식을 액면에 미달하는 가액으로 발행하는 경우에, 그 액면에 미달하는 금액인 주식할인발행차금은 손금불산입항목이다.

② 잉여금 처분항목은 확정된 소득의 처분사항이므로 손금으로 인정되지 않는다.

③ 세법상 재고자산평가방법을 저가법으로 신고한 법인이 계상한 재고자산평가손실은 자산의 임의적 평가손실로 간주되므로 손금으로 인정되지 않는다.

④ 제반 법령이나 행정명령을 위반하여 부과된 벌금·과료·과태료를 손금으로 인정해 주면 징벌효과가 감소되므로 손금으로 인정되지 않는다.

48. 다음 중 법인세법상 손익의 귀속시기에 대한 설명으로 가장 올바르지 않은 것은?

① 원천징수되지 아니하는 이자소득에 대해 발생주의에 따라 장부상 미수수익을 계상한 경우 익금으로 인정한다.

② 임대료 지급기간이 1년을 초과하는 경우 이미 경과한 기간에 대응하는 임대료 상당액과 비용은 이를 각각 당해 사업연도의 익금과 손금으로 한다.

③ 부동산의 경우 대금청산일, 소유권이전등기일, 인도일, 사용수익일 중 가장 빠른날을 귀속시기로 한다.

④ 법인이 잉여금처분으로 수입하는 배당금은 실제 배당금을 지급받는 날이 속하는 사업연도의 익금에 산입한다.

49. ㈜삼일은 재고자산 평가방법을 총평균법으로 신고하였으나 평가방법 변경신고를 하지 아니하고 후입선출법에 의하여 기말재고자산을 평가하였다. 각 평가방법에 따른 재고자산평가금액이 다음 자료와 같을 경우 필요한 세무조정으로 가장 옳은 것은(단, ㈜삼일은 부동산 매매기업이 아님)?

총평균법에 의한 기말재고자산 평가액	10,000,000원
이동평균법에 의한 기말재고자산 평가액	11,000,000원
선입선출법에 의한 기말재고자산 평가액	12,000,000원
후입선출법에 의한 기말재고자산 평가액	9,000,000원

① (익금산입) 재고자산평가감 1,000,000원(유보)

② (익금산입) 재고자산평가감 3,000,000원(유보)

③ (손금산입) 재고자산평가증 1,000,000원(△유보)

④ (손금산입) 재고자산평가증 2,000,000원(△유보)

50. 다음 중 법인세법상 감가상각비에 관한 설명으로 가장 올바르지 않은 것은?

① 시설의 개체 또는 기술의 낙후로 인하여 생산설비의 일부를 폐기한 경우 시부인 계산과정을 거치지 않고 해당 자산의 장부가액 전액을 손금으로 인정할 수 있다.

② 유형자산의 잔존가액은 0(영)으로 하는 것이 원칙이다.

③ 기계장치의 감가상각방법을 신고하지 아니한 경우에는 정률법을 적용한다.

④ 사업연도 중에 취득하여 사업에 사용한 감가상각자산에 대한 상각범위액은 사업에 사용한 날부터 당해 사업연도 종료일까지의월수에 따라 계산한다.

51. ㈜삼일은 20x0년 1월 1일에 기계장치를 100,000,000원에 취득하였다. 회사는 세법상 기계장치에 대한 감가상각방법을 정액법으로, 내용연수는 5년으로 신고하였으며 잔존가치는 없다고 가정한다. 회사가 20x1년 감가상각비로 18,000,000원을 계상한 경우, 다음 각 상황에 따른 세무조정으로 가장 옳은 것은?

상황 1. 전기 상각부인액이 2,000,000원이 있는 경우 상황 2. 전기 시인부족액이 1,000,000원이 있는 경우 상황 3. 전기 상각부인액이나 전기 시인부족액이 없는 경우

	상황 1	상황 2	상황 3
①	손금산입 2,000,000원	세무조정 없음	세무조정 없음
②	손금불산입 2,000,000원	손금산입 1,000,000원	손금불산입 2,000,000원
③	손금불산입 2,000,000원	손금불산입 1,000,000원	세무조정 없음
④	손금산입 2,000,000원	세무조정 없음	손금불산입 2,000,000원

52. 다음 기부금 중 세법상 성격이 다른 것으로 가장 옳은 것은?

① 사회복지공동모금회에 지출하는 기부금

② 의료법인의 고유목적사업비로 지출하는 기부금

③ 사립학교 시설비를 위해 지출하는 기부금

④ 천재·지변으로 인한 이재민을 위한 구호금품

53. 20x0년에 사업을 개시한 ㈜삼일의 연도별 일반기부금에 대한 자료가 다음과 같을 때, 20x0년과 20x1년의 세무조정으로 가장 올바른 것은?

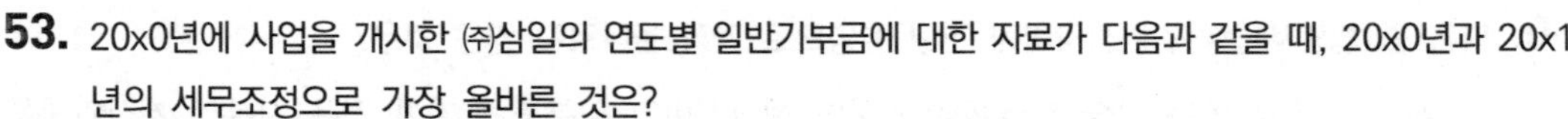

연도	일반기부금 지출액	일반기부금 한도액
20x0년	1,500만원	1,000만원
20x1년	2,000만원	2,300만원

① 20x0년 : 〈손금불산입〉 일반기부금한도초과 500만원
20x1년 : 〈손금산입〉 일반기부금한도초과이월 500만원
〈손금불산입〉 일반기부금한도초과 200만원

② 20x0년 : 〈손금불산입〉 일반기부금한도초과 500만원
20x1년 : 〈손금산입〉 일반기부금한도초과이월 200만원

③ 20x0년 : 〈손금불산입〉 일반기부금한도초과 300만원
20x1년 : 〈손금산입〉 일반기부금한도초과이월 300만원

④ 20x0년 : 〈손금불산입〉 일반기부금한도초과 500만원
20x1년 : 세무조정 없음

54. ㈜삼일의 담당 회계사인 김삼일 회계사가 ㈜삼일의 제7기 사업연도(20x1년 1월 1일~20x1년 12월 31일) 기업업무추진비에 대하여 자문한 다음 내용 중 가장 올바르지 않은 것은?

① 기업업무추진비를 금전이 아닌 현물로 제공한 경우에는 시가와 장부가액 중 큰 금액을 기업업무추진비로 보아야 합니다.

② 기업업무추진비와 관련된 부가가치세 매입세액은 불공제되며, 전액 손금불산입하여야 합니다.

③ 문화 관련 기업업무추진비는 일반기업업무추진비 한도액의 20% 범위 내에서 추가로 손금에 산입합니다.

④ 20x1년 12월에 신용카드로 접대 행위를 하고, 20x2년 1월에 신용카드 대금을 결제한 경우에는 이를 20x1년의 기업업무추진비로 처리하여야 합니다.

55. 다음은 ㈜삼일의 제22기(20x1년 1월 1일~20x1년 12월 31일) 기업업무추진비 보조원장을 요약 정리한 것이다. 다음 중 ㈜삼일의 제22기 세무조정으로 가장 옳은 것은(단, 법인세법상 기업업무추진비 한도액은 20,000,000원이다)?

기업업무추진비 보조원장

적 요	금 액	비 고
거래처 기업업무추진비(1건)	500,000원	증빙 미수취분
거래처 기업업무추진비(5건)	100,000원	건당 2만원인 영수증 5매 수취
거래처 기업업무추진비(1건)	200,000원	경조금
거래처 기업업무추진비(23건)	22,200,000원	신용카드 매출전표 수취분
합계	23,000,000원	

① (손금불산입) 증빙없는 기업업무추진비 500,000원(상여)
② (손금불산입) 기업업무추진비 한도초과액 3,000,000원(기타사외유출)
③ (손금불산입) 증빙없는 기업업무추진비 500,000원(상여)
(손금불산입) 기업업무추진비 한도초과액 2,500,000원(기타사외유출)
④ (손금불산입) 증빙없는 기업업무추진비 600,000원(상여)
(손금불산입) 기업업무추진비 한도초과액 2,400,000원(기타사외유출)

56. 다음 중 특수관계인에 대한 업무무관가지급금과 관련한 법인세법상 처리내용으로 옳은 것을 모두 고르면?

ㄱ. 사업연도 동안 발생한 이자비용 중 특수관계인에 대한 업무무관가지급금에 상당하는 금액은 손금불산입한다.
ㄴ. 특수관계인에 대한 업무무관가지급금에 대하여 이자를 받지 않거나 또는 법인세법상 적정이자율보다 낮은 이율로 대여한 경우 적정이자율로 계산한 이자상당액 또는 이자상당액과의 차액을 익금산입한다.
ㄷ. 특수관계인에 대한 업무무관가지급금은 대손충당금 설정대상 채권에 포함하지 않는다.

① ㄱ　② ㄱ, ㄷ　③ ㄴ, ㄷ　④ ㄱ, ㄴ, ㄷ

57. 다음 중 손금불산입 대상인 지급이자와 이에 대한 소득처분을 연결한 것으로 가장 옳은 것은(단, 지급이자에 대한 원천징수는 고려하지 않는다)?

	구분	소득처분
①	채권자불분명 사채이자	배당
②	비실명 채권·증권의 이자상당액	기타사외유출
③	건설자금이자	유보
④	업무무관자산 등 관련이자	기타

58. 다음 중 법인세법상 퇴직급여충당금에 관한 설명으로 가장 올바르지 않은 것은?

① 퇴직급여충당금 설정액 중 한도초과액은 손금불산입하고 유보로 소득처분한다.

② 퇴직급여충당금은 법인의 장부에 비용으로 계상한 경우에만 손금에 산입할 수 있는 결산조정사항이다.

③ 퇴직금추계액은 일시퇴직기준 퇴직급여추계액과 보험수리적기준에 의한 퇴직급여추계액 중 작은 금액으로 한다.

④ 퇴직급여충당금 한도액 계산시 기준이 되는 총급여액이란 근로제공으로 인한 봉급·상여·수당 등을 말하는 것으로 손금불산입되는 인건비와 인정상여 등은 포함되지 않는다.

59. 다음 중 준비금에 관한 설명으로 가장 올바르지 않은 것은?

① 비영리내국법인은 법인세법에 따라 고유목적사업준비금을 손금에 산입할 수 있다.

② 준비금은 법인세법에서만 규정하고 있고, 조세특례제한법에서 규정하는 준비금은 현재 없다.

③ 보험업을 영위하는 법인은 책임준비금을 손금에 산입할 수 있다.

④ 전입한 준비금은 일정기간이 경과한 후에 다시 익금산입하여야 한다.

60. 다음 중 법인세의 신고와 납부에 대한 설명으로 가장 옳은 것은?

① 법인세 납세의무가 있는 모든 내국법인은 각 사업연도 종료일이 속하는 달의 말일로부터 4개월 이내에 법인세 과세표준과 세액을 신고하여야 한다.

② 법인세 과세표준 신고시 필수적 첨부서류인 개별법인의 재무상태표, 포괄손익계산서 및 합계잔액시산표를 첨부하여야 한다.

③ 각 사업연도 소득금액이 없거나 결손금이 있는 경우에도 법인세 과세표준 신고의무가 있다.

④ 중간예납시 직전사업연도 부담세액의 50%를 중간예납세액으로 납부하여야 하므로 전기 납부세액이 없는 경우 중간예납을 할 필요가 없다.

61. 다음 중 소득세법에 관한 설명으로 가장 옳은 것은?

① 소득세법은 열거주의에 의해 과세대상소득을 규정하고 있으므로 열거되지 아니한 모든 소득은 과세되지 않는다.

② 개인별 소득을 기준으로 과세하는 개인단위 과세제도를 원칙으로 하나, 부부인 경우에는 합산과세한다.

③ 신규사업자의 과세기간은 사업개시일로부터 12월 31일까지의 기간을 1 과세기간으로 한다.

④ 소득세는 신고납세제도를 채택하고 있으므로 납세의무자는 과세기간의 다음연도 5월 1일~5월 31일까지 과세표준 확정신고를 함으로써 소득세가 확정된다.

62. 다음은 20x1년 중 각 거주자가 얻은 금융소득에 대한 자료이다. 금융소득에 대하여 종합과세를 적용받는 사람은 누구인가(단, 자료 이외의 금융소득은 없다)?

지수 : 비실명 이자소득 5,000,000원
제니 : 보험기간이 5년인 저축성보험의 보험차익 20,000,000원
로제 : 국외 상장주식에서 받은 배당금 수령액으로 원천징수되지 않은 금액 20,000,000원
리사 : 국내 비상장법인에서 받은 현금배당금 20,000,000원

① 지수 ② 제니 ③ 로제 ④ 리사

63. 다음 자료를 참고하여 20x1년 거주자 이철수의 세법상 부동산임대사업소득 총수입금액은 얼마인가(단, 소수점 첫째자리에서 반올림한다)?

1. 임대자산의 취득내역(토지가격 제외함)

구분	취득일자	취득가액
사무실	2015년 10월 10일	50,000,000원

2. 임대자산의 임대현황

구분	월임대료	임대보증금	임대기간
사무실	200,000원	100,000,000원	20x1년 1월 1일~20x1년 6월 30일

3. 임대보증금은 정기예금에 가입하여 이자수익 200,000원을 수령하였고, 기획재정부령이 정하는 정기예금이자율은 1.2%, 1년은 365일이라 가정한다.

① 97,534원 ② 1,200,000원 ③ 1,297,534원 ④ 1,497,534원

64. 다음 자료에 의하여 거주자 김삼일씨의 20x1년 근로소득금액을 계산하면 얼마인가?

ㄱ. 월급여 : 2,000,000원(자녀보육수당, 중식대 제외)
ㄴ. 상여 : 월급여의 500%
ㄷ. 6세 이하 자녀 보육수당 : 월 100,000원
ㄹ. 중식대 : 월 100,000원(식사를 별도 제공받음)
ㅁ. 연월차수당 : 2,000,000원
ㅂ. 거주자는 당해 1년 동안 계속 근무하였다.

총급여액	근로소득공제액
1,500만원 초과 4,500만원 이하	750만원+1,500만원 초과액×15%
4,500만원 초과 1억원 이하	1,200만원+3,000만원 초과액×5%

① 18,320,000원
② 22,890,000원
③ 24,690,000원
④ 26,370,000원

65. 다음 중 소득세법상 결손금 및 이월결손금 공제에 대한 설명으로 가장 옳은 것은?

① 사업소득에서 발생한 결손금은 이자소득금액→배당소득금액→근로소득금액→연금소득금액→기타소득 금액에서 순서대로 공제한다.
② 주거용 건물임대업에서 발생한 결손금은 다른 부동산임대업에서 발생한 결손금과 마찬가지로 다른 소득금액에서 공제할 수 없다.
③ 부동산임대업에서 발생한 이월결손금은 다른 소득금액에서 공제할 수 있다.
④ 결손금은 발생연도 종료일로부터 15년(2020년 1월 1일 전에 개시하는 과세연도에 발생한 결손금 10년)이내에 먼저 발생한 과세기간의 이월결손금부터 순차로 공제한다.

66. 거주자인 김삼일씨의 20x1년도 소득자료는 다음과 같다. 이에 의하여 20x2년 5월말까지 신고해야 할 종합소득금액은 얼마인가?

ㄱ. 근로소득금액	22,000,000원
ㄴ. 양도소득금액	13,000,000원
ㄷ. 사업소득금액	15,000,000원
ㄹ. 퇴직소득금액	20,000,000원
ㅁ. 기타소득금액	4,800,000원

① 37,000,000원 ② 41,800,000원 ③ 57,000,000원 ④ 65,200,000원

67. 다음 중 소득세법상 종합소득공제에 관한 설명으로 가장 올바르지 않은 것은?

① 경로우대공제는 70세 이상인 경우에 적용된다.
② 기본공제대상자가 아닌 자는 추가공제대상자가 될 수 없다.
③ 거주자와 생계를 같이하는 장애인 아들은 소득과 관계없이 그 거주자의 기본공제대상자가 된다.
④ 부양가족공제시 부양가족에는 계부・계모 및 의붓자녀도 해당된다.

68. 다음은 근로소득자(일용근로자 아님)인 나철수씨가 부양가족을 위해 지출한 내역이다. 연말정산시 세액공제대상 의료비는 모두 얼마인가?

구분	연령 및 소득	의료비 지출금액
ⓐ 본인의 건강검진비	50세이며, 급여총액 50,000,000원	1,500,000원
ⓑ 장남의 시력보정용 안경구입비	20세이며, 소득금액 없음	800,000원
ⓒ 장녀의 미용목적의 쌍꺼풀수술비	19세이며, 소득금액 없음	1,500,000원
ⓓ 부친의 보청기구입비	75세이며, 이자소득금액 5,000,000원	7,000,000원

① 8,500,000원 ② 9,000,000원 ③ 9,300,000원 ④ 10,100,000원

69. 거주자 최순희씨는 얼마 전 6년간 보유한 토지(등기된 사업용토지)를 양도하였다. 다음 자료에 의해 양도소득과세표준을 계산하면 얼마인가(단, 동 토지의 실제양도비용은 3,000,000원이다)?

구분	실지거래가액	기준시가 (개별공시지가)
양도가액	120,000,000원	70,000,000원
취득가액	72,000,000원	40,000,000원

단, 장기보유특별공제율은 12%를 적용한다.

① 37,100,000원 ② 39,600,000원 ③ 41,360,000원 ④ 45,000,000원

70. 다음 중 소득세법상 신고납부에 관한 내용으로 가장 올바르지 않은 것은?

① 소득세의 과세기간은 개인의 임의대로 변경할 수 없다.
② 사업소득이 있는 자는 6개월간의 소득세를 미리 납부하는 중간예납제도 적용대상이다.
③ 부가가치세법에 의한 예정・확정신고를 한 사업자도 사업장의 현황보고서를 다음연도 3월 31일까지 보고하여야 한다.
④ 근로소득만이 있는 자는 연말정산으로 모든 납세절차가 종결되기 때문에 확정신고는 원칙적으로 하지 않아도 된다.

71. 원재료 생산업자가 생산한 원료를 ㈜삼일에게 2,000,000원에 판매하고, ㈜삼일은 제품을 생산하여 도매업자인 ㈜용산에게 5,000,000원에 판매하였다. 그 후 ㈜용산은 소매업자인 ㈜강남에게 7,000,000원에 판매하고, ㈜강남은 소비자 김삼일에게 10,000,000원에 판매한 경우 전체 거래에서 창출된 총 부가가치금액을 구하면 얼마인가?

① 1,000,000원　　② 8,000,000원　　③ 10,000,000원　　④ 24,000,000원

72. 다음 중 부가가치세법에 관한 설명으로 가장 올바르지 않은 것은?

① 납세의무자와 담세자가 일치하는 직접세이다.
② 모든 거래단계에서 창출된 부가가치에 대하여 각 단계별로 과세하는 다단계과세방법이다.
③ 매출세액에서 매입세액을 차감하여 납부세액을 계산하는 전단계세액공제법을 채택하고 있다.
④ 국제적 이중과세의 문제를 해결하기 위하여 소비지국과세원칙을 채택하고 있다.

73. 다음은 과세사업과 면세사업을 함께 영위하는 ㈜삼일의 제1기 부가가치세 예정신고 관련 자료이다. 예정신고와 관련한 설명으로 가장 올바르지 않은 것은?

(1) 1월 1일~3월 31일까지의 제품공급가액(부가가치세 제외금액)
　가. 과세공급가액 : 120,000,000원
　나. 면세공급가액 : 80,000,000원
(2) 1월 1일~3월 31일까지의 매입세액
　가. 과세사업관련 매입세액 : 4,000,000원(불공제 대상 1,000,000원 포함)
　나. 면세사업관련 매입세액 : 2,000,000원
　다. 과세 · 면세사업 공통매입세액 : 1,000,000원

① 제1기 예정신고시 부가가치세 매출세액은 12,000,000원이다.
② 면세공급가액 80,000,000원에 대해서는 계산서 또는 영수증을 발급하여야 한다.
③ 과세사업관련 매입세액 중 불공제 대상과 면세사업관련 매입세액은 매입세액공제를 받을 수 없다.
④ 공통매입세액은 직전 과세기간의 총공급가액 중 과세공급가액의 비율로 안분하여 공제한다.

74. 다음 중 부가가치세법상 과세기간에 관한 설명으로 가장 옳은 것은?

① 간이과세자의 과세기간은 1년을 2과세기간으로 나누어 6개월마다 신고·납부하도록 하고 있다.
② 폐업자는 폐업일이 속하는 과세기간 개시일부터 폐업일이 속하는 과세기간 종료일까지를 최종 과세기간으로 한다.
③ 신규사업자가 사업개시일 전에 사업자등록을 신청한 경우에는 사업개시일부터 신청일이 속하는 과세기간의 종료일까지를 최초 과세기간으로 한다.
④ 간이과세자가 간이과세를 포기함으로써 일반과세자로 되는 경우 그 적용을 받고자 하는 달의 전달 마지막 날까지 간이과세 포기신고를 해야 한다.

75. 다음 중 부가가치세법의 주사업장 총괄납부에 대한 설명으로 가장 올바르지 않은 것은?

① 총괄납부하려는 자는 주사업장총괄납부신청서를 총괄납부하고자 하는 과세기간 개시 20일 전에 주사업장 관할 세무서장에게 제출하여야 한다.
② 법인의 지점은 본점을 대신하여 주된 사업장이 될 수 없다.
③ 주사업장 총괄납부를 하기 위해서는 주사업장 관할 세무서장의 승인은 필요하지 않다.
④ 주사업장 총괄납부에 따라 납부하던 사업자가 총괄납부 포기신고를 하면 각 사업장에서 납부가 가능하다.

76. 다음 중 재화의 간주공급에 대한 설명으로 가장 올바르지 않은 것은?

① 자가공급 : 사업자가 자기의 과세사업을 위하여 취득한 재화를 자기의 면세사업을 위하여 직접 사용하는 것은 매입세액 공제만 받고 면세로 재화를 공급하는 효과가 있으므로 간주공급으로 본다.
② 개인적 공급 : 사업자가 생산한 햄세트를 종업원에게 추석 선물로 제공하는 것은 부가가치세 부담 없이 재화를 개인적인 목적으로 사용하는 효과가 있으므로 금액에 상관없이 간주공급으로 본다.
③ 사업상 증여 : 사업자가 자기가 생산한 TV를 자기의 고객에게 무상으로 증여하는 것은 부가가치세 부담 없이 재화를 공급하는 효과가 있으므로 간주공급으로 본다.
④ 폐업시 잔존재화 : 사업자가 사업을 폐업할 때에 자기가 취득한 재화 중 남아 있는 재화는 부가가치세 매입세액 공제만 받고 부가가치세 부담이 없어지는 효과가 있으므로 간주공급으로 본다.

77. 다음 중 20x1년 2기 예정신고시 부가가치세 과세표준 금액이 다른 회사는(단, 보기 이외의 다른 거래는 없으며 세금계산서는 부가가치세법상 원칙적인 교부시기에 발급했다고 가정한다)?

① ㈜서울 : 20x1년 7월 15일에 제빵기계 1대를 2,000,000원에 외상판매하였다.
② ㈜파리 : 20x1년 9월 1일에 제빵기계 1대를 2,000,000원에 할부판매하고 대금은 당월부터 10개월에 거쳐 매월 200,000원씩 받기로 하였다.
③ ㈜런던 : 20x1년 8월 1일에 제빵기계 1대를 2,000,000원에 할부판매하고 대금은 당월부터 5개월에 거쳐 매월 400,000원씩 받기로 하였다.
④ ㈜도쿄 : 20x1년 9월 7일에 매출 부진으로 폐업하였다. 폐업시에 남아있던 재고자산(장부가액 2,000,000원, 시가 2,500,000원)은 10월 3일에 처분되었다.

78. 다음 중 부가가치세법상 영세율이 적용되는 거래에 해당하는 것을 모두 고르면?

ㄱ. 재화의 수출
ㄴ. 가공되지 아니한 식료품의 국내판매
ㄷ. 선박·항공기의 외국항행 용역
ㄹ. 내국신용장에 의하여 공급하는 재화

① ㄱ, ㄷ ② ㄱ, ㄴ, ㄷ ③ ㄱ, ㄴ, ㄹ ④ ㄱ, ㄷ, ㄹ

79. 다음 중 전자세금계산서에 대한 설명으로 가장 올바르지 않은 것은?

① 전자세금계산서 의무발급대상자가 아닌 사업자도 전자세금계산서를 발급할 수 있다.
② 전자세금계산서를 발급하고 전자세금계산서 발급명세를 국세청에 전송하지 않거나 지연전송하면 가산세를 부과한다.
③ 전자세금계산서는 법인사업자만이 발급 가능하다.
④ 전자세금계산서를 발급하거나 발급받고 전자세금계산서 발급명세를 해당 재화 또는 용역의 공급시기가 속하는 과세기간 마지막 날의 다음 달 11일까지 국세청장에게 전송한 경우에는 해당 예정신고 또는 확정신고시 매출·매입처별 세금계산서합계표를 제출하지 아니할 수 있다.

80. 다음은 ㈜삼일의 제2기 부가가치세 확정신고를 위한 자료이다. (ㄱ)에 들어갈 금액으로 가장 옳은 것은?

> ㄱ. 국내판매분
> – 세금계산서 발행 매출액 30,000,000원(부가가치세 제외)
> – 신용카드매출전표 발행분 22,000,000원(부가가치세 포함)
> ㄴ. 내국신용장에 의한 수출 10,000,000원
> ㄷ. 직수출분 12,000,000원

〈 신고내용 〉

<table>
<tr><th colspan="4">구 분</th><th>금 액</th><th>세 율</th><th>세 액</th></tr>
<tr><td rowspan="6">과세 표준 및 매출 세액</td><td rowspan="4">과세</td><td>세금계산서 발급분</td><td>(1)</td><td></td><td>10/100</td><td></td></tr>
<tr><td>매입자발행 세금계산서</td><td>(2)</td><td></td><td>10/100</td><td></td></tr>
<tr><td>신용카드 · 현금영수증 발행분</td><td>(3)</td><td></td><td>10/100</td><td></td></tr>
<tr><td>기타(정규영수증 외 매출분)</td><td>(4)</td><td></td><td>10/100</td><td></td></tr>
<tr><td rowspan="2">영세율</td><td>세금계산서 발급분</td><td>(5)</td><td>(ㄱ)</td><td>0/100</td><td></td></tr>
<tr><td>기 타</td><td>(6)</td><td></td><td>0/100</td><td></td></tr>
</table>

① 10,000,000원 ② 12,000,000원
③ 22,000,000원 ④ 32,000,000원

원가관리회계

81. 다음 중 원가회계의 한계점에 관한 설명으로 가장 올바르지 않은 것은?

① 비화폐성 정보와 질적인 정보는 제공하지 못한다.
② 객관적으로 측정가능한 회계자료를 기초로 수익과 비용을 인식해야 하므로 자료수집에 어려움이 있다.
③ 경영자의 목적에 따라 다양한 회계절차를 적용해야 하는 어려움이 있다.
④ 특정한 시점에서 모든 의사결정에 목적적합한 원가정보를 제공할 수는 없다.

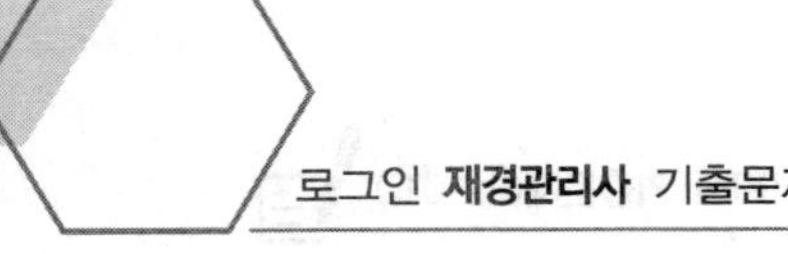

82. 경영자의 의사결정 목적에 따라 원가를 여러 가지로 분류할 수 있다. 다음 중 원가를 분류할 때의 분류 방법과 그 내용에 관한 설명으로 가장 올바르지 않은 것은?

① 원가의 행태에 따라 변동원가와 고정원가로 분류한다.
② 추적가능성에 따라 직접원가와 간접원가로 분류한다.
③ 원가의 통제가능성에 따라 통제가능원가와 예정원가로 분류한다.
④ 수익과의 대응관계에 따라 제품원가와 기간원가로 분류한다.

83. 다음은 ㈜삼일의 20X1년 한 해 동안의 제조원가 자료이다. ㈜삼일의 20X1년 제조원가명세서상의 당기제품제조원가는 얼마인가?

	기초	기말
직접재료	5,000원	7,000원
재공품	10,000원	8,000원
제 품	12,000원	10,000원

직접재료 매입액	25,000원
기초원가	50,000원
가공원가	35,000원

① 58,000원　　② 60,000원　　③ 62,000원　　④ 68,000원

84. ㈜삼일은 보조부문원가를 배부하는 방법으로 단계배부법과 직접배부법을 검토하고 있다. 단계배부법을 적용하는 경우 동력부문원가부터 먼저 적용한다. 다음 설명 중 가장 옳은 것은?

구분	제조부문		보조부문	
	기계가공부문	조립부문	공장관리부문	동력부문
발생원가	64,000원	73,000원	48,000원	69,000원
공장면적	2,400㎡	1,600㎡	800㎡	500㎡
전력량	1,200kw	800kw	300kw	200kw

① 기계가공부문에 대체된 동력부문 대체액은 단계배부법이 직접배부법보다 크다.
② 기계가공부문에 대체된 공장관리부문 대체액은 직접배부법이 단계배부법보다 크다.
③ 조립부문에 대체된 동력부문 대체액은 두 방법 간에 5,400원의 차이가 있다.
④ 조립부문에 대체된 공장관리부문 대체액은 두 방법 간에 3,600원의 차이가 있다.

85. 다음 중 개별원가계산에 대한 설명으로 가장 옳은 것은?

① 개별원가계산은 제품을 반복적으로 생산하는 업종에 적합한 원가제도이다.
② 개별원가계산은 제품별로 원가를 집계하기 때문에 간접원가의 구분은 중요하지 않다.
③ 개별원가계산은 개별작업에 집계되는 실제원가와 예산을 비교하여 미래예측에 이용할 수 있다.
④ 개별원가계산은 식료품업, 화학산업, 조선업 등에 적합하다.

86. 다음은 ㈜삼일의 제조부문과 관련하여 당기 발생한 원가에 대한 자료들이다. 회사가 부문별 제조간접원가배부율을 사용할 경우 #10 작업의 가공원가는 얼마인가?

(단위 : 원)

(1) ㈜삼일은 두 개의 제조부문(조립, 도장)이 있다. 다음은 당기의 자료이다.

	조립 부문	도장 부문
제조간접원가	200,000	400,000
직접노무시간	1,000시간	4,000시간

(2) 당기 중 착수하여 완성된 #10 작업의 가공원가자료는 다음과 같다.

	조립 부문	도장 부문	합계
직접노무원가	10,000	15,000	25,000
직접노무시간	60시간	120시간	180시간

(3) 회사는 직접노무시간을 기준으로 제조간접원가를 배부하고 있다.

① 46,600원 ② 49,000원 ③ 70,000원 ④ 75,000원

87. 다음 종합원가계산의 특징 및 장단점에 대한 설명 중 올바른 것을 모두 고르시오.

ㄱ. 특정기간 동안 특정 공정에서 생산된 제품은 원가측면에서 서로가 동일하다고 가정한다. 즉 제품원가를 평균개념에 의해서 산출한다.
ㄴ. 원가의 집계가 공정별로 이루어지는 것이 아니기 때문에 개별작업별로 작업지시서를 작성해야 한다.
ㄷ. 동일제품을 연속적으로 대량생산하지만 일반적으로 어떤 공정에 있어서든지 기말시점에서는 부분적으로 가공이 완료되지 않은 재공품이 존재하게 된다.
ㄹ. 원가통제와 성과평가가 공정별로 이루어지는 것이 아니라 개별작업별로 이루어진다.
ㅁ. 기장절차가 간단한 편이므로 시간과 비용이 절약된다.

① ㄱ, ㄴ, ㄷ ② ㄱ, ㄷ, ㅁ ③ ㄴ, ㄷ, ㄹ ④ ㄷ, ㄹ, ㅁ

88. 다음은 ㈜삼일의 원가자료이다. ㈜삼일은 평균법을 이용하여 종합원가계산을 하며, 원재료는 공정시작 시점에서 전량 투입되고 가공원가는 공정 전반에 걸쳐 균등하게 투입된다. ㈜삼일의 (ㄱ) 재료원가와 (ㄴ) 가공원가의 완성품환산량 단위당 원가는 얼마인가?

〈 수량 〉

기초재공품수량	0개	완성수량	1,200개
착수수량	2,000개	기말재공품수량	800개(50%)

〈 원가 〉

	재료원가	가공원가
당기발생원가	1,000,000원	800,000원

	ㄱ	ㄴ		ㄱ	ㄴ
①	625원	500원	②	625원	400원
③	500원	500원	④	500원	400원

89. ㈜삼일은 종합원가계산을 채택하고 있다. 기말재공품에 대한 완성도가 실제보다 과대평가되있다면 이 오류가 각 항목에 끼치는 영향으로 가장 올바르지 않은 것은(기초재공품은 없다고 가정한다)?

① 기말재공품 완성품환산량은 실제보다 과대평가 되어 있을 것이다.
② 완성품환산량 단위당 원가는 실제보다 과소평가 되어 있을 것이다.
③ 완성품원가는 실제보다 과소평가되어 있을 것이다.
④ 기말재공품 원가는 실제보다 과소평가 되어 있을 것이다.

90. ㈜삼일은 단일제품을 대량으로 생산하고 있으며, 평균법에 의한 종합원가계산을 채택하고 있다. 원재료는 공정초기에 모두 투입되고, 가공원가는 공정전반에 걸쳐 균등하게 발생하고 있다. 기초재공품이 5,000단위이고 당기착수량이 21,000단위이다. 기말재공품이 2,000단위이고, 완성도는 40%이다. 기초재공품에 포함된 가공비가 33,200원이고 당기발생 가공비가 190,000원이면 기말재공품에 포함된 가공원가는 얼마인가?

① 7,200원　② 8,000원　③ 8,400원　④ 9,200원

91. 다음 중 표준원가계산제도에 대한 설명으로 가장 올바르지 않은 것은?

① 비계량적인 정보를 활용하여 의사결정에 사용할 수 있다.

② 표준원가계산제도란 제품을 생산하는데 발생할 것으로 예상되는 원가를 사전에 결정하여 원가계산을 하는 제도이다.

③ 예외에 의한 관리로 효과적인 원가통제가 가능하다.

④ 사전에 설정된 표준원가를 적용하여 원가자료 수집에 소요되는 시간을 절약할 수 있다.

92. 표준원가의 종류는 이상적표준, 정상적표준 및 현실적표준으로 구분할 수 있다. 다음 중 이상적표준을 기준으로 표준원가를 설정할 경우 나타날 수 있는 영향으로 가장 옳은 것은?

① 종업원의 동기부여 측면에서 가장 효과적이다.

② 이상적표준을 달성하는 경우가 거의 없기 때문에 불리한 차이가 발생할 가능성이 크다.

③ 실제원가와의 차이가 크지 않으므로 재고자산가액과 매출원가가 항상 적절하게 계상된다.

④ 근로자들의 임금상승 효과를 가져온다.

93. 다음 중 표준원가 차이분석에 관한 설명으로 가장 올바르지 않은 것은?

① 가격차이는 실제단가와 표준단가의 차액에 정해진 표준수량을 곱하여 산출된다.

② 능률차이는 사전에 정해진 표준단가에 실제수량과 표준수량의 차액을 곱하여 산출된다.

③ 직접재료원가 가격차이는 재료를 구입하는 시점에 분리할 수도 있고, 재료를 사용하는 시점에 분리할 수도 있다.

④ 불리한 직접노무원가 가격차이가 발생하였다면 실제임률이 표준임률보다 높다는 의미이다.

94. ㈜삼일은 표준원가계산제도를 채택하고 있다. 20X1년 직접재료원가와 관련된 표준 및 실제원가 자료가 다음과 같을 때, 20X1년의 실제 제품생산량은 몇 단위인가?

실제 발생 직접재료원가	28,000원	직접재료단위당 실제구입원가	35원
제품단위당 표준재료투입량	9개	직접재료원가 가격차이	4,000 불리
직접재료원가 수량차이	3,000 유리		

① 80단위 ② 90단위 ③ 100단위 ④ 110단위

95. ㈜삼일의 표준원가계산제도는 제조간접원가의 배부에 있어서 직접작업시간을 배부기준으로 사용한다. 다음은 이 회사의 원가차이분석에 필요한 자료이다. 변동제조간접비 소비차이는 얼마인가?

제조간접비 실제발생액	15,000원
고정제조간접비 실제발생액	7,800원
실제작업시간	3,000시간
표준작업시간	3,500시간
변동제조간접비 표준배부율	작업시간당 2.5원

① 300원 유리 ② 300원 불리 ③ 950원 유리 ④ 950원 불리

96. 다음 변동원가계산에 의한 손익계산서와 관련된 내용 중 옳은 것을 모두 나열한 것은?

ㄱ. 공헌이익을 계산한다.
ㄴ. 변동제조간접원가를 기간비용으로 처리한다.
ㄷ. 고정제조간접원가는 공헌이익 산출에 포함되지 않는다.
ㄹ. 제품생산량이 영업이익에 영향을 미친다.
ㅁ. 판매비와관리비를 변동비와 고정비로 분리하여 보고한다.

① ㄱ, ㄴ, ㄷ ② ㄱ, ㄷ, ㅁ ③ ㄴ, ㄷ, ㄹ ④ ㄴ, ㄷ, ㅁ

97. 다음 중 변동원가계산, 전부원가계산 및 초변동원가계산에 관한 설명으로 가장 올바르지 않은 것은?

① 표준원가는 변동원가계산에는 사용될 수 없고 전부원가계산에서만 사용된다.
② 전부원가계산에서 계산된 영업이익은 판매량뿐만 아니라 생산량의 변화에도 영향을 받는다.
③ 전부원가계산에서는 고정제조간접원가를 제품원가로 인식한다.
④ 초변동원가계산은 직접재료원가만을 제품원가에 포함하고 나머지 제조원가는 모두 기간비용으로 처리한다.

98. 다음은 ㈜삼일의 20X1년 동안의 손익에 대한 자료이다. 변동원가계산에 의한 ㈜삼일의 기말제품재고액과 영업이익은 얼마인가?

순매출액	5,000,000원	변동판매관리비	260,000원
변동제조원가	1,350,000원	고정판매관리비	550,000원
고정제조원가	500,000원	생산량	90,000단위
판매량	70,000단위	기초제품재고	없음

	기말제품재고액	영업이익		기말제품재고액	영업이익
①	300,000원	2,840,000원	②	300,000원	2,640,000원
③	350,000원	2,840,000원	④	350,000원	2,640,000원

99. ㈜삼일의 20X1년 손익에 대한 자료가 다음과 같을 경우 (a) 전부원가계산에 따른 매출총이익, (b) 변동원가계산에 따른 공헌이익, (c) 초변동원가계산에 따른 재료처리량공헌이익은 각각 얼마인가?

단위당 판매가격	500원	고정제조간접원가	200,000원
단위당 직접재료원가	130원	고정판매비와관리비	70,000원
단위당 직접노무원가(변동원가)	100원	기초제품	없음
단위당 변동제조간접원가	70원	생산량	25,000개
단위당 변동판매비와관리비	30원	판매량	20,000개

① (a) 3,800,000원 (b) 3,000,000원 (c) 7,000,000원
② (a) 3,840,000원 (b) 3,000,000원 (c) 7,400,000원
③ (a) 3,800,000원 (b) 3,400,000원 (c) 7,000,000원
④ (a) 3,840,000원 (b) 3,400,000원 (c) 7,400,000원

100. ㈜삼일의 6월 중 영업자료는 아래와 같다. 전부원가계산에 의한 영업이익이 변동원가계산에 의한 영업이익보다 40,000원 더 크다면 6월 중 발생한 고정제조간접원가는 얼마인가(재고자산은 평균법으로 평가한다)?

생 산 량	2,000개
판 매 량	1,400개
기초재고량	400개 (단위당 고정제조간접원가 50원)

① 100,000원 ② 114,000원 ③ 120,000원 ④ 124,000원

101. ㈜삼일은 다음과 같이 활동기준원가계산(ABC)제도를 운영하고 있다. 20X1년 9월에 제품 20단위가 생산되었으며, 각 단위에는 10개의 부품과 5시간의 기계시간이 소요된다. 완성된 단위당 직접재료원가는 50,000원이며, 다른 모든 원가는 가공원가로 분류된다. 9월에 생산된 제품 20단위의 총제조원가는 얼마인가?

제조관련활동	배분기준으로 사용되는 원가요소	배부기준 단위당 가공원가
기 계	기계사용시간	400원
조 립	부품의 수	10,000원
검 사	완성단위의 수	5,000원

① 2,440,000원 ② 2,840,000원 ③ 3,140,000원 ④ 3,640,000원

102. 다음 중 원가추정방법에 관한 설명으로 가장 올바르지 않은 것은?

① 공학적 방법은 과거의 원가 자료를 이용할 수 없는 경우에도 사용 가능한 원가추정방법이다.
② 계정분석법과 산포도법은 분석자의 주관적 판단이 개입될 수 있는 원가추정방법이다.
③ 고저점법은 최고원가와 최저원가의 조업도자료를 이용하여 원가함수를 추정하는 방법이다.
④ 고저점법과 회귀분석법은 객관적인 원가추정방법이다.

103. ㈜삼일은 야구공을 제조하여 개당 10,000원에 판매하고 있다. 야구공 제조에 사용되는 변동원가는 개당 5,000원이고 고정원가는 한 달에 2,000,000원이다. ㈜삼일이월간 1,500,000원의 영업이익을 얻기 위해서는 몇 개의 야구공을 생산・판매하여야 하는가?

① 400개 ② 500개 ③ 600개 ④ 700개

104. 다음 중 안전한계와 영업레버리지에 관한 설명으로 가장 올바르지 않은 것은?

① 안전한계는 손실을 발생시키지 않으면서 허용할 수 있는 매출액의 최대 감소액을 의미하므로 기업의 안전성을 측정하는 지표로 많이 사용된다.
② 안전한계가 높을수록 기업의 안전성이 높다고 말할 수 있으며, 안전한계가 낮을수록 기업의 안전성에 문제가 있다고 말할 수 있다.
③ 영업레버리지도는 손익분기점에서 가장 크고 매출액이 증가함에 따라 점점 작아진다.
④ 영업레버리지는 변동원가로 인하여 매출액의 변화액보다 영업이익의 변화액이 더 커지는 현상을 말한다.

105. ㈜삼일의 20X1년 공헌이익은 400,000원이고, 영업이익은 100,000원이다. 만일 20X2년에 판매량이 40% 증가한다면 영업이익의 증가율은 얼마가 될 것으로 예상되는가(단, 20X1년과 20X2년의 단위당 판매가격, 단위당 변동원가, 총고정원가는 동일하다고 가정한다)?

① 10%　② 40%　③ 60%　④ 160%

106. 다음 중 사업부별 성과평가에 관한 설명으로 가장 옳은 것은?

① 여러 사업부에 공통으로 관련되는 공통고정원가를 특정사업부에 임의로 배분하는 경우 성과의 왜곡이 발생할 수 있다.
② 특정사업부로의 추적가능성에 따라 사업부별 추적가능고정원가와 공통고정원가로 구분하지 않는 것이 바람직하다.
③ 통제가능원가와 통제불능원가의 구분은 불가능하므로 구분할 필요가 없다.
④ 특정사업부의 경영자에 대한 성과평가시 통제불능원가를 포함하는 것이 바람직하다.

107. 다음은 ㈜삼일의 20X1년도 이익중심점의 통제책임이 있는 A 사업부의 공헌이익 손익계산서이다. A사업부의 성과평가목적에 가장 적합한 이익은 얼마인가?

항목	금액
매 출 액	5,000,000원
변 동 원 가	2,000,000원
공 헌 이 익	3,000,000원
추적가능 · 통제가능고정원가	500,000원
사업부경영자공헌이익	2,500,000원
추적가능 · 통제불능고정원가	500,000원
사업부공헌이익	2,000,000원
공통고정원가배분액	400,000원
법인세비용차감전순이익	1,600,000원
법인세비용	600,000원
순 이 익	1,000,000원

① 1,000,000원　② 2,000,000원　③ 2,500,000원　④ 3,000,000원

108. ㈜삼일은 A, B의 두 가지 제품을 생산하여 판매한다. 20X1년 예산과 실제자료는 다음과 같다. 20X1년도 매출배합차이와 매출수량차이는 얼마인가?

〈20X1년도 예산〉

제품종류	단위당 판매가격	단위당 변동원가	판매수량 및 비율	
			수량	비율
A	800원	500원	4,000개	40%
B	600원	400원	6,000개	60%
합계			10,000개	100%

〈20X1년도 실제 결과〉

제품종류	단위당 판매가격	단위당 변동원가	판매수량 및 비율	
			수량	비율
A	780원	510원	4,950개	45%
B	560원	390원	6,050개	55%
합계			11,000개	100%

	매출배합차이	매출수량차이
①	55,000원 유리	240,000원 유리
②	55,000원 불리	240,000원 불리
③	60,000원 유리	235,000원 유리
④	60,000원 불리	235,000원 불리

109. 사업부 A는 현재 자기사업부의 투자수익률보다 낮으나 최저필수수익률을 초과하는 수익률이 기대되는 투자안을 고려하고 있다. 반면에 사업부 B는 현재 자기사업부의 투자수익률보다 높으나 최저필수수익률에 미달하는 수익률이 기대되는 투자안을 고려하고 있다. 잔여이익법에 의하여 성과평가가 이루어진다면 각 사업부는 어떤 의사결정을 할 것인가?

	A	B		A	B
①	수락	수락	②	수락	거절
③	거절	수락	④	거절	거절

110. 다음 중 분권화, 책임회계, 성과평가에 관한 설명으로 가장 옳은 것은?

① 잔여이익에 의하여 채택되는 투자안은 투자수익률법에 의해서도 항상 채택된다.

② 잔여이익이 갖고 있는 준최적화의 문제점을 극복하기 위하여 투자수익률이라는 개념이 출현하였으므로 투자수익률에 의한 성과평가기법이 잔여이익보다 더 우월하다고 볼 수 있다.

③ 하부경영자가 자신의 성과측정치를 극대화할 때 기업의 목표도 동시에 극대화될 수 있도록 하부경영자의 성과측정치를 설정해야 하는데, 이를 목표일치성이라고 한다.

④ 투자수익률법은 투자규모가 다른 투자중심점을 상호 비교하기가 어렵다는 문제점이 있는 반면에 잔여이익법에는 이런 문제점이 없다.

111. ㈜삼일은 다음과 같은 3 개의 사업부(A, B, C)를 갖고 있다. 다음 자료를 이용하여 각 사업부를 잔여이익으로 평가했을 때 성과가 높은 사업부 순서대로 올바르게 배열한 것은?

구분	A	B	C
투자액	1,000,000원	2,000,000원	3,000,000원
영업이익	500,000원	1,000,000원	1,000,000원
최저필수수익률	10%	40%	30%

① A>B>C　　② A>C>B
③ B>A>C　　④ C>B>A

112. ㈜삼일의 사업부 X의 매출액은 500,000원, 변동원가는 280,000원이고 고정원가는 120,000원이다. 고정원가 중 100,000원은 사업부 X를 폐지한다면 회피가능한 원가이다. 만약 회사가 사업부 X를 폐지한다면 회사 전체 순이익은 어떻게 변화하겠는가?

① 120,000원 증가　　② 120,000원 감소
③ 220,000원 증가　　④ 220,000원 감소

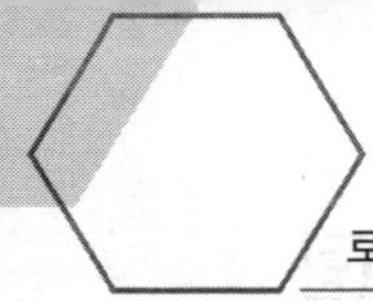

113. ㈜삼일은 최근에 제품 단위당 10,000원에 200단위를 구입하겠다는 특별주문을 받았다. 주문을 수락하더라도 기존 판매가격이나 고정원가에는 아무런 영향을 주지 않으며 유휴생산능력은 충분하다. 단위당 원가가 다음과 같을 경우 ㈜삼일의 특별주문 수락여부와 회사의 이익에 미치는 영향은 어떠한가?

	금액
직접재료원가	3,000원
직접노무원가(변동비)	3,000원
변동제조간접원가	3,500원
고정제조간접원가	3,000원
제품단위당 원가	12,500원

① 수락, 100,000원의 추가이익 발생
② 수락, 400,000원의 추가이익 발생
③ 거절, 100,000원의 추가손실 발생
④ 거절, 400,000원의 추가손실 발생

114. 다음 중 부품을 자가제조하고 있는 어떤 기업이 외부에서 부품을 구입하는 대안을 고려하고 있다고 가정할 경우 가장 부적절한 의사결정은 무엇인가(단, 고정제조간접원가는 당해 부품 생산설비의 감가상각비만 존재한다고 가정한다)?

① 금액적인 증분수익과 증분원가 이외에 외부공급처의 지속적 확보 여부, 품질의 동질성 등 비재무적 요인도 고려하여야 한다.
② 유휴설비를 1년간 임대해 주고 임대료를 받을 수 있는 경우에는 변동제조원가 절감액과 임대료 수입액의 합계에서 외부부품 구입대금을 차감한 금액이 0(영)보다 큰 경우 외부구입 대안을 선택한다.
③ 유휴설비의 다른 용도가 없는 경우에는 변동제조원가 절감액에서 외부부품 구입대금을 차감한 금액이 0(영)보다 큰 경우 외부구입 대안을 선택한다.
④ 유휴설비를 다른 제품의 생산에 이용할 수 있는 경우에는 변동제조원가 절감액에서 외부부품 구입대금을 차감한 금액이 0(영)보다 작은 경우 외부구입 대안을 선택한다.

115. ㈜삼일의 부품제조에 대한 원가자료는 다음과 같다. 외부제조업자가 이 부품의 필요량 20,000단위를 전량 납품하겠다고 제의하였다. 부품을 외부에서 구입할 경우 고정제조간접원가의 2/3를 회피할 수 있다면, 다음 중 ㈜삼일이 최대한 허용할 수 있는 부품의 단위당 구입가격은 얼마인가?

직접재료원가	200원/단위
직접노무원가	50원/단위
변동제조간접원가	50원/단위
총고정제조간접원가	600,000원
생산량	20,000단위

① 300원　② 310원　③ 320원　④ 330원

116. 다음 중 투자안으로부터 얻어지는 현금유입액의 현재가치와 투자에 소요되는 현금유출액의 현재가치를 같게 해주는 할인율을 산출하는 자본예산모형으로 가장 옳은 것은?

① 수익성지수(PI)법　② 회계적이익률(ARR)법
③ 내부수익률(IRR)법　④ 순현재가치(NPV)법

117. ㈜삼일은 30,000원에 기계를 구입할 예정이며, 기계를 사용할 때 연간 원가절감액은 아래의 표와 같다. 연중 현금흐름이 고르게 발생한다고 가정하고 이 투자안의 회수기간을 계산하면 얼마인가?

연도	1년	2년	3년	4년
연간 원가절감액	5,000원	9,000원	8,000원	10,000원

① 2.75년　② 2.95년　③ 3.75년　④ 3.80년

118. ㈜삼일은 신제품 생산 및 판매를 위하여 새로운 설비를 구입하려고 한다. 관련자료는 다음과 같다. 감가상각방법은 정액법을 사용하고, 법인세율은 30%이다. 감가상각비 이외의 모든 수익과 비용은 현금으로 거래한다. 새로운 설비의 구입으로 인한 매년도 영업활동으로 인한 순현금흐름은 얼마인가?

신설비 취득원가	50,000,000원
내용연수	5년
잔존가치	5,000,000원
4년 후 추정처분가치	없음
매년 예상되는 매출액	35,000,000원
매년 예상되는 현금영업비용(감가상각비 제외)	17,000,000원

① 12,600,000원　② 15,300,000원　③ 15,600,000원　④ 21,600,000원

119. ㈜삼일은 A 사업부와 B 사업부로 구성되어 있다. B 사업부는 A 사업부에서 생산되는 부품을 가공하여 완제품을 제조한다. B 사업부에서 부품 한 단위를 완제품으로 만드는 데 소요되는 추가가공원가는 500원이며, 완제품의 단위당 판매가격은 1,100원이다. 부품의 외부시장가격이 단위당 550원인 경우, B 사업부가 받아들일 수 있는 최대대체가격은 얼마인가?

① 500원　② 550원　③ 600원　④ 1,100원

120. 프린터를 생산하여 판매하고 있는 ㈜삼일의 품질원가와 관련한 정보이다. 외부실패원가는 얼마인가?

생산라인 검사원가	3,000원	생산직원 교육원가	1,000원
제품 검사원가	1,500원	반품원가	2,500원
구입재료 검사원가	2,000원	소비자 고충처리비	5,000원

① 1,000원　② 1,500원　③ 7,500원　④ 9,000원

2022년 1월

90회 답안 및 해설

재무회계

1	2	3	4	5	6	7	8	9	10
①	②	①	③	④	④	③	②	②	④
11	**12**	**13**	**14**	**15**	**16**	**17**	**18**	**19**	**20**
③	②	④	①	③	④	①	③	③	④
21	**22**	**23**	**24**	**25**	**26**	**27**	**28**	**29**	**30**
④	②	③	②	①	④	③	①	②	②
31	**32**	**33**	**34**	**35**	**36**	**37**	**38**	**39**	**40**
②	①	③	①	①	③	④	③	②	④

01.

구분		재무회계	관리회계
(다)	**보고양식**	**재무제표**	**일정한 형식이 없는 보고서**
(마)	**법적 강제력**	**있음**	**없음**

02. 이행가치에 대한 설명이다.

03. 당기손익으로 재분류되지 않는 기타포괄손익은 **이익잉여금으로 대체된다.**

당기손익으로 재분류되지 않는 항목	재분류되는 항목
㉠ **재평가잉여금의 변동** ㉡ 기타포괄손익인식금융자산(지분상품)의 평가손익 ㉢ 확정급여제도의 재측정요소	㉠ 해외사업장의 제무제표 환산손익 ㉡ 기타포괄손익인식금융자산(채무상품)의 평가손익 ㉢ 파생상품에서 현금흐름위험회피 중 효과적인 부분
기타포괄손익→이익잉여금으로 대체	**기타포괄손익→당기손익(I/S)→이익잉여금으로 대체**

04. 유동자산 = 단기대여금(50,000) + 매출채권(200,000) + 재고자산(300,000) + 선급금(100,000)
= 650,000원

05. 수정을 요하는 보고기간 후 사건은 **보고기간말 존재하였던 상황에 대한 추가적 증거를 제공**하는 사건을 말한다.

06. ① 재고자산은 저가법으로 평가하며 낮은 금액으로 측정한다.
② 매입할인 등은 매입원가를 결정할 때 차감한다.
③ 재고자산의 관리 간접원가는 취득 부대비용으로 보지 않는다.

07. 기말재고자산(선입선출) = 250개(2.03) × 1,500 + 3,000개(9.5) × 2,000 = 6,375,000원

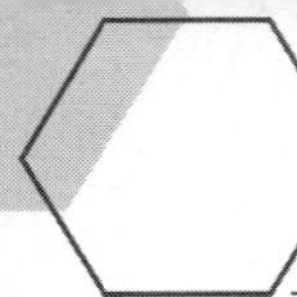

08. 기말재고자산(선입선출) = 1,500개(6.06) × 3,000 = 4,500,000원

상　품(총평균법)

5.5 구입	3.000개	@2,000	6,000,000				
6.6 구입	7,000개	@3,000	21,000,000	기말	*1,500개*	*@2,700*	*4,050,000*
계	10,000개	@2,700	27,000,000	계			27,000,000

① 선입선출법(4,500,000) - 총평균법(4,050,000) = 450,000원

② 기말재고자산이 많다는 것은 이익이 많다는 것을 의미한다. 따라서 선입선출법을 적용했을 경우 매출총이익률이 크다.

③ 기말재고자산이 크다는 것은 매출원가가 작다는 것을 의미한다.

④ 이익은 자산과 비례관계이다. 따라서 기말재고자산이 큰 선입선출법이 450,000원만큼 크다.

09.

구 분	금 액
ㄱ. 본사 사옥을 건설을 위해 취득한 토지	10억
ㄴ. 임대수익을 얻을 목적 취득 건물	투자부동산
ㄷ. 재고자산의 운송을 위해 취득한 설비자산	2억
감가상각누계액 = 취득가액(2억) ÷ 내용연수(4년) = 0.5억	(0.5억)
ㄹ. 제조공장 내 구축물을 자체 건설하는데 소요된 원가(건설중인 자산)	1억
합　계	12.5억

10. 토지와 건물 일괄구입 후 기존 건물 철거로 발생한 폐자재들을 처리하는 비용이 발생하는 경우 그 금액은 토지의 취득원가를 구성한다.

11. 건물 감가상각비 = 취득원가(500,000,000) ÷ 10년 = 50,000,000원/년

x1 상각액(6개월 상각)	25,000,000원
x2~x4상각액	50,000,000원 × 3년 = 150,000,000원

처분시 장부가액 = 취득가액(500,000,000) - 감가상각누계액(175,000,000) = 225,000,000원

처분손익 = 처분가액(300,000,000) - 장부가액(325,000,000) = △25,000,000원(손실)

12. 개발비 = 개발단계 자산인식요건충족(900,000 + 250,000) = 1,150,000원

13. 내용연수가 **<u>비한정이라는 것은 내용연수를 추정하는 시점에서 내용연수를 결정할 수 없는 것</u>**을 말한다.

14. ②④ 투자부동산을 최초 인식한 후 공정가치모형과 원가모형 중 하나를 선택하여 모든 투자부동산에 적용한다.

③ 공정가치 변동으로 발생하는 손익은 당기손익으로 반영한다.

15. 채무증권은 ⓐ상각후원가측정금융자산, ⓑ기타포괄손익인식금융자산, ⓒ 당기손익인식금융자산 중 하나로 분류한다.

16. 처분손익(당기손익공정가치측정 금융자산) = [처분가액(10,200) - 장부가액(9,500)] × 1,000주
= 700,000원(이익)

17. 금융자산의 제거 여부는 **<u>법률상 금융자산의 이전 여부와 상관없고, 실질에 따라 판단</u>**한다.

18. 사채의 발행가액 = 100,000,000 × 0.79383 + 10,000,000 × 2.5771 = 105,154,000원

19. **상환할증금은 보장수익률을 맞춰주기 위한 추가적인 이자지급이다. 따라서 발행시 전환사채의 발행가액에 반영된다.**

20. 제품보증비용 = 매출액(200억) × 5% = 10억

21. 주식의 발행금액 = [자본금(50억) + 주식발행초과금(35억)] ÷ 1,000,000주 = 8,500원/주

22. 자기주식의 매각손실은 자기주식처분이익과 우선 상계하며, **자기주식의 소각 손실은 감자차익과 우선 상계**한다.

23. 판매기업에게 자산의 법적소유권이 있으면, 고객이 약속된 자산을 통제한다고 볼 수가 없다. **고객에게 자산의 법적소유권이 이전되었을 경우 수익으로 인식**한다.

24. 반품예상율 = 반품예상액(10,000,000)/매출액(50,000,000) = 20%
반품으로 회수할 자산(반환제품회수권) = 원가(30,000,000) × 반품예상율(20%) = 6,000,000원
매출원가 = 재고자산의 원가(30,000,000) - 반품제품회수권(6,000,000) = 24,000,000원

25. 진행률 산정시 **산출법(완성량, 작업량 등)과 투입법(원가기준, 노동시간기준, 투입물량기준)에 따라 측정**된다. 실무적으로 투입법 중 원가기준이 가장 많이 사용된다

26. x2 누적계약수익(20,000,000 + 10,000,000) = 총공사계약액(50,000,000) × 누적진행률(??)
누적진행률(??) = 60%

26. **보험수리적 손익은 기타포괄손익**에 해당한다.

28. 총보상원가 = 인원(10명) × 수량(100개) 공정가치(100) × [1 - 추정권리상실률(20%)] = 80,000원
주식보상비용(x1) = 총보상원가(80,000) ÷ 2년 = 40,000원

29. **감가상각비 한도 초과는 유보이므로 (미래) 차감할 일시적차이가 된다.**

	20x2년	20x3년	20x4년	계
(미래)차감할 일시적차이	300,000원	300,000원	300,000원	
세율	25%	30%	30%	
이연법인세자산	75,000	90,000	90,000	**255,000원**

30. 이연법인세자산은 차변에 발생하지 않으므로 대변에 미지급법인세는 고정되어 있다고 가정되면 그만큼 차변에 법인세 비용이 증가된다.

31. 재고자산 원가흐름의 가정의 변경은 회계정책의 변경에 해당한다.

32. 주당순이익 = 당기순이익(50,000) ÷ 가중평균유통보통주식수(1,000주) = 50원/주
PER(주가수익률) = 주가(??) ÷ 주당순이익(50) = 10배 ∴ 주가 = 500원

33. 영업권 = 취득가액(4,000,000) - 순자산공정가치(9,000,000) × 지분율(40%) = 400,000원

35. 선수금과 선급금은 비화폐성 항목에 해당한다.

36. 현금흐름위험회피목적으로 체결한 파생상품의 평가손익 중 **위험회피에 효과적인 부분은 기타포괄손익으로 처리**한다.

37. 내재이자율에는 무보증잔존가치를 고려한다.

38. 감가상각비 = [취득원가(240,183) - 잔존가치(40,183)] ÷ 5년 = 40,000원/년

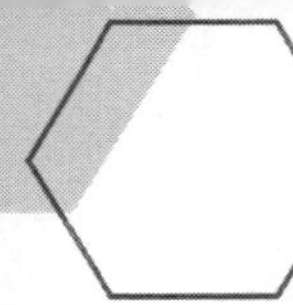

39. 현금유출액 = 매입액(160,000,000) - 매입채무증가(25,000,000) = 135,000,000원

40.

1. 당기순이익	15,000,000	
① 매출채권의 증가	(3,000,000)	(차) 매출채권 xx (대) 현 금 xx
② 매입채무의 감소	(2,500,000)	(차) 매입채무 xx (대) 현 금 xx
③ 감가상각비	1,000,000	현금지출없는 비용이므로 가산
2. 영업활동 현금흐름	10,500,000	

세무회계

41	42	43	44	45	46	47	48	49	50
③	④	①	②	③	②	③	④	②	①
51	52	53	54	55	56	57	58	59	60
①	②	①	②	③	④	③	③	②	③
61	62	63	64	65	66	67	68	69	70
④	③	③	④	④	②	③	②	①	③
71	72	73	74	75	76	77	78	79	80
③	①	④	④	②	②	④	④	③	①

41. 벌금과 과태료는 조세가 아니다.

42. 소액주주(1% 미달)는 특수관계인 중 경영지배관계에 해당하지 않는다.

43. 세무공무원이 직무를 수행할 때에도 신의에 따라 성실히 하여야 한다.

44.

1. 법인세비용차감전순이익	200,000,000
① 대표이사 상여	10,000,000
② 감가상각비 한도초과액	10,000,000
2. 차가감소득금액(= 과세표준)	220,000,000
3. 세율	×9%, 19%
4. 법인세산출세액	21,800,000

45. **결산조정사항은 결산 시 비용처리를 하지 않았으면 손금으로 인정받을 수 없다.** 따라서 경정청구가 불가하다.

46. **유가증권 저가매입 익금산입규정은 개인에게만 적용**된다.

47. 저가법으로 신고했으므로 평가손실을 인정한다.

48. 법인이 잉여금 처분으로 수입하는 배당금은 **잉여금처분결의일에 익금에 산입**한다.

49. 임의변경에 해당한다.
세법상 평가액 = MAX[선입선출법(12,000,000), 총평균법(10,000,000)] = 12,000,000원
장부상 평가액 = 후입선출법(9,000,000) ∴ 익금산입 3백만원(유보)

50. **비망가액 1,000을 제외한 금액만 손금으로 인정**한다.

51. 상각범위액 = 취득가액(100,000,000) ÷ 5년 = 20,000,000원/년
한도(20,000,000) - 회사상각비(18,000,000) = 2,000,000원(시인액)
당기 시인액이 있는 경우 전기상각부인액을 한도로 손금 추인하고, 상각부인액이 없는 경우 세무조정은 없다.

52. 의료법인의 고유목적사업비로 지출하는 기부금은 일반기부금에 해당한다.

53.

연도	일반기부금 지출액	일반기부금 한도액	세무조정	
20X0년	1,500만원	1,000만원	손금불산입 500만원	
20X1년	2,000만원	2,300만원	**손금산입**	**500만원(X0)**
			손금불산입	**200만원(X1)**

54. 기업업무추진비와 관련된 부가가치세 매입세액은 기업업무추진비에 포함하여 한도계산하여 한도내는 손금산입하고 한도초과액은 손금불산입한다.

55. 기업업무추진비 해당액 = 기업업무추진비(23,000,000) - 증빙미수취분(500,000) = 22,500,000원
기업업무추진비 한도(20,000,000) - 기업업무추진비 해당액(22,500,000)
= 한도초과 2,500,000원(기타사외유출)

57. ① 채권자불분명 사채이자 : 상여
② 비실명채권・증권의 이자상당액 : 상여
④ 업무무관자산 등 관련이자 : 기타사외유출

58. 퇴직금추계액 = MAX[일시퇴직기준추계액, 보험수리적기준 추계액]

59. 준비금은 법인세법과 조세특례제한법에 규정되어 있다.

60. 소득금액이 없거나 결손시에도 법인세 신고의무가 있다.

61. ① **열거주의가 원칙이나 일부 소득에 대해서는 유형별 포괄주의를 채택**하고 있다.
② 부부도 개인단위 과세제도를 채택한다.
③ 신규사업자의 과세기간도 1.1~12.31까지이다.

62. **국내에서 원청징수되지 아니한 금융소득은 무조건종합과세**한다.

63.

임대료	월임대료(200,000) × 6개월 = 1,200,000원
간주임대료	(1억 - 0.5억) × 1.2% × 181일/365일 - 이자수익(200,000) = 97,534원
계	1,297,534원

64. 총급여액 = 연급여(24,000,000) + 상여(10,000,000) + 중식대(1,200,000) + 연월차수당(2,000,000)
= 37,200,000원
근로소득공제 = 7,500,000 + (37,200,000 - 15,000,000) × 15% = 10,830,000원
근로소득금액 = 총급여액(37,200,000) - 근로소득공제(10,830,000) = 26,370,000원

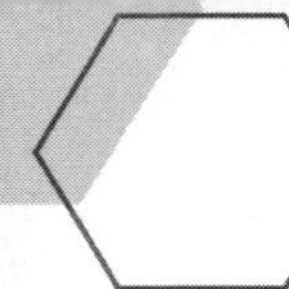

65. ① **근로 → 연금 → 기타 → 이자 → 배당 순으로 결손금을 공제**한다.

②③ 부동산임대업에서 발생한 이월결손금은 다른 소득금액에서 공제할 수 없다. 단, 주거용 건물임대업에서 발생한 결손금은 다른 소득금액에서 공제 가능하다.

66. 종합소득금액 = 근로(22,000,000) + 사업(15,000,000) + 기타(4,800,000) = 41,800,000원

67. 장애인은 나이요건을 갖추지 않아도 소득요건을 갖춘 경우에만 기본공제대상자가 된다.

68. 의료비는 연령요건 및 소득요건을 따지지 않는다.

구분		대상금액
본인 건강검진비	특정	1,500,000
장남의 안경구입비	일반(한도 50만원)	500,000
장녀의 미용목적 성형수술비	×	–
부친 보청기 구입비	특정	7,000,000
계		9,000,000

69.

1. 양도가액	120,000,000
2. 취득가액	(72,000,000)
3. 기타필요경비	(3,000,000)
4. 양도차익(1 – 2 – 3)	45,000,000
5. 장기보유특별공제(45,000,000 × 12%)	(5,400,000)
6. 양도소득금액(4 – 5)	39,600,000
7. 기본공제	(2,500,000)
8. 과세표준(6 – 7)	37,100,000

70. 부가가치세법상 예정 · 확정신고를 한 사업자는 사업장 현황신고를 하지 아니한다.

71. 최종 소비자가(총부가가치) = 10,000,000원

72. 부가가치세는 납세의무자와 담세자가 일치하지 않는 간접세이다.

73. 공통매입세액은 **당기 공급가액 기준으로 안분하여 공제**한다.

74. ① 간이과세자는 과세기간은 1년으로 한다.

② 폐업자는 과세기간 개시일부터 폐업일까지를 최종 과세기간으로 한다.

③ 사업자등록 신청일부터 과세기간의 종료일까지를 최초 과세기간으로 한다.

75. **주사업장 총괄납부는 지점에서 주된 사업장이 될 수 있다.**

76. 종업원에게 추석 선물로 제공하는 것은 10만원/인을 초과하는 금액에 대해서 간주공급으로 본다.

77. 폐업 시 잔존재화의 과세표준(2,500,000원)은 시가이다.

78. 가공되지 아니한 식료품의 국내판매는 면세에 해당한다.

79. **직전연도 공급가액 8천만원 이상인 개인사업자는 전자세금계산서 의무발급자**에 해당한다.

80. 영세율(세금계산서 발급분) : 내국신용장에 의한 수출 : 10,000,000원

원가관리회계

81	82	83	84	85	86	87	88	89	90
②	③	②	④	③	②	②	③	④	①
91	**92**	**93**	**94**	**95**	**96**	**97**	**98**	**99**	**100**
①	②	①	③	①	②	①	②	④	④
101	**102**	**103**	**104**	**105**	**106**	**107**	**108**	**109**	**110**
③	③	④	④	④	①	②	①	②	③
111	**112**	**113**	**114**	**115**	**116**	**117**	**118**	**119**	**120**
①	②	①	④	③	③	④	②	②	③

81. 원가회계는 회계자료를 기초로 비용(원가)을 인식해야 한다.

82. 통제가능성에 따라 **통제가능원가와 통제불능원가로 분류**한다.

83. 당기총제조원가 = 직접재료비(23,000) + 가공원가(35,000) = 58,000원

원재료 ⇒ 재공품

원재료			
기초	5,000	직접재료비	23,000
매입	25,000	기말	7,000
계	30,000	계	30,000

재공품			
기초	10,000	**당기제품제조원가**	**60,000**
당기총제조원가	58,000	기말	8,000
계	68,000	계	68,000

84. 시간이 남으면 푸시기 바랍니다.

〈직접배분율〉

제공부문 \ 사용부문		보조부문		제조부문		
		공장관리부문	동력부문	기계가공부문	조립부문	계
보조부문 배부	공장관리부문			2,400㎡(60%)	1,600㎡(40%)	4,000㎡
	동력부분			1,200㎾(60%)	800㎾(40%)	2,000㎾

〈단계배분율〉 동력부문부터 배부

제공부문 \ 사용부문		보조부문		제조부문		
		동력	공장관리	기계가공	조립	계
보조부문 배부	동력		300㎾(13.04%)	1,200㎾(52.18%)	800㎾(34.78%)	2,300㎾
	공장관리			2,400㎡(60%)	1,600㎡(40%)	4,000㎡

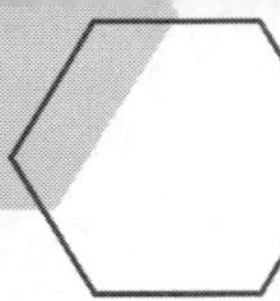

〈직접배분법〉

제공부문 \ 사용부문		보조부문		제조부문	
		공장관리부문	동력부문	기계가공부문	조립부문
배부전원가		48,000	69,000	**64,000**	**73,000**
보조부문 배부	공장관리(60% : 40%)	(48,000)		**28,800**	**19,200**
	동력 (60% : 40%)	–	(69,000)	**41,400**	**27,600**
보조부문 배부후 제조간접비		–	–	**134,200**	**119,800**

〈단계배분법〉

제공부문 \ 사용부문		보조부문		제조부문	
		동력	공장관리	기계가공	조립
배부전원가		69,000	48,000	64,000	73,000
보조부문 배부	동력(13.04% : 52.18% : 34.78%)	(69,000)	8,998	**36,004**	**23,998**
	공장관리(60% : 40%)		(56,998)	**34,199**	**22,799**
보조부문 배부후 제조간접비		–	–	**134,203**	**119,797**

① 동력부문→기계가공 대체액은 단계배분법이 공장관리에 일부 배부되므로 직접배분법이 더 크다.

② 공장관리부문→기계가공 대체액은 단계배분법이 동력부문에서 일부 배부된 후 공장관리부문에서 배부되므로 단계배분법이 더 크다.

③ 조립부문에 대체된 동력부문 = 직접배분법(27,600) - 단계배분법(23,988) = 3,612원

④ 조립부문에 대체된 공장관리 = 직접배분법(19,200) - 단계배분법(22,799) = **3,599원(단수차이)**

85. ① 비반복적 생산 ② 직접원가와 간접원가 구분이 핵심 ④ 식료품, 화학산업은 종합원가계산

86. 각 제조부문 배부율

㉠ 조립부문 : $\frac{200,000}{1,000\text{시간}}$ = 200원/시간당

㉡ 도장부문 : $\frac{400,000}{4,000\text{시간}}$ = 100원/시간당

#10 가공원가 = 직접노무원가(25,000) + 제조간접원가(60시간 × 200 + 120시간 × 100)

= 49,000원

87. ㉡ ㉣ 종합원가계산은 공정별로 작업지시서를 작성해야 한다.

88.

〈1단계〉 물량흐름파악(평균법)			〈2단계〉 완성품환산량 계산	
평균법			재료원가	가공원가
	완성품	1,200 (100%)	1,200	1,200
	기말재공품	800 (50%)	800	400
	계	2,000	2,000	1,600
〈3단계〉 원가요약			1,000,000	800,000
			2,000개	1,600개
〈4단계〉 완성품환산량당단위원가			**@500원**	**@500원**

89. <u>**기말재공품에 대한 완성도가 과대평가되었다면, 기말재공품원가는 실제보다 과대평가**</u>된다.

90.

〈1단계〉 물량흐름파악(평균법)		〈2단계〉 완성품환산량 계산	
평균법		재료원가	가공원가
	완성품 24,000 (100%)	24,000	24,000
	기말재공품 2,000 (40%)	2,000	800
	계 26,000	26,000	24,800
〈3단계〉 원가요약(기초+당기발생)			33,200+190,000 / 24,800개
〈4단계〉 완성품환산량당단위원가			@9원

∴ 기말재공품 중 가공원가 해당액 = @9×기말재공품수량(800개) = 7,200원

91. <u>**표준원가계산은 계량적인 정보를 활용하여 의사결정에 사용**</u>된다.

92. ① 이상적 표준은 달성이 거의 불가능하므로 종업원 동기부여에 도움이 되지 않는다.

③ 이상적 표준과 실제원가차이는 매우 크게 된다.

④ 달성불가능하므로 임금상승을 억제한다.

93. 가격차이는 실제단가와 표준단가의 차액에 실제수량을 곱하여 산출된다.

94.

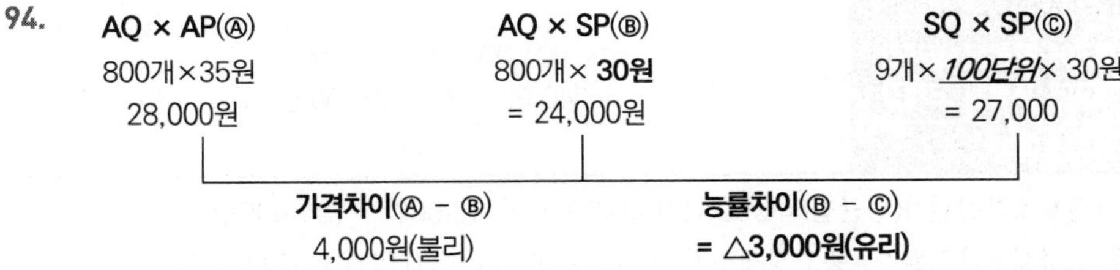

95. 변동제조간접비 실제발생액 = 제조간접비(15,000) - 고정제조간접비(7,800) = 7,200원

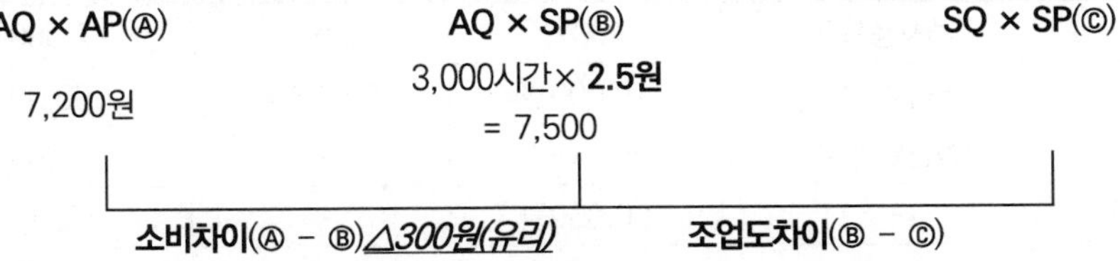

96. ㄴ : 변동제조간접원가는 제품원가를 구성한다.

ㄹ : 변동원가계산에서 제품생산량은 영업이익에 영향을 미치지 않는다.

97. 표준원가는 변동원가계산, 전부원가, 초변동원가계산에서 사용할 수 있다.

98. 기말제품수량 = 기초(0) + 생산량(90,000) - 판매량(70,000) = 20,000단위

단위당 제품원가(변동원가) = $\frac{1,350,000}{90,000\text{단위}}$ = 15원

기말제품재고액 = 20,000단위×15원 = 300,000원

영업이익 = 순매출액(5,000,000) - 판매량(70,000)×15원 - 고정제조원가(500,000)

- 판관비(260,000+550,000) = 2,640,000원

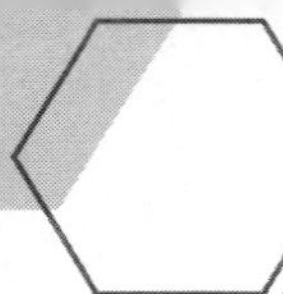

99. ① 전부원가계산

1. 매출액	20,000개×500원=10,000,000원
2. 매출원가	(130+100+70+200,000/25,000)×20,000개=6,160,000원
3. 매출이익	3,840,000

② 변동원가계산

1. 매출액	10,000,000원
2. 변동원가	(130+100+70+30)×20,000개=6,600,000원
3. 공헌이익	3,400,000

③ 초변동원가계산

1. 매출액	10,000,000원
2. 직접재료원가	130×20,000개=2,600,000원
3. 재료처리량공헌이익	7,400,000

100. 기말재고=기초재고(400)+생산량(2,000)-판매량(1,400)=1,000개

변동원가(순이익)	0
+ 기말재고에 포함된 고제간 - 기초재고에 포함된 고제간	60,000(1,000개. @60) 400개×@50=20,000원
= 전부원가(순이익)	40,000

6월 총 고정제조간접원가(평균법)=@60×[기초(400)+생산(2,000)]=144,000원

6월 발생 고정제조간접원가=총고정제조원가(144,000)-기초(20,000)=124,000원

101.

활동	원가요소	단위당 원가	소요	단위당 금액
기계활동	기계사용시간	400원	5시간	2,000원
조립활동	부품의 수	10,000원	10개부품	100,000원
검사활동	완성단위의 수	5,000원	-	5,000원
직접재료원가	-	50,000원		50,000원
계				157,000원

총제조원가=20단위×@157,000원=3,140,000원

102. 고저점법은 **최고조업도 수준과 최저조업도 수준**에서의 자료를 이용하여 원가를 추정하는 방법이다.

103. 영업이익(1,500,000)=X(판매량)×(10,000-5,000)-고정비(2,000,000)

∴ X=700개

104. 영업레버리지란 **매출액의 증감에 따른 영업이익의 반응정도**를 의미하는 것이다.

105. 영업레버리지도=공헌이익(400,000)÷영업이익(100,000)=4

영업이익증가율=매출액 증가율(40%)×영업레버리지도(4)=160%

106. ② 추적가능원가와 공통고정원가로 구분하여 추적가능원가는 특정사업부에 먼저 배부한다.
③ 통제가능원가와 불능원가는 구분이 가능하다.
④ 통제불능원가는 사업평가시 고려하지 말아야 한다.

107. 성과평가측정치로서 이익이 가장 많이 사용되는데 **사업부 공헌이익이 널리 사용**된다.

108. 예산공헌이익(A) = 가격(800) - 변동원가(500) = 300원
예산공헌이익(B) = 가격(600) - 변동원가(400) = 200원
〈예산배합비율〉

	예산판매량	예산배합비율
A	4,000단위	40%
B	6,000단위	60%

	변동예산(1) (실제배합) **AQ×(BP-BV)**	변동예산(2) (예산배합) **TAQ×BM×(BP-BV)**	고정예산 **BQ×(BP-BV)**
공헌이익	A = 4,950×300 B = 6,050×200	A = 11,000×40%×300 B = 11,000×60%×200	A = 4,000×300 B = 6,000×200
	= 2,695,000	= 2,640,000	= 2,400,000

매출배합차이 55,000(유리) **매출수량차이 △240,000(유리)**

109. 잔여이익은 **최저필수수익률이 초과하여만 잔여이익으로 평가시 수락**된다.

110. ① 잔여이익법에 의하여 수락되는 투자안은 투자수익률법에 의하여 기각될 수도 있다.
② 잔여이익이 **준최적화문제를 극복**할 수 있다.
④ 잔여이익은 **투자규모가 다른 사업부의 성과를 비교하기가 어렵다.**

111. 잔여이익(A) = 영업이익(500,000) - 투자액(1,000,000)×수익률(10%) = 400,000원
잔여이익(B) = 1,000,000 - 2,000,000×40% = 200,000원
잔여이익(C) = 1,000,000 - 3,000,000×30% = 100,000원

112. 사업부 폐지시 120,000원 손실 발생

1.증분수익(사업폐지시)	
• **변동원가 절감**	280,000원
• **고정원가 절감**	100,000원
2.증분비용(사업폐지시)	
• **매출액 감소**	500,000원
3.증분손익	△120,000(손실)

113.

1.증분수익(특별주문수락시)	
• **매출액 증가**	200단위×10,000 = 2,000,000원
2.증분비용(특별주문수락시)	
• **변동원가 증가**	200단위×(3,000 + 3,000 + 3,500) = 1,900,000
3.증분손익	100,000 이익(수락)

114. **유휴설비의 대체적 용도를 통한 이익 분을 반영**하여야 한다.

115. 생산량(20,000) X = 변동원가(300)×20,000단위 + 고정제조간접원가(400,000)

∴ X = 320원

117. 기계장치 구입비 30,000원

	1년	2년	3년	4년
누적원가절감액	5,000	14,000	22,000	32,000

회수기간 = 3년 + (30,000 - 22,000)/4년차 원가절감(10,000) = 3.8년

118. (세후)순현금흐름 = 세전영업현금흐름×(1 - t) + 감가상각비×t(감가상각비 감세효과)

= (35,000,000 - 17,000,000)×(1 - 30%) + 9,000,000×30%

= 15,300,000원

119. 최대대체가격 = MIN[① 외부구입가격(550) ② 완제품판매가격(1,100) - 추가가공비(500)] = 550원

120. 외부실패원가 = 반품원가(2,500) + 소비자고충처리비(5,000) = 7,500원

2021년 재경관리사

재무회계

1. 우리나라는 2011년부터 모든 상장사에 대하여 국제회계기준을 전면 도입하였다. 다음 중 이에 따른 효과에 대한 설명으로 가장 올바르지 않은 것은?

① 각국의 회계기준이 별도로 운영됨에 따라 발생했던 비용이 절감되었다.
② 회계정보의 국제적 비교가능성이 제고된 반면 재무제표에 대한 신뢰성은 낮아졌다.
③ 국제적 합작계약 등에서 상호이해가능성이 증가되었다.
④ 해외사업 확장을 촉진하여 자본시장의 활성화에 기여할 수 있었다.

2. 다음 중 재무제표의 기본가정에 대한 설명으로 가장 올바르지 않은 것은?

① 기본가정이란 회계이론 전개의 기초가 되는 사실들을 의미한다.
② 기업에 경영활동을 청산할 의도나 필요성이 있더라도 계속기업의 가정에 따라 재무제표를 작성한다.
③ 목적적합성은 재무제표를 통해 제공되는 정보가 갖추어야 할 근본적인 질적 특성이지만 개념체계에서 규정하는 기본가정에 해당하지는 않는다.
④ 재무회계개념체계에서는 계속기업을 기본가정으로 규정한다.

3. 다음 중 포괄손익계산서의 기본요소에 대한 설명으로 가장 올바르지 않은 것은?

① 경영성과의 측정을 위해 기록되는 포괄손익계산서의 기본요소에는 수익, 비용이 있다.
② 광의의 수익의 정의에는 수익뿐만 아니라 차익이 포함된다.
③ 비용에는 아직 실현되지 않은 손실은 포함하지 않는다.
④ 수익의 발생은 자산의 증가 또는 부채의 감소를 수반한다.

4. 다음 중 재무제표의 작성 및 표시에 관한 설명으로 가장 올바르지 않은 것은?

① 경영진은 재무제표를 작성할 때 계속기업으로서의 존속가능성을 평가해야 한다.
② 매출채권에 대해 대손충당금을 차감하여 순액으로 측정하는 것은 상계표시에 해당한다.
③ 기업은 현금흐름 정보를 제외하고는 발생기준 회계를 사용하여 재무제표를 작성한다.
④ 중요하지 않은 항목은 성격이나 기능이 유사한 항목과 통합하여 표시할 수 있다.

5. 다음 중 12월말 결산법인인 ㈜삼일의 3분기 중간재무보고서에 대한 설명으로 가장 올바르지 않은 것은?

① 자본변동표는 당 회계연도 7월 1일부터 9월 30일까지의 중간기간과 1월 1일부터 9월 30일까지의 누적기간을 대상으로 작성하고 직전 회계연도의 동일 기간을 대상으로 작성한 자본변동표와 비교 표시한다.
② 포괄손익계산서는 당 회계연도 7월 1일부터 9월 30일까지의 중간기간과 1월 1일부터 9월 30일까지의 누적기간을 대상으로 작성하고 직전 회계연도의 동일 기간을 대상으로 작성한 포괄손익계산서와 비교 표시한다.
③ 현금흐름표는 당 회계연도 1월 1일부터 9월 30일까지의 누적기간을 대상으로 작성하고 직전 회계연도의 동일 기간을 대상으로 작성한 현금흐름표와 비교 표시한다.
④ 재무상태표는 당 회계연도 9월 30일 현재를 기준으로 작성하고 직전 회계연도 12월 31일 재무상태표와 비교 표시한다.

6. 다음 중 재무상태표상 재고자산으로 분류되어야 할 항목으로 가장 올바르지 않은 것은?

① 부동산매매업을 영위하는 기업에서 보유하는 판매목적 토지
② 자동차제조회사 공장에서 생산 중에 있는 미완성 엔진
③ 건설회사에서 분양사업을 위해 신축하는 건물
④ 의류회사에서 공장의 일부를 폐쇄하면서 처분하고자 하는 설비자산

7. 자동차 부품제조업을 영위하고 있는 ㈜삼일은 당기 중 원자재를 후불 조건으로 수입하는 과정에서 다음과 같은 항목의 원가가 발생하였다. 동 매입거래에 의하여 재무상태표 상에 증가하게 될 재고자산의 가액은 얼마인가(단, 거래당시의 환율은 $1 = 1,000원이다)?

항목	금액
ㄱ. 재고자산의 매입원가	USD1,000
ㄴ. 매입할인	USD100
ㄷ. 운송보험료	100,000원
ㄹ. 환급 불가한 수입관세 및 제세금	20,000원
ㅁ. 재고자산 매입관리부서 인원의 매입기간 인건비	50,000원

① 900,000원 ② 1,000,000원 ③ 1,020,000원 ④ 1,070,000원

8. 다음 자료에서 재고자산평가손실은 ㈜삼일의 재고자산이 진부화되어 발생하였다. 다음 자료 중 ㈜삼일의 20X2년 포괄손익계산서 상 매출원가 등 관련비용은 얼마인가?

항목	금액
20X1년 12월 31일 재고자산	500,000원
20X2년 매입액	2,000,000원
20X2년 재고자산평가손실	200,000원
20X2년 재고자산감모손실(정상감모)	100,000원
20X2년 12월 31일 재고자산(평가손실과 감모손실 차감 후)	1,000,000원

① 1,200,000원 ② 1,300,000원 ③ 1,400,000원 ④ 1,500,000원

9. ㈜서울은 사용 중이던 차량운반구 A를 ㈜부산이 사용하던 차량운반구 B와 교환하였다. 이 교환과 관련하여 ㈜서울은 공정가치의 차액 300,000원을 현금으로 지급하였다. 이 경우 ㈜서울이 차량운반구 B의 취득원가로 인식해야 할 금액은 얼마인가(단, 동 거래는 상업적 실질이 결여된 거래임)?

(단위 : 원)

	차량운반구 A	차량운반구 B
취득원가	3,500,000	4,000,000
감가상각누계액	1,200,000	1,500,000
공정가치	1,700,000	2,000,000

① 2,600,000원 ② 2,300,000원 ③ 2,000,000원 ④ 1,700,000원

10. ㈜삼일은 공장을 신축하기로 하였으며, 이와 관련하여 20X1년 1월 1일 24,000,000원을 지출하였고, 공장은 20X3년 중에 완공될 예정이다. ㈜삼일은 공장신축을 위해서 아래와 같이 특정목적으로 차입을 하였다. ㈜삼일이 유형자산 건설과 관련된 차입원가를 자본화할 때 20X1년 특정차입금과 관련하여 자본화할 차입원가는 얼마인가(단, 편의상 월할계산 한다고 가정한다)?

차입금액	차입기간	연이자율	비고
24,000,000원	20X1년 5월 1일~20X2년 6월 30일	5%	공장신축을 위한 특정차입금

① 600,000원　② 700,000원　③ 800,000원　④ 960,000원

11. 다음은 20X1년 말 ㈜삼일의 건물과 관련된 자료이다. ㈜삼일은 20X1년 말 건물과 관련하여 손상차손을 인식하였다. 20X2년 결산시점에 ㈜삼일이 건물과 관련하여 인식해야 할 감가상각비는?

ㄱ. 20X1년 말 건물 장부금액(손상 전)	50,000,000원
ㄴ. 20X1년 말 건물의 순공정가치	45,000,000원
ㄷ. 20X1년 말 건물의 사용가치	35,000,000원
ㄹ. 20X1년 말 건물의 잔존내용연수	20년
ㅁ. 건물의 잔존가치	0원
ㅂ. ㈜삼일은 건물에 대하여 정액법으로 감가상각비를 인식함	

① 2,000,000원　② 2,250,000원　③ 2,500,000원　④ 2,750,000원

12. 다음 중 내부적으로 창출한 무형자산에 관한 설명으로 가장 올바르지 않은 것은?

① 내부적으로 창출한 영업권은 원가를 신뢰성 있게 측정할 수 없고 기업이 통제하고 있는 식별가능한 자원이 아니기 때문에 자산으로 인식하지 아니한다.

② 내부 프로젝트의 연구단계에서는 미래경제적효익을 창출할 무형자산이 존재한다는 것을 제시할 수 없기 때문에 연구단계에서 발생한 지출은 발생시점에 비용으로 인식한다.

③ 무형자산을 창출하기 위한 내부 프로젝트를 연구단계와 개발단계로 구분할 수 없는 경우에는 그 프로젝트에서 발생한 지출은 모두 개발단계에서 발생한 것으로 본다.

④ 재료, 장치, 제품, 공정, 시스템이나 용역에 대한 여러 가지 대체안을 탐색하는 활동은 연구단계에 속하는 활동의 일반적인 예에 해당한다.

13. 제조업을 영위하고 있는 ㈜삼일은 신제품 개발활동과 관련하여 6,000,000원을 개발비로 계상하였다(해당 개발비는 무형자산인식기준을 충족함). 해당 무형자산은 20X1년 10월 1일부터 사용 가능하며, 내용 연수는 5년이고 잔존가치는 없다. 동 개발비의 경제적 효익이 소비되는 형태를 신뢰성 있게 결정할 수 없다고 가정할 경우, 개발비 관련하여 20X1년에 인식할 무형자산상각비는 얼마인가?

① 300,000원 ② 600,000원 ③ 1,200,000원 ④ 6,000,000원

14. 다음 중 투자부동산으로 분류되는 것으로 가장 옳은 것은?

① 자가사용 부동산
② 정상적인 영업과정에서 판매하기 위한 부동산이나 이를 위하여 건설 또는 개발 중인 부동산
③ 금융리스로 제공한 부동산
④ 장래 사용목적을 결정하지 못한 채로 보유하고 있는 토지

15. ㈜서울은 20X1년 초에 ㈜용산의 주식 1,000주를 기타포괄손익인식금융자산으로 분류하고 있다. ㈜서울이 20X1년과 20X2년 말의 재무상태표에 기타포괄손익누계액으로 계상할 평가손익은 각각 얼마인가(단, 법인세 효과는 고려하지 않는다)?

일 자	구 분	주 당 금 액
20X1년 1월 3일	취득원가	5,000원
20X1년 12월 31일	공정가치	6,500원
20X2년 12월 31일	공정가치	4,900원

	20X1년 말	20X2년 말
①	0원	0원
②	이익 1,500,000원	손실 100,000원
③	이익 1,500,000원	이익 100,000원
④	이익 1,500,000원	손실 1,600,000원

16. 다음 중 금융자산의 손상 발생에 대한 객관적인 증거로 보기에 가장 올바르지 않은 것은?

① 이자지급이나 원금상환의 불이행이나 지연과 같은 계약 위반
② 차입자의 재무적 어려움에 관련된 경제적 또는 법률적 이유로 인한 당초 차입조건의 불가피한 완화
③ 차입자의 파산이나 기타 재무구조조정의 가능성이 높은 상태가 된 경우
④ 유동부채가 유동자산을 초과하는 경우

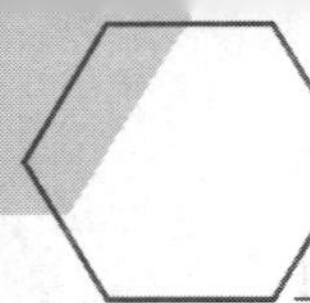

17. 다음 중 양도자가 소유에 따른 위험과 보상의 대부분을 이전하는 경우에 해당하는 예로 가장 옳은 것은?

① 금융자산을 아무런 조건이 없이 매도한 경우
② 유가증권대여계약을 체결한 경우
③ 양도자가 매도 후에 미리 정한 가격 또는 매도가격에 양도자에게 금전을 대여하였더라면 그 대가로 받았을 이자수익을 더한 금액으로 양도자산을 재매입하는 거래의 경우
④ 양도자가 양수자에게 발생가능성이 높은 대손의 보상을 보증하면서 단기 수취채권을 매도한 경우

18. 다음 중 전환사채에 관한 설명으로 가장 올바르지 않은 것은?

① 전환권대가에 해당하는 부분은 무조건 부채로 계상한다.
② 전환사채는 전환사채보유자의 요구에 따라 주식으로 전환할 수 있는 권리가 내재되어 있어 일반적으로 일반사채보다 표면금리가 낮게 책정되어 발행된다.
③ 상환할증금지급조건의 전환사채는 발행시점에 상환할증금을 인식한다.
④ 전환사채는 일반사채와 전환권의 두 가지 요소로 구성되는 복합적 성격을 지닌 금융상품이다.

19. ㈜삼일은 20X1년 1월 1일 액면금액 1,000,000원의 전환사채를 액면발행하였으며, 전환조건은 사채액면 50,000원당 액면가 10,000원인 보통주 1주로 전환할 수 있다. 전환청구일 현재 전환권대가는 50,000원, 사채상환할증금은 120,000원, 전환권조정은 100,000원이었다. 이 경우 전환으로 발행한 주식의 주식발행초과금으로 계상할 금액은 얼마인가?

① 870,000원 ② 900,000원 ③ 980,000원 ④ 1,000,000원

20. 다음 중 충당부채의 회계처리에 관한 설명으로 가장 옳은 것은?

① 미래의 예상 영업손실은 최선의 추정치를 금액으로 하여 충당부채로 인식한다.
② 충당부채로 인식하는 금액은 현재의무의 이행에 소요되는 지출에 대한 보고기간말 현재의 최선의 추정치이어야 하며 이 경우 관련된 사건과 상황에 대한 불확실성이 고려되어야 한다.
③ 충당부채란 과거사건이나 거래의 결과에 의한 현재의무로서, 그 의무를 이행하기 위하여 자원이 유출될 가능성이 높고 지출 금액이 불확실하지만, 지출 시기는 확정되어 있는 의무를 의미한다.
④ 충당부채의 명목금액과 현재가치의 차이가 중요하더라도 의무를 이행하기 위하여 예상되는 지출액의 명목금액으로 평가한다.

21. ㈜삼일은 20X1년 초 설립된 회사로 설립 시에 보통주와 우선주를 모두 발행하였다. 설립일 이후 자본금의 변동은 없었으며, 20X3년 12월 31일 현재 보통주자본금과 우선주자본금은 다음과 같다.

구분	주당액면금액	발행주식수	자본금
보통주	1,000원	1,000주	1,000,000원
우선주(*)	1,000원	500주	500,000원

* 비누적 · 비참가적 우선주, 배당률 5%

설립된 이후 어떠한 배당도 하지 않았으나 20X3년 12월 31일로 종료되는 회계연도의 정기주주총회에서 배당금 총액을 300,000원으로 선언할 예정일 경우 우선주 주주에게 배분될 배당금은 얼마인가?

① 25,000원 ② 50,000원 ③ 275,000원 ④ 300,000원

22. 다음은 ㈜삼일의 재무상태표이며, ㈜삼일의 경영자는 누적된 결손금을 해소하고자 무상감자를 고려하고 있다. 다음 중 회사가 무상감자를 실시하는 경우에 관한 설명으로 가장 옳은 것은?

재무상태표

㈜삼일 20X1년 12월 31일 (단위 : 원)

자산	금액	부채와자본	금액
현 금	10,000,000	부 채	60,000,000
매출채권	20,000,000	자 본 금	40,000,000
재고자산	30,000,000	주식발행초과금	10,000,000
유형자산	30,000,000	결 손 금	(20,000,000)
자산총계	90,000,000	부채와자본총계	90,000,000

① 무상감자를 하면 부채비율(부채/자본)이 높아진다.

② 무상감자와 유상감자 모두 순자산에 미치는 영향은 동일하다.

③ 무상감자 후 주식발행초과금은 감소한다.

④ 무상감자 후의 자본총계는 30,000,000원으로 감자 전과 자본총계가 동일하다.

23. 다음 중 수익에 관한 설명으로 가장 올바르지 않은 것은?

① 수익은 정상적인 경영활동에서 발생하는 경제적 효익의 총유입을 말하며, 자산의 증가 또는 부채의 감소 형태로 나타난다. 다만, 주주의 지분참여로 인한 자본증가는 수익에 포함되지 않는다.

② 수익은 고객에게 기업의 재화나 용역을 제공하고 대가를 받기로 한 계약에서 발생하는 것으로 부가가치세처럼 제3자를 대신해서 받는 것은 수익으로 보지 않는다.

③ 복수의 계약을 하나의 상업적 목적으로 일괄 협상하는 경우에도 복수의 계약에서 약속한 재화나 용역이 단일 수행의무에 해당하지 않는다면 둘 이상의 계약을 하나의 계약으로 회계처리할 수 없다.

④ 정유사가 특정지역 고객수요를 적시에 충족시키기 위해 서로 유류를 교환하기로 한 계약같이 고객에게 판매를 쉽게 하기 위해 같은 사업 영역에 있는 기업간의 비화폐성 교환은 수익으로 보지 않는다.

24. 기업은 고객에게 약속한 재화나 용역을 이전하여 수행의무를 이행할 때 수익을 인식하여야 하는데, 만약 수행의무가 한 시점에 이행되는 경우라면 고객이 약속된 자산을 통제하고 기업이 의무를 이행하는 시점에서 수익을 인식한다. 여기서 고객이 자산을 통제하는 시점의 예로 가장 올바르지 않은 것은?

① 판매기업이 자산에 대해 현재 지급청구권이 있다.

② 판매기업이 자산의 물리적 점유를 이전하였다.

③ 판매기업에게 자산의 법적 소유권이 있다.

④ 자산의 소유에 따른 유의적인 위험과 보상이 고객에게 있다.

25. ㈜삼일은 20X1년도에 계약금액 400억원의 사무실용 빌딩 건설공사를 수주하였다. 공사 관련 정보가 다음과 같을 경우, 20X2년 계약이익은 얼마인가?

	20X1년	20X2년	20X3년
추정총계약원가	250억원	300억원	300억원
당기발생계약원가	100억원	110억원	90억원

① 10억원 ② 20억원 ③ 50억원 ④ 60억원

26. ㈜삼일은 20X1년 건설공사를 계약금액 30,000,000원에 수주하였다. 20X1년 ㈜삼일의 예상원가 발생액, 계약대금 청구액은 다음과 같다. ㈜삼일이 누적발생계약원가에 기초하여 계산된 진행률에 따라 수익을 인식한다면, 20X1년 말 재무상태표에 표시할 미청구공사(계약자산) 또는 초과청구공사(계약부채)는 얼마인가?

	20X1년
누적발생계약원가	4,000,000원
추정총계약원가	20,000,000원
당기대금청구액	5,500,000원

① 초과청구공사(계약부채) 300,000원
② 초과청구공사(계약부채) 500,000원
③ 미청구공사(계약자산) 300,000원
④ 미청구공사(계약자산) 500,000원

27. ㈜삼일은 확정급여형 퇴직급여제도를 시행하고 있다. 20X1년말 사외적립자산의 공정가치 금액은 얼마인가?

ㄱ. 20X1년 초 사외적립자산의 공정가치	:	2,000,000원
ㄴ. 당기근무원가	:	800,000원
ㄷ. 사외적립자산의 기대수익	:	200,000원
ㄹ. 사외적립자산의 실제수익	:	150,000원

① 2,050,000원 ② 2,150,000원 ③ 2,200,000원 ④ 3,000,000원

28. ㈜삼일은 임원 10명에게 3년의 용역제공조건으로 1인당 주식결제형 주식선택권 100개를 부여하였다. 20X4년 주식선택권의 권리행사로 아래와 같이 회계처리한 경우 ㈜삼일의 자본항목의 변화로 가장 옳은 것은?

(단위 : 원)

(차변)	현금	20,000,000	(대변)	자기주식	22,000,000
	주식선택권	5,000,000		자기주식처분이익	3,000,000

① 3,000,000원 증가
② 20,000,000원 증가
③ 22,000,000원 증가
④ 25,000,000원 증가

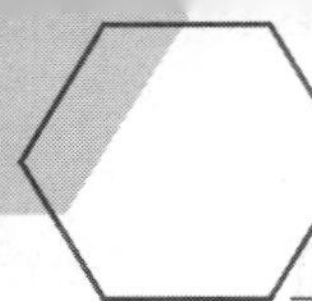

29. 20X1년 초 사업을 개시한 ㈜삼일의 과세소득과 관련된 다음 자료를 이용하여 20X1년 말 재무상태표 상의 이연법인세자산(부채)금액을 구하면 얼마인가?

법인세비용차감전순이익	4,000,000원
가산(차감)조정	
기업업무추진비한도초과액	600,000원
감가상각비한도초과액	900,000원
제품보증충당부채 설정액	500,000원
과세표준	6,000,000원
세율	25%

〈 추가자료 〉

ㄱ. 차감할 일시적차이가 사용될 수 있는 미래과세소득의 발생가능성은 높다고 가정한다.

ㄴ. 감가상각비한도초과액에 대한 일시적차이는 20X2년, 20X3년, 20X4년에 걸쳐 300,000원씩 소멸하며, 제품보증충당부채 설정액에 대한 일시적차이는 20X3년 소멸할것으로 예상된다. 일시적차이가 소멸될 것으로 예상되는 기간의 과세소득에 적용될 것으로 기대되는 평균세율은 다음과 같다.

연도	20X2년	20X3년	20X4년
세율	25%	30%	30%

① 이연법인세부채 225,000원 ② 이연법인세자산 255,000원
③ 이연법인세부채 325,000원 ④ 이연법인세자산 405,000원

30. 다음은 ㈜삼일의 20X1년과 20X2년 말의 법인세회계와 관련된 내역이다. 20X2년도에 ㈜삼일이 계상하여야 할 법인세비용은 얼마인가?

	20X1년 말	20X2년 말
이연법인세자산	10,000원	50,000원
이연법인세부채	30,000원	10,000원
20X2년 말 미지급 법인세	200,000원	

① 110,000원 ② 120,000원 ③ 140,000원 ④ 190,000원

31. ㈜삼일은 20X2년에 처음으로 회계감사를 받았는데, 기말상품재고에 대하여 다음과 같은 오류가 발견되었다. 20X1년 및 20X2년에 ㈜삼일이 보고한 당기순이익이 다음과 같을 때, 20X2년의 오류수정 후 당기순이익은 얼마인가? (단, 법인세효과는 무시한다)

연도	당기순이익	기말상품재고오류
20X1년	30,000원	3,000원 과대평가
20X2년	35,000원	2,000원 과소평가

① 30,000원 ② 36,000원 ③ 38,000원 ④ 40,000원

32. 다음은 ㈜삼일의 20X1 회계연도(20X1년 1월 1일~20X1년 12월 31일) 당기순이익과 자본금변동상황에 대한 자료이다. 이를 이용하여 ㈜삼일의 20X1년도 가중평균유통보통주식수를 구하면 얼마인가?

ㄱ. 당기순이익 500,000,000원

ㄴ. 자본금변동사항(주당 액면금액은 5,000원이다)

	보통주자본금	우선주자본금
기초	100,000주 500,000,000원	20,000주 100,000,000원
기중		기중 변동사항 없음
4.1 유상증자(20%)	20,000주 100,000,000원	(공정가치 이상으로 발행됨)
7.1 무상증자(10%)	12,000주 60,000,000원	

* 유통보통주식수 계산시 월할계산을 가정한다.

① 120,000주 ② 126,500주 ③ 127,000주 ④ 132,000주

33. 다음 중 관계기업투자주식의 회계처리에 관한 설명으로 가장 올바르지 않은 것은?

① 유의적인 영향력 판단에는 지분율 기준과 실질 영향력 기준이 있다.

② 유의적인 영향력을 판단함에 있어 피투자자에 대한 의결권은 투자자의 지분율과 지배기업이 보유하고 있는 지분율의 합계로 계산한다.

③ 실질영향력기준이 적용되지 않을 경우 투자자가 직접으로 또는 간접으로 피투자자에 대한 의결권의 20% 미만을 소유하고 있다면 유의적인 영향력이 없는 것으로 본다.

④ 경영진의 상호교류가 이루어지는 경우 유의적인 영향력이 있는 것으로 본다.

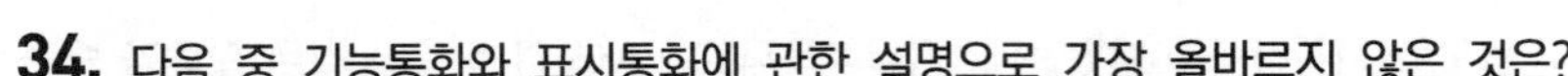

34. 다음 중 기능통화와 표시통화에 관한 설명으로 가장 올바르지 않은 것은?

① 기능통화란 영업활동이 이루어지는 주된 경제환경의 통화를 의미한다.

② 표시통화란 재무제표를 표시할 때 사용하는 통화로서 기업은 어떤 통화든지 표시통화로 사용할 수 있다.

③ 기업의 표시통화와 기능통화가 다른 경우에는 경영성과와 재무상태를 기능통화로 환산하여 재무제표에 보고한다.

④ 기능통화로 외화거래를 최초로 인식하는 경우에 거래일의 외화와 기능통화 상의 현물환율을 외화금액에 적용하여 기록한다.

35. 한국에서 영업을 하는 ㈜서울의 미국 현지법인인 ㈜엘에이의 재무제표이다. ㈜엘에이는 20X1년 초 설립되었으며, ㈜엘에이의 기능통화인 달러화로 작성한 20X1년 말 재무상태표는 다음과 같다.

자산	$4,000	부채	$1,000
		자본금	$2,000
		이익잉여금 (당기순이익)	$1,000
합계	$4,000	합계	$4,000

㈜엘에이의 재무상태표를 표시통화인 원화로 환산 시 환율이 유의적으로 변동할 경우 부채에 적용할 환율로 가장 옳은 것은?

① 해당 거래일의 환율
② 해당 보고기간말의 마감환율
③ 평균환율
④ 차입시 환율

36. 다음 거래목적 중 파생상품평가손익을 당기손익으로 처리하지 않는 것은?

① 매매목적으로 체결한 파생상품의 평가손익

② 공정가치위험회피 목적으로 체결한 파생상품의 평가손익

③ 현금흐름위험회피 목적으로 체결한 파생상품의 평가손익 중 위험회피에 효과적인 부분

④ 현금흐름위험회피 목적으로 체결한 파생상품의 평가손익 중 위험회피에 효과적이지 못한 부분

37. 다음 중 리스에 관한 설명으로 가장 올바르지 않은 것은?

① 금융리스의 경우 리스이용자의 입장에서 보증잔존가치와 무보증잔존가치는 모두 리스료에 포함한다.

② 금융리스에서 리스제공자가 리스채권으로 인식할 금액은 리스료의 현재가치와 무보증잔존가치의 현재가치를 합한 금액이다.

③ 금융리스에서 리스이용자는 리스개시일에 사용권자산과 리스부채를 인식하는 것을 원칙으로 한다.

④ 리스제공자는 각 리스를 운용리스나 금융리스로 분류한다.

38. ㈜삼일의 20X1년도 매출액은 100,000원이고 대손상각비로 5,000원을 계상하였다. 다음의 자료를 이용하여 ㈜삼일의 매출로 인한 현금유입액을 계산하면 얼마인가?

	20X1년 1월 1일	20X1년 12월 31일
매출채권	10,000원	20,000원
대손충당금	1,000원	2,000원

① 56,000원 ② 66,000원 ③ 76,000원 ④ 86,000원

39. 다음은 ㈜삼일의 영업활동으로 인한 현금흐름을 계산하기 위한 자료이다. ㈜삼일의 간접법에 의한 영업활동으로 인한 현금흐름이 (+)5,000,000원이라고 할 때 당기순이익은 얼마인가?

(단위 : 원)

유형자산처분손실	200,000	매출채권의 증가	900,000
감가상각비	300,000	재고자산의 감소	1,000,000
		매입채무의 감소	500,000

① 3,300,000원 ② 4,300,000원 ③ 4,500,000원 ④ 4,900,000원

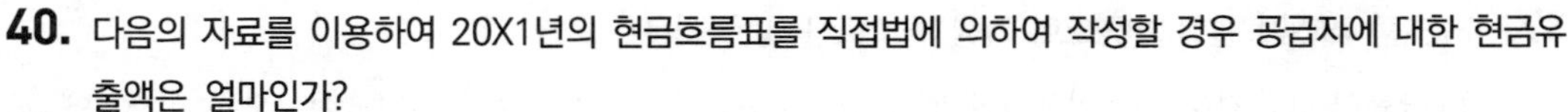

40. 다음의 자료를 이용하여 20X1년의 현금흐름표를 직접법에 의하여 작성할 경우 공급자에 대한 현금유출액은 얼마인가?

· 20X1년 매출원가는 60,000원이다.
· 20X1년 재고자산 및 매입채무 관련 자료

구분	20X1년 1월 1일	20X1년 12월 31일
재고자산	5,000원	9,000원
매입채무	2,000원	4,000원

① 58,000원 ② 60,000원 ③ 62,000원 ④ 64,000원

세무회계

41. 다음 중 조세의 분류에 관한 설명으로 가장 옳은 것은?

① 과세권자에 따라 국세와 관세로 나뉜다.
② 법인세는 조세의 사용용도가 특정된 목적세에 해당한다.
③ 소득세는 납세자의 인적사항이 고려되는 인세(人稅)에 해당한다.
④ 부가가치세는 입법상 조세부담의 전가를 예상하고 있는 직접세에 해당한다.

42. 다음 중 법인세법상 기간과 기한에 관한 설명으로 가장 올바르지 않은 것은?

① 기간이란 어느 일정시점에서 다른 일정시점까지의 계속된 시간을 말한다.
② 기간의 계산은 세법에 특별한 규정이 있는 경우를 제외하고는 민법의 역법적 계산방법에 따른다.
③ 우편으로 과세표준신고서를 제출한 경우에는 도착한 날에 신고된 것으로 본다.
④ 기간말일이 공휴일에 해당하는 때에는 그 익일로 기간이 만료된다.

43. 다음 내용과 가장 밀접한 관련이 있는 국세부과의 원칙으로 가장 옳은 것은?

- 사업자등록명의자와는 별도로 사실상의 사업자가 있는 경우에는 사실상의 사업자를 납세의무자로 본다(국기통 14-0…1).
- 회사의 주주로 명부상 등재되어 있더라도 회사의 대표자가 임의로 등재한 것일 뿐 회사의 주주로서 권리행사를 한 사실이 없는 경우에는 그 명의자인 주주를 세법상 주주로 보지 않는다(국기통 14-0…3).
- 공부상 등기・등록 등이 타인의 명의로 되어 있더라도 사실상 당해 사업자가 취득하여 사업에 공하였음이 확인되는 경우에는 이를 그 사실상 사업자의 사업용자산으로 본다(국기통 14-0…4).
- 명의신탁부동산을 매각처분한 경우에는 양도의 주체 및 납세의무자는 명의수탁자가 아니고 명의신탁자이다(국기통 14-0…6).

① 실질과세의 원칙
② 근거과세의 원칙
③ 조세감면사후관리의 원칙
④ 신의성실의 원칙

44. 다음 중 수정신고에 관한 설명으로 가장 올바르지 않은 것은?

① 법정신고기한까지 과세표준과 세액을 신고한 자 및 기한 후 과세표준신고를 한 자는 수정신고를 할 수 있다.

② 과세표준신고서에 기재된 결손금액 또는 환급세액이 세법에 따라 신고하여야 할 금액을 초과할 때 수정신고를 할 수 있다.

③ 수정신고기한은 따로 규정되어 있지 않고 관할세무서장이 결정 또는 경정통지를 하기 전까지 제척기간과 관계없이 수정신고 할 수 있다.

④ 수정신고를 법정신고기한 경과 후 2년 이내에 한 자에 대해서는 기간경과 정도에 따라 과소신고・초과환급신고 가산세의 일정비율을 경감한다.

45. 다음 중 법인세법상 과세소득에 관한 설명으로 가장 올바르지 않은 것은?

① 청산소득이라 함은 영리내국법인이 해산(합병 또는 분할에 의한 해산 제외)하는 경우에 발생하는 소득을 말한다.

② 자기자본이 500억원이 넘는 중소기업의 미환류소득은 법인세법상 과세소득이다.

③ 비과세 법인을 제외한 모든 법인은 토지 등 양도소득에 대한 법인세의 납세의무를 진다.

④ 법인세법은 포괄적 소득의 개념으로서의 순자산증가설의 입장을 취하고 있다.

46. ㈜삼일의 제21기(20x1년 1월 1일~20x1년 12월 31일) 법인세 과세표준 및 세액조정계산서상에 표시되는 항목별 금액이 다음과 같을 때 기부금한도초과액과 이월결손금 당기공제액의 합계액은 얼마인가(부호는 동일하게 보아 계산한다)?

> 1. 결산서상 당기순이익 : 150,000,000원
> 2. 세무조정금액
>   가. 익금산입 : 30,000,000원
>   나. 손금산입 : 10,000,000원
> 3. 차가감소득금액 : 170,000,000원
> 4. 각 사업연도소득금액 : 175,000,000원(기부금한도초과이월액 손금산입액은 없다)
> 5. 과세표준 : 135,000,000원(비과세소득과 소득공제액은 없다)

① 15,000,000원 ② 25,000,000원 ③ 35,000,000원 ④ 45,000,000원

47. 다음은 제조업을 영위하는 ㈜삼일이 유가증권에 대해 다음과 같이 회계처리한 경우 유보(또는 △유보)로 소득처분할 금액을 바르게 짝지은 것은(사업연도는 1월 1일부터 12월 31일까지이다)?

> ㄱ. 20x0년 중 특수관계인인 개인으로부터 시가 1,000,000원인 유가증권(A주식)을 900,000원에 매입하여 해당 금액으로 계상하였다.
> ㄴ. 20x0년 말 유가증권(A주식)의 시가는 1,300,000원으로 300,000원의 평가이익을 장부에 계상하였다.
> ㄷ. 20x1년 중 20x0년에 취득한 유가증권을 1,300,000원에 매각하면서 처분이익 100,000원을 계상하였다.

	20x0년	20x1년
①	유보 100,000원	△유보 100,000원
②	△유보 200,000원	유보 200,000원
③	유보 300,000원	△유보 300,000원
④	△유보 400,000원	유보 400,000원

48. 다음의 조세공과금 중 손금으로 인정되는 것으로 가장 옳은 것은?

① 법인세 및 법인지방소득세
② 징벌적 목적의 손해배상금
③ 비사업용토지에 대한 재산세
④ 부가가치세법에 따라 공제되지 않는 매입세액(의무불이행이나 사업과 관련 없는 경우에 해당하지 않음)

49. 다음 중 법인세법상 업무무관자산의 세무상 처리방법에 관한 설명으로 가장 올바르지 않은 것은?

① 업무무관자산 취득 시 지출한 취득세와 등록비용은 취득부대비용으로 취득원가에 가산한다.

② 업무무관자산에 대한 감가상각비, 유지비, 수선비 등은 손금불산입한다.

③ 업무무관자산 처분 시 자산의 장부가액은 손금으로 인정하지 않는다.

④ 업무무관자산 등에 대한 지급이자는 손금불산입한다.

50. 다음 중 재고자산평가방법을 후입선출법으로 신고한 ㈜삼일이 평가방법 변경신고를 하지 아니하고 총평균법에 의하여 기말재고자산을 평가한 경우 필요한 세무조정은?

(1) 후입선출법에 의한 기말재고자산 평가액	500원
(2) 총평균법에 의한 기말재고자산 평가액	800원
(3) 선입선출법에 의한 기말재고자산 평가액	900원

① (손금산입)재고자산평가증 300원(△유보)

② (익금산입)재고자산평가감 300원(유보)

③ (익금산입)재고자산평가감 100원(유보)

④ (손금산입)재고자산평가증 100원(△유보)

51. 다음 자료에 의한 ㈜삼일의 제21기(20x1년 1월 1일~20x1년 12월 31일) 사업연도의 세무조정 사항이 과세표준에 미치는 영향으로 가장 옳은 것은?

구분	건물	기계장치	영업권
회사계상 상각비	5,000,000원	4,000,000원	1,000,000원
세법 상 상각범위액	6,000,000원	3,500,000원	1,200,000원
내 용 연 수	40년	5년	5년
전기이월상각 부인액	1,500,000원	-	-

① 영향 없음　　② 500,000원 감소

③ 500,000원 증가　　④ 1,000,000원 증가

52. 다음 법인세법상 감가상각 범위액과 관련한 토의 내용 중 가장 올바르지 않은 설명을 하고 있는 사람은 누구인가?

① 박과장 : 감가상각비는 결산조정사항이므로 한국채택국제회계기준을 도입하여 결산상 감가상각비가 감소한 경우에도 신고조정으로 손금산입하는 것은 불가능합니다.

② 김대리 : 사업연도 중 양도한 자산도 사업연도 개시일부터 양도일까지의 감가상각비를 계상하는 것이 원칙이나 법인세법상으로는 양도자산은 감가상각비 시부인을 하지 않습니다.

③ 이부장 : 감가상각자산에 대한 자본적 지출액은 감가상각자산의 장부가액에 합산하여 그 자산의 내용연수를 그대로 적용하여 감가상각해야 합니다.

④ 최사원 : 사업연도 중에 취득하여 사업에 사용한 감가상각자산에 대한 상각범위액은 사업에 사용한 날부터 당해 사업연도 종료일까지의 월수에 따라 계산해야 합니다.

53. ㈜삼일은 지방자치단체(특수관계 없음)에 정당한 사유 없이 시가 1억원인 토지를 5천만원에 양도하고 다음과 같이 회계처리하였다. 이 거래와 관련된 세무상 처리를 설명한 것으로 가장 옳은 것은?

(차변)	현금	5천만원	(대변)	토지	7천만원
	토지처분손실	2천만원			

① 순자산이 감소되므로 토지처분손실을 전액 손금에 산입한다.

② 토지처분손실 2천만원을 손금불산입한다.

③ 토지처분손실 2천만원을 기부금으로 보아 기부금 세무조정에 반영한다.

④ 부당한 거래로 보아 5천만원을 익금에 산입한다.

54. 다음 중 법인세법상 기업업무추진비와 기부금에 관한 설명으로 가장 올바르지 않은 것은?

① 기업업무추진비는 교제비 · 사례금 기타 명목여하에 불구하고 이와 유사한 성질의 비용으로서 법인의 업무와 관련하여 지출한 금액이다.

② 기부금은 특정인 등에게 사업과 직접적인 관련 없이 지출되는 재산적 증여가액을 말한다.

③ 광고 · 선전목적으로 달력 등을 불특정 다수인에게 기증한 것은 일반적으로 기업업무추진비로 보지 않고 전액 손금으로 인정한다.

④ 현물로 기부할 경우 기부 자산가액은 기부대상과 관계없이 시가로 평가한다.

55. 다음 중 정규증명서류의 수취의무와 미수취시 불이익을 요약한 표의 내용으로 가장 올바르지 않은 것은(단, 모든 지출은 사업자로부터 실제 재화나 용역을 공급받았고, 거래사실을 객관적으로 입증할 수 있는 거래명세서를 수취하였다고 가정한다)?

대 상		정규증명서류 이외의 서류 수취 시 불이익	
		손금인정여부	가산세
기업업무추진비	건당 3만원 초과 (경조사비 20만원 초과)	① 손금불산입	② 가산세 부과
기업업무추진비 이외의 지출	건당 3만원 초과	③ 손금산입	④ 가산세 부과

56. 다음 중 손금불산입대상인 지급이자와 이에 대한 소득처분을 연결한 것으로 가장 옳은 것은(단, 지급이자에 대한 원천징수는 고려하지 않는다)?

	구 분	소득처분
①	채권자불분명 사채이자	배당
②	비실명채권・증권이자	기타사외유출
③	건설자금이자	유보
④	업무무관자산 등에 대한 지급이자	기타

57. 다음 중 법인세법상 대손충당금 설정대상 채권이 아닌 것은?

① 소비대차계약에 의하여 타인에게 대여한 금액
② 금전소비대차계약에 의하여 타인에게 대여한 금액
③ 상품의 판매가액의 미수액
④ 매각거래에 해당하는 배서양도어음

58. 다음 중 준비금에 관한 설명으로 가장 올바르지 않은 것은?

① 비영리내국법인은 법인세법에 따라 고유목적사업준비금을 손금에 산입할 수 있다.
② 준비금은 법인세법에서만 규정하고 있고, 조세특례제한법에서 규정하는 준비금은 현재 없다.
③ 보험업을 영위하는 법인은 책임준비금을 손금에 산입할 수 있다.
④ 전입한 준비금은 일정기간이 경과한 후에 다시 익금산입하여야 한다.

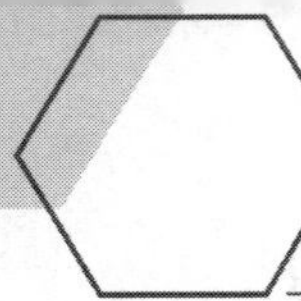

59. 다음 ㈜삼일의 거래 중 법인세법상 부당행위계산부인 규정의 적용대상으로 가장 올바르지 않은 것은?

① 종업원인 김삼일에게 사택을 무료로 제공하였다(단, 김삼일은 지배주주의 특수관계인이 아니다).
② 임원 김용산에게 시가 8억원의 기계장치를 7억원에 양도하였다.
③ 대표이사 김서울에게 업무와 관련 없이 1억원을 무이자 조건으로 대여하였다.
④ 대주주인 김마포에게 토지를 1년간 무상으로 임대하였다.

60. 다음의 자료를 이용하여 ㈜삼일의 제25기 사업연도(20x1년 1월 1일~20x1년 12월 31일) 과세표준 금액을 계산하면 얼마인가?

ㄱ. 당기순이익 : 250,000,000원
ㄴ. 소득금액조정합계표상 금액
  - 익금산입 · 손금불산입 : 100,000,000원
  - 손금산입 · 익금불산입 : 70,000,000원
ㄷ. 일반기부금 한도초과액 : 10,000,000원
ㄹ. 비과세소득 : 3,000,000원
ㅁ. 소득공제 : 2,000,000원

① 280,000,000원
② 285,000,000원
③ 290,000,000원
④ 295,000,000원

61. 다음 중 소득세의 특징에 관한 설명으로 가장 올바르지 않은 것은?

① 소득세법은 개인별 소득을 기준으로 과세하는 개인단위 과세제도를 원칙으로 한다. 다만, 가족이 공동으로 사업을 경영하는 경우는 예외없이 합산과세한다.
② 퇴직소득과 양도소득을 다른 소득과 합산하지 않고 별도로 과세하는 이유는 장기간에 걸쳐 발생한 소득이 일시에 실현되는 특징 때문이다.
③ 소득세법은 열거주의에 의하여 과세대상 소득을 규정하고 있으므로 열거되지 아니한 소득은 과세되지 않는다. 다만, 예외적으로 이자소득과 배당소득은 유사한 소득을 포함하는 유형별 포괄주의를 채택하고 있다.
④ 분리과세는 기간별로 합산하지 않고 그 소득이 지급될 때 소득세를 징수함으로써 과세를 종결하는 방법이다.

62. 다음 중 소득세법상 이자소득에 관한 설명으로 가장 올바르지 않은 것은?

① 자금대여를 영업으로 하는 자가 금전을 대여하여 얻은 이익은 이자소득으로 과세된다.

② 보험기간이 10년 미만인 저축성보험의 보험차익은 이자소득으로 과세된다.

③ 이자소득을 발생시키는 거래·행위와 파생상품이 결합된 경우 해당 파생상품의 거래·행위로부터의 이익은 이자소득으로 과세된다.

④ 동일직장이나 동일직종에 종사하는 근로자로 구성된 공제조합 또는 공제회로부터 받는 공제회 반환금 중 납입원금을 초과하는 금액은 이자소득으로 과세된다.

63. 다음 거주자 김삼일씨의 상가임대 관련 자료를 기초로 20x1년 부동산임대 관련 사업소득 총수입금액을 계산하면 얼마인가?

ㄱ. 임대기간 : 20x1년 7월 1일~20x2년 6월 30일 ㄴ. 임대료 : 보증금 0원, 월세 10,000,000원 ㄷ. 1년간의 임대료 120,000,000원을 20x1년 7월 1일에 선불로 수령함

① 30,000,000원　　② 60,000,000원

③ 80,000,000원　　④ 120,000,000원

64. 김삼일씨의 20x1년 급여내역이 다음과 같을 때 과세대상 근로소득금액은 얼마인가?(김삼일씨는 20x1년에 연간 계속 근무하였다)

- 월급여액 : 2,000,000원 - 상여 : 월급여액의 400% - 연월차수당 : 2,000,000원 - 자녀학자금 : 500,000원 - 식사대 : 1,200,000원(월 100,000원. 단, 식사 또는 기타 음식물을 제공받지 않음) - 자가운전보조금 : 3,000,000원(월 250,000원)

① 34,500,000원　　② 35,100,000원　　③ 36,100,000원　　④ 37,500,000원

65. 다음 중 연금소득에 관한 설명으로 가장 올바르지 않은 것은?

① 개인이 가입한 연금 상품에 기인해 수령한 사적연금도 연금소득으로 과세된다.

② 산업재해보상보험법에 따라 받는 각종 연금은 연금소득으로 과세되지 않는다.

③ 연금소득금액 계산시 필요경비인정방식과 연금소득공제방식 중 선택하여 적용 가능하다.

④ 연금소득에 대한 수입시기는 연금을 지급받거나 받기로 한 날로 한다.

66. 다음은 20x1년 김삼일씨의 소득 내역이다. 김삼일씨의 20x1년도 종합소득 과세표준을 계산하면 얼마인가?

ㄱ. 비영업대금이익	10,000,000원
ㄴ. 사업소득금액	50,000,000원
ㄷ. 근로소득금액	70,000,000원
ㄹ. 퇴직소득금액	80,000,000원
ㅁ. 양도소득금액	30,000,000원
ㅂ. 종합소득공제	40,000,000원

① 80,000,000원 ② 90,000,000원 ③ 120,000,000원 ④ 200,000,000원

67. 다음 중 거주자 김삼일씨의 교육비세액공제 대상을 모두 고른 것은(자료상의 가족은 모두 생계를 같이 하고 있다)?

〈 교육비지출 현황 〉

	관계	교육비 지출내역	연령(만)	소득종류 및 금액
ㄱ.	본인	대학원 학비	38세	근로소득금액 1억원
ㄴ.	배우자	대학교 학비	36세	사업소득금액 200만원
ㄷ.	여동생	대학교 학비	27세	소득 없음
ㄹ.	딸	유치원비	5세	소득 없음

① ㄱ, ㄴ, ㄷ ② ㄱ, ㄷ, ㄹ ③ ㄴ, ㄷ, ㄹ ④ ㄱ, ㄴ, ㄷ, ㄹ

68. 다음 중 소득세법상 원천징수에 관한 설명으로 가장 올바르지 않은 것은?

① 원천징수는 소득금액을 지급하는 자에게 부과한 의무이므로 지급받는 자가 개인인지 법인인지 관계없이 동일한 세법을 적용한다.

② 원천징수의무자는 원천징수한 소득세를 그 징수일이 속하는 달의 다음 달 10일까지 납부하여야 한다.

③ 예납적 원천징수의 경우에는 별도의 소득세 확정신고절차가 필요하나, 완납적 원천징수에 해당하면 별도의 확정신고가 불필요하다.

④ 원천징수에 의해서 정부는 조세수입을 조기에 확보할 수 있으며, 탈세를 방지할 수 있는 장점이 있다.

69. 다음은 김삼일 회계사의 홈페이지에 있는 연말정산에 대한 상담사례들을 모은 것이다. 다음 상담사례의 답변 중 가장 올바르지 않은 것은?

> **(질문 1)**
> 안녕하세요. 김삼일 회계사님.
> 제가 사고로 인해 이번달에 병원에서 MRI 촬영을 했는데 이것도 의료비공제가 됩니까? 가뜩이나 MRI 촬영비도 비싼데 공제도 안된다면 사고난 곳이 더 아플 것 같습니다.
> · 답변 1
> MRI 촬영비가 진료, 질병예방 목적으로 의료기관에 지급된 경우에는 의료비 공제대상입니다.
>
> **(질문 2)**
> 수고가 많으십니다. 저는 봉급생활자인데 자동차종합보험료도 보험료 공제를 받을 수 있습니까?
> · 답변 2
> 자동차종합보험은 보장성보험이므로 지급된 보험료가 보험료공제 대상이 됩니다.
>
> **(질문 3)**
> 아이가 아파서 미국에서 수술을 받았습니다. 해당 의료비는 세액공제를 받을 수 있나요?
> · 답변 3
> 국외에서 지출한 의료비는 세액공제가 불가능합니다.
>
> **(질문 4)**
> 올해 대학에 입학하는 자녀의 대학등록금 900만원을 신용카드로 납부하였습니다. 신용카드로 결제한 대학교 등록금도 신용카드 공제대상이 되나요?
> · 답변 4
> 신용카드로 결제한 대학교 등록금은 신용카드 세액공제 대상에 해당합니다.

① 답변 1　　② 답변 2　　③ 답변 3　　④ 답변 4

70. 다음 중 양도소득세 과세대상자산이 아닌 것은?

① 부동산을 취득할 수 있는 권리
② 과점주주가 보유하는 부동산과다보유법인 주식
③ 대주주소유 상장주식
④ 토지・건물과 별개로 양도하는 영업권

71. 다음 중 부가가치세법에 관한 설명으로 가장 옳은 것은?

① 부가가치세는 원칙적으로 모든 재화 또는 용역을 과세대상으로 하는 일반 소비세에 해당한다.
② 부가가치세는 납세의무자와 실질적인 담세자가 일치하는 직접세이다.
③ 부가가치세는 일정기간 동안 사업자가 공급한 매출액에서 매입액을 차감하여 부가가치를 계산한 다음 세율을 적용하는 전단계거래액공제방법을 채택하고 있다.
④ 부가가치세는 2 단계 누진세율을 적용한다.

72. 다음 중 부가가치세 납세의무자인 사업자에 관한 설명으로 가장 옳은 것은?

① 면세사업자는 매출세액을 거래 징수할 필요는 없으나 매입세액 공제는 받는다.
② 면세사업자는 부가가치세법상 사업자등록 후 면세사업자 신청을 해야 한다.
③ 겸영사업자는 일반과세사업과 면세사업(비과세사업 포함)을 함께 영위하는 자를 말한다.
④ 비영리사업자는 납세의무자가 아니므로 부가가치세를 거래징수하지 않아도 된다.

73. 다음 중 새롭게 부가가치세법상 사업자등록을 해야 하는 사람을 모두 고르면?

김순희 : 이번에 초등학생을 대상으로 한 수학학원을 오픈할 예정이예요. 정부인허가 받는데 시간이 꽤 걸렸지만 아이들을 위해 수업할 생각을 하니 너무 기쁘네요. 김영희 : 저희 지역사회를 위한 신문을 반기별로 발간하려고 해요. 신문 구독료만으로는 운영이 어려워 광고도 함께 할 생각입니다. 김영수 : 이번 시즌 화장품에 대한 반응이 좋아서 이달 안으로 용산구에 직매장을 추가로 설치해서 판매량을 더욱 더 늘릴 예정입니다. 김철수 : 의류재고가 계속 늘어나 현재 창고로는 수용하기가 힘들어 새롭게 보관만을 목적으로 한 창고를 임차하여 세무서에 설치신고를 완료했습니다.

① 김순희, 김철수　　② 김순희, 김영수
③ 김영희, 김영수　　④ 김영희, 김철수

74. 다음은 제조업과 건설업을 영위하는 ㈜삼일의 제1기 예정신고기간(20x1년 1월 1일~20x1년 3월 31일)에 발생한 거래이다. 해당 예정신고기간의 과세표준은 얼마인가?

(1) 특수관계인 매출액 5,000,000원(시가 10,000,000원)
(2) 특수관계인 이외의 매출액 50,000,000원(매출에누리 3,000,000원과 매출할인액 1,000,000원이 차감된 금액임)
(3) 회사가 공급한 재화와 직접 관련되지 않은 국고보조금 20,000,000원
(4) 거래처 파산으로 인한 대손금 10,000,000원

① 55,000,000원
② 60,000,000원
③ 62,000,000원
④ 64,000,000원

75. 다음 중 부가가치세 과세대상에 관한 설명으로 가장 올바르지 않은 것은?

① 재화를 담보로 제공하는 것은 부가가치세 과세대상이 되지 아니한다.
② 교환계약에 의하여 재화를 인도 또는 양도하는 것은 부가가치세 과세 대상이다.
③ 사업을 포괄적으로 양도한 경우 이는 재화의 공급에 해당하므로 과세 대상이다.
④ 대가를 받지 아니하고 타인에게 용역을 공급하는 것은 원칙적으로 부가가치세 과세대상이 되지 아니 한다.

76. 다제조업을 영위하는 일반과세사업자 ㈜삼일은 일본의 사업자 ㈜동경으로부터 반도체 부품을 100만원에 수입하고 대가를 지급하려 한다. 다음 중 ㈜삼일이 ㈜동경에게 지급해야 할 금액에 관한 설명으로 가장 옳은 것은(단, 한국의 부가가치세율이 10%, 일본의 부가가치세율이 6%라고 가정하고, 관세 등은 고려하지 않는다)?

① 반도체 금액 100만원에 일본의 부가가치세율에 따른 부가가치세 6만원을 지급한다.
② 반도체 금액 100만원만 지급하고 부가가치세는 한국의 세관장에게 10만원을 납부한다.
③ 반도체 금액 100만원만 지급하고 부가가치세는 일본의 세관장에게 6만원을 납부한다.
④ 반도체 금액 100만원에 한국과 일본의 부가가치세율 차이에 따른 부가가치세 4만원을 지급한다.

77. 다음 중 부가가치세법상 재화와 용역의 공급시기에 관한 설명으로 가장 올바르지 않은 것은?

① 수출재화의 공급 : 수출 재화의 선(기)적일
② 완성도기준지급조건부 판매 : 대가의 각 부분을 받기로 한 때
③ 조건부판매 : 조건이 성취되어 판매가 확정된 때
④ 판매목적 타사업장 반출 : 재화를 사용하거나 소비하는 때

78. 다음 중 부가가치세법상 면세에 관한 설명으로 가장 올바르지 않은 것은?

① 면세사업자가 면세를 포기하는 경우 1년간은 면세적용을 받을 수 없다.
② 면세사업자는 과세표준의 신고, 사업자등록, 세금계산서 발급 등에 관한 부가가치세상의 제반의무가 없다.
③ 면세의 포기는 면세사업자가 면세포기사유에 해당하는 경우에 한해서만 가능하다.
④ 면세는 부가가치세의 역진성을 해소하기 위한 부분면세제도이다.

79. 다음 중 과세사업을 영위하는 ㈜삼일의 부가가치세 신고 시 매입세액공제가 가능한 항목으로 가장 옳은 것은(단, 적격증빙은 적정하게 수령했다고 가정한다)?

① 기업업무추진비　② 토지
③ 비영업용소형승용차　④ 상가건물

80. 다음 중 부가가치세에 대한 가산세가 부과되는 경우로 가장 올바르지 않은 것은?

① 예정신고시 매입처별세금계산서 합계표를 제출하지 않고 확정신고시 제출한 경우
② 가공세금계산서를 발행한 경우
③ 재화를 공급받고 타인 명의로 세금계산서를 발급받은 경우
④ 사업자등록을 하지 않은 경우

원가관리회계

81. 다음은 ㈜삼일의 20X1년 제조원가 자료이다.

제조원가명세서

20X1년 1월 1일~20X1년 12월 31일

(단위 : 원)

Ⅰ. 직접재료원가		300,000
Ⅱ. 직접노무원가		500,000
Ⅲ. 제조간접원가		130,000
변동원가	60,000	
고정원가	70,000	
Ⅳ. 당기총제조원가		930,000

위 자료를 이용하여 (a)기초원가와 (b)가공원가를 계산하면 얼마인가?

① (a) 930,000원, (b) 130,000원
② (a) 800,000원, (b) 130,000원
③ (a) 800,000원, (b) 630,000원
④ (a) 300,000원, (b) 630,000원

82. 다음의 기업경영 사례에서 밑줄 친 부분이 의미하는 용어는 무엇인가?

> 영국, 프랑스가 공동 개발한 초음속 여객기 '콩코드'는 개발과정에서 막대한 비용을 들였고, 완성하더라도 채산을 맞출 가능성이 없었다. 그러나 **이미 거액의 개발자금을 투자**했기 때문에 도중에 중지하는 것은 낭비라는 이유로 개발작업이 계속 이어졌다고 한다.

① 간접원가
② 매몰원가
③ 고정원가
④ 기회원가

83. 다음 중 준변동원가에 관한 설명으로 가장 옳은 것은?

① 조업도의 증감에 따라 원가총액과 단위당 원가가 증가한다.
② 조업도의 변동과 무관하게 원가총액이 일정하다.
③ 조업도가 없어도 원가가 일정 금액 발생하고 그 이후 조업도 증감에 따라 원가총액이 증가한다.
④ 조업도가 특정범위를 벗어나면 일정액만큼 증가 또는 감소한다.

84. 20X1년 1월 5일에 영업을 시작한 ㈜삼일은 20X1년 12월 31일에 직접재료재고 5,000원, 재공품재고 10,000원, 제품재고 20,000원을 가지고 있다. 그런데 20X2년 들어 영업실적이 부진하자 동년 6월에 재료와 재공품 재고를 남겨두지 않고 제품으로 생산한 뒤 싼 가격으로 제품을 모두 처분하고 공장을 폐쇄하였다. ㈜삼일의 20X2년의 원가를 큰 순서대로 정리하면?

① 매출원가 > 당기총제조원가 > 제품제조원가
② 매출원가 > 제품제조원가 > 당기총제조원가
③ 당기총제조원가 > 제품제조원가 > 매출원가
④ 모두 금액이 같다.

85. ㈜삼일은 보조부문(S1, S2)과 제조부문(P1, P2)을 이용하여 제품을 생산하고 있으며, 단계배분법을 사용하여 보조부문원가를 제조부문에 배분한다. 각 부문 간의 용역수수관계와 보조부문원가가 다음과 같을 때 P2에 배분될 보조부문원가는?(단, 보조부문원가는 S1, S2의 순으로 배분한다.)

	보조부문		제조부문		합계
	S1	S2	P1	P2	
부문원가	120,000원	100,000원	–	–	
S1	–	25%	50%	25%	100%
S2	20%	–	30%	50%	100%

① 92,500원 ② 95,000원 ③ 111,250원 ④ 120,500원

86. 다음 중 개별원가계산과 종합원가계산에 관한 설명으로 가장 올바르지 않은 것은?

	구분	개별원가계산	종합원가계산
①	특징	특정 제품이 다른 제품과 구분되어 생산됨	동일규격의 제품이 반복하여 생산됨
②	원가보고서	각 작업별로 보고서 작성	각 공정별로 보고서 작성
③	원가계산방법	발생한 총원가를 총생산량으로 나누어 단위당 평균제조원가계산	주문받은 개별 제품별로 작성된 작업원가표에 집계하여 계산
④	적용적합한 업종	주문에 의해 각 제품을 별도로 제작, 판매하는 제조업종	동일한 규격의 제품을 대량 생산하는 제조업종

87. 다음 자료는 개별원가계산제도를 이용하여 원가계산을 하는 ㈜삼일의 작업 A101과 관련된 것이다.

〈 당기의 작업 A101 관련 작업원가표 〉

일자	직접재료원가		직접노무원가		제조간접원가	
	재료출고 청구서 NO.	금액	작업시간 보고서 NO.	금액	배부율	배부금액
3. 1	#1	290,000원	#1	85,000원	800원/시간	150,000원
3.10	#2	300,000원	#2	92,000원		

당기에 완성된 작업 A101의 기초재공품원가는 53,000원이다. 작업 A101의 당기제품제조원가는 얼마인가(단, 기말재공품원가는 없다고 가정한다.)?

① 595,000원 ② 767,000원 ③ 820,000원 ④ 970,000원

88. ㈜삼일은 평균법을 이용한 종합원가계산제도를 채택하고 있다. 재료는 공정초기에 전량 투입되며, 가공원가는 공정전반에 걸쳐 발생한다. (a)완성품원가와 (b)기말재공품원가는 각각 얼마인가?

〈 수량 〉

기초재공품	50개 (완성도 40%)	완 성 품	400개
착 수 량	450개	기말재공품	100개 (완성도 20%)

〈 원가 〉

	재료원가	가공원가
기초재공품원가	8,000,000원	6,000,000원
당기발생원가	32,000,000원	24,240,000원

① (a) 60,800,000원, (b) 9,440,000원
② (a) 56,192,000원, (b) 56,192,000원
③ (a) 60,800,000원, (b) 56,192,000원
④ (a) 56,192,000원, (b) 9,440,000원

89. ㈜삼일은 종합원가계산을 적용하여 제품의 원가를 계산하고 있다. 재료는 공정초기에 전량 투입되며 기말재공품 400개에 대한 가공원가는 60%의 완성도를 보이고 있다. 완성품환산량 단위당 재료원가와 가공원가가 각각 1,500원, 500원으로 계산된 경우에 기말재공품의 원가는 얼마인가?

① 640,000원 ② 680,000원 ③ 720,000원 ④ 760,000원

90. ㈜삼일은 종합원가계산제도를 채택하고 있으며, 원재료는 공정의 초기에 전량 투입되며, 가공원가는 공정 전반에 걸쳐서 진척도에 따라 균등하게 발생한다. 재료원가의 경우 평균법에 의한 완성품환산량은 2,000단위이고, 선입선출법에 의한 완성품환산량은 1,500단위이다. 또한 가공원가의 경우 평균법에 의한 완성품환산량 1,800단위이고, 선입선출법에 의한 완성품환산량은 1,400단위이다. 기초재공품의 진척도는 몇 %인가?

① 50% ② 60% ③ 70% ④ 80%

91. 다음 중 표준원가계산의 유용성으로 가장 올바르지 않은 것은?

① 재무제표 상의 재고자산가액과 매출원가를 산출할 때 근거가 되는 원가정보를 제공할 수 있다.
② 실제원가와 표준원가를 분석하여 효율적으로 원가를 통제할 수 있다.
③ 예산편성을 위한 원가자료를 수집하는 데 소요되는 시간을 절약할 수 있다.
④ 표준원가는 기업의 활동과 성과를 실제 발생한 수치로 표시할 수 있다.

92. ㈜삼일은 표준원가계산을 이용하여 당월에 발생된 차이를 분석한 결과, 가격차이 100,000원(불리), 능률차이 54,000원(유리)이었다. 괄호 (A), (B)에 들어가는 금액과 수량으로 가장 옳은 것은?

실제수량	단위당 실제원가	단위당 표준원가	생산량	표준수량
10,000kg	@100	(A)	5,300개	(B)

	A	B
①	@100	2kg
②	@100	3kg
③	@90	2kg
④	@90	3kg

93. ㈜삼일은 고정제조간접비를 노동시간 기준으로 배부하는데 기준조업도는 20,000시간이다. 또한 제품 단위당 표준노동시간은 10시간이며, 제품의 실제생산량은 2,100단위이고 고정제조간접비의 실제발생액은 2,300,000원이다. 고정제조간접비 예산차이가 300,000원(불리)이라면 조업도차이는 얼마인가?

① 50,000원 유리 ② 50,000원 불리
③ 100,000원 유리 ④ 100,000원 불리

94. ㈜삼일의 직접재료원가에 대한 자료는 다음과 같다. 직접재료원가의 능률차이는 얼마인가?

제품실제생산량	2,000개
제품 1개당 실제투입수량	5kg
kg당 실제재료원가	400원
제품 1개당 표준투입수량	4kg
직접재료원가 kg당 표준가격	300원

① 300,000원(유리)
② 300,000원(불리)
③ 600,000원(유리)
④ 600,000원(불리)

95. 다음 중 직접노무원가 가격차이의 계산식으로 가장 옳은 것은?

① (표준임률 - 실제임률) × 표준작업시간
② (실제임률 - 표준임률) × 실제작업시간
③ (표준작업시간 - 실제작업시간) × 표준임률
④ (실제작업시간 - 표준작업시간) × 실제임률

96. ㈜삼일의 표준원가계산제도는 직접작업시간을 제조간접원가 배부기준으로 사용한다. ㈜삼일의 원가차이 분석 자료를 이용할 경우, 변동제조간접비 소비차이는 얼마인가?

제조간접비 실제발생액	15,000원
고정제조간접비 실제발생액	7,200원
실제작업시간	3,500시간
표준작업시간	3,800시간
변동제조간접비 표준배부율 작업시간당	2.5원

① 950원 불리
② 750원 불리
③ 750원 유리
④ 950원 유리

97. 다음 중 전부원가계산과 변동원가계산에 관한 설명으로 가장 올바르지 않은 것은?

① 당기 생산량이 판매량보다 많으면, 전부원가계산의 영업이익이 변동원가계산의 영업이익보다 항상 크다.
② 변동원가계산의 영업이익은 판매량에 따라 달라진다.
③ 변동원가계산에서는 고정제조간접원가를 기간비용으로 처리한다.
④ 전부원가계산에서는 과잉생산의 유인이 있다.

98. ㈜삼일의 7월 한달 간 변동원가계산에 대한 자료이다. 7월의 총매출액은 얼마인가?

제품 단위당 판매가격	7,000원
단위당 변동원가	4,500원
총고정원가	2,300,000원
영업이익	8,750,000원

① 19,890,000원 ② 30,940,000원
③ 38,590,000원 ④ 42,500,000원

99. 다음 중 변동원가계산제도의 특징에 관한 설명으로 옳은 것으로만 짝지은 것은?

가. 변동원가계산제도만 기업회계기준에서 인정하는 원가계산제도이다.
나. 특정기간의 이익이 재고자산 수량의 변동에 영향을 받지 않는다.
다. 고정제조간접비를 기간비용으로 처리한다.

① 가, 나 ② 가, 다 ③ 나, 다 ④ 가, 나, 다

100. ㈜삼일은 12월 중 아래 영업자료를 참고하여 전부원가계산과 변동원가계산에 의한 순이익을 비교하고 있다. 전부원가계산의 영업이익이 변동원가계산에 비해 75,000원만큼 크다면 판매량은 몇 개인가?

생산량	2,000개	판매량	?
고정제조원가	300,000원	고정판매관리비	75,000원

(단, 월초재고는 없음)

① 1,500개 ② 1,600개 ③ 1,800개 ④ 2,000개

101. ㈜삼일은 활동기준원가계산을 사용하며, 제조과정은 다음의 3가지 활동으로 구분된다.

활동	원가동인	연간 원가동인수	연간 가공원가총액
세척	재료의 부피	100,000리터	200,000원
압착	압착기계시간	45,000시간	900,000원
분쇄	분쇄기계시간	21,000시간	546,000원

X 제품 한 단위당 재료부피는 30리터, 압착기계시간은 10시간, 분쇄기계시간은 5시간이다. X 제품의 단위당 판매가격과 재료원가가 각각 2,000원과 400원일 경우 제품의 단위당 공헌이익은 얼마인가?

① 390원 ② 800원 ③ 1,210원 ④ 1,600원

102. ㈜삼일의 과거 원가자료를 바탕으로 총제조간접원가를 추정한 원가함수는 다음과 같다. 이에 관한 설명으로 가장 올바르지 않은 것은?(단, 조업도는 기계시간이다.)

$y = 200,000 + 38x$

① 200,000은 기계시간당 고정제조간접원가를 의미한다.
② x는 기계시간을 의미한다.
③ 38은 기계시간당 변동제조간접원가를 의미한다.
④ 조업도가 1,000 기계시간일 경우 총제조간접비는 238,000원으로 추정된다.

103. 다음 중 영업레버리지에 관한 설명으로 올바른 것만 짝지은 것은?

가. 영업레버리지란 영업고정비가 지렛대의 작용을 함으로써 매출액 변화율보다 영업이익 변화율이 확대되는 효과이다.
나. 일반적으로 한 기업의 영업레버리지도는 손익분기점 부근에서 가장 크며, 매출액이 증가함에 따라 점점 작아진다.
다. 영업레버리지도가 높다는 것은 그 기업의 영업이익이 충분히 많다는 것을 의미한다.

① 가, 나　② 나, 다　③ 가, 다　④ 가, 나, 다

104. 다음 중 CVP 분석에 대한 설명으로 가장 올바르지 않은 것은?

① 모든 원가는 변동원가와 고정원가로 분류할 수 있다고 가정한다.
② 수익과 원가의 행태는 관련범위 내에서 선형이라고 가정한다.
③ 화폐의 시간가치를 고려하여 분석한다.
④ 복수제품인 경우 매출배합이 일정하다고 가정한다.

105. 기업은 미래의 불확실성에 대처하기 위하여 계획을 수립하며, 이러한 계획의 일부분으로서 예산을 편성한다. 예산은 다양하게 분류할 수 있는데 조업도의 변동에 따라 조정되어 작성되는 예산을 무엇이라 하는가?

① 변동예산　② 부문예산　③ 종합예산　④ 운영예산

106. ㈜삼일은 전자제품을 생산하여 판매하는 회사로서 각 사업부의 영업자산, 영업이익 및 매출액에 관한 정보는 다음과 같다. 다음 중 투자수익률이 높은 사업부의 순서로 가장 옳은 것은?

구 분	휴대폰사업부	청소기사업부	냉장고사업부
평균영업자산	500,000원	1,000,000원	2,000,000원
영업이익	50,000원	230,000원	220,000원
매출액	4,000,000원	3,000,000원	1,000,000원

① 휴대폰>청소기>냉장고　② 청소기>휴대폰>냉장고
③ 냉장고>청소기>휴대폰　④ 청소기>냉장고>휴대폰

107. 다음 중 산출물만을 화폐로 측정하여 통제할 뿐 투입물과 산출물 모두에 의해 결정되는 이익에 대해서는 책임을 지지 않는 책임중심점으로 가장 옳은 것은?

① 원가중심점　② 수익중심점　③ 이익중심점　④ 투자중심점

108. 현재 투자수익률이 각각 17%와 16%인 (a) 마포사업부와 (b) 용산사업부는 모두 신규투자안을 고려하고 있다. 마포사업부와 용산사업부가 고려하고 있는 신규투자안은 기대투자수익률이 각각 15%와 17%이고, 자본비용은 각각 16%와 14%이다. 이 경우 각 사업부가 잔여이익 극대화를 목표로 한다면 각 부문은 어떤 의사결정을 하여야 하는가?

① (a) 채택, (b) 채택　② (a) 채택, (b) 기각
③ (a) 기각, (b) 채택　④ (a) 기각, (b) 기각

109. 투자수익률(ROI)은 영업이익을 투자액으로 나누어 계산한 수익성 지표이다. 다음 중 투자수익률의 증대 방안으로 가장 올바르지 않은 것은?

① 매출액의 증가　② 판매비와관리비의 감소
③ 매출채권 회전기간의 감소　④ 총자산회전율의 감소

110. 다음 중 경제적부가가치(EVA)에 관한 설명으로 가장 올바르지 않은 것은?

① EVA는 투자중심점이 고유의 영업활동에서 세금, 타인자본과 자기자본에 대한 자본비용을 초과하여 벌어들인 이익을 의미한다.
② EVA는 고유의 영업활동에서 창출된 순가치의 증가분을 의미한다.
③ EVA는 자기자본에 대한 자본비용을 고려하지 않고 성과평가를 한다.
④ EVA는 발생주의 회계수치를 성과측정목적에 맞게 수정하여 계산한다.

111. 분권화란 의사결정권한이 조직 전반에 걸쳐서 위임되어 있는 상태를 의미한다. 다음 중 분권화의 문제점으로 가장 올바르지 않은 것은?

① 고객, 공급업체 및 종업원의 요구에 대한 신속한 대응이 어려워진다.
② 분권화된 사업부는 기업 전체의 관점에서 최적이 아닌 의사결정을 할 가능성이 있다.
③ 각 사업부에서 동일한 활동이 개별적으로 중복 수행될 수 있다.
④ 각 사업부간의 협력이 저해되어 비효율을 초래할 수 있다.

112. ㈜삼일의 부품제조에 대한 원가자료는 다음과 같다.

직접재료원가	200원/단위
직접노무원가	50원/단위
변동제조간접원가	50원/단위
총고정제조간접원가	600,000원
생산량	20,000단위

외부제조업자가 이 부품의 필요량 20,000단위를 전량 납품하겠다고 제의하였다. 부품을 외부에서 구입할 경우 고정제조간접원가의 1/3을 회피할 수 있다면, 다음 중 ㈜삼일이 최대한 허용할 수 있는 부품의 단위당 구입가격은 얼마인가?

① 300원　② 310원　③ 320원　④ 330원

113. 다음 중 의사결정에 관한 설명으로 가장 올바르지 않은 것은?

① 고정원가가 당해 의사결정과 관계없이 계속 발생한다면 고정원가는 비관련원가이다.
② 현재 시설능력을 100% 활용하고 있는 기업이 특별주문의 수락 여부를 고려할 때 동 주문 생산에 따른 추가 시설 임차료는 고려할 필요가 없다.
③ 제품라인을 폐지한 후 유휴생산시설을 이용하여 발생시키는 수익은 의사결정 시 고려하여야 한다.
④ 부품의 자가제조 또는 외부구입 의사결정시 회피가능원가가 외부구입원가보다 큰 경우에는 외부구입하는 것이 바람직하다.

114. ㈜삼일의 손익계산서는 다음과 같다.

제품단위당 판매가격	1,200원
매출액	7,200,000원
매출원가	3,200,000원
매출총이익	4,000,000원
판매비와관리비	2,700,000원
영업이익	1,300,000원

매출원가 중 1/4과 판매비와관리비 중 2/3가 고정비이다. 유휴생산능력이 있다고 할 경우, 제품단위당 700원에 500단위의 제품에 대한 추가주문을 받아들인다면 회사의 영업이익에 미치는 영향은 얼마인가(단, 추가주문 수락이 기존주문에 미치는 영향은 없는 것으로 가정한다)?

① 75,000원 증가
② 75,000원 감소
③ 125,000원 증가
④ 125,000원 감소

115. ㈜삼일은 최근 고객사로부터 제품 300단위를 단위당 20,000원에 구입하겠다는 제안을 받았다. 이 주문의 수락여부와 회사의 이익에 미치는 영향은 어떠한가(단, 제품과 관련된 자료는 다음과 같으며 동 주문을 수락하더라도 고정원가에는 아무런 영향을 초래하지 않는다)?

	제품단위당 원가
직접재료원가	11,000원
직접노무원가(변동원가)	4,000원
변동제조간접원가	2,500원
고정제조간접원가	3,000원
변동판매비와관리비	500원
고정판매비와관리비	1,000원
	22,000원

① 수락, 150,000원의 이익 증가
② 수락, 600,000원의 이익 증가
③ 거절, 150,000원의 손실 증가
④ 거절, 600,000원의 손실 증가

116. ㈜삼일은 내용연수가 3년인 기계장치에 투자하려고 하고 있다. 기계장치를 구입하면, 1년째에는 5,000,000원, 2년째에는 4,000,000원, 그리고 3년째에는 3,000,000원의 현금지출운용비를 줄일 것으로 판단하고 있다. 회사의 최저필수수익률은 12%이고 기계장치에 대한 투자액의 현재가치는 8,000,000원이라고 할 때, 기계장치에 대한 투자안의 순현재가치(NPV)는 얼마인가(단, 이자율 12%의 1원당 현재가치는 1년은 0.9, 2년은 0.8, 3년은 0.7이며 법인세는 없는 것으로 가정한다)?

① 1,800,000원 ② 1,900,000원 ③ 2,000,000원 ④ 2,100,000원

117. 다음 중 자본예산을 편성하기 위한 현금흐름추정의 기본원칙으로 가장 올바르지 않은 것은?

① 증분기준에 의한 현금흐름을 추정해야 하므로 이미 현금유출이 이루어진 매몰원가는 현금흐름추정시 고려하지 않는다.

② 법인세와 관련된 비용은 명백한 현금의 유출에 해당하므로 현금흐름추정 시 현금의 유출로 반영해야 한다.

③ 감가상각비는 현금의 유출에 해당하지 않으므로 현금흐름추정 시 현금의 유출로 보지 않는다.

④ 이자비용은 명백한 현금의 유출에 해당하므로 현금흐름추정 시 현금의 유출로 반영해야 한다.

118. 다음 중 순현재가치(NPV)법과 내부수익률(IRR)법에 관한 설명으로 가장 올바르지 않은 것은?

① 내부수익률(IRR)법에서는 내부수익률이 최저필수수익률을 상회하는 투자안을 채택한다.

② 내부수익률(IRR)법은 가치가산의 원칙이 적용되나 순현재가치(NPV)법은 그렇지 않다.

③ 두 방법 모두 화폐의 시간가치를 고려하는 방법이다.

④ 순현재가치(NPV)법에서는 순현재가치가 0(영)보다 큰 투자안을 채택한다.

119. ㈜삼일은 A 사업부와 B 사업부로 구성되어 있다. B 사업부는 A 사업부에서 생산되는 부품을 가공하여 완제품을 제조한다. B 사업부에서 부품 한 단위를 완제품으로 만드는 데 소요되는 추가가공원가는 500원이며, 완제품의 단위당 판매가격은 1,100원이다. 부품의 외부시장가격이 단위당 550원인 경우, B 사업부가 받아들일 수 있는 최대대체가격은 얼마인가?

① 550원 ② 600원 ③ 700원 ④ 1,100원

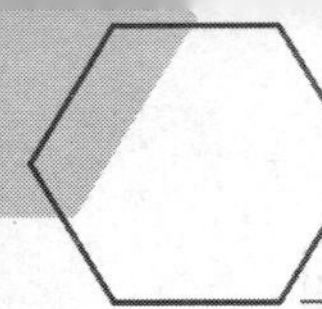

120. 다음 중 수명주기원가계산에 관한 설명으로 가장 올바르지 않은 것은?

① 최근에 제품의 수명이 짧아지면서 생산주기 이외의 주기에서 발생하는 원가가 기업 전체 입장에서 중요해지면서 대두된 관리회계기법이다.

② 프로젝트와 관련하여 언제 어떤 가치사슬단계에서 얼마만큼의 원가가 발생하는지를 알게 됨으로써 상이한 가치사슬단계에서의 원가발생의 상호관계 파악이 가능하다.

③ 제품 또는 서비스의 수명주기 매 단계마다 모든 가치사슬단계에서 발생하는 수익과 비용에 대한 집계를 가능하게 하여 프로젝트 전체에 대한 이해가 향상된다.

④ 제품수명주기원가의 대부분이 제조단계에서 확정되므로 제조단계에서의 원가절감을 강조한다.

2021년 기출문제 답안 및 해설

재무회계

1	2	3	4	5	6	7	8	9	10
②	②	③	②	①	④	③	④	①	③
11	12	13	14	15	16	17	18	19	20
②	③	①	④	②	④	①	①	①	②
21	22	23	24	25	26	27	28	29	30
①	④	③	③	①	④	②	②	④	③
31	32	33	34	35	36	37	38	39	40
④	②	②	③	②	③	①	④	④	③

01. 신뢰성은 국제회계기준과는 상관이 없다.

02. 청산이 전제된다면 자산을 **청산가치로 평가하는 것이 보다 합리적이 될 것**이다.

03. 비용은 발생주의에 따라 인식되므로 실현되지 않는 손실도 포함된다.

04. 평가충당금을 차감하여 관련 **자산을 순액으로 측정하는 것은 상계표시에 해당하지 아니한다.**

05. 자본변동표와 현금흐름표는 **당기 누적기간(1.1~9.30)과 전기의 동일기간을 비교**한다.

06. 폐쇄시 처분목적의 설비자산은 판매목적이 아니므로 재고자산에 해당하지 않는다.

07. 재고자산가액 = 매입원가($1,000 × 1,000) - 매입할인($100 × 1,000) + 운송보험료(100,000)
+ 제세금(20,000) = 1,020,000원

08. **재고자산평가손실과 정상감모손실은 매출원가에 해당**한다.

재고자산

기초	500,000	*매출원가*	*1,000,000*
매입액	2,000,000	기말상품	1,000,000
계	2,500,000	계	2,500,000

09. 상업적실질이 없는 경우(장부가액법)
차량운반구(B) = 차량운반구(A) 장부가액(3,500,000 - 1,200,000) + 현금지급(300,000)
= 2,600,000원

10. 자본화할 차입원가(8개월) = 24,000,000 × 5% × 8/12 = 800,000원

11. 손상후 장부금액(회수가능가액) = Max(① 45,000,000 ② 35,000,0000 = 45,000,000원
감가상각비 = 45,000,000 ÷ 20년 = 2,250,000원/년

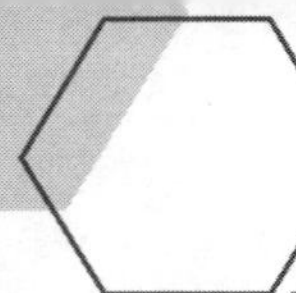

12. 연구단계와 개발단계를 구분할 수 없는 경우에 모두 연구단계에서 발생한 것으로 보아 비용 처리한다.

13. 무형자산상각비(3개월) = 6,000,000 ÷ 5년 × 3/12 = 300,000원

14. ① 유형자산 ② 재고자산 ③ 자산으로 미인식

15. 〈기타포괄손익인식 금융자산 평가〉

	취득가액	공정가액	평가이익	평가손실
20x1.말	5,000,000	6,500,000	***1,500,000***	0
20x2.말		4,900,000	△1,500,000	***100,000***
계			0	100,000

16. 유동부채 > 유동자산의 경우 재무적 어려움이 있을 뿐이지 손상의 객관적인 증거가 될 수 없다.

17. 아무런 조건없이 매도했다는 것은 양수자에게 위험과 보상이 대부분 이전되었다는 것을 의미한다.

18. 전환권대가는 자본(기타자본잉여금)에 해당한다.

19. **〈전환전 장부〉**

	전환사채 1,000,000 사채상환할증금 120,000 **전환권조정 (100,000)**
	기타자본잉여금(전환권대가) 50,000

자본금 = 1,000,000/사채액면(50,000) × 자본액면가(10,000) = 200,000원

(차) 전환사채	1,000,000	(대) 전환권조정	100,000
사채상환할증금	120,000	자본금	200,000
		주식발행초과금	**820,000**
전환권대가	**50,000**	**주식발행초과금**	**50,000**

20. 미래예상영업손실은 충당부채로 인식하지 못하고, 충당부채란 지출시기가 불확실한 의무이고, 현재가치로 평가하여야 한다.

21. **우선주배당금(5%) = 우선주자본금(500,000) × 5% = 25,000원**
보통주배당금(5%) = 보통주자본금(1,000,000) × 5% = 50,000원
〈비누적 · 비참가적 우선주〉

구분	20x1	20x2	20x3	추가	합계
우선주	–	–	***25,000***	–	–
보통주	–	–	50,000	225,000	275,000
계			75,000	225,000	300,000

22. 무상감자 회계처리 : (차) 자본금 XXX (대) 결손금(잉여금) XX→***자본불변***
유상감자 회계처리 : (차) 자본금 XXX (대) 현금 XX→자본(자산)감소
부채비율은 동일하고, 유상감자일 경우 순자산이 감소하고, **무상감자 후 자본총계는 동일하다.**

23. 스마트폰구입 통신계약시 단일 수행의무가 아니고, 2가지의 계약(재화 공급+용역제공)으로 보나, 하나의 계약으로 회계처리할 수 있다.

24. 판매기업에게 법적 소유권이 있으면 수익으로 인식할 수 없다.

25.

	20x1년	20x2년	20x3년
누적공사원가(A)	100억원	210억원	300억원
총추정공사원가(B)	250억원	300억원	300억원
누적진행율(A/B)	40%	70%	100%
총공사계약금액	400억원		
당기누적계약수익	**160억원**	**280억원**	**400억원**
당기계약수익(C)	**160억원**	**120억원**	**120억원**
당기발생계약원가(D)	100억원	110억원	90억원
당기계약이익(C－D)	**60억원**	**10억원**	**30억원**

26. 진행율 = 4,000,000/20,000,000원 = 20%
누적계약수익 = 30,000,000 × 20% = 6,000,000원
누적진행청구액 5,500,000
누적진행청구액(5,500,000)〈누적계약수익(6,000,000)
따라서 계약자산500,000원

27. 사외적립자산의 공정가치(X1년말) = 기초(2,000,000) + ***사외적립자산의 실제수익***(150,000)
= 2,150,000원

28. 자기주식, 자기주식처분이익, 주식선택권 모두 자본 항목이므로 자본 20,000,000원 증가한다.

29. 미지급법인세 = 과세표준(6,000,000) × 25% = 1,500,000원
이연법인세자산(감가상각비) = 300,000 × 25% + 600,000 × 30% = 255,000원
이연법인세자산(제품보증충당부채) = 500,000 × 30% = 150,000원
이연법인세 자산 = 감가상각비(255,000) + 제품보증충당부채(150,000) = 405,000원

30.

(차) **법인세비용**	**140,000**	(대) 당기법인세(미지급법인세)	200,000
이연법인세자산	40,000		
이연법인세부채	20,000		

또는 법인세비용 = 미지급법인세(200,000) - 이연법인세부채감소(20,000)
- 이연법인세자산증가(40,000) = 140,000원

31. 자산과 이익은 비례관계이다. 또한 **전기말 자산의 과대평가는 당기 매출원가를 과대평가**되게 하므로 당기 이익에 가산하여야 한다.
수정후 당기순이익 = 수정전 당기순이익(35,000) + 당기자산과소평가(2,000)
+ 전기자산과대평가(3,000) = 40,000원

32. ① 유통보통주식수 변동

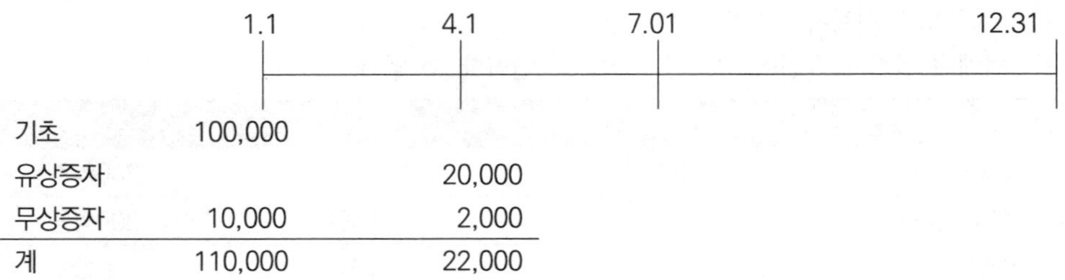

기초	100,000	
유상증자		20,000
무상증자	10,000	2,000
계	110,000	22,000

② 유통보통주식수 : 110,000×12/12+22,000×9/12=126,500주

33. <u>**투자자의 지분율과 종속기업이 보유하고 있는 지분율의 합계로 계산한다.**</u>

34. 표시통화로 환산하여 재무제표에 보고하여야 한다.

35. 재무상태표 자산과 부채는 보고기간말의 마감환율을 적용한다.

36. 현금흐름위험회피목적으로 체결한 파생상품의 평가손익 중 위험회피에 효과적인 부분은 기타포괄손익으로 처리한다.

37. 리스이용자의 입장에서 무보증잔존가치는 리스료에 포함되지 않는다.

38. 현금유입액=매출액(100,000) - 매출채권증가액(10,000) - 대손상각비(5,000) +대손충당금증가(1,000)=86,000원

39.

1. 당기순이익	<u>*4,900,000*</u>	
① 유형자산처분손실	200,000	현금지출없는 비용이므로 가산
② 매출채권증가	-900,000	(차) 매출채권 xx (대) 현 금 xx
③ 감가상각비	+300,000	현금지출없는 비용이므로 가산
④ 재고자산감소	+1,000,000	(차) 현 금 xx (대) 재고자산 xx
⑤ 매입채무의 감소	-500,000	(차) 매입채무 xx (대) 현 금 xx
2. 영업활동현금 흐름	5,000,000	

40. 현금유출액=매출원가(60,000)+재고자산증가(4,000) - 매입채무증가(2,000)=62,000원

세무회계

41	42	43	44	45	46	47	48	49	50
③	③	①	③	②	④	②	④	③	③
51	**52**	**53**	**54**	**55**	**56**	**57**	**58**	**59**	**60**
②	①	③	④	②	③	④	②	①	②
61	**62**	**63**	**64**	**65**	**66**	**67**	**68**	**69**	**70**
①	①	②	②	③	①	②	①	④	④
71	**72**	**73**	**74**	**75**	**76**	**77**	**78**	**79**	**80**
①	③	③	②	③	②	④	①	④	①

41. 과세권자에 따라 국세와 지방세로, 법인세는 보통세이고, 부가가치세는 간접세에 해당한다.

42. 우편으로 과세표준신고서를 제출시 발신주의(우편날짜 도장이 찍힌 날) 특례를 적용한다.

44. **제척기간이 끝나기 전까지 수정신고**를 할 수 있다.

45. **상호출자제한 기업집단에 속하는 법인**에 대해서만 미환류소득이 법인세법상 과세대상이다.

46. 차가감소득금액(170,000,000) - 각사업연도소득금액(175,000,000) = △5,000,000(기부금한도초과액)
과세표준(135,000,000) - 각사업연도소득금액(175,000,000) = △40,000,000원(이월결손금)

47. 특수관계자인 개인으로부터 유가증권을 저가매입시 익금으로 본다.
구입시 〈익금〉 유가증권저가 매입액 100,000원(유보)
평가시 〈익금불산입〉 유가증권 평가액 300,000원(△유보)
처분시 유보추인

49. **업무무관자산의 처분시 장부가액은 손금으로 인정**된다.

50. 임의변경으로 세무상평가액 = MAX[① 선입선출법(900) ② 당초 신고한 평가액(500)] = 900원
장부상 평가액(총평균법) = 800원

51.

구분	건물	기계장치	영업권
회사계상 상각비(①)	5,000,000원	4,000,000원	1,000,000원
세법 상 상각범위액(②)	6,000,000원	3,500,000원	1,200,000원
시부인액(① - ②)	△1,000,000원	+500,000원	△2,000,000원
전기이월상각 부인액	1,500,000원	-	-
세무조정	**손금산입 1,000,000원**	**손금불산입 500,000**	없음

52. **한국채택국제회계기준을 도입한 기업에 대해서 신고조정도 허용**한다.

53. **간주기부금 = 정상가액(1억×70%) - 양도가액(5천만원) = 2천만원**

54. 특례기부금과 일반기부금은 장부가액으로 평가하고, 비지정기부금은 시가와 장부가액 중 큰 금액으로 평가한다.

55. 기업업무추진비를 정규증명서류 이외의 서류 수취시 손금불산입되므로 가산세는 별도 부과하지 않는다.

56. 채권자불분명사채이자와 비실명채권·증권이자는 상여로 업무무관자산 등에 대한 지급이자는 기타사외유출로 소득처분한다.

57. 배서양도어음은 법인세법상 대손충당금설정 대상채권에서 제외된다.

58. 조특법에는 손실보전준비금이 규정되어 있다.

59. **종업원에게 사택을 제공하는 행위는 부당행위 계산 부인대상에서 제외된다.**

60. 과세표준 = 당기순이익(250,000,000) + 가산조정(100,000,000) - 차감조정(70,000,000) -
기부금한도초과액(10,000,000) - 비과세소득(3,000,000) - 소득공제(2,000,000)
= 285,000,000원

61. 소득세는 인별과세가 원칙이다.

62. **사업적으로 금전을 대여시 사업소득으로 과세**한다.

63. 총수입금액 = 월세(10,000,000) × 6개월(20X1.7.1 ~ 12.31) = 60,000,000원

64. 과세대상근로소득금액 = 월급여액(2,000,000) × 12 + 상여(2,000,000 × 4) + 연월차수당(2,000,000)
+ 자녀학자금(500,000) + 자가운전보조금(3,000,000 - 2,400,000)
= 35,100,000원

65. 연금소득공제시 필요경비방식은 없고, 일정 산식에 의한 소득공제방식을 적용한다.

66. 종합소득금액 = 사업소득금액(50,000,000) + 근로소득금액(70,000,000) = 120,000,000원
과세표준 = 종합소득금액(120.000,000) - 종합소득공제(40,000,000) = 80,000,000원

67. 교육비는 연령요건을 충족하지 않아도 되나, 소득요건을 충족해야 한다. 따라서 배우자는 종합소득금액 1백만원 초과자로서 교육비세액공제를 적용받지 못한다.

68. 원천징수에 대해서 지급받는 자가 **개인의 경우 소득세법을 법인의 경우 법인세법을 적용**한다.

69. 대학교 등록금에 대해서 신용카드사용시 중복공제가 허용되지 않는다.

70. **영업권만 양도시 기타소득에 해당**한다.

71. 부가가치세는 간접세이고, 전단계세액공제법을 적용하고 있으며, 2단계(10%,0%) 단일세율을 적용한다.

72. 면세사업자는 매입세액을 공제받을 수 없고, 소득세(법인세)법상 사업자등록을 해야 하고, 비영리사업자라 하더라도 부가가치세법상 납세의무자가 된다.

73. 김순희는 면세사업(학원업)이므로 소득세법상 사업자등록을 해야 하고, 재화보관만을 위한 창고는 하치장으로 신고만 하면 된다.

74. 과세표준 = 특수관계인 매출액(시가, 10,000,000) + 이외 매출액(50,000,000) = 60,000,000원

75. 사업의 포괄적 양도는 재화의 공급에 해당하지 않는다.

76. 소비지국 과세원칙(한국)에 따라 수입하는 재화에 대하여 한국의 세관장에게 10% 부가가치세를 납부하여야 한다.

77. 판매목적 타사업장 반출은 **인도기준에 의하여 반출하는 때**가 공급시기가 된다.

78. **면세포기시 3년간 면세적용을 받지 못한다**.

80. 매입처별 세금계산서 합계표를 예정신고시 제출하지 않고 확정신고시에 제출시 가산세는 없다.

원가관리회계

81	82	83	84	85	86	87	88	89	90
③	②	③	②	③	③	④	①	③	④
91	**92**	**93**	**94**	**95**	**96**	**97**	**98**	**99**	**100**
④	③	③	④	②	④	①	②	③	①
101	**102**	**103**	**104**	**105**	**106**	**107**	**108**	**109**	**110**
③	①	①	③	①	④	②	③	④	③
111	**112**	**113**	**114**	**115**	**116**	**117**	**118**	**119**	**120**
①	②	②	①	②	①	④	②	①	④

81. 기초원가 = 직접재료원가(300,000) + 직접노무원가(500,000) = 800,000원
가공원가 = 직접노무원가(500,000) + 제조간접원가(130,000) = 630,000원

84. 당기총제조원가(직접재료비 포함)를 X라 가정하면,

재공품(20x2)

기초	10,000	당기제품제조원가	10,000+X
당기총제조원가	X	기말	0
계	10,000+X	계	10,000+X

제품(20x2)

기초	20,000	매출원가	30,000+X
당기제품제조원가	10,000+X	기말	0
계	30,000+X	계	30,000+X

∴ 매출원가(30,000 + X) > 당기제품제조원가(10,000 + X) > 당기총제조원가(X)

85. 단계배분법으로 S1부문부터 먼저 배부한다.

제공부문 \ 사용부문		보조부문		제조부문	
		S1부문	S2부문	P1부문	P2부문
배부전원가		120,000	100,000	–	–
보조부문 배부	S1부문(25% : 50% : 25%)	(120,000)	30,000	**60,000**	**30,000**
	S2부문(0 : 30% : 50%)	–	(130,000)	**48,750**	**81,250**
보조부문 배부후 제조간접비		–	–	**108,750**	**111,250**

86. 원가계산방법이 개별원가계산과 종합원가계산이 바뀌어 설명되어 있다.

87.

재공품

기초재고	53,000	**당기제품제조원가**	**970,000**
직접재료비	590,000		
직접노무비	177,000		
제조간접비	150,000	기말재고	0
계	970,000	계	0

88.

〈1단계〉 물량흐름파악(평균법) / 〈2단계〉 완성품환산량 계산

재공품			재료비	가공비
	완성품	400 (100%)	400	400
	기말재공품	100 (20%)	100	20
	계	500	500	420
〈3단계〉 원가요약(기초재공품원가+당기투입원가)			8,000,000 +32,000,000	6,000,000 24,240,000
			500	420
〈4단계〉 완성품환산량당단위원가			@80,000	@72,000

〈5단계〉 완성품원가와 기말재공품원가계산

- 완성품원가 = 400개 ×(@80,000 + @72,000) = 60,800,000원
- 기말재공품원가 = 100개 × @80,000 + 20개 × @72,000 = 9,440,000원

89.

	기말재공품	400(60%)	400	240
〈4단계〉 완성품환산량당단위원가			@1,500	@500

〈5단계〉 기말재공품원가계산

- 기말재공품원가 = 400개 × @1,500 + 240개 × @500 = 720,000원

90. 재료비 : 선입선출법(1,500단위)와 평균법(2,000단위)의 차이는 기초재공품의 수량(500단위)을 의미하고,

가공비 : 선입선출법(1,400단위)과 평균법(1,800단위)의 차이(400단위)는 기초재공품의 완성도를 의미한다.

기초재공품의 진척도 = 400단위/500단위 = 80%

92.

AQ	AP	SQ	SP
10,000Kg	@100	?	?
100,000		-	

AQ × AP(Ⓐ) 1,000,000

AQ × SP(Ⓑ) 900,000 = 10,000kg × **@90**

SQ × SP(Ⓒ) **954,000 = 5,300개 × *2Kg*** × 90원

소비차이(Ⓐ - Ⓑ) 100,000(불리) **능률차이*(Ⓑ - Ⓒ)△54,000*(유리)**

93. SP = 고정제조간접비예산(2,000,000)/기준조업도(20,000) = 100/시간

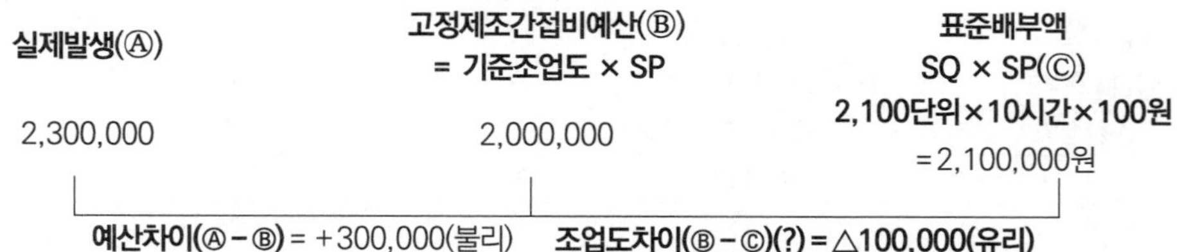

94.

AQ	AP	SQ	SP
5Kg	@400	4Kg	@300
100,000		120,000	

AQ × AP(Ⓐ)	AQ × SP(Ⓑ)	SQ × SP(Ⓒ)
100,000×2,000개 = 2,000,000	5kg×2,000개× **@300** **=3,000,000**	4kg×2,000개× **@300** **=2,400,000**

소비차이(Ⓐ-Ⓑ) △1,000,000(유리) **능률차이(Ⓑ-Ⓒ)+600,000(불리)**

96. 변동제조간접비 = 제조간접비(15,000) - 고정제조간접비(7,200) = 7,800원

AQ	AP	SQ	SP
3,500시간	?(4원/시간)	3,800시간	2.5원/시간
7,800원		-	

AQ × AP(Ⓐ)	AQ × SP(Ⓑ)	SQ × SP(Ⓒ)
7,800	3,500시간 × 2.5원 = 8,750원	

소비차이 = △ 950(유리)

97. 기초재고에 포함된 고정제조간접비금액에 따라 변동원가계산의 이익이 커질 수 있다.

98. (7,000 - 4,500)×Q - 2,300,000(총고정원가) = 8,750,000원(영업이익)

Q = 4,420개 ∴ 매출액 = 7,000×4,420개 = 30,940,000원

99. 변동원가계산은 외부보고용(기업회계기준)으로 사용될 수 없다.

100.

변동원가(순이익)	0
+ 기말재고에 포함된 고제간 - 기초재고에 포함된 고제간	75,000 0
= 전부원가(순이익)	75,000

(생산량 - 판매량)×기말제품재고에 포함된 단위당 고정제조간접비

= (2,000 - X)×150 = 75,000 ∴ X = 1,500개

101.

활 동	활동별원가	원가동인수 총계	배부율
세척	200,000	100,000리터	2원/리터
압착	900,000	45,000시간	20원/시간
분쇄	546,000	21,000시간	26원/시간

X(가공원가) = 30리터×@2 + 10시간×@20 + 5시간×@26 = 390원

공헌이익 = 판매가격(2,000) - 변동원가(400 + 390) = 1,210원

102. 200,000은 총고정원가를 의미한다.

103. 영업레버리지가 높다는 것은 <u>매출액이 조금 변화해도 영업이익의 변화가 크다는 것</u>을 의미한다.

104. CVP분석은 화폐의 시간가치를 고려하지 않는다.

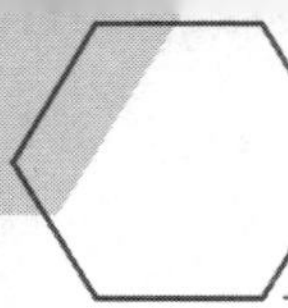

106.

	휴대폰사업부	청소기사업부	냉장고사업부
1. 영업자산	500,000	1,000,000	2,000,000
2. 영업이익	50,000	230,000	220,000
3. 투자수익률 (2÷1)	**10%**	**23%**	**11%**

107. 수익의 발생에 대해서 책임을 지는 것은 수익중심점이다.

108.

	마포사업부	용산사업부
1. 투자수익률	17%	16%
2. 기대투자수익률(신규투자안)	15%	17%
3. 자본비용	**16%**	**14%**
잔여이익(기대투자수익률>자본비용)일 경우 채택	**기각**	**채택**

109. 투자수익률 = 매출액이익률 × 자산회전율 이므로 자산회전율의 증가되어야 투자수익률이 증가한다.

110. EVA는 자기자본비용을 고려하여 성과평가를 한다.

111. 권한이 분산화 되어 있으므로 고객에게 신속한 대응이 가능하다.

112.

1. 증분수익(외부구입시)	
• 변동비감소분	(200 + 50 + 50) × 20,000 = 6,000,000
• 회피가능고정원가	600,000 × 1/3 = 200,000
2. 증분비용(외부구입시)	
• 외부구입비증가	X(외부구입단가) × 20,000 = 20,000X
3. 증분손익	0

6,200,000 = 20,000X ∴ X = 3100원

113. 100% 시설을 활용하고 있으므로 특별주문 수락 검토시 추가 시설 임차를 고려하여야 한다.

114. 변동비 = 3,200,000 × 3/4 + 2,700,000 × 1/3 = 3,300,000원

제품판매수량 = 7,200,000/1,200 = 6,000개

단위당변동비 = 3,300,000 ÷ 6,000개 = 550원

1. 증분수익(특별주문 수락시)	
• 매출액증가	700원 × 500개 = 350,000
2. 증분비용(특별주문 수락시)	
• 변동비증가	550원 × 500개 = 275,500
3. 증분손익	75,000원

115.

1. 증분수익(특별주문 수락시)	
• 매출액증가	20,000원×300단위 = 6,000,000
2. 증분비용(특별주문 수락시)	
• 변동비증가	(11,000 + 4,000 + 2,500 + 500)×300단위 = 5,400,000
3. 증분손익	600,000원(특별주문 수락)

116. 투자안의 순현재가치 = -8,000,000(투자액의 현재가치) + 5,000,000×0.9 + 4,000,000×0.8 + 3,000,000×0.7 = 1,800,000원

117. 이자비용은 고려시 **이중으로 계산이 되므로 이자비용은 고려해서는 안된다.**

118. 순현재가치법이 가산의 원칙이 적용되고 내부수익률법은 적용되지 않는다.

119. 최대대체가격 = MIN[① 외부구입가격(550) ② 완제품판매가격(1,100) - 추가가공비(500)] = 550원

120. 수명주기원가계산은 **연구단계부터 원가절감에 중점**을 둔다.

2020년 재경관리사

재무회계

1. 다음 중 일반목적재무보고서가 제공하는 정보에 포함되지 않는 것은?

① 기업의 경제적 자원과 청구권의 성격 및 금액에 대한 정보
② 발생주의 회계가 반영된 기업의 재무성과
③ 과거 현금흐름이 반영된 재무성과
④ 미래의 현금흐름에 대한 예측이 반영된 재무성과

2. 다음 중 정보이용자의 의사결정에 차이가 나도록 하는 목적적합한 재무정보에 대한 설명으로 가장 올바르지 않은 것은?

① 재무정보에 예측가치와 확인가치 또는 둘 모두가 있다면 의사결정에 차이가 나도록 할 수 있다.
② 미래 결과를 예측하기 위해 사용하는 절차의 투입요소로 사용될 수 있다면 그 정보는 예측가치를 갖는다.
③ 재무정보가 과거 평가에 대해 피드백을 제공, 즉 확인하거나 변경시킨다면 예측가치를 가진다.
④ 재무정보가 예측가치를 가지기 위해서는 그 자체로 예측치가 될 필요는 없다.

3. 다음 중 자산의 측정방법에 대한 설명으로 가장 타당한 것은?

① 역사적원가 : 자산의 취득 또는 창출에 발생한 원가의 가치로서, 자산을 취득 또는 창출하기 위하여 지급한 대가와 거래원가를 포함한다.
② 공정가치 : 기업이 자산의 사용과 궁극적인 처분으로 얻을 것으로 기대하는 현금흐름 또는 그 밖의 경제적효익의 현재가치이다.
③ 사용가치 : 측정일 현재 동등한 자산의 원가로서 측정일에 지급할 대가와 그 날에 발생할 거래원가를 포함한다.
④ 현행원가 : 측정일에 시장참여자 사이의 정상거래에서 자산을 매도할 때 받게 될 가격이다.

4. 다음 중 재무제표에 관한 설명으로 가장 올바르지 않은 것은?

① 재무상태표는 일정시점의 기업 재무상태를 보여주는 보고서이다.
② 포괄손익계산서는 기업의 경영성과를 보고하기 위하여 일정기간 동안에 일어난 거래나 사건을 통해 발생한 수익과 비용을 나타내는 보고서이다.
③ 자본변동표는 자본의 크기와 그 변동에 관한 정보를 제공하는 재무보고서이다.
④ 현금흐름표는 영업활동현금흐름, 투자활동현금흐름, 잉여현금흐름 및 재무활동현금흐름으로 구분하여 표시한다.

5. 다음 중 특수관계자 공시에 대한 설명으로 가장 올바르지 않은 것은?

① 최상위 지배자와 지배기업이 다른 경우에는 최상위 지배자의 명칭도 공시한다.
② 주요 경영진의 보상에는 단기종업원급여, 퇴직급여, 기타 장기종업원급여, 해고급여 및 주식기준보상을 포함한다.
③ 지배기업과 그 종속기업 사이의 관계는 거래의 유무에 관계없이 공시한다.
④ 보고기업에 유의적인 영향력을 행사할 수 있는 개인은 보고기업과 특수관계자가 아니다.

6. 자동차부품제조업을 영위하고 있는 ㈜삼일은 당기 중 원자재를 선적지 인도조건으로 수입하는 과정에서 다음과 같은 항목의 원가가 발생하였다. 동 매입거래에 의하여 재무상태표 상에 증가하게 될 재고자산의 가액은 얼마인가(단, 거래당시의 환율은 @1,100원이다)?

항목	금액
ㄱ. 재고자산의 매입원가	USD1,000
ㄴ. 매입할인	USD120
ㄷ. 운송료	80,000원
ㄹ. 재고자산 매입관리부서 인원의 매입기간 인건비	20,000원

① 968,000원 ② 1,048,000원 ③ 1,118,000원 ④ 1,140,000원

7. 다음 자료에서 재고자산평가손실은 ㈜삼일의 재고자산이 진부화되어 발생하였다. 다음 자료 중 ㈜삼일의 20X2년 포괄손익계산서 상 매출원가 등 관련비용은 얼마인가?

20X1년 12월 31일 재고자산	500,000원
20X2년 매입액	2,000,000원
20X2년 재고자산평가손실	200,000원
20X2년 재고자산감모손실(정상감모)	100,000원
20X2년 12월 31일 재고자산(평가손실과 감모손실 차감 후)	1,000,000원

① 1,200,000원　② 1,300,000원　③ 1,400,000원　④ 1,500,000원

8. 다음은 ㈜삼일의 재고수불부이다. ㈜삼일이 기말재고자산을 총평균법과 선입선출법으로 각각 평가할 경우 두 평가금액의 차이는 얼마인가?

구 분	단 위	단위원가
기초재고(1.1)	1,000개	@100
매입(3.5)	500개	@120
매입(5.15)	1,500개	@140
매입(11.10)	200개	@150
총 판매가능수량	3,200개	
매출(4.22)	1,500개	
매출(9.29)	1,000개	
총 판매수량	2,500개	
기말재고(12.31)	700개	

① 2,500원　② 7,500원　③ 10,000원　④ 12,500원

9. ㈜삼일은 공장을 신축하기로 하였으며, 이와 관련하여 20X1년 1월 1일 24,000,000원을 지출하였고, 공장은 20X3년 중에 완공될 예정이다. ㈜삼일은 공장신축을 위해서 아래와 같이 특정목적으로 차입을 하였다. ㈜삼일이 유형자산 건설과 관련된 차입원가를 자본화할 때 20X1년 특정 차입금과 관련하여 자본화할 차입원가는 얼마인가(단, 편의상 월할 계산한다고 가정한다)?

차입금액	차입기간	연이자율	비고
24,000,000원	20X1년 3월 1일~20X2년 6월 30일	3%	공장신축을 위한 특정차입금

① 600,000원　② 700,000원　③ 800,000원　④ 960,000원

10. 다음 중 유형자산의 손상에 관한 설명으로 가장 옳은 것은?

① 유형자산에 대해 재평가모형을 적용하는 경우 손상차손을 인식하지 않는다.
② 자산의 회수가능액은 순공정가치와 사용가치 중 작은 금액이다.
③ 기업은 매 보고기간말마다 자산손상을 시사하는 징후가 있는지를 검토하여야 한다.
④ 자산손상을 시사하는 징후가 있는지를 검토할 때는 경제상황과 같은 외부정보는 고려하지 않는다.

11. ㈜삼일은 영업활동에 사용하던 건물(부속토지 포함)을 20X4년 12월 31일에 현금을 받고 처분하였다. 동 건물과 관련된 사항은 다음과 같다.

건물의 취득원가	5,000,000원
취득일	20X1년 10월 1일
내용연수	20년
잔존가치	500,000원
감가상각방법	정액법
부속토지(취득원가)	3,000,000원
처분금액(건물 및 부속토지)	7,000,000원

20X4년도에 ㈜삼일의 토지・건물 처분에 대한 회계처리로 가장 옳은 것은?
(단, ㈜삼일은 최초 인식시점 이후 유형자산을 원가모형으로 회계처리하고 있음)

(단위 : 원)

①	(차) 현 금	7,000,000	(대) 토 지	3,000,000
	감가상각누계액	731,250	건 물	5,000,000
	유형자산처분손실	268,750		
②	(차) 현 금	7,000,000	(대) 토 지	3,000,000
	유형자산처분손실	200,000	건 물	4,200,000
③	(차) 현 금	7,000,000	(대) 토 지	3,000,000
	감가상각누계액	812,500	건 물	5,000,000
	유형자산처분손실	187,500		
④	(차) 현 금	7,000,000	(대) 토 지	3,000,000
	유형자산처분손실	100,000	건 물	4,100,000

12. 20X1년 중 ㈜삼일은 연구 및 개발활동과 관련하여 총 500억원을 지출하였다. 새로 개발한 무형자산이 20X2년부터 사용가능할 것으로 예측된 경우 연구 및 개발비와 관련하여 20X1년 중 비용으로 계상할 금액은 얼마인가?

구 분	금 액	비 고
연구단계	300억원	
개발단계	200억원	자산인식요건 충족 80억원 자산인식요건 미충족 120억원
합 계	500억원	

① 120억원 ② 300억원 ③ 420억원 ④ 500억원

13. 다음 중 내부적으로 창출한 무형자산에 관한 설명으로 가장 올바르지 않은 것은?

① 재료, 장치, 제품, 공정, 시스템이나 용역에 대한 여러 가지 대체안을 탐색하는 활동에서 발생한 지출은 비용으로 인식한다.

② 내부 프로젝트의 연구단계에서는 미래경제적효익을 창출할 무형자산이 존재한다는 것을 제시할 수 없기 때문에, 내부 프로젝트의 연구단계에서 발생한 지출은 발생시점에 비용으로 인식한다.

③ 무형자산을 창출하기 위한 내부 프로젝트를 연구단계와 개발단계로 구분할 수 없는 경우에는 그 프로젝트에서 발생한 지출은 모두 연구단계에서 발생한 것으로 본다.

④ 내부적으로 창출한 고객목록, 브랜드 등은 개별식별이 어렵기 때문에 영업권으로 인식한다.

14. ㈜삼일은 20X1년 3월 1일에 임대수익을 얻을 목적으로 건물을 1,000,000원에 취득하여 공정가치모형을 적용하여 회계처리하기로 하였다. ㈜삼일은 동 건물을 20X2년 10월 1일에 본사사옥으로 사용목적을 변경하고, 즉시 사용하기 시작하였다. 동 건물의 20X1년 12월 31일과 20X2년 10월 1일의 공정가치는 각각 900,000원과 1,100,000원이었으며, 유형자산으로 대체된 상기 건물에 대해서 ㈜삼일은 원가 모형을 적용하기로 하였다. 20X2년 10월 1일 현재 동 건물의 내용연수는 10년이고, 잔존가치는 없는 것으로 추정하였다. 상기 건물에 대한 회계처리가 ㈜삼일의 20X2년 당기순손익에 미치는 영향은(단, 감가상각비의 계산이 필요한 경우 정액법을 적용하여 월할 계산하기로 한다)?

① 당기순이익 90,000원 감소 ② 당기순이익 27,500원 감소
③ 당기순이익 172,500원 증가 ④ 당기순이익 200,000원 증가

15. 다음 중 당기손익-공정가치 측정 금융자산에 관한 설명으로 가장 올바르지 않은 것은?

① 단기매매 목적의 금융자산은 당기손익-공정가치 측정 금융자산으로 분류된다.
② 채무상품인 당기손익-공정가치 측정 금융자산은 다른 금융상품으로 재분류할 수 없다.
③ 당기손익-공정가치 측정 금융자산은 취득후 공정가치로 평가하여 당기손익에 반영한다.
④ 당기손익-공정가치 측정 금융자산 취득시 지출된 거래원가는 당기비용으로 처리한다.

16. ㈜삼일은 20X1년 1월 1일에 다음과 같은 조건의 상각후원가측정금융자산을 취득 당시의 공정가치로 취득하였다. 이 경우 ㈜삼일의 상각후원가측정금융자산의 취득원가는 얼마인가(단, 소수점은 반올림 한다)?

ㄱ. 액면금액 : 100,000원　　ㄴ. 발행일 : 20X1년 1월 1일
ㄷ. 만기일 : 20X2년 12월 31일(2년)　　ㄹ. 액면이자율 : 10%, 매년 말 지급조건
ㅁ. 시장이자율 : 20X1년 1월 1일 현재 12%
ㅂ. 현가계수

이자율	현가계수		
	1년	2년	계
12%	0.89286	0.79719	1.69005

① 96,000원　② 96,620원　③ 98,991원　④ 100,000원

17. ㈜삼일은 20X1년 1월 1일에 만기 3년, 액면금액 100,000,000원, 표시이자율 10%인 사채를 발행하였다. 이자는 매년 말에 지급되고 사채 발행시점의 유효이자율은 8%라고 할 때 ㈜삼일이 동 사채의 발행기간에 걸쳐 인식하게 될 총이자비용은 얼마인가?

구분	1년	2년	3년	합 계
8%	0.92593	0.85734	0.79383	2.57710

① 20,974,200원　② 23,755,000원　③ 24,846,000원　④ 30,000,000원

18. ㈜삼일은 사채를 할인발행하고, 사채할인발행차금에 대하여 유효이자율법으로 상각하지 않고 정액법을 적용하여 상각하였다. 이러한 오류가 발행연도 재무제표에 미치는 영향을 바르게 지적한 것은?

	사채의 장부금액	당기순이익
①	과대계상	과대계상
②	과대계상	과소계상
③	과소계상	과대계상
④	과소계상	과소계상

19. ㈜삼일은 20X1년 1월 1일에 다음과 같은 조건으로 전환사채를 발행하였다. 다음 중 동 전환사채에 관한 설명으로 가장 올바르지 않은 것은?

ㄱ. 액면금액 : 10,000,000원
ㄴ. 액면이자율 : 5% (매년 말 이자지급)
ㄷ. 발행금액 : 10,000,000원
ㄹ. 상환할증금 : 1,000,000원(만기까지 주식으로 전환하지 않을 경우 만기에 지급)
ㅁ. 동일한 조건의 일반사채인 경우의 발행가액 : 8,200,000원
ㅂ. 만기 : 3년
ㅅ. 발행시 사채발행비는 발생하지 아니함
ㅇ. 전환권대가는 자본으로 분류됨

① 동 전환사채의 발행금액 10,000,000원에는 전환권대가 1,800,000원이 포함되어 있다.
② 상환할증금을 지급하는 조건이므로 보장수익률은 액면이자율 5%보다 높을 것이다.
③ 동 전환사채와 관련한 이자비용은 동일한 조건의 일반사채에 대한 유효이자율을 적용하여 산정한다.
④ 전환권 행사시 ㈜삼일의 총자산은 증가한다.

20. 다음 중 충당부채로 인식될 수 있는 사례로 가장 올바르지 않은 것은(단, 해당 의무를 이행하기 위하여 필요한 금액을 신뢰성있게 추정할 수 있다고 가정한다)?

① 회사의 소비자 소송사건에 대하여 패소가능성이 높다는 법률전문가의 의견이 있는 경우
② 토지 오염원을 배출하고 있는 회사에 대하여 토지의 정화에 관한 법률 제정이 확실시 되는 경우
③ 제품에 대해 만족하지 못하는 고객에게 법적의무가 없음에도 불구하고 환불해주는 정책을 펴고 있으며, 고객에게 이 사실이 널리 알려져 있는 경우
④ 회사의 특정 사업부문의 미래 영업손실이 예상되는 경우

21. 다음은 결산일이 12월 31일인 ㈜삼일의 20X1년 말 재무상태표상 자본에 관한 정보이다. 20X1년 말 ㈜삼일의 기타포괄손익누계액은 얼마인가?

ㄱ. 보통주자본금	50,000,000원	ㄴ. 주식발행초과금	8,000,000원
ㄷ. 해외사업환산이익	3,000,000원	ㄹ. 자기주식	2,500,000원
ㅁ. 미처분이익잉여금	8,000,000원	ㅂ. 유형자산재평가잉여금	4,000,000원

① 4,000,000원 ② 7,000,000원 ③ 15,000,000원 ④ 17,500,000원

22. 다음 중 자기주식의 취득 및 처분에 관한 회계처리에 관한 설명으로 가장 올바르지 않은 것은?

① 자기주식을 취득하는 경우 취득원가를 자본에서 차감하는 형식으로 기재한다.

② 자기주식을 처분하는 경우 처분가액과 취득원가와의 차액을 자기주식처분손익으로 기타포괄손익에 반영한다.

③ 자기주식을 소각하는 경우 액면금액과 취득원가와의 차액을 감자차손익으로 반영한다.

④ 자기주식을 보유하고 있는 기간동안 자기주식에 대한 평가손익은 인식하지 않는다.

23. 수익인식 5단계모형에 따라 수익을 인식하는 순서가 아래와 같다면 다음 빈칸에 들어갈 말로 가장 옳은 것은?

[1단계] 계약 식별	[2단계] (㉠)
[3단계] (㉡)	[4단계] 거래가격 배분
[5단계] 수행의무별 수익인식	

	㉠	㉡
①	수행의무 식별	거래가격 산정
②	통제이전	수행의무 식별
③	수행의무 식별	통제이전
④	거래가격 산정	통제이전

24. ㈜삼일은 20X1년 12월 31일 ㈜반품에 50,000,000원(원가 30,000,000원)의 제품을 판매하고 1년 이내 반품할 수 있는 권리를 부여하였다. 인도일 현재 10,000,000원이 반품될 것으로 예상된다면 ㈜삼일이 20X1년에 인식할 매출원가는 얼마인가?

① 24,000,000원　② 34,000,000원　③ 44,000,000원　④ 54,000,000원

25. 다음은 ㈜삼일건설의 재무제표에 대한 주석이다. 다음 괄호 안에 들어갈 용어로 가장 옳은 것은?

> 건설계약과 관련하여 진행기준에 의하여 수익을 인식하고 있습니다. 계약활동의 진행률은 진행단계를 반영하지 못하는 계약원가를 제외하고 수행한 공사에 대하여 발생한 누적계약원가를 추정 총계약원가로 나눈 비율로 측정하고 있습니다. 총계약원가가 총계약수익을 초과할 가능성이 높은 경우에 예상되는 손실은 (　　　) 당기비용으로 인식하고 있습니다.

① 즉시　② 진행률에 따라

③ 이연하여　④ 공사완료시점에

26. ㈜삼일은 20X1년 건설공사를 계약금액 30,000,000원에 수주하였다. 20X1년 ㈜삼일의 예상원가 발생액, 계약대금 청구액은 다음과 같다. ㈜삼일이 누적발생계약원가에 기초하여 계산된 진행률에 따라 수익을 인식한다면, 20X1년 말 재무상태표에 표시할 미청구공사(계약자산) 또는 초과청구공사(계약부채)는 얼마인가?

	20X1년
누적발생계약원가	4,000,000원
추정총계약원가	20,000,000원
당기대금청구액	5,500,000원

① 미청구공사(계약자산) 300,000원
② 미청구공사(계약자산) 500,000원
③ 초과청구공사(계약부채) 300,000원
④ 초과청구공사(계약부채) 500,000원

27. 다음의 빈칸에 들어갈 말로 가장 적절한 것끼리 묶인 것은?

> 확정급여제도의 회계처리에서 당기근무원가, 과거근무원가와 정산으로 인한 손익, 순확정급여부채 및 사외적립자산의 순이자는 (㉠)으로 인식한다.
> 보험수리적손익, 순확정급여부채(자산)의 순이자에 포함된 금액을 제외한 사외적립자산의 수익, 순확정급여부채(자산)의 순이자에 포함된 금액을 제외한 자산인식상한 효과의 변동은 (㉡)으로 인식한다.

	㉠	㉡
①	당기손익	당기손익
②	당기손익	기타포괄손익
③	기타포괄손익	당기손익
④	기타포괄손익	기타포괄손익

28. 다음 중 주식기준보상 회계처리에 관한 설명으로 가장 올바르지 않은 것은?

① 주식선택권 행사로 신주가 발행되는 경우 행사가격이 액면금액을 초과하는 부분은 주식발행초과금으로 처리한다.
② 가득기간 중 각 회계기간에 인식할 주식보상비용은 당기말 인식할 누적보상원가에서 전기말까지 인식한 누적보상원가를 차감하여 계산한다.
③ 종업원에게 제공받은 용역 보상원가는 부여일 이후 지분상품 공정가치 변동을 반영하여 측정한다.
④ 주식선택권의 권리를 행사하지 않아 소멸되는 경우에도 과거에 인식한 보상원가를 환입하지 않고 계속 자본항목으로 분류한다.

29. 다음 중 법인세회계에 관한 설명으로 가장 올바르지 않은 것은?

① 법인세회계의 이론적 근거는 수익·비용대응의 원칙이다.
② 차감할 일시적차이는 이연법인세자산을 발생시킨다.
③ 이연법인세자산과 부채는 현재가치로 할인한다.
④ 일시적차이로 인해 법인세비용과 당기법인세에 차이가 발생한다.

30. ㈜삼일의 20X1년도 법인세와 관련한 세무조정사항은 다음과 같다. 20X0년 12월 31일 현재 이연법인세 자산과 이연법인세부채의 잔액은 없었다. 법인세법상 당기손익－공정가치 측정 금융자산평가이익은 익금불산입하고 기타 법인세법과의 차이는 손금불산입한다. 20X1년도의 포괄손익계산서의 법인세비용은 얼마인가(단, 이연법인세자산의 실현가능성은 높으며, 법인세율은 20%이고 이후 변동이 없다고 가정한다)?

법인세비용차감전순이익	2,000,000원
기업업무추진비한도초과액	100,000원
감가상각비한도초과액	60,000원
당기손익－공정가치 측정 금융자산평가이익	20,000원

① 420,000원　② 424,000원　③ 436,000원　④ 440,000원

31. 다음 중 회계추정의 변경에 해당하지 않는 것은?

① 수취채권의 대손상각률 변경
② 재고자산 원가흐름의 가정을 선입선출법에서 평균법으로 변경
③ 유형자산 감가상각방법의 변경
④ 유형자산 내용연수의 변경

32. ㈜삼일의 20X1년 당기순이익은 10,000,000원이며, 우선주배당금은 1,000,000원이다. ㈜삼일의 20X1년 1월 1일 유통보통주식수는 18,000주이며, 10월 1일에는 유상증자를 통해 보통주 8,000주를 발행하였다. ㈜삼일의 20X1년도 기본주당순이익은 얼마인가(단, 유상신주의 발행금액과 공정가치는 동일하며, 가중평균 유통보통주식수는 월할로 계산한다)?

① 300원　② 350원　③ 400원　④ 450원

33. 20X1년 1월 1일 ㈜삼일은 ㈜용산의 보통주 30%를 850,000원에 취득하여 유의적인 영향력을 행사하게 되었으며, 취득 당시 ㈜용산의 순자산 장부금액과 공정가치는 2,000,000원으로 동일하였다. 20X1년 ㈜용산의 자본은 아래와 같으며, 당기순이익 이외에 자본의 변동은 없다고 가정한다.

(단위 : 원)

	20X1년 1월 1일	20X1년 12월 31일
자본금	900,000	900,000
이익잉여금	1,100,000	1,300,000
합계	2,000,000	2,200,000

20X1년 말 ㈜삼일의 관계기업투자주식의 장부금액은 얼마인가?

① 850,000원 ② 880,000원 ③ 910,000원 ④ 930,000원

34. 지분법은 투자자가 피투자자에 대해 유의적인 영향력을 행사할 수 있는 경우에 적용한다. 다음 중 유의적인 영향력을 행사할 수 있는 경우에 해당하는 것은(A회사는 투자자, B회사는 피투자자이다)?

① A회사는 B회사의 주식을 40% 보유하고 있으나 계약상 B회사에 관한 의결권을 행사할 수 없다.

② A회사는 12개월 이내에 매각할 목적으로 B회사의 의결권 있는 주식을 30% 취득하여 적극적으로 매수자를 찾고 있는 중이다.

③ A회사는 B회사의 주식을 20% 보유하고 있으나 모두 우선주이며 의결권은 없다.

④ A회사는 B회사의 의결권 있는 주식의 15%를 보유하고 있으나 B회사의 이사회에 참여할 수 있다.

35. ㈜삼일은 상품 $2,000을 외상으로 매출하고, 대금을 9개월 후에 달러($)로 지급받기로 하였다. 이 경우 ㈜삼일의 외화매출채권 $2,000은 환율변동위험에 노출되게 되었다. 해당 거래와 관련하여 환율변동위험을 회피할 수 있는 방법으로 가장 옳은 것은?

① 약정된 환율로 9개월 후 $2,000을 매도하는 통화선도계약을 체결한다.

② 약정된 환율로 9개월 후 $2,000을 매입하는 통화선도계약을 체결한다.

③ 약정된 환율로 9개월 후 $2,000을 거래할 수 있는 콜옵션을 매입한다.

④ 약정된 환율로 9개월 후 $2,000을 거래할 수 있는 풋옵션을 매도한다.

36. 자동차 제조업을 영위하는 ㈜삼일의 20X1 회계연도(20X1년 1월 1일~20X1년 12월 31일) 중 발생한 수출실적이 다음과 같을 경우, 20X1년 재무상태표상 매출채권과 (포괄)손익계산서상 외화환산손익을 바르게 짝지은 것은(단, 기능통화는 원화이다)?

(1) 수출액 및 대금회수

수출일	수출액	대금회수일
20X1년 6월 11일	$8,000	20X2년 3월 10일

(2) 일자별 환율

일자	20X1년 6월 11일	20X1년 12월 31일
환율	1,100원/$	1,200원/$

(3) 기타정보
상기 수출대금은 계약상 대금회수일에 이상 없이 모두 회수되었으며, 상기 수출과 관련된 매출채권 이외의 채권·채무는 없다.

	매출채권	외화환산손익		매출채권	외화환산손익
①	9,600,000원	손실 800,000원	②	8,800,000원	손실 100,000원
③	9,600,000원	이익 800,000원	④	8,800,000원	이익 100,000원

37. ㈜삼일리스는 20X2년 1월 1일 ㈜용산과 기계장치에 대한 금융리스계약을 다음과 같이 체결하였다. 20X2년 말 ㈜삼일리스가 인식해야 할 리스채권을 계산한 것으로 가장 옳은 것은(단, 소수점은 반올림한다)?

ㄱ. 리스료 : 매년 말 200,000원씩 지급
ㄴ. 20X2년 1월 1일 현재 리스채권의 현가 : 758,158원
ㄷ. 내재이자율 : 10%
ㄹ. 리스기간 : 5년

① 124,184원 ② 633,974원 ③ 758,158원 ④ 800,000원

38. 다음 중 현금흐름표에 대한 설명으로 가장 올바르지 않은 것은?

① 현금흐름표는 기업의 현금흐름을 나타내는 표로서 현금의 변동내용을 명확하게 보고하기 위하여 당해 회계기간에 속하는 현금의 유입과 유출내용을 적정하게 표시하는 보고서이다.
② 법인세로 인한 현금흐름은 영업활동과 투자활동에 명백히 관련되지 않는 한 재무활동 현금흐름으로 분류한다.
③ 현금흐름표에서는 기업의 경영활동에 따른 현금흐름을 영업활동·투자활동·재무활동으로 구분한다.
④ 현금흐름표를 작성하는 방법은 영업활동 현금흐름을 어떻게 계산하느냐에 따라 간접법과 직접법으로 구분된다.

39. ㈜삼일은 제조업을 영위하고 있으며 모든 매출은 외상으로 이루어진다. 다음 자료를 이용하여 20X1년 매출로부터의 현금유입액을 계산하면 얼마인가(선수금에 의한 매출, 매출에누리와 환입, 매출할인 등은 없다고 가정함)?

ㄱ. 재무상태표

	20X1년 초	20X1년 말
매출채권	10,000원	20,000원
대손충당금(매출채권)	300원	470원

ㄴ. 포괄손익계산서 (20X1.1.1~20X1.12.31)

매출액 560,000원 대손상각비(매출채권) 550원

① 524,470원 ② 532,170원 ③ 549,620원 ④ 569,010원

40. 다음 중 이자와 배당금의 수취 및 지급에 따른 현금흐름에 관한 설명으로 가장 올바르지 않은 것은?

① 금융회사의 경우 이자수입은 일반적으로 영업활동 현금흐름으로 분류한다.

② 이자지급은 재무자원을 획득하는 원가로 보아 재무활동 현금흐름으로 분류할 수 있다.

③ 배당금지급은 기업이 배당금을 지급할 수 있는 능력이 있는지 여부를 판단하는데 도움을 주기위해 투자활동 현금흐름으로 분류할 수 있다.

④ 배당금수입은 투자자산에 대한 수익으로 보아 투자활동 현금흐름으로 분류할 수 있다.

세무회계

41. 다음 중 조세법의 기본원칙에 관한 설명으로 가장 올바르지 않은 것은?

① 조세평등주의란 조세법의 입법과 조세의 부과 및 징수과정에서 모든 납세의무자는 평등하게 취급되어야 한다는 원칙을 말한다.

② 국세기본법에서 규정하고 있는 실질과세의 원칙에 반하는 규정을 다른 세법에서 규정하고 있는 경우 국세기본법에서 규정하고 있는 실질과세의 원칙을 우선하여 적용한다.

③ 신의성실의 원칙이란 납세자가 그 의무를 이행하거나 세무공무원이 그 직무를 수행함에 있어서 신의에 따라 성실히 하여야 한다는 원칙을 말한다.

④ 납세의무자가 세법에 따라 장부를 갖추어 기록하고 있는 경우에는 해당 국세 과세표준의 조사와 결정은 그 장부와 이에 관계되는 증거자료에 의하여야 한다.

42. 다음 중 세법상 특수관계인에 관한 설명으로 가장 올바르지 않은 것은?

① 개인의 3촌 이내의 인척은 특수관계인에 해당한다.

② 특수관계자인 배우자는 사실혼 관계에 있는 자를 제외한다.

③ 법인과 경제적 연관관계가 있는 임원은 특수관계인에 해당한다.

④ 법인과 경영지배관계에 있는 주주는 특수관계인에 해당한다.

43. 다음 내용과 관련이 있는 국세부과의 원칙으로 가장 옳은 것은?

> 철 수 : 작년 부가가치세 신고시 A 거래처와의 거래에 대해서 국세종합상담센터에 부가가치세 관련 상담받은 답변을 토대로 처리했음에도 불구하고 이번 세무조사에서 A 거래처에 대한 부가세처리가 부가가치세법상 적절하지 않다고 합니다. 사전 국세종합상담센터에서 받은 답변과 유사예규를 토대로 처리한 것인데 왜 과세가 되어야 하는지 모르겠습니다.
>
> 국세청 : 국세종합상담센터의 답변은 단순한 상담내지 안내수준인 행정서비스의 한 방법이고, 국세청 예규 또한 과세관청 내부의 세법해석 기준 및 집행기준을 시달한 행정규칙에 불과하므로 과세관청의 상담 및 예규는 납세자가 신뢰하는 공적인 견해표명에 해당되지 않습니다.

① 실질과세의 원칙　　② 소급과세 금지의 원칙

③ 신의성실의 원칙　　④ 조세감면의 사후관리

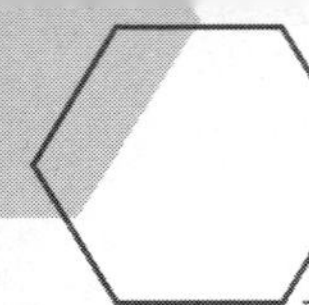

44. 다음은 신문기사의 일부를 발췌한 것이다. 빈칸에 들어갈 가장 적절한 용어는 무엇인가?

> 지난 2018년 귀속 법인세 1,000만원을 신고납부한 중소기업 A사는 뒤늦게 300만원을 초과납부한 사실을 알게 됐다. A사는 어떻게 300만원을 돌려 받을 수 있을까? A사와 같이 세금을 덜 냈거나 더 냈을 때에 이를 바로잡기 위해서는 (가) 또는 (나)의 절차를 거쳐야 한다.
> 내야할 세금보다 적게 신고한 경우에는 (가)를, 내야할 세금보다 많게 신고한 경우에는 (나)를 해야 한다. (나)는 더 낸 세금을 돌려받아야 할 납세자의 권리행사이기 때문에 납세자가 적극적으로 행사하게 마련이지만, (가)는 꺼릴 수 있는데, 이는 아주 위험한 일이다. 일부러 적게 신고하진 않았지만 적극적으로 (가)를 하지 않는다면 과세관청인 국세청에서 고의적인 탈루로 보고, 직접 나서서 가산세까지 물릴 수 있기 때문이다. 그렇다고 아무 때나 (가)나 (나)를 할 수 있는 것은 아니다. 법정신고기한 내에 신고한 경우에만 신청할 수 있다.
> 만약 법정 신고기한 내에 신고하지 않았다면, (다)를 해야 한다. A사의 경우 2018년 귀속 법인세를 신고・납부했기 때문에 신고기한인 2019년 3월 31일로부터 5년이 되는 시점인 2024년 3월 31일이 (나)를 할 수 있는 기한이 된다.
> 만약 2024년 9월 현재 A사가 (나)를 하지 못했다면 A사는 기한을 놓쳤기 때문에 (나)를 통해서는 더 낸 세금 300만원을 환급받을 수 없다.

	(가)	(나)	(다)
①	수정신고	경정청구	기한 후 신고
②	경정청구	수정신고	기한 후 신고
③	기한 후 신고	수정신고	경정청구
④	수정신고	기한 후 신고	경정청구

45. 다음 중 납세자권리구제에 관한 설명으로 가장 올바르지 않은 것은?

① 국세처분을 받기 전에 납세의무자의 청구에 의해 그 국세처분의 타당성을 미리 심사하는 제도로서 과세전적부심사가 있다.

② 세무조사결과에 관하여 납세의무자가 과세전적부심사를 청구하려면 세무조사결과통지서를 받은 날로부터 30일 이내에 통지서를 보낸 해당 세무서장(또는 지방국세청장)에게 청구서를 제출하여야 한다.

③ 국세의 과세처분 등이 있는 경우에 그 처분에 불복이 있는 자가 처분행정청에 대해서 그 처분을 취소하거나 변경을 구하는 제도로서 이의신청, 심사청구, 심판청구 및 행정소송이 있다.

④ 납세자가 심사청구 또는 심판청구를 하기 위해서는 이의신청을 거쳐야만 한다.

46. 다음 거래에 대한 세무조정 결과 기타사외유출로 소득처분하는 것은?

① 대주주에 대한 사택유지비용을 손익계산서에 비용으로 계상하였다.
② 토지를 취득하며 부담한 취득세를 손익계산서에 비용으로 계상하였다.
③ 간이영수증을 받고 10만원을 지출한 금액을 손익계산서에 기업업무추진비로 계상하였다.
④ 대표이사에게 업무무관 가지급금을 이자를 받지 않고 대여해 주었다.

47. 다음 중 법인세법상 결산조정사항과 신고조정사항에 관한 설명으로 가장 올바르지 않은 것은?

① 결산조정사항은 원칙적으로 회계상 비용으로 계상한 경우에만 세무상 손금으로 인정받을 수 있는 사항이다.
② 신고조정사항은 기업회계 결산 시 회계처리하지 않고 법인세 과세표준신고의 과정에서 세무조정계산서에만 계상함으로써 손금으로 인정받을 수 있다.
③ 신고조정사항은 법인세신고기한 후 경정청구 대상에서 제외된다.
④ 조세특례제한법상 준비금은 이익잉여금 처분시 별도의 적립금으로 적립해야만 신고조정이 가능하다.

48. 다음 중 법인세법상 세무조정이 필요 없는 항목으로 옳은 것을 모두 고르면?

ㄱ. 특수관계에 있는 개인으로부터 저가로 매입한 유가증권을 실제매입가액으로 계상하였다. ㄴ. 지방세 과오납금의 환급금에 대한 이자를 수령하고 이자수익으로 계상하였다. ㄷ. 장기할부판매시 발생한 채권에 대하여 K-IFRS에서 정하는 바에 따라 현재가치로 평가하여 현재가치할인차금을 계상하였다. ㄹ. 사용인에 대한 확정기여형 퇴직연금의 부담금을 납입하고 퇴직급여로 비용 처리하였다.

① ㄱ, ㄴ ② ㄱ, ㄹ ③ ㄴ, ㄷ ④ ㄷ, ㄹ

49. 제빵업을 영위하는 ㈜삼일은 20x1년 결산시 다음과 같은 평가손실을 계상하였다. 다음 중 세무상 손금으로 인정되는 것으로 가장 옳은 것은?

ㄱ. 장부금액 1억원인 기계장치가 태풍으로 파손되어 처분가능한 시가인 1천만원으로 감액하고 손상차손 9천만원을 계상하였다. ㄴ. 제품인 빵이 유통기한 경과로 부패하여 전량 폐기처분하고 재고자산폐기손실 1억원을 계상하였다.

① 모두 인정되지 않음 ② ㄱ
③ ㄴ ④ ㄱ, ㄴ

50. 다음은 ㈜삼일의 제6기(20x1년 1월 1일~20x1년 12월 31일) 손익계산서상 인건비 내역이다. 급여 지급규정에 의하여 임원과 사용인의 상여금은 급여의 40%를 지급하도록 하고 있는 경우 필요한 세무조정으로 가장 옳은 것은(단, 건설본부의 인건비는 당기말 현재 공사가 진행 중인 자산과 관련된 것으로 장부상 자산처리한 것으로 가정한다)?

구분		급여	상여금
본사	임 원	150,000,000원	50,000,000원
	사 용 인	350,000,000원	170,000,000원
건설본부	임 원	100,000,000원	70,000,000원
	사 용 인	200,000,000원	120,000,000원
합 계		800,000,000원	400,000,000원

① (손금불산입) 상여금 한도초과액 30,000,000원 (상여)

② (손금불산입) 상여금 한도초과액 100,000,000원 (상여)

③ (손금산입) 건설 중인 자산 30,000,000원 (△유보)
(손금불산입) 상여금 한도초과액 30,000,000원 (상여)

④ (손금산입) 건설 중인 자산 100,000,000원 (△유보)
(손금불산입) 상여금 한도초과액 100,000,000원 (상여)

51. 다음 중 법인세법상 업무무관경비 관련 손금불산입항목에 관한 설명으로 가장 올바르지 않은 것은?

① 업무무관경비 관련 손금불산입항목의 범위에는 업무무관부동산 및 업무무관자산의 취득과 관리에 따른 비용, 유지비, 수선비와 이에 관련있는 비용이 포함된다.

② 출자자(소액주주 제외)나 출연자인 임원 또는 그 친족이 사용하고 있는 사택의 유지비, 사용료 및 이에 관련되는 지출금은 업무무관경비에 속한다.

③ 업무무관부동산 및 업무무관자산을 취득하기 위한 자금의 차입과 관련있는 비용 또한 업무무관경비에 포함된다.

④ 업무무관자산의 취득에 따른 취득세 등은 취득부대비용으로 인정하지 아니하므로 자산의 취득가액에 산입하지 아니한다.

52. 다음 중 법인세법상 손익귀속시기에 관한 설명으로 가장 올바르지 않은 것은?

① 법인세법상 손익귀속시기는 기업회계기준과 다를 수 있다.
② 금융보험업 이외의 법인이 이자비용을 발생주의에 따라 회계처리한 경우에도 법인세법상 이를 인정하지 않으므로 반드시 세무조정을 하여야 한다.
③ 임대료 지급기간이 1년을 초과하는 경우 이미 경과한 기간에 대응하는 임대료 상당액과 비용을 각각 해당 사업연도의 익금과 손금으로 한다.
④ 원칙적으로 제품 판매의 경우 법인세법상 손익귀속시기는 인도시점이다.

53. 다음 자료에 의하여 제조업을 영위하는 ㈜삼일의 제20기(20x1년 1월 1일~12월 31일) 세법에 따른 재고자산평가액으로 옳은 것은?

ㄱ. 회사는 제20기 10월 20일에 제품의 평가방법을 총평균법에서 후입선출법으로 변경신고하였으나, 실제로 장부에는 총평균법에 따른 평가액을 기록하였다.
ㄴ. 저장품은 신고한 평가방법인 총평균법으로 평가하였으나, 계산 실수로 500,000원을 과소계상하였다.
ㄷ. 제19기 재고자산에 대한 총평균법, 후입선출법, 선입선출법에 따른 평가액은 다음과 같다.

구분	총평균법	후입선출법	선입선출법
제품	19,000,000원	18,000,000원	20,000,000원
저장품	8,000,000원	6,800,000원	8,800,000원

① 26,500,000원
② 27,000,000원
③ 28,000,000원
④ 28,500,000원

54. 용산역에 위치한 ㈜삼일은 투자 목적으로 회사 주변의 건물을 소유하고 있다. ㈜삼일의 김삼일 대표이사는 자신의 향우회로부터 60억원의 현금을 받는 조건으로 회사의 건물을 매각하라는 제안을 받았고, 동제안을 수락할 경우 어떤 효과가 있을지 고민하고 있다. 동 건물의 시가는 100억원이다. 건물을 위의 조건으로 매각할 경우 다음 중 올바른 세무조정은 어느 것인가(단, 대표이사 향우회는 ㈜삼일과 특수관계자가 아니다)?

① 비지정기부금 10억원
② 일반기부금 10억원
③ 특례기부금 30억원
④ 비지정기부금 40억원

55. 다음은 제조업을 영위하는 ㈜삼일의 퇴직급여충당금조정명세서이다. 고문회계사인 박영규 회계사가 퇴직급여충당금조정명세서를 검토한 결과, 퇴직급여 지급대상이 되는 임직원에게 지급한 총급여액의 정확한 금액은 200,000,000원이나 직원의 실수로 235,000,000원으로 기록되어 있음을 발견하였다. 다음의 퇴직급여충당금조정명세서를 정확하게 작성할 경우 퇴직급여충당금 한도초과액은 얼마인가?

<table>
<tr><td rowspan="2">사 업
연 도</td><td rowspan="2">20x1. 1. 1.
~
20x1. 12. 31.</td><td rowspan="2">퇴직급여충당금 조정명세서</td><td>법인명</td><td>㈜삼일</td></tr>
<tr><td>사업자등록번호</td><td>123 - 45 - 12345</td></tr>
</table>

<table>
<tr><td colspan="8">1. 퇴직급여충당금 조정</td></tr>
<tr><td rowspan="2">「법인세법 시행령」 제60조 제1항에 따른 한도액</td><td colspan="3">① 퇴직급여 지급대상이 되는 임원 또는 사용인에게 지급한 총급여액</td><td colspan="2">② 설정률</td><td>③ 한도액
(①×②)</td><td>비 고</td></tr>
<tr><td colspan="3">235,000,000</td><td colspan="2">5/100</td><td>11,750,000</td><td></td></tr>
<tr><td rowspan="2">「법인세법 시행령」 제60조 제2항 및 제3항에 따른 한도액</td><td>④ 장부상 충당금 기초잔액</td><td>⑤ 기중 충당금 환입액</td><td>⑥ 기초충당금 부인누계액</td><td>⑦ 기중 퇴직금 지급액</td><td>⑧ 차감액
(④-⑤-⑥-⑦)</td><td>⑨누적한도액
(⑰+ 퇴직금전환금)</td><td>⑩한도액
(⑨-⑧)</td></tr>
<tr><td>40,000,000</td><td>-</td><td>5,000,000</td><td>30,000,000</td><td>5,000,000</td><td>45,000,000</td><td>40,000,000</td></tr>
<tr><td rowspan="2">한도초과액 계 산</td><td colspan="2">⑪ 한도액
(③과 ⑩ 중 적은 금액)</td><td colspan="3">⑫ 회사계상액</td><td colspan="2">⑬ 한도초과액
(⑫-⑪)</td></tr>
<tr><td colspan="2">11,750,000</td><td colspan="3">25,000,000</td><td colspan="2">13,250,000</td></tr>
</table>

① 한도초과액 없음
② 13,250,000원
③ 15,000,000원
④ 20,000,000원

56. 다음은 ㈜삼일의 제7기(20x1년 1월 1일~20x1년 12월 31일) 대손충당금과 관련된 자료이다. 이 자료를 이용하여 대손충당금에 대한 세무조정 결과를 '자본금과 적립금조정명세서(을)'에 기입하고자 할 때, 빈칸에 들어갈 금액으로 올바르게 짝지어진 것은?

〈자료 1〉 대손충당금 관련 자료

ㄱ. 결산서상 대손충당금 내역
  기초 대손충당금 잔액 25,000,000원
  당기 대손 처리액 5,000,000원(소멸시효 완성 채권)
  당기 추가 설정액 3,000,000원
ㄴ. 전기 대손충당금 부인액 10,000,000원
ㄷ. 세법상 대손충당금 설정대상 채권금액 500,000,000원
ㄹ. 당기 대손실적률은 2%임

〈자료 2〉 자본금과 적립금조정명세서(을)

과목 또는 사항	기초잔액	당기중증감		기말잔액
		감소	증가	
대손충당금한도초과액	10,000,000	(ㄱ)	xxx	(ㄴ)

	(ㄱ)	(ㄴ)
①	10,000,000	13,000,000
②	10,000,000	23,000,000
③	10,000,000	18,000,000
④	0	23,000,000

57. 다음은 지급이자손금불산입 항목을 나열한 것이다. 지급이자손금불산입을 적용하는 순서를 나타낸 것으로 가장 옳은 것은?

ㄱ. 업무무관자산 등에 관한 지급이자
ㄴ. 건설자금이자
ㄷ. 채권자불분명사채이자
ㄹ. 지급받는 자가 불분명한 채권·증권이자

① ㄱ → ㄴ → ㄷ → ㄹ
② ㄴ → ㄷ → ㄹ → ㄱ
③ ㄷ → ㄹ → ㄱ → ㄴ
④ ㄷ → ㄹ → ㄴ → ㄱ

58. 법인세법에서는 '특수관계인에게 법인의 업무에 직접적인 관련이 없이 대여한 자금'을 업무무관 가지급금으로 보아 불이익을 주고 있다. 업무무관 가지급금에 대한 법인세법상 처리내용 중 옳은 것을 모두 고르면?

> ㄱ. 업무무관가지급금에 대하여 이자를 받지 않거나 또는 법인세법상 적정이자율보다 낮은 이율로 대여한 경우 적정이자율로 계산한 이자상당액 또는 이자상당액과의 차액을 익금산입한다.
> ㄴ. 업무무관가지급금에 대하여 설정한 대손충당금은 손금으로 인정되지 않는다.
> ㄷ. 업무무관가지급금 관련 지급이자는 전액 손금 인정된다.
> ㄹ. 업무무관가지급금을 대손 처리한 경우 손금으로 인정되지 않는다.

① ㄱ, ㄴ, ㄷ
② ㄴ, ㄷ, ㄹ
③ ㄱ, ㄴ, ㄹ
④ ㄱ, ㄴ, ㄷ, ㄹ

59. ㈜삼일은 대표이사인 홍길동씨에게 20x1년 1월 1일 자금을 무상으로 대여하였으며, 20x1년 12월 31일 현재 동 대여금의 적수는 1,000,000,000원이다. ㈜삼일의 차입금은 모두 특수관계자 외의 자로부터 차입한 것이고 가중평균차입이자율이 8%인 경우 세무조정으로 가장 옳은 것은(단, 가지급금 인정이자 계산시 가중평균차입이자율을 사용하고, 1년은 365일로 가정하며 소수점 이하는 절사한다)?

① (익금산입) 가지급금 인정이자 219,178원(상여)
② (익금불산입) 가지급금 인정이자 219,178원(기타)
③ (익금산입) 가지급금 인정이자 232,876원(상여)
④ (익금불산입) 가지급금 인정이자 232,876원(기타)

60. 다음의 자료를 이용하여 ㈜삼일의 제25기 사업연도(20x1년 1월 1일~20x1년 12월 31일) 과세표준 금액을 계산하면 얼마인가?

> ㄱ. 당기순이익 : 250,000,000원
> ㄴ. 소득금액조정합계표상 금액
>   - 익금산입・손금불산입 : 100,000,000원
>   - 손금산입・익금불산입 : 70,000,000원
> ㄷ. 일반기부금 한도초과액 : 10,000,000원
> ㄹ. 비과세소득 : 3,000,000원
> ㅁ. 소득공제 : 2,000,000원

① 280,000,000원
② 285,000,000원
③ 290,000,000원
④ 295,000,000원

61. 다음 중 소득세에 관한 설명으로 가장 올바르지 않은 것은?

① 소득세법은 열거주의에 의하여 과세대상 소득을 규정하고 있으므로 열거되지 아니한 소득은 비록 담세력이 있더라도 과세되지 않는다. 다만, 예외적으로 이자소득과 배당소득은 열거되지 않은 소득이라도 유사한 소득을 포함하는 유형별 포괄주의를 채택하고 있다.

② 소득세법은 부부라 하더라도 개인단위과세제도를 원칙으로 한다.

③ 퇴직소득과 양도소득은 다른 소득과 합산하지 않고 별도로 과세한다.

④ 분리과세대상 소득은 일단 소득을 지급하는 시점에 원천징수를 하되 추후 납세의무를 확정할 때 이를 다시 정산하는 방법을 말한다.

62. 다음 중 종합소득금액 계산시 선택적 분리과세가 가능한 소득을 모두 고른 것은?

ㄱ. 배당소득	ㄴ. 연금소득
ㄷ. 기타소득	ㄹ. 사업소득

① ㄱ, ㄴ ② ㄴ, ㄷ ③ ㄷ, ㄹ ④ ㄱ, ㄹ

63. 다음 중 무조건 종합과세대상 금융소득에 해당되는 것으로 가장 옳은 것은?

① 국외에서 지급받는 금융소득

② 상장법인 소액주주가 받는 배당금

③ 비실명금융소득

④ 직장공제회 초과반환금

64. 다음은 20x1년 김삼일씨의 상가임대 관련 소득 내역이다. 김삼일씨의 20x1년도 부동산임대 관련 사업소득의 총수입금액을 계산하면 얼마인가?

ㄱ. 임대기간 : 20x1년 7월 1일~20x2년 6월 30일
ㄴ. 임대료 : 100,000,000원(20x1년 7월 1일에 선불로 수령함)

① 0원 ② 30,000,000원

③ 50,000,000원 ④ 100,000,000원

65. 다음 자료에 의하여 거주자 김삼일씨의 20x1년도 근로소득금액을 계산하면 얼마인가?

ㄱ. 월급여 : 2,000,000원
ㄴ. 상여 : 월급여의 500%
ㄷ. 실비변상비적 성격의 자가운전보조금 : 월 250,000원
ㄹ. 중식대 : 월 100,000원(식사를 제공받지 않음)
ㅁ. 연간 연월차수당 총합계 : 1,000,000원
* 거주자는 당해 1년 동안 계속 근무하였다.

연간급여액	근로소득공제액
1,500만원 초과 4,500만원 이하	750만원 + 1,500만원 초과액×15%
4,500만원 초과 1억원 이하	1,200만원 + 4,500만원 초과액×5%

① 21,330,000원 ② 25,010,000원 ③ 27,700,000원 ④ 28,108,000원

66. 다음의 대화에서 가장 올바르지 않은 설명을 하고 있는 사람은 누구인가?

김철수 : 영희야, 너 로또 당첨됐다며? 축하한다.
이영희 : 고마워. 근데 세금이 엄청나네. 로또당첨금으로 1억원을 받았는데 기타소득에 해당되어 소득금액의 20%를 소득세로 납부해야 하더라.
성영수 : 거기에 개인 지방소득세로 소득세의 10%를 추가로 납부하면 실수령액이 더 적어지겠구나.
김순희 : 그럼 영희는 내년에 종합소득확정신고를 해야겠네. 근로소득자는 연말정산으로 납세의무가 종결되지만, 로또가 당첨되어 기타소득이 발생되었으니 종합소득을 신고해야 하거든.
박삼일 : 복권당첨소득의 경우에는 금액이 크면 더 높은 원천징수세율이 적용될 수도 있으니 알아두렴.

① 이영희 ② 성영수 ③ 김순희 ④ 박삼일

67. 다음 중 소득세법상 결손금공제에 관한 설명으로 가장 올바르지 않은 것은?

① 부동산임대업(주거용 건물임대업 제외)에서 발생한 결손금은 다른 소득금액에서 공제하지 아니하며 다음 연도로 이월시킨다.
② 2020년 발생한 이월결손금은 발생연도 종료일로부터 5년 내에 종료하는 과세기간의 소득금액계산시 먼저 발생한 것부터 순차로 공제한다.
③ 사업소득(주거용 건물임대업 포함)의 결손금은 다른 소득금액에서 공제 후 남은 결손금을 다음 연도로 이월시킨다.
④ 해당 과세기간의 소득금액에 대해 추계신고를 하거나 추계조사결정하는 경우에는 이월결손금 공제규정을 적용하지 않는다.

68. 다음은 근로소득자(일용근로자 아님)인 이주원씨가 자녀들을 위하여 지출한 교육비와 관련한 자료이다. 연말정산시 공제대상 교육비는 모두 얼마인가?

> ㄱ. 자녀의 연령 및 소득
> - 장남 : 29세(대학원생), 소득금액 없음
> - 차남 : 23세(대학생), 사업소득금액 150만원
> - 장녀 : 15세(중학생), 소득금액 없음
>
> ㄴ. 자녀의 교육비 지출액
> - 장남의 대학원 수업료 12,000,000원
> - 차남의 대학교 수업료 8,000,000원
> - 장녀의 고등학교 수업료 3,000,000원

① 3,000,000원 ② 12,000,000원 ③ 15,000,000원 ④ 23,000,000원

69. 다음 자료에 의해서 김삼일씨의 종합소득산출세액을 계산하면 얼마인가(단, 금융소득은 없다고 가정한다)?

> · 종합소득금액 40,000,000원
> · 종합소득공제 10,000,000원
> · 종합소득세율

종합소득 과세표준	세율
1,400만원 이하	과세표준의 6%
1,400만원 초과 5,000만원 이하	84만원+1,400만원 초과금액의 15%

① 3,240,000원 ② 4,500,000원 ③ 4,920,000원 ④ 5,220,000원

70. 근로소득 연말정산에 대한 다음 설명 중 가장 올바르지 않은 것은?

① 일반적으로 다음 해 2월분 급여를 지급하는 때에 1년간의 총급여에 대한 근로소득세액을 정산하는 절차를 말한다.
② 중도 퇴직한 경우에는 퇴직한 달의 급여를 지급하는 때 정산한다.
③ 해외에서 지출한 신용카드 사용액은 신용카드소득공제 대상에 포함되지 않는다.
④ 자동차보험은 보험료세액공제를 받을 수 없다.

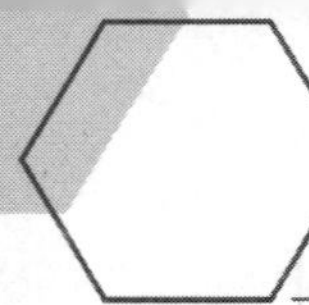

71. 다음 중 양도소득세 과세대상자산이 아닌 것은?

① 부동산을 취득할 수 있는 권리
② 과점주주가 보유하는 부동산과다보유법인 주식
③ 대주주소유 상장주식
④ 사업용고정자산과 별개로 양도하는 영업권

72. 다음 중 부가가치세법에 관한 설명으로 가장 올바르지 않은 것은?

① 부가가치세는 원칙적으로 재화 또는 용역을 과세대상으로 하는 일반 소비세에 해당한다.
② 부가가치세는 납세의무자와 실질적인 담세자가 일치하지 않는 간접세이다.
③ 부가가치세는 일정기간 동안 사업자가 공급한 매출액에서 매입액을 차감하여 부가가치를 계산한 다음 세율을 적용하는 전단계거래액공제방법을 채택하고 있다.
④ 부가가치세는 10%의 비례세율로 과세한다.

73. 다음 중 부가가치세 납세의무자에 관한 설명으로 가장 올바르지 않은 것은?

① 사업목적이 영리이든 비영리이든 관계없이 납세의무를 부담하므로 국가・지방자치단체도 납세의무자가 될 수 있다.
② 재화를 수입하는 자는 사업자인지 여부에 관계없이 납세의무자에 해당한다.
③ 고용관계에 따라 근로를 제공하는 종업원은 납세의무자에 해당하지 않는다.
④ 계속・반복적인 의사로 재화 또는 용역을 공급하는 자에 해당하더라도 사업자등록을 하지 않은 경우에는 납세의무자에 해당하지 않는다.

74. 다음 중 부가가치세법상 과세기간에 관한 설명으로 가장 올바르지 않은 것은?

① 부가가치세는 1년을 2 과세기간으로 나누어 매 6개월마다 확정신고・납부하도록 규정하고 있다.
② 신규사업자의 경우 사업자등록일로부터 등록한 연도의 12월 31일까지를 최초 과세기간으로 한다.
③ 간이과세자의 경우 과세기간을 1월 1일부터 12월 31일로 적용한다.
④ 폐업자는 폐업일이 속하는 과세기간 개시일부터 폐업일까지를 최종 과세기간으로 한다.

75. 다음 중 부가가치세법상 재화의 공급에 관한 설명으로 가장 올바르지 않은 것은(단, 해당재화는 매입세액공제를 받았음을 가정한다)?

① 과세사업을 위해 생산·취득한 재화를 부가가치세 면세사업을 위하여 사용·소비하는 경우에는 재화의 공급으로 본다.
② 과세사업을 위하여 생산·취득한 재화를 비영업용 소형승용차의 유지를 위하여 사용하는 경우에는 재화의 공급으로 본다.
③ 사업자가 자기의 사업과 관련하여 생산한 재화를 개인적인 목적으로 사용하는 것은 재화의 공급으로 본다.
④ 사업자 단위과세를 적용받는 사업자가 자기사업과 관련하여 생산·취득한 재화를 타인에게 직접 판매할 목적으로 다른 사업장에 반출하는 경우에는 재화의 공급으로 본다.

76. 다음 중 부가가치세법상 재화와 용역의 공급시기에 관한 연결이 가장 올바르지 않은 것은?

① 통상적인 용역공급 : 역무의 제공이 완료되는 때
② 장기할부판매 : 재화가 인도되거나 이용 가능하게 되는 때
③ 사업상 증여 : 재화를 증여하는 때
④ 수출재화 : 수출재화의 선·기적일

77. 다음은 영세율과 면세를 비교한 것이다. 가장 올바르지 않은 것은?

구 분	영세율	면세
목적	ㄱ. 국제적인 이중과세 방지	부가가치세의 역진성 완화
성격	완전면세제도	ㄴ. 부분면세제도
매출시	ㄷ. 거래징수의무 없음	거래징수의무 있음
매입시	환급받음 (매입세액공제)	ㄹ. 환급되지 아니함 (매입세액불공제)

① ㄱ　② ㄴ　③ ㄷ　④ ㄹ

78. 다음 자료를 이용하여 부가가치세 과세표준을 구하면 얼마인가?

ㄱ. 외상매출액(매출에누리 1,000,000원이 차감된 금액)	370,000,000원
ㄴ. 거래처 파산으로 인한 대손금	10,000,000원
ㄷ. 금전으로 지급한 판매장려금	5,000,000원
ㄹ. 외상매출금의 지급지연으로 인해 수령한 연체이자	2,000,000원

① 355,000,000원　② 360,000,000원
③ 370,000,000원　④ 385,000,000원

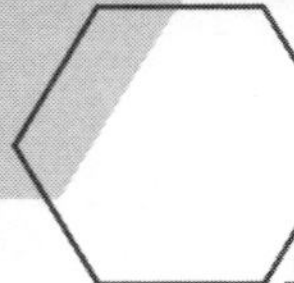

79. 다음 중 세금계산서에 관한 설명으로 가장 올바르지 않은 것은?

① 부동산 임대용역 중 간주임대료가 적용되는 부분에 대해서는 세금계산서 교부의무가 있다.
② 필요적 기재사항이 일부라도 기재되지 아니하거나 기재된 사항이 사실과 다를 때에는 적법한 세금계산서로 인정되지 않는다.
③ 세금계산서는 원칙적으로 재화 또는 용역의 공급시기에 발급한다.
④ 한 번 발행된 세금계산서라도 기재사항에 착오나 정정사유가 있다면 수정세금계산서를 발행할 수 있다.

80. 다음 중 부가가치세법상 간이과세자에 관한 설명으로 가장 올바르지 않은 것은?

① 간이과세자는 개인사업자를 대상으로 하므로 법인사업자는 간이과세를 적용받지 못한다.
② 간이과세자는 간이과세를 포기함으로써 일반과세자가 될 수 있다.
③ 간이과세자의 납부세액은 공급대가에 업종별 부가가치율을 곱한 것에 10%의 세율을 적용해서 계산한다.
④ 간이과세자는 부가가치세법상 사업자가 아니다.

원가관리회계

81. 다음은 ㈜삼일의 원가관련 자료이다. 직접노무원가는 가공원가의 80%라고 할 때, ㈜삼일의 당기총제조원가는 얼마인가?

직접재료원가 :	기초재고액	8,000원
	당기매입액	36,000원
	기말재고액	12,000원
직접노무원가 :	전기말 미지급액	7,000원
	당기지급액	66,000원
	당기말 미지급액	5,000원

① 64,000원　② 80,000원　③ 112,000원　④ 134,000원

82. 원가는 경영자의 의사결정 목적에 따라 다음과 같이 여러 가지로 분류할 수 있다. 다음 중 원가 분류가 올바른 것으로 짝지어진 것은?

ㄱ. 원가행태에 따른 분류	ㄴ. 추적가능성에 따른 분류
ㄷ. 의사결정과의 관련성에 따른 분류	ㄹ. 통제가능성에 따른 분류

A. 직접원가와 간접원가	B. 변동원가와 고정원가
C. 관련원가와 매몰원가	D. 미소멸원가와 소멸원가

	원가의 분류	원가 종류		원가의 분류	원가 종류
①	ㄱ	A	②	ㄴ	B
③	ㄷ	C	④	ㄹ	D

83. 다음은 ㈜삼일의 20X1년 제조원가와 관련된 자료이다. 기초재공품은 얼마인가?

직접재료원가	30,000원	직접노무원가	10,000원
제조간접원가	20,000원	기말재공품	5,000원
당기제품제조원가	70,000원	기말제품	4,000원

① 10,000원 ② 11,000원 ③ 14,000원 ④ 15,000원

84. 다음 중 보조부문의 원가배부 방법에 관한 설명으로 가장 올바르지 않은 것은?

① 직접배분법이란 보조부문 상호간에 행해지는 용역의 수수를 완전히 무시하고 보조부문의 원가를 배분하는 방법이다.

② 단계배분법이란 보조부문원가의 배분순서를 정하여 그 순서에 따라 단계적으로 보조부문 원가를 다른 보조부문과 제조부문에 배분하는 방법이다.

③ 직접배분법의 경우 각 제조부문이 사용한 용역의 상대적인 비율에 따라 각 보조부문 원가가 다른 보조부문에 배분된다.

④ 단계배분법의 경우에도 보조부문간의 용역수수관계를 일부 인식하며, 보조부문간의 배분순위 결정이 부적절한 경우 원가가 왜곡될 수 있다.

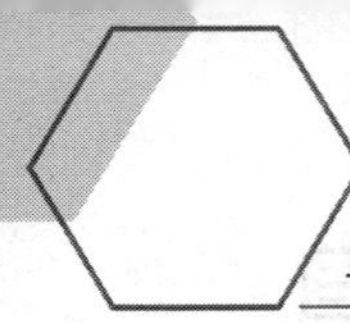

85. 다음 중 개별원가계산의 장점에 대한 설명으로 가장 올바르지 않은 것은?

① 종합원가계산에 비해 상대적으로 보다 정확한 원가계산이 가능하다.

② 종합원가계산에 비하여 제조간접원가의 배부문제가 없고 기장절차가 간단하므로 시간과 비용이 절약된다.

③ 제품별 손익분석 및 계산이 비교적 용이하다.

④ 작업원가표에 의해 개별 제품별로 효율성을 통제할 수 있고 개별 작업에 집계되는 실제원가를 예산액과 비교하여 미래예측에 이용할 수 있다.

86. ㈜삼일은 일반형 자전거와 고급형 자전거 두 가지의 제품을 생산하고 있다. 12월 한 달 동안 생산한 두 제품의 작업원가표는 아래와 같다.

	일반형 자전거	고급형 자전거
직접재료 투입액	300,000원	600,000원
직접노동시간	1,000 시간	4,000 시간
직접노무원가 임률	100원/시간	200원/시간

동 기간 동안 발생한 회사의 총제조간접원가는 1,000,000원이며, 제조간접원가는 직접노동시간을 기준으로 배부하고 있다. ㈜삼일은 실제 발생한 제조간접원가를 실제조업도에 의해 배부하는 원가계산방식을 채택하고 있다. 12월 한 달 동안 생산한 일반형 자전거의 제조원가는 얼마인가?

① 500,000원　② 600,000원　③ 700,000원　④ 800,000원

87. ㈜삼일은 단일공정에서 단일제품을 대량으로 생산하고 있다. 재료는 공정의 착수시점에서 전액 투입하며, 가공원가는 공정 전반에 걸쳐 균등하게 발생한다. 공정에 대한 자료는 다음과 같다.

ㄱ. 기초재공품	없음
ㄴ. 당기투입량	400,000개
ㄷ. 당기완성량	320,000개
ㄹ. 기말재공품 수량	80,000개
가공원가의 완성도	50%
ㅁ. 당기투입원가	
직접재료원가	4,000,000원
가공원가	1,800,000원

직접재료원가와 가공원가에 대한 완성품환산량 단위당 원가는 각각 얼마인가?

① 직접재료원가 5원 / 가공원가 10원　② 직접재료원가 10원 / 가공원가 4.5원

③ 직접재료원가 10원 / 가공원가 5원　④ 직접재료원가 12.5원 / 가공원가 5.6원

88. ㈜삼일은 종합원가계산을 채택하고 있다. 원재료는 공정시작시점에서 전량 투입되며 가공원가는 공정 전반에 걸쳐서 균등하게 발생한다. 기말재공품 수량은 250개이며, 가공원가의 완성도는 30%이다. 완성품환산량 단위당 직접재료원가와 가공원가가 각각 130원, 90원이라면 기말재공품 원가는 얼마인가?

① 23,400원 ② 34,740원 ③ 39,250원 ④ 39,600원

89. 다음 중 평균법과 선입선출법에 의한 종합원가계산의 차이점에 관한 설명으로 가장 올바르지 않은 것은?

① 평균법은 완성품환산량 산출시 기초재공품의 기완성도를 고려한다.
② 평균법의 완성품환산량 단위당 원가에는 전기의 원가가 포함되어 있다.
③ 평균법의 원가배분대상액은 기초재공품원가와 당기투입원가의 합계액이다.
④ 선입선출법은 완성품환산량 산출시 기초재공품과 당기투입량을 구분한다.

90. ㈜삼일은 당기 기말재공품의 완성도가 50%인데 이를 30%로 잘못 파악하였다. 기초재공품은 없다고 가정할 때 이 과소계상 오류가 완성품환산량 단위당 원가와 기말재공품원가에 어떠한 영향을 미치는가?

	완성품환산량단위당원가	기말재공품원가
①	과대평가	과대평가
②	과대평가	과소평가
③	과소평가	과대평가
④	과소평가	과소평가

91. 다음은 표준원가계산제도의 도입과 관련된 논의이다. 논의의 내용 중 옳은 것을 고르면?

> 가. 표준원가를 설정할 때 경영의 실제활동에서 열심히 노력하면 달성할 수 있는 현실적 표준을 설정해야 합니다.
> 나. 현실적 표준을 설정하면 표준원가계산제도를 도입하는 의의가 없습니다. 표준은 최선의 조건하에서 달성 가능한 이상적인 목표하의 최적목표원가로 설정해야 종업원으로 하여금 최선을 다하도록 동기부여할 수 있습니다.
> 다. 표준원가와 실제발생원가의 차이를 성과평가 및 보상과 연계하는 경우, 종업원은 자신에게 불리한 예외사항을 숨기려고 할 유인이 있습니다. 따라서 표준원가계산제도의 정보는 예산수립 등의 계획에만 사용하고, 통제 도구로는 사용하지 않는 것이 바람직합니다.

① 가 ② 나 ③ 가, 나 ④ 나, 다

92. 실제원가계산을 사용하던 ㈜삼일은 새롭게 표준원가계산제도의 도입을 검토하고 있다. 이에 따라 원가관리부서의 실무담당자들은 표준원가계산제도에 대해 아래와 같이 주장하고 있다. 다음 중 올바르지 않은 주장을 펼치고 있는 실무담당자는 누구인가?

> 강부장 : 표준원가를 도입하면 차이분석을 실시하는데, 차이분석의 결과는 당기에만 유용하며 차기의 표준이나 예산 설정에 피드백되어 유용한 정보를 제공하지 않는다는 점을 고려해야 합니다.
>
> 황과장 : 표준원가의 달성을 지나치게 강조할 경우 제품의 품질을 희생시킬 수 있고, 납품업체에 표준원가를 기초로 지나친 원가절감을 요구할 경우 관계가 악화될 수 있으므로 신중을 기해야 합니다.
>
> 정대리 : 표준원가는 기업내적인 요소나 기업외부환경의 변화에 따라 수시로 수정을 필요로 하기 때문에, 사후 관리하지 않을 경우 향후 원가계산을 왜곡할 소지가 있습니다.
>
> 김사원 : 표준원가는 사전에 과학적이고 통계적인 방법으로 적정하게 산정되어야 하지만, 표준원가의 산정에 객관성이 보장되기 힘들고 많은 비용이 소요되는 단점이 있다는 것을 잊어서는 안됩니다.

① 강부장　② 황과장　③ 정대리　④ 김사원

93. ㈜삼일은 변동제조간접원가의 배부기준으로 직접노동시간을 사용하고 있다. 직접노무원가 가격차이가 50,000원(유리), 직접노무원가 능률차이가 30,000원(불리), 직접재료원가 능률차이가 10,000원(유리)이 발생하였다고할 때, 다음 중 가장 옳은 것은?

① 직접재료원가 가격차이가 불리하게 나타난다.
② 변동제조간접원가 능률차이가 불리하게 나타난다.
③ 변동제조간접원가 소비차이(예산차이)가 불리하게 나타난다.
④ 고정제조간접원가 조업도차이가 유리하게 나타난다.

94. ㈜삼일의 직접노무원가와 관련된 자료는 다음과 같다.

표준 직접노무시간	11,000시간
실제 직접노무시간	10,000시간
직접노무원가 가격차이	20,000원(유리)
직접노무원가 실제원가	150,000원

이와 관련된 설명 중 가장 올바르지 않은 것은?

① 직접노무원가 표준원가는 180,000원이다.
② 직접노무원가 시간당 실제임률은 15원이다.
③ 직접노무원가 시간당 표준임률은 17원이다.
④ 직접노무원가 능률차이는 17,000원 유리하게 나타난다.

95. ㈜삼일의 직접재료원가에 대한 자료는 다음과 같다. ㈜삼일의 직접재료원가 kg당 실제가격은 얼마인가?

직접재료실제투입수량	10,000kg
직접재료원가 kg당 표준가격	400원
직접재료원가 가격차이(사용시점에 분리)	1,000,000원(불리)

① 220원　　② 300원　　③ 420원　　④ 500원

96. 발생한 원가가 미래의 동일한 원가의 발생을 방지할 수 없다면, 그 원가는 자산성을 인정할 수 없다는 원가회피개념에 근거를 두고 있는 원가계산방법은 무엇인가?

① 정상원가계산　　② 종합원가계산　　③ 변동원가계산　　④ 전부원가계산

97. 다음 중 변동원가계산, 전부원가계산 및 초변동원가계산에 관한 설명으로 가장 올바르지 않은 것은?

① 표준원가는 변동원가계산에는 사용될 수 없고 전부원가계산에서만 사용된다.
② 전부원가계산에서 계산된 영업이익은 판매량뿐만 아니라 생산량의 변화에도 영향을 받는다.
③ 전부원가계산에서는 고정제조간접원가를 제품원가로 인식한다.
④ 초변동원가계산은 직접재료원가만을 제품원가에 포함하고 나머지 제조원가는 모두 기간비용으로 처리한다.

98. ㈜삼일은 당기 초에 영업활동을 시작하여 당기에 제품 900단위를 생산하였으며, 당기의 원가자료는 다음과 같다.

단위당 직접재료원가	600원
단위당 직접노무원가	400원
단위당 변동제조간접원가	200원
단위당 변동판매비와관리비	250원
고정제조간접원가	180,000원
고정판매비와관리비	150,000원

당기 판매량이 800단위였다면, 전부원가계산에 의한 기말제품재고액은 얼마인가?

① 100,000원　　② 120,000원　　③ 140,000원　　④ 145,000원

99. 변동원가계산에 의한 공헌이익 손익계산서 작성을 위한 자료가 아래와 같을 경우 변동원가계산에 의한 영업이익은 얼마인가?

판매수량	4,500개
단위당 판매가격	3,500원/개
단위당 변동제조원가	2,300원/개
단위당 변동판매비와관리비	300원/개
고정제조간접원가	2,000,000원
고정판매비와관리비	500,000원

① 1,550,000원 ② 2,050,000원 ③ 3,400,000원 ④ 3,550,000원

100. 20X1년 3월에 영업을 시작한 서울회사는 선입선출법에 의한 실제원가계산제도를 채택하고 있으며, 20X1년 3월과 4월의 생산과 판매에 관한 자료는 다음과 같다.

	3월	4월
생 산 량	8,000단위	9,000단위
판 매 량	7,000단위	10,000단위

20X1년 4월 중 전부원가계산에 의한 영업이익이 변동원가계산에 의한 영업이익보다 200,000원이 작다고 할 때, 3월 고정제조간접원가는 얼마인가?

① 1,000,000원 ② 1,200,000원 ③ 1,600,000원 ④ 2,000,000원

101. ㈜삼일은 활동기준원가계산을 사용하며, 제조과정은 다음의 세가지 활동으로 구분된다.

활동	원가동인	연간 원가동인수	연간 가공원가총액
운반	재료의 부피	50,000리터	200,000원
압착	압착기계시간	45,000시간	900,000원
분쇄	분쇄기계시간	20,000시간	500,000원

X제품 한 단위당 재료부피는 200리터, 압착기계시간은 30시간, 분쇄기계시간은 10시간이다. X제품의 단위당 재료원가가 500원일 경우 제품의 단위당 제조원가는 얼마인가?(위 자료 이외에 추가로 발생하는 원가는 없다)

① 1,400원 ② 1,650원 ③ 1,900원 ④ 2,150원

102. 다음 중 원가-조업도-이익(CVP) 분석에 관한 설명으로 가장 올바르지 않은 것은?

① 수익과 원가의 행태는 관련범위 내에서 선형이다.
② 공헌이익이 총고정원가보다 큰 경우에는 손실이 발생한다.
③ 화폐의 시간가치를 고려하지 않는다는 단점을 가진다.
④ 모든 원가는 변동원가와 고정원가로 분류할 수 있다고 가정한다.

103. 다음 자료를 이용하여 공헌이익을 계산하면 얼마인가?

생산수량	2,500개
판매수량	2,000개
단위당 판매가격	3,500원
제품단위당 변동제조원가	2,000원
제품단위당 변동판매비	300원
고정제조간접원가	400,000원

① 1,750,000원 ② 2,000,000원 ③ 2,400,000원 ④ 3,000,000원

104. 다음 자료를 이용하여 손익분기점 판매량을 계산하면 얼마인가?

판매가격	4,000원/단위
변동제조원가	1,500원/단위
변동판매비와관리비	1,200원/단위
총고정제조간접원가	2,340,000원

① 600개 ② 1,200개 ③ 1,800개 ④ 2,000개

105. 다음 중 안전한계와 영업레버리지에 관한 설명으로 가장 올바르지 않은 것은?

① 안전한계는 손실을 발생시키지 않으면서 허용할 수 있는 매출액의 최대 감소액을 의미하므로 기업의 안전성을 측정하는 지표로 많이 사용된다.
② 안전한계가 높을수록 기업의 안전성이 높다고 말할 수 있으며, 안전한계가 낮을수록 기업의 안전성에 문제가 있다고 말할 수 있다.
③ 영업레버리지는 영업레버리지도(DOL)를 이용하여 측정할 수 있으며, 영업레버리지도(DOL)는 공헌이익을 영업이익으로 나누어 계산한다.
④ 영업레버리지는 변동원가로 인하여 매출액의 변화액보다 영업이익의 변화액이 더 커지는 현상을 말한다.

106. 다음 중 판매부서의 성과평가에 대한 설명으로 가장 올바르지 않은 것은?

① 판매부서의 성과평가는 이익중심점보다 수익중심점으로 운영하는 것이 바람직하다.
② 판매부서의 성과평가는 예산매출액과 실제매출액의 비교를 통해 이뤄진다.
③ 매출총차이는 매출가격차이와 매출조업도차이로 구분된다.
④ 매출조업도차이는 매출배합차이와 매출수량차이로 구분된다.

107. ㈜삼일은 A와 B의 두 제품을 생산 · 판매하고 있다. 예산에 의하면 제품 A의 단위당 공헌이익은 20원이고, 제품 B의 공헌이익은 4원이다. 20X1년의 예산매출수량은 제품 A가 800단위, 제품 B는 1,200단위로 총 2,000단위였다. 그러나 실제매출수량은 제품 A가 500단위, 제품 B가 2,000단위로 총 2,500단위였다. ㈜대한의 20X1년 매출배합차이와 매출수량차이를 계산하면 각각 얼마인가?

	매출배합차이	매출수량차이		매출배합차이	매출수량차이
①	8,000원 불리	5,200원 유리	②	8,000원 유리	5,200원 불리
③	5,200원 불리	8,000원 유리	④	5,200원 유리	8,000원 불리

108. 다음 자료를 이용하여 ㈜삼일의 시장점유율차이를 계산하면 얼마인가?

단위당 예산평균공헌이익	100원
실제시장점유율	40%
예산시장점유율	35%
실제시장규모	100,000개

① 800,000원(불리) ② 800,000원(유리)
③ 500,000원(유리) ④ 500,000원(불리)

109. 다음 중 투자수익률법(return on investment, ROI)에 대한 설명으로 가장 올바르지 않은 것은?

① 투자규모가 다른 투자중심점을 상호 비교하기가 용이하다.
② 사업부의 이익뿐만 아니라 투자액도 함께 고려하는 성과평가 기준이다.
③ 매출액이익률과 자산회전율로 구분하여 분석이 가능하다.
④ 회사전체의 최저필수수익률을 상회하는 투자안이 개별투자중심점의 투자수익률보다 낮기 때문에 투자가 포기되는 준최적화 현상이 발생하지 않는다.

110. 다음 중 경제적부가가치(EVA)에 관한 설명으로 가장 올바르지 않은 것은?

① 경제적부가가치는 기업의 영업, 투자, 재무활동을 모두 반영한 이익개념이다.
② 경제적부가가치는 자기자본에 대한 자본비용을 고려한 이익개념이다.
③ 주주관점에서 기업의 경영성과를 보다 정확히 측정하는데 도움이 된다.
④ 투자중심점과 회사전체의 목표일치성을 충족시킬 수 있다.

111. 다음은 ㈜삼일의 재무상태표와 포괄손익계산서 자료의 일부이다.

항목	금액	항목	금액
유동자산(영업자산)	12,000원	유동부채	8,000원
비유동자산(영업자산)	8,000원	세전영업이익	4,000원

㈜삼일의 경제적부가가치(EVA)를 계산하면 얼마인가(단, 유동부채 중 2,000원은 단기차입금이며, 가중평균자본비용은 10%, 법인세율은 30%이다.)?

① 1,400원 ② 1,600원 ③ 2,000원 ④ 2,600원

112. 매월 1,000단위의 제품을 생산하는 ㈜삼일의 단위당 판매가격은 700원이고 단위당 변동원가는 500원이며 고정원가는 월 300,000원이다. ㈜삼일은 ㈜용산으로부터 400단위의 특별주문을 받았다. 현재 유휴설비능력은 특별주문 수량보다 부족한 상황이며, 특별주문을 수락할 경우 주문 처리를 위한 비용 900원이 추가로 발생한다. 다음 중 특별주문에 대한 의사결정을 함에 있어 관련항목으로만 구성된 것은 어느 것인가?

① 특별주문 수락 전의 단위당 고정원가, 단위당 변동원가, 특별주문 처리비용
② 특별주문가, 단위당 변동원가, 특별주문 처리비용, 기존판매량 감소분의 공헌이익
③ 특별주문 수락 후의 단위당 고정원가, 특별주문 처리비용, 기존판매량 감소분의 공헌이익
④ 특별주문가, 특별주문 처리비용, 특별주문 수락 후의 단위당 고정원가, 기존판매량 감소분의 공헌이익

113. ㈜삼일은 부품의 자가제조 또는 외부구입에 대한 의사결정을 하려고 한다. 이때 고려해야 하는 비재무적 정보에 관한 설명 중 가장 올바르지 않은 것은?

① 부품을 자가제조할 경우 부품의 공급업자에 대한 의존도를 줄일 수 있는 장점이 있다.
② 부품을 자가제조할 경우 기존 외부공급업자와의 유대관계를 상실하는 단점이 있다.
③ 부품을 자가제조할 경우 향후 급격한 주문의 증가로 회사의 생산능력을 초과할 때 제품을 외부구입하기 어려울 수 있다는 단점이 있다.
④ 부품을 자가제조할 경우 생산관리를 외부에 의존해야 하므로 품질관리가 매우 어렵다.

114. ㈜삼일은 부품 A를 자가제조하고 있으며, 이와 관련된 연간 생산 및 원가자료는 다음과 같다.

직접재료원가	43,000원
변동직접노무원가	17,000원
변동제조간접원가	13,000원
고정제조간접원가	30,000원
생산량	250단위

최근 외부업체로부터 부품 A 250단위를 단위당 500원에 공급하겠다는 제안을 받았다. 외부업체의 제안을 수용하면, 자가제조보다 연간 얼마나 유리(또는 불리)한가(단, 고정제조간접원가는 전액 회피 불가능하다.)?

① 22,000원 불리　　② 22,000원 유리
③ 52,000원 불리　　④ 52,000원 유리

115. 다음 중 자본예산을 편성하기 위해 현금흐름을 추정할 때 주의해야 할 사항으로 가장 올바르지 않은 것은?

① 명목현금흐름은 명목할인율로 할인해야 하며, 실질현금흐름은 실질할인율로 할인해야 한다.
② 세금을 납부하는 것은 현금의 유출에 해당하므로 세금을 차감한 후의 현금흐름을 기준으로 추정하여야 한다.
③ 감가상각비를 계상함으로써 발생하는 세금의 절약분인 감가상각비 감세 효과는 현금흐름을 파악할 때 반드시 고려해야 한다.
④ 이자비용은 명백한 현금유출이므로 현금흐름 추정에 반영해야 한다.

116. 장기의사결정을 위한 방법 중 회수기간법은 여러 가지 이론적인 단점에도 불구하고 실무상 많이 사용되고 있다. 다음 중 회수기간법이 실무에서 많이 사용되는 이유로 가장 올바르지 않은 것은?

① 비현금자료도 반영되는 포괄적 분석기법이다.
② 기업의 유동성 확보와 관련된 의사결정에 유용하다.
③ 화폐의 시간적 가치를 고려하지 않으므로 순현재가치법, 내부수익률법에 비해서 적용하기가 쉽다.
④ 투자후반기의 현금흐름이 불확실한 경우에는 유용한 평가방법이 될 수 있다.

117. 다음 중 순현재가치법(NPV 법)에 관한 설명으로 가장 올바르지 않은 것은?

① 투자기간 동안의 현금흐름을 자본비용으로 재투자한다고 가정한다.

② 순현재가치를 계산할 때 사용하는 할인율인 자본비용의 산출이 간단하다.

③ 독립적인 투자안에 대한 의사결정시 순현재가치가 0(영)보다 크면 수익성이 있는 것으로 판단되어 투자안을 채택한다.

④ 복수투자안의 순현재가치는 그 복수투자안을 구성하는 개별투자안 각각의 순현재가치를 합산한 것과 같다.

118. ㈜삼일은 두 개의 사업부 A, B로 구성되어 있다. A 사업부는 단위당 변동비가 100원인 부품을 제조하고 있는데 이를 170원에 외부에 판매할 수도 있고 B 사업부에 대체할 수도 있다. B 사업부가 이 부품을 외부에서 구입할 수 있는 가격은 180원이다. 회사전체의 이익극대화를 위한 B 사업부의 의사결정으로 가장 옳은 것은?

① A 사업부에서 구입하여야 한다.

② 외부에서 구입하여야 한다.

③ 외부에서 구입하는 경우와 A 사업부에서 구입하는 경우 차이가 없다.

④ 유휴생산시설이 있으면 외부에서 구입한다.

119. 다음 중 품질원가에 관한 설명으로 가장 올바르지 않은 것은?

① 품질원가란 불량품이 생산되지 않도록 하거나 불량품이 생산된 결과로 발생하는 모든 원가를 말한다.

② 예방원가란 불량품의 생산을 예방하기 위한 원가로 품질교육원가, 예방설비 유지원가 등이 있다.

③ 내부실패원가와 외부실패원가는 불량품이 생산된 결과로써 발생하는 원가이므로 실패원가라고 한다.

④ 일반적으로 예방원가와 평가원가가 증가하면 실패원가도 증가하게 된다.

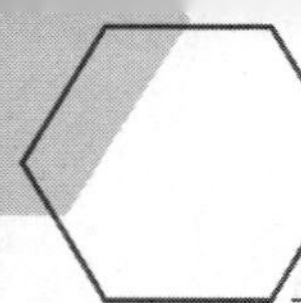

120. ㈜삼일의 사장은 새로운 성과측정지표를 도입하고자 ㈜HE 컨설팅의 컨설턴트와 협의 중이다. 다음 사장과 컨설턴트의 대화에서 괄호 안에 들어갈 말로 가장 올바르지 않은 것은?

> 사　　장 : 우리 회사는 기존의 손익계산서상 순이익이 아닌 새로운 성과지표를 도입하고 싶습니다.
> 컨설턴트 : 사장님, 많은 기업들이 균형성과표(BSC)를 활용하고 있습니다.
> 사　　장 : 균형성과표(BSC)는 어떤 성과지표입니까?
> 컨설턴트 : 균형성과표(BSC)는 (　　　　　　　　　　　　　　　　　　　　　　　　　)

① 재무적 관점 외에 고객, 내부프로세스, 학습과 성장이라는 비재무적 관점도 함께 고려하여 조직의 전략과 성과를 종합적, 균형적으로 관리, 평가할 수 있는 효과적인 가치중심 성과관리 기법입니다.

② 조직의 수익성을 최종적인 목표로 설정하기 때문에 4가지 관점의 성과지표 중에서 고객관점의 성과지표를 가장 중시합니다.

③ 기업이 추구하는 전략적 목표와 경쟁상황 등의 다양한 변수를 고려하여 측정 지표들을 개발합니다.

④ 매출액 등의 계량화된 객관적 측정치와 종업원의 능력 등과 같은 주관적 측정치 간의 균형을 이룰 수 있는 성과지표입니다.

2020년 기출문제 답안 및 해설

재무회계

1	2	3	4	5	6	7	8	9	10
④	③	①	④	④	②	④	④	①	③
11	12	13	14	15	16	17	18	19	20
①	③	④	③	②	②	③	②	④	④
21	22	23	24	25	26	27	28	29	30
②	②	①	①	①	②	②	③	③	①
31	32	33	34	35	36	37	38	39	40
②	④	③	④	①	③	②	②	③	③

01. 과거의 현금흐름이 반영된 재무성과를 제공하지 **미래의 현금흐름에 대한 예측이 반영된 재무성과는 제공하지 않는다.**

02. 확인가치에 대한 설명이다.

03. ② 기업특유가치 ③ 현행원가 ④ 공정가치

04. **현금흐름표는 영업활동, 투자활동, 재무활동 현금흐름으로 구분**한다.

05. 유의적인 영향력을 행사하면 개인이건 법인이건 해당기업과 특수관계자에 해당한다.

06. (usd1,000 - usd120) × 1,100원(선적일 환율) + 운송료(80,000) = 1,048,000원

07. **정상감모와 재고자산평가손실은 매출원가에 해당**한다.

재고자산

기초상품	500,000	*매출원가*	*1,500,000*
순매입액	2,000,000	기말상품	1,000,000
계	2,500,000	계	2,500,000

08.

상 품(총평균법)

기초	1.000개	@100	100,000	매출원가	2,500개	@125	312,500
	500개	@120	60,000				
순매입액	1,500개	@140	210,000	기말	*700개*	*@125*	*87,500*
	200개	@150	30,000				
계(판매가능재고)		*@125*	400,000	계			400,000

기말재고(선입선출법) = 200개 × @150(11.10) + 500개 × @140(5.15) = 100,000원

상　품(선입선출법)

기초	1.000개	@100	100,000	매출원가	2,500개	300,000
	500개	@120	60,000			
순매입액	1,500개	@140	210,000	기말	*700개*	*100,000*
	200개	@150	30,000			
계(판매가능재고)			400,000	계		400,000

총평균법(87,500) - 선입선출법(100,000) = △12,500원 차이

09.

	지출액	대상기간(차입기간)	이자율	순금융비용
차입금A	24,000,000(1.1)	10개월/12개월	3%	600,000

10. **재평가모형을 적용해도 손상차손을 인식하고, 회수가능액은 순공정가치와 사용가치 중 큰 금액으로 한다. 기업의 불리한 영향을 미치는 경제상황 등 외부정보를 고려한다.**

11. 건물 감가상각비 = (5,000,000 - 500,000) ÷ 20년 = 225,000원/년
처분시점 감가상각누계액 = 225,000 × 3/12(x1년) + 225,000 × 3년(x2 ~ x4) = 731,250원

12. 연구단계 연구비(300억) + 자산인식요건 미충족 개발비(120억) = 420억원

13. **내부적으로 창출한 브랜드 등을 영업권으로 인식할 수 없다.**

14. 유형자산 대체전 평가손익
= x2.10.01 대체시점 공정가치(1,100,000) - x1.12.31 공정가치(900,000) = 200,000원(이익)
대체 후 유형자산 감가상각비 = [1,100,000 - 0] ÷ 10년 × 3개월/12개월 = 27,500원
평가이익(200,000) - 감가상각비(27,500) = 172,500원(이익)

15. 당기손익 - 공정가치측정 금융자산(채무상품)은 **AC금융자산등으로 재분류할 수 있다.**

16. 사채의 발행가액 = **100,000 × 10% × 1.69005 + 100,000 × 0.79719 = 96,620(반올림)**

17. 사채의 발행가액 = **100,000,000 × 10% × 2.57710 + 100,000,000 × 0.79383 = 105,154,000원**
총이자비용 = **액면이자의 합계액(30,000,000) - 사채할증발행차금(5,154,000)** = 24,846,000원

18. 이자비용(할인발행시) : 유효이자율법 < 정액법 → 이익 : 유효이자율법 > 정액법
사채의 장부가액 : 유효이자율법 < 정액법

19. 전환권대가 = 사채의 발행가액(10,000,000) - 일반사채의 현재가치(8,200,000) = 1,800,000원
전환권행사시 현금유입이 없으므로 총자산은 불변이다.

20. **미래영업손실에 대해서 충당부채를 인식하지 아니한다.**

21. 해외사업환산이익(3,000,000)과 재평가잉여금(4,000,000)이 기타포괄손익누계액에 해당한다.

22. 자기주식처분이익은 자본잉여금에 해당한다.

24. 반품예상율 = 반품예상액(10,000,000)/매출액(50,000,000) = 20%
반품으로 회수할 자산(반환제품회수권) = 원가(30,000,000) × 반품예상율(20%) = 6,000,000원
매출원가 = 재고자산의 원가(30,000,000) - 반품제품회수권(6,000,000) = 24,000,000원

26. 진행율 = 4,000,000/20,000,000원 = 20%

누적계약수익 = 30,000,000 × 20% = 6,000,000원, 누적진행청구액 5,500,000

누적계약수익(6,000,000) > 누적진행청구액(5,500,000)

따라서 계약자산(미청구공사) 500,000원

28. 용역보상원가는 주식결제형 주식기준보상거래시 부여한 지분상품의 공정가치로 측정한다. **이러한 공정가치는 추후 가치가 변동하는 경우에도 추정치를 변경하지 않는다.**

30. 과세표준 = 순이익(2,000,000) + 기업업무추진비(100,000) + 감가상각비(60,000)
- 당기손익평가이익(20,000) = 2,140,000원

미지급법인세 = 과세표준(2,140,000) × 20% = 428,000원

이연법인세자산(감가상각비) = 60,000 × 20% = 12,000원

이연법인세부채(당기손익인식금융자산) = 20,000 × 20% = 4,000원

법인세비용 = 미지급법인세(428,000) + 이연법인세부채증가(4,000) - 이연법인세자산증가(12,000)

(차) **법인세비용**	**420,000**	(대) 당기법인세(미지급법인세)	428,000
이연법인세자산	12,000	이연법인세부채	4,000

32. 유통보통주식수 = 18,000 + 8,000 × 3/12 = 20,000주

기본 주당순이익 = (10,000,000 - 1,000,000) ÷ 20,000주 = 450원/주

33. 투자주식 = 850,000원 + (1,300,000 - 1,100.000) × 30% = 910,000원

36. 매출채권 = $8,000 × 1,200(기말환율) = 9,600,000원

환산손익 = 공정가액 - 장부가액 = [1,200 - 1,100] × $8,000 = 800,000원(이익)

37.

연도	리스료(A)	리스이자(B) (BV×10%)	원금상환액 (B-A)	장부금액 (BV)
20x1. 1. 1				758,158
20x1.12.31	200,000	75,816	124,184	***633,974***

38. **법인세로 인한 현금흐름은 일반적으로 영업활동현금흐름으로 분류**한다. 다만 재무활동과 투자활동에 명백한 것은 제외한다.

39. 현금유입액 = 매출액(560,000) - 매출채권증가액(10,000) - 대손상각비(550) + 대손충당금증가(170)
= 549,620원

40. **배당금 지급활동은 원칙적으로 재무활동으로 분류**한다.

세무회계

41	42	43	44	45	46	47	48	49	50
②	②	③	①	④	③	③	④	④	③
51	**52**	**53**	**54**	**55**	**56**	**57**	**58**	**59**	**60**
④	②	③	①	③	①	④	③	①	②
61	**62**	**63**	**64**	**65**	**66**	**67**	**68**	**69**	**70**
④	②	①	③	②	③	②	①	①	④
71	**72**	**73**	**74**	**75**	**76**	**77**	**78**	**79**	**80**
④	③	④	②	④	②	③	③	①	④

41. 다른 **세법의 별도규정이 국세기본법보다 우선한다.**

45. **이의신청은 임의심으로 반드시 거칠필요가 없다.**

46. ①,④ 상여, ② 유보

47. 결산조정사항은 경정청구사항에서 제외되지만 **신고조정사항은 경정청구대상이다.**

47. 천재지변 등의 사유로 파손된 것에서 대해서 감액이 허용되고, 폐기손실도 손금으로 인정된다.

48. 종업원에 대한 상여는 한도가 없다.

		급 여	상여한도(40%)	상여금	한도초과
관리부	임원	150,000,000원	60,000,000원	50,000,000원	–
건설본부	임원	100,000,000원	40,000,000원	70,000,000원	30,000,000원

건설중인 자산으로 처리하였으므로 이중세무조정을 해야 한다.

51. 업무무관자산의 취득부대비용은 자산의 취득가액으로 인정되고, 추후 **감가상각시 손금불산입 사항**이 된다.

52. **발생주의에 따라 인식한 이자비용은 법인세법도 수용**한다.

53. 제품의 경우 기한(9/30) 후 재고자산평가방법변경신고(10/20)를 한 경우이므로 제20기는 임의변경에 해당한다.

제품 = MAX[① 무신고시 평가방법(FIFO), ② 당초신고한 평가방법(총평균법)] = 20,000,000원

저장품은 계산실수를 인정하므로 총평균법으로 평가한 금액 8,000,000원이 재고자산평가액이 된다,

54. 정상가액 = 시가(100억) × 70% = 70억

정상가액(70억)보다 낮은 가액(60억)으로 양도한 것은 간주기부금(비지정)에 해당하고, 기타사외유출로 소득처분한다.

55. MIN[1.급여액 기준한도 = 총급여액(200,000,000) × 5% = 10,000,000원

2.추계액 기준한도(⑫) = 40,000,000원] = 10,000,000원

설정액(25,000,000) – 한도액(10,000,000) = 15,000,000원(한도초과)

56. 당기대손금한도액 = 기말세법상대손충당금 채권금액(500,000,000) × 대손실적률(2%) = 10,000,00원
회사 설정액(대손충당금기말잔액) = 기초(25,000,000) - 대손(5,000,000) + 설정액(3,000,000)
= 23,000,000원
전기대손충당금 한도초과(10,000,000)은 유보추인으로 감소란에 적고 당기한도초과(13,000,000)는 증가란에 적고 기말잔액을 계산한다.

59. 인정이자 = 10억 × 8% ÷ 365일 = 219,278원(상여)

60. 과세표준 = 순이익(250,000,000) + 가산(100,000,000) - 차감(70,000,000)
+ 기부금한도초과(10,000,000) - 비과세(3,000,000) - 소득공제(2,000,000)
= 285,000,000원

61. **분리과세소득은 원천징수로 납세의무가 확정**된다.

62. **사적연금액**, **기타소득금액이 300만원 이하인 경우 선택적 분리과세**가 된다.

63. ② 조건부종합과세 ③④ 무조건분리과세

64. 총수입금액 = 1억 ÷ 12개월 × 6개월(7.1 ~ 12.31) = 50,000,000원

65. 총급여액 = 월급여액(2,000,000) × 12개월 + 상여(2,000,000) × 5 + 자가운전보조금(50,000) × 12개월
+ 연월차수당(1,000,000) = 35,600,000원
자가운전보조금은 20만원, **식대는 100,000원(한도 20만원)**이 비과세금액이 된다.
근로소득공제 = 750만원 + (35,600,000 - 15,000,000) × 15% = 10,590,000원
근로소득금액 = 총급여액(35,600,000) - 근로소득공제(10,590,000) = 25,010,000원

66. **복권당첨기타소득은 무조건 분리과세소득**이므로 종합소득신고를 할 필요가 없다.

67. **2020년 발생한 결손금은 15년간 공제**가 가능하다.

68. 교육비세액공제는 연령요건을 충족하지 않아도 되나, 소득요건(소득금액 1백만원이하)은 충족해야 한다. 따라서 차남은 대상에서 제외한다. 또한 대학원교육비는 본인만 대상이다.
공제대상 교육비 = 장녀의 고등학교 수업료(한도 3백만원)

69. 종합소득과세표준 = 소득금액(40,000,000) - 소득공제(10,000,000) = 30,000,000원
산출세액 = 84만원 + (30,000,000 - 14,000,000) × 15% = 3,240,000원

70. **자동차보험은 손해보험으로서 보험료세액공제대상**이다.

71. **영업권자체의 양도는 기타소득**에 해당한다.

72. 부가가치세법은 전단계세액공제를 적용하고 있다.

73. **납세의무자는 사업자여부를 불문**한다.

74. 신규사업자는 사업개시일부터 당해 과세 기간의 종료일까지가 최초과세기간이 된다.

75. 사업자단위과세자는 **판매목적 타사업장반출에 대하여 공급의제를 배제**한다.

76. 장기할부판매의 공급시기는 **대가의 각부분을 받기로 한 때**이다.

77. 면세사업자는 매출시 부가세(0)를 거래징수할 의무가 없다.

78. 대손금과 판매장려금은 과세표준에서 공제하지 않고, 연체이자는 과세표준에 미포함한다.

80. 간이과세자도 부가가치세법상 사업자이다.

원가관리회계

81	82	83	84	85	86	87	88	89	90
③	③	④	③	②	②	③	③	①	②
91	**92**	**93**	**94**	**95**	**96**	**97**	**98**	**99**	**100**
①	①	②	①	④	③	①	③	①	③
101	**102**	**103**	**104**	**105**	**106**	**107**	**108**	**109**	**110**
④	②	③	③	④	①	①	③	④	①
111	**112**	**113**	**114**	**115**	**116**	**117**	**118**	**119**	**120**
①	②	④	③	④	①	②	①	④	②

81.

원재료

기초재고	8,000	**직접재료비**	**32,000**
매입	36,000	기말재고	12,000
계	44,000	계	44,000

미지급비용(노무비)

지 급	66,000	기초잔액	7,000
기말잔액	5,000	**설 정**	**64,000**
계	71,000	계	71,000

직접노무원가(64,000) = 가공원가(제조간접비 + 64,000) × 80% ∴제조간접원가 = 16,000원
당기총제조원가 = 직접재료비(32,000) + 직접노무원가(64,000) + 제조간접원가(16,000)
= 112,000원

82. 원가형태에 따른 분류 : 변동원가와 고정원가 추적가능성에 따른 분류 : 직접원가와 간접원가
통제가능성에 따른 분류 : 통제가능원가와 통제불능원가

83.

재공품

기초재고	*15,000*	당기제품제조원가	70,000
직접재료비	30,000		
직접노무비	10,000		
제조간접비	**20,000**	**기말재고**	**5,000**
계	75,000	계	75,000

84. 직접배분법은 다른 보조부문에 배부되지 않는다.

85. 개별원가계산의 핵심은 제조간접원가의 배부문제이고, 시간과 비용이 많이 소요된다.

86. 제조간접원가(일반형) = 총제조원가(1,000,000) × (1,000시간 ÷ 5,000시간) = 200,000원
당기총제조원가 = 직접재료원가(300,000) + 직접노무원가(1,000시간 × 100) + 제조간접원가
(200,000) = 600,000원

87. 기초재공품이 없으므로 선입선출법과 평균법은 동일한 결과가 된다.

〈1단계〉 물량흐름파악 〈2단계〉 완성품환산량 계산

평균법		재료비	가공비
	완 성 품320,000	320,000	320,000
	기말재공품 80,000 (50%)	80,000	40,000
	계 400,000	**400,000**	**360,000**
〈3단계〉 원가요약(기초재공품원가 + 당기투입원가)		4,000,000	1,800,000
〈4단계〉 완성품환산량당단위원가		***@10***	***@5***

88. 〈1단계〉 물량흐름파악 〈2단계〉 완성품환산량 계산

평균법		재료비	가공비
	기말재공품 250 (30%)	250	75
	계		
〈4단계〉 완성품환산량당단위원가		@130	@90

〈5단계〉 기말재공품 원가계산 : 250개 × @130원 + 75개 × @90원 = 39,250원

89. 선입선출법이 기초재공품의 완성도를 고려하나 평균법은 고려하지 않는다.

90. 기말재공품의 완성도를 과소평가하면 기말재공품원가는 과소평가되고, 기말재공품 완성품환산량이 과소되므로, 단위당 원가(원가÷완성품환산량)는 과대됨.

91. 표준원가는 현실적표준을 설정해야 종업원의 동기부여에 긍정적인 영향을 미친다.

표준원가는 예산수립뿐만 아니라 통제도구로 사용한다.

92. 표준원가는 당기뿐 아니라 차기에도 유용한 정보를 제공한다.

93.

	실제발생(AQ × AP) (실제조업도)	변동예산(AQ × SP) －투입기준	변동예산(SQ × SP) －산출기준
	가격차이		능률차이
직접재료비	?		**10,000원(유리)**
직접노무비	**50,000원(유리)**		**30,000원(불리)**
변동제조간접비	***소비차이(유리)***		***능률차이(불리)***

변동제조간접비는 직접 노동시간으로 배부되므로 직접노무비와 같은 방향으로 유불리가 나타난다. 그러나 직접재료원가와 고정제조간접원가는 유불리를 알 수가 없다.

94.

AQ	AP	SQ	SP
10,000시간	**?(15원)②**	11,000시간	?
150,000원 ①		?	

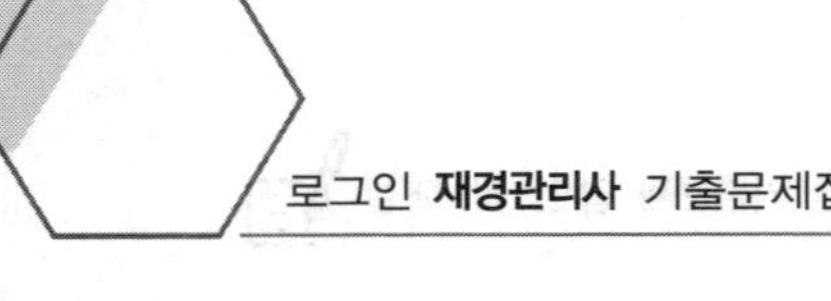

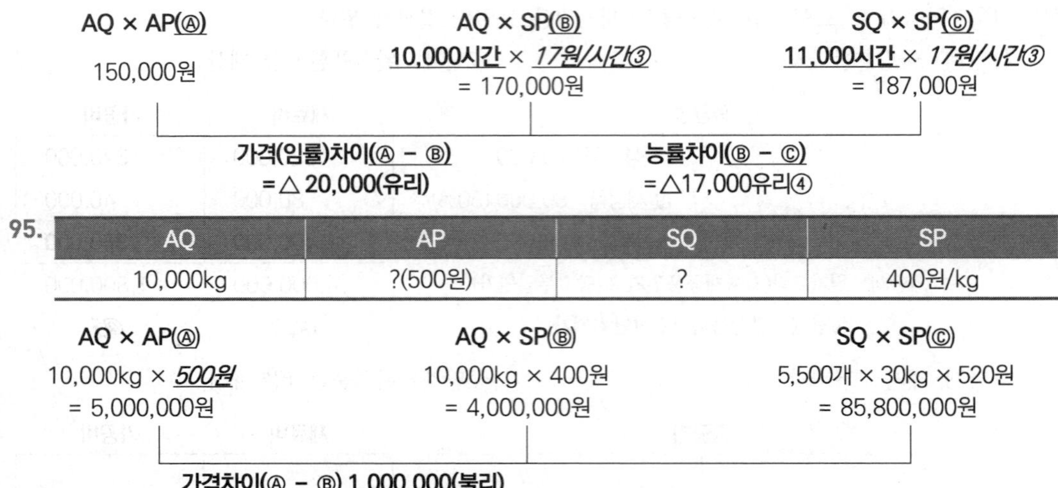

AQ × AP(Ⓐ)	AQ × SP(Ⓑ)	SQ × SP(Ⓒ)
150,000원	**10,000시간** × *17원/시간③* = 170,000원	**11,000시간** × *17원/시간③* = 187,000원

가격(임률)차이(Ⓐ - Ⓑ) = △ 20,000(유리)

능률차이(Ⓑ - Ⓒ) = △17,000유리④

95.

AQ	AP	SQ	SP
10,000kg	?(500원)	?	400원/kg

AQ × AP(Ⓐ)	AQ × SP(Ⓑ)	SQ × SP(Ⓒ)
10,000kg × ***500원*** = 5,000,000원	10,000kg × 400원 = 4,000,000원	5,500개 × 30kg × 520원 = 85,800,000원

가격차이(Ⓐ - Ⓑ) 1,000,000(불리)

97. **표준원가는 변동원가계산에서도 사용**된다.

98. 기말재고수량 = 기초(0) + 생산(900) - 판매(800) = 100단위

단위당 고정제조간접원가 = 180,000 ÷ 900 = @200원

기말제품재고액 = [600 + 400 + 200 + 200] × 100단위 = 140,000원

99. 변동원가 계산

Ⅰ. 매 출 액	4,500개×3,500원	15,750,000
Ⅱ. 변동원가		11,700,000
1. 변동매출원가	4,500개×2,300원 = 10,350,000원	
2. 변동판관비	4,500개×300원 = 1,350,000원	
Ⅲ. **공헌이익(Ⅰ - Ⅱ)**	2,000,000 + 500,000	4,050,000
Ⅵ. 고정원가		2,500,000
Ⅴ. 영업손익(Ⅲ - Ⅳ)		1,550,000

100.

	3월	4월
기초재고	0단위	**1,000단위**
생산량	8,000단위	9,000단위
판매량	7,000단위	10,000단위
기말재고	**1,000단위**	0단위

변동원가(영업이익)	??	**200,000(가정)**
+ 기말재고에 포함된 고제간	1,000×200 = 200,000	0
- 기초재고에 포함된 고제간	0	1,000×200 = 200,000
= 전부원가(영업이익)	??	0

고정제조간접원가(3월) = 생산량(8,000) × 단위당고정제조간접비(200) = 1,600,000원

101.

활 동	가공원가 총액	원가동인수 총계	배부율	X제품원가동인	X제품가공원가
세척	200.000	50,000리터	4	200리터	800원
압착	900,000	45,000시간	20	30시간	600원
분쇄	500,000	20,000시간	25	10시간	250원
계	1,600,000				1,650원

X제품의 단위당제조원가 = 재료비(500) + 가공원가(1,650) = 2,150원

102. **공헌이익(S - V)이 총고정원가(F)보다 크면 이익이 발생**한다.

103. 공헌이익 = 매출액(3,500 × 2,000) - 변동비[(2,000 + 300) × 2,000] = 2,400,000원

104. 손익분기점 판매량 = F/(p - v) = 2,340,000/(4,000 - 1,500 - 1,200) = 1,800개

105. 고정원가의 변동으로 인하여 매출액의 변화보다 영업이익의 변화액이 더 커지는 현상을 말한다.

106. **판매부서도 이익에 대하여 성과평가**를 하여야 한다.

107. 예산공헌이익(A) = 20원 예산공헌이익(B) = 4원

〈예산배합비율〉

	예산판매량	예산배합비율
A	800단위	40%
B	1,200단위	60%
계	2,000단위	

	변동예산(1) (실제배합)	변동예산(2) (예산배합)	고정예산
	AQ × (BP - BV)	**TAQ × BM × (BP - BV)**	**BQ × (BP - BV)**
공헌이익	A = 500 × 20 = 10,000	A = 2,500 × 40% × 20 = 20,000	A = 800 × 20 = 16,000
	B = 2,000 × 4 = 8,000	B = 2,500 × 60% × 4 = 6,000	B = 1,200 × 4 = 4,800
	계 : 18,000	계 : 26,000	계 : 20,800

매출배합차이 △8,000(불리) **매출수량차이 5,200(유리)**

108.

변동예산(2)	변동예산(3)	고정예산
실제규모 × 실제점유율 × 가중평균예산공헌이익 = TAQ × BM × (BP - BV)	**실제규모 × 예산점유율 × 가중평균예산공헌이익**	**예산규모 × 예산점유율 × 가중평균예산공헌이익 = BQ × (BP - BV)**
100,000 × 40% × 100 = 400,000	100,000 × 35% × 100 = 350,000	

시장점유율차이 50,000(유리) ***시장규모차이***

109. **투자수익률법은 준최적화 현상이 발생**한다.

110. 경제적 부가가치의 **세후순영업이익은 기업고유의 영업활동만을 반영한 이익개념**이다.

111.

1. 세후영업이익	2,800	4,000×(1－30%)＝2,800
2. 투하자본	14,000	자본(12,000＋8,000－8,000)＋단기차입금(2,000)
3. 가중평균자본비용	10%	
4. 경제적 부가가치	1,400원	2,800－14,000×10%

112. 특별주문시 특별주문가와 단위당 변동원가, 특별주문처리비용과 유휴설비능력이 없으므로 기존판매량 감소분의 공헌이익이 필요하다.

113. 부품을 자가제조하므로 생산관리를 내부에 의존한다.

114.

1. 증분수익(외부구입시)		
	• 변동비감소분	변동비(43,000＋17,000＋13,000)＝73,000원
	• 고정원가절감	회피불가능하므로 절감 효과 없음
2. 증분비용(외부구입시)		
	• 외부구입비증가	500(외부구입단가)×250단위＝125,000원
3. 증분손익		△52,000원(불리－자가제조가 유리)

115. 이자비용을 계산하고 **다시 할인율을 적용한는 것은 이중계산이 되므로 이자비용은 포함하지 않는다.**

116. 순현금유입액으로 구하므로 현금자료만 반영된다.

117. 자본비용결정(최저요구수익률)이 어렵다.

118. A(공급)사업부의 최소대체가격＝한단위 대체시 지출원가(170)＋한단위 대체시 기회비용(0)＝170원
B(구매)사업부의 최대대체가격＝MIN[① 외부구입가격(180) ② 완제품판매가격－추가가공비]
＝180원
최소대체가격<최대대체가격이므로 대체하는 것이 유리하므로 A사업부에서 구입하여야 한다.

119. 통제원가(예방원가＋평가원가)가 증가하면 **불량률이 떨어지므로 실패원가는 감소한다.**

120. 균형성과표는 4가지 관점에서 성과측정자료간의 균형있는 관리를 도모한다. 기업은 최종적으로 재무적 목표인 이익을 추구하므로 균형성과표의 **모든 측정지표들은 궁극적으로 재무적 성과의 향상으로 연계되어야** 한다.

저자약력

■ **김영철 세무사**

· 고려대학교 공과대학 산업공학과
· 한국방송통신대학 경영대학원 회계세무전공
· (전)POSCO 광양제철소 생산관리부
· (전)삼성 SDI 천안(사) 경리/관리과장
· (전)강원랜드 회계팀장
· (전)코스닥상장법인CFO(ERP. ISO추진팀장)
· (전)농업진흥청/농어촌공사/소상공인지원센타 세법·회계강사

로그인 재경관리사 기출문제집

3 판 발 행 : 2025년 1월 6일
저 자 : 김 영 철
발 행 인 : 허 병 관
발 행 처 : 도서출판 어울림
주 소 : 서울시 영등포구 양산로 57－5, 1301호 (양평동3가)
전 화 : 02－2232－8607, 8602
팩 스 : 02－2232－8608
등 록 : 제2－4071호
홈 페 이 지 : http://www.aubook.co.kr

저자와의 협의하에 인지생략

ISBN 978－89－6239－950－9 13320 **정 가** 26,000원

도서출판 어울림 발행도서는 정확하고 권위 있는 해설 및 정보의 제공을 목적으로 하고 있습니다. 그러나 항상 그 완전성이 보장되는 것은 아니기 때문에 적용결과에 대하여 당사가 책임지지 아니합니다. 따라서 실제 적용할 경우에는 충분히 검토하시고 저자 또는 전문가와 상의하시기 바랍니다.

파본은 구입하신 서점이나 출판사에서 교환해 드립니다.